Introduction to
Public Administration in
Transitional Period

전환기
행정학개론

KSPAT 전환기행정학회 편

심익섭 · 박병식 · 김서용 · 김흥회 · 남창우 · 박건우
박동균 · 박종수 · 손경희 · 손종민 · 윤은기 · 이재호
이행준 · 장인봉 · 전광섭 · 진세혁 · 최낙혁 · 황희영

DY 도서출판 대영문화사

머리말

AI(Artificial Intelligence, 인공지능) 기술을 활용하여 학생들에게 시공을 뛰어넘는 다양한 학습 콘텐츠를 제공하는 AI 디지털교과서 시대가 도래하고 있다. 그동안의 텍스트 중심 교재에 더하여 새로운 디지털 콘텐츠를 통해 학습효율을 높이고 학생들은 스스로 학습 속도와 수준에 맞춰 자신에게 적합한 학습계획으로 접근할 수 있게 된 것이다. 본격적인 AI시대를 맞아 대학교육 시스템 전체가 전환점에 서 있다고 할 수 있다.

굳이 역사적 사실이나 제4차 산업혁명 등 급변하는 환경요인들을 말하지 않아도 끊임없는 변화에 직면한 현대국가를 '전환기적 담론'으로 접근하려 한 도전이 「사단법인 전환기행정학회」 창립의 소망이었다. 그리고 이러한 시대적 소명에 부응하여 '전환기 시리즈'의 출간으로 매너리즘에 빠진 행정계(行政界)에 새로운 동기부여를 시도하기 위한 첫 번째 작품으로 이 책 『전환기 행정학개론』을 선보이게 되었다.

국민을 위한 바람직한 국가는 정의로운 도전(Challenges)과 신뢰받는 정책(Policies)으로 무장한 관료제가 기준이 되어야 할 것이다. 그러나 시대에 따라 국민이 원하는 국가나 시대정신(Zeitgeist)도 달라지기 때문에 좋은 정부에 대한 요구 또한 변화되기 마련이다. 끊임없이 이어지는 역사의 전환점에서 첨단 AI시대를 살아야 하는 오늘의 우리 사회는 어떤 시대정신을 견지하며 미래지향적인 정부를 구현할 것인지 좀 더 고민할 때라는 것이다.

해방 이후 한국은 비록 분단 상황이긴 하나 국가건설을 시작으로 경제 발전과 정치민주화에 이르기까지, 하나의 자유민주국가 일원으로서 최빈국에서 선진국 반열에 이르는 대전환기를 선도적으로 이끌어 왔다. 국민적 노력으로 원조받던 나라에서 원조하는 나라로 국제사회의 인정을 받음으로써 성공적으로 글로벌 리딩국가로 안착시킨 것이다.

해방 이후 대한민국은 후진국형 권위주의 국가체제로부터 지방분권을 가미한 강한 정부의 구성, 조직·인사·재무·관리 능력의 합리적인 향상, 공공서비스의 전문화와 효율화, 행정 메커니즘과 정책을 포괄하는 국정활동의 체계화 등에서 괄목할 만한 성과를 이뤄냈다. 이를 통해 거버닝 역량(Governing Capability)에 있어서 한국 정부 스스로 큰 전환기적 행정 발전을 이뤘다고 평가된다.

그러나 유능하고 효율적인 정부를 넘어 공정하고도 '좋은 정부(Good Government)'가 되기 위해서는 그에 걸맞은 행정 역량을 갖춘 관료제가 뒷받침되어야 함을 망각하고 있다. 예를 들어 왜 어떤 정부는 국민으로부터 신뢰받고 어떤 정부는 부패하는지에 대한 담론이 대한민국 역대 정부들이 시공을 초월하여 여전히 반복되면서 전환기적 위기에 대비하는 것에는 미흡했다는 것이다.

여기에 더하여 우리 사회는 갈수록 사회의 담론적 민주주의와 대중의 탈관료주의적 열망의 격차가 심화되어 미흡한 국민통합과 후진적 정치갈등이 원만한 사회구성 메커니즘을 어렵게 하고 있기도 하다. 신뢰받는 행정, 능력 있는 관료제, 그리고 공정한 정책은 '좋은 정부'가 되기 위한 기본이요, 우리 모든 행정학도들이 지향해야 할 목표임을 절대 망각해서는 안 될 것이다. '합리적인 관료제'야말로 좋은 정부를 가능케 하는 핵심 요인이기 때문이다.

오늘날 모든 국가들은 하나같이 과학기술 발전이나 기후환경 변화 등 매우 난해한 통치 과정의 대전환기에 직면해 있다. 이런 때일수록 공공행정은 응용과학이요 가치중립적인 관리 기술이 강조되고 가치판단을 넘어서는 것이 중요하긴 하나, 그 근저에는 본질적으로 해당 국가의 사회문화가 깔려 있고 국가를 관통하는 국정철학이 중요함을 잊어서는 안 된다.

서구 국가들의 민주주의 담론과는 달리 한국은 아직도 민주주의의 실험에 익숙하지가 않아, 여전히 불안정한 정치환경에서 정부의 국정이념이나 공공행정의 규범성은 전환기 소용돌이 속에서 헤어나지 못하고 있는 실정이다. 민주주의적 대중(Democratic Public)과 권력의 공유, 분권화와 집권화의 끊임없는 간극, 시민참여와 비담론적 측면(Nondiscursive Aspects), 정책 신뢰와 정부 믿음(Vertrauen)의 거리감 등의 심화 등으로 인해 갈수록 행정학 교육 자체가 한계에 봉착하는 상황이 지속적으로 연출되고 있기도 하다.

『전환기 행정학개론』은 이러한 문제의식을 공유한 행정학자들이 의기투합하여 행정학을 처음 접하는 학생들과 공직 입문을 열망하는 수험생들을 위하여 새롭고도 생산적인 돌파구를 찾아주기 위해 노력했다. 이 책에서는 우리의 상황과 실제, 행정적 노력, 국정설계와 행태, 규범과 윤리 등과 같은 국정운영을 위한 행정 메커니즘을 좀 더 포괄적으로 이해할 수 있도록 도전적 시각을 독자들에게 제시하고자 한다.

이를 위해 본 교재는 다음과 같은 다섯 가지 기본적인 집필 방향을 필자들이 공유하며 공동 작업을 진행하였다.

첫째, AI와 복잡사회 등 대전환기의 합리적 국정운영을 위하여 최대한 명료하고도 심도 있는 행정학개론서로서의 질 높은 교과용 및 수험용 도서를 지향한다.

둘째, 기존 교과서의 장 · 단점을 분석하고 그동안의 아날로그식 교과서의 문제점을 반성하여 인공지능과 디지털 시대에 부응하는 새로운 도전을 시도한다.

셋째, 행정학의 이론(Theorie)과 함께 실제(Praxis)를 포괄함으로써 행정과 행정학 전체를 관통하여 수업교재로서의 내용적 풍성함을 완성한다.

넷째, 추가적인 참고서가 필요 없고 자기주도적인 학습이 가능하며, 나아가 창의적인 지적 확장이 가능하도록 링크시스템 등 디지털교과서를 지향한다.

다섯째, 학생과 수험생들이 필요로 하는 풍부한 자료와 설명, 문제해결 등과 함께 학생의 동기유발과 지속적 학습유인이 가능하도록 새로운 교재 모델을 제시한다.

이러한 지향점을 완수하기 위해 이 책은 한 학기에 가장 효과적인 학습교재가 될 수 있도록 총 3편, 14개 장으로 구성되었다. 제1부에서는 행정학의 기초이론을 체계적으로 정리하였으며, 제2부 행정학의 시스템론에서는 핵심적인 행정학 각론 분야를, 그리고 제3부에서는 전환시대의 중요한 행정 실제를 이슈화하였다.

행정과 행정학, 행정환경, 행정학 이론, 행정철학 등을 다룬 1부는 최낙혁(가천대), 심익섭(동국대), 박건우(국립창원대), 윤은기(동아대), 김흥회(동국대) 교수가 공동으로 집필하였다. 2부는 장인봉(신한대), 전광섭(호남대), 김서용(아주대), 박병식(동국대), 손종민(숭실대), 이행준(백석문화대), 손경희(국립경국대), 남창우(경북대) 교수가 담당하였고, 3부는 진세혁(평택대), 이재호(한국행정연구원), 박종수(숙명여대), 박동균(대구한의대), 황희영(동의대) 교수가 집필에 참여했다.

같은 행정학자라도 관심 분야가 다른 20여 명에 가까운 전문가가 공동 작업을 한다는 것은 대단히 어려운 일이다. 그럼에도 불구하고 한국행정과 한국행정학, 그리고 오직 대전환기의 지적 혼돈 속에서 길을 찾고 있는 한국 정부와 행정학도들을 위한다는 마음 하나로 참여 교수들이 힘을 합쳤다. 후학들을 위하여 만들어 낸 이번 성과물에 행정학에 도전하는 학생들은 물론 동료 전문가들의 많은 관심과 조언을 부탁드린다.

'AI 디지털교과서'의 취지를 이해하고, 많은 학자들의 공동 작업이라 시간적인 한계와 물리적인 어려움이 있었음에도 불구하고 이 책의 출판을 기꺼이 맡아주신 대영문화사의 임춘환 대표님께 깊이 감사드린다. 특히 원고 마감이 늦어지는 와중에도 세심하게 윤문화하고 디지털 시대에 부응하는 멋진 미래지향적 책으로 나올 수 있도록 혼신의 노력을 아끼지 않으신 대영문화사 임현준 부장님과 편집진에게 고마운 마음을 전한다.

끝으로 새로운 도전을 준비하는 행정학도들이 『전환기 행정학개론』을 통하여 긍정적인 첫 발을 크게 내딛길 기대하며, 아울러 앞으로 계속 이어질 '전환기 시리즈'의 고도화될 'AI 디지털교재'들에 대한 지속적인 관심도 부탁드린다.

2025년 2월
저자 일동

차례

머리말 / 2

제1장 행정과 행정학 15

제1절 행정의 의미와 범주 ········ 17

1. 행정의 의미 / 17
2. 공공부문과 민간부문, 비영리부문 / 19
3. 행정의 담당자 / 24

제2절 행정의 필요성 ········ 27

1. 공유지의 비극 / 27
2. 시장실패 / 28

제3절 행정시스템의 기본 틀 이해 ········ 30

1. 행정환경 / 31
2. 프로그램 관리 / 31
3. 자원 관리 / 32
4. 혁신 관리 / 33

제4절 행정학의 이해 ········ 34

1. 행정학의 의의와 다학제적 특성 / 34
2. 종합학문으로서의 행정학 / 36
3. 행정학과 다른 사회과학의 관계 / 37

제2장 행정과 행정환경 43

제1절 행정과 행정환경의 이해 ········· 45

제2절 행정과 정치적 환경 ········· 53

1. 행정과 정치 관계의 이해 / 53
2. 행정–정치의 통제 / 55
3. 관료제의 정치적 통제 / 56
4. 우리나라 행정–정치 관계의 발전 방향 / 58

제3절 행정과 경제적 환경 ········· 61

1. 행정과 경제적 환경 / 61
2. 신자유주의의 확산과 민영화 / 64
3. 민관협력을 통한 행정 효율성 증진 / 65
4. 공공서비스 민간위탁의 효율성과 그 논의 / 66
5. 시장에 대한 정부규제 / 67

제4절 행정과 시민사회 ········· 70

1. 행정과 시민사회의 이해 / 70
2. 시민사회와 거버넌스 / 72
3. 행정–시민사회의 방향: 거버넌스의 성공 요소 / 74
4. 행정–시민사회 관계와 공론의 장 형성 / 75

제3장 행정학 발달과 이론 전개 79

제1절 행정이론의 개념 ········· 81

제2절 행정이론의 변화와 발전 과정 ········· 83

제3절 행정이론의 유형과 내용 ········· 86

1. 정치행정이원론과 일원론 / 86
2. 과학적 관리이론과 행정관리이론 / 87
3. 관료제이론 / 90
4. 행정행태이론 / 96
5. 체제이론 / 101
6. 비교행정이론과 발전행정이론 / 102
7. 신행정이론 / 108
8. 공공선택이론 / 112
9. 신제도주의이론 / 117

10. 신공공관리이론 / 122
11. 신공공서비스이론 / 125
12. 사회자본이론 / 128
13. 뉴거버넌스이론 / 131

제4장 행정철학, 윤리와 가치 137

제1절 행정철학의 주요 이론 139
1. 실증주의 / 139
2. 비판적 실재론 / 140
3. 현상학 / 143
4. 해석학 / 144
5. 사회 구성주의 / 145
6. 포스트모더니즘 / 146
7. 비판이론 / 148

제2절 행정윤리론 148
1. 행정윤리이론 / 148
2. 행정윤리의 주요 개념과 이슈 / 151

제3절 공공가치론 162
1. 왜 공공가치인가? / 163
2. 계보학적 전통 / 164
3. 연구 경향 / 166
4. 가치의 종류와 내용 / 168

제4절 요약과 함의 170

제5장 조직관리 177

제1절 조직의 의의와 이론 179
1. 조직의 의의 / 179
2. 조직이론 이해의 필요성과 전개 과정 / 182
3. 조직이론의 유형 / 183

제2절 조직구조와 환경 190

1. 조직구조의 의의 / 190
2. 조직구조의 기본변수 / 191
3. 조직구조의 상황변수 / 192
4. 조직구조의 설계 / 193

제3절 조직행태 ······ 195
1. 조직행태의 본질 / 195
2. 동기부여 / 196
3. 리더십 / 203

제6장 인사행정 211

제1절 인사행정의 개념과 의의 ······ 213
제2절 인사행정의 체계와 특징 ······ 216
제3절 인사행정의 역사적 배경 ······ 217
1. 직업공무원제 / 217
2. 대표관료제 / 219
3. 엽관주의 / 222
4. 실적주의 / 224

제4절 인사행정의 제도적 기반 ······ 226
1. 인사행정조직 / 226
2. 공직 분류 / 228

제5절 인사행정의 운영 과정 ······ 230
1. 인력계획 / 230
2. 채용: 모집과 선발 / 232
3. 임용 / 235
4. 교육훈련 / 236
5. 근무성적평가 / 238

제6절 인사행정의 복지기반 ······ 241
1. 복리후생 / 241
2. 보수 / 242
3. 연금 / 244
4. 노동조합 / 245

제7장 재무행정 251

제1절 재정정책과 정부 예산 ········ 253

1. 재정의 의의 / 253
2. 정부 예산의 의의 / 267

제2절 행정관리도구로서의 예산 ········ 275

1. 정부수입: 정부는 어떻게 돈을 버는가? / 276
2. 정부지출: 정부는 돈을 어떻게 쓰는가? / 279
3. 예산 과정 281

제3절 정부 예산의 변천 ········ 283

1. 예산이론의 변천 / 283
2. 예산제도의 개혁 / 286

제8장 정책학 293

제1절 정책학의 시작과 발전 ········ 295

제2절 정책분석 ········ 297

1. 정책분석의 의의 / 297
2. 정책분석의 역할 / 297
3. 정책분석의 절차 / 297
4. 정책분석의 주요 기법 / 298
5. 정책분석의 한계 / 303

제3절 정책집행 ········ 303

1. 정책집행의 의의와 중요성 / 303
2. 정책집행의 유형 / 304
3. 정책집행론의 전개 / 307
4. 정책집행의 접근방법 / 308
5. 정책집행의 제약요인 / 310
6. 정책집행의 요소 / 311
7. 정책집행의 단계 / 311

제4절 정책평가 ········ 312

1. 정책평가의 의의 / 312

2. 정책평가의 기준과 과정 / 314
3. 정책평가의 유형 / 315

제9장 지방자치 321

제1절 지방자치의 기초 ………… 323
1. 지방자치의 의의(계보) / 323
2. 지방자치의 구성요소 / 324

제2절 지방자치단체의 기관구성과 주민참여 ………… 327
1. 지방자치단체의 기관구성 / 327
2. 지방의회 / 327
3. 지방자치단체장 / 328
4. 주민참여제도 / 329

제3절 지방자치단체의 사무배분과 지방재정 ………… 332
1. 사무배분의 원칙 / 333
2. 지방자치단체의 사무배분 / 334
3. 지방정부의 재정 / 337

제10장 시민사회와 정부 349

제1절 시민사회의 특성 ………… 351
1. 시민사회의 대두 / 351
2. 시민사회와 사회적 자본 / 353
3. 한국의 시민사회 / 354

제2절 시민사회의 조직화: NGO ………… 356
1. NGO의 개념과 기능 / 356
2. NGO의 특성: 공익추구 / 359
3. NGO의 성장요인 / 360
4. 거버넌스와 NGO / 362

제3절 NGO와 정부 ………… 363
1. 시민참여와 NGO / 363

2. NGO와 정부의 관계 / 366
3. 지방자치와 NGO / 367

제11장 전자정부 373

제1절 전자정부의 기본 개념과 발전 과정 ········ 375
1. 전자정부의 개념 / 375
2 전자정부의 발전 과정 / 376
3. 전자정부와 혁신 / 379

제2절 전자정부의 기반 기술과 서비스 ········ 381
1. 정보통신기술 / 381
2. 전자정부 기능 / 386

제3절 디지털 전환과 미래 전자정부 ········ 391
1. 디지털 전환의 개념과 중요성 / 391
2. 디지털 전환과 스마트 행정 / 393
3. 디지털플랫폼정부 / 398
4. 쟁점과 과제 / 400

제12장 정부규제 405

제1절 규제의 개념과 유형 ········ 407
1. 규제의 개념 / 407
2. 규제의 주요 이론 / 412

제2절 규제 거버넌스 ········ 418
1. 규제 거버넌스 개관 / 418
2. 규제 거버넌스의 구조와 운영 / 420

제3절 규제의 효과와 역설 ········ 425
1. 규제의 효과 / 425
2. 규제의 역설 / 429

제13장 위기관리(위험사회) 433

제1절 위기관리의 의의와 특징 ········ 435

1. 위기관리의 의의 / 436
2. 위기학습과 안전교육의 중요성 / 439
3. 위기관리의 제약요인 / 442
4. 지방자치단체의 위기관리 / 443

제2절 위기관리의 과정과 활동 ········ 446

1. 위기 발생 이전 단계 / 447
2. 위기 발생 이후 단계 / 450

제3절 위기관리, 어떻게 할 것인가? ········ 454

1. 극한 호우와 위기관리 / 456
2. 재난약자와 위기관리 / 457
3. 경찰과 위기관리 / 459
4. 테러와 위기관리 / 461
5. 다중밀집 인파사고와 위기관리 / 462
6. 안전 사회를 위한 자치경찰, 지역사회 경찰 활동 / 464

제14장 정부혁신 471

제1절 정부혁신의 의의 ········ 473

1. 정부혁신의 개념 및 필요성 / 473

제2절 정부혁신의 주요 내용 ········ 476

1. 정부혁신의 유형 / 476
2. 정부혁신의 특성 / 477

제3절 정부혁신의 이론적 기초 ········ 481

1. 신공공관리론 / 481
2. 뉴거버넌스이론 / 484

참고문헌 ········ 489

찾아보기 ········ 508

제 1 장

행정과 행정학

[학습목표]

1. 행정의 의미와 공공부문과 민간부문의 차이를 파악한다.
2. 행정, 행정조직, 행정인의 체계를 이해한다.
3. 행정의 필요성에 관한 논리를 익힌다.
4. 행정학의 의미를 이해한다.

학습개요

어떤 대상을 체계적으로 이해하기 위해서는 전체적인 구조를 파악한 후 세부적인 부분을 분석하는 것이 효과적이다. 본 서에서는 이러한 방식을 적용하여 행정학을 학문으로서 체계적으로 이해하기 위해 행정의 전반적 의미와 범주를 먼저 살펴보고, 이를 바탕으로 행정학의 주요 이론과 구성요소들을 이해하는 방식으로 구성하였다.

제1장에서는 행정의 의미와 범주를 중심으로, 공공 및 민간 분야에서의 행정의 역할과 담당자를 다루고, 행정의 필요성을 공유지의 비극과 시장실패 개념을 통해 설명한다. 또한, 행정시스템의 기본 틀을 이해하고, 이를 기반으로 행정학의 이론적 틀과 학문적 성격을 제시한다.

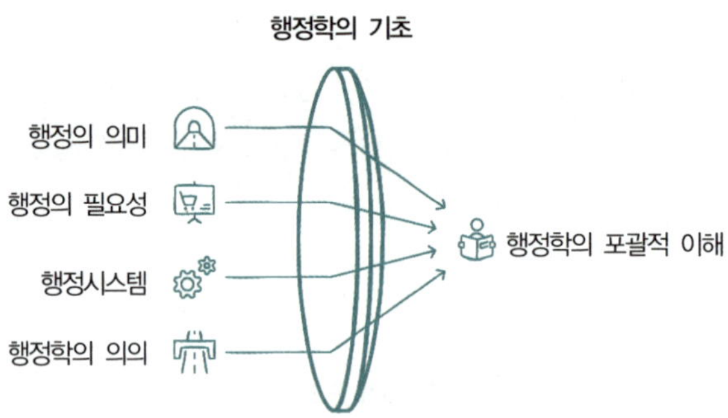

제1절 행정의 의미와 범주

행정은 공익을 달성하기 위한 집행 또는 관리작용으로서, 정부 또는 정책거버넌스를 통해 공공서비스를 생산하고 분배하는 과정이다. 오늘날의 거버넌스 중심의 행정은 우리 사회의 세 가지 구성영역인 공공부문, 민간부문, 비영리부문 간의 연계성과 협력적 관계를 바탕으로 발전하고 있다.

이 절에서는 행정의 의미, 공공부문 · 민간부문 · 비영리부문의 기본원리와 기능, 행정의 담당자에 대하여 논의한다.

1. 행정의 의미

행정(Public Administration)은 일반적으로 집행(administration)이나 관리(management)의 의미로 쓰인다. 하지만 이러한 의미만으로 행정을 설명하기에는 크게 부족하다. 왜냐하면 집행이나 관리라는 의미는 경영과 다를 바 없기 때문이다. 따라서 행정의 의미를 명확히 이해하기 위해서는 먼저 경영과의 개념적 구별을 할 필요가 있으며, 이러한 구별을 위해서는 행정이 '어느 부문'에서 '어떠한 목적'에 따라 '누가' 행위자가 되며, '어떠한 작용'을 하는가의 질문에 체계적으로 대답할 수 있어야 한다.

첫째, 행정의 활동영역이 '어느 부문인가'이다. 행정과 경영이 모두 관리라는 의미로 이해되지만, 행정은 정부와 공공기관 등과 같은 공공부문(public sector)에서의 관리를 의미하는 것에 반하여, 경영은 기업으로 대표되는 민간부문(private sector)에서의 관리를 의미한다는 차이점을 가진다. 이러한 구분에 따르면 행정은 공공관리(public management) 또는 정부관리(government management)를, 경영은 기업관리(business management)를 의미하게 된다. 그러나 이러한 구분만으로는 행정과 경영의 명확한 경계를 제공해 주지는 못한다. 왜냐하면 공공영역과 민간영역은 그 경계가 뚜렷이 나누어지지 않으며, 때로는 중첩된 부분을 포함하기 때문이다. 예를 들면, 공공분야의 사업을 민관이 공동으로 수행하거나, 공공사업을 민간에 위탁하여 처리하는 경우를 들 수 있다.

둘째, 행정은 '어떠한 목적을 추구하는가'이다. 행정을 정의하는 데에서 가장 중요한 속성은 추구하는 목적이 공공이익(public interest)이라는 점이며, 이 때문에 사적 이익(private interest)을 추구하는 경영이나 개인의 활동과는 뚜렷하게 차이가 난다. 목적은 궁극적으로 도달하고자 하는 지점으로서 그 방향을 제시해 주고 도달 가능한 방법과 과정을 안내해 주기 때문에, 목적이 다르면 당연히 결과가 달라질 뿐만 아니라 과정이나 수단까지도 다르게 선택될 수 있다. 예를 들어 행정과 경영이 모두 관리활동이더라도 공익을 목적으로 하는 행정은 경제적 효과보다 사회적 배려를 중시할 수 있고, 반면에 사익을 목적으로 하는 경영은 이윤 추구를 중시할 것이다. 또한 공공이익이라는 행정의 목적은 내용적으로 추상적이고 질적인 측면이 강한 것에 비해(예를 들어 노인 주거환경의 개선), 사적 이익이라는 경영의 목적은 보다 구체적이고 양적인 것(예를 들어 생산량의 증대 또는 순이익의 증가)이 위주가 되기 쉽다. 이와 같은 목적의 차이는 성과에 대한 평가에서도 차이를 가져온다. 즉, 행정의 성과평가의 기준은 수량으로 측정하기 어려운 경우가 많고 질적으로 측정되어야 하는 데에 비해서(예를 들어 주민들의 복지서비스에 대한 만족감) 민간의 경영관리에서는 상대적으로 명확한 성과측정이 가능하다(예를 들어 몇 퍼센트의 생산량 증대).

셋째, '누가 행정의 행위자(actors)인가'이다. 행정 행위자의 범위는 행정의 의미를 파악하는 데에서 가장 크게 변화한 요소이다. 과거에는 행정의 행위자라고 하면 주로 행정가를 의미하였지만, 최근에는 행정을 행정가들만이 수행하는 것이 아니라 사회의 다양한 구성원들이 참여하여 함께 수행하는 것이 보편화되어 있기 때문이다. 즉, 행정은 반드시 정부관료제를 통해서만 수행되는 것이 아니라, 다양한 행위자(예를 들어 민간기업, 시민단체, 연구기관, 교육기관 등)들과의 상호작용 속에서 일어난다. 예를 들어, 정부가 국민들에게 복지서비스를 제공하는 행정을 수행한다면, 먼저 정부기관으로서 보건복지부 및 그 산하기관과 지방자치단체의 복지담당을 조직화하고, 구체적인 복지정책을 개발하며, 이에 요구되는 인력과 재원을 동원하게 될 것이다. 하지만 최근의 행정은 이러한 정부의 활동만으로 끝나는 것이 아니라 기부자로서의 민간기업, 비영리조직, 민간복지단체, 자원봉사자 등 다양한 행위자들이 연결되어 네트워크를 이루고 상호 협력적인 과정에서 전개된다. 이와 같은 행정의 협력적 네트워크를 '거버넌스(governance)'라고 하는데, 이것은 정부관료제 외에도 다양한 행위자들과 수평적 네트워크상의 상호작용 속에서 이루어지는 행정이라는 의미를 내포하고 있다.

넷째, 행정은 '어떠한 작용을 하는가'이다. 행정은 주로 법령과 정책의 집행 과정을 담당하며, 공공서비스의 생산·분배에 관여한다. 예를 들어 환경법규에 따라 환경오염을 규제하거나, 복지정책에 따라 복지서비스를 전달하는 역할을 한다. 그러나 오늘날의 행정은 보다 적극적으로 정부의 정책 및 프로그램의 결정에도 관여하며, 특히 기획, 조직화, 지시, 조정, 통제 등의 관리적 활동을 포함한다.

이상과 같이 살펴본 개념적 요소들을 종합하여 행정의 의미를 정리해 보면, '행정은 공공부문(public sector)에서 공익을 달성하기 위한 집행 또는 관리작용으로서, 정부 또는 거버넌스를 통한 공공서비스의 생산 · 분배 과정이라고 할 수 있다'.

2. 공공부문과 민간부문, 비영리부문

1) 공공부문: 정부(Government)

(1) 중앙정부

가장 넓은 의미에서 정부라고 하면, 입법부, 행정부, 사법부를 모두 포함한 국가의 통치체제를 의미한다. 이와 같은 세 부문은 국가의 정책 방향의 결정, 집행, 그리고 정책 결과에 대한 쟁송과 관련하여 상호 연관되어 활동한다. 그렇지만 행정을 논의할 때의 정부는 입법부와 사법부는 제외한 행정부를 의미한다. 그러한 이유는 입법부는 법률의 제 · 개정을 통한 정책결정을 담당함으로써 정치적 영역을 담당하며, 사법부는 소송과 관련하여 법적 판단을 담당하기 때문에 정책의 집행과 정부의 관리를 의미하는 행정과는 다른 차원의 체계와 논리에서 이루어지기 때문이다.

정부구조는 국가들마다 통치구조에 따라 다른 형태를 띠게 된다. 즉, 대통령제, 의원내각제, 이원집정부제 등 다양한 통치 형태에 따라 중앙정부의 구성이 다른 원리로 이루어지게 된다. 우리나라의 중앙정부는 [그림 1-1]에서 나타나는 바와 같이 대통령제 국가로서는 특이하게 국무총리를 두고 있으며 기획재정부, 교육부, 과학기술정보통신부, 외교부, 통일부, 법무부, 국방부, 행정안전부, 국가보훈부, 문화체육관광부, 농림축산식품부, 산업통상자원부, 보건복지부, 환경부, 고용노동부, 여성가족부, 국토교통부, 해양수산부, 중소벤처기업부와 같은 19개의 부가 설치되어 있다. 그리고 이와 별도로 국무총리하에 인사혁신처, 법제처, 식품의약품안전처와 같은 3개의 처를 두고 있다. 또한 부에 따라 소속하는 20개의 청이 있는데, 예를 들면 기획재정부 산하에 국세청, 관세청, 조달청, 통계청이 있고, 행정안전부 산하에 경찰청과 소방청을 두고 있다.

그림 1-1 대한민국 정부조직도

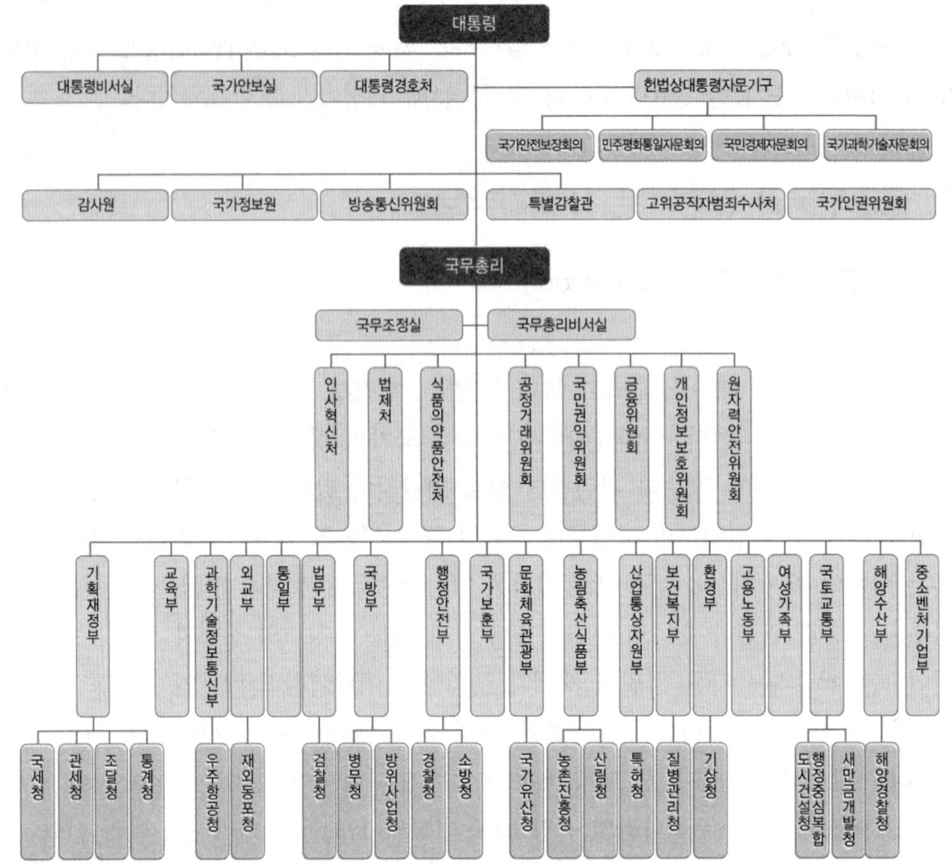

2024년 10월 현재/19부 3처 20청.

(2) 지방정부

국가 차원에서의 행정을 중앙정부가 수행한다면, 지방 단위의 행정은 지방정부(지방자치단체)가 중심이 된다. 우리나라 지방자치의 계층구조를 살펴보면 [그림 1-2]에서 나타나는 바와 같이, 광역자치단체로서 1개의 특별시와 6개 광역시, 8개 도(강원특별자치도 및 전북특별자치도 포함), 1개의 특별자치시, 1개의 특별자치도가 있다. 이러한 광역자치단체의 아래에는 기초자치단체로서 226개의 시・군・구가 있다. 그 밖에 자치단체는 아니지만 말단 행정 단위로서 읍・면・동이 주민들과 접하는 일선기관으로서 구성되어 있다.

그림 1-2 지방자치 계층구조

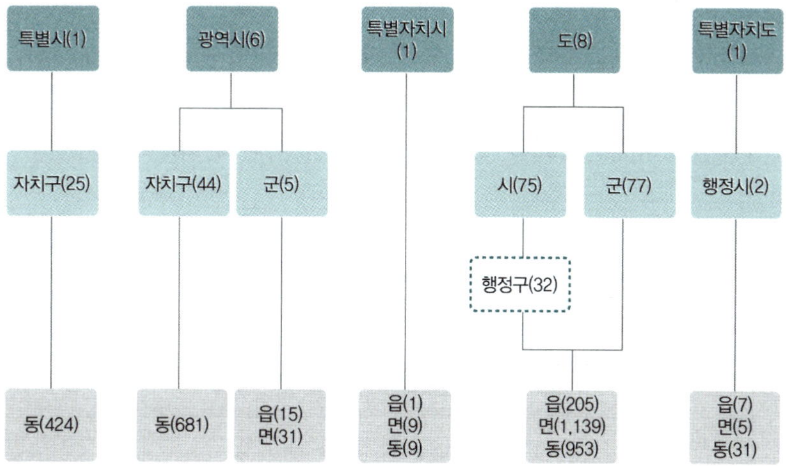

출처: 행정안전부(2019).

(3) 공공기관

일반적으로 말하는 정부는 공무원으로 구성된 중앙과 지방정부를 의미하지만, 이러한 정부 이외에도 정부와 유사하거나 유관업무를 담당하는 여러 종류의 공공기관이 있다. 공공기관은 정부의 투자·출자 또는 정부의 재정지원 등으로 설립·운영되는 기관으로서 「공공기관의 운영에 관한 법률(이하 공공기관운영법)」 제4조 제1항 각호의 요건에 해당하여 기획재정부 장관이 지정한 기관을 의미한다. 「공공기관운영법」은 공공기관을 공기업, 준정부기관, 기타공공기관으로 분류한다.

공기업(公企業)이란 직원 정원이 300명, 총수입액이 200억 원, 자산규모가 30억 원 이상이면서, 총수입액 중 자체수입액이 차지하는 비중이 50%(기금관리기관은 85%) 이상인 공공기관을 의미하고, 시장형 공기업과 준시장형 공기업으로 구분한다. 시장형 공기업은 「공공기관운영법」 제5조에 따라 자산규모가 2조 원 이상이고, 총수입액 중 자체수입액이 85% 이상인 공기업(한국전력공사, 한국가스공사 등)을 지칭한다. 그 외 시장형 공기업이 아닌 공기업은 준시장형 공기업(한국도로공사, 한국방송광고진흥공사 등)으로 분류된다.

준정부기관은 직원 정원이 300명, 총수입액이 200억 원, 자산규모가 30억 원 이상이면서, 총수입액 중 자체수입액이 차지하는 비중이 50%(기금관리기관은 85%) 미만인

공공기관으로서, 기금관리형과 위탁집행형으로 구분된다. 기금관리형 준정부기관은 「국가재정법」에 따라 기금을 관리하거나, 기금의 관리를 위탁받은 기관(서울올림픽기념국민체육진흥공단, 한국문화예술위원회 등)을 말하며, 위탁집행형 준정부기관은 기금관리형 준정부기관이 아닌 준정부기관(한국승강기안전공단, 한국장학재단 등)을 의미한다.

이에 따른 세부유형은 〈표 1-1〉에서 제시되는 바와 같다.

표 1-1 공공기관의 유형

공공기관	세부유형	공통요건	지정요건(원칙)	기관 예
공기업	시장형 공기업	직원 정원 ≥ 300인 총수입액 ≥ 200억 원 자산 ≥ 30억 자체수입비율 ≥ 50%	자체수입비율 ≥ 85%인 기관 중 자산 2조 원 이상	한국전력공사, 한국가스공사 등
	준시장형 공기업		자체수입비율 50%~85%	한국도로공사, 한국방송광고진흥공사 등
준정부기관	기금관리형	직원 정원 ≥ 300인 총수입액 ≥ 200억 원 자산 ≥ 30억 자체수입비율 < 50%	중앙정부 기금을 관리하는 기관	서울올림픽기념국민체육진흥공단, 한국문화예술위원회 등
	위탁집행형		기금관리형 아닌 준정부기관	한국승강기안전공단, 한국장학재단 등
기타공공기관		공기업 · 준정부기관을 제외한 공공기관		

2) 민간부문: 시장(Market)

민간부문, 즉 시장은 공공부문과는 본질적으로 다른 원리와 메커니즘에 의해 작동하는 사적 영역이다. 시장은 개인 및 기업 간 자유로운 활동을 기반으로, 인간 생활에 필요한 다양한 재화와 서비스를 제공하는 중요한 경제적 공간이다. 이 공간에서 재화와 서비스는 생산자와 소비자 간의 경쟁을 통해 자유롭게 교환되며, 이는 시장의 자율적 조정 기능을 의미한다.

시장 내 주요 행위자는 개인일 수도 있고, 조직화된 기업 또는 집단일 수도 있다. 이들은 경제적 합리성에 따라 자원을 최적화하고 효율성을 극대화하려는 목표하에 활동한다. 따라서 절약, 효용의 극대화, 이윤 창출과 같은 경제적 동기가 이들의 활동을 지배한다.

시장 경제의 핵심 원리는 '보이지 않는 손(invisible hand)'이라고 불리는 가격 메커니즘에 있다. 이는 외부 개입 없이도 시장 내 자원이 효율적으로 배분될 수 있도록 한다. 생산자들은 가격 경쟁을 통해 효율성을 유지하지 못할 경우 시장에서 자연스럽게 도태될 수밖에 없다. 상품이나 서비스를 더 효율적으로 제공하는 경쟁자들이 존재할 경우, 비효율적인 기업은 더 이상 시장에서 경쟁력을 유지할 수 없으며, 이에 따라 자동적으로 퇴출된다.

이와 같은 시장의 자율적 조정 원리는 정부와의 근본적인 차이점을 나타낸다. 정부는 공공재와 공공서비스를 독점적으로 제공하며, 이는 시장과는 달리 경쟁자가 존재하지 않는 상황에서 이루어진다. 또한 정부의 목표는 공공의 이익을 추구하는 데 있으며, 이를 위해 효율성뿐만 아니라 민주성, 형평성 등의 다양한 가치를 균형 있게 고려해야 한다. 반면, 시장에서는 효율성이 최우선 가치로 작용하며, 기업들은 경쟁 속에서 생존하고 이윤을 추구하기 위해 필수적으로 효율성을 달성해야 한다.

더 나아가 정부는 재정의 원천이 세금에 기반을 두고 있어, 생산활동을 통한 수익이 아니라 국민으로부터 거둬들이는 세입에 의존한다. 이로 인해 정부는 효율성이 낮더라도 민간기업처럼 쉽게 도산하지 않으며, 행정의 비효율성에도 불구하고 계속해서 운영될 수 있는 구조적 특성을 가진다.

3) 비영리부문(Nonprofit Sector)

인간은 필요로 하는 재화나 서비스를 특성에 따라 민간부문(시장) 또는 공공부문(정부)을 통하여 얻으며 살아가고 있다. 과거 자유방임국가 시대에는 정부가 필요최소한의 행정만을 수행하고 시장이 대부분의 역할을 담당하였지만, 시장실패를 경험한 20세기 이후부터 공공부문이 크게 확장되면서 정부는 공공서비스를 양적 · 질적으로 확대하여 왔다. 그러나 정부 역시 공공관료제적 속성의 행정으로서는 국민들에게 완결적인 공공서비스를 제공하는 데에 한계에 직면하게 되었다. 따라서 20세기 후반에 들어 미국을 중심으로 한 서구국가들은 시장도, 정부도 충분히 해결하지 못하는 부문인 제3의 영역(the third sector)을 형성하여 점차적으로 발전시켜 왔다.

제3의 영역은 흔히 비영리부문 또는 시민사회라고 일컬어지며, 주로 비영리조직 또는 시민단체에 의해 주도된다. 이러한 비영리부문은 우리가 사는 사회가 공동체로서 서로 인간의 인격 · 휴머니티를 존중하는 인간애의 가치를 바탕으로 한다. 제임스 더글라스(Douglas, 1983)는 이러한 비영리조직의 등장배경과 필요성을 두고 정부의 행정이 가지는 한계를 극복하고 우리 사회에서 필요로 하는 부분을 보충해 주기 위해서라며, 다음의 다섯 가지 정부의 한계를 들어 설명한다.

첫째, 정부의 재화와 공공서비스는 국민이나 주민 전체에 보편적이고 통일적인 형태로 제공된다. 이 경우 특정 개인의 선호에 따라 그러한 보편성에 불만족할 수 있고, 이때, 비영리조직은 자발적인 노력으로 추가적인 재화 및 서비스를 공급할 수 있다.

둘째, 정부의 정치적 속성 때문에 사회의 다수(majority)의 요구에만 반응할 경우 소수(minority)의 이슈와 수요에 대해서는 대응하기 어렵다. 비영리조직은 소수의 이슈를 제기하고 그 수요를 요구하는 역할을 담당하기도 한다.

셋째, 정부는 공무원의 비교적 짧은 시간안목이나 인센티브로 인해 단기적 이슈나 결과에 집중한다. 이러한 이유 때문에 장기(long-term) 사회이슈나 관심을 제기하는 비영리조직이 필요하다.

넷째, 정부관료제는 비교적 독점적이고 계층적 방식으로 조직되어 정책이슈에 대해 지적 결정을 하는 데에 요구되는 정보, 아이디어, 연구, 조사 등을 충분히 활용하기 어렵다. 따라서 비영리 지지집단(advocacy group), 연구센터 등 다른 기관들을 요구한다.

다섯째, 정부관료제는 전형적으로 대규모 조직이며, 권위적 조직이어서 평범한 사람들이 정부와 상대하기 어렵다. 따라서 정부와 시민 사이의 조정기관이 필요하다는 것이다.

이와 같은 정부의 제약요소들을 보완하는 차원에서 비영리부문의 자발적 조직화와 공동체의 설립이 활성화되어 왔지만, 비영리부문은 정부와 무관하게 독자적으로 활동하기보다는 여러 방면에서 정부와 상호 협력적으로 연계되어 있다. 즉, 대부분의 비영리조직들은 그 재원을 자발적 모금이나 기부금을 통하여 운영하지만, 많은 부분 정부지원금에 의존하고 있다는 것이다. 따라서 비영리부문은 정부와 떼어서 생각하기 어렵고 상호 연계하여 이해하여야 한다.

3. 행정의 담당자

행정을 담당하는 행정가, 즉 공무원은 임용주체에 따라서 국가공무원과 지방공무원으로 분류되고, 다시 실적주의 적용과 신분 보장의 여부에 따라 경력직 공무원과 특수경력직 공무원으로 분류된다.

1) 국가공무원과 지방공무원

우리나라는 국가공무원과 지방공무원에게 적용하는 법체계를 달리하고 있다. 그리고 지방공무원과 국가공무원을 상호 교류하게 하고 있다. 이처럼 「국가공무원법」과 「지방공무원법」은 각각의 공무원에게 적용할 인사기준을 적용한 것이지만, 인사행정의 기본원리는 근본적으로 유사하다. 그럼에도 불구하고 국가공무원과 지방공무원 간에는 약간의 차이점이 있는데, 이를 정리하면 〈표 1-2〉와 같다.

표 1-2 국가공무원과 지방공무원의 비교

구분	국가공무원	지방공무원
법적 근거	• 국가공무원법, 정부조직법	• 지방공무원법, 지방자치법, 조례
임용권자	• 대통령: 고위공무원, 3~5급, 전문경력관 가군 • 소속 장관: 6~9급	• 지방자치단체장
보수재원	• 국비	• 지방비
채용시험	• 인사혁신처	• 5급 이상의 특별임용시험: 인사혁신처 • 6급 이하: 시·도 인사관리위원회
인사교류	• 국가기관 간 인사교류 • 지방자치단체와의 인사교류	• 지방자치단체 간 교류 • 국가기관과의 교류 • 특별채용
승진심의	• 보통승진심의위원회 • 인사혁신처(3급 이상 고위공무원)	• 인사위원회

2) 경력직 공무원과 특수경력직 공무원

경력직 공무원은 실적주의에 의하여 임용되고 신분이 보장되며 특별한 사유가 없는 한 정년에 이르기까지 근무할 수 있는 공무원을 말하며, 이는 다시 일반직과 특정직 공무원으로 구분된다.

특수경력직이란 경력직 이외의 공무원으로 직업공무원제의 적용을 받지 않는 공무원을 말한다. 따라서 특수경력직 공무원은 직업공무원처럼 신분이 보장되지 않으므로 평생 공무원으로 근무할 것이 예정되어 있지 않고, 정치적이거나 특수한 직무를 수행하기 위하여 임용되는 공무원이다. 이러한 특수경력직 공무원은 정무직과 별정직 공무원으로 구분된다.

이와 같이 현재 한국의 공직분류체계의 현황을 정리하면 〈표 1-3〉과 같다.

표 1-3 공직분류체계의 현황

<table>
<tr><th colspan="2">구분</th><th>내용</th></tr>
<tr><td rowspan="3">경력직</td><td rowspan="2">일반직</td><td>기술 · 연구 또는 행정일반에 대한 업무를 담당하는 공무원
① 행정 · 기술직 ② 우정직 ③ 연구 · 지도직</td></tr>
<tr><td>일반직공무원 중 특수업무 분야에 종사하는 공무원
① 전문경력관</td></tr>
<tr><td>특정직</td><td>담당업무가 특수하여 자격 · 신분보장 · 복무 등에서 특별법이 우선 적용되는 공무원
① 법관 · 검사 ② 외무공무원 ③ 경찰공무원 ④ 소방공무원 ⑤ 교육공무원 ⑥ 군인 · 군무원 ⑦ 헌법재판소 헌법연구관 ⑧ 국가정보원의 직원 · 경호공무원 등 특수분야의 업무를 담당하는 공무원으로서 다른 법률이 특정직 공무원으로 지정하는 공무원</td></tr>
<tr><td rowspan="2">특수
경력직</td><td>정무직</td><td>선거, 국회동의에 의하여 임용되는 공무원, 고도의 정책결정업무를 담당하거나 이를 보조하는 공무원으로서 법령에서 정무직으로 지정하는 공무원
① 감사원장 · 감사위원 및 사무총장 ② 국회사무총장 · 차장 · 도서관장 · 예산정책 처장 · 입법조사처장 ③ 헌법재판소 재판관 · 사무처장 및 사무차장 ④ 중앙선거관리위원회 상임위원 · 사무총장 및 차장 ⑤ 국무총리 ⑥ 국무위원 ⑦ 대통령비서실장 ⑧ 국가안보실장 ⑨ 대통령경호실장 ⑩ 국무조정실장 ⑪ 처의 처장 ⑫ 각 부의 차관, 청장(경찰청장은 특정직) ⑬ 차관급상당 이상의 보수를 받는 비서관(대통령비서실 수석비서관, 국무총리비서실장, 대법원장비서실장, 국회의장비서실장) ⑭ 국가정보원장, 차장 및 기획조정실장 ⑮ 방송통신위원회 위원장 ⑯ 국가인권위원회 위원장</td></tr>
<tr><td>별정직</td><td>비서관 · 비서 등 보좌업무 등을 수행하거나 특정한 업무 수행을 위하여 법령에서 별정직으로 지정하는 공무원
① 비서관 · 비서 ② 정책보좌관 ③ 국회 수석전문위원 ④ 기타 법령에서 별정직으로 지정하는 공무원</td></tr>
</table>

3) 고위공무원단제도

고위공무원들의 자질 향상과 정치적 대응능력을 높이고 업무의 성취동기를 부여하기 위해 국가공무원 체계 중 일부 고위직을 중하위직과 구별하여 운영하는 시스템이다. 1~3급의 공직자들 중 심사를 거쳐 고위공무원단을 구성하며, 실장 · 국장 및 이에 상당하는 공직자들의 부처 간 인사교류와 승진을 인사혁신처에서 별도로 관리한다.

제2절 행정의 필요성

우리 사회에서 시민들이 생활하는 많은 부분은 시장의 원리에 의해 작동한다. 그러나 때로는 시장의 원리가 원할하게 작동하지 않는 경우도 있고, 시장의 원리에 따라 개인들이 합리적인 선택을 하더라도 비합리적인 결과를 초래하는 사례도 존재한다. 이와 같은 경우는 시민들의 복리를 위해 행정이 필요하다는 최소한의 조건이 성립된다. 이 절에서는 '공유지의 비극'과 '시장실패'를 중심으로 행정의 필요성에 대해 설명한다.

우리는 시장이라는 효율적인 기제가 있음에도 불구하고 왜 정부가 있어야 하고 행정을 필요로 하는가? 우리가 필요한 모든 재화와 서비스를 시장을 통해 구할 수 있다면 굳이 행정이 없어도 잘 살 수 있지 않을까? 무수한 행정서비스 속에서 일상생활을 하고 있는 일반인들 사이에서 이러한 의문을 가지는 사람은 많지 않을 것이다. 정부가 존재하고 행정서비스를 받는 것은 너무나도 당연한 것으로 여겨질 것이기 때문이다. 그러나 행정학을 공부하는 입장에서는 이러한 의문을 가지고, 그에 대한 논리적 답변을 탐구하는 것이 매우 중요하다. 이러한 논의가 행정의 존재 이유와 행정이 어떠한 영역에서 얼마나 작동해야 하는지를 설명해 주기 때문이다.

행정이 왜 필요한가에 대한 논거는 다양하지만, 여기서는 공유지의 비극과 시장실패를 중심으로 살펴보기로 한다.

1. 공유지의 비극

인간은 일반적으로 남들에 대한 배려보다는 자신의 이익을 위한 합리적 판단과 그에 따른 행동을 하게 된다. 그런데 개인들의 이기적 행동은 사회 전체적 이익에 해를 끼칠 수 있고, 이렇게 사회 전체적으로 감소된 이익은 결국 각 개인에게도 손해가 될 수 있다. 즉, 개개인의 사리사욕의 집합은 부지불식간에 사회의 체계적 파괴를 가져와 결국 개개인에게도 손해로 귀결된다는 것이다. 이러한 현상을 하딘(Garrett Hardin)은 '공유지의 비극(The tragedy of the commons)'이라 하면서 중세 유럽사회의 봉건적 토지 소유 형태로서 장원(莊園)의 예를 들고 있다.

장원에서 농민들은 개인적으로 영주로부터 받은 경작지를 보유하고 있지만 공동으로 이용할 수 있는 목초지가 있을 경우, 가축들에게 자신의 경작지보다는 먼저 공동의 목초지에서 풀을 뜯게 하는 것이 합리적 판단인 것이다. 그러나 모든 개인이 서로 앞다투어 공동 목초지를 이용하게 되면, 그 목초지는 황폐화되어 나중에는 아무도 이용할 수 없게 되고 결국 공동의 재산을 잃음으로써 각 개인의 손해로 돌아가게 된다. 만약 어떠한 전체의 이익을 위한 조정자가 있어서 간단한 할당제를 실시하였더라면, 공동 자원을 보존하면서도 각 개인들에게 적당량을 분배할 수 있을 것이다.

어느 사회이든 자연환경, 산림, 강 등과 같은 공동의 자원을 가지고 있고, 이를 통해 사회 전체 구성원들이 지속적으로 이익을 향유할 수 있다. 그러나 이것의 이용과 관리를 개인들에게 맡겼을 경우, 개인에게는 비용의 부담이 없기 때문에 마구 이용하거나 훼손하여 황폐화될 수 있다. 이러한 이유에서 전체 사회의 이익을 추구하는 행위가 필요하고, 그것이 바로 행정의 역할인 것이다.

2. 시장실패

서구 근대사회 시대의 야경국가에서 국가는 소극적인 질서 유지만을 담당하고, 개인의 자유를 최대한 보장하여 정부의 행정 역할보다는 시장의 자율적 기능을 발휘하도록 하는 것이 효율적이고, 이것이 곧 사회 전체에도 이익이 되는 것으로 여겼다. 따라서 '최소의 행정이 최선의 행정'이라는 신념하에 행정은 되도록 시장에 개입하지 않는 것이 원칙이었다.

이처럼 '보이지 않는 손(invisible hand)'에 의해 언제나 효율적일 것이라고 믿었던 시장이 점차적으로 시장 자체의 결함을 드러냈고, 이것을 시장실패(market failure)라고 한다. 이러한 시장실패는 결국 행정이 시장에 개입하여 결함을 보완하거나 보충할 필요성을 갖게 한다.

1) 공공재(Public Goods)의 문제

인간은 살아가면서 필요한 재화와 서비스를 시장을 통해 제공받지만, 그렇다고 해서 시장이 모든 재화와 서비스를 공급해 주지는 못한다. 본래 재화와 서비스가 시장에서 공급되기 위해서는 가격이 지불하지 않는 사람에게는 소비를 제한할 수 있어야 하고(배타성), 가격을 지불하지 않은 사람이 소비하면 지불한 사람의 소비에 불편이 있어야 한다(경쟁성). 그러나 어떠한 재화나 서비스는 인간이 살아가는 데에 반드시 필요한 것임에도 불구하고, 이러한 배타성과 경쟁성을 갖지 않기 때문에 충분히 공급되지 못한다. 예를 들어 국방이나 치안과 같은 서비스는 가격을 지불하지 않았더라도 그 혜택에서 배제시킬 수 없으며, 가격을 지불하지 않은 사람이 이익을 얻더라도 가격을 지불한 사람들의 서비스에 불이익을 주지 않는다. 이처럼 비배타성과 비경쟁성의 특성을 지닌 국방이나 치안 등과 같은 재화와 서비스를 공공재라고 하며, 이러한 공공재는 행정이 세금과 같은 공공재원을 통해서 보편적으로 제공해야 할 필요성을 가진다.

2) 가치재(Merit Goods)의 문제

인간복지를 위해 반드시 필요하고 개인이 지불하는 것 이상의 큰 혜택이 부여되는 재화를 가치재라고 한다. 이러한 가치재는 공공재와는 달리 배타성과 경쟁성을 가지기 때문에 시장에 공급될 수 있으나, 시장에만 맡겨 놓는다면 그 가치에 비해 충분히 공급이나 소비가 되지 못할 수 있다. 이때 행정은 이러한 가치재를 생산비 이하의 가격으로 공급하면서 수요를 강제할 수 있다. 예를 들어 교육을 받을 경우 지불하는 비용에 비해 훨씬 더 큰 이익을 얻을 수 있기 때문에, 그것의 소비를 개인에게만 맡기기보다는 의무교육을 실시하게 된다.

3) 외부효과(Externalization)의 문제

개인의 어떠한 행위가 의도한 바와는 달리 제3자에게 어떠한 영향을 주는 것을 외부효과라고 한다. 이러한 효과는 사회 전체에 긍정적인 것일 수도 있지만, 부정적인 것일 수도 있다. 예를 들어, 누군가 자신의 필요에 따라 도로를 만들었는데, 제3자인 이웃들도 이 도로를 함께 이용할 수 있다면, 이는 긍정적 외부효과라고 할 수 있다. 반면에 생산활동을 위해 공장을 가동하면서 발생시킨 환경오염이 지역주민들에게 피해를 준다면, 이것은 부정적 외부효과라고 할 수 있다.

사회적으로 긍정적 외부효과는 많을수록 좋고 부정적 외부효과는 적을수록 좋겠지만, 그대로 방치할 경우에는 이와는 반대로 긍정적 외부효과는 적게 나타나고 부정적 외부효과는 많이 발생하게 된다. 왜냐하면, 앞의 예에서 도로의 경우 만드는 데 비용을 지불하지 않은 채 무임승차하는 사람(free rider)이 많으면 도로를 만들지 않으려 할 것이고, 환경오염의 경우 지역주민들의 건강문제, 의료비 등 사회적 비용을 발생시키지만 회사의 생산비에는 포함되지 않기 때문에 무분별하게 배출할 우려가 있다. 이러한 이유에서 행정은 긍정적 외부효과를 높이기 위하여 도로, 항만, 공원 등 사회 간접자본(SOC)을 건설하는 한편, 부정적 외부효과를 줄이기 위하여 오염규제를 실시하게 된다.

4) 독점(Monopoly)의 문제

시장이 효율적인 기제로 작동한다는 것의 기본전제는 시장 내에 진입과 퇴출이 자유롭고, 무수한 생산자들이 자유로운 경쟁을 한다는 데에 있다. 그러나 시장에서는 자본의 집적이나 기술의 전문성 등으로 인해 독점이나 과점이 형성될 수 있다. 만약 시장 내에 이러한 독과점이 발생하면 독점생산자는 생산량과 가격을 임의로 결정할 수 있고, 이는 비효율성을 낳을 뿐만 아니라 수요자들이 가격횡포의 피해를 입게 만든다. 이러할 경우 행정은 시장에 개입하여 적정가격에 공급할 수 있도록 하는 조치를 취하게 된다. 예를 들어 기획재정부의 공정거래위원회에서 독과점 규제를 하는 것 등을 들 수 있다.

제3절 행정시스템의 기본 틀 이해

행정은 관리작용으로서 공공자원의 관리부문, 프로그램 관리부문, 혁신 관리부문으로 구성되며, 여기에 다시 행정의 내·외적 환경이 포함된다. 이러한 구성요소들은 상호 연관되면서 행정의 과정으로 전개되어 궁극적으로 공공가치를 실현한다.

여기에서는 이러한 행정의 구성요소의 구체적인 내용과 그 과정을 통해 전체적 틀을 이해한다.

시스템이란 여러 부분 요소들로 구성되며, 상호 연계되어 작동함으로써 종국적으로는 총체적 결과를 산출하는 하나의 실체를 의미한다. 행정을 이러한 시스템의 관점에서 보면, 행정은 공공가치의 실현을 목적으로 다양한 관리부문이 상호 연계되어 작용하는 공공부문의 관리시스템(system)이라 할 수 있다. 이러한 시스템으로서의 행정은 매우 다양한 구성요소가 결합되어 복잡하게 연계되기 때문에 전체적인 차원에서 어떻게 구조화되어 있는지 또는 어떠한 과정에 따라 전개되는지를 파악하기 어렵다. 따라서 행정을 하나의 시스템 구조와 과정의 틀에 입각하여 살펴본다면, 전체적 윤곽을 형성하는 데에 도움이 될 것이라 생각한다.

1. 행정환경(Administrative Environment)

행정환경은 행정시스템 외부에 존재하면서 행정과 영향을 주고받는 일체의 것으로 매우 다양하지만, 그중에서도 특히 중요한 것으로는 정치시스템, 경제시스템, 기술시스템, 시민사회 등을 들 수 있다.

행정시스템과 행정환경과의 관계를 간략히 살펴보면, 첫째, 정치시스템은 국가 방향과 법·제도, 정책을 결정하여 행정시스템으로 하여금 집행하도록 하며, 반대로 행정시스템은 정치시스템의 결정 과정을 지원한다. 둘째, 경제시스템과의 관계에서는 행정시스템이 경제질서를 유지하고 재정정책을 실시함으로써 경제시스템에 관여한다. 셋째, 정보화와 같은 과학기술이나 정책·조직 등의 관리기술과 같은 기술시스템은 전자정부화나 정부성과관리체제와 같이 행정시스템을 효율화하는 데에 기여하며, 반대로 행정시스템은 기술시스템의 발전을 위한 정책지원에 노력한다. 넷째, 비교적 최근에 등장한 시민사회는 공공부문도 민간부문도 아닌 제3섹터로 일컬어지며, 행정시스템과 함께 거버넌스체제를 구축하여 협력적 관계를 발전시키고 있다.

이와 같이 행정 외부에 존재하는 것뿐만 아니라 행정 내부에서 행정 과정에 영향을 미치는 내적 환경도 있다. 행정의 지식체계로서 행정이론은 행정시스템에서의 현상을 설명하고 행정시스템 관리에 관한 지식을 제공해 주며, 이러한 행정이론의 실제 적용은 다시 행정의 이론화에 기여한다. 한편 행정의 가치(value)와 행정윤리는 공직자들의 행정관리의 수행 과정에서 가져야 할 사고체계와 행동에 지대한 영향을 준다. 특히 행정의 가치는 행정시스템의 내부적 환경이기도 하지만, 궁극적으로는 행정시스템이 추구하는 목적이기도 하다. 즉, 행정이 달성하고자 하는 바가 바로 공익의 실현, 행정 과정과 결과의 민주성과 형평성 추구, 행정관리의 효과성, 효율성의 달성이기 때문이다.

2. 프로그램 관리(Program Management)

프로그램은 정부가 선택하는 공공정책을 의미한다. 그것은 경제정책, 국방정책, 외교정책, 환경정책, 교통정책, 주택정책, 복지정책, 범죄예방정책 등 실로 다양하다. 이러한 공공정책의 관리 과정은 매우 복잡하고 동태적이다. 즉, 공공정책은 의제설정에서부터 바람직한 대안의 선택, 집행, 평가에 이르는 일련의 과정이 복잡하게 연관되어 있는 것이다. 따라서 정책의 성공을 위해서는 정책에 대한 과학적이고 분석적인 연구가 필요하다.

조직관리의 중요성은 공공정책이 기획되고 집행되는 것이 소관부처나 기관과 같은 공공조직을 통해서 이루어진다는 데에 있다. 예를 들어 경제정책은 기획재정부나 산업통상자원부에서, 국방정책은 국방부에서, 복지정책은 보건복지부에서 담당하는 것이다. 이러한 정책들이 성공적으로 추진되기 위해서는 이를 주관하는 공공조직이 효율적이고 효과적으로 관리되는 것은 필수적이다. 원래 19세기 말 미국에서 태동할 당시부터 정부조직의 효율적인 관리는 행정학의 핵심적 문제였고, 백여 년이 지난 현 시대에 이르러서도 마찬가지이다.

지방행정은 행정의 단위를 중앙과 지방으로 구분했을 때 중앙정부의 국가행정에 상대되어 지방정부가 수행하는 행정이다. 일반적으로 공공정책의 결정과 기획은 중앙정부를 중심으로 이루어지는 반면, 그것의 집행은 지방정부 단위에서 시행된다. 특히 지방자치제하에서 지방정부는 중앙정부와의 관계, 재원의 확보, 주민들에 대한 행정서비스 전달 등이 핵심적 과제이다.

갈등관리는 행정시스템 내에서 조직과 조직 간, 또는 조직 내 인간 사이에서 벌어지는 갈등뿐만 아니라 행정시스템과 행정환경 사이에서 일어나는 갈등을 다룬다. 행정시스템은 정부부처, 산하기관, 공공기관 등 거대한 정부조직 구조하에서 공무원, 준공무원 등의 인력으로 구성되어 상호 복잡한 관계 속에서 정책과 행정업무를 담당한다. 이러한 구조와 과정에서 조직 내에서뿐만 아니라 조직 간에서도 효율적인 조정이 이루어지지 못하고 갈등이 일어날 수 있다. 더구나 정책 과정의 참여자가 확대되고 지방자치의 시행으로 지역이기주의가 심화되면서 프로그램의 관리에서 갈등관리의 중요성은 높아지고 있다.

위기관리는 최근 사회가 복잡화되면서 빈번해지는 각종 위험요소에 대하여 행정시스템이 관리 가능하도록 하는 노력에서 비롯되었다. 즉, 자연재해뿐만 아니라 인공적 재해까지 국가적 재난이 빈번해지고 있으며, 이에 대한 정부의 효과적 관리체계의 구축 및 운영이 범정부적인 과제로 등장하고 있는 것이다.

3. 자원 관리(Resource Management)

어떠한 시스템이든 목표를 성공적으로 수행하기 위해서는 필수적인 자원이 확보되어야 하고, 또한 그것이 효율적으로 운영·관리되어야만 한다. 아무리 바람직한 정책목표가 세워지고 합리적인 정책수단을 확보하였다고 하더라도, 필수적인 자원이 동원되지 못하거나 비효율적으로 운영된다면 목표 달성은 불가능할 수밖에 없기 때문이다.

행정시스템의 입장에서 요구되는 핵심 자원은 인적 자원과 물적 자원, 그리고 정보자원이라 할 수 있는데, 이러한 자원들의 관리는 전체 행정시스템의 성패를 좌우할 만큼 중요하다.

인사행정은 행정시스템의 인적 자원, 즉 공직자 관리에 관한 것인데, 여기에는 공직인사의 원칙, 공무원제도, 공직분류에 대한 기본원리와 함께 인력계획에 따른 모집 및 선발에서부터 배치, 근무성적평정, 교육·훈련, 보수체계, 사기 등의 인력자원 관리기술이 포함된다.

재무행정은 행정시스템의 물적 자원으로서 정부예산의 형성과 집행을 다룬다. 여기서는 예산의 기본원칙과 예산제도, 예산 과정 등이 중심이 된다.

행정정보자원의 관리는 최근 정보사회의 발전에 따라 중요성이 커져가는 분야이다. 행정시스템이 효율화되어 질 높은 행정서비스를 제공하기 위해서는 정보자원의 효율적 관리와 행정 과정의 시스템화가 요청된다. 최근 우리의 정보 관리 수준은 행정시스템을 전지정부의 단계로 발전시켜 전체 행정시스템의 효율성에 지대한 영향을 주고 있다.

4. 혁신 관리(Innovation Management)

아무리 훌륭하고 안정적인 제도가 마련되고 정부의 조직화가 이루어지며 적절한 관리기술을 사용한다고 하더라도 상황이 바뀌고 환경이 변화하면, 부조화가 생기고 행정의 효율성과 효과성은 떨어질 수밖에 없다. 따라서 행정은 환경의 변화에 따라 끊임없이 혁신을 해야만 한다.

한편, 정부는 불가피하게 규제 기능을 가지고 공·사 영역에서 규제를 실시하게 된다. 이러한 정부규제는 반드시 필요한 규제가 있는가 하면, 또한 불필요한 규제로 인해 사회적 비용이 소모되는 경우도 있을 수 있다. 최근 세계화로 인한 국가 간 무한경쟁시대에서 지나친 규제는 국가 발전에 역행하는 요소이며, 정부혁신에서는 무엇보다도 중요한 주제로 다뤄져 왔다.

제4절 행정학의 이해

행정학은 공공부문에서 공익을 달성하기 위한 학문으로, 조직, 인사, 재무와 같은 행정의 핵심 요소뿐만 아니라, 정책결정과 집행 과정도 다룬다. 또한, 다양한 사회과학과의 융합을 통해 복잡한 사회문제를 분석하고 해결하는 데 기여하며 효율성, 형평성, 투명성과 같은 다양한 가치를 실현하는 데 중요한 역할을 한다. 21세기 행정학은 디지털 기술, 환경정책, 인구 고령화 등 새로운 도전에 대응하기 위해 다학제적 접근을 통해 혁신적인 해결책을 모색하고 있다.

1. 행정학의 의의와 다학제적 특성

1) 행정학의 의의

우리는 앞서 행정의 의미에 대해, 공공부문(public sector)에서 공익을 달성하기 위한 집행 또는 관리작용이라고 학습하였다. 이러한 행정의 특성을 다루는 학문이 행정학이다. 우리 사회의 구성원은 다양한 가치, 이해관계, 선호를 가지고 있고, 다층적인 이해관계와 조직 속에서 생활한다. 이러한 특성을 가진 우리 사회의 공익을 위해 바람직한 행정을 달성한다는 것은 매우 복잡하고 어려운 일이다. 행정이 본질적으로 복잡한 제약조건하에서 최적의 결과를 달성하기 위한 공공부문의 활동이기 때문에, 이것을 다루는 행정학 역시 다양한 분야의 지식을 포괄할 수밖에 없는 숙명을 가지고 있다.

우리 사회의 공익을 달성하기 위해서는 과거와 현재의 문제를 진단하고 정책적으로 처방책을 결정한 후 효율적이고 효과적으로 집행해야 한다. 이러한 속성을 지닌 행정을 다루는 학문으로서 행정학은 사회경제적 환경의 변화에 따라 역사적으로 발전하고 변화해 왔다. 부패한 정치로부터 독립하여 전문성과 효율성을 강조한 고전적 행정학(1880년대~1930년대)이나 1960년대 후반의 사회문제에 대한 사회적 책임을 강조한 신행정학(New Public Administration), 1980년대 이후 신자유주의 흐름과 함께한 신공공관리론(New Public Management), 2000년대 시민사회의 확장 흐름을 반영한 뉴거버넌스론 등은 사회현상에 적절하게 대응하기 위한 학문적 발전 과정이었다.

또한, 행정학은 공공부문의 운영을 체계적으로 분석하고, 공공의 목표를 달성하기 위한 이론적 틀과 실천적 도구를 제공한다. 특히, 행정의 핵심적인 세 가지 요소인 조직, 인사, 재무를 이론적으로 다루며, 이를 통해 공공조직의 효율적 운영과 관리 방안을 연구한다.

행정은 정책활동을 실현하기 위한 과정에서 발생하는 다양한 행정작용으로 구성된다. 따라서 행정학은 단순히 조직과 자원 관리뿐만 아니라, 정책의 결정과 집행 과정도 깊이 있게 다룬다. 이는 공공정책이 공공의 이익을 실현하고 사회적 문제를 해결하는 과정에서, 행정이 필수적인 도구로 기능하기 때문이다. 정책결정과 정책집행은 행정의 중요한 활동이며, 행정학은 이러한 정책활동이 효율적이고 합리적으로 이루어지도록 지원하는 학문기반을 제공한다.

이처럼 행정학은 이론과 실무를 결합하여 공공부문의 문제를 해결하고, 공공의 이익을 극대화하는 데 기여한다는 점에서 그 의의가 크다. 사회경제적 변화에 따라 끊임없이 진화하는 행정학은 현대 국가 운영에 필수적인 학문으로 자리 잡고 있으며, 효율성, 형평성, 투명성과 같은 다양한 가치를 추구하는 공공부문의 성과 향상에 중대한 역할을 한다.

2) 행정학의 다학제적 특성

행정학은 정치학, 경제학, 사회학, 법학 등 여러 사회과학과의 융합을 통해 발전해 왔다. 이와 같은 다학제적 특성은 행정학이 복잡한 사회적 문제들을 다차원적으로 분석하고 해결할 수 있는 능력을 강화하는 데 중요한 역할을 한다. 각 학문은 행정학의 이론적 기반을 풍부하게 만들고, 정책결정 및 집행 과정에서 적용할 수 있는 다양한 도구와 방법론을 제공한다.

예를 들어, 경제학의 비용편익분석은 자원배분의 효율성을 높이는 데 활용되며, 정치학의 민주적 절차는 정책 결정의 정당성과 투명성을 확보하는 데 기여한다. 또한, 법학의 규제 준수는 공공정책이 법적 틀 안에서 이루어지도록 보장하며, 사회학의 사회적 영향 분석은 정책이 사회에 미치는 다양한 효과를 평가하는 데 도움을 준다. 이러한 다학제적 접근은 공공정책의 효과성을 극대화하고, 공공기관의 성과를 개선하는 데 큰 기여를 한다.

21세기에 들어서 행정학은 디지털 정부, 인공지능(AI), 환경정책 등 새로운 도전에 직면하고 있다. 기술 발전으로 인해 행정의 방식이 변화하고 있으며, 환경 문제와 같은 글로벌 이슈에 대한 공공정책의 대응이 요구되고 있다. 또한 인구 고령화, 불평등 등 사회적 문제도 지속적으로 해결해야 할 과제로 떠오르고 있다. 이러한 문제들을 해결하기 위해서는 다양한 학문과의 협력을 통한 혁신적이고 효과적인 해결책이 필요하다. 행정학은 이러한 복잡한 도전 과제들에 대해 다학제적 접근을 통해 미래 지향적인 해법을 모색해야 할 것이다.

2. 종합학문으로서의 행정학

1) 이론과 실천의 결합

행정학은 이론적 연구에 그치지 않고, 실질적인 정책결정과 집행에 깊이 관여하는 응용학문이다. 다양한 이론들은 정부와 공공기관이 직면한 현실적인 문제를 분석하고 해결책을 제시하는 데 사용된다. 예를 들어, 관료제 이론은 조직의 효율성과 공정성을 높이기 위한 구조적 접근을 설명하며, 정책학 이론은 정책결정 과정에서의 합리적 선택을 강조한다. 이러한 이론들은 실제 정책의 설계와 집행에서 가이드라인을 제공한다.

2) 정책 연구와 실무 적용

행정학은 정책 연구와 실무 적용 사이의 긴밀한 연계를 통해 발전한다. 학문적 연구에서 개발된 모델과 이론들은 공공정책 결정 및 집행 과정에서 바로 활용된다. 예를 들어, 정책 분석 도구는 정책의 대안 선택과 그 효과를 예측하는 데 사용된다. 이러한 연구는 실무자들이 보다 합리적이고 효율적인 정책을 수립할 수 있도록 지원하며, 이를 통해 실질적인 사회적 변화가 이루어진다. 정책집행의 결과를 분석하고 평가함으로써 더 나은 정책 개선으로 이어지기도 한다.

3) 사례연구

행정학은 응용학문으로서 다양한 사례연구를 수행한다. 예를 들어, 복지정책의 수립과 집행 과정에서 행정학은 빈곤 완화, 의료 지원, 교육 기회 제공 등의 복잡한 문제를 다루며, 정책의 효과를 극대화하는 방법을 연구한다. 도시 계획의 경우 인프라 개발, 교통문제 해결, 주거 환경 개선 등에서 행정학은 정책 실행을 통해 도시의 발전을 촉진하며, 사회적 요구에 부응하는 결과를 도출한다.

4) 행정의 다차원적 성격

행정학은 법, 경제, 정치와 같은 다양한 분야와의 연계를 통해 실질적인 문제 해결에 기여한다. 예를 들어, 법적 측면에서는 공공정책이 법률에 따라 집행되며, 규제와 법적 절차를 준수해야 한다. 경제적 측면에서는 자원배분의 효율성을 고려한 정책이 필요하고, 정치적 측면에서는 민주적 과정에서의 정책결정이 중요하다. 이러한 다차원적인 접근은 복잡한 사회적 문제를 해결하는 데 있어 행정학의 필수적인 특성이다.

3. 행정학과 다른 사회과학의 관계

1) 정치학과의 관계

행정학과 정치학은 역사적으로 긴밀한 관계를 유지해 왔다. 정치학은 권력과 권위의 문제를 다루는 반면, 행정학은 정책의 집행과 관리에 중점을 둔다. 두 학문은 서로 보완적이다. 정부의 정책결정 과정에서 정치적 논의가 이루어지면, 행정학은 그 정책을 실제로 실행하고, 그 결과를 평가하는 역할을 맡는다. 즉, 정치학이 정책의 정당성을 다루는 학문이라면, 행정학은 정책의 실효성을 다루는 학문이다.

2) 경제학과의 관계

행정학은 공공재정과 경제정책에서 경제학과 긴밀한 관계를 맺는다. 공공부문에서의 자원 배분은 효율성과 형평성을 동시에 고려해야 하며, 이는 경제학적 분석이 필수적이다. 예산 편성 과정에서는 제한된 자원을 어떻게 배분할 것인지에 대한 경제적 원칙이 적용되며, 비용편익분석과 같은 경제학적 도구는 정책결정의 중요한 기준이 된다. 이를 통해 행정학은 공공자원의 최적 활용과 공공서비스의 효율적 제공을 도모한다.

3) 사회학과의 관계

행정학과 사회학은 사회문제를 분석하고 해결하는 데 중요한 역할을 한다. 사회학이 사회구조와 인간의 상호작용을 연구하는 학문이라면, 행정학은 그 연구 결과를 바탕으로 정책을 설계하고 집행한다. 예를 들어, 빈곤 문제나 불평등 문제는 사회학의 분석을 통해 이해되며, 행정학은 이러한 문제를 해결하기 위한 정책을 개발하고 실천한다. 이를 통해 행정학은 사회적 통합과 안정성에 기여한다.

4) 법학과의 관계

법학은 행정학에서 중요한 역할을 한다. 공공정책은 법적 틀 내에서 집행되어야 하며, 법적 절차를 준수해야 한다. 특히 「행정절차법」, 법치 행정, 규제 정책 등은 법학적 지식이 필수적이다. 행정학은 법학을 통해 정부의 정책이 합법적이고 정당한 절차에 따라 이루어지도록 보장하며, 법적 분쟁에서 정부의 입장을 지지하거나 조정하는 역할을 한다.

5) 심리학 및 행태과학과의 관계

행정학은 심리학과 행태과학과도 깊은 연관이 있다. 의사결정이론과 조직 내 개인의 행동을 분석하는 심리학적 접근은 공무원의 직무몰입과 업무성과 개선에 큰 기여를 한다. 예를 들어, 행정학은 조직 내 갈등관리, 동기부여, 리더십 개발 등의 문제에서 심리학적 이론을 활용하여 공공기관의 운영 효율성을 높인다.

CASE STUDY 사례 1

행정의 기능: 적극행정 사례

적극행정 추진 3년차인 2021년에는 국민이 체감하는 적극행정을 목표로 위기극복과 미래준비를 위한 적극행정을 추진한다.

중점과제별 적극행정 맞춤 지원

방역, 민생경제 반등 등 위기극복을 위한 과제와 한국판 뉴딜, 2050 탄소중립 등 미래준비를 위한 과제를 비롯한 각 부처의 중점 과제들(총 171개 적극행정 중점과제)을 적극행정을 통해 맞춤 지원한다. 과제 추진과정에서 발생하는 쟁점사항은 적극행정 제도(사전컨설팅, 적극행정위원회 등)를 통해 면책을 보장하고 성과에 대한 합리적인 보상도 시행하는 한편, 우수사례는 상시 전파하고 연말 적극행정 평가에도 중점과제 추진사항을 반영할 예정이다.

현장의 필요성이 상당함에도 적극행정 제도활용 등 적극적 조치 없이 규정과 감사부담을 이유로 업무를 소홀히 하는 경우에는 소극행정으로 판단하고 특별점검을 통해 엄중히 관리한다.

소극행정 원인 분석 및 재발 방지

소극행정 근절을 위해 그간 접수된 소극행정 신고사례를 종합적으로 분석하여 소극행정의 유형과 판단기준, 빈발 분야에 대한 재발방지 방안 등을 마련하고 이를 바탕으로 관리를 강화한다. 특히 주요사례와 징계 등 불이익조치 결과 등을 전 공직사회에 정기적으로 전파하고 교육하여 공직자들의 경각심을 높이고 인식 개선을 위해 노력한다.

출처: 대한민국 정책브리핑(www.korea.kr)

CASE STUDY 사례 2

우리나라 재원 배분 비중 1위는 '보건복지'…경제·교육 2위

우리나라 정부가 지난 10여 년간 재원을 배분하는 데 있어 가장 우선으로 삼은 분야가 '보건복지', 그중에서도 '복지'라는 연구 결과가 나왔다. 29일 한국행정연구원의 '한국행정연구' 33권에 실린 '한국 국가의 기능별 재원 배분, 1948~2021' 보고서에 따르면 우리나라는 1990년 김대중 정부 때 처음 보건복지에 배분되는 재원 비중이 경제 재원 비중을 넘어섰고, 문재인 정부에 이르면서 확고히 지출 1위 분야로 자리매김했다. 국가의 기능별 재원 배분의 양상은 국가의 정책 방향과 우선순위를 반영하며, 그에 따라 국민의 안위와 삶의 질, 그리고 국민경제 등에 미치는 영향이 다르다.

우리 정부는 처음 수립된 후 1950년대 중반까지 지출 비중에서 경제 기능이 다른 기능에 비해 매우 높았고, 이러한 현상은 1970년대 급속한 산업화의 시대를 거쳐 2000년대 중반에 이르기까지 지속됐다. 20~30%대를 유지하던 경제 비중은 2000년대 중반 이후부터는 다소 낮아지면서 10%대로 떨어져 1970년대 말부터 급격히 증가하기 시작한 보건복지 분야에 최다 비중 자리를 내줬다. 보건복지 분야는 김대중 정부를 거쳐 노무현 정부 초반까지 경제 분야와 비슷한 규모를 유지했으나, 노무현 정부 후반부터 30%대에 육박하며 경제 비중을 확고히 넘어서기 시작했다. 이명박 정부에서는 보건복지 중 복지 분야 단독으로도 경제 재원 비중과 비등한 수준으로 올라섰으며, 박근혜와 문재인 정부 때는 20% 이상까지 늘어나 1위 자리를 굳혔다. 보건 분야 또한 문재인 정부에 들어서 경제·교육과 2위 자리를 두고 경쟁할 정도로 비중이 높아졌다.

출처: 연합뉴스(2024.4.29)

1. 위 사례1에서 적극행정이 강조되는 이유를 행정학적 관점에서 설명해 보시오.
2. 위 사례2에서 우리나라의 재원 배분이 변동되는 이유를 행정학적 관점에서 토론해 보시오.

연습문제

1. 행정과 경영의 차이점을 통해 행정의 의미를 간략히 정리해 보시오.

2. 공공부문(정부)과 민간부문(시장)의 차이를 설명해 보시오.

3. 비영리부문의 등장배경과 역할에 대하여 설명해 보시오.

4. 공유지의 비극과 관련되는 현실적인 사례를 들어 보시오.

5. 시장실패가 왜 행정의 필요성을 강조하는 논거가 되는지 설명해 보시오.

제 2 장

행정과 행정환경

[학습목표]

1. 행정과 행정환경의 개념과 특성 및 구성요소를 알아본다.
2. 행정과 정치적 환경을 이해한다.
3. 행정과 경제적 환경을 살펴본다.
4. 행정과 시민사회적 환경을 고찰한다.

학습개요

본 장에서는 행정시스템을 이해하기 위해, 행정환경에 대해서 구체적으로 살펴본다. 이를 위해서, 행정환경의 주요 개념과 특성 그리고 구성요소에 대한 내용을 소개한다. 그리고 행정과 정치, 행정과 경제, 행정과 시민사회와 관련한 환경에 대해서 학습한다. 일반적으로, 행정을 둘러싼 주요 환경은 정치, 경제, 법, 사회 그리고 글로벌 현황 등으로 고려될 수 있다. 행정을 둘러싼 다양한 환경의 변화는 유기적으로 상호 영향을 주고 받기 때문에, 특정 요소 혹은 요인이 변화할 경우, 다른 요소도 영향을 받으며 변화할 가능성이 크다. 이를테면, 현재는 세계적으로 보편화되고 있는 가치와 규범 등이 특정 국가에서만 유효한 것이 아니라, 모든 범위에서 이를 수용하는 일련의 동형화(isomorphism) 현상이 나타나기도 한다. 실례로 시민사회의 발전과 민주주의 확산, 과학기술발전에 따른 행정–정치 시스템의 선진화, 사회문제 해결에 대한 국가–시장(민간)의 역할 재조명 등을 들 수 있는 것이다. 이러한 문제는 시대적 변화와 동시에 국가가 정책과 제도 그리고 법을 집행함에 있어 어떠한 환경 속에서 변화하는지 혹은 발전할 수 있는지에 대한 방향성을 제공한다고 볼 수 있다. 동시에, 이러한 환경 속에서 행정과 정치, 경제, 사회 등이 매우 유기적으로 연계되어 공진화(coevolution)되고 있다는 것을 필수적으로 이해해야 한다. 따라서, 본 장에서는 정치, 경제, 시민사회 등을 중점으로 행정환경의 제반을 이해하기 위해 앞서 설명한 내용을 살펴보도록 한다.

정치	경제	사회
법적 환경	국제적 요인	

제1절 행정과 행정환경의 이해

행정을 둘러싼 환경에 대한 이론적 내용과 개념은 여러 학파와 학자들에 의해 다양하게 논의되어 왔다. 행정환경은 행정조직이 직면하는 외부적·내부적 요인들이 상호작용하는 복합적인 상황을 의미하며, 이는 정책결정과 집행 과정에 중요한 영향을 미친다.

행정을 둘러싼 환경에 대한 이론적 내용과 개념은 여러 학파와 학자들에 의해 다양하게 논의되어 왔다. 행정환경은 행정조직이 직면하는 외부적·내부적 요인들이 상호작용하는 복합적인 상황을 의미하며, 이는 정책결정과 집행 과정에 중요한 영향을 미친다. 이론적 관점에서 행정환경을 분석하는 데에는 여러 가지 요인이 있다. 행정은 다양한 외부 환경의 영향을 받으며, 그중에서도 정치, 경제, 시민사회와의 연관성은 매우 중요하다. 이 세 가지 요소는 행정이 어떻게 작동하고, 정책이 어떻게 결정되고 집행되는지에 깊은 영향을 미친다. 각각의 요소와 행정의 관계를 구체적으로 살펴보면 다음과 같다.

첫째, 정치와의 연관성(정치 관련 환경)이다. 정치는 행정에 직접적이고 필수적인 영향을 미치는 주요 환경 요소 중 하나로 인식된다. 행정은 정부의 정책을 집행하는 역할을 수행하므로, 정치적 결정에 따라 그 방향과 우선순위가 결정될 수 있다. 정치환경은 행정조직이 운영되는 방식에 큰 영향을 미치며, 특히 정부의 이념, 정당의 정책, 선거에서의 결과 등이 행정에 큰 변화를 가져오기도 한다. 이에 대해서 정당, 입법부 등과의 관계설정에서 오는 영향 등이 고려된다.

둘째, 경제와의 연관성(경제 관련 환경)이다. 경제적 환경은 민간부문과 밀접한 연관성이 있으며, 행정이 수행하는 정책의 범위와 내용에 중요한 영향을 미칠 수 있다. 행정은 경제 상황에 따라 재정정책, 사회복지, 고용정책 등을 통해 경제적 안정과 성장을 지원한다. 경제적 환경의 변화는 행정의 역할과 책임을 변화시키기도 한다.

셋째, 시민사회와의 연관성(사회환경)이다. 시민사회는 행정이 민주적이고 투명하게 운영되는지 감시하며, 행정정책의 집행 과정에서 중요한 협력자이자 때로는 비판자로 작용할 수 있다. 시민사회는 시민들의 요구와 의견을 반영하는 역할을 하며, 정부정책에 영향을 미치기도 한다. 이 외에도 법적 환경 및 국제적 요인 등도 중요한 요소로 작용할 수 있다.

정부로 대표되는 행정(조직)은 공익의 달성이라는 정책 목표를 달성하기 위해서 존재한다. 이에 따라서, 정부는 공공목적의 달성에서 우선순위가 무엇인지를 판단해 이를 반영하고 결정한다. 이 과정에서 정부는 정치적 환경과 경제적 환경 그리고 시민사회와의 관계로부터 상호 영향을 주고받게 되며, 정책의 방향성을 설정하고 행정 시스템을 통해 집행한다.

특히 1980년대 이후, OECD를 포함한 많은 선진국에서는 비정부기구(non-government organization, NGO)와 시민사회의 역할이 강화되며, 정부는 공공정책 형성에 영향을 미치는 여러 행위자 중 하나로 인식되기 시작했다. 한국도 전통적인 관료체제가 점진적으로 붕괴하고, 정책 네트워크(policy network)를 통한 거버넌스(governance)가 강화되면서 의사결정 구조가 수평화되었다(이종한 외, 2021). 즉, 기존의 관료제에 기반한 정부 중심의 거버넌스에서 시장을 중심으로 하는 시장 거버넌스 그리고 시민사회를 중심으로 하는 시민사회 거버넌스 등 거버넌스의 유형이 다양하게 나타나고 있어야 한다. 이에 따라서, 행정이 직면한 환경에서도 변화가 발생하고 있으며 행정의 환경에 큰 영향을 미칠 수 있는 정치, 경제, 시민사회 등의 중요성도 커졌다. 이러한 변화는 새로운 거버넌스 패러다임의 특성을 보여준다. 이러한 행정을 둘러싼 다양한 환경의 변화는 행정 그 자체의 변화에 주요한 영향을 미친다.

현대사회에서 행정학의 역할은 사악한 문제(wicked problem)와 같은 복잡한 현상을 이해하기 위한 다양한 접근과 노력이 요구된다. 이와 연관해, 행정환경의 개념적

표 2-1 국정운영 패러다임의 변화

특성	정부(관료제)	시장	시민사회
행동의 주체	공무원	기업, 소비자, 이익단체	시민, 시민단체
주체 간 관계	상호의존적 종속	독립적	상호의존적 평등
지배 이념	법치주의	시장주의, 개인주의	공동체주의, 참여주의
추구하는 가치	공익	사익	공동체 이익
문제 해결	권위	흥정	신뢰, 협력
질서 유지	법	계약	자율, 상호존중
조정	강제	자율적 교환	참여
거버넌스 유형	정부 중심 거버넌스	시장 중심 거버넌스	시민사회 중심 거버넌스
NPM	정부에 시장원리 접목(관료제 내부의 관리)		무관
뉴거버넌스	정부–시장–시민사회를 네트워크로 연결한 협력 기제		

출처: 이종한 외(2021) 재인용.

이해와 더불어, 행정에 있어 환경이란 행정에 영향을 미칠 수 있는 일련의 요인들의 집합체로 볼 수 있다. 이러한 측면에서 행정환경은 ① 인간을 강조하는 자연적 시스템, ② 환경을 강조하는 개방형 시스템, ③ 효율성을 강조하는 합리적 시스템이라고 할 수 있다. 또한, 이러한 행정환경의 이해와 더불어 행정은 무엇이며, ① 행정은 어떠한 목적을 추구하는지, ② 행정은 누가 하는지, ③ 행정은 무엇을, 어떻게 하는지 등에 대한 행정의 개념과 특성을 올바르게 이해하는 것이 상당히 중요하다(김동신 외, 2021).

행정환경에서 정부는 매우 중요한 역할을 수행한다. 이 과정에서 정부는 기업, 시민, 지역사회 등과 함께 사회구성원의 삶의 질을 향상하기 위한 공공서비스를 제공하기 위해 노력한다. 무엇보다 세계화의 진전, 공공행정에 대한 욕구 상향, 사회경제적 복잡성 증대 등 다양한 요인에 따라서, 정부의 책임과 역할은 더욱 증대되고 있다. 특히, 뷰카(VUCA)[1]의 시대에 접어들면서 이러한 역할의 범위가 행정환경의 전반에서 주목받고 있기 때문에, 행정환경의 중심으로 볼 수 있는 정부가 무엇을 해야 되는지 그리고 무엇을 할 수 있는지에 대한 논의가 중요해지고 있는 상황이다. 따라서, 현대 행정학은 복잡한 행정현상을 이해하기 위해서 다양한 접근방법을 강조하며, 정부의 역할뿐만 아니라 정부를 둘러싼 다양한 환경의 이해가 필수적이다.

행정환경에 대한 개념과 더불어, 행정시스템의 개념도 연관해서 살펴볼 수 있다 김동신 외(2021)에 따르면, 행정시스템은 공익의 실현이 목적인 행정이 다양한 부문과 상호 연계하여 작동하는 일련의 공공부문 주도의 집행 및 관리시스템이라는 것이다. 특히, 행정시스템을 구성하는 여러 요소가 유기적으로 상호 연계하여 작동하는 하나의 전체라는 측면이 특징적이다. 이를테면, 일반적으로 행정국가에서 나타나는 삼권분립 형태의 행정국가는 행정부-입법부-사법부 등이 존재하며, 이들은 상호 견제와 협력을 수행한다. 이 과정에서 정부, 즉 행정부는 주도적인 역할과 책임이 강조되지만, 국가 기능을 수행하는 데 있어 유기적 협조는 중요하다.

행정환경에 대해서 기존의 논의는 다양하게 제시되어 왔다. 행정관리의 측면에서 행정환경을 살펴보면 정치, 경제, 시민사회, 기술 등 외부 요소들이 행정에 영향을 미치는 간접환경으로서 기능을 하는 것으로 이해할 수 있다. 이러한 환경적 요소들은 행정의 프로그램 및 자원 관리에 중요한 영향을 미칠 수 있다. 그리고, 행정 지식 체

1) 뷰카(VUCA)는 불확실하고 모호한 미래를 의미하는 신조어로 변동성(volatility), 불확실성(uncertainty), 복잡성(complexity), 그리고 모호성(ambiguity) 등을 포함하는 개념이다(출처: 연합인포맥스).

계와 행정 가치와 윤리는 행정의 직접적인 환경을 구성하며, 행정이 작동하는 데 필요한 내부 기준과 규범을 형성한다. 한편, 행정관리의 측면은 두 가지로 구분할 수 있는데, 첫째는 행정 프로그램 관리와 관련한 것이다. 여기에는 조직관리, 정책관리, 지방행정, 공기업, 위기관리 등 행정의 주요 프로그램을 운영하는 부분이 포함된다. 둘째로, 행정 자원 관리와 관련한 부분이다. 여기에는 인사 행정, 재무 행정, 행정 정보관리 등 행정 운영에 필요한 자원을 관리하는 내용이 포함된다. 여기서 두 가지 관리 활동은 투입(입력)과 산출(출력)로 상호작용하게 되는데, 행정의 전체 운영에 기여할 수 있다. 이를테면, 행정 가치 및 책임 실현의 관점에서 궁극적으로 이러한 행정 관리 활동은 민주성, 효과성, 효율성 등의 행정 가치를 실현하는 목표를 추구한다. 행정 가치는 정책 실행의 질을 높이는 데 중요한 기준으로 작용할 수 있는 것이다. 행정환경과 행정관리의 상호작용을 중심으로 내용을 도식화하면 [그림 2-1]과 같다. 이는 행정이 외부 환경에 영향을 받으며 동시에 내부 자원 및 프로그램 관리를 통해 정책을 실행하고, 행정 가치를 실현하는 과정을 구조적으로 보여준다.

다음으로, 유민봉(2021)이 제시한 행정환경에 대해서 살펴보았다. 마찬가지로 행

그림 2-1 행정시스템의 구성요소와 과정

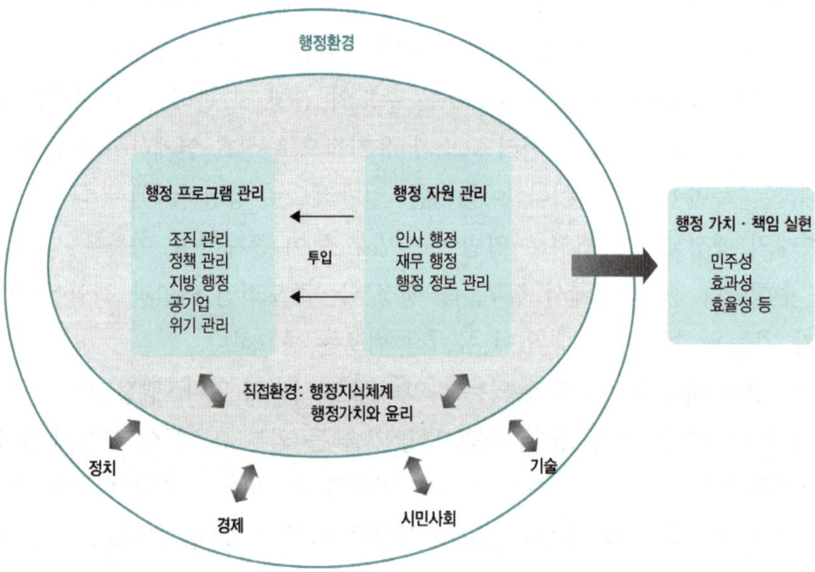

출처: 김동신 외(2021).

정을 둘러싼 환경은 다양하게 포함될 수 있다. 이를테면, ① 정치적 환경, ② 법적 환경, ③ 경제적 환경, ④ 사회적 환경, ⑤ 기술적 환경, ⑥ 글로벌 환경 등으로 구성할 수 있다. 특히, 법적 환경은 기본적으로 행정이 법의 집행이라는 측면에서 중요성을 가지는데, 엄격한 법의 집행 시 행정이 경직적일 수 있는 가능성이 있고, 유연한 법을 적용할 시에는 특혜시비 또는 감사 지적 등의 문제가 존재할 수 있다. 이를 행정에 대한 이중구속의 틀이라고 볼 수 있다. 또한, 기술적 환경은 사회의 ICT와 같은 과학기술의 발전에 따라서 행정에 직접적으로 변화를 촉진할 수 있다. 이에 따라서, 과거와는 다른 양식의 업무 처리 등을 통해 행정의 효율성이 증가할 수도 있다. 하지만, 전반적으로 행정은 민간부문보다 이러한 기술적 환경의 변화에서 적응 속도가 떨어진다는 한계가 존재한다. 그리고, 글로벌 환경도 행정에 중요한 영향을 미치는 요인으로 인식될 수 있다. 이를테면, 우리나라가 경험한 1997년 동아시아 외환위기(IMF 경제위기)는 당시 정부의 위기 극복을 위한 획기적인 변화가 요구되기도 했다. 또한, 비교적 최근의 코로나19와 같은 전 지구적 사태도 마찬가지로 행정에 있어 다양한 변화가 발생했다. 결국, 이러한 다양한 요인은 행정환경의 긍정적 변화뿐만 아니라, 불확실성(uncertainty)과 복잡성(complexity)을 증대시키기도 한다.

보다 구체적으로, 행정환경을 이해하는 데 있어, 외부 환경, 조직시스템, 결정시스템, 집행시스템, 지원시스템, 평가 및 피드백, 행정문화 등을 통해, 행정이라는 조직시스템이 외부 환경과 상호작용하는 과정을 설명하는 행정체계 모형으로 이해될 수 있다고 설명한다. 여기서 외부 환경은 일반 환경과 과업환경으로 구성되고, 조직시스템에 법규, 자원 요구 및 지지를 제공하며, 조직이 속한 사회적 · 경제적 · 정치적 환경을 의미한다. 그리고 조직시스템은 내부적으로 결정시스템, 집행시스템, 지원시스템으로 구성되며, 이 시스템들은 서로 상호작용하며 조직의 기능을 수행한다. 세부적으로 결정시스템은 정책이 결정되는 시스템으로, 외부 환경에서 제공되는 자원 및 요구를 바탕으로 정책을 형성한다. 이 과정에서 외부로부터 들어온 법규, 자원 등을 참고하여 정책을 결정하고, 조직의 방향을 설정할 수 있다. 집행시스템은 결정된 정책을 실행하는 역할을 하며, 조직이 목표를 달성하기 위해 구체적인 활동을 수행한다. 그리고 행정문화와 밀접하게 연관되어 있으며, 집행 과정에서 나온 정보가 평가에 활용될 수 있다. 지원시스템은 결정시스템과 집행시스템을 지원하는 역할을 수행하며, 조직 운영에 필요한 자원을 제공하고, 정책과 실행이 원활히 이루어질 수 있도록 지원한다. 평가 및 피드백은 조직시스템이 외부에 재화/서비스를 제공하면, 그 결과는 외부 환경으로부터 평가될 수 있다. 그리고 평가 결과는 다시 조직에 피드백으로 돌아와 조직의 정책결정 및 시스템 개선에 영향을 미친다. 행정문화는 조직시스템의 전반적인 운영 방식을 결정짓는 요소로, 시스템 전반에 영향을 미친다. 이는 조직 내 가치, 규범, 태도 등을 포함하며, 결정 · 집행 · 지원시스템이 효과적으로 작동하도록 도와준다. [그림 2-2]는 정부라는 조직이 외부 환경과 어떻게 상호작용하며, 정책을 형성하고 실행하는지, 또한 피드백을 통해 조직이 어떻게 개선되는지를 체계적으로 제시한다(유민봉, 2020).

그림 2-2 **행정환경**

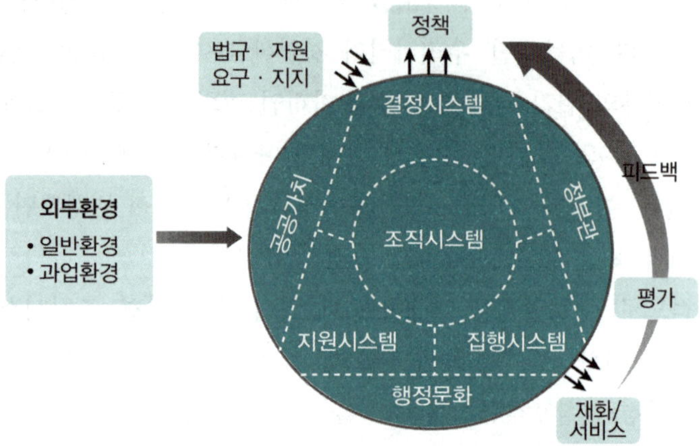

출처: 유민봉(2021).

한편, 행정환경 변화의 이론적 발전과 연관해 조직군생태학이론(population ecology theory)에 따르면, 조직 변화는 외부 환경의 선택에 의해서 좌우된다고 볼 수 있다. 이 이론은 1970년대 중반에 등장한 이론으로, 조직 환경의 절대성을 강조하고 생물학의 자연도태이론을 적용해 분석 수준을 개별 조직에서 조직군으로 확장한 것이 특징이다. 따라서, 환경결정론적 관점에 따라 조직(행정) 변화는 외부 환경의 선택에 의해 결정된다. 이와는 반대로, 전략적 선택이론에 따르면, "조직은 환경을 조종하고 통제하기 위한 힘을 획득하기 위해서 전략적 선택을 실행할 수 있는 상당한 허용 범위와 자유를 가지고 있는 자율적 행위자로서 파악된다. 따라서 조직은 환경과 견고하게 연결되어 있으며 환경의 작용을 받아 내부 구조를 적응시키는 것이 아니라, 때때로 그

환경을 조직에 유리하도록 조종하거나 통제할 수 있는 영향력을 가지고 있어 환경을 스스로 창조할 수 있다고 본다는 점에서 환경을 심리적이고 인지적인 현상으로 파악하게 해준다"고 설명한다.[2] 이러한 두 관점은 행정과 환경의 관계를 어떻게 해석하고 접근하는지에 대한 이해를 제공한다.

행정환경 변화에의 대응과 연관해, 1960~1980년대의 한국 행정환경은 정치적으로 권위주의 정부하에서 주권과 기본권이 제한되고 중앙집권적인 정부 구조가 특징이었으며, 경제적으로는 정부의 규제와 보호가 주를 이루었던 것이 특징이다. 사회적으로는 가부장적이고 획일적인 문화가 지배적이었으며, 기술은 제조업 중심의 아날로그 시스템에 의존했다. 그러나 정치적으로 1990년대 이후에는 자유화와 민주화를 바탕으로 지방 분권화가 이루어졌고, 경제적 환경에서는 시장화와 경쟁화로 전환되었으며, 사회적으로는 다원화와 공생의 가치가 중시되었다. 또한, 기술적 측면에서는 정보화와 첨단화가 진행되었고, 글로벌 환경에서는 세계화와 개방화가 촉진됨으로써 많은 변화를 야기하고 있다.

표 2-2 시기 구분에 따른 행정환경 패러다임의 변화

구분	60~80년대 환경	90년대 이후 환경
정치적 환경	권위주의 정부하의 제한	자유화, 민주화, 참여
중앙-지방 관계	중앙정부 중심의 집권성	지방화, 분권화
경제적 환경	정부의 규제와 보호	시장화, 경쟁화
사회적 환경	가부장적 획일적 사회	다원화, 공생화
기술적 환경	제조업 중심의 아날로그 기술	정보화, 첨단화
글로벌 환경	개발도상국으로 보호주의 허용	세계화, 개방화

출처: 유민봉(2021).

이 외에도 행정환경을 주요 행위자(stakeholder)의 관점에서 접근할 때, 공식적 환경과 비공식적 환경으로 구분하여 살펴볼 수 있다. 공식적 환경에서는 대통령, 국회, 법원과 헌법재판소가 주요 행위자로서 공적 정책결정에 관여하는 주체라고 볼 수 있다. 이들 기관은 헌법과 법률에 의해 권한이 부여되고, 국가의 정책 방향을 형성하고 집행하는 공식적인 역할을 수행한다. 특히, 대통령은 국회와 함께 국민으로부터 주권

2) 한국행정학회, 행정학사전: 조직군생태학이론, 전략적 선택이론.

을 위임받은 대표성을 가진다. 대통령이 수행한 모든 행정 결과에 대해 투표와 여론을 통해 직접 국민의 평가를 받게 된다. 한편, 제도화되지 않은 환경으로 비공식적 환경도 존재한다. 여기에는 언론기관, 시민단체, 이익집단, 정당, 그리고 국민 등이 포함된다. 이는 공식적인 법적 권한을 가지지는 않지만, 여론 형성, 이해관계 달성을 위한 압력 행사, 사회적 요구 반영 등을 통해 정책결정 과정에 중요한 영향을 미칠 수 있다. 이를테면, 언론기관은 미디어의 영향력을 통해, 정부에 대한 견제와 감시 기능을 수행하고 여론을 형성한다. 정당은 그들의 정책 이념과 정치적 견해를 조직화를 통해 실현하게 된다. 그리고 이익집단은 이익 실현을 위한 자발적 집단으로 정부에 압력을 행사한다. 또한, 공식적 환경은 법률과 제도를 기반으로 한 공식적인 권한에 의해 기반하지만, 비공식적 환경은 다양한 이해관계자들이 다양한 비공식적인 방법으로 정책에 영향을 미친다.

그림 2-3 공식적 환경과 비공식적 환경의 주요 행위자 비교

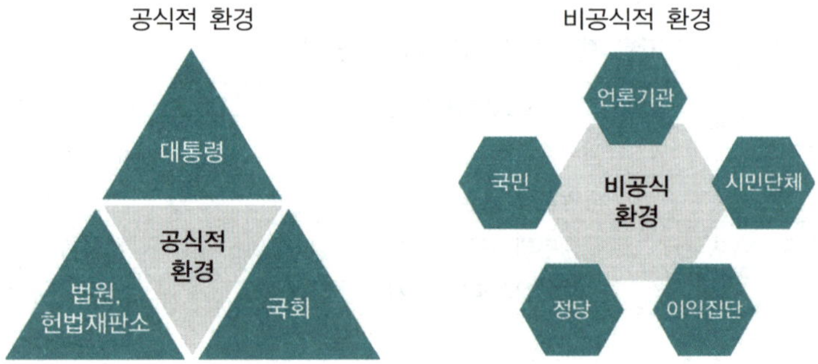

출처: 유민봉(2021).

경제적 환경을 고려해, 정부는 기업가적 행정과 같은 관리 방식을 도입하는 것도 의미가 있다. 기업가적 행정이 복잡하고 다양한 행정환경의 변화에 혁신적이고 효율적으로 대응할 수 있기 때문이다. 관료제의 경직성과 비효율성 등 정부실패의 문제점을 개선하기 위해서 기업의 경영 방식과 민영화와 같은 시장경쟁체제 그리고 성과 중심 평가 등의 내용이 포함될 수 있다. 또한, 불필요한 규제의 완화 등도 중요하게 인식된다. 따라서, 정부의 이러한 전략은 경제적 환경의 효율성 증진을 위한 하나의 대안으로 볼 수 있다.

제2절 행정과 정치적 환경

정치는 행정에 직접적이고 필수적인 영향을 미치는 주요 환경 요소 중 하나로 인식된다. 행정은 정부의 정책을 집행하는 역할을 수행하므로, 정치적 결정에 따라 그 방향과 우선순위가 결정될 수 있다. 정치환경은 행정조직이 운영되는 방식에 큰 영향을 미치며, 특히 정부의 이념, 정당의 정책, 선거에서의 결과 등이 행정에 큰 변화를 가져오기도 한다. 이에 대해서 정당, 입법부 등과의 관계 설정에서 오는 영향 등이 고려된다. 여기서 정치-행정의 관계에 대한 이론적 논의와 정치-행정에 대한 통제에 대해서 살펴본다.

1. 행정과 정치 관계의 이해

행정과 정치적 환경의 이해에 있어, 행정과 정치 간의 관계를 이해하는 것이 필요하다. 정치는 정책의 전반적 과정에서 영향을 미치게 되는데, 이는 정치가 가지는 사회에서의 가치의 권위적 배분(authoritative allocation of values for the society)을 통해 실제 정책이 이루어진다는 것과 연관성이 있다. 따라서, 정치는 정책의 우선순위 그리고 가치판단 등과 중요한 관계에 놓여 있다.

또한, 행정과 정치의 관계를 이해하기 위해서 정치행정이원론과 정치행정일원론에 대한 내용을 살펴볼 수 있다. 먼저, 정치행정이원론은 행정학이 정체성을 가지고 성립되는 초기로 거슬러 올라간다. 일반적으로 엽관주의의 폐해로 제시되는 행정의 비능률성 그리고 부패와 같은 문제의 극복을 위해서 1883년 펜들턴법(Pendleton Act)의 제정에 따라 정치로부터 행정을 분리하는 것이 중요하다는 인식이 확산되었다. 이러한 정치행정이원론은 행정을 사실지향적인 관점에서 관리와 집행으로 접근하는 것이 필요하다는 입장으로 볼 수 있다. 정치와 구분하여 정치의 영향력으로부터 행정을 분리하여 살펴보자는 것이다. 하지만, 현대사회의 복잡성과 다양성을 고려할 때, 정책과 행정을 결정하는 과정에서 행정과 정치를 완전히 구분하는 것은 불가능하다고 볼 수 있다.

한편, 정치행정일원론은 1920년대 후반부터 나타난 대공황(Great Depression)과 제2차 세계대전 같은 정부의 적극적 개입이 필수적인 상황에 직면한 것과 연관성이 있다. 즉, 정치와 행정의 이원론적인 접근은 당시 사회가 직면한 문제를 해결하는 데 상당히 제한적이며, 정책결정의 과정에서 정부가 주도하는 것이 매우 중요하다는 인식이 확산되었다는 것이다. 물론 정치행정일원론은 권력이 집중됨으로써 문제가 발생하기는 했지만, 당시 사회문제 해결과 극복을 위한 정부의 역할과 책임이 필수적인 상황에서 행정부가 중심이 되는 것이 중요하다는 인식으로 볼 수 있다.

정치는 가치의 권위적 배분의 특성을 가지기 때문에, 근본적으로 결정과 가치 그리고 목적 등을 중요시한다는 특징이 있다. 반면에, 행정은 수단과 집행 등 사실과 결과를 보다 중시하게 되는데 이러한 차이가 정치와 행정의 관계를 설정하는 데도 영향을 미친다. 즉, 정치가 정책의 결정 또는 형성 그 자체에 보다 주목한다면, 행정은 그 이후의 집행에 보다 주목하는 것으로 볼 수 있다. 따라서, 의사결정과 목표 설정에서 가치를 중시하는 정치의 특성과 집행에 따른 결과 또는 영향과 같은 보다 객관적 사실을 중시하는 행정의 차이를 알 수 있다. 하지만, 정치와 행정을 명확히 구분하는 것은 난제로 인식되고 있다. 그 이유는 오늘날 실제 많은 경우, 행정과 정책이 정치적 환경하에서 이루어지기 때문에, 정치적 동원(mobilization)과 지지(support)가 확보되지 못하면 제대로 된 기능을 수행하기 어렵기 때문이다. 마찬가지로 행정도 집행의 과정에서만 주요한 것이 아니라 코로나19(Covid-19)와 같은 전 지구적 위기 사례를 볼 때, 정부 주도의 정책 과정의 수행이 필요할 수 있다는 것을 잘 알 수 있다. 따라서, 정치와 행정은 불가분의 관계가 아닌 매우 밀접한 상호연관된 관계로 발전해 오고 있다.

이러한 내용을 한국 사례에서 찾아볼 때, 우리나라는 정부 수립 이후부터 전형적으로 행정우위의 강력한 권력구조가 나타났으며, 정치적 합의를 통한 가치판단 등에서 충분한 논의가 이루어지지 못한 것을 알 수 있다. 따라서, 정치와 행정이 연계되어 다양한 문제가 발생했고 민주주의의 성숙과 같은 정치적 발전은 미진한 상황이었다. 이러한 이슈와 더불어, 최근까지도 책임행정의 구현을 위한 다양한 수단이 마련되어 감시와 견제의 기능이 활성화되고 있는 상황이지만 여전히 많은 문제가 상존하고 있다. 따라서, 행정과 정치화가 부정적인 영향을 최소화하며, 행정과 정치뿐만 아니라 각 영역의 분절화를 극복할 수 있는 노력이 중요하다.

한편, 정치적 환경은 정책결정, 재화 및 서비스 제공에 영향을 미치는 공식적 그리고 비공식적 정치제도와 가치 등으로 그 의의를 살펴볼 수 있다. 또한, 대통령 임기, 양당/다당제도, 언론, 민주주의 성숙도 등 다양한 부문에 영향을 미치기도 한다(유민봉, 2021). 이 과정에서 개별 정부는 정치적 이념(ideology)과 렌즈(lens)를 통해, 당시 사회가 직면한 문제를 해결하고 극복하기 위한 정책에 우선순위를 둠으로써 정치적 영향력이 실제 정책에도 나타나는 것을 알 수 있다. 한국 정치환경의 주요 변화를 살펴보면 〈표 2-3〉과 같이 제시할 수 있다.

표 2-3 한국의 정치환경 변화

박정희 ~노태우 정부	김영삼 정부	김대중 ~ 노무현 정부	이명박 ~박근혜 정부	문재인 정부
• 산업화 • 환경: 권위주의, 예측 가능	• 지방자치 부활 • 시민단체 정치참여 • 집권세력의 연속성	• 민주화, 진보적(이념) • 새로운 정치세력 등장 • 환경: 복잡성, 불확실성	• 보수적(이념) • 정부 주도의 성장 전략 • 국회 영향: 선진화법	• 80년대 운동권 이념 • 복지 강조, 시장규제 • 3권 견제/균형 약화

출처: 유민봉(2021)

2. 행정-정치의 통제

한국의 행정-정치 관계는 일반적으로 행정의 자율성이 약하고 정치적 통제 수준이 높게 나타난다. 정치(선출직 공직자)와 행정(실무 행정가)의 관계는 단순히 정치적 통제와 직업적 독립성 간의 상호작용으로 볼 수 있다. 통제(control)는 정책의 방향을 설정하고 그에 대한 통제력을 유지하는 능력을 의미하며, 독립성(independence)은 정책 수립에서 전문가적 관점을 주장하고 실행에서 전문가적 기준을 따르는 것을 포함하는 것으로 설명된다(Svara, 2001). 이와 연관해, 정치와 행정의 가장 이상적인 관계는 정치적 통제가 높으면서도 행정의 독립성이 높은, 상보적 관계로 볼 수 있는데, 집권세력이 책임성을 바탕으로 행정 관료제를 통제하고, 행정 관료제가 전문성과 합법성에 기초하여 독립성을 확보할 때, 양측은 상호 보완적인 관계를 형성할 수 있다는 것이다. 즉, 집권세력의 정치적 통제와 행정의 독립성이라는 상충적인 요소도 서로를 인정하고 존중할 때 상보적 관계로 발전할 수 있다. 또한, 정치와 행정이 상호보완적 관계를 가지기 위해서, 행정 관료제의 전문성과 대응성 강화, 책임성 기반의 합리적 행정통제, 정치적 중립성 확보 등의 조건이 필요하다(권혁주, 2020).

또한, 행정-정치 관계를 이해하는 데 관료제의 정치화(politicization)의 개념도 중요하게 살펴볼 수 있다. 피터스와 피에르(Peters & Pierre)에 따르면, 협의의 의미로서 관료제의 정치화는 "공무원의 채용, 이동, 승진, 보상, 훈련에 있어서 실적주의 기준 대신 정치적 기준의 적용" 등을 의미하며, 광의의 의미로는 정책(정책의 결정 및 집행 과정)과 행태(관료의 정치적 행동 및 태도) 등을 포함한 정치화로 이해될 수 있다. 관료제 정치화는 행정에 대한 통제 욕구와 관료제에 대한 불신, 관료의 자발적 정치 지향

그림 2-4 행정(가)-정치(인)의 관계 이해

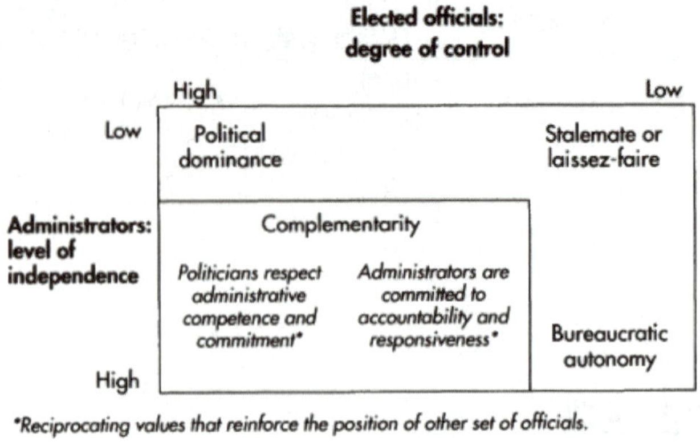

출처: Svara(2001).

등의 원인이 주요하게 작용할 수 있다. 이러한 정치화의 결과는 두 가지로 나타날 수 있는데 이는 정치적 중립성과 정치적 대응성 혹은 정치적 책임성에 영향을 미치게 된다(이창길, 2020 재인용).

3. 관료제의 정치적 통제[3)]

관료제의 정치적 통제 문제는 행정과 정치적 환경의 관계가 매우 중요할 수 있음을 알 수 있는 내용이다. 양재진(2001)에 따르면, 관료제에 대한 정치적 통제의 필요성은 정권교체기에 상존하는 문제이기 때문에, 관료제의 중립성 유지가 관건이다. 통상적으로 주인–대리인 이론에서의 집권세력과 관료 사이의 관계를 고려해 볼 때, 몰인격적이고 중립적인 관료가 되지 못하는 이유가 설명될 수 있다. 이에 대해서, 정권교체 시 관료제에 대한 정치적 통제의 전략은 다음의 네 가지에 주목할 수 있다. 첫째, 집권세력은 관료를 통제해야 하는 필요성에도 불구, 정책 관련 정보력과 전문지

3) 물론, 반대되는 현상도 존재한다. 이를테면, 구현우(2020: 74)에서 제시된 것처럼, 과거 한국의 발전국가 시기에서는 행정이 정치를 주도하는 이른바 행정우위론이 지배적으로 나타나기도 했다. 이에 따르면, "5 · 16 군사쿠데타 직후 쓴 것으로 알려진 지도자도(指導者道)에서 박정희가 말한 것처럼 조국의 절박한 현실을 생각한다면, 정치와 같은 '시간소비적 의사결정'은 바람직하지 않다고 생각할 수 있다"고 제시되는데, 결국 행정 주도의 정책결정이 매우 중요한 논리로 작용할 수 있는 상황도 있다는 것을 이해할 필요가 있다.

식의 부족으로 관료제 통제에 어려움을 겪는다. 둘째, 행정수반은 관료조직의 재조직화를 통해 통제력을 배가한다. 셋째, 관료의 기만의 가능성을 낮추기 위해 충성도가 높은 관료를 주요 정책 과정에 참여시키는 전략을 구사한다. 그리고 마지막으로, 집권당은 대통령을 배출하고 인적으로 행정부의 내각을 구성하는 한편, 독자적으로 정책안을 만들고 정부의 정책을 지지하거나 비판함으로써 관료제에 대한 견제와 통제를 한다.

이와 연관해 한국 행정 사례를 통해 김대중 정부의 관료제에 대한 정치적 통제를 살펴볼 수 있다. 구체적으로, 조직개편, 충성도 인사, 당정협의를 통한 통제, 그리고 관리주의 행정개혁 등의 사례를 살펴볼 수 있다. 먼저, 김대중 정부는 1998년 정부조직개편을 실시해 미국식 대통령제를 지향하는 모습을 보이는데, 특히, 대통령 직속으로 기획예산부와 중앙인사위원회를 신설해 예산과 인사에 양대 권한을 부여함으로써 강력한 대통령을 만들고자 했다. 그리고, 김대중 정권은 관료제에 대한 정치적 통제의 일환으로 충성도 위주의 인사정책을 실시해왔으며, 개혁을 실시하는 데 국가관료제를 국정목표에 맞추어 요직에 인선했다. 또한, 법률안은 물론 주요 정책안들이 차관회의 전 당정협의를 거치며, 민주주의가 성숙되면서 주요 쟁점사안에 대한 당의 영향력이 점차 커지는 양상을 보이는 당정협의를 통한 집권당의 통제가 주요한 특징으로 부각되었다. 무엇보다, 김대중 정권은 기획예산처와 중앙인사위원회를 중심으로 관리주의에 입각한 행정개혁을 추진함으로써, 성과주의와 함께 실시된 개혁조치들은 결론적으로 정치적 통제의 궁극적 목적인 '일하는 관료제'를 만들기 위한 시도로 볼 수 있으므로 정치적 통제적인 측면에서 크게 주목할 만한다. 기존의 기능조정 중심으로 설명되어 오던 행정조직개혁의 당위와 과정은 정치적 설명으로 보완될 필요성이 있다는 것을 보여준다. 그리고, 연고주의 인사행태는 문화적 측면과 더불어 관료제의 정치적 통제라는 정치현실적 측면을 보완하여 논의되어야 하며, 원외가 아닌 원내에서 행정부의 정책안이 여·야 구분 없이 토론되고 심의되는 방향이 중요할 수 있다. 결국, 정권교체 시 집권세력은 국가관료제에 대한 정치적 통제를 시도한다는 시각은 기존의 조직, 인사에 대해서 중요한 시사점을 제공하는 것을 사례를 통해 알 수 있다.

따라서, 이러한 정치적 통제 방식이 국내 행정-정치환경에서 어떻게 해석될 수 있을지에 대한 논의가 필요하다. 이에 대해서, 양재진(2002)에 따르면, 한국에서 집권당을 통한 행정부의 의회 지배와 통제 현상은 대통령제하에서 이원적 정통성으로 인해 발생하는 분할 정부 문제를 해결하려는 대통령과 집권 세력의 노력에 기인한다고 볼 수 있다. 결국, 이러한 과정은 의회의 기능을 약화시키고, 행정부 우위의 행정국가화[4] 현상을 구조적으로 강화시켰다. 이에 따라서, 권위주의 전통과 경제・안보적 요인을 무시할 수 없지만, 분할 정부의 잠재적 갈등을 극복하려는 강력한 동기도 존재했다. 권위주의 시절의 불공정한 선거제도뿐 아니라, 민주화 이후에는 정계 개편, 합당, 의원 영입, 연립정부 구성 등을 통해 집권당 중심의 의회 지배가 이루어졌다. 따라서, 이러한 정치적 의사결정은 의회보다는 집권당을 경유하여 행정부 정책 과정에 투입되고, 여당 지배의 의회를 통해 법제화되는 양상을 보인다. 결과적으로 한국 특유의 행정국가화 현상은 정치화된 정책 과정 속에서도 지속되고 있다.

4. 우리나라 행정-정치 관계의 발전 방향

정치행정이원론에서는 행정이 효율성, 능률성, 목표 달성에 초점을 두는 반면, 정치는 국가 목표 설정과 민주성 확보를 중시하며 양자를 구분하고 있다. 반면, 정치행정일원론은 행정부의 정책결정에서 행정의 적극적 역할을 강조하며, 정치와 행정이 분리될 수 없음을 주장한다. 결국, 정치와 행정은 이론적으로 분리가 가능하나, 이분법적 논의보다는 상황에 따른 상호 보완적 관계의 중요성이 강조된다(윤은기, 2018). 또한 다양한 해외 사례(중국, 싱가포르 등)를 볼 때, 정치와 행정 간의 관계가 해당 국가의 역사적 맥락과 제도적 발전의 단계에 따라서 다르게 이해될 수 있음을 감안해야 한다. 이와 연관해, 한국의 사례도 서구의 그것과 차이가 나타날 수 있는데, 서구권(미국, 영국 등)이 주로 행정의 통제에 주목하고 있다면, 한국은 이보다 정치로부터 행정을 보호하는 것이 더욱 중요하였다. 이를테면, 김성수(2006: 2)의 연구에서 볼 수 있듯이 "의회와 정치권의 정책결정 기능이 취약하여 행정권이 비대하면서도, 행정부 내부에서는 대통령이나 장관 등 상층부에 막강한 권력이 집중되어 관료가 이들에 대하여 자율성을 확보하는 것이 더욱 중요하게 생각되었기 때문이다"라는 주장과 같이, 시각이 다를 수 있다는 것에 주목할 수 있다.

4) 행정국가는 국가의 역할이 점차 확대되고, 그와 같이 확대된 국가 역할이 주로 행정부에 의해, 그리고 관료제 방식에 의해 수행되는 현상을 의미한다(한국행정학회 행정학전자사전: 신행정국가).

사례 ❶

지방정부-정치권 협력 강화를 통한 지역 발전 전략(전북 익산시)

익산시와 제22대 익산지역 국회의원 당선인이 첫 상견례를 갖고 지역 발전을 위해 협력을 강화한다. 익산시는 24일 통합전수교육관 실내공연장에서 정헌율 익산시장과 더불어민주당 이춘석 당선인(익산 갑), 한병도 당선인(익산 을)이 참석한 가운데 당정간담회를 개최했다. 이들은 익산시정 주요 현안과 당선인 공약 사업, 주요 국가예산 확보 현황, 지역의원 건의사업에 대해 면밀히 논의했다. 이춘석 당선인은 이날 제2혁신도시를 익산에 조성하겠다는 공약과 황등호 역사 문화공원 조성 사업에 대해 강조했다. 한병도 당선인은 국립 통합형 노인일자리센터 건립과 교육발전특구 성공 추진을 다짐하며 시 차원의 적극적인 협조를 당부했다. 시는 당선인들에게 국가예산 확보 현황을 공유하고 △KTX익산역 확장 및 선상주차장 조성 △왕궁정착농원 자연환경복원사업 △전북권 광역전철망(셔틀) 운영 등 주요 현안에 대해서는 보다 자세한 설명을 곁들이며 지역 정치권의 각별한 관심과 지원을 요청했다. 이 밖에도 △황등시장 시설 현대화 사업 △지역특화 임대형 스마트팜 조성 공모사업 등에 대해 지역 의원들의 적극적인 협조를 구했다. 이춘석 당선인은 "또 한 번의 시작을 앞두고 감회가 새롭다"며 "선거기간 동안 시민들과 약속한 공약을 비롯해 익산시 현안사업의 원활한 추진을 위해 국회 차원에서 할 수 있는 모든 노력에 최선을 다하겠다"고 밝혔다. 한병도 당선인은 "행정과 정치권의 관계가 더욱 긴밀해질 것으로 기대된다"며 "익산의 국회의원이라는 사명감을 가지고 지역 발전을 가시화해 시민들께 선물로 드릴 수 있도록 최선을 다하겠다"고 전했다. 정헌율 시장은 "지역 발전을 위해 기꺼이 중지를 모아주신 우리 지역 정치인들께 깊은 감사의 말씀을 드린다"며 "당정 간 공조체계를 한층 더 강화해 주요 사업들이 원활히 추진될 수 있도록 각별한 관심과 지원을 부탁드린다"고 말했다.

출처: 전민일보(https://www.jeonmin.co.kr/news/articleView.html?idxno=398153)

사례 ❷

행정과 정치의 성공 요인(부산시의회)

부산시의회 임말숙 예결위원장은 "불요불급 예산은 과감하게 삭감하면서 최대한의 건전성을 확보하겠다"고 운영 방침을 밝혔다. "재정 건전성은 확보하되 신종재난 예방에는 과감해야 한다." 부산시의회 후반기 살림살이를 맡게 된 임말숙(해운대2) 예산결산특별위원회 위원장은 의회 내에서 '예산 전문가'로 통한다. 해운대 그린시티 아파트 입주자 대표를 시작으로 해운대구의회 재선 부의장까지 10년 넘게 지자체 살림살이를 꼼꼼히 들여다본 경력 덕분이다. 임 위원장은 “집행부 견제와 더불어 여야 간의 협의를 가장 극적으로 이끌어 내야 하는 상임위가 바로 예결위원회”라며 “정치를 시작한 뒤 여당 생활, 야당 생활 다 해봤고 해운대구의회에서 운영위원장과 부의장직도 모두 수행해 봤지만 가장 기억에 남고 보람 있었던 보직이 예결위원장이었다”며 웃었다. 후반기 예결위를 이끌게 된 ‘예산 전문가’ 임 위원장이 구상한 운영 방침은 ‘절제와 예방’이다. 부산시 세수가 줄어드는 만큼 불요불급 예산은 과감하게 삭감하면서 최대한의 건전성을 확보하겠다는 게 기본 방침이다. 그는 “현재 부산 예산은 세수가 줄면서 재정건전성은 좋지 않지만 이에 대응해 긴축예산을 운영하고 있지도 않은 상태”라고 지적했다. 지난해 월드엑스포 유치와 글로벌허브도시 특별법 제정 등 대형 사업이 추진되면서 과감한 예산 집행이 이어진 탓이다. 실제로 부산시는 세수 감소에도 불구하고 예산 전체 규모만 놓고 국비 지원이 크게 늘어 10% 가까이 증액이 됐다는 게 임 위원장의 설명이다. 그러나 그는 “사실 규모는 늘었지만 물가 인상분을 제하고 나면 큰 차이가 없어 새로운 사업이나 정책을 추진하기 빡빡한 규모”라며 “후반기 부산시 예산안에서 최대한의 건전성을 확보하겠다”고 밝혔다. 그러나 임 위원장은 침체일로인 지역 내 경제 사정 등을 고려해 마냥 예산안을 칼질하는 데만 그치지 않겠다는 입장이다. 그는 “삭감할 예산은 미련 없이 삭감하되 민생과 지역 경제회복 분야에는 최대한 과감하게 지원할 것”이라 말했다. 특히 임 위원장이 관심을 보이는 분야는 코로나 등 신종재난에 대한 예방이다. 전반기 해양도시안전위원회에서 활약한 임 위원장은 지난해 대표발의한 재난관리자원 등에 관한 조례 개정안이 최근 본회의에서 최종 의결됐다. 부산 시내에서 각종 재난이 발생했을 경우 필요한 관리자원을 신속하게 동원해 시민 안전과 생명을 담보할 수 있도록 하는 게 개정안의 주요 골자다. 임 위원장은 재난 예방과 관련한 예산을 ‘가장 남는 예산’이라고 평가했다. 그는 “후반기에는 재난 예방에 대한 예산 편성을 부산시에 꾸준히 당부하려 한다”면서 “10년 넘게 예산을 들여다보니 각종 재난이 발생했을 때 얼마나 빠르게 대응할 수 있느냐는 그간 얼마나 예방에 많은 예산을 투입했느냐에 달려 있었다”고 말했다. 당장 가시적인 효과가 나타나지 않는 데 예산을 사용한다고 평가절하하기 쉽지만 지나고 보면 가장 제값을 하는 게 재난 예방용 예산이라는 의미다. 이 같은 맥락에서 임 위원장은 행정과 정치가 성공하기 위한 공통분모는 진정성임을 강조했다. 그는 “정치와 행정의 중심은 시민이 되어야 함은 당연하지만 그래도 최소한 선출직이라면 거기서 한 걸음 더 나아가 미래까지 생각해야 할 의무가 있다”며 “예결위는 이해 관계가 첨예한 상임위지만 건전한 토론을 통해 부산의 미래를 위한 합의점과 균형을 찾을 수 있도록 노력을 아끼지 않겠다”고 말했다.

출처: 부산일보(https://www.busan.com/view/busan/view.php?code=2024091217483767511)

제3절 행정과 경제적 환경

경제적 환경은 민간부문과 밀접한 연관성이 있으며, 행정이 수행하는 정책의 범위와 내용에 중요한 영향을 미칠 수 있다. 행정은 경제 상황에 따라 재정정책, 사회복지, 고용정책 등을 통해 경제적 안정과 성장을 지원한다. 경제적 환경의 변화는 행정의 역할과 책임을 변화시키기도 한다. 여기서는 민영화, 민관협력, 민간위탁 등에 대해서 살펴본다.

1. 행정과 경제적 환경

경제적 환경은 생산자-소비자, 사용자-노동자, 정부-시장의 상호작용에 의해 만들어지는 현상을 의미한다. 이에 대한 세부적인 특성을 살펴보면, 경제성장률, 물가, 실업률, 국가총생산, 무역수지 등 국내의 경제적 환경, 코로나19, 미중 무역갈등 지속과 대외 무역의존도 등 불확실성이 매우 높은 글로벌 경제적 환경이 상존한다는 것이다. 또한, 정부정책의 일관성 결여, 경제정책이 경제논리가 아니라 정치논리에 의한 결정 등 정치적 환경 및 정부정책에 의해 불확실성 심화와 관련한 이슈가 존재한다. 즉, 정부의 정책에 영향을 주고 정부정책에 의해 영향을 받는 관계로 이해할 수 있다(유민봉, 2021). 이 과정에서 주목할 것은 정부가 시장에 미치는 영향은 다양한 경제정책과 규제를 통해 나타나며, 이는 시장의 효율성, 안정성, 공정성에 중요한 역할을 한다는 것이다. 여기서 정부는 시장실패의 교정, 경제적 안정화, 그리고 분배적 정의의 실현이라는 주요 목표를 달성하기 위한 정책에 주목하기도 한다. 경제적 환경을 둘러싼 정부 기능과 관련해, 이는 공공부문-민간부문의 관계 변화에 따라 크게 변해왔다. 특히, 정부가 민간 경제활동에 얼마나 개입하느냐에 따라 그 기능의 범위가 달라질 수 있다. 이를테면, 과거 19세기 자유주의 시대에는 정부의 기능이 국방, 외교, 법과 질서 유지에 한정되었고, 경제적 자유를 강조한 자유방임주의가 지배적인 사조로 나타났다. 그러나, 20세기 들어 대공황과 같은 시장실패와 자본주의의 문제들이 대두되면서 정부의 개입이 필요해졌고, 복지국가 등장의 계기가 되기도 했다. 1980년대에는 복지정책에 따른 큰 정부의 비효율성을 개선하려는 신자유주의가 확산되어 작은 정부와 시장지향적 혁신이 강조되었다. 그러나 1990년대 이후 신자유주의 역시 도전에 직면하면서, 기든스(Giddens)와 바버(Barber)와 같은 사상가들은 사회민주주의와 신자유주의를 통합하는 이른바 제3의 길을 제안하였다. 이러한 접근은 경제성장과 사회정의를 동시에 추구하는 균형 잡힌 정책을 강조하며, 신자유주의와 사회민주주의의 변증법적 통합을 목표로 한다는 특징을 가진다(지방행정연수원, 2017).

행정은 일반적으로 공공부문, 민간부문 그리고 제3섹터 등으로 구분된다. 공공부문은 중앙-지방정부를 포함하여, 공공기관과 공기업 그리고 준정부기관 등이 있으며, 정책집행과 공공서비스의 제공이 중요하다. 반면, 민간부문에서는 시장을 중심으로 기업과 개인 등이 포함되며, 시장에서의 경제활동 등을 통해 이익을 추구하게 된다. 여기서 공공부문은 사회 전반의 공익을 추구하는 데 주안점을 두지만, 민간부문에서는 특정 집단 혹은 이익집단의 사익 추구가 중요하다. 따라서, 행정을 둘러싼 환경을 이해하는 데 기업과 같은 민간부문의 이해가 중요할 수 있다(김동신 외, 2021). 이러한 접근은 행정이 시장에 대한 개입이 왜 필요한지 그리고 어느 수준까지 개입할 것인지에 대한 기준으로 작용한다고 볼 수 있다.

그림 2-5 공공부문과 민간부문의 구분

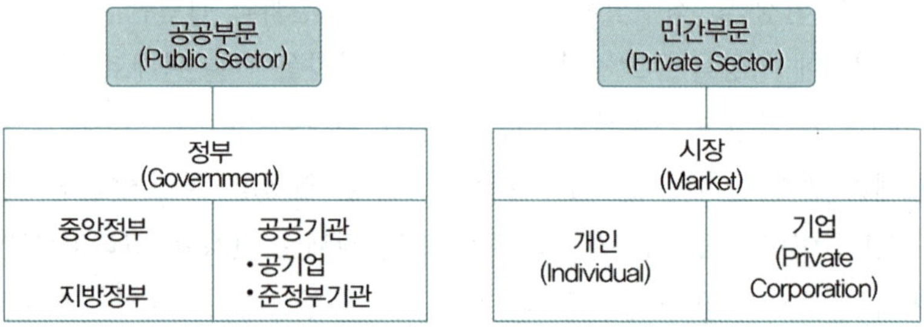

출처: 김동신 외(2021).

한편, 행정과 경영에 대한 차이를 살펴볼 필요가 있다. 공행정이 국가 및 공공기관으로부터의 행정인 반면, 경영 즉 사행정은 민간에서 수행되는 행정을 의미한다. 그리고 주체와 목표가 상이하며, 법적인 규제 측면이나 정치적 성격에서도 차이가 존재한다. 또한, 공개성 및 능률성 등에서도 큰 차이를 보인다. 무엇보다 행정은 정치적 결정을 통해 집행된다는 특성이 있으며, 민간이 제공하지 못하는 공공서비스를 제공하고, 공익을 우선시한다는 측면에서 가장 큰 차이점이 발생한다. 하지만 행정과 경영 모두 목표 달성을 위한 수단과 의사결정, 관리·기술적 요소 그리고 관료제적 성격을 띤다는 측면에서 유사하다고 볼 수 있다(조계표, 2020).

보다 구체적으로, 행정과 경영을 비교하면 행정과 경영은 운영 주체, 목표, 법적 규제, 정치적 성격 등에서 여러 차이를 보일 수 있다. 행정은 국가나 공공기관이 주체가 되어 공공의 이익을 추구하며, 엄격한 법적 규제 아래에서 정치적 성격을 띠고 권력성을 바탕으로 공공서비스를 제공한다. 자율성은 적지만 높은 책임성을 요구하며, 국민 평등을 원칙으로 긴급한 상황에 광범위하게 대응할 수 있다. 또한 독점성이 강하고 높은 공개성과 신분 보장이 특징이며, 그 성과는 계량화가 어렵다. 반면, 경영은 개인이나 민간단체가 주체가 되어 사익을 추구하고, 법적 규제가 상대적으로 약하며 비정치적인 특징이 나타난다. 또한 경영은 자율성이 높고 책임성은 낮으며, 고객에 따라 차별화된 서비스를 제공하고 시장경쟁을 통해 운영된다. 경영은 신분보장이 약하고 성과는 계량화가 용이하다.

표 2-4 행정과 경영의 비교

비교 변수	행정	경영
주체	국가 또는 공공기관	개인, 민간단체
목적(목표)	공익추구(다원적)	사익추구(일원적 목표)
법적 규제	엄격	상대적으로 약한 법적 규제
정치적 성격	정치성 내포	비정치성
권력성	권력성 있음	권력성 없음
자율성, 책임성	고도의 책임성	고도의 자율성
평등원칙	국민평등	고객에 따라 다르게 취급
활동의 범위와 긴급성	광범위하고 긴급성을 띰	범위가 좁고 긴급성이 약함
독점성	독점성이 강함	경쟁의 원칙
공개성	공개성이 강함	공개성이 약함
인적구성	신분보장이 강함	신분보장이 약함
능률추정	계량화 곤란(봉사, 복지)	계량화 가능

출처: 조계표(2020)

행정과 경제적 환경을 살펴보는 데 있어, 시장실패 문제의 극복을 위한 정부 역할의 제고 측면에서 살펴볼 수 있다. 과거, 경제대공황과 같은 사례에서 비추어 볼 때, 시장실패에 따른 규모의 실업과 불안정한 물가 등의 문제에는 정부의 주도적 역할이 필수적이라는 것을 잘 알 수 있다. 따라서, 민간부문의 경제활동에 정부의 개입이 필요한 상황과 그렇지 않은 상황을 잘 구분하여, 사회의 조화를 추구하면서 동시에 지속적 발전을 촉진하는 것이 중요하다.

하지만, 현대사회에서와 같이 기업 등 민간부문의 영향력 확대는 정부가 전통적으로 수행하는 역할에 대해서 재조명이 필요한 계기로 인식되기도 한다. 이를테면, 기업의 사회적 책임(corporate social responsibility)과 같은 내용을 고려할 때, 사익 추구가 주요한 목적인 기업이 행정이 추구해야 될 공익의 기능을 대신하는 상황도 중요하게 수용되고 있기 때문이다.

기업의 사회적 책임이 매우 자연스럽고 일반적인 것으로 수용되는 오늘날의 상황을 볼 때, 공공부문과 민간부문을 구분하는 것이 상대적으로 모호해지는 특성이 나타나고 있다. 또한, 정부는 피규제자인 기업에 대해서 규제를 통해 시민을 보호하고 공정한 경쟁을 촉진하는 동시에, 정부가 제공하는 공공서비스의 품질의 개선을 위해서 민간기업의 다양한 관리기법과 성과창출 전략을 배워야 한다는 인식도 중요해지고 있다. 이러한 내용은 과거 1980년대 신공공관리론(New Public Management)과 같은 민간부문의 관리기법을 정부부문에 적용하는 노력이 전개된 사례를 들 수 있다. 비대해진 공공부문은 비효율적 성과 창출과 당면한 문제를 해결하는 데 제한적이기 때문에, 결국에는 정부의 실패가 발생한다. 이에 대해서, 신희영(2003)은 정부의 과부화, 정부 규모의 확대 그리고 정부의 실패 등이 결국 통치불가능성(ungovernability) 명제라고 설명하고 있는데, 개혁과 혁신이 필요해지는 중요한 계기가 된다고 볼 수 있다. 연관하여 우리나라의 경우에도 1997년 동아시아 외환위기가 발생하자 새롭게 집권한 김대중 정부는 신공공관리적 정부개혁을 적극적으로 추진하기 시작했고, 결국 당시 이러한 패러다임은 국가적 위기 상황의 극복이 신공공관리와 같은 개혁을 통해 치유 혹은 해결될 수 있다는 믿음이 전제해 있다는 것을 알 수 있다.

2. 신자유주의의 확산과 민영화

1980년대 영국의 대처리즘(Thatcherism), 미국의 레이거노믹스(Reaganomics)는 신자유주의적 정부 개혁의 대표적인 성공 사례로 알려져 왔다. 하지만, 보다 구체적으로 독일 연방의 아데나워(Adenauer) 수상이 이념적으로 탈국유화(denationalization)를 전후 복구 프로그램으로 표방한 것을 시초로 볼 수 있다.[5)] 이는 대부분의 서구권 국가들이 민영화를 수행한 것보다 근 20년이나 앞섰기 때문이다. 이후 많은 국가들이 공공부문을 축소하고 시장 메커니즘(mechanism)을 적극적으로 수용하면서 혁신과 개혁의 수단으로 활용해 오고 있다. 신자유주의 이념에 기초한 탈규제(deregulation)와 민영화(privatization) 그리고 시장지향적(market-oriented) 성과관리는 이를 구성하는 핵심적인 요소로 인식되어, 일종의 신화(mythology)처럼 확산되어 왔다. 기존의 논의들을 통해, 정부가 시장 메커니즘을 수용하는 과정에서 핵심적으로 수행되었던 개혁이 민영화, 탈규제 등의 정부 축소라는 것은 널리 주지된 사실이다. 특히, 민영화는 당시 실질적인 사례들의 결과를 통해 그리고 많은 경제학자들이 주장하였던 것처럼 생산성을 향상시키고 효율적인 것으로 인식되었다. 이러한 민영화는 국유제(state ownership)의 실패로 인한 대안, 즉 비대해진 공공부문의 실패를 조정하기 위한 기제로 활용되었다.

또한, 기존의 민영화의 효율성과 관련된 많은 이론들에 따르면, 민영화는 시장개입이 미치는 부정적인 영향이 민영화를 통해 조정될 수 있는 부정적인 측면보다 더 크다는 가정에 근거하고 있다. 또한, 많은 실증적인 분석 결과 민간기업에 비해 국유기업들의 생산성과 효율성이 상당히 낮다는 측면에 근거해 볼 때, 민영화가 확산된 동기가 설명될 수 있다(Megginson & Netter, 2001).

3. 민관협력을 통한 행정 효율성 증진

전 세계적으로 확대되고 있는 민관협력은 공공부문과 민간부문 간에 협력적인 제도적 합의(arrangement) 방식으로 볼 수 있다(Hodge & Greve, 2007). 이러한 민관협력은 인프라 투자 및 서비스 제공에 있어 공공과 민간이 공동으로 위험을 분담하는 협력 방식으로, 민간과의 위험 공유(IMF), 정부와 민간의 목적에 부합하는 위험 분담을 통해 서비스 제공(OECD), 인프라 및 관련 서비스 제공에서 공공-민간 협력을 통해 민간이 위험을 분담하고 비용을 최소화하는 방식(ADB) 등으로 설명될 수 있다. 특히, 영국의 경우 민자주도방식(private finance initiative, PFI)을 많은 공공부문 정책사업에 활용하여 성공적인 사례로 평가받고 있다. 이처럼 신공공관리 메커니즘의 확산과 더불어 많은 정부들이 민관협력을 적극적으로 활용하고 있다. 일반적으로 민관협력은 정부정책 또는 사업의 수행에 있어 제한된 자원을 보완하고자 민간의 역량을 활용하는 것으로 볼 수 있다. 그 예로, 한국도로공사가 '신대구부산고속도로'를 시공할 때,

---

5) 폭스바겐, VEBA(독일 전력기업) 등의 기업에 대해서 민영화를 실시하였다.

기업체의 투자를 통해 수행한 것으로 이해될 수 있다. 즉, 정부는 민간 재원 조달을 통해 사업의 실패를 감소시키고 효율적인 운영을 위해 민관협력을 활용하는 것으로 볼 수 있다.

표 2-5 주요 국제기구의 민관협력에 대한 정의

주요 기관	민관협력의 개념
IMF	인프라 투자 사업의 수행에 있어, 민간과 위험을 공유하는 것
OECD	정부 및 민간의 목적에 부합하여, 공동으로 위험을 분담하여 서비스를 제공하는 것
ADB	인프라 및 인프라 관련 서비스 제공에 있어 공공-민간의 협력을 말하며 민간은 위험 분담을 통해 비용을 최소화

출처: OECD(2008).

호지와 그리브(Hodge & Greve, 2007)는 민관협력에 대해서 비판적인 고찰이 필요하다고 보며, 이에 대한 개념과 그 특성을 명백히 살펴보아야 한다고 보고 있다. 이는 민관협력이 효율적이라고 믿는 정책 행위자의 맹신이 큰 영향을 미쳤는데, 정부정책의 보다 효과적이며 본질적인 필요를 위해서는 이에 대한 신중한(careful) 재평가가 필요하다는 것이다. 이러한 주장은 홍(Hong, 2015)의 한국 사례 분석과 더불어 민관협력이 비용을 절감시키지 못했다는 점에서 더욱 지지될 수 있다. 그럼에도 불구하고 많은 국가와 정부들이 민관협력을 활용한다는 것은 그 유용성이 충분히 있다고 인식하는 것이며, 더욱이 인프라 부문의 민관협력은 향후 더욱 확대될 것으로 판단된다. 실제로 터키 정부가 외국인직접투자를 유치하기 위해 1987년 최초의 BOT(build operate transfer)법을 도입한 이후, 많은 국가들이 관련 법을 제정했으며, 한국 또한 1994년 민자유치촉진법을 제정하였고 이후 법령의 지속적인 개정을 통해 급속하게 변화하는 민관협력에 적극적으로 대응하려고 했기 때문이다.

4. 공공서비스 민간위탁의 효율성과 그 논의

공공서비스를 민간위탁을 통해 공급하는 것은 일반적인 관점에서, 시장 메커니즘에 의한 효율적인 서비스를 제공한다는 인식에서 출발한다. 신자유주의(neo-liberalism)와 신공공관리의 확산에 따른 민영화의 영향으로, 정부정책과 공공서비스의 공급은 민간위탁으로 이전됨으로써 민간부문을 적극적으로 활용해 오고 있다. 공공시장(public market)이 상대적으로 비경쟁적일 때 효과적이라면, "시장은 경쟁이 활발하고 공익에 대한 고려가 낮은 상황에서 효율적으로 작동한다(Hefetz & Warner, 2011: 20)." 민간위탁을 통한 서비스 공급은 효율성을 중시하는 공공선택론적 관점에 기반하는데, 보다 근본적인 문제는 민간위탁이 어떠한 상황에서 최적화되며, 어떠한 요인들이 중요하며 그리고 과연 민간위탁이 정부의 공급보다 효율적인지에 대한 여부이다. 이에 대해서는 글로버맨과 바이닝(Globerman & Vining, 1996)이 주장한 것처럼, ICT의 활용과 정부부처 간 협업(민간위탁 사례 공유) 등이 긍정적으로 활용될 수 있겠지만, 이것보다 정부가 실제로 민간위탁 사례로 일어나는 폐해를 사후적으로 얼마나 잘 관리하느냐가 주안점이 되어야 할 것이다. 공공서비스의 공급은 정부의 공익 추구 관점에서 이루어지기 때문에 서비스의 수혜자이자 소비자인 국민/시민들이 서비스에 대한 만족도를 제고할 수 있어야 하기 때문이다.

5. 시장에 대한 정부규제

정부와 시장과의 관계를 살펴보는 데 있어, 규제의 개념은 매우 중요하게 인식될 필요가 있다. 규제는 피규제자인 민간부문에 대해서 그 행동을 제약, 제한하는 것으로 볼 수 있다. 보다 구체적으로, 우리나라 「행정규제기본법」[6]의 제1조와 제2조의 내용에 따르면, 규제는 "국가나 지방자치단체가 특정한 행정 목적을 실현하기 위하여 국민의 권리를 제한하거나 의무를 부과하는 것으로서 법령등이나 조례·규칙에 규정되는 사항"으로 명시하고 있다. 이를 통해서, "불필요한 행정규제를 폐지하고 비효율적인 행정규제의 신설을 억제함으로써 사회·경제활동의 자율과 창의를 촉진하여 국민의 삶의 질을 높이고 국가경쟁력이 지속적으로 향상되도록 함을 목적"으로 함으로써 규제가 국민경제와 매우 중요한 연관성이 있음을 제시하고 있다. 이러한 규제는 일반적으로 경제적 규제, 사회적 규제, 행정적 규제 등으로 유형화할 수 있다. 경제적 규제는 기업의 경제활동에 대한 규제로 공정거래 환경의 촉진과 소비자 보호 등을 들 수 있다. 사회적 규제는 기업의 사회적 활동과 관련한 목표와 책임 등에 주목하고 있으며, 최근 더욱 중요해지고 있다. 행정적 규제는 정부기관의 규제활동에 필요한 일련의 규정을 통칭하는 것으로 볼 수 있다.

6) http://law.go.kr 국가법령정보센터 행정규제기본법

표 2-6 규제의 유형 비교

구분	내용
경제적 규제	기업의 본원적 활동에 대한 규제로서, '기업의 본원적 활동'이란 기업의 설립으로부터 시작해서, 기업이 일상적으로 수행하게 되는 각종 생산 및 영업활동을 광범위하게 포괄
사회적 규제	기업의 사회적 행동에 대한 규제로서, '기업의 사회적 행동'이란 기업의 사회적 역할이나 책임과 직접적으로 관련되는 기업행동
행정적 규제	행정기관이 규제활동을 수행해 나가는 데 필요한 규정들로서, 규제행정의 효율성 향상을 목적으로 민간에 의무와 부담을 가하는 규제를 통칭

출처: 최유성(2009).

사례 ①

지방정부-기업 협력 추진 확대(울산 북구 경영활동 지원 요청)

박천동 북구청장 등 울산시 북구 해외 선진지 견학단은 29일(현지시간) 체코 노쇼비체에 위치한 현대차 체코공장을 찾아 생산공정을 둘러봤다. 현대차 체코공장은 EU 내 위치한 현대자동차의 유일한 완성차 공장으로, 생산능력은 연간 35만 대이며, 누적생산량은 453만 대 정도다. 2020년 코나 1세대 전기차 생산에 이어 지난해 8월 코나 2세대 전기차 양산을 시작했고, 현재 발빠르게 공장을 자동화하고 있다. 아울러 2022년부터 RE100(재생에너지 100%) 인증을 받았으며, 현재 공장 지붕 위에 패널을 설치하는 태양광 발전도 준비하고 있다. 이날 박 구청장 등은 전기차 생산공정을 견학하고, 현지 공장 관계자로부터 공장 현황에 대한 자세한 설명을 들었다. 또 주행시험 테스트운행 차량에도 탑승해 현지 생산차량을 살펴보기도 했으며 전기차 배터리를 공급하는 현대모비스 체코 공장도 방문해 배터리 생산공정도 살펴봤다. 박천동 구청장은 "현대차 체코공장 방문은 자동차 패러다임 변화에 맞는 행정과 기업의 역할에 대해 고민해 볼 수 있는 값진 시간이었다"며 "현대차와의 지속적인 협력관계를 이어나갈 수 있도록 하겠다"고 말했다. 견학단은 이어 30일 체코 프라하에 위치한 주체코 대한민국 대사관을 찾아 체코에 진출해 있는 현대자동차와 계열사, 그리고 체코 소재 한국 협력업체 17개사의 원활한 경영활동 지원도 요청했다. 한편 박천동 북구청장 등 북구 해외 선진지 견학단은 지난 24일부터 오는 1일까지 7박9일 일정으로 독일과 오스트리아, 체코에서 주요 정책사업과 관련한 벤치마킹과 산업시찰을 하고 있다.

출처: 울산제일일보(http://www.ujeil.com/news/articleView.html?idxno=348485)

사례 ❷

지방정부-기업-시민 주도의 상생 거버넌스 협력체계 구축(탄소중립 그린도시)

경기 수원시가 '탄소중립 그린도시' 조성을 위해 기업·시민들과 상생 거버넌스 협력체계를 구축한다. 수원시는 10일 네이버클라우드(주) CJ올리브네트웍스(주) 아마존웹서비스코리아 코나아이(주) (주)동네형 5개 기업과 수원시 탄소중립 그린도시 주민기획단이 참여한 가운데 '수원시 탄소중립 그린도시 조성 업무협약'을 체결했다. 이날 협약식에는 이재준 수원시장과 배주환 네이버클라우드(주) 상무, 이주영 CJ올리브네트웍스(주) 본부장, 강상백 아마존웹서비스코리아 공공부문 사업총괄, 조정일 코나아이(주) 대표이사, 이종영 주식회사 동네형 대표, 신호정 수원시 탄소중립 그린도시 주민기획단 대표 등이 참석했다. 협약에 따라 시와 기업, 주민기획단은 △ESG(환경·사회·지배구조) 실현을 위한 지역사회 탄소중립사업 발굴·지원 △탄소중립과 에너지자립 실현을 위한 교육·실천운동·공동사업 △초거대 인공지능 등 첨단기술을 활용한 탄소중립 관련 정보교류 등에 협력하기로 했다. 기업들은 수원시 탄소중립 그린도시 정책에 적극 참여하며 ESG경영을 실천하기로 했다. 기업 관계자들은 "수원시 탄소중립 그린도시 사업이 원활하게 추진되도록 적극적으로 기술 지원을 하겠다"고 약속했다. 이재준 수원시장은 "행정과 기업, 주민이 힘을 모으면 수원시를 탄소중립 모범도시로 만들 수 있다"며 "수원시 탄소중립 그린도시 사업이 우리나라, 나아가 전 세계의 본보기가 될 수 있도록 함께 노력하자"고 당부했다. 수원시는 2022년 환경부 주관 '탄소중립 그린도시 사업' 대상지로 선정돼 고색동 일원에서 사업을 추진하고 있다. 이 사업은 '탄소중립 사회' 전환에 발맞춰 지역이 중심이 돼 생활 속에서 체감할 수 있는 '탄소중립 이행공간모델'을 조성하고 탄소중립이 전국으로 확산될 수 있는 체계를 구축하는 내용이다. 수원시는 주거지역·상업지구·행정타운·산업시설·환경시설 등이 모여 있는 권선구 고색동 일원을 '탄소중립 그린도시'로 조성한다. 목표는 '2018년도 대비 2030년 온실가스 40% 감축'이다. 사업 대상지는 수인분당선 고색역을 중심으로 반경 2km(약 9km^2)다. 국비 240억 원, 도비 48억 원, 시비 112억 원 등 총 400억 원을 투입해 2026년 12월까지 사업을 진행한다. 시는 △에너지 패러다임 전환 △탄소흡수원 확대 △기후변화 적응 △자원순환 촉진 △사회인식 전환 5개 세부사업을 추진할 계획이다.

출처: 내일신문(https://www.naeil.com/news/read/522888?ref=naver)

제4절 행정과 시민사회

시민사회는 행정이 민주적이고 투명하게 운영되는지 감시하며, 행정정책의 집행 과정에서 중요한 협력자이자 때로는 비판자로 작용할 수 있다. 시민사회는 시민들의 요구와 의견을 반영하는 역할을 하며, 정부정책에 영향을 미치기도 한다. 여기서는 거버넌스의 개념을 중심으로 행정과 시민사회의 관계에 대해서 살펴본다.

1. 행정과 시민사회의 이해

행정과 시민사회를 이해하기에 앞서, 시민사회와 같은 사회적 환경은 사회를 구성하는 개인이나 집단에 관한 인구통계적 속성, 이들의 사고 내지 행동양식의 영향으로 이해할 수 있다. 이에 대해서 출산율, 이혼율, 노령층 인구, 여성경제활동 비율, 극빈생활자 등을 통한 사회적 환경을 나타내는 주요 지표가 구성되어, 사회적 환경을 측정 및 이해할 수 있다. 특히, 최근 더욱 문제가 되고 있는 출산율 감소 등에 따라서 장기적으로 가장 심각한 사회문제 초래 요인으로 인식될 수 있다(유민봉, 2021). 이러한 문제는 사회적 갈등을 심화하고 시민사회와 사회적 환경에 대한 행정의 역할과 방향성이 새롭게 모색될 필요성을 제기한다.

시민사회는 국가와 개인 간 결성된 단체들과 이들이 형성하는 공론장과 관련이 있어 정부와 긴밀하게 상호작용한다. 따라서 시민사회는 정부의 이념이나 사상에 대해 일정한 입장을 가지며, 특히 현대 사회에서 사람들의 다양한 욕구가 행정을 통해 충족되기를 기대한다. 이러한 이유로 시민사회의 활동은 행정이념뿐만 아니라 실용행정에도 일정한 영향을 미치게 된다(박상필, 2009).

유민봉(2021)에 따르면, 시민(citizen)은 자율적 판단과 행동을 하는 존재로 정의된다. 이들은 선거와 여론을 통해 집합적 의사를 전달하며, 소수의 의견도 행정에 반영될 수 있다는 것이 현대 행정의 특징이다. 그러나 자주적 정치의식의 경험 부족과 감성적 반응이 강하게 나타나는 한계가 있으며, 평상시 국민의 이익은 조직화되지 않고 잠복해 있다. 시민단체는 공공가치 실현을 목표로 자발적으로 결성된 단체로, 행정감시, 약자 대변, 정책결정에의 투입 등의 기능을 수행하지만, 과잉대표와 왜곡, 도덕성과 전문성에 대한 의심, 감시와 견제의 부재라는 한계를 가진다. 그래서 NGO와

NPO로 대변되는 시민사회는 이러한 한계를 극복하기 위해서 거버넌스의 구성을 촉진하기도 한다. 이와 연관해, 6 · 29 선언[7]은 1987년 6월 항쟁 이후, 노태우 대통령이 발표한 선언으로, 대통령 직선제를 포함한 정치적 변화를 수용하고 민주주의적 요구를 반영한 중요한 사건으로 볼 수 있다. 이 선언 이전에는 시민사회와 정부 간의 관계가 협력적이거나 정부 주도의 동원적 성격이 강했으나, 이후로는 시민사회와 노동운동이 급격히 팽창하면서 정부와 대립하거나 견제하는 관계로 변하게 되었다(유민봉, 2021). 이후, 시민사회의 발전을 위한 거버넌스의 구축이 더욱 중요해진 시점으로 이해할 수 있다.

이론적으로 국가, 경제 그리고 시민사회를 각각의 독립적 주체가 상호작용하는 3원론과 국가와 시민사회를 이분법적으로 구분하는 2원론의 논쟁이 지속되고 있다. 하지만, 현대사회에서의 정치 그리고 정책 과정은 이들 간의 역학이 매우 복잡다양하게 발생하고 있다. 이에 따라서 정부가 오히려 다른 주체로부터 포획되어 영향을 받기도 한다(정용덕, 2001). 따라서, 국가와 시민사회 그리고 시장(경제)의 관계는 매우 경쟁적이고 상호의존적이며, 복잡한 제도 속에서 발전해 오고 있다(라영재, 2003). 이러한 행정과 시민사회 간의 관계는 다양한 양상을 보이며, 그 관계의 성격은 상황에 따라 다르게 나타날 수 있다. 이를테면, 이들 간의 관계는 대체관계, 보완관계, 대립관계, 그리고 의존관계로 구분되어 제시되기도 한다. 먼저, 대체관계는 정부의 공공재 또는 공공서비스의 공급을 시민사회가 대신하는 것으로, 정부의 개입이 어려운 부문을 시민사회 또는 비정부기구 등이 역할을 수행하는 것으로 볼 수 있다. 보완관계는 정부가 직접적으로 공공서비스를 제공하는 것이 아니라 시민사회 등이 집행하는 것을 지원하는 것으로, 협력적 관계를 형성할 수 있다. 대립관계는 서비스 제공 방식에 있어 정부와 시민사회의 입장이 상이한 것으로 갈등이 발생할 여지가 있다. 이는 이해관계 문제 등으로 충돌 가능성이 있는 것으로 이해된다. 마지막으로 의존관계는 보완관계와 유사하나 정부의 정책적 의도에 맞추어 시민사회 등이 서비스 공급을 제공하는 방식으로 진행된다. 이와 유사하게 이동수(2005)도 정부와 시민사회와의 관계를

---

7) 6 · 29 선언(六二九宣言)은 1987년 6월 항쟁 직후인 6월 29일에 민주정의당 대표인 노태우가 직선제 개헌요구를 받아들여 발표한 특별선언이다. 1. 대통령직선제 개헌을 통한 1988년 2월 평화적 정권이양 2. 대통령선거법 개정을 통한 공정한 경쟁 보장 3. 김대중의 사면복권과 시국관련사범들의 석방 4. 인간존엄성 존중 및 기본인권 신장 5. 자유언론의 창달 6. 지방자치 및 교육자치 실시 7. 정당의 건전한 활동 보장 8. 과감한 사회정화조치의 단행(출처: 외환위기아카이브)

대립, 지원, 협력 등으로 구분하기도 했다. 따라서, 정부의 의도와 방향성이 강하게 나타날 수 있는 경향이 존재한다. 이처럼 행정과 시민사회의 관계는 과거보다 최근으로 진행될수록 보다 상호협력적인 관계가 중요해지는 추세이다. 따라서, 정부와 시민사회의 공동 목표 달성을 위해 조정과 조율이 필수적 과제로 부각되고 있다.

2. 시민사회와 거버넌스

행정-시민사회를 둘러싼 환경을 이해하는 데 거버넌스의 개념은 매우 중요하다. 다양한 학자가 거버넌스에 대해서 개념화했는데, 여기서는 로즈(Rhodes)의 이론적 모형을 중심으로 살펴보도록 한다. 로즈의 이론 모형은 다양한 거버넌스 유형을 설명하는데 첫째, 최소국가론(the minimal state)은 신자유주의에 기반하여 복지국가의 관리체계를 비판하고 정부실패의 대안으로 제시된 유형이다. 둘째, 기업적 거버넌스(corporate governance)는 정부에 기업식 경영 형태를 도입하는 것을 강조한다. 셋째, 좋은 거버넌스(good governance)는 바람직한 국가 관리 체계를 구축하기 위한 개념으로 사용된다. 넷째, 신공공관리론(new public management, NPM)은 신관리주의와 신제도주의 경제학을 결합해 정부에 시장경쟁 원리와 민간경영기법을 도입하고 평가시스템을 강조하는 이론이다. 다섯째, 사회적 사이버네틱 체계(a socio-cybernetic system)는 사회정치체계 내에서 모든 행위자들의 상호작용으로 형성되는 구조를 의미한다. 마지막으로, 자기조직적 네트워크(self-organizing networks)는 거버넌스를 조직 간 네트워크로 보고 공공조직, 사조직, 자발적 조직이 혼합된 형태로 이해하는 개념이다. 로즈에 따르면, 거버넌스는 통상적으로 시민사회를 정부행정의 주요한 행위자로 포함하는 것으로, 기존의 새로운 변화 속(세계화 등)에서 행정체제가 가지는 문제점에 대응하고자 등장한 패러다임으로 볼 수 있다. 거버넌스의 개념은 〈표 2-7〉과 같이 다양하게 정의되어 왔는데, 조직 간 상호의존적 네트워크, 인간 활동의 규칙체계, 공식·비공식적 제도, 행정 처리체제, 사회적 상호작용 양식, 자율적 협력 기반의 상호의존성 등이 주요하게 나타나고 있다(이종한 외, 2021).

행정-시민사회의 관계에서 거버넌스는 정부 중심의 수직적 거버넌스와 수평적(네트워크) 거버넌스 등의 논의가 있다. 전자는 행위자의 선호가 기존 가치체계와 경험에 의해 이미 주어지며, 정부와 시민 간의 상호작용은 일방향적이고 무엇보다 정부가 게임의 규칙을 제정하고, 정부 엘리트에 의해 의사결정 이루어진다는 특징을 고려할

표 2-7 거버넌스의 다양한 개념 정의

학자	개념
John, Kettl, Dyer, and Lovan(1994)	• 거버넌스를 정부기관 내부의 운영 및 전달 방식으로 이해하고 신공공관리론을 포함하는 포괄적 개념으로 정립
Rosenau(1995)	• 가족으로부터 국제조직까지 모든 인간 활동 수준에서 규칙체계
Rhodes(1997)	• 상호의존성, 자원교환, 게임규칙 그리고 국가로부터의 자율성의 특징을 가지는 자기조직적인 조직 간 네트워크
Keohane and Nye(2000)	• 조직의 집단적 활동을 이끌고 제약하는 공식 혹은 비공식적 과정과 제도들
Pierre (2000)	• 사회체제의 조정과 관련하여 정책결정 및 집행 과정의 네트워크 강조
Lynn and Robichau(2001)	• 공적인 방법으로 비용이 충당되는 재화와 용역의 공급을 처리하는 법률, 규칙 등 행정적 처리체제
Kooiman(2002)	• 공식적 권위 없이도 다양한 행위자들이 자율적으로 호혜적인 상호의존성에 기반을 두어 협력하도록 하는 제도 및 조종 형태
Khaler and Lake(2003)	• 어떤 사회적 상호작용의 양식

출처: 이종한 외(2021).

때, 현대 사회의 복잡다양한 사악한 문제의 해결에 유용할지에 대해서는 다시 한번 생각해 볼 필요가 있을 것이다. 물론 수평적 거버넌스는 정부-시민 간의 숙의 과정을 통해 의사결정이 합의를 통해 이루어진다는 특징이 있지만, 최근의 코로나19와 같은 국가위기사태 또는 안보위기와 같은 사례에서는 제한적일 수 있다는 측면도 감안할 필요가 있을 것이다. 결국, 상황에 적합한 문제해결형 거버넌스의 형성 및 추진이 중요한 과제로 인식될 수 있다.

사회의 발전에 거버넌스가 기여하는 점이 충분히 존재하지만, 이러한 거버넌스도 문제점이 존재할 수 있다. 이러한 거버넌스도 참여 주체들 간 각자가 이익을 확보하려는 욕구로 인해 상호 대립적인 관계로 변질될 수 있다는 위험이 존재한다. 그리고, 거버넌스 내 네트워크에서 전체적인 관점에서 이를 조정할 수 있는 행위자가 필요하다. 또한, 거버넌스에 참여하는 다양한 참여자의 지위가 불명확하여 특정 문제가 발생했을 때 책임의 소재가 모호해지는 문제가 생기는 등의 문제점을 고려할 수 있다. 따라서, 향후 우리나라의 거버넌스가 나아갈 방향성을 찾는 것은 매우 중요한 과제로 인식될 필요가 있으며, 이 과정에서 행정과 정치, 경제, (시민)사회 등과의 연계가 필수적이라는 것을 알 수 있다. 또한, 복잡하고 빠르게 변화하는 현대 사회의 특성에 적절히 대응할 수 있는 정책 기제가 무엇인지를 모색하는 것도 중요하다.

3. 행정-시민사회의 방향: 거버넌스의 성공 요소

정부실패 패러다임의 극복을 위한 논의가 지속된 것은 정부행정이 성과보다 규칙, 절차, 규범 등에 집중하면서 비효율적인 측면이 부각된 것과 연관성이 있다. 또한, 이를 극복하기 위해서 등장한 거버넌스는 다음과 같이 다양한 요소들의 평가를 통해 성공할 수 있다. 이를테면, UNDP(1997)는 좋은 거버넌스를 위해 참여, 법치, 투명성, 효율성, 전략적 비전 등을 포함한 다양한 요소를 제시했으며, 세계거버넌스평가(World Governance Assessment)는 각국의 발전 상황에 따라 거버넌스를 평가해야 함을 강조했다. 여기서 성공적인 거버넌스를 위해 시민사회, 정치적 사회, 정부, 관료제, 경제적 사회, 사법부 등 6가지 요소를 제시했으며, 참여(participation), 공정성(fairness), 품위(decency), 책임성(accountability), 투명성(transparency), 효율성(efficiency) 원칙이 포함될 수 있다. 이러한 지표는 성공적인 거버넌스를 위한 선결조건의 기능도 수행하지

표 2-8 세계거버넌스평가의 지표

영역/원칙	참여	공정성	품위	책임성	투명성	효율성
시민사회	결사의 자유	차별 없는 사회	표현의 자유	지배 규칙에 대한 존중	미디어의 자유	정책결정에 대한 압력
정치적 사회	사회를 대표하는 입법부	대중의 선호를 반영한 정책	정치 권력을 위한 평화로운 경쟁	대중에게 책임을 지는 입법자	정당의 투명성	정책에 영향을 미치는 입법 가능성
정부	정부 간 협의	시민의 위한 적절한 생활 수준	시민의 개인 보안	민간 정부에 종속된 군인	정확한 정보	사용 가능한 자원의 최대 활용
관료제	고위공무원의 정책결정 일부	공공서비스에 대한 동등한 접근	시민을 존중하는 공무원	행동에 대한 책임을 지는 공무원	명확한 의사결정 과정	성과 기반 (merit-based) 채용
경제적 사회	민간부문과의 협의	모든 기업에 동일하게 적용되는 규정	재산권에 대한 정부의 존중	공익을 위한 민간부문 규제	경제정책 수립의 투명성	보호되는 라이선스 획득
사법부	비공식적 갈등 해결 과정	모든 시민을 위한 평등한 정의 접근	국가법률 관행에 통합된 국제 인권	책임을 지는 사법관	정의 관리의 명확성	사법 참여의 효율성

출처: Hyden, Court, & Mease(2003: 7) 이종한 외(2021)에서 재인용.

만, 무엇보다 사회의 다양한 측면을 종합적으로 검토하여 제시된 요인 간의 관계와 거버넌스의 추진 과정에서 다양한 정책 이해관계자와 시민, 시민사회 등의 의견을 지속적으로 수렴하는 것이 필요하다(이종한 외, 2021).

4. 행정-시민사회 관계와 공론의 장 형성

행정과 시민사회의 관계 설정에 있어, '공론의 장'은 중요한 역할을 수행한다. 시민은 공론의 장을 행정에 대한 감시와 견제의 채널로 활용할 수 있으며, 정책 결정 과정에서 숙의민주주의를 통해 절차적 민주성을 배가할 수도 있다. 정부의 입장에서도 정책의 수혜대상의 의견을 충분히 수렴함으로써, 정책의 효과성과 정당성을 확보할 수 있다. 즉, 정부와 시민사회 모두 공론의 장이라는 채널을 통해 정책과 행정의 과정에서 상호협력적 관계를 유지할 수 있는 수단으로 기능한다.

한국의 시민사회는 그 중요성이 지속해서 증가하고 있다. 정부-시민사회 거버넌스가 더 성숙해지고 발전하기 위해서는 결국, 이들의 관계 설정과 역할이 충분한 협의를 통해 모색될 필요가 있다. 이와 연관해, 이동수(2005)의 내용에서 제시된 것처럼, "과거와 같이 경직된 상태에서 제도적, 법적 권한을 갖는 정부가 힘 있는 정부로 간주되는 것이 아니라, 맥락적이고 기업가적인 능력을 갖는 정부가 능력 있는 정부로 인정받도록 변화해야 한다"는 것이다. 이 과정에서, 시민사회는 정부와 구별되는 역할에 보다 중점을 두고 행동할 필요가 있으며, 정부는 정책을 시행하는 행정적 권력을, 시민사회는 공론장에서 형성된 의견을 통해 지속적인 의사소통이 필요하다. 무엇보다 정부와 시민사회의 거버넌스는 상호보완적인 관계로 방향성을 가질 필요가 있다.

하지만, 우리나라는 정부와 시민사회 간의 협력적 거버넌스가 체계적으로 구성되지 못했다는 지적이 존재한다. 정부와 시민의 갈등과 충돌을 해결할 수 있는 공론의 장이 미비하게 형성되어 있으며, 무엇보다 이에 대한 인식이 성숙되지 못한 것이다(이동수, 2005). 결국, 정부가 시민사회의 매개를 통해서 시민이 기대하는 절차적 민주주의를 보장하기 위해 노력해야 하며, 사회적 합의를 통해서 공론의 장을 형성해 나가는 것이 중요하다.

CASE STUDY 사례

지역-시민사회-학계 중심의 지속가능한 협력 추진

지역의 지속가능발전이 화두인 가운데 28일 대전광역시의회 소통실에서 '대전 지속가능발전 정책역량 강화를 위한 민·관·의회 협력방안'을 주제로 대전SDGs 정책포럼'이 개최됐다. 윤희철 한국지속가능발전센터 센터장, 조영준 안양지속가능발전협의회 사무국장, 김민수 대전지속가능발전협의회 분과위원장이 지속가능발전을 위한 방안과 사례를 소개했다. 정부는 지속가능발전 기본계획 수립을 통해 지속가능발전 이행 체계를 강화하고 있다. 지난 2022년에는 지속가능발전법이 지속가능발전 기본법으로 격상되면서 국가와 지방자치단체의 역할이 강조되고 있다. 윤 센터장은 지속가능발전의 개념과 국내외 동향, 지방정부와 이해관계자들의 역할에 대해 발표하면서 대전시의회가 행정조직의 칸막이 한계를 넘어 각종 자원과 역량을 상호 연결하는 연결자 역할을 해줄 것을 주문했다. 그는 "지속가능발전 목표 달성은 정부만의 노력으로는 부족하며, 시민사회, 기업, 학계 등 다양한 이해관계자들의 참여와 협력이 필수적"이라고 말했다. 지방정부의 역할로 시민을 대상으로 한 지속가능발전 교육 및 인식 확산, 지속가능성 평가와 지표 개발, 민관 협력 파트너십 구축 등을 제안했다. 조 사무국장은 안양시의 지속가능발전 기본전략과 추진계획에 대해 소개하면서 "안양시는 2022년 11월 지속가능발전 기본 조례를 제정하고, 올해 3월 지속가능발전 기본계획을 수립했다"고 소개했다. 그는 "지속가능발전 기본계획 수립과정에서 행정, 의회, 시민사회 간 긴밀한 소통과 협력이 이루어졌다"며 "앞으로도 지속가능발전 실현을 위해 행정, 의회, 시민사회 3자 협력체계를 강화해 나갈 계획"이라고 밝혔다. 김 위원장은 시민 역량 강화를 위한 민·관·의회 협력 방안을 강조했다. 그는 "지속가능발전의 가치를 실현하기 위해서는 다양한 이해관계자들의 참여와 협력이 필수적"이라며 "특히 시민사회의 역량 강화와 참여 활성화를 위해 행정과 의회의 적극적인 지원이 필요하다"고 강조했다. "시민사회 스스로도 자발적 학습과 실천, 네트워크 강화를 통해 역량을 제고해야 한다"는 점도 덧붙였다. 이어진 토론에는 박으뜸 대전SDGs 정책회의 위원, 최병조 세종지속가능발전협의회 사무처장, 곽상수 한국생명공학연구원 책임연구원, 한종탁 대전광역시 정책기획관 등이 패널로 참석했다.

곽상수 책임연구원은 "일류 경제도시를 지향하는 대한민국 과학도시 대전은 SDGs 이행목표 달성을 위해 솔선수범해야 한다"며 "대전이 바뀌지 않으면 대한민국과 세계가 바뀌지 않을 것"이라고 말했다. 그는 SDGs 달성을 위해 과학기술혁신을 강조하면서 "관공서, 학교, 연구소 등 각 기관과 단체는 온실가스 배출량을 숫자화하는 제도를 시행해야 한다"며 "온실가스를 줄이기 위해 화석에너지 사용을 최소화해야 한다"고 주장했다. 박 위원은 "대전시의 노력만으로는 목표 달성이 어렵다. 다양한 이해관계자 간의 참여를 통해 지속가능발전계획 추진 거버넌스 구축을 해야 한다"고 주장했다. 대전 시의회를 중심으로 지속가능발전 연구회 조직과 운영을 통한 시의회의 역량을 강화해 달라고 주문했다.

출처: https://www.hellodd.com/news/articleView.html?idxno=104272

1. 위의 사례에서 지역의 지속가능발전에 대한 관심이 화두가 된 사회적 배경에 대해 설명해 보시오.
2. 위의 사례를 협력적 거버넌스의 관점에서 논리적으로 재해석해 보시오.

연습문제

1. 행정환경의 중요성에 대해서 설명하시오.

2. 우리나라 행정 그리고 행정환경의 발전 방향을 거버넌스의 개념을 활용해 제시하시오.

3. 행정을 둘러싼 환경 중 정치, 경제, 시민사회의 상호작용을 설명하고, 각각의 요소가 행정에 미치는 영향에 대해서 설명하시오.

4. 행정-시민사회 환경에서 중요한 개념인 거버넌스에 대해서 설명하시오.

제3장

행정학 발달과 이론 전개

[학습목표]

1. 행정이론의 의미를 이해한다.
2. 행정이론의 발달 과정을 이해한다.

학습개요

이 장에서는 행정이론의 발전 과정을 통해 공공행정의 본질과 기능을 이해하고자 한다. 고전적 행정이론부터 인간관계론, 관료제론, 행정행태이론, 체제이론, 비교행정론과 발전행정론, 신행정이론, 공공선택이론, 신제도주의이론, 신공공관리이론, 신공공서비스이론, 사회자본이론, 뉴거버넌스이론까지 다양한 행정이론의 개념과 특징을 살펴본다.

이를 통해 정부와 조직의 운영 및 구조, 정책결정 과정에서의 역할, 그리고 조직관리 및 공공부문 발전을 위한 이론적 토대를 탐구한다. 각 이론의 장단점과 현대 행정에서의 적용 가능성을 분석하여, 공공부문의 효율성과 효과성을 높이고 사회적 문제 해결과 공공서비스 개선을 위한 전략을 모색한다.

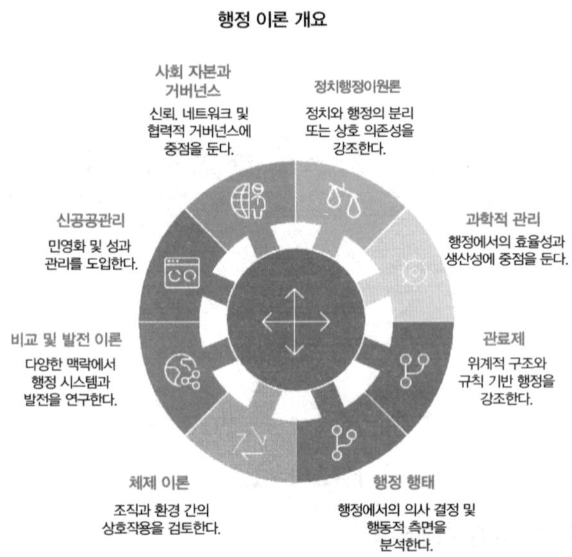

제1절 행정이론의 개념

행정이론은 공공행정의 본질과 기능을 이해하기 위한 이론적 틀로서, 정부와 조직의 구조와 행동, 정책결정 및 조직관리의 원리를 탐구하는 학문이다. 행정이론은 정부와 공공부문의 효율성과 효과성을 높이는 동시에 사회적 문제 해결과 공공서비스 개선을 위한 정책적 기반을 제공한다.

이 절에서는 행정이론의 개념, 정부와 조직의 운영 및 구조, 정책결정 과정에서의 역할, 그리고 조직관리 및 공공부문 발전을 위한 이론적 토대를 논의한다.

행정이론은 공공행정의 본질과 기능을 이해하기 위해 다양한 관점에서 연구되고 있다. 행정이론은 일반적으로 정부와 조직의 운영, 구조, 행동을 설명하기 위한 이론적 기초를 제공하는데, 행정이론의 주요 역할은 다음과 같이 서술할 수 있다. 첫째, 행정이론의 역할은 정부와 조직의 이해로 "정부와 조직이 어떻게 기능하고 변화"하는지를 이해하고, 공공정책의 실행과 행정 과정의 효율성을 향상시킬 수 있는 정책을 제언한다. 둘째, 행정이론은 정책결정 과정에서 중요한 역할을 하는데, 다양한 이론적 틀을 통해 정책 효과의 예측과 최적의 결정을 지원한다. 셋째, 행정이론은 조직의 구조와 관리 방법을 제시하여 조직의 효율성과 효과성을 높이는 데 이바지하는데, "과학적 관리론이나 인간관계론 등은 조직관리의 중요한 이론적 기반"이 된다. 넷째, 행정이론은 행정의 전문성을 강화하는 데 중요한 역할을 하는데, 행정의 신뢰성과 안정성을 높이고, 공공서비스의 질을 향상시킬 수 있는 정책을 제시하는 이론적 토대가 되고 있다.

행정의 주요 목적은 공공문제를 해결하고, 공공서비스를 생산 및 분배하는 것이다. 이를 통해 사회 질서를 유지하고 국민 복지를 증진하는 역할을 한다. 행정학은 정부조직의 운영에 관한 연구와 함께 사회정책의 제안, 실행, 평가에 관한 학문이다. 정부의 효율성과 효과성을 향상하기 위한 원리와 방법의 연구로, 정부와 시민 사이의 관계를 조정하고, 공공서비스를 개선하는 데 중점을 둔다.

20세기에는 행정학의 이론과 방법론이 더욱 다양해졌다. 행정학자들은 사회과학적 연구 방법을 도입하여, 정부조직의 동태적 과정을 분석하고, 정책의 실행 과정을 평가하는 방법을 연구하였다. 또한, 행정학은 현실적인 문제해결을 위한 학문의 역할을 강조하였는데, 행정학자들은 "공공부문의 효율성과 투명성을 높이기 위한 관리 방법을 연구"하였고, 정부의 정책을 개선하기 위한 방안을 제시하고 있다.

현재의 행정학은 다양한 분야와 학문과의 융합이 진행되고 있다. "ICT 기술의 발달로 인해 디지털 행정이 주목받고 있으며, 사회적 문제 해결을 위한 협력 네트워크인 공공-민간 협력이 강화"되고 있다. 또한, "지속가능한 발전과 환경 보호를 위한 정부의 역할에 대한 논의도 활발"하게 이루어지고 있다.

행정의 개념에서 광의의 행정은 대규모 조직에서 나타나는 포괄적인 조직관리의 개념으로, 공행정과 사행정을 구분하지 않지만, 협의의 행정은 행정부와 공무원의 개념에 초점을 맞추며, "공적 목표 달성을 위해 정부 관료제를 중심으로 이루어지는 활동"을 의미한다.

이처럼 행정은 국가나 조직이 공공의 이익을 위해 수행하는 다양한 활동을 의미한다. 넓은 의미에서 행정은 정부의 모든 활동을 포함하며, "고도의 합리성을 수반한 인간 노력의 한 형태"로 인식할 수 있고, 좁은 의미에서 행정은 정부 관료제의 구조와 공무원의 활동을 지칭한다. 거버넌스(Governance)로서의 행정은 공익 목적의 달성을 위한 "공공문제의 해결 및 공공서비스의 생산 분배와 관련된 정부의 제반 활동과의 상호작용"으로 간주할 수 있다.

행정은 크게 공공행정과 사행정으로 나눌 수 있다. 공공행정은 정부기관이 공공의 이익을 위해 수행하는 활동을 말하며, 사행정은 민간조직이 수행하는 행정활동을 의미한다. 다시 말하면, "일반적으로 행정(공공행정)이란 국가 또는 공공기관이 공적 목표를 달성하기 위하여 행하는 행정"을 의미하며, "경영(사행정)이란 사기업이나 민간단체가 영리 추구를 위하여 행하는 행정"을 의미한다.

행정과 경영의 차이점에서, "행정은 공익을 추구하나 경영은 이윤의 극대화를 목적"으로 한다. 공행정은 공익 추구와 사회적 가치의 실현과 함께 엄격한 법적 규제를 받는다. 행정은 경영보다 엄격한 법적 규제를 받지만, 경영은 법적 테두리 내에서 모든 활동이 이루어지나 행정과 같은 직접적인 법적 규제는 받지 않는다. 현대의 행정과 경영 관계의 유사점으로, 관리 기술 면에서 능률주의 추구, 분업화 및 전문화, 문서와 법에 따른 지배, 목표 달성을 위한 인적·물적 자원의 동원과 활용이 있다. 봉사성 면에서 행정은 직접 봉사, 경영은 간접 봉사와 같은 유사성을 보여주고 있다.

행정이론은 이론적인 측면에서 다양한 학파들의 개념과 내용의 이해를 통해 발전과 혁신의 원리와 방법을 탐구하며, 실무적인 측면에서 발전을 위한 정책적 제시와 제언에 이론적 기반이 되고 있다. 결과적으로, 행정이론은 정부와 사회의 발전을 위한 이론적 논의를 마련하고, 공공부문의 효율성, 효과성, 형평성을 높이는 방안들을 연구하고, 사회적 문제를 해결하기 위한 정책을 제안하는 데 이론적 근거가 되고 있다.

제2절 행정이론의 변화와 발전 과정

행정이론의 변화와 발전 과정은 시대적 배경과 사회적 요구에 따라 다양한 이론적 접근이 발전하면서 행정학의 학문적 성장을 이루어왔다. 초기에는 정치행정이원론, 과학적 관리론 등 효율성과 관리 중심의 전통적 행정학이 주를 이루었고, 이후 행태주의, 발전행정론, 신공공관리론 등 시대적 변화를 반영한 새로운 이론들이 등장하였다. 현대에 이르러서는 뉴거버넌스와 신공공서비스론 등 협력과 공공가치를 강조하는 이론들이 행정학의 주요 흐름으로 자리 잡고 있다.

이 절에서는 행정이론의 주요 발전 단계를 시대별로 정리하고, 각 이론의 핵심 개념과 특징을 논의한다.

행정이론의 발달 과정은 여러 단계로 나눌 수 있다. 각 단계는 시대적 배경과 사회적 요구에 따라 다양한 이론들이 발전해 왔다. 행정이론은 행정의 본질과 기능을 이해하고 설명하기 위한 다양한 이론적 접근을 포함하는데, 행정이론의 주요 단계와 개념을 간략히 소개하면 다음과 같다.

행정의 연구는 유럽에서 독일의 관방학에서 비롯되었는데, “1727년 프러시아 빌헬름 1세가 절대 왕조를 보존하기 위한 유능한 관료양성을 위해 대학에 관방학을 개설”한 것이 효시로 “관방학은 통치를 위한 관료양성을 목적으로 재정학, 경제학, 경찰학” 등을 주로 가르쳤다. 이처럼 관방학은 16세기 중엽부터 18세기 말까지 독일과 오스트리아에서 발전한 행정학의 한 갈래로, 절대군주국가 시대에 국가 통치에 필요한 행정적 기술과 지식을 보급하는 것을 목적으로 하였다.

행정이론들의 변천 과정을 주요한 시기별로 간략히 정리해 보면 다음과 같다. 첫째, 19세기 말~20세기 초의 정치행정이원론이다. 윌슨(Wilson)과 굿나우(Goodnow)가 주장한 이론으로, 행정은 정치와 분리되어야 한다는 의견이다. 우드로 윌슨(Woodrow Wilson)의 저서 『행정의 연구』(1887)에서 정치와 행정을 분리하는 이론이 제시되었다. 행정은 관리의 영역으로, 정치적 영향에서 벗어나야 한다고 보았다. 행정학의 태동기 시기로 엽관주의와 실적주의 및 정치행정이원론이 등장하였다. 미국에서 19세기 말 엽관주의의 폐해를 극복하기 위해 실적주의가 도입되었다.

둘째, 1920~1930년대의 정통 행정학이다. 과학적 관리론과 조직관리론이 등장하면서 행정을 과학적·효율적으로 관리하려는 시도가 이루어졌다. 프레드릭 테일러(Frederick Taylor)의 과학적 관리법과 루터 귤릭(Luther Gulick)의 7가지 기본 기능이 대표적이다. 고전 행정학으로 루터 귤릭이 주장한 최고관리자 원칙의 7가지 기본 기능은 "기획(Planning), 조직(Organization), 인사(Staffing), 지휘(Directing), 조정(Coordinating), 보고(Reporting), 예산(Budgeting)"이다. 전통 행정학의 성립으로 과학적 관리론은 프레드릭 테일러의 과학적 관리법이 도입되어 효율성과 능률성을 중시하는 행정관리론이 발전했다.

셋째, 1940년대의 정치행정일원론이다. 대공황과 뉴딜정책을 계기로 정부의 역할과 기능이 강조되면서, 정치와 행정이 분리될 수 없다는 견해가 대두되었다. 정통 행정학에 대한 반발 이론으로 1930년대 대공황 이후 정부의 적극적 역할이 강조되면서 정치와 행정을 통합하는 이론이 등장했다.

넷째, 1950~1960년대의 행태주의와 비교행정이다. 행정학이 과학적·실증적인 연구를 지향하게 되면서, 행태주의와 비교행정이 발전했다. 사이먼(Simon)의 행정행태론과 리그스(Riggs)의 비교행정론이 대표적이며 1940년대 이후 행정학은 인간의 행동과 조직 내 인간관계를 중시하는 방향으로 발전했다. 발전행정론은 1950~1960년대 개발도상국의 행정 발전을 위한 이론으로 등장했고, 1960년대 후반에는 사회적 형평성을 강조하는 신행정론이 대두되었다.

다섯째, 1980년대의 신공공관리론이다. 오스본(Osborne)과 게블러(Gaebler)의 '정부재창조'의 개념과 내용에 근거한 정부실패와 비효율성을 극복하기 위해 시장원리를 도입한 신공공관리론이 등장했다.

여섯째, 1990년대 이후의 뉴거버넌스와 신공공서비스론이다. 정부와 민간, 시민사회가 협력하여 공공서비스를 제공하는 뉴거버넌스와 공공서비스의 가치를 강조하는 신공공서비스론이 발전했다.

이처럼, 현대 행정이론은 신공공관리론과 뉴거버넌스가 포함되는데, 1980년대 이후 시장원리를 도입하여 효율성을 강조하는 신공공관리론이 등장했고, 1990년대 이후 정부와 민간, 시민사회 간의 협력을 강조하는 뉴거버넌스 이론이 발전했다.

행정학적 행정 개념에서 "행정관리설, 통치기능설, 행정행태설, 발전기능설, 신행정학"으로 구분해서 다음과 같이 설명할 수 있다.

첫째, 행정관리설(1880년대~1930년대 초기)은 정치행정이원론과 공사행정일원론의 입장으로 행정이념은 능률성이다. 행정관리론은 정치와 행정을 분리하여 행정을 효율적 · 능률적으로 관리하는 것을 강조하고, 대표적인 학자로는 윌슨(Wilson)과 굿나우(Goodnow)가 있다. 이처럼, 행정관리론은 행정을 경영과 유사하게 보고, 과학적 관리론과 기계적 능률성을 강조한다.

둘째, 통치기능설(1930년대 후반)은 정치행정일원론과 공사행정이원론의 입장으로 행정이념은 민주성이다. 통치기능론은 행정이 단순히 정책을 집행하는 것이 아니라 정책을 형성하는 기능도 중요하다고 보는데, 디목(Dimock)과 애플비(Appleby)가 주요 학자이다.

셋째, 행정행태설(1940년대)은 행정 현상의 원인인 인간의 행태에 초점을 두고 분석하는 견해로 정치행정 새 이원론의 입장이며 행정이념은 합리성이다. 행정행태론은 행정에서 인간의 행동과 심리적 요인을 중시하며, 사이먼(H. A. Simon)이 대표적인 학자이다. 행정행태론은 행정의 정책결정 기능을 인정하고, 행정학의 과학적 연구를 추구한다.

넷째, 발전기능설(1960년대)은 행정이 국가 발전과 경제성장에 중요한 역할을 한다고 인식하고, 주로 개발도상국의 행정 현상을 설명하는 데 유용하며 정치행정 새 일원론의 입장으로 행정이념은 효과성이다.

다섯째, 신행정학(1960년대 후반~1970년대)은 대응성과 형평성을 강조하며, 왈도(Waldo)와 프레데릭슨(Frederickson) 등이 주요 학자이다. 신행정론은 이상적으로 인간의 삶에 있어 궁극적 가치를 실현하고자 정의, 형평, 평등을 달성해야 한다는 점을 강조한다. 신행정론은 기존의 관료제적 성격으로 인한 공급자 중심의 과학적인 행정기법의 한계를 탈피하였다. 신행정론의 가치판단적인 관점은 양질의 행정서비스에 관한 가치를 중요시한다.

제3절 행정이론의 유형과 내용

이 절에서는 행정이론의 유형과 내용으로서 정치행정이원론과 일원론, 과학적 관리론, 관료제론, 행정행태이론, 체제이론, 비교행정이론, 발전행정이론, 신행정이론, 공공선택이론, 신제도주의이론, 신공공관리이론, 신공공서비스이론, 사회자본이론, 뉴거버넌스이론 등 다양한 행정이론의 개념과 내용을 논의한다.

1. 정치행정이원론과 일원론

정치행정일원론과 정치행정이원론의 비교적인 관점에서, 정치행정이원론은 정치의 가치와 행정의 결정이 서로 독립적인 영역이며, 정치와 행정은 분리되어야 한다고 주장한다. 정치행정일원론은 가치와 결정의 문제를 하나의 통일된 시각으로 보는 관점으로, 정치와 행정은 분리될 수 없으며, 두 영역은 상호 의존적으로 결합되어 있다고 주장한다. 이론적으로는 정치적인 가치와 행정적인 결정이 하나의 통일된 시스템 내에서 이루어진다고 보는 것이 특징이다.

정치행정이원론에서 정치는 "시민의 의견을 반영하고, 정부의 목표와 정책 수립에 관여"한다. 반면에, 행정은 "정부의 정책과 목표를 실행하고, 시민들에게 서비스 제공"과 함께 정부의 효율성을 증진하는 역할을 한다. 정치는 "정부의 계획과 기본 방침을 결정하는 활동"이지만, 행정은 "중립적 · 전문적인 비정치 성향을 지닌 사무적인 업무"로 보았다.

1887년에 우드로 윌슨(Woodrow Wilson)이 집필한 『행정과 연구』에서 행정은 정치와 독립된 새로운 체제가 되어야 한다고 주장하였다. 행정은 정치력으로부터 독립하여 자율성이 보장되고, 관리와 경영의 성격을 가져야 한다는 것이다. 윌슨(1887)의 원칙적인 견해는 정치행정이원론으로 정치와 행정을 구분하고, 행정을 경영과 유사한 것으로 보는 기술적 행정학의 입장으로, 행정인은 "효율적 목표 달성 추구, 능률성, 효율성을 모색"하지만, 정치인은 국가목표 설정과 민주성 확보를 추구하는 과정으로 행정과 정치를 구분하고자 한다(Yun, 2018).

이처럼, 정치행정이원론은 정치와 행정을 분리하여 "행정의 독립성과 자율성을 강조"하고 행정은 "가치판단 및 정책결정 기능을 배제하고, 효율성과 능률성을 중시"

한다. 정치와 행정은 독립적이라는 정치행정이원론 관점에서 정치와 행정을 분리하여 엽관주의의 문제점인 행정낭비 및 정치부패를 지양하고 실적주의를 발전시켰다. 그러나 국가에서 행정으로부터 정치적인 기능을 완전히 분리한다는 것이 불가능하다는 사실을 간과했고, 환경적인 요인과 배경을 고려하지 못한 폐쇄적인 이론이라는 비판과 함께 1930년대부터 정치행정일원론이 제기되었다.

정치행정일원론은 기능적 행정학이라고도 하며 행정부의 정책결정에 적극적 역할이 강조되면서 정치와 행정은 분리될 수 없음을 강조한다(Yun, 2018). 궁극적으로 비교행정론에서 정치와 행정의 구분은 권력의 분권화를 통한 민주주의 정책 달성에 기여할 수 있다는 견해이지만, 싱가포르와 중국의 사례와 같이 발전행정론에서 정치와 행정의 통합을 통한 경제성장과 발전의 가능성을 강조하고 있다(Yun, 2018). 이처럼, 정치와 행정은 관리행정의 차원에서 이론적 · 논리적으로 분리할 수 있으나 정치와 행정의 이분법적인 논의보다는 상황주의에 근거한 보완적인 관계의 필요성을 강조하였다(Yun, 2018). 결과적으로, 정치행정일원론은 행정의 정치적 기능으로서 정책형성 기능을 강조하며, 행정의 가치판단 및 정책결정 기능을 중시한다.

오브레임(Overeem, 2005: 317)은 정치와 행정의 이분법은 행정가의 정치적 중립성에 대한 심각한 우려를 나타낸다고 주장하고 있는데, 윌슨과 굿나우(Goodnow)의 경우처럼 공정한 행정을 만들기 위해 행정에서 정치를 배제하려는 시도이다. 오브레임은 정치 · 행정 이분법의 주장에 대해 "당파적 정치"와 "정책적 정치"라는 두 가지 유형의 정치를 구분한다(Overeem, 2005: 318-22). 합리적인 행정가는 정책적 정치에 관여할 수 있지만, 당파적 정치에는 관여하지 않아야 한다. 다시 말하면, 행정가는 정책결정의 기본이 되는 정치의 종류에서 배제되어서는 안 되지만 더욱 당파적인 유형의 정치에서는 배제되어야 한다. 오브레임은 당파적 정치에서 정부실패를 막기 위한 정치 · 행정 이분법이 필요하다고 설명하고 있다.

2. 과학적 관리이론과 행정관리이론

과학적 관리론은 1911년 프레드릭 테일러(Frederick Taylor)가 산업의 효율성을 개선하기 위해 만들었다. 당시는 산업사회의 치열한 경쟁이 극에 달했던 시대였는데, 여러 번의 경제 공황이 발생하였다. 행정관리론의 역사적 배경은 19세기 후반부터 20세기 초반까지의 사회적 · 경제적 · 정치적 변화와 밀접하게 연결되어 있다. 19세기 후반, 산업혁명이 유럽과 북미를 중심으로 본격화되면서 공장제 대량생산 시스템이 확립되었다. 산업화는 경제적 번영을 가져왔지만, 동시에 노동 조건의 악화, 노동자와 자본가 간의 갈등, 도시 빈민 문제 등의 여러 사회적 문제들이 야기되었다. 이러한 문제를 해결하기 위해 공공부문의 역할이 중요해졌고, 효율적인 행정관리의 필요성이 대두되었다.

이처럼, 산업화에 따른 농촌 인구의 도시 유입으로 도시화가 급격히 진행되었는데 도시는 급격한 인구 증가로 인해 주거, 위생, 교통, 치안 등 다양한 문제에 직면하게 되었다. 이에 따라 도시 행정의 효율성과 효과성을 높이기 위한 체계적 관리 방법이 필요해졌다. 이와 같은 맥락에서 행정관리론은 공공서비스 제공의 효율성을 높이고, 도시 문제를 효과적으로 해결하기 위한 방법론으로 주목받게 되었다.

19세기와 20세기 초반은 민주주의의 발전과 함께 시민의 권리와 참여가 확대된 시기였다. 이는 정부의 투명성과 책임성을 요구하는 목소리를 높였고, 효율적이고 합리적인 행정관리가 필요하게 되었다. 특히 미국과 유럽에서는 정부의 역할이 단순한 통치에서 공공서비스 제공자로 확대되면서, 전문적 · 체계적 행정관리의 필요성이 강조되었다.

1) 과학적 관리론

미국에서는 19세기 말부터 20세기 초에 걸쳐 진보주의 운동이 활발하게 전개되었다. 이 운동은 부패 척결, 공공서비스의 전문화, 공공부문의 효율성 증대 등을 목표로 했다. 진보주의 운동은 행정개혁의 목적으로 과학적 관리기법과 효율적 조직 운영을 도입하려는 노력을 촉진했다.

프레드릭 테일러는 과학적 관리법(Scientific Management)의 창시자로, 행정의 효율성과 생산성을 극대화하는 방법을 제안하였다. 테일러는 작업 과정을 과학적으로 분석하고, 노동 생산성을 극대화하는 방법을 제시했다. 테일러의 과학적 관리법은 공공부문에서도 효율성 제고를 위한 관리기법으로 받아들여졌으며, 현대 경영학과 행정학의 기초를 형성하는 중요한 이론적 틀을 제공하였다. 과학적 관리법은 효율적인 작업 방법과 생산 공정을 개발하는 데 중요한 역할을 했다. 테일러는 작업 분석과 작업 표준화를 통해 작업자의 효율성을 극대화하려는 접근을 제안했고, 이는 효율성과 생산성 향상을 목표로 한 초기 행정관리론의 중요한 기초가 되었다.

테일러의 주요 개념은 다음과 같이 정리할 수 있다. 첫째, 작업의 과학적 분석으로 작업을 세부적으로 분석하고, 최적의 작업 방식을 찾아내는 것으로 작업 과정의 표준화를 통해 일관된 품질을 생산한다. 둘째, 노동자의 적재적소 배치로 각 노동자의 능력과 특성에 맞는 작업을 할당하여 효율성을 극대화하는 것으로 과학적 방법에 따라 노동자를 선발하고 훈련한다. 셋째, 성과 기반 보상으로 노동자의 성과에 따라 차등적으로 보상하여 동기부여를 강화하며, 성과급제도를 도입하여 노동자의 생산성을 높인다. 넷째, 관리와 노동의 분리로 관리자는 계획과 감독을, 노동자는 작업을 수행하도록 역할을 분담하며, 관리의 전문성을 강화하고 노동자의 집중력을 높인다.

2) 행정관리론

행정관리론은 20세기 초기에 산업화와 도시화가 급격히 진행되고 조직 내부의 효율성 문제가 대두되면서 발전했다. 과학적 관리론은 분업화를 통해 능률적·경제적인 방법으로 작업을 완료하는 것을 주된 목표로 두었지만, 작업장 수준의 근로자에게 초점을 맞추는 미시적인 접근 방법인 과학적 관리론은 조직 전체의 효율성을 증가시키고자 할 때 한계가 있다. 조직의 목적을 생산 현장에 연결시키는 과정의 합리화가 요구되는데 관리자의 생산성도 그에 못지않게 중요하기 때문이다. 이러한 측면에서 과학적 관리론의 보완적 관계로서 관리자의 관리 문제를 최초로 제기한 것이 행정관리론이다.

행정관리론은 공공부문에서의 효율적 관리와 운영을 위해 제안된 이론과 원칙을 다루는 학문적 영역이다. 주로 19세기 말부터 20세기 초반에 걸쳐 발달했으며, 공공행정의 조직, 구조, 절차, 관리에 관한 체계적인 접근을 강조한다. 행정관리론은 공공부문의 조직과 관리에 대한 이해와 함께 더 나은 공공서비스를 제공하는 데 이바지하였다. 행정관리론은 공공행정의 효율성과 효과성 증진을 위한 체계적이고 과학적인 접근을 제안한 이론적 틀이다. 행정관리론의 기초를 확립한 중요한 인물들인 테일러의 과학적 관리법, 막스 베버(Max Weber)의 관료제 이론, 앙리 파욜(Henri Fayol)의 관리 원칙 등은 관리기법과 조직이론의 현대 행정학의 기초를 형성하는 중요한 개념들이다.

현대 행정학에서는 행정관리론의 원칙과 개념을 바탕으로 하되, 이를 보완하고 발전시키기 위한 다양한 접근이 시도되고 있다. 예를 들어, 신공공관리이론은 시장지향적 관리기법과 민간부문의 경영원리를 공공부문에 적용하려는 노력을 반영한다. 이는 효율성과 효과성을 강조하면서도, 유연성과 혁신성을 중시한다. 또한, 참여적 관리

(participative management)와 협력적 거버넌스(collaborative governance) 등의 접근은 행정관리론의 한계를 보완하며, 시민참여와 협력적 관계를 강조하는데, 행정의 민주성과 투명성을 제고하는 데 기여하고 있다.

요약하면, 행정관리론은 조직의 효율성과 효과성을 극대화하기 위한 원리와 방법을 탐구하는 학문적 접근 방법이다. 이 이론은 조직 내부의 역할과 구조, 리더십 스타일, 의사결정 프로세스 등을 연구하여 조직의 운영 및 관리를 개선하려는 목적이 있다. 행정관리론은 과거부터 현재까지 다양한 관점과 접근 방식을 통해 발전해 왔으며, 기업 경영부터 정부기관에 이르기까지 여러 조직에서 적용되고 있다. 현대 조직에서는 행정관리론의 원칙이 여전히 중요한 역할을 하고 있지만, 몇 가지 도전 과제에 직면해 있다. 행정관리론은 변화적 환경과 인간적 요소를 충분히 고려하는 방향으로 발전해야 할 필요가 있다. 조직의 효율성을 극대화하면서도, 혁신성과 창의성을 촉진하고, 노동자의 만족도를 높이는 방향으로의 발전을 요한다. 급변하는 기술과 시장 환경에 적응하기 위해서 조직의 유연성과 혁신성의 유지, 다양성과 포용성의 강화, 효율성과 효과성의 극대화를 통해 현대 조직이 직면한 복잡한 문제를 해결하고 지속가능한 발전을 이루는 데 이바지하는 것이 필요할 것이다.

3. 관료제이론

관료제는 위계질서와 문서절차를 중시하는데, 규정과 절차에 따른 객관적·합리적인 체계이다. 베버는 관료제를 일련의 구조적 특징과 기능 양식을 갖춘 조직이며 관리 능률을 극대화하는 사회 기구로서 규정했다. 베버는 관료제(Bureaucracy)이론의 창시자이며, 베버의 주요 개념은 합법적 권위가 법과 규칙에 따라 정당화되는 것으로, 전통적 권위나 카리스마적 권위와 대비된다. 베버는 관료제의 "근본적 명제는 관료제에 정당성을 부여하는 권위의 근거"가 전통과 카리스마가 아닌 합리성에 기초한 합법성에서 나온다고 봤다.

관료제의 등장 배경은 사회적·경제적 배경과 정치적 배경으로 구분할 수 있다. 첫째, 사회적·경제적 배경에서 관료제론의 등장 배경은 19세기의 산업혁명으로 생산성이 급격하게 증대되었고, 이에 따라 능률성과 효과성에 관해 새로운 인식이 필요하였다. 둘째, 정치적 배경에서 관료제론의 등장 배경은 절대군주제에서의 관료제가 입헌군주 정치체제에서 공식적·대표적 성격을 갖추고 합법적 관료제로 변모하게 되었고, 법에 의한 지배로 변화하였다. 이는 초기 입헌주의자들의 이념과 민주주의 정치사상과 결합하면서 "국민을 위한 봉사자로서의 관료제 개념"을 형성하였다. "국민의 이익을 대표하는 관료제"라는 의식은 자유민주주의 정치사상의 발전과 부합하는 측면이 있다.

베버는 관료제를 다양한 관점에서 정의하였는데, 이 두 가지 관점은 베버의 관료제이론이 가진 포괄성과 다층성을 보여준다.

첫째, 베버는 관료제를 다음과 같은 구조적 특성과 기능 양식을 갖춘 조직으로 정의했다. ① 명확한 위계 구조: 조직은 명확한 위계체계를 가지고 있으며, 각 계층은 명확한 권한과 책임을 부여받는데, 의사결정 과정을 체계화하고 조직 내 권한의 흐름을 명확히 한다. ② 규칙과 규정의 중요성: 모든 절차와 의사결정은 사전에 정의된 규칙과 규정에 따라 이루어지는데, 일관성과 예측 가능성을 보장한다. ③ 분업과 전문화: 업무는 세분되고, 각 구성원은 자신의 전문 분야에 맞는 소임을 수행하는데, 효율성과 전문성을 향상시킨다. ④ 비인격성: 개인적인 감정이나 관계가 아닌 객관적 기준에 따라 의사결정이 이루어지는데, 공정성과 일관성을 보장한다. ⑤ 경력 기반 승진: 승진과 보상은 개인의 성과와 능력에 따라 결정되는데, 조직 내에서의 동기부여와 성장을 촉진한다. ⑥ 문서화: 모든 의사결정과 절차는 문서화되어야 하는데, 기록 유지와 투명성을 보장한다.

둘째, 베버는 관료제를 관리 효율성을 극대화하는 사회 기구로 규정했다. ① 효율성: 명확한 규칙과 절차, 전문화된 분업을 통해 업무가 체계적·효율적으로 수행되는데, 조직의 목표 달성에 최적화된 환경을 제공한다. ② 합리성: 의사결정과 행정 절차는 합리적·체계적으로 이루어지며, 조직의 일관성과 신뢰성을 향상시킨다. ③ 공정성: 비인격성과 객관적 기준을 통해 모든 구성원이 공정하게 대우받으며, 조직 내 공정성과 신뢰성을 보장한다. ④ 예측 가능성: 정해진 규칙과 절차에 따라 운영되기 때문에 조직의 행동과 결과는 예측성과 안정성을 제공한다. ⑤ 전문성 강화: 경력 기반 승진과 분업 전문화는 구성원의 전문성을 강화하고 조직의 전체적인 역량을 증대한다.

베버는 이러한 두 가지 관점을 통해 관료제가 단순한 조직구조를 넘어, 효율적이고 합리적인 사회 기구로서의 임무를 수행한다고 보았는데, 현대 조직이론에서 중요한 개념으로 남아 있다.

관료제론은 대규모 조직의 업무를 안정적으로 처리하기 위해 가장 최선의 효율을 발휘하는 피라미드식 조직 형태를 말한다. 많은 사람의 활동을 체계적으로 관리할 수 있는 가장 효율적인 제도이다. 요약하면, 이러한 관료제의 특징들은 다음과 같이 정리할 수 있다.

첫 번째, 관료의 모든 권한은 법과 규칙에 따라 정해진다. 임무 수행에 필요한 명령권과 강제 수단도 법규와 규정에 따라 엄격하게 정해져 있어야 한다는 것이다.

두 번째, 직무조직은 계층제의 원칙에 근거해서 상하 계층으로 구성이 되어 모든 지위가 권한과 책임에 따라 서열화된 상명하복의 구조로 이루어진다. 따라서 명령과 보고의 체계가 확실하게 이루어지며, 상사가 부하의 결정을 관할하고 감독하지만, 부하는 아예 권한이 없는 것이 아닌 나름대로 영속적인 권한이 부여된다.

세 번째, 직무의 집행과 업무는 서류나 문서에 따라서 행해지며, 조직의 모든 활동은 문서화되어 기록된다.

네 번째, 직무수행은 전문성을 요구한다. 업무를 수행하는 데 필요한 전문적 훈련은 받아 그 일을 담당할 수 있는 숙달한 전문성을 갖추어야 한다는 것이다.

다섯 번째, 업무를 수행할 때는 전체적인 능력이 요구된다. 관료제에서 업무는 부업으로서의 성질을 가진 직업이 아니기 때문에, 관료는 잠정적인 직업이 아닌 평생 종사하는 전임직업이다. 과거에는 사무실의 일을 이차적인 일로 간주했지만, 현재는 부업으로 행할 수 있는 직업이 아니기 때문에 전임성을 가져야 한다는 뜻이다.

여섯 번째, 업무의 수행은 안정성과 구체성에 의해 이루어져야 하며 규칙과 표준화된 운영 절차에 따라 이루어져야 한다. 업무를 수행할 때 개인적인 감정, 증오, 애정의 관계에 영향을 받지 않고 객관성과 합리성에 따라 수행해야 한다는 것이다.

베버는 관료제의 개념을 경제적·정치적 측면과 연관하여 설명하고 있다. 첫 번째는 경제적인 측면에서의 관계이다. 베버는 자본주의와 관료제론은 일반적으로는 친화적인 관계이지만 그 두 개의 관계는 서로의 발전 단계에 따라 다르다고 주장하였다, 즉 자본주의적 시장경제가 등장하는 근대 초기에는 관료제와 자본주의의 관계가 상호 강화 내지는 긍정적인 관계에 있었지만, 베버가 살던 시기에 나타났던 조직 자본주의(organized capitalism)의 단계에 오면서 관료제와 자본주의는 서로 대립적·부정적 관계로 접어들었다고 베버는 인식하고 있다. 즉 자본주의 역시 관료제처럼 비인간화와 비합리적인 특성으로 변해 갔다는 것이다.

두 번째는 정치적인 측면에서 관료제와 민주주의의 관계이다. 베버는 관료제와 민주주의는 서로 대립 관계에 놓여 있다고 주장했다. 관료제는 점차 폐쇄적인 특권 집단화되는 경향이 있지만, 민주주의는 관료제를 더욱 개방적인 조직으로 만들려 하며, 여론의 영향력을 확대하기 위하여 정책결정에 있어서 관료 권위의 감소를 추구한다는 것이다.

베버는 민주주의와 관료제의 관계보다 관료의 정치 개입을 더 비판하였는데, 독일을 예시로 들면서 독일이 19세기 말부터 제1차 세계대전까지 정치적으로 미숙함을 보이고 결국 파국에 이른 이유가 고위 관료들이 정치인을 배제하였기 때문이라고 주장하였다. 즉 베버에게 정치란 어떤 명백한 기준에 따라 정책의 우선순위가 결정되는 도구적 합리성이 지배적인 공간이 아니라 서로 다른 세계관, 신념관, 가치관 사이의 투쟁이 벌어지는 장이다. 따라서 정치인과 관료는 별개의 존재라고 보았다. 바로 이러한 점에서 정치인은 자신만의 사명을 갖고 목표를 현실에서 실현하기 위해 투쟁하며, 혹 자신의 노력이 좌절되었을 때는 책임을 전적으로 감당하면서 스스로 정치에서 떠나야만 하는 존재라는 점에서 명령과 지시에 따라 행동하며 자기 자리를 지키기에 연연하는 관료와는 질적으로 다르다고 베버는 인식하고 있다. 즉 베버에게 정치의 영역과 행정의 영역은 결코 중첩될 수 없는 것이다. 베버는 정치인의 역할을 관료가 할 수 없다고 말하고 있지만, 베버가 관료의 역할과 가치를 폄하하고 있다고 보아서는 안 된다. 베버는 관료제를 경제적으로는 유익할 수도 있지만, 정치적으로는 무익하다고 인식하고 있다.

베버는 사회의 다양한 측면을 연구하였으며, 특히 권력과 지배에 대한 깊은 통찰력이 있었다. 그는 지배의 유형에 따라 관료제의 형태도 달라진다고 주장하였다. 베버가 있던 19세기 말 독일의 상황에 비추어 보았을 때, 독일이 산업사회로 발전하기 위해서는 카리스마, 귀족의 지배에서 벗어나 법과 합리성으로 지배받아야 하는 것이 옳다고 본 것이다. 첫째, 카리스마적 지배란 지배자가 특별한 은총이나 재능을 가지고 있어서 지배받는 자가 신뢰하고 따르는 지배로, 종교적인 지도자나 혁명적인 지도자의 지배가 사례이다. 둘째, 전통적 지배란 과거의 관습이나 습관에 따라 지배자가 권력을 행사하고, 지배받는 자가 복종하는 지배로, 왕실이나 귀족의 지배가 사례이다. 셋째, 합리적·합법적 지배란 지배자가 법률이나 규칙에 따라 권력을 행사하고, 지배받는 자가 법률이나 규칙에 따라 복종하는 지배로 민주적인 정부나 법률적인 기관의 지배가 사례이다. 베버는 근대 사회에서는 합리적·합법적 지배가 가장 효과적이고 적합한 지배의 형태라고 주장하였고, 그러한 지배의 수단으로 관료제를 제시하였다.

베버는 조직이 업무를 수행할 때, "카리스마적 권위, 전통적 권위, 법적 권위"의

세 가지 권위에 의존한다고 주장하였다. 이를 바탕으로 베버는 정당성 개념을 기초로 합법적 권위 체제를 지닌 조직을 관료제라고 정의했다. 베버는 이 세 가지 유형 중 법적 권위에 기초한 조직 형태를 관료제로 봤고 정당성 개념을 기초로 합법적 권위 체제를 지닌 조직으로 관료제를 상정하였다. 관료제가 발전할 수 있었던 이유는 과거에는 행정 업무가 군주나 왕실에 의해 직접 처리되었지만, 산업화와 함께 행정 업무의 규모가 확대되면서 전문적인 관료체제의 필요성이 대두되었기 때문이다. 베버는 조직이 업무를 수행할 때 카리스마적 권위, 전통적 권위, 법적 권위의 세 가지의 권위 유형에 의존한다고 말했다.

첫째, 카리스마적 권위다. 이는 특정 인물이 가지고 있는 비범한 자질, 인격적인 신뢰, 초월적인 능력에 대한 믿음 때문에 지시와 명령이 정당화되는 경우다.

둘째, 전통적 권위다. 이는 "전통이나 관습에 의해 명령이 정당화돼 왔기 때문에 이에 복종"하게 되는 경우이다. "먼 옛날부터 통용되어 온 전통이나 관습에 의해 명령이 정당화"되는 경우를 말한다.

셋째, 법적 권위다. 이는 "법규에 규정돼 있어서 명령에 복종"하는 경우인데, 베버는 이 같은 법적 권위에 기초한 조직 형태를 관료제로 봤다. 법률상의 규정의 타당성과 합리성으로 만들어진 규칙 때문에 명령에 복종하는 경우이다. 베버가 주장한 관료제론은 관료제에 정당성을 부여하는 권위의 근거는 전통적이거나 카리스마에서 나오는 것이 아니라 법적인 권위에서 나온다는 것이다.

결론적으로, 베버가 주장한 관료제론의 근본적 명제는 관료제에 정당성을 부여하는 권위의 근거가 전통·카리스마에 있는 것이 아니라 합리성에 기초한 합법성에서 나온다는 데 있다.

구체적으로, 관료제에는 여러 가지 장점이 존재한다. 첫 번째로 대규모 조직의 거대한 집단적 업무를 효율적으로 처리하기 때문에 정확하고 신속하다. 명확한 규칙과 절차가 일관되게 업무를 처리할 수 있게 해주고 효율성을 높여주기 때문이다. 이처럼, "거대한 집단적 과업을 효율적으로 처리할 수 있어서 능률적"이다.

두 번째는 업무의 안정성이다. 조직 내의 계층제에 따라 명령에 따라 직무가 수행되기 때문이다. 또, 업무의 공식적인 규칙과 절차는 행동을 예측할 수 있게 하여 조직의 안정성도 높일 수 있다. 결과적으로, "업무는 조직 내의 위계 서열에 따른 규칙과 명령에 따라 수행"되어서 업무의 안정성과 지속성이 유지된다.

세 번째는 공정성이다. 관료는 능력에 따라 임용하고, 업무를 수행하는 데에도 규정에 따른 업무 집행, 객관성과 합리성, 전문성이 요구되기 때문에 공정성을 보장받을 수 있다. 이와 같이, “규정과 절차에 의한 업무의 집행과 실력 본위의 채용, 승진”으로 공정성이 유지된다.

네 번째는 지속성이다. 업무의 표준화로 인하여 “구성원이 바뀌어도 일정한 훈련을 받은 자격 있는 구성원으로 교체하여 지속적인 업무 수행”을 할 수 있다.

다섯 번째는 개인들의 능력을 최대로 발휘할 수 있다는 것이다. 일에 대한 전문성을 갖춘 사람만이 관료가 될 수 있어서 그 일에 대한 자기 능력을 최대로 발휘하기에 최적화되어 있다.

여섯 번째는 구성원 간의 불필요한 갈등 방지이다. 이 조직에서는 계층제로 움직이기 때문에 명령과 복종에 의해 업무를 수행하고 규칙과 정해진 규정에 따라서 자신이 맡은 업무만을 수행하면 되기 때문에 구성원 간의 갈등을 방지할 수 있다.

한편, 관료제론의 단점은 형식주의 증가, 책임 회피, 의사결정 지연, 부서 이기주의, 변화에 대한 저항, 목적 전치 현상 발생 등이 있다. 관료제의 단점들을 다음과 같이 정리할 수 있다. 첫 번째는 비효율성이다. 지나치게 엄격한 규칙과 절차로 경직된 관료제는 유연성을 떨어뜨리고 외부의 변화에 대한 대응력도 저하되고 적응도 느릴 수밖에 없다.

두 번째는 업무 간 경계 불분명이다. 관료제가 아무리 업무를 전문성에 따라 조직적으로 나눈다고 하더라도 어쩔 수 없이 업무 간의 경계가 불분명할 때가 있다. 이럴 경우 애매한 업무 간 경계를 두고 구성원 간에 갈등이 생길 가능성이 있다.

세 번째는 창의성이 발휘되기 어렵다는 것이다. 지나친 전문화와 계층 구조가 창의성과 혁신성을 저해하는 문제가 발생한다.

네 번째는 책임 회피이다. 관료제의 서열화로 인해서 구성원이 잘못하더라도 명령과 규칙에 따라 업무를 수행한 것이기 때문에 자기 잘못은 없다고 회피하는 문제가 생길 수 있다.

다섯 번째는 형식주의 증가이다. 지나친 관료주의로 인해서 정해진 규칙과 문서화에만 의존하다 보니 실질적인 문제 해결보다는 형식적인 절차에만 더 신경을 쓰게 되는 것이다.

여섯 번째는 인간 소외 현상이다. 지나치게 규칙과 표준화된 절차에 따라 업무를 수행하고 업무에 있어서 개인적인 감정을 배제한 채로 반복적인 일을 수행하다 보니 자신의 일과 다른 구성원들로부터 소외되는 현상이 생길 수도 있고, 이것이 구성원들의 동기에 부정적인 영향을 미칠 수도 있다.

일곱 번째는 무사 안일주의이다. 관료제의 특성상 연공 서열에 따라 승진이 이루어지기 때문에 승진을 위해서 현재의 문제를 무시하는 일이 생길 수도 있다.

여덟 번째는 목적 전치의 문제이다. 수단을 너무 중요하게 강조함으로써 관료의 진짜 목적이 무엇인지 잊어버리는 일이 생길 수도 있다. 즉 목적 전치 현상이란 "규칙이 목적 달성의 수단이 아니라 그 자체가 목적"이 되는 현상을 의미한다. 예를 들어 민원을 받은 공무원이 자신의 관할이 아니라는 이유만으로 다른 부서로 넘기는 것을 예시로 들 수 있다. 관료제의 가장 큰 결점은 조직의 쇄신성과 창의성을 저해하며 변화하는 환경에 대한 적용이 어렵다는 점이다.

현대사회에서는 정보통신의 발달로 급격한 변화가 일어나고 있다. 그래서 복잡하고 정해진 규칙과 절차가 많은 관료제는 현대사회에 대응하기에는 많은 한계점이 존재하고, 비효율적으로 업무를 수행하기도 한다. 그러나 대규모 조직을 운영하기 위해서는 여전히 관료제가 중요한 틀을 제공하고 있어서 완전히 제외할 수는 없다. 그래서 현대적인 변화에 맞춰 관료제의 문제점을 보완한 탈관료제라는 새로운 조직 형태도 나오기 시작했다. 따라서 관료제는 대규모 조직의 효율적인 업무 수행과 운영을 하기 위한 조직 형태이고 현대사회에서 많은 역기능과 단점이 상존하기도 하지만 여전히 안정적인 경영 및 조직환경을 위해서는 필요한 조직 형태로 인식되고 있다.

4. 행정행태이론

행정행태론은 행정학 내에서 인간의 행동과 의사결정 과정을 과학적으로 분석하는 접근법이다. 객관적으로 외면화된 심리적 경향이나 행태를 중심으로 조직 내의 인간 행동을 과학적 · 체계적으로 연구 해석하는 것으로, 이념, 구조, 제도보다는 개인과 집단의 행태적 · 심리적 경향을 중심으로 행정 현상을 분석하는 것이다. 행태라는 용어가 학문적으로 공식 사용된 첫 사례는 사이먼(Simon)이 출간한 『행정행태론』이었으며, 1949년 이후부터 행태주의가 사회과학에서 사용되기 시작했다. 그리고 1949년 이후부터 행태주의(behavioralism) 또는 행태과학(behavioral science)이라는 용어가 사회과학에서 사용되기 시작했다. 행태주의가 정치학에 처음으로 등장하기 시작한 것은, 1920년대까지 정치학의 주된 접근 방법이었던 전통주의(traditionalism)를 대체하면서부터였다. 관념론에 근거한 전통주의는 사회현상을 분석하는 데 역사의식을 기반으로 하고 있었다는 측면에서 1920년대까지만 해도 정치학을 지배하던 주된 연구 경향이었다.

행정행태론은 1940년대에 등장하였는데 인간관계론과 논리실증주의를 배경으로 하고 있다. 즉, 행정행태론은 "초기 행정학(과학적 관리론)의 기계론적 인간관을 비판"하고 대신 인간관계론의 인간관계적 측면을 발전시킨 것이며, 초기 행정학이 내세운 기술주의나 원리주의의 비과학성을 지적하고 "행정은 과학적으로 설명하여야 한다"는 주장에서 비롯된 것이다.

이스턴(Easton)은 행태주의의 특성으로 규칙성, 입증, 기법, 계량화, 가치, 체계화, 순수과학, 통합성이라는 여덟 가지 요소를 제시했다(주운현 외, 2021: 85-86).

첫째, 행태주의는 규칙성을 찾고자 한다. "인간의 행태를 중심으로 한 사회현상 속에는 일정한 통일성"이 있을 것이라는 전제하에 통일성을 찾아냄으로써 예측성을 높여 보자는 것이다. 둘째, 행태주의는 입증화를 필요조건으로 한다. "지식이란 검증 이전의 명제로 구성되는 것이며, 이것은 당연히 경험적으로 검증"되어야 한다는 태도다. 셋째, 행태주의는 출처의 "타당성, 신뢰성 및 비교 가능성을 보장할 수 있는 기법이 필요"하다. 넷째, 행태주의는 계량화를 속성으로 한다. "복잡한 사회현상으로부터 분명하고 정확한 지식을 얻기 위해, 때로는 모호한 질적 정보를 양적 정보로 전환할 필요"가 있다. 다섯째, 행태주의는 가치중립성을 추구한다. 과학적 탐구는 "객관성을 유지하기 위해 가치의 개입을 철저하게 배제"한다. 여섯째, 행태주의는 체계화를 추구한다. 행태주의적 관점에서 볼 때 지식은 체계적 방법으로 얻어진다. 검증할 수 있는 가설은 "이론적으로 연결된 개념과 명제의 구조로부터 연역적으로 도출"돼야 하며, "경험의 세계에서 새로운 증거"를 통해 입증돼 이론이 성립한다고 보고 있다. 일곱째, 행태주의는 순수과학을 추구한다. 모든 연구가 실천적 수준에서 즉시 정책에 응용 및 반영되는 것은 아니라는 견해다. 여덟째, 행태주의는 통합성을 추구한다. 행태주의는 분과 학문 간의 연관성인 다학문적인 입장을 표방한다. 행태주의자들은 개별 과학의 영역에 한정해 자신을 구속하지 않고, 다른 분과 학문의 방법, 이론, 연구에서 얻은 발견 등을 통합·활용하려 한다.

행태주의는 인간 행태의 일반적 속성에만 주의를 기울이고, 사회현상의 효용성과 타당성을 경감시켰으며, 형평성의 정책 산출에 이바지하기 어렵다는 문제가 있으나 인간 행태에 대한 연구방법과 분석기법은 유용한 이론으로 활용되고 있다. 행정행태론은 인간의 행위를 미시적, 객관적, 계량적 방법으로 분석하고 있는데, 가치문제를 고려하지 않고 사실 판단의 영역에서 연구한다. 따라서 행정행태론은 주로 경험적 연구 방법론을 활용하는데, 실험, 설문조사, 사례연구 등이 대표적인 방법이다. 이러한 방법론은 실제 행정조직 내에서 이루어지는 행동을 객관적 · 과학적으로 분석하는 데 유용하다.

행정행태론은 공공행정의 의사결정 과정을 이해하는 데 있어 유리한 의사결정 개념을 중심으로 한다. 사이먼은 인간의 제한된 합리성 개념을 도입하여, 모든 가능한 대안을 고려하여 최적의 선택을 한다는 이상적인 관점 대신에 제한된 정보와 인지능력으로 인해 만족할 만한 해결책을 찾는다고 주장했다. 이 개념은 인간이 완전한 합리성을 추구하기보다는 주어진 상황에서 만족스러운 수준의 결정을 내린다는 것을 의미한다.

사이먼은 의사결정 과정에서 인간이 직면하는 제약 조건들을 강조하고 있다. 정보의 불완전성 및 시간과 비용 등의 제약으로 인해 인간은 최적화된 해결책을 찾기보다는 충분히 만족할 만한 해결책을 선택하게 되는 경향이 있다고 분석했다. 이는 인간의 심리적 · 사회적 · 경제적 제약 조건이 의사결정에 미치는 영향을 이해하는 데 중요한 요소이다. 사이먼은 인간의 인지적 제약이 의사결정 과정에 미치는 영향을 중시했다. 제한된 정보처리능력으로 인해 인간은 전체 정보를 수집 · 분석하는 것이 아니라, 가능한 대안을 신속하게 평가 및 선택하는 경향이 있다고 분석했다.

사이먼의 견해에서는 "실제로 관찰과 실험으로 그 진위를 입증할 수 없는 이론은 과학성이 없다." 하여 배척하고, 행정 현상의 연구에서 자연과학과 같은 경험적 · 실험적 방법을 사용하여야 한다고 하였다. 그래서 사이먼은 "사실적인 것과 가치적인 것을 구분하고 과학은 사실만을 취급하는 학문"이라 하여 행정학에서도 그 연구의 대상을 사실에만 두고 있다. 이에 따라 의사결정에 있어서 "가치판단적인 정책결정과 사실판단적인 정책집행을 구별"하고 가치판단적인 것은 정치에서 다루고 행정은 그 연구의 대상을 사실인 것에만 국한해야 한다는 정치행정 새 이원론을 주장하고 있다.

사이먼 이외에도 행정행태론 분야에서 유명한 인물로는 우드로 윌슨, 프레드릭 테일러, 크리스토퍼 허즈가 있다. 미국의 제28대 대통령인 우드로 윌슨은 행정학 분야에서도 큰 영향을 끼친 인물로, 1887년에 「공공행정의 대목적」이라는 논문을 발표하며, 행정학의 학문적 기반을 마련하였다. 프레드릭 테일러는 산업공학 분야에서 활동한 학자로서, 행정행태론 분야에서도 큰 업적을 남겼는데, '과학적 경영법'이라는 개념을 제시하며, "일의 분업화와 표준화를 통해 생산성을 높일 수 있다"는 이론을 제시하였다. 크리스토퍼 허즈는 영국 출신의 행정학자로서, '제도적 부패와 관료주의' 등의 개념을 제시하며, "정부 조직 내의 부패와 투명성 문제"에 관한 연구를 진행하였다.

요약하면, 행정행태론은 다음과 같은 주요 개념들을 포함한다. 첫째, 제한된 합리성이 존재한다. 인간은 모든 정보를 수집하고 완벽한 결정을 내릴 수 있는 능력이 없으므로, 제한된 정보와 시간 내에서 가장 만족스러운 결정을 내린다. 둘째, 의사결정 과정이 존재한다. 의사결정은 문제 인식, 대안 탐색, 대안 평가, 선택, 사후 평가의 과정을 거치는데, 각 단계에서 인간의 인지적 한계와 조직적 제약이 영향을 미친다. 셋째, 최적의 해결책을 찾기보다는, 특정 기준을 만족하는 첫 번째 대안을 선택하는 경향으로 현실에서의 의사결정이 이상적인 조건하에서 이루어지지 않음을 반영한다. 넷째, 조직은 구성원의 경험과 피드백을 통해 학습하고, 이를 통해 의사결정 과정을 개선한다. 이는 조직의 변화와 적응을 가능하게 한다. 다섯째, 사이먼의 이론은 나중에 행동경제학의 발전에 이바지했으며, 이는 경제적 의사결정에서도 인간의 비합리성을 고려해야 한다는 점을 강조했다.

행정행태론은 실제 행정조직에서 다양한 방식으로 적용되고 있다. 예를 들어, 공공정책 결정 과정에서 의사결정자의 행태를 분석하여 효과적인 정책을 개발할 수 있다. 또한, 행정조직 내에서의 갈등 관리 및 인사 관리 등에서도 행정행태론이 유용하게 사용되고 있다. 성공 사례로는 특정 행정기관에서의 효율성 증대를 들 수 있는데, 미국의 여러 연방기관에서 행정행태론을 적용하여 의사결정 과정을 개선하고, 결과적으로 더 나은 행정서비스를 제공한 사례가 있다. 반면, 실패 사례로는 특정 조건하에서의 행정적 비효율성을 들 수 있는데, 지나치게 규범적인 접근이 오히려 창의적 해결책을 방해하는 경우이다.

행정행태론의 장점은 무엇보다 현실적이라는 것으로, 실제 행정조직 내에서 관찰되는 행태를 중시하며, 현실적인 의사결정 모델을 제공한다. 또한, 경험적 연구 방법론을 통해 객관적인 데이터에 기반한 분석이 가능하다. 하지만, 행정행태론의 단점도 존재하는데, 인간의 행동을 완벽히 예측하는 것은 불가능하다는 점에서 한계를 가진다. 또한, 경험적 연구의 특성상 자료 수집과 분석에 많은 시간이 소모되는데, 이러한 단점들은 행정행태론의 적용에 있어 고려해야 할 중요한 요소들이다.

행정행태론은 이론적 · 실무적 측면에서 이바지한 점도 많지만, 이 이론의 한계점들을 다음과 같이 정리할 수 있다. 첫째, 행태주의는 인간의 외면적인 형태를 설명하지만, 내면의 진정한 의미를 파악하지 못할 수 있다. 따라서 객관적으로 존재하는 사실의 세계만을 강조하며 경험적 보수주의에 빠지기 쉽다. 둘째, 본질이나 실체의 파악과 함께 "사회문제의 핵심을 파악하는 것이 도구적인 연구 방법"보다 중요시돼야 한다. "행태주의의 연구들은 사소한 문제에만 관심을 집중시키고 급박한 사회문제는 소홀하게 다룬다"는 한계점들이 존재한다. 셋째, 사회과학의 연구에서 가치와 사실을 분리하고 가치판단을 배제하는 것이 문제점으로 지적될 수 있다. 넷째, 행정행태론은 정보 기술의 발전과 디지털 시대에 적합한지에 대한 의문이 제기될 수 있다. 정보 기술의 발전으로 인해 인간의 정보처리능력이 확장되고, 최적화된 의사결정을 내리는 데 있어 제한이 크게 완화될 수 있기 때문이다.

개인과 조직의 상호작용을 설명하는 행정행태론의 방법론적 개체주의는 조직의 구조와 제도에 대한 분석과 함께 조직 내 개인의 역할을 상대적으로 강조하지 않는 구조주의적인 접근법과 대조된다. 행태주의적 접근법은 행정 현상에 있어서 개별 국가의 특수성을 인정하지 않고, 보편성과 객관성의 확립에 관심을 가졌다. 하지만 이러한 접근 방법을 따르면 산업화가 이루어진 국가 중에서 국가별 · 시기별 정책의 차별성과 다양성을 설명하는 데 한계를 맞게 된다. 따라서 행태주의의 분석으로는 선진국에서 동일한 문제에 대해서 국가마다 정책 대응 방법이 다르거나, 동일한 정책 대응에 대해서 집행의 효과가 다르게 나타나는 현상의 설명에 어려움이 있다.

행태주의의 가치중립성 문제, 지나친 과학적 연구의 강조와 계량화의 문제, 인간의 복잡한 행태에 대한 검증성의 문제 등에 대한 한계점은 후기행태주의의 등장을 가속시킨 원인이다. 이러한 한계점을 인식하게 된 미국의 학자인 라스웰(Lasswell)은 과학이란 "인간의 존엄성을 높이는 데 목적을 두고 그와 같은 가치를 실현하는 데 노력해야 한다"고 주장하였다. 라스웰의 주장을 중심으로 행태주의에 대한 개혁을 주장하는 운동이 대두되었다. 행정행태론에서 가치문제를 배제하고 객관적인 사실만을 연구하여 당시 미국의 사회적 문제를 해결하는 방안을 제시하지 못함으로써 1970년대에 들어온 후기행태주의 옹호론자들과 신행정학파의 가치주의 지지자들에 의하여 비판을 받게 되었다. 행태주의 개혁운동은 이스턴(Easton)이 '정치학에 있어서 새로운 혁명'이란 제목의 연설에서 후기행태주의(post behavioralism)를 제안하였고, 후기행태주의는 행태주의가 논리적 실증주의(logical positivism)와 논리적 경험주의(logical empiricism)를 과신했다고 비판하였다.

5. 체제이론

조직 행위를 설명함에 있어서 "고전적 이론은 구조적 측면을, 인간관계론은 인간적 측면을 중시"하는데, 체제이론은 구조와 인간을 다 함께 중시한다. 체제이론은 조직이 주위 환경의 영향을 받고 있고 환경에 의존한다는 사실을 강조한다. 조직과 체제이론의 관계에서 체제이론은 "조직을 관리하는 하나의 분리된 접근 방법이 아니라 조직을 종합적 · 체계적으로 조망"하는 방식이다. 체제이론가들은 조직을 전체적으로 연구하고, 조직의 구성요소 간의 상호관계 및 조직과 외부 환경과의 관계를 중점적으로 탐구한다. 이와 같이, 체제이론은 "조직을 이해하는 데 구조, 인간, 환경을 다 함께 중요시하는 통합적 지각"을 제공한다.

체제(system)라는 용어는 그리스어인 'systema'에서 유래되어, '여러 부분들로 복합된 전체'라는 뜻을 지니고 있다. 체제 개념은 본질적으로 "유기체를 지칭하는 자연과학 개념이었으나 사회과학에 수용되면서 체제이론으로 발전"하였다. 체제는 '상호작용하는 요소들의 결합체'로 인식되고 있다.

체제는 여러 하위체제가 있으며, 상호의존 관계이고, "체제는 환경으로부터 'input'을 받아들여 이를 전환, 처리해 'output'을 환경"에 내보낸다. "산출에 대한 정보는 환류(feedback)되어 평가 정보로 활용"된다. "하나의 체제는 경계로 구분되며, 경계 밖은 그 체제의 환경"이다. 개방체제는 피드백 과정을 통해서 안정적인 상태를 유지한다. 피드백은 개방체제가 산출과 과정을 평가하는 평가 과정 또는 점검 과정이다.

사이먼의 의사결정론이 미시적 관점이라면 이스턴의 체제이론은 거시적 관점에서 정책의제 채택의 과정을 분석하고 투입과 산출의 개념을 설명한다. 투입은 국민 개개인, 계층, 집단들의 정부에 대한 정책 요구로 투입의 규모는 ① 국민 개개인의 차원, ② 집단 수준에서의 투입, ③ 정당의 투입, ④ 제3세계나 후진국에서의 군의 투입이 포함된다. 산출은 정부의 정책으로 행정부, 입법부, 사법부의 결정과 행동이고 정책 결정의 환경은 국내적 환경과 국제적 환경으로 구분되며 환류(feedback)는 정부의 산출이 환경에 영향을 미치면서 동시에 투입에 영향을 미치는 과정이다(윤은기, 2022: 62-63).

구체적으로, 정치와 행정을 하나의 체제로서 연구한 대표적인 학자인 이스턴의 「정치 생활의 체제분석」이라는 논문에서, 체제의 분석을 위한 종합적인 개념구조를 ① 환경, ② 투입, ③ 전환과정, ④ 산출, ⑤ 환류로 구성하여 체제의 안정과 변화를 설명하였다. 구성요소들 사이의 상호작용 관계에서 체제의 유지와 생존 메커니즘은 투입, 전환, 산출, 환류라는 네 가지 과정을 통하여 이루어진다(윤은기, 2022: 63).

체제와 환경의 상호작용에 근거해서 정치체제의 산출에 따라 투입이 변화된다. 다시 말하면, 투입의 감소는 정치체제의 산출에 의하여 적절히 만족하지 못하면 발생할 수 있다. 하지만, 확산된 지지는 특정 집단들의 지지 유발이라기보다는 공익과 관련된 정치공동체의 이념, 가치, 신념과 연관될 수 있기 때문에, 이러한 지지는 체제의 산출이 일정 수준 실패한다고 하여도 바로 철회되는 것은 아니다(윤은기, 2022: 63).

체제이론은 정책을 "사회제도나 구조의 산물"로 분석하기보다는, 정부와 사회 간 상호작용의 결과로 정책 현상을 동태적으로 연구할 수 있는 틀을 마련한다는 것이다. 체제모형에서 투입은 요구와 지지로 구분되는데, 일반체제이론에서 신호투입이 요구투입이고 유지투입이 지지투입에 해당한다. 요구투입과 지지투입의 변동을 통해 환경체제의 영향이 정치체제에 전달된다. 하지만, 사회적 강자보다는 사회적 약자의 요구는 투입되지 못한다는 한계성으로 인하여 체제론은 "균형이론을 지향하는 보수적 성격과 안정적 사회에서만 적용"이 가능하다는 비판을 받고 있다(윤은기, 2022: 63).

6. 비교행정이론과 발전행정이론

1) 비교행정론

행정학에서 비교연구에 관한 관심이 시작한 것은 제2차 세계대전 이후부터라고 할 수 있다. 비교행정론(Comparative Public Administration)은 1950년대와 1960년대 냉전시대에 서구 학자들이 비서구 국가들의 행정체제를 연구하기 시작하면서 발전했다. 이 시기 미국은 제2차 세계대전 후 국제적인 영향력을 확대하기 위해 개발도상국의 행정체제를 이해하고 지원하려 했다. 리그스(Riggs)와 왈도(Waldo) 등 비교행정론의 기초를 닦은 주요 학자들의 연구는 현대 비교행정론의 이론적 기초가 되었다.

미국의 학자들은 미국의 행정이론을 신생국의 발전 전략에 적응시키려 노력하였고, 신생국의 정치적 · 경제적 제도 및 사회적 · 문화적 특성에 맞는 행정이론을 모색하였다. 1950년대 미국에서 전개된 이론인 비교행정론은 다양한 문화적, 역사적, 사회적 환경에서 행정 현상을 비교 분석하는 것이다.

비교행정론은 1950년대의 패러다임으로, 보편성 · 합법성 · 능률성 · 민주성 등의 행정이념을 강조하며 등장하였다. 제2차 세계대전 이후 1950년대에 접어들어 미국 행정이론의 신생 개발도상국가에 대한 적용의 한계로 인해 미국 행정학의 과학적 · 보편적 성격에 대한 한계와 의문이 제기되었다. 이 이론은 각국 행정체제의 특성을 연구하고, 행정 특성이 국가마다 다르게 작용하는 요인을 발견하는 것이 주된 목적이었다. 행정체제의 본질에 관련된 정치적, 사회적, 문화적 요인의 검증 · 분석과 함께 국가별 · 문화별로 관료제의 차이를 설명하고 관료제의 능력을 개선하는 방법을 연구하였다.

즉, 비교행정론은 경제적 · 문화적 · 사회적 환경 및 배경 등을 지역별 · 국가별로 비교 연구하여 "행정의 보편타당한 원리가 상이한 환경에 있는 행정에 적용될 수 있는 보편적인 일반 원칙"을 설정하고자 하였다. 비교행정론은 일반법칙의 모색에 따른 합목적성을 주장하였고, 정치행정이원론을 강조하였다. 비교행정론은 전 세계의 다양한 행정체제와 관행을 비교하고 연구하는 학문이다. 이론적 틀과 방법론을 통해 각국의 행정시스템을 분석하고, 그 결과를 바탕으로 행정개혁 및 정책 개발에 필요한 방안을 제공한다.

비교행정론의 연구 목적은 첫째, 각국의 행정체제를 비교해 일반적 특성을 추론하는 데 있다. 둘째, 국가에 따라서 다르게 작용하는 행정 특징과 요인을 탐색하는 데 있다. 셋째, 행정체제의 성패에 영향을 미치는 문화적 · 정치적 · 사회적 요인을 검증하는 네 있다. 넷째, 국가별 · 문화별로 관료제가 보이는 형태의 차이를 설명하고, 관료제의 능력을 개선하는 방향들을 제시하는 데 있다.

비교행정론은 지나친 환경 요소를 강조함으로써 생태론의 범주를 크게 벗어나지 못했으며, 환경결정론적 시각과 비관론적 숙명론의 편협성을 지닌다. 이러한 측면에도 불구하고 비교행정론은 행정체제를 개방체제로 인식함에 따라 행정체제를 사회적 · 문화적 측면에서 파악하고자 하였고, 행정의 과학화에 이바지하였다.

2) 발전행정론

1950년대의 비교행정은 구조기능론적 정태적인 균형론에 의해 행정학의 과학화에 크게 이바지하였으나 1960년대에 환경결정론적인 관점이 후진국 및 신생국의 발전 방법을 제시해 주지는 못했다. 발전행정론(Development Administration)은 발전이라는 개념 자체가 목표지향적이기 때문에, 정치행정일원론의 입장으로 1950년대의 비교행정론이 발전행정론으로 계승되었고, 신생국 혹은 개발도상국의 발전을 위해 보다 효과적인 행정이론인 발전행정론은 개발도상국의 경제적 · 사회적 발전을 촉진하기 위한 행정적 접근 방법을 제시하는 이론이다. 이는 정부와 공공행정의 적극적인 역할을 강조하며, 개발도상국이 직면한 다양한 도전 과제를 해결하는 데 중요한 역할을 한다.

발전행정론의 국가 발전의 개념에서, 갠트(Gant)는 "사회 · 경제적 발전을 촉진, 활성화하기 위해 국가 발전 계획을 수립하고 공공기관을 조직, 관리하는 것"으로 정의하고 있다. 리그스(Riggs)는 수동적인 입장에서 발전행정을 사회 발전의 한 산물로 봤다. 반면에 와이드너(Weidner)는 발전행정이 어떠한 조직을 이끌어가는 과정이라고 인식하고, 다른 분야의 발전을 적극적으로 유도하는 동인으로 봤다. 발전행정론은 에스만(Esman)과 와이드너 등에 의해 1960년대에 등장한 행정이론으로, 국가의 행정체제가 국가의 정치 · 경제 · 사회 발전을 수립 · 집행하는 과정을 강조한다.

제2차 세계대전이 끝난 후 많은 식민지 국가들이 독립을 맞으면서 경제적 · 사회적 발전이 주요 과제가 되었고 발전행정론은 1960년대에 크게 확산되었다. 그러나 1990년대~2000년대에 신자유주의 경제정책이 대두되고, 정부의 역할 축소와 시장의 역할 강화가 강조되면서 발전행정론에 대한 비판과 성찰이 이루어졌고, 새로운 행정이론들이 부각되었다.

발전행정론은 주로 개발도상국의 경제적 · 사회적 발전을 목표로 하는 행정이론으로 1950년대와 1960년대 국제 개발 논의와 함께 등장했다. 제2차 세계대전 이후, 신생 독립 국가들은 경제적 · 사회적 발전을 이루기 위해 효과적인 행정체계 구축이 필요했다.

발전행정론은 정치행정 새 일원론(행정우위론)으로 효과성을 중시하며 행정인의 적극적인 역할을 강조한다. 또한 성장우선주의에 입각한 광범위한 국가 개입과 행정의 주도적인 역할을 강조하고, 소수 엘리트에 의한 하향적 기획과 집중적 관리를 추진하며, 목표의 조기 달성을 위한 효과성을 주요한 행정가치로 간주하는데 발전행정론의 주요한 개념과 내용들을 다음과 같이 서술할 수 있다.

① **정치행정 새 일원론(행정우위론)**: 발전행정론은 행정체제가 발전을 계획하고 유도하는 것으로서 의회가 수행하던 정치 기능을 정부에서 수행하는데, 신속한 일 처리를 위해 행정부가 정책결정에 적극적인 역할을 강조한다. 개발도상국의 국가발전사업에 행정이 주도적인 역할을 수행하는데, 정치적 합리성을 강조하며 행정 우위 정치행정일원론을 주장한다. 국가 주도적이며 엘리트주의적인 관점에서 발전행정론은 발전지향적 가치를 지니는 행정인의 독립변수 역할

이 중요하고, 국가 발전에서 엘리트 집단의 기능과 역할을 강조한다. 발전행정론은 사회체제적 접근 방법에 입각한 불균형적 사회 발전 전략을 강조하고 있다.

② 쇄신적 행정인: 사회변동 대응능력의 증진 또는 자율성의 증진을 강조한다. 발전행정론은 목표지향적인 성격으로 결과에 중점을 둔 실용주의의 능력을 중시하였고, 쇄신과 성취 지향성을 요구하였다.

③ 효과성 중시: 목표의 달성도를 효과적으로 달성하기 위해서 분배보다 개발도상국의 발전 목표 달성을 중시하는 행정이념으로서 강조한다. 하지만, "효과성은 목표성취 여부에만 관심을 가짐으로써 투입과 산출을 모두 고려하지 못하는" 한계가 있다.

④ 기획의 중시와 엘리트 지향 이론: 발전행정론에서는 소수의 엘리트가 하향식으로 기획하고 집중적으로 관리하는 운영 방식을 따를 수밖에 없는데, 엘리트주의에 근거해서 행정관이 독립변수로서의 행정인의 적극적인 역할을 강조하고 기관 형성을 중시하는 것이다.

⑤ 국가주의적 이론: 국가를 우월적인 조직체로 인식하고 국가 권력이 경제와 사회정책을 통제해야 한다고 주장한다.

요약하면, 발전행정론의 핵심 개념은 국가 발전이다. 이는 경제적 성장, 사회적 안정, 인프라 개발 등을 포함하며, 행정체계가 이를 지원하는 중요한 역할을 한다. 발전행정론은 행정개혁을 통해 행정체계의 효율성과 효과성을 높이고, 이를 통해 국가 발전을 촉진하는 것을 목표로 한다. 발전행정론의 주요 목표는 다음과 같이 정리할 수 있다.

① 경제 발전: 산업화는 많은 개발도상국에서 경제 발전의 핵심 목표 중 하나이다. 발전행정론은 행정체계가 어떻게 산업화 과정을 지원하고 촉진할 수 있는지를 연구한다. 또한 도로, 전기, 통신 등 기본 인프라의 개발이 경제 발전에 필수적임을 강조하며, 이를 위한 행정적 지원 방안을 모색한다.

② 사회 발전: 교육은 사회 발전의 중요한 요소로, 발전행정론은 교육시스템의 개선과 확장을 통한 인적 자원 개발을 중시한다. 보건 분야의 발전 역시 중요한 사회 발전 요소로, 발전행정론은 교육서비스의 접근성과 질을 향상하기 위한 개혁을 제안한다.

③ **행정개혁**: 발전행정론은 정책결정 과정에서의 투명성과 함께 행정 조직의 구조를 효율적으로 재설계하여 더욱 효과적인 정책집행이 가능하게 한다. 공무원의 채용, 교육, 승진 등 인사 관리 시스템을 개선하여 행정체계의 효율성을 높이고자 한다.

발전행정론의 문제점으로, 발전행정론은 엘리트주의와 국가주의의 관점에서 국가의 관료제도를 시행하였는데, 여러 역기능이 발생하였다. 국가 권력인 행정 권력의 비대화와 관료주의적 합리성에 따른 폐단을 초래하였다. 개발독재의 조장, 민주성과 정치 발전의 저해, 특권층의 이익 옹호로 인한 인간적 발전의 저해, 경제성장 일변도의 정책 추구, 소득 분배 및 가치 배분의 불공정성 등이 문제로 제기되었다. 또한, 행정 우위의 정치행정일원론으로 인해 국가와 행정 권력이 비교할 수 없을 정도로 극대화되어 민간 부분은 위축되어 균형적인 발전이 어려웠고, 민간부문의 창의성이나 자율성이 극히 저하되었다. 게다가, 정부는 모든 것을 기획·집행함으로써 경제 분야에 대한 관여로 인해 정치적·행정적 부정부패가 극심해졌고, 동태적인 불균형 발전 전력에 의해 사회적 부작용이 발생하였다.

강력한 행정부의 역할만을 강조함으로써 권력 집중이 발생하여 "의회·사법부·언론·사회집단 등의 참여는 배제되고 그들의 목소리가 반영되지 못했다는 점에서 민주적 통제가 이루어지지 않았다." 그리고, 국가주의로 인한 행정의 비대화로 인해 독재의 조장이 발생하고 선도지역·선도산업을 우선 육성하는 불균형적 발전 전략으로 사회체제의 불균형 성장이 일어났다. 40년간 집권·집중 체제하에서 불균형 발전 전략을 통해 경제 도약을 달성하였지만, 수도권 비대화·지방 침체라는 지역 간 불균형이 발생했고 이로 인해 국민통합과 국가 발전이 침체되며 갈등이 심화되었다. 경제성장주의적 관점에 의해 대한민국의 산업이 크게 이루어졌지만, 이는 환경파괴, 환경오염, 소득분배의 불공평이 초래되었다.

발전행정론의 개선을 위해서는 민간부문이나 정치 발전을 저해하지 않고 균형적인 국가와 사회의 발전에 기여할 수 있도록 하는 노력과 함께 행정체제와 관료제의 문제를 재검토해 나가는 방향으로 연구의 목표와 방법의 재정립이 요청된다고 하겠다. 특히 우리나라를 비롯하여 발전행정론에 의하여 1960~1970년대에 고도성장을 이룩한 개도국이 최근 발전행정론에 의한 공공부문의 정부실패 및 불균형 발전 전략 등의 폐해를 계기로 발전론적 국가 운영에 대한 비판을 제기하고 있다는 점도 주목할 만하다.

발전행정론은 개발도상국의 국가 발전을 위한 전략이나 정책 개발에 이바지하였지만, 정부 기능의 확대, 민주성의 저해, 서구적 편견의 개입, 발전 전략의 과학성 및 보편성의 미흡 등이 방법론적 또는 이론적 측면에서 비판받고 있다. 발전행정의 비판점으로서는 엘리트주의와 국가주의로 인해 역기능이 발생한다는 단점이 있으며, 이러한 역기능은 정치 발전의 저해와 특권층의 이익을 옹호한다는 비판이 있다. 또한 민간에서의 자원을 정부가 차지하게 되면서 부적절한 사용을 불러일으킬 수 있으며 창의성을 저해하는 폐단이 생기기도 한다.

하지만, 발전행정론은 현실적 측면에서 개발도상국의 발전에 기여하고 있으며, 앞으로도 이러한 실질적 정부의 운영 측면에서 도움이 될 수 있다. 한국과 싱가포르의 경우처럼 개발도상국에서 정치・행정 이분법보다는 정치・행정의 통합으로서 관료주의의 효율적인 거버넌스가 경제성장을 달성한 것이 예시이다.

싱가포르의 경우와 같이, 과거에 시민사회의 발전이 미흡한 사회의 상황에서 분권화된 시장체제의 강조보다는 국가의 공정한 기능과 함께 중앙집권화에 근거한 권위주의적 가치적 행정문화가 발전을 이끌 수 있다는 발전행정론의 전략은 보편적인 절대주의보다는 특수적인 상대주의의 적용이었다. 문화적 요인으로 집단이해를 보다 강조하는 싱가포르의 문화적・행정적 전통은 중앙집권적인 정부 개입의 정당성을 부여주고 있다. 싱가포르 국민은 정부의 역할이 국민의 권리와 공익을 추구하는 데 필요한 요소라고 인식하고 있다. 싱가포르는 '관리자본주의'라고 간주하고, 홍콩은 '기업가 자본주의'라고 지칭하고 있다. 싱가포르 정부는 '공공재의 공급자로서의 역할, 국고세입 모금자로서의 역할, 경제기획가로서의 역할, 규제자로서의 역할, 촉진자로서의 역할, 기업가로서의 역할'을 담당하고 있다(윤은기, 2010: 66).

결론적으로, 비교행정론과 발전행정론의 차이점들을 요약하면, 첫째, 행정이념에서 비교행정은 일반적으로 보편성, 일반성, 능률성, 민주성을 강조하지만, 발전행정은 특정성, 전문성, 효과성을 강조하고 있다. 둘째, 방법론적 가치에서 비교행정은 기능주의로 정태적 일반법칙의 모색이지만, 발전행정은 실용주의로 동태적 목표지향적 추구이다. 셋째, 이론적 성향에서 비교행정은 균형이론, 정치행정이원론이지만, 발전행정은 변동이론, 불균형이론, 정치행정일원론이다. 넷째, 비교행정은 경제적 합리성의 강조와 함께 전이적・단계적으로 변화함을 추구하지만, 발전행정은 정치적 합리성의 모색과 함께 변동이론에 초점을 두고 쇄신과 성취 지향성과 함께 계획적・의도적 변화를 추구한다. 다섯째, 비교행정은 종속변수로서의 행정을 강조하지만, 발전행정은 독립변수로서의 행정을 강조한다.

7. 신행정이론

신행정론은 1960년대 후반부터 1970년대 초반에 미국에서 발생한 행정학적 이론적 운동이다. 이 운동은 기존의 전통적인 행정학에 대한 비판과 변혁을 목표로 하였으며 공공행정의 성격, 기능, 역할 등에 대한 새로운 접근을 제시하려는 시도였다. 특히, 신행정론은 사회적 영향과 정치적 요소가 강조되며, 관료주의와 공공행정의 민주화를 중요한 주제로 삼았다.

1960년대 중반까지만 해도 행정 실무의 분야는 현재와 같이 넓은 분야가 아닌 조직관리 · 예산 · 인사와 같이 좁게 정의되었으며 사회문제를 해결하기 위한 정책들이 미흡하였다. 1960년대 말, 미국의 젊은 행정학자들 사이에서 기존의 지배적 이념이었던 비교행정론, 발전행정론, 행태주의 이론의 한계에 대한 반발적인 분위기와 새로운 인식의 필요성으로 인해서 신행정학이 생겨났다.

다양한 의견이 공존하는 다원주의 사회로 발전하게 되면서 다양한 사회문제들이 복잡한 형태로 부각되었다. 이를 기존의 행정행태론의 사실 입증에 근거한 규칙성과 계량화와 같이 객관적 · 이론적인 시각으로만 사회를 분석한다면 객관적으로 파악할 수 없는 개별적 가치와 사회적 문제를 파악하기 힘들 것이다. 이는 행태주의적 방법론의 한계를 의미한다. 그렇기에 등장한 것이 가치추구적인 성격의 후기행태주의이며 이는 곧 정책학의 발달을 의미한다. 이러한 가치추구적의 후기행태주의에 따라 형평성과 사회정의의 추구를 강조한 이론이 신행정론이다. 정리하면 신행정론의 등장은 기존의 실존주의적인 행태주의 한계를 비판하고 윤리, 참여, 개인 발전과 같은 가치들을 강조하는 사회적 형평성을 우선시하는 행정가치적인 관심을 불러일으켰다.

기존의 행정이론이 현실에서 발생하는 사회문제들을 해결할 능력이 없기 때문에, 이를 해결하기 위해 사회적 적실성과 실천성을 갖춘 신행정론이 등장했다. 신행정론은 새로운 행정학의 가치인 윤리성, 참여성, 대응성, 형평성을 중시하는 적극적인 가치주의를 지향하고 내부적인 관리보다는 정책 지향성이나 문제 지향성을 강조하는 태도를 보인다.

신행정론의 주요 개념은 '사회적 형평성'의 강조이다. 비판이론인 신행정론은 수익자 지향성과 참여의 확대(외부지향), 행태론의 지양(논리실증주의 배격, 탈실증주의, 탈경험주의 입장과 규범주의 추구), 반계층제적 입장(탈관료주의), 합의에 의한 의사결정(서로 다른 이해와 견해를 갖는 사람들 혹은 집단 간의 동의) 등의 공정한 합리적인 가치 결정의 능력을 강조하였다.

신행정론은 사회적 형평을 극대화하기 위한 적절한 사회변동을 추구하려는 새로운 패러다임으로 봤다. 이러한 신행정론이 전통 행정론과 다른 점은 다음과 같이 정리할 수 있다.

첫째, 행정학이 추구해야 할 가치문제와 관련해, 신행정론자들은 가치중립적인 견해를 밝히는 행태주의와 실증주의를 강력하게 비판했고, 적극적으로 가치를 실현한다는 후기행태주의나 현상학적·실존주의적 견해를 밝히고 있다. 후기행태주의는 사실을 중심으로 하는 논리실증주의를 인정하면서 가치의 문제도 행정의 연구 대상에 포함하려는 입장이다.

둘째, 행정학의 현실 적합성과 관련해, 신행정론자들은 정치체제 속에서 불평등한 차별 대우와 사회현상에 대해 기존 행정이론이 묵과해 왔다고 비판하고, 기존의 행정체제와 행정이론이 현상 유지의 수단으로서, 최소 수혜 계층에 대한 사회정의를 거부해 왔는데, 사회정의를 위해 적실성 있는 행정이론을 모색해야 한다는 것이다.

셋째, 신행정론은 가치와 현실에 대한 시각을 통합시켜 사회적 목적과 관련된 가치인 사회적 형평을 실현할 수 있는 관리 방안, 정책 수단, 조직구조들을 개발해 적용해야 한다는 것이다.

신행정론은 공공행정의 민주화를 중요한 목표로 삼았다. 시민의 참여와 의견 표명을 통한 정책결정 과정의 투명성과 민주적 권한의 부여를 강조했다. 이는 전통적인 관료주의적 행정 구조를 탈피하고, 시민들의 의견을 반영하는 혁신적인 접근을 추구하려는 시도로 볼 수 있다. 신행정론은 사회적 정의와 공평성을 중시하여, 정책 실행 과정에서 사회적 약자들의 권리를 보호하고 사회적 불평등을 완화하는 것을 목표로 했다.

신행정론은 시장 메커니즘과 정부의 역할, 사회적 구성원들의 상호작용을 포괄적으로 이해하려고 시도했다. 이는 단일한 행정이론보다는 다양한 사회적·경제적 요소들이 복합적으로 작용하는 행정환경을 이해하려는 노력을 반영한다. 신행정론은 시민참여가 활성화된 공공정책에서의 효과적인 관리 방안을 모색하는 데 있어, 정책 실행 과정에서 사회적 영향을 분석하고, 정책이 사회구성원들에게 영향을 미치는가를 이해하고, 정책 제정과 실행의 투명성과 효율성을 증진하는 데 이바지했다.

신행정론은 사회적 형평의 가치를 중시하고, 변화하는 사회와 주변 환경에 대한 대응성과 행정의 독립 변수적 역할 및 적극적 가치관을 중시하는 이론이다. 또한, 내부적인 관리보다는 정책 지향성이나 문제 지향성을 강조함으로써 현실적인 문제 해결을 중요시한다. 신행정론은 기존의 행태론을 지양하고 현상학적 가치주의를 추구한다. 다시 말해서, 이는 가치중립적인 행태주의이나 실증주의를 비판하고 사회의 문제에 대한 구체적인 해결책을 제시하려는 규범주의 및 가치주의를 지향한다는 의미이다. 이처럼, 신행정론자들은 기존의 행태주의자들과는 다르게 적극적으로 가치를 추구하고 실현해야 한다는 후기행태주의나 현상학적 · 실존주의적 입장이다.

신행정론은 "인간의 내면세계 및 자산과 타인 간에 상호작용"하는 현상에서 "내부 주관성이나 감정이입을 통한 상호 인식 작용"을 중시한다. 또한 단순히 기술하는 것이 아니라 문제에 따라 적합한 방법을 찾아가는 처방성을 추구하며, 행정의 방향이 응용적 · 처방적이고 수익자지향적 · 가치목적지향적 목적을 추구해야 한다고 주장한다. 이 이론은 민주적, 동태적, 도덕적, 다원주의적 조직을 강조하며 탈관료제를 지향한다.

신행정론과 전통행정론의 비교에서, 신행정론은 기존의 행정학에서 사회적 형평성을 추구하며 등장했듯이 기존의 전통행정론과의 차이점이 있다. 신행정론은 기존의 가치중립적이고 경험주의에 의존한 행태주의를 강하게 비판했다. 행정학에서 추구해야 할 가치문제와 관련해 가치중립적인 태도를 가져서는 안 된다는 태도다. 신행정론은 현실 적합성에 있어 기존 사회에 최소 수혜 계층이 불평등한 대우를 받는 것을 기존의 행정이론이 묵과하고 있다고 비판한다. 행정의 특징인 공익을 추구하면서 사회정의와 가치의 실현이 필요하다는 것이다. 신행정론자들은 공익을 추구하고 사회의 정의를 실현하기 위해 최소 수혜 계층을 향한 현실적이고 적절한 대응을 할 수 있는 행정이론을 찾아야 한다고 주장했다. 이처럼, 신행정론은 가치와 현실에 대한 관점을 하나로 합쳐 사회적 목적과 관련된 가치인 사회정의, 즉 사회적 형평성을 강조하고 있다. 신행정론의 특징을 살펴보면 비판이론으로 사회적 형평성 강조, 논리실증주의 배격, 탈실증주의, 탈경험주의, 탈관료주의, 현상학적 접근법의 중시, 합의에 의한 의사결정, 규범주의 추구들이 포함되는 "가치와 윤리 및 조직 내 인간의 발전 중심" 이론이다.

신행정론과 신공공관리론의 비교에서, 신공공관리론이 개인적 선택 가치, 인센티브 제공, 경쟁의 활용, 정치행정이원론적 성격, 작은 정부를 강조하는 친시장적 정부 모형이라면, 신행정론은 인본적 · 민주적 행정제도의 확립, 비시장적 정부 모형, 정치행정일원론 성격인 큰 정부를 강조한다. 두 이론의 유사점으로는 탈관료제에 입각한 행정의 적실성 · 대응성 강조, 고객지향적 행정 중시, 민주적 · 참여적 관리와 리더십 중시, 공 · 사 협력체제 선호, 변화에 대한 필요성 등의 유사점이 있다.

신행정론과 발전행정론의 비교에서, 발전행정론은 행정이념이 효과성이고, 행정 변수는 발전행정인이며, 성장과 발전 위주에 초점이 맞춰져 있다. 그러나 신행정론은 행정이념이 사회적 형평성이고, 행정 변수가 적극적 행정인이며, 공정한 분배 위주에 초점이 맞춰져 있다. 발전행정론의 초점과 접근은 성장 · 발전 위주 및 거시적 · 체제적 접근이고 신행정론의 초점은 공정한 분배와 함께 현상학적 접근 방법이다. 발전행정론은 기관 형성을 중시하는 반면에 신행정론은 기관 형성을 비판하는데, 발전행정론이 전문 관료 위주의 행정을 하고 신행정론은 참여 위주의 행정을 강조한다. 신행정론과 발전행정론의 유사점으로는 "정치행정일원론, 인간 변수 강조, 행정학의 기술성 강조, 행정학의 주체성 위기 극복 노력, 변화의 중시, 학제적 성격, 사회 변혁기에 대두, 과학성 결여" 등이 있다.

신행정론에 대한 학자들의 견해에서 마리니(Marini)는 신행정론의 가치는 탈행태주의, 소용돌이 환경에 적응, 새로운 조직 형태, 고객지향적 조직, 현상학적 접근이라고 하였다. 프레데릭슨(Frederickson)은 대응성, 의사결정에 직원과 시민참여, 사회적 형평성, 시민 선택, 사업의 효과성에 대한 행정적 책임을 강조하고, 니그로(Nigro)는 사회적 형평성, 고객 중심의 행정, 탈관료제화, 민주적 의사결정 및 분권화, 쉬크(Schick)는 적실성, 당위성, 사회적 형평을 강조하고 있다.

그러나 신행정론은 가치 지향성을 지나치게 강조할 경우 정치적 불안 조성, 행정의 통일성과 능률성 저해 우려, 비계층제적 · 비관료제적 조직 모색이 현실적 타당성이 있는가의 문제가 있다. 참여의 증대가 반드시 공익 실현이나 사회적 형평 실현과 직결되는 것은 아니며, 사회적 형평이나 생활의 질보다는 경제 발전과 성장에 더 역점을 둔 후진국에의 적용에의 한계도 있다. 또 사회적 형평 개념에 대한 합의 곤란, 정치적 불안정과 행정권의 남용, 관료제의 비민주적 현상들은 사회문제 해결을 곤란하게 할 수 있는데, 비현실적 · 경험적 검증이 부족한 측면이 있다는 것이다.

요약하면, 신행정론의 문제점으로는 첫째, 가치 지향성을 지나치게 강조할 경우 정치적 불안 조성, 행정의 통일성 · 능률성 저해 우려가 있다. 둘째, 비계층제적, 비관료제적, 조직 모색이 현실적 타당성이 있는가의 문제가 있다. 셋째, 참여의 증대가 반드시 공익 실현이나 사회적 형평 실현과 직결되는 것은 아니며, 사회적 형평성이나 생활의 질보다는 국민 경제 발전에 더 역점을 둔 후진국에 적용하는 데 한계가 있다. 넷째, 사회적 형평 개념에 대한 합의 곤란, 역차별의 문제가 있다. 다섯째, 수익자 집단의 특수 이익이 행정기관의 공익 추구와 대립하여 문제 해결을 곤란하게 할 수 있다.

결과적으로, 신행정론은 행정이론이 지향해야 할 방향을 제시하고 1970년대 격동기 미국의 사회문제 해결을 위해 윤리성을 강조하고 있다. 이러한 신행정론은 가치주의에 대한 성과 부족, 이상적인 상태 등 다양한 비판이 존재하나 행정이 추구해야 하는 가치 가운데, 사회적 평등성과 형평성 등이 능률성, 효과성, 합리성에 못지않게 중요한 행정적 가치라는 점을 강조한다. 신행정론은 1960~1970년대에 복지에 관한 관심이 증대하고 있는 시점에 기존 경험론적 행정을 비판하고 행정이 추구해야 하는 사회적 정의 등과 같은 가치들을 중요시한다. 신행정론은 기존의 모든 행정이론을 완전히 부정하는 이론체계라기보다는 기존 이론과 상호보완의 관계에 서서 기존 이론의 단점을 지적하면서, 행정이론이 지향해야 할 방향을 제시한다. 1970년대 격동기 미국의 사회문제 해결을 위해 윤리성을 강조했는데, 삶의 질을 향상시켜 사회적 형평성을 구현하고자 하는 데 의의를 둘 수 있다.

8. 공공선택이론

공공선택론은 경제학적 접근을 통해 정치적 과정을 분석하는 학문 분야로, 개인의 이기적 동기가 집단 의사결정과 공공정책 형성에 어떻게 영향을 미치는지의 연구이다. 공공선택론은 개인과 집단이 자원 할당과 정책결정에 있어서 자신의 이익을 극대화하려는 경향을 강조한다. 이를 통해 정치인, 공무원 등 공공부문의 의사결정자들이 시장의 경제적 주체들과 마찬가지로 자신의 이익을 추구한다는 것이다. 공공선택론은 정치인이나 공무원도 개인의 이기적 이익을 추구하며 행동한다는 가정을 한다. 이들은 자신의 재선이나 직책 유지 등을 위해 효율적이고 자신의 이익을 극대화할 수 있는 선택을 할 것이라는 점에서 시장 주체와 유사한 접근을 취한다.

이처럼, 공공선택론은 "인간을 이기적 존재로 전제"하고 방법론적 개체주의를 채택한다. 공공선택론은 방법론적 개인주의(methodological individualism)로 합리적 · 이기적 경제인을 가정한다. 이 이론은 "거시적 설명이 아니라 개인의 행동을 기본적 분석 단위"로 하여 정치, 경제, 행정 현상을 분석한다. 대안의 우선순위 판단에서 합리적인 개인은 효용의 극대화 전략을 채택한다고 가정한다. 방법론적 개체주의는 개인을 분석의 기초단위로 하며, 공공선택론에서는 "정당, 지방정부, 국가 등을 분석의 기초단위로 채택하지 않고 개인의 입장을 분석의 출발점"으로 한다. 공공선택론은 공공부문에 대한 의사결정을 분석하기 위해 경제학적 방법을 적용해, "정부를 공공재의 생산자로 시민을 소비자로 규정"하고, 공공부문의 시장 경제화에 의해 서비스의 공급과 생산을 강조한다. 결과적으로, 정치적인 의사결정을 경제적인 분석의 틀 안에서 정부와 공공기관이 시장과 마찬가지로 이기적인 행위를 할 수 있다는 가정을 기반으로 한다.

1986년 노벨경제학상을 수상한 뷰캐넌(Buchanan)은 공공선택론을 발전시킨 대표적 학자로, 공공선택론이라는 말은 뷰캐넌이 발행한 잡지 「Public choice」의 연구발표에서 유래되었다(윤은기, 2022: 175). 오스트롬(Ostrom)은 민주행정의 패러다임으로서 관료제도를 비판하며, "단일의 권력 중심체제가 아니라 분권화된 다양한 결정 중심체"에 의하여 행해져야 한다고 주장하고 있다. 오스트롬에 의하면 중첩되는 관할권(overlapping jurisdiction), 권한의 분산(fragmentation of authority), 다조직적 관리 방식(multi-organizational arrangementε)은 공공서비스 경제에 있어서 다양한 공공재와 공공서비스의 생산을 촉진한다(윤은기, 2022: 178).

공공선택모형 행정의 주요 개념은 ① 다조직적 관리 방식, ② 자율적 조직과 권한의 분산, ③ 행정에 시장주의 적용, ④ 고객의 수요에 부합하는 다양한 행정수요에 대응하기 위한 서비스체제 구성 등이 포함된다. 공공선택이론의 주요 내용은 ① 정부는 공공재의 공급자이고 시민은 수요자, ② 시민 개개인의 선호와 선택, ③ 외부 계약, 민영화, 정부부처 간 경쟁, ④ 신고전주의 경제학(neo-classical economics)의 적용이다(백승기, 2003: 211). 정치적 행위자들도 경제적 행위자들과 마찬가지로 그들의 효용을 극대화하기 위하여 합리적으로 행동하는데 시장원리를 관료제에 적용할 수 있다는 것이다. 이처럼, 주요 개념은 ① 고객의 선호(preference of customers), ② 권한의 분산(fragmentation of authority), ③ 다조직 배열(multi-organizational arrangements), ④ 관할권의 중첩(overlapping jurisdiction), ⑤ 공공재와 공공서비스의 공급(supply of public service), ⑥ 시장의 유추(market system), ⑦ 경쟁의 이용(competition), ⑧ 대응성(response), ⑨ 사회적 능률성(social effectiveness) 등이 포함된다(윤은기, 2022: 174).

공공선택이론은 시민 개개인의 선호 중시, 공공부문의 시장 경제화, 전통적인 정부 관료제의 한계를 설명하고 있다. 첫째, 시민 개개인의 선호 중시로, 공공선택론자들은 "시민 개개인의 다양한 선호와 선택을 파악하여 존중하고, 경쟁을 통하여 서비스를 생산"하고 공급하고 행정의 대응성을 높일 수 있다는 주장이다. 둘째, 공공부문의 시장 경제화로, "정부가 공공재의 생산자, 시민들은 공공재의 소비자"라고 규정하고, 비용의 극소화와 시민 편익의 극대화, "서비스의 생산과 공급은 공공부문의 시장 경제화"를 통해 가능하다는 것이다. 셋째, 전통적인 정부 관료제의 한계로, 전통적 정부 관료제는 공공서비스를 독점적으로 공급하여 시민의 요구에 민감하게 반응할 수 없는 제도적 장치이다(윤은기, 2022: 174-175).

공공선택모형의 기본적인 가정은 자원의 희소성, 개인주의, 이기심, 합리성이 포함된다. 자원의 희소성은 사회에는 모든 개인이 원하는 만큼 공적·사적 재화가 충분하지 않다는 것이다. 개인주의 가치에 근거해서 개인의 선호 체계는 일차적으로 자신의 이기심에 바탕을 두고 있고 개인의 합리성은 자신의 이익을 극대화하려고 한다.

뷰캐넌과 고든 털록(Gordon Tullock), 오스트롬 등은 정치적 의사결정을 시장 경제와 유사한 방식으로 분석하였으며, 정치인과 관료들이 개인적 이익을 추구한다는 가정하에 연구를 진행했다. 공공선택론의 주요 원리로는 합리적 선택, 투표의 역설, 대리인 문제, 공공재와 외부효과 등이 있다.

첫째, 공공선택론의 기본 가정은 사람들이 합리적 선택을 한다는 것이다. 이는 개인들이 자신의 이익을 최대화하려고 행동한다는 의미이다. 이 원리는 정치적 행위자들(유권자, 정치인, 관료 등)의 행동을 예측하고 설명하는 데 사용된다.

둘째, 투표의 역설(Paradox of Voting)은 개인이 투표를 통해 자신의 선호를 반영하려 하지만, 실제로는 특정 결과에 영향을 미치지 못하는 경우가 많다는 점을 지적한다. 이는 개인의 투표 참여 동기가 약화하는 요인으로 작용할 수 있다. 공공선택론은 투표의 효율성을 의문시하며, 개인의 선택이 정책결정에 미치는 영향을 경제적 분석을 통해 탐구한다.

셋째, 대리인 문제(Principal-Agent Problem)는 정치적 대리인(정치인 및 관료)들이 자신들을 선출한 주인(유권자)들의 이익보다 자신의 이익을 우선시하는 상황을 설명한다. 이는 정보 비대칭성과 이해 상충으로 인해 발생할 수 있다.

넷째, 공공선택론에서는 공공재와 외부효과 문제도 중요한 연구 주제인데, 공공재는 비경합성과 비배제성의 특성을 가지며, 시장에서 충분히 공급되지 않을 수 있다.

대가를 지불하지 않더라도 사용할 수 있는 비배제성과 경쟁 없이 누구나 사용할 수 있는 비경합성을 가진 공공재는 자신의 이익만을 위해 사회 전체의 손해를 개의치 않아 하는, 무임승차자 문제가 발생한다. 무임승차자 문제가 발생할 경우 공공재의 효율적 공급은 불가능해지고 예산 낭비의 결과를 낳게 된다. 이러한 문제를 해결하기 위한 접근 방법으로 제시된 이론이 공공선택론이다. 외부효과는 개인 행위가 제3자에게 미치는 영향을 말하며, 이는 정부 개입의 필요성을 제기한다.

한국에서의 공공선택론 적용 사례는 다음과 같이 기술할 수 있다.

첫째, 복지정책의 분석 사례로, 복지정책 결정 과정에서 이해관계자들이 자신의 이익을 최대화하려는 행동을 통해 정책이 왜곡될 수 있음을 설명하는데, 정치인들은 복지정책을 통해 표를 얻고자 하며, 관료들은 예산을 확대하려는 동기를 가진다.

둘째, 지방자치제도의 분석 사례로, 지방정부 관료들이 자신의 권력을 극대화하려고 행동하는 경향이 있으며, 이는 대리인 문제를 초래한다는 것으로, 지방자치제도의 투명성과 효율성을 향상하기 위한 제도적 개선이 필요하다는 것이다.

셋째, 금융산업의 규제 포획으로, 금융 기업들은 규제 기관에 로비를 통해 자신들에게 유리한 규제를 유도하는데, 공공의 이익에 반하는 결과를 초래할 수 있고, 규제 포획을 방지하기 위한 제도적 장치의 필요성을 강조한다.

넷째, 공공기관의 예산 편성 과정에서, 관료들은 자신의 부서 예산을 최대화하려는 동기를 가질 수 있으며, 예산 낭비의 비효율성을 초래할 수 있는데, 효율적인 예산 편성 시스템의 필요성을 제기한다.

이처럼, 공공선택론은 경제학적 방법론을 사용하여 정치적 과정을 분석함으로써, 정치적 행위자들의 행동을 설명하고 있다. 이는 정책결정 과정의 투명성, 효율성, 공정성을 증진하는 데 기여할 수 있다. 한국의 복지정책, 지방자치제도, 금융산업 규제, 공공기관 예산 편성 등의 구체적인 사례를 통해 공공선택론이 실제 정책 분석에 어떻게 적용되는지를 이해할 수 있다. 정치인과 관료들이 자신의 이익을 추구하면서도 공공의 이익을 고려해야 하는 상황에서, 공공선택론이 제공하는 분석 도구가 매우 유용하다는 것이다.

요약하면, 공공선택론의 주요 개념은 고객의 선호, 권한의 분산, 다조직 배열, 관할권의 중첩, 공공재와 공공서비스의 공급, 시장의 유추, 경쟁의 이용, 대응성, 사회적 능률성 등으로 정부는 공공재의 공급자이고 시민은 수요자이며, 시민 개개인을 이기적인 존재로 파악해 시민의 선호와 선택을 존중하며, 외부 계약 및 민영화, 정부부처 간 경쟁, 신고전주의 경제학의 적용을 주요 내용으로 한다. 정치적 행위자들도 경제적 행위자들과 마찬가지로 만족과 효용을 극대화하기 위해 합리적으로 행동하는 것을 통해 시장원리를 관료제에 적용할 수 있다는 것이다. 또한 "공공선택론의 핵심적 가치 기준은 행정서비스에 관한 시민 개개인의 선호와 선택을 존중"하는 것이다. 여기에 수반되는 가치의 전제는 "경쟁을 통한 행정의 대응성 제고 및 공공 배분 결정의 합리성 제고"이다.

이러한 공공선택론은 정치적 행위들은 목적지향적인 행위가 아닌 경우 상징적·의존적인 행위로 행해지고, 산업화된 국가들이 정부 예산이나 인력들을 감축 혹은 동결하는데 공공선택의 입장에서는 설명이 어려우며, 자유로운 선거에 의존하지 않는 비민주적 시스템의 정책결정에 관해서는 설명하지 못한다는 비판이 있다. 또한 공공재 공급에 자유시장 원리를 적용에서 시민참여가 성숙하지 못한 문화에서의 적용에 한계가 있다는 평가를 받고 있다.

공공선택론은 관료제를 비판한다. 정부 특징은 공무원들도 역시 자기 자신의 이익을 가지고 있다는 점이다. 1971년 미국의 윌리엄 니스캐넌(William Niskanen)은 관료들의 이익과 목표를 식별하려고 했는데, 공공기관에 종사하는 사람들이 권력, 지위, 평안, 안전 같은 편익을 초래하는 자기들의 예산을 극대화하려고 한다는 것이다.

공공선택론의 실제적 적용과 사례연구들은 다음과 같이 정리할 수 있다. 첫째, 어떤 정보가 주는 편익보다 비용이 더 큰 경우 정보를 무시하는 것이 경제적으로 합리적인 개념이며 이는 투표에도 적용되는데 유권자의 투표가 주는 편익보다 투표에 대한 노력 및 투표장에 가는 시간과 같은 투표에 필요한 비용이 더 크다고 생각하는 경우 투표 행위를 무시할 수 있다.

둘째, 비용-혜택 분석으로 공공선택론은 정부의 정책이나 프로젝트가 사회적 비용과 혜택을 어떻게 평가하고 결정해야 하는지에 대한 접근을 제공한다. 예를 들어, 인프라 개발이나 환경 보호 정책의 비용과 효과를 분석하는 데 이론적 틀을 제공할 수 있다.

셋째, 정책의 경제적 영향 분석으로 공공선택론은 정부의 정책이 시장 경제에 미치는 영향을 경제적 이론을 통해 분석한다. 예를 들어, 세금정책이 경제성장에 미치는 영향을 예측하거나, 규제가 기업활동에 미치는 영향을 분석하는 데 활용될 수 있다.

넷째, 관리의 개선과 효율성 증대로, 공공선택론은 공공기관의 운영 효율성을 개선하는 방법을 모색한다. 예를 들어, 입찰 절차의 투명성과 자원 할당의 효율성을 높이기 위해 경제적 분석이 적용될 수 있다.

공공선택론의 문제점을 살펴보면, 첫 번째는 "인간을 이기적이고 합리적인 존재로만 가정"한 것은 지나치게 단순화한다는 점이다. 두 번째는 형평성 정책의 성과에서, 정부의 산출과 비용 부담은 분리될 수밖에 없는데, 정부활동의 성과를 시장적 가치로 측정하는 경우 문제점이 있다. "공공재 공급의 분석에 자유시장 논리를 직접 도입하려는 방법론에 문제"가 있다. 세 번째는 "기존의 정부조직 구성원리와 심한 마찰을 빚기 때문에 지나치게 이상적"이다. 공공선택이론의 성공적인 적용의 전제 조건은 합리적인 시민의식과 성숙한 문화를 요구하는데, 합리적인 시민의식과 문화가 성숙하지 못한 곳에서는 공공선택론의 현실 적합성이 낮다. 이처럼, 공공선택론은 개인의 이기적 행위를 가정하고 이를 통해 정부와 공공부문의 행동을 설명하려고 하기 때문에 현실에서의 복잡한 정치적 상황을 단순화할 위험이 있다. 경제적 분석만을 중시하는 공공선택론은 사회적 공평성이나 사회적 가치를 무시할 수 있다는 비판을 받는다.

결과적으로, 공공선택론은 시장지향적으로 산출의 극대화와 비용의 최소화 및 정치·행정의 민주화 추진과 함께 "정부조직의 분권화, 지방자치제의 시행, 정부 기능의 민영화, 경쟁 개념의 도입, 공기업의 민영화 추진, 정부기구의 축소, 행정 기능의 민간부문 이관, 대 시민 관계의 대응성 제고" 등을 강조하고 있다.

9. 신제도주의이론

신제도주의는 1970년대 말부터 정치학에서 등장하게 된 새로운 시각의 이론이다. 이는 정치 현상을 설명하기 위해 사용된 법적인 부분과 공식 조직의 영향력에 치중하는 전통적인 연구 방법 중 법률적·제도적 접근을 이전에 없던 내용으로 재구성한다는 의미로 신제도주의라는 명칭이 붙었다. 1894년 마치와 올슨(March & Olsen)을 통해 신제도주의라는 명칭을 사용하게 되었는데, 신제도론의 기원은 20세기 후반의 미국에서 시작되었다. 이는 기존의 경제 이론들이 제도적 요인들을 간과했기 때문에 등장하게 되었다.

신제도주의이론은 조직과 제도가 형성되고 작동하는 방식을 설명하는 데 초점을 맞춘다. 이 이론은 주로 정치학, 사회학, 경제학, 행정학 등 다양한 분야에서 적용되며, 제도적 변화와 조정을 이해하는 데 중요한 도구로 자리를 잡고 있다. 신제도론은 제도가 조직적 행동에 어떻게 영향을 미치는지, 그리고 제도의 형성과 변화하는 과정에서 경제적·사회적 상호작용에 관한 연구이다.

신제도주의는 개별 국가의 특수성을 인정하지 않는 행태주의에 대한 비판과 함께 구제도주의의 차별을 보여주고 있는 이론이다(윤은기, 2010: 179-199). 마치와 올슨은 여러 가지 측면에서 구제도주의를 비판한다. 첫째, "국가가 독립변수가 될 수 있다는 사실을 지나치게 간과"하고 있다. 둘째, "정치적 결과가 개인 행위의 단순한 집합이 아닌 조직구조(organizational structure)나 행위의 규칙 등에 의해 좌우될 수 있다는 점을 등한시"하고 있다. 셋째, "인간의 공리주의적(utilitarianism) 측면을 지나치게 부각함으로써, 인간의 행위를 자기 이익에 따른 계산의 산물로 이해하기 때문에 정치적 행위가 규칙, 규범, 전통과 같은 제도적 구조에 근거를 두고 이루어질 수 있다는 사실을 간과"하고 있다. 넷째, "기능주의적 시각을 강조함으로써 제도의 역기능을 간과하고 있음을 지적"하고 있다(March & Olsen, 1984: 735-738; 김태룡, 2002: 338-339).

신제도주의와 신공공관리론의 비교에서, 신제도주의와 신공공관리론의 차이점들을 설명할 수 있다(윤은기, 2010: 179-199). 첫째, 신제도주의는 "인간 행위의 형성에 결정적인 작용을 하는 것으로 정치적 구조의 역할을 강조"하지만, 신공공관리론은 "개인 행위의 분석에 초점을 두는 구조적인 관점보다는 개인주의적 방법론적인 연구 방법"이다. 역사적 신제도주의에서 "구조와 행위자의 이분법적 구별에 반대함으로써 상호작용을 강조"하고 있다. 둘째, 신제도주의에서 "정치적 행위는 의무나 책임과 같은 비공리적인 요인에 의해 결정"될 수 있지만, 신공공관리론은 "경영 개념에 근거한 공리주의적 요인에 의해 설명"될 수 있다. 셋째, 신제도주의는 "행태주의를 비판"하지만, 신공공관리론은 "행태주의에 근거"한다.

구제도주의와 신제도주의의 비교에서, "구제도주의는 행정기관, 의회, 대통령, 법원 등의 유형적인 개별 정치제도가 주된 연구 대상이고, 신제도주의는 제도들의 동태적인 관계 또는 전체적 패턴이 연구 대상"이다(Skocpol, 1995: 103-104; 김태룡, 2002: 339). 구제도주의에서 보는 "제도의 개념은 법으로 규정된 유형적 정부기관"이며, 신제도주의에서는 "정부제도와 민간부문의 제도들의 역동적 관계를 포함하는 정치적 네트워크의 개념으로 제도는 다차원적인 정부 간·조직 간 개념"으로 파악하고 있다(Skocpol, 1995: 104; 김태룡, 2002: 339). 이처럼, 신제도주의에서 제도의 개념은 정태적보다는 동태적으로 파악하는 것이다. 구제도주의는 제도에 관한 공식적·정태적 기술을 위주로 하는 연구 방법이지만, 신제도주의에서 제도는 제도와 행위자 간의 상호작용으로 형성되고, 다른 변수와의 인과관계를 분석한다는 점에서도 구제도주의와 차이점을 알 수 있다.

요약하면, 구제도주의와 신제도주의는 모두 제도를 중시한다는 측면에서는 서로 비슷한 점을 갖고 있지만, 신제도주의는 구제도주의의 정태적 제도의 특성과 다르게 제도의 특성을 비공식적 · 문화적 · 동태적으로 유연하게 파악한다는 점에서 구제도주의와 분명한 차이가 있다. 결과적으로, 신제도주의에서 제도적 환경의 변화가 조직의 운영과 성과에 큰 영향을 미친다는 것이다.

신제도주의는 구제도주의를 재구성한 것이다. 구제도주의는 "국가기관의 공식적인 구조와 법체계에 초점"을 맞추고 있었고 특정한 정치체계의 특징을 구체적으로 기술하는 수준이다. 또한 특정한 정치체계의 모습이 "어떻게 형성되었는가를 기술하는 수준에 머물러 있었을 뿐, 그것이 공동체 구성원들에게 미치는 영향이나 제도 자체의 변화에 관해서는 관심이 없다." 신제도주의는 구제도주의와 달리 "사회적 활동의 결과에 영향을 미치는 제도적 장치를 규명하는 데 초점"을 두고 행위와 제도의 상호관계를 분석하는데, 제도의 공식적 · 구조적 측면에 초점을 두고, 제도의 영향으로 인한 개인적 행위를 설명하려는 측면이 있다.

신제도주의의 유형은 합리적 선택 제도주의, 역사적 제도주의, 사회학적 제도주의로 구분될 수 있다.

첫째, 합리적 선택 제도주의는 사회현상에 대한 합리적 선택모형을 근간으로, 초기의 합리적 선택 모형은 개인들이 완벽한 정보와 계산능력을 이용하여 자신의 이익을 극대화하고자 행동한다는 것이다(안희남, 2001). 그러나 현실 세계의 개인들은 합리적 선택 모형이 가정하는 능력이 없으므로 결국 합리적 선택 모형은 개인의 행동에 영향을 미치는 제도 등의 제약 여건에 초점을 맞출 수밖에 없었다(안희남, 2001). 합리적 선택 제도주의는 사회현상에 대한 합리적 선택 모형을 근거로 하여 개인의 행위를 통해 개인적 효용을 극대화하려는 이기심에 근거한 이론이다. 이 이론은 개인의 이기적인 마음을 전제로 한 철저히 계산된 행위를 중시하며 개인은 자신의 이익을 극대화하기 위해 행동하지만 실제로 완전히 자유로울 순 없으며 제도에 의해 일정한 제약을 받는다. 합리적 선택 제도주의에서 합리적 개인은 특정한 가치나 목적을 이루기 위해 제도를 마련하며, 개인 사이의 교환 관계를 통해 규칙과 절차 등을 만들게 된다.

둘째, 역사적 제도주의는 1960년대와 1970년대의 집단이론과 구조기능주의에 대응하여 발전하였다. 역사적 제도주의자들은 대부분 제도를 정치 · 경제의 조직구조에 내재한 공식 혹은 비공식 절차, 관례, 규범, 집회로 규정한다(안희남, 2001). 일반적으로 역사적 제도주의자들은 제도와 조직을 같은 것으로 보며, 규칙과 관습은 공식 조직에 의하여 확산되는 것으로 본다(안희남, 2001). 역사적 제도주의는 개인의 행위에 제도가 영향을 미치고, 다양한 정책 결과(policy outcomes)가 역사적 성격을 반영한다는 이론이다. 역사적 제도주의는 제도가 개인의 선호나 선택을 능가하는 강력한 영향력이 있다고 믿으며, 개인의 선호나 목표가 제도로 인해 발생할 수 있다는 점을 강조한다. 이 이론은 주로 거시적 수준의 집단보다는 정당 체제나 노동조합 같은 이익집단에 관심을 가지고, 정책 형성에 미치는 제도의 다양한 결과를 연구하는 데 집중한다. 결론적으로 역사적 제도주의는 역사적인 발전과 진행을 지배하는 핵심적인 근거가 제도라고 생각하는 이론이다.

셋째, 사회학적 제도주의자들은 제도와 문화를 구분하지 않고, 문화를 제도의 일환으로 정의한다. 제도는 공식적인 절차나 규범뿐만 아니라 인간의 행동을 인도하는 관습과 문화 등을 포함하는 것으로 이해된다. 이는 실질적으로는 사회적으로 당연시되는 공유된 문화적 관행들을 제도라고 정의한다고 할 수 있다. 사회학적 제도주의는 문화적 요인이 제도의 형성과 변화에 미치는 영향을 연구하며, 제도의 안정성과 지속가능성을 이해하는 데 중요한 역할을 한다.

요약하면, 합리적 선택 제도주의는 인간 행위의 규범과 가치의 중심적인 역할을 강조하는 규범적 제도주의로 이익의 극대화와 합리성에 기반을 둔다(윤은기, 2010). 역사적 제도주의는 "제도가 행위자들의 전략을 형성하고, 제도의 영향력이 행위자들의 선호나 선택에 결정적인 영향력"을 미친다. "역사적 신제도주의 견해에서 경로의존성 때문에 제도 변화는 잘 일어나지 않는다. 새로운 제도의 도입과 정착이 매우 어렵다는 점은 역사적 신제도주의에서 지적"되고 있다. "역사적 제도주의는 제도와 정책 결정의 상호관계에서 정책 선택이 결정되면, 제도적인 구속력을 발생시켜 이후의 정책결정에 계속해서 영향력을 미칠 수 있다는 경로 의존적인 설명(감금효과: lock-in effects)"을 하고 있다. 사회학적 제도주의는 제도의 특성과 형성 과정이 문화적으로 설명될 수 있다는 기본 전제에서 출발한다(Hall & Taylor, 1996: 946-947).

역사적 또는 사회학적 신제도주의는 문화적 접근에 근거한다(Hall & Taylor, 1996). 제도론적 관점의 "설명변수로는 문화 요소 등이 포함"된다. 제도는 "문화적 설명에 근거해서 초개인적 행위의 분석 단위에 관심"을 보이며 "인간의 행위에 영향을 미치는 문화, 제도, 관습의 영역들을 주로 연구"하고 있고, "문화와 제도의 결합은 중요한 설명력을 제공"한다. "문화적 요소들은 역사적인 전통과 제도들에 의해 형성되었고, 제도화된 문화는 현재의 조직구조의 변화와 새로운 조직 형태를 만드는 기능적 역할"을 할 수 있다. 문화적 요소는 사회이념과 이데올로기의 구성에 큰 영향을 미치고 있으며 국가의 권위 구조와 정책결정, 사회의 문화적 가치와 종교, 사회윤리와 행동규범 등에 영향을 미친다.

신제도주의 주요 이론과 접근 방법에서, 신제도주의는 제도를 규칙의 집합으로 정의하며, 사회적 상호작용을 조절하고, 경제적 및 사회적 활동을 조정하는 역할을 한다고 이해한다. 제도는 공식적 제도(법률, 규정 등)와 비공식 제도(관행, 문화 등)로 나뉘며, 이들이 함께 작용하여 조직과 개인의 행동을 지배한다.

신제도주의에 대한 비판에서, 신제도주의는 일반 사회과학 분야에서 사용하는 구조보다 한정된 의미를 담고 있는 제도의 법적인 측면인 규칙과 결정을 수반하는 공식적인 장치를 강조한다. 신제도주의는 제도 외의 공공정책에 미치는 변수 등을 경시하는 경향이 있어 제도와 행위자 간에 발생하는 상호작용 문제를 해결할 수 없다는 한계를 가지고 있다. 제도의 일관성과 연속성을 가정하고 있으므로 제도가 변화하면 제도 자체의 변화로 발생하는 문제를 감당할 수 없는 문제가 있다는 것이다. 신제도주의는 신고전 경제학의 기본전제로 개인의 자기 이익 극대화를 부인하지 못하고 있지만, 현대사회의 복잡한 특성과 상황의 분석을 위한 접근법이며 "실증주의적 성격과 규범주의적 성격이 혼합"된 개념으로 행정 현상의 현실적 분석력과 설명력을 제공해주는 기능을 하는 행정이론으로 의의가 있다고 할 수 있다.

신제도주의는 제도의 형성 과정, 변화, 영향을 이해하는 유용한 이론적 기반을 제공하고, 사회적·경제적 행동의 변화를 이해하는 데 도움을 주며, 사회적 변화와 경제적 발전에 관해 제도적 요소들을 분석한다. 신제도주의는 인간의 행동이 주어진 것이 아니라 구조, 자원, 가치, 규칙을 통해 형성되었다는 것을 탐구하려고 하고, 제도와 규범이 조직이나 시스템 내부에서 어떻게 작용하는지를 분석하여 조직의 효율성과 능률성을 향상시키고자 한다.

결론적으로, 신제도주의는 1970년대 말부터 1980년대 초까지 본격적으로 발전한 이론이다. 이때 기존의 사회·경제 이론 중에서 제도적 요인을 경시하는 이론들의 제한점이 드러났으며 이 이론은 제도적 요인의 중요성을 강조하게 되었다. 신제도주의는 제도가 조직적 행동에 미치는 영향을 이해하고 설명하는 데 중요한 이론적 기초를 제공한다. 경제적·정치적·사회적 제도가 서로 얽혀 있는 복잡한 관계를 분석함으로써, 이론은 현대사회의 다양한 문제들을 해결하는 데 중요한 도구로 자리를 잡고 있다.

10. 신공공관리이론

자유주의 정부 개혁의 이론적 배경은 신공공관리의 개념에 있다. 이 이론의 내용은 탈규제, 성과관리, 민영화, 경쟁 등의 원칙과 가치를 강조하며 "신자유주의의 개념인 개인 창의성의 추구와 정부의 개입을 최소화"하여야 한다는 개념을 포함한다. 신공공관리의 핵심 원칙은 ① 성과관리에 관한 관심과 성과평가의 효율성의 초점, ② 관리 자율성의 위임과 관리 신축성의 확보, ③ 조직의 혁신과 창의성의 고취, ④ 비용의 감축과 경쟁원리의 도입 등과 연관되어 있다(윤은기, 2005: 66-67).

신공공관리론(New Public Management)은 전통적인 행정학의 관료주의적 패러다임을 비난한다. "전통적인 행정학에서 행정의 효율성을 확보하는 수단으로 간주되던 계층제적인 통제와 절차 등이 오히려 행정의 효율성을 저해하므로 관료제적 절차를 포기하고 민간기업의 경영기법을 통하여 행정의 효율성을 제고"해야 한다는 것이다(이명석, 2001).

신공공관리론의 주요 정책 수단은 민영화, 인력감축, 재정지출 억제, 규제완화 등이고, 인사 개혁 수단으로는 "권한위임, 고위직 근무평정 및 성과급제도, 임용 권한의 위임 및 고위직 임용계약제" 등을 모색하고, 재정 개혁 수단으로는 성과주의 예산제도 등이 포함된다. 신공공관리론은 영국의 신관리주의(new managerialism)와 미국의 기업가적 정부 모형(entrepreneurial government model)으로 설명되고 있다. 신공공관리론의 지향점으로써 고객지향적 행정과 기업가형 정부 형태는 정부와 국민 간 신뢰 관계를 증대시키고 정부가 국민에게 제공하는 행정서비스의 질을 개선해 나가는 것이다(윤은기, 2005: 67).

고객지향적 행정은 행정과 공급 중심적인 관행으로부터 민간과 수요 중심적인 것으로의 전환을 의미한다. 즉, 고객지향적 정부는 고객인 국민에게 고품질의 행정서비스를 제공하고, 국민들의 요구를 적극적으로 수용함으로써 국민들의 만족도 증대를 추진하는 것이다(윤은기, 2005). 고객지향적 행정에서 국민은 "행정서비스의 수혜자"보다는 행정서비스에 대한 개선을 제시하는 "적극적 의미의 서비스 요구자"이다.

신공공관리론은 기업가형 정부 형태를 강조하고 있는데, 기업가형 정부란 기업가적 혁신을 창출하는 효율성과 효과성을 모색하는 행정 조직의 정부 형태이다(윤은기, 2005). 이 정부 형태는 고객이 만족하는 행정서비스를 제공하기 위해 기업가적 혁신 정신을 정부의 행정 조직에 도입하는 것이다(윤은기, 2008). 이처럼, 기업가형 정부 형태는 복지부동과 사리사욕에서 기인하는 공무원 부패와 부처의 이기주의를 도태시키고, 개선되는 공공행정서비스를 마련하기 위해 기업가적인 혁신적인 개념들을 창출하는 것이다(윤은기, 2005). 한마디로 이 개념은 "자기혁신체제(self-renewing system)"의 정부 형태를 창출하는 것이다(Osborne & Plastrik, 1997). 기업가형 정부의 형태는 효과성과 효율성의 기업 운영 방식인 경쟁주의, 성과주의, 업적주의의 개념을 정부 조직 내부에 적용함으로써 저비용의 공공행정서비스를 마련하는 것이다(윤은기, 2005: 67).

신공공관리 원칙의 개념은 공공기관을 전문 관리자에 의해 운영되는 행정체제, 공공기관 상호 간 또는 민간부문과의 경쟁 확대, 민간기업 스타일의 사업 집행과 경영 관행 강조, 재원 사용에 있어 규율과 검약의 강조로, 신공공관리의 원칙은 기관책임자에게 관리상의 자유와 재량권 부여, 특정 기관의 독점 배제, 공개입찰 절차를 통한 경쟁 방식 도입, 탄력적인 보수와 채용, 직접경비의 절감, 기업의 규제준수 비용 축소 등을 포함한다(Hood, 1991: 4-5). 이처럼, 신공공관리 원칙은 "시민과 공무원의 자율성 향상, 권한과 권력의 분권화, 비권위주의적인 조직체제"를 추진하는 것이다.

1970년대 이후 영미국가의 행정이론의 방향을 신공공관리론이라 통칭할 수 있다(윤은기, 2008). 신공공관리론은 전통적인 관료제 패러다임을 탈피해서 시장주의 원리에 근거한 작은 정부를 실현하기 위한 행정이론이다. 결과적으로, 신공공관리론은 신자유주의 이론과 부합할 수 있는데, 정부실패의 기능을 해결하기 위한 시장주의적 원칙의 적용 이론이지만, 전통적인 행정이론은 적극적인 국가의 기능과 역할의 필요성을 강조했다(윤은기, 2008). 케인스주의적 복지국가는 정부 간섭 필요성의 강조와 함께 1930년대 이후 영미국가의 정부 정책 운영의 기본 틀로 정착되었는데, 1930~1970년대의 시대는 영미국가에서 정부 간섭의 역할이 확대됨에 따라 총자본 중에 국가에 의해 결정되는 투자, 지출, 분배가 지속적으로 증대된 행정국가(administrative state)의 시기로 지칭되고 있다(윤은기, 2008).

1970년대 초반 이후 영미국가는 "경쟁력 약화, 세수 감소, 재정적자 누적" 등의 문제점으로 인한 "경제위기의 상황을 극복하기 위해 전통적인 행정국가의 정책 운영 방식의 변화"를 시도하였다. 영미국가의 신자유주의 개념은 "경제위기의 직접적인 원인과 책임이 케인스주의적 행정국가가 초래한 큰 정부로 인한 정부의 실패"를 강조하고 “시장의 자유화, 복지의 민간화, 정부 간섭의 최소화 등을 핵심 내용으로 하는 새로운 정책의 패러다임을 주창”하였다. 이러한 신자유주의적 행정개혁 개념은 전통적 행정학의 원칙에 관한 반대와 함께 영국의 대처리즘과 미국의 레이거노믹스에 의해 구체화되었고, 영미식의 신공공관리론 적용은 종래 발전주의 국가의 전통적 행정학의 패러다임 청산과 신자유주의적 행정개혁의 필요를 확산시켰다(윤은기, 2008).

신공공관리론은 “시민의 자율성, 권한과 권력의 분권화, 탈권위주의적인 조직체제, 시장원리의 경쟁적인 가치를 추진”하는 것을 주요 내용으로 하고 있다. 자유주의적 행정문화의 이론에서 신공공관리론의 특징과 제도의 주요한 기원들을 분석할 수 있다(윤은기, 2008). 권위주의와 자유주의 행정문화의 개념, 내용, 범주의 차이점 분석에서, 국가의 절대적인 권력의 정당성은 권위주의 행정문화의 이론에서 발견되고, 국가 권력의 제한과 개인주의 시장원리의 원칙은 자유주의 행정문화의 이론에서 논의될 수 있을 것이다(윤은기, 2008). 결과적으로, 보편적인 관점에서 권위주의 행정문화의 이론은 행정국가의 역할을 강조하고, 자유주의 행정문화의 이론은 신공공관리론의 시장 기능과 역할을 강조하는 경향으로 인식할 수 있다(윤은기, 2008).

맥그리거(McGregor)의 개념인 X이론의 이기적 인간관은 제재와 강압과 함께 경제적 보상체계의 강화, 수직적인 계층제의 확립, 권위주의적 리더십의 확립을 통한 “외부로부터의 보상과 처벌을 통하여 조직의 목표를 달성”한다(McGregor, 1960). 대조적으로, Y이론의 창의적 인간관은 조직의 목표를 달성하기 위한 자율성, 책임성과 함께 상호협조적인 가치관에 근거해서 조직구성원의 자발적 근무의욕과 동기, 분권화와 권한의 위임, 민주적 리더십의 확립, 수평적 조직구조의 문화적 특징을 보여주고 있다(McGregor, 1960). 국정 관리와 운영에서 바람직한 행정문화의 적용은 통제, 제재, 강압의 속성을 보여주는 X인간관이 아닌 창의적・도전적・자율적 특징을 보여주는 Y인간관의 특성과 영역에서 모색될 수 있을 것이다(윤은기, 2008: 35).

극한적인 사회의 투쟁과 갈등의 조건과 여건에서 조직원들의 자율성과 책임성을 전제로 하는 신공공관리론의 원칙과 개념들은 성공적으로 적용될 수 없다는 상황에서, 시장에 대한 정부의 공정한 역할과 기능이 요구된다는 것이다(윤은기, 2008).

결론적으로, 신공공관리이론은 최소국가이론과 부합된다. 최소국가이론에서 행정 또는 행정인은 합리적인지만 이기적인 성향과 자신의 이익과 조직의 예산극대화를 추구하는 행위자로서 간주된다(윤은기, 2005). 이처럼, 행정체제를 시장의 경쟁적 체제로 전환할 필요와 함께 “정부의 행위는 비용 최소화 전략과 소비자 중심 관리”와 같은 정책 방안을 모색하는 것이다.

최소국가의 기능과 의무는 공공개입의 필요성을 축소하고 공공서비스 공급에서 시장의 역할과 기능을 강조하는 것으로, 정부의 역할보다는 시장의 기능에 의해 높은 질의 공공서비스를 마련할 수 있다는 것이다(윤은기, 2022: 194). 경쟁은 경제 발전의 원동력이며, 정부의 규제 완화와 함께 자유무역주의와 시장주의에 따라 경제성장을 달성할 수 있다는 것이다. 정부의 형태는 작은 정부, 세계화를 지향하는 정부, 투명한 정부 등이 강조된다(윤은기, 2022: 194).

작은 정부의 형태는 신공공관리론과 연관될 수 있는데, 신공공관리는 관리주의와 신제도주의 경제학의 두 가지 의미를 내포하고 있다(윤은기, 2022: 194-195). 첫째, 관리주의로 "사부문의 경영 방식을 공공부문에 도입"하려는 것이다. 둘째, 신제도주의 경제학으로 "시장경쟁과 같은 유인체제를 공공서비스 제공에 도입"하려는 것이다. 영국의 경우 1988년 이전에는 관리주의가 1988년 이후에는 신제도주의 경제학이 지배적인 개념으로 자리 잡고 있다. 신공공관리론은 중앙집권적 통제와 조절에 반대해서 관료제 역할과 기능의 강조 대신에 경쟁주의와 시장주의 원칙으로 기업가적 정부를 제안한다. 이처럼, "공공부문에서의 효율성을 확보하기 위해서는 경쟁과 시장주의에 근거한 민간화, 공공인력의 감축, 행정 분권화, 민간화, 비정부조직의 활용" 등의 정책을 통하여 신공공관리론과 자유민주주의를 결합한 개념으로 인식될 수 있다.

11. 신공공서비스이론

신공공서비스론(New Public Service Theory, NPS)은 1990년대 후반부터 2000년대 초반에 발전하였다. 이 이론은 전통적인 신공공관리론의 한계를 인식하고, 정부와 공공기관이 시민 중심의 서비스를 제공·관리해야 한다는 새로운 방향성을 제시했다. 신공공서비스론의 핵심 사상은 공공부문의 목적이 수익 추구가 아니라 공익을 위한 서비스 제공임을 강조하며, 이를 위해 정부와 시민 간의 관계와 공공서비스의 향상을 중시한다.

신공공서비스론의 주요 이론과 내용은 다음과 같이 설명될 수 있다. 첫째, 신공공서비스론은 시민 중심 서비스로 공공기관이 시민의 필요와 기대를 중심으로 서비스를 제공해야 한다고 주장한다. 이는 공공기관의 목표가 시민 만족과 공익 실현에 집중되어야 한다는 의미를 내포한다. 예를 들어, 서비스의 접근성, 투명성, 응답성을 강조하여 시민참여와 만족도를 높이는 방향으로 관리되어야 한다는 것이다.

둘째, 신공공서비스론은 리더십이 공공서비스의 질과 효율성에 중대한 영향을 미친다고 강조한다. 리더는 시민 중심의 가치를 증진하고, 조직 내 문화를 공익지향적이고, 혁신적으로 변화시키는 역할을 해야 한다는 것이다. 또한, 조직 내부의 의사결정 과정과 행동이 공공서비스의 질 향상에 기여할 수 있도록 유도해야 한다는 것이다.

셋째, 신공공서비스론은 정책의 실행이 단순히 규정 준수를 넘어서, 시민과 협력하며 문제 해결에 주도적으로 이바지해야 한다고 주장한다. 이는 정부와 비정부조직 간 협력, 다부처 간 협업 등을 통해 공공서비스의 효율성을 극대화하려는 의도를 지닌다. 현대 공공부문에서는 신공공서비스론의 원칙과 가치를 받아들이고 적용하려는 움직임이 활발히 진행되고 있다. 특히 디지털 기술의 발전과 사회적 기대 변화 등이 공공서비스 제공 방식에 새로운 도전 과제를 제시하고 있다. 이에 따라 공공부문은 디지털화와 인공지능(AI) 기술을 통한 서비스 혁신 및 데이터 기반 의사결정 등을 통해 신공공서비스론의 이론을 현실에 적용하고 있다.

신공공서비스론은 공공서비스 제공과 정부 역할에 대한 새로운 접근 방식을 강조하며 민주주의, 공동체, 시민참여 등이 핵심 가치로 인식되고 있다. 이 이론은 시민을 고객이 아닌 주권자로 간주하며, 정책결정 과정에 시민들의 참여를 강조한다. 이는 시민들이 공공서비스의 방향과 우선순위를 설정하는 데 중요한 역할을 해야 한다는 의미이다. 또한 신공공서비스론은 정부, 민간부문, 비영리부문 등이 협력하여 공동체의 문제를 해결하는 방식을 지지하고, 이를 통해 공공서비스의 효율성과 효과성을 높이고, 공동체의 강화를 도모한다.

신공공서비스론은 공공 가치를 창출하고 공익을 증진하는 것이 목표로 단순히 경제적 효율성보다는 사회적 형평성과 공정성을 중시하는 접근 방식이다. 이 이론에서는 조직 내에서 인간의 존엄과 가치가 존중되어야 하며, 직원들의 참여와 협력을 통해 조직의 목표를 달성해야 한다고 주장한다. 신공공서비스론은 조직의 유연성과 적응력의 강조와 함께 포스트모더니즘의 영향을 받아 다양한 관점을 인정하며, 복잡한 사회문제를 해결하기 위해 다양한 접근 방식을 주장한다.

신공공서비스론의 이론적 토대는 민주주의 시민이론, 조직인본주의 공동체 및 시민사회 모델, 포스트모더니즘을 포함한 다양한 접근법을 기반으로 한다. 포스트모더니즘은 신공공관리론을 비판하며 등장한 이론으로, 주요 가치와 시장 간의 관계에서 신공공관리론과 대비된다.

첫째, 신공공관리론은 능률성을 강조하고 정부의 규제를 완화하며 시장의 자율을 중시하는 시장지향주의를 추구하지만, 이를 비판하는 탈신공공관리론은 민주성과 형평성을 강조하며 정부의 정치·행정 역량 강화를 목표로 한다. 또한, 재규제를 강조하는데, 이는 전면 규제가 아닌 안전 규제와 같은 필요한 부분에서만 다시 규제를 강화할 필요가 있다는 것을 의미한다.

둘째, 조직구조의 특징과 개혁 방안에 대해 신공공관리론은 탈관료제를 강조하며 분권화와 행정의 분절화를 주장하는 반면, 탈신공공관리론은 관료제와 탈관료제의 조화를 지향하며 분권과 집권의 균형을 강조한다. 또한, 행정의 분절화를 축소하여 통합적 정부로 조직구조를 개혁해야 한다고 본다. 조직관리에 대해서도 신공공관리론은 민간부문의 관리기법을 도입하고 결과와 산출 중심의 통제를 해야 하며, 경쟁적·개방적 인사제도를 통해 조직을 관리해야 한다고 주장한다.

반면, 탈신공공관리론은 공공 책임성을 중시하고 자율성과 책임성의 증대를 더욱 중요하게 본다. 따라서 탈신공공관리론은 구조적 통합을 통해 행정의 분절화를 축소하고, 재집권화와 재규제를 주장하여 집권과 분권의 조화를 이루려 했다. 또한, 민간 및 공공부문 간의 파트너십을 강조하며 역량 및 조정을 확대하여 중앙의 정치적·행정적 역량을 강화하고자 하였다.

이러한 탈신공공관리론은 뉴거버넌스 이론, 신공공서비스론과 연관되어 있다. 신공공서비스론은 신공공관리론의 문제점을 극복하기 위한 대응 이론으로 봉사성, 시민성, 민주성 등의 행정가치와 개념을 강조하였다. 신공공서비스론은 신공공관리론의 이론적·실제적 문제들을 극복하기 위해 보다 참여적·민주적인 방식을 제안하며, 공공서비스의 질을 높이고 정부와 시민 간의 신뢰를 증진시키려는 노력을 강조하고 있다.

신공공서비스론은 복잡하고 다양한 사회에서 정부가 혼자서 방향을 잡는 것이 적절하지 않다고 본다. 정책과 공공서비스는 다양한 "이해관계의 산물이며, 계층과 집단의 상호작용 결과"이기 때문이다. 신공공서비스론은 공공서비스가 정부 단독의 의사결정으로 행해지는 것은 적절하지 않고, 정부는 중재자와 조정자의 역할을 해야 한다고 강조한다.

결과적으로, 신공공서비스론은 공공부문의 목적이 시민의 필요 충족과 공익 실현임을 강조하는 이론적 체제다. 이 이론은 공공부문의 리더십, 조직문화, 정책 실행 방법 등을 재정립하고, 시민 중심의 서비스 제공을 목표로 한다. 현대사회에서는 공공서비스의 효율성과 효과성을 높이기 위해 신공공서비스론의 원칙을 적극적으로 채택하고 있으며, 이는 공공부문의 발전과 혁신에 중요한 역할을 할 것으로 기대하고 있다.

12. 사회자본이론

사회적 자본이란 개인들 간의 연계(connections), 사회적 네트워크, 호혜성(reciprocity), 신뢰의 규범을 가리키는 말이다. 사회자본은 “현대에 들어 규범, 연결망(network), 신뢰, 호혜성 등의 개념을 요소로 하여 사람들의 상호작용을 통해 얻을 수 있는 무형의 자산”이다. 일부 지방자치단체에서는 “조례를 제정하여 사회자본의 확충, 증진, 육성을 도모”하고 있는데, 지역민의 자발적인 참여를 바탕으로 신뢰에 근거해서 소통과 협력을 통해 지역사회의 문제를 해결하는 것이다.

사회적 자본인 신뢰와 사회 발전의 관계에서 신뢰는 사회자본을 구성하는 기본적인 요소로 정부 신뢰를 증진시키는 것으로 파악될 수 있다(Yun, 2009). 신뢰가 높은 사회일수록 정부가 추진하는 정책적 목표를 달성할 가능성이 크다고 보고, 사회적 자본과 발전은 긍정적인 인과관계로, 규범과 신뢰의 사회적 자본은 사회 발전, 정부 정책의 효율성, 시민사회의 성장을 이룩하는 데 중요한 변수이다(Yun, 2009). 물적자본과 인적자원을 넘어 높은 신뢰의 사회적 자본은 부패의 감소, 국민소득의 증가, 국가정책의 효과성 향상, 노동시장 기능의 효율화, 효과적인 거버넌스 시스템이라는 가시적인 성과를 달성할 수 있다(Yun, 2009).

“규범, 연결망(network), 신뢰, 호혜성 등의 개념을 요소로 하여 사람들의 상호작용을 통해 얻을 수 있는 사회자본”에 대해 프랑스의 피에르 부르디외(Pierre Bourdieu)는 “제도화되었건 혹은 제도화되지 않았건 상호 면식이 있어 알고 지내는 사이에 지속적으로 존재하는 관계의 연결망을 통해 얻을 수 있는, 실제적이고 잠재적인 자원의 총합”이라고 정의한다.

미국의 사회학자 제임스 콜만(James Coleman)은 사회자본을 “주어진 구조에 속하는 개인이나 집단이 특정한 행위를 하도록 유도하고 촉진하는 것이며, 다른 형태의 자본과 마찬가지로 생산적인 것”으로 인식하면서 사회구조적인 맥락에서 설명한다. ‘연결망’에 초점을 두고 접근하는 미시적 연구에서 사회자본은 “행위자가 자신이 속한 집단, 즉 연결망 속에 있는 자원에 접근함으로써 얻을 수 있는 자산”, 혹은 “사회적 연결망 혹은 사회구조의 구성원이 됨으로써 확보할 수 있는 행위자의 능력" 등으로 정의한다.

반면 거시적인 차원의 연구에서는 "사회자본을 주어진 사회의 문화적 · 조직적 특성으로 파악"하는데, 데이비드 퍼트남(David Puttnam)은 "상호 간 이익을 위한 협력과 협동을 촉진하는 연결망, 규범, 사회적 신뢰와 같은 사회 조직의 특성"이 사회자본이라고 정의한다. 거시적 연구에서의 사회자본은 공동체의 유지와 발전에 필요한 전제조건이 되는 셈이다.

사회자본론은 사회적 네트워크, 신뢰, 상호 규범 등이 공공행정에 미치는 영향을 분석하고자 하였다. 사회자본은 정부와 시민 간의 신뢰 관계를 강화하고 정책, 실행 및 공공서비스 제공에서 중요한 역할을 한다. 사회자본은 사회적 네트워크와 이로부터 발생하는 규범과 신뢰를 통해 얻을 수 있는 자원을 의미한다. 이는 개인이나 집단의 협력을 촉진하고 사회적 · 경제적 효율성을 증대시키는 중요한 자원으로 간주된다. 사회자본의 개념은 경제적 자본이나 인적 자본과는 달리 사회적 관계의 질과 구조에 주안점을 둔다.

첫째, 개인과 집단 간의 신뢰는 협력과 협조를 촉진하고 사회적 상호작용의 원활한 진행을 보장한다. 신뢰가 높은 사회에서는 정보 교환이 원활하고 거래 비용이 낮아진다. 둘째, 네트워크는 공식적 · 비공식적 사회 관계망을 의미하며 이는 정보와 자원의 교환을 촉진한다. 네트워크의 범위와 밀도는 사회자본의 양과 질을 결정한다. 셋째, 공동체 내의 규범과 가치는 사회적 행동을 조정하고 협력을 촉진하는 역할을 한다. 이러한 규범은 공공의 이익을 위한 행동을 장려하고 사회적 규범을 준수하는 문화를 형성한다.

사회자본은 정책 실행 과정에서 중요한 역할을 한다. 높은 수준의 사회자본은 정책의 수용성과 효과성을 높이는 데 이바지한다. 이는 정책결정 과정에서의 시민참여를 촉진하고 정책에 대한 신뢰를 높이며 정책집행 과정에서의 협력을 증진한다.

사회자본은 공공서비스 제공의 효율성을 증진시키는 역할을 한다. 신뢰와 협력을 기반으로 한 사회적 네트워크는 자원의 효율적 배분을 가능하게 하고 서비스 제공자의 책임성을 강화한다. 또한 사회적 네트워크는 정보의 공유와 협력을 통해 공공서비스의 품질을 향상시킨다. 높은 수준의 사회자본은 행정의 투명성과 책임성을 강화하고, 사회적 신뢰는 공무원과 시민 간의 상호 신뢰를 바탕으로 한 투명한 행정을 가능하게 하며 이는 부패를 감소시키고 공공의 신뢰를 증진시킨다. 또한 사회규범과 네트워크는 공무원의 책임성을 높여 공공의 이익을 위한 행동을 촉진한다.

사회자본은 공공정책의 수립과 실행에 큰 영향을 미치고, 높은 수준의 사회자본은 정책 수립 과정에서의 시민참여를 촉진하고 정책에 대한 지지와 협력을 유도한다. 이는 정책의 실행 가능성을 높이고 정책 목표를 달성하는 데 기여한다. 사회자본은 정책 실행 과정에서의 정보 교환과 협력을 촉진하여 정책의 효과성을 증대시킨다.

사회자본은 효과적인 거버넌스를 위한 중요한 요소로, 사회적 신뢰와 협력은 정부와 시민 간의 원활한 소통과 상호작용을 가능하게 하며 이는 정책의 투명성과 책임성을 높이는 데 이바지한다. 또한 사회자본은 시민사회의 활성화를 통해 정부의 정책결정 과정에 시민의 의견이 반영될 수 있도록 하고, 이는 보다 민주적·효과적인 거버넌스를 실현하는 데 중요한 역할을 한다.

북유럽 국가들은 높은 수준의 사회자본을 바탕으로 효율적이고 투명한 행정을 실현하고 있다. 이들 국가에서는 사회적 신뢰와 네트워크가 잘 발달되어 있으며 이는 정책결정 과정에서의 시민참여를 촉진하고 정책의 수용성을 높이는 데 이바지하고 있다. 예를 들어 덴마크와 스웨덴은 높은 사회적 신뢰를 바탕으로 한 투명한 행정시스템을 구축하고 있으며, 이는 부패를 낮추고 공공서비스의 품질을 높이는 결과를 낳고 있다.

한국에서도 사회자본의 중요성이 강조되고 있으며 다양한 정책을 통해 사회자본을 증진하기 위한 노력이 이루어지고 있다. 예를 들어 주민자치회와 같은 지역 공동체 활동은 사회적 네트워크와 신뢰를 증진시키고 지역사회의 문제를 해결하는 데 중요한 기능을 하고 있다. 또한 정부는 투명성과 책임성을 높이기 위해 공공 정보 공개제도를 강화하고, 시민참여를 촉진하는 다양한 프로그램을 운영하고 있다. 사회자본 증진을 위한 정책 제안(시민참여, 공공 정보의 투명성 강화, 지역 공동체 활성화)들은 다음과 같이 설명될 수 있다

첫째, 사회자본을 증진하기 위해서는 시민참여를 확대하는 정책이 필요하다. 이는 정책결정 과정에서 시민의 의견을 반영하고 시민이 정책 실행에 적극적으로 참여할 수 있도록 하는 제도적 장치를 마련하는 것을 포함한다. 예를 들어 주민참여 예산제도 공청회 온라인, 의견 수렴 플랫폼 등을 통해 시민의 참여를 촉진할 수 있다.

둘째, 공공 정보의 투명성을 강화하는 것은 사회자본 증진에 중요한 역할을 한다. 이는 정부의 투명성과 책임성을 높이고 시민의 신뢰를 증진하는 데 이바지한다. 이를 위해 정부는 공공 정보 공개 제도를 강화하고 시민이 쉽게 접근할 수 있는 정보 공개

플랫폼을 운영해야 한다.

셋째, 지역 공동체의 활성화는 사회자본 증진의 핵심 요소 중 하나이다. 지역 공동체 활동을 통해 주민 간의 신뢰와 협력을 증진시키고 공동의 문제를 해결하는 데 중요한 역할을 한다. 정부는 지역 공동체 활동을 지원하고 주민자치회를 활성화하는 정책을 추진해야 한다. 사회자본이란 지역민의 자발적인 참여를 바탕으로 지역사회가 직면한 문제를 해결하고, 공동의 목표를 향하여 나아갈 수 있도록 하는 사회적 역량으로서 신뢰, 소통, 협력, 규범, 네트워크 등 무형의 자산이라 설명한다. 결과적으로, 높은 사회자본은 신뢰 네트워크 규범과 같은 요소를 통해 공공서비스 제공에 행정의 투명성과 책임성을 증진시키는 역할을 한다.

13. 뉴거버넌스이론

뉴거버넌스는 20세기 후반부터 발전하기 시작한 개념으로, 전통적인 정부 중심의 통치 방식에서 벗어나 다양한 공공 및 민간 주체들이 협력하여 사회문제를 해결하는 방식을 의미한다. 뉴거버넌스는 전통적인 국가 주도의 통치 모델과는 달리, 다원적이고 협력적인 통치 방식을 강조한다. 이는 "정부, 시장, 시민사회 등 다양한 주체"들이 상호작용하며 공공문제를 해결하는 구조를 의미한다. 뉴거버넌스는 정부뿐만 아니라 기업, 비영리 단체, 시민사회 등 다양한 주체들이 참여하는 것이 특징이다.

정부(government)라는 용어는 행정부의 통치와 활동의 의미도 있지만 "명령된 규칙의 조건, 통치자의 의무를 책임지고 있는 사람들, 특정의 사회가 통치되는 방식 또는 체계" 등의 의미도 지니고 있다. 반면에 뉴거버넌스라는 용어가 갖는 의미는 전통적 의미의 정부와 동의어가 아닌 하나의 새로운 거버넌스 과정, 규칙의 변화, 사회에 대한 새로운 관리 방식을 강조함으로써 전통적인 정부가 갖는 의미에 변화를 가져오려는 개념이다(윤은기, 2022: 194).

공공거버넌스는 시장과 계층제의 권위에 반대해서 "신뢰와 상호조정, 경쟁에 뿌리를 둔 관리의 강조, 자율성의 강조, 중앙지도에 대한 거부" 등을 포함하고 있다. 연결망의 중심적 조정 메커니즘은 신용과 협력이다. 공공거버넌스의 조직은 자발적, 자율적, 상호적으로 정부의 일방적인 방향 제시가 아닌 정부와 시민 간의 상호 간 협력을 마련하는 것이다(윤은기, 2022: 195).

공공거버넌스의 개념은 신공공관리에 반대에서 사적부문과 공공부문의 업무와 환경이 많이 다르기 때문에 사적부문과 공공부문을 구별하는 것이 필요하다는 것이다. 조직의 능률성, 법의 준수, 가치의 보호를 포함하는 공공거버넌스의 개념은 신공공관리와 계획된 정부체제의 관리에 대한 문제 제기와 함께 계층제와 시장의 중간지대에서 중재 역할에 주안점을 두어야 한다는 것이다(윤은기, 2022: 195).

뉴거버넌스는 다음과 같은 요소와 특성들을 포함한다. 첫째, 정부, 기업, 시민단체 등이 네트워크를 형성하여 공동의 목표를 추구한다. 둘째, 다양한 이해관계자들의 참여를 통해 의사결정 과정의 민주성을 높인다. 셋째, 변화하는 사회적 요구에 맞추어 "유연하게 대응할 수 있는 구조"를 가진다. 넷째, 중앙집권적 통치에서 벗어나 권력을 분산시키고 지역적 특성을 반영한 정책을 시행한다.

뉴거버넌스의 등장은 1980년대와 1990년대에 국가의 재정적 위기에 의해 촉진됐는데, 1990년대에 예산 부족과 공공부채의 증가에 직면하였다. 경제적 성장의 퇴조와 마이너스 성장의 경험과 함께 정부는 경제 상황의 어려움에 직면하게 되었는데, 경제 위기의 주요한 원인은 막대한 공공지출의 증가, 재정적자의 급속히 증가, 조세 수입의 감소였다. 결과적으로, 국가 부채의 증가와 함께 국가의 공공서비스 프로그램의 지속적인 집행과 추진이 어려움에 직면하였다. 경제적 위기를 극복하기 위해 네트워크의 공·사 협력 조치의 필요성이 제시되었다(윤은기, 2022: 195-196).

집단주의로부터 개인주의적인 시장시스템의 기능과 역할이 강조되었다. 1980년대의 레이건과 대처 행정부는 작은 정부의 추구와 함께 시장의 규제 완화, 복지국가 프로그램의 감소에 기인한 국가 역할의 축소, 세금 삭감, 개인의 자유 보장, 민간 투자를 위한 경쟁을 추진하였다. 결과적으로, 신공공관리론의 접근은 관료주의적 전통에 대한 반대와 함께 공공조직들이 사적 영역 조직과 같은 방식으로 관리돼야 한다는 것이다. 이 시스템은 국가의 시장에 대한 직접적 통제의 반대와 함께 투입 통제보다는 평가와 성과에 주안점을 두고, 전문성과 효율성을 모색하는 것이다(윤은기, 2022: 196).

신공공관리와 뉴거버넌스 간에는 다음과 같은 차이점이 있다. 첫째, 신공공관리는 결과에 초점을 두지만, 뉴거버넌스는 과정에 초점을 맞춘다. 둘째, 신공공관리가 조직 내 관계를 다루고 부분 간 경쟁에 역점을 둔다면, 뉴거버넌스는 조직 간 관계를 다루고, 부분 간 협력에 중점을 둔다. 셋째, 신공공관리는 시장과 경쟁 및 소비자들의 개별적 선택으로 조정이 이루어지지만, 뉴거버넌스는 신뢰, 협동, 상호의존 등의 작용이 강조된다(윤은기, 2022: 196-197).

뉴거버넌스의 한계와 비판들은 다음과 같이 서술할 수 있다. 첫째, 다양한 주체들의 참여로 인해 복잡한 이해관계 속에서 합의의 도출과 의사결정 과정이 빠른 결정을 요구하는 상황에서 복잡성과 지연성의 문제를 초래할 수 있다. 이해관계의 충돌로 인해 갈등의 발생과 함께 공동 책임 구조로 인해 책임 소재가 불명확해질 위험이 있는데, 문제가 발생했을 때 책임을 명확히 규명하는 데 어려움을 초래할 수 있고, 책임 소재가 불명확하면 문제 해결에 있어서 책임 회피가 발생할 수 있다. 이처럼, 다양한 이해관계자들 간의 협력과 상호작용은 정책결정 과정을 복잡하게 만들 수 있고, 의사결정의 불투명성을 초래할 수 있는데, 공정성과 투명성에 대한 우려를 발생시킬 수 있다.

둘째, 뉴거버넌스는 시장 메커니즘을 중시하지만, 자원의 불균형 분배나 이해관계자 간의 권력 불균형 문제를 야기할 수 있는데, 사회적 불평등을 심화시킬 우려가 있다. 이해관계자들 간의 권력 불균형의 발생과 함께 모든 이해관계자의 의견이 반영되지 않을 수 있는데, 민주주의적인 가치를 희생하거나, 사회적인 불평등을 증가시킬 수 있다. 다양한 이해관계자들의 참여와 협력을 유도하면서 의사결정 과정이 복잡해질 수 있는데, 이를 제어하고 조절하는 것이 어려울 수 있는 상황과 여건에서, "조정과 참여 과정에서 권력의 격차가 반영"된다면 잘못된 합의가 이루어질 가능성도 있다.

셋째, 뉴거버넌스는 정보의 개방성과 투명성을 중요시하지만, 실제로는 정보의 제한적 공개나 투명하지 않은 의사결정 과정이 문제로 대두될 수 있다. 뉴거버넌스는 "정부, 시장, 시민사회 간 상호 신뢰를 바탕"으로 하는데, 정보의 개방성과 투명성의 미흡으로 "이해관계가 첨예하게 대립하는 경우" 합의가 이루어질 가능성이 작다.

넷째, 뉴거버넌스는 국가를 상호 협력자와 조정자로 간주하고, 다양한 주체들의 협력관계는 높은 사회적 자본과 합리적인 시민정신에 의해 달성될 수 있는데, 낮은 사회적 자본과 시민정신은 정부의 전반적인 정책 기능과 위기관리능력을 저하할 수 있다.

하지만, 다원주의 사회에서, 뉴거버넌스는 정부의 단일한 결정권이 아닌, 다양한 네트워크 구성원들이 상호작용하며 의사결정을 내리는 네트워크 거버넌스 형태를 촉진한다. 예를 들어, 환경문제나 도시 개발 등 복잡한 문제들에 관한 해결을 위해 지역사회, 비영리 단체, 전문가 그룹 등이 협력하는 사례이다. 또한, 뉴거버넌스는 시장 메커니즘을 통한 정책 실행과 자원 할당의 효율성을 강조하기도 한다. 예를 들어, 민간 회사와의 협력을 통해 공공서비스의 개선과 지역 경제 발전을 촉진하는 방식으로 시장 기반 접근을 적용하는 사례가 있다. 한편, 뉴거버넌스는 지속가능한 발전을 추구하며, 사회적 책임을 중요하게 생각하는데, 환경적 보호, 사회적 형평, 경제적 발전 등을 포괄적으로 고려하는 정책 방향을 제시하는 것을 의미한다.

결론적으로, 뉴거버넌스는 전통적인 행정 모델의 한계를 극복하고, 다양한 이해관계자 간의 협력을 통해 공공문제를 해결하려는 접근 방식이다. 이는 협력적 네트워크, 분권화와 자율성, 참여성과 투명성, 성과 중심의 관리 등의 특징이 있다. 그러나 이해관계자 간의 갈등, 책임성 문제, 자원과 역량의 불균형 등의 한계도 존재한다. 따라서 뉴거버넌스를 효과적으로 구현하기 위해서는 이러한 한계를 극복할 수 있는 전략적 접근이 필요하다. 뉴거버넌스가 제시하는 협력과 조정은 현대 행정에서 필수적인 요소로, 효과적·효율적 공공서비스 제공이 가능해질 것이다. 궁극적으로, 뉴거버넌스는 공공부문, 민간부문, 시민사회 간의 협력을 통해 사회문제를 보다 포괄적·형평적으로 해결하는 데 중요한 역할을 할 것이다.

CASE STUDY 사례

[트럼프 재집권] 머스크가 맡는 정부효율위, '규제 철폐' 메스 대나

도널드 트럼프 전 대통령의 미국 대선 승리에 따라 그가 일론 머스크 테슬라 최고경영자(CEO)에게 맡기겠다고 공언한 '정부효율위원회'의 역할에도 관심이 쏠린다. 트럼프 당선인은 지난 8월 하순 한 팟캐스트 인터뷰에서 머스크를 정부 자문역으로 기용할 수 있다고 밝히면서 "그는 일부 '지방(정부 내 비효율성)'을 제거하는 데 관여하고 싶어 한다"고 처음 언급했다. 이후 9월 초순에는 공개 연설에서 "연방 정부 전체의 재정 및 성과에 대한 감사를 수행하고 과감한 개혁 권고안을 제시하는 정부효율위원회를 만들 것"이라면서 머스크가 해당 위원회를 맡기로 동의했다고 밝혔다.

트럼프와 머스크가 함께 구상한 정부효율위는 연방 정부 각 부처의 회계 장부를 샅샅이 훑어 예산 낭비성 프로그램에 대한 재정 지출을 삭감하고, 불필요한 규제를 없애는 역할을 담당할 것으로 알려졌다. 이런 구상은 기존의 바이든-해리스 정부에서 방만하게 운영해온 정부 재정집행 실태를 들춰내겠다는 포석도 깔린 것으로 해석됐다.

머스크는 이달 들어 대선을 앞두고 진행한 트럼프 지원 유세에서 향후 운영하고자 하는 정부 개혁 기구에 대해 여러 차례 언급하며 그 역할을 강조했다. 머스크는 트럼프가 당초 정부효율위원회(government efficiency commission)로 지칭한 이 기구를 자신이 띄워온 가상화폐(코인) '도지(doge)'와 축약어가 일치하는 이름인 '정부효율부(Department of government efficiency, DOGE)'로 바꿔 부르면서 자기 영향력을 과시하기도 했다. 머스크는 지난달 27일 유세에서 미 연방정부의 예산을 기존 규모(6조 7천 500억 달러)의 약 3분의 1에 해당하는 2조 달러 이상 삭감할 수 있다고 주장하면서 "정부효율부가 그것을 바로잡을 것"이라고 말했다. 이 자리에는 트럼프 당선인의 정권 인수팀 위원장인 억만장자 사업가 하워드 러트닉도 함께했으며, 러트닉은 머스크에게 "정부 예산을 얼마나 찢어버릴 수 있는지" 물었다.

출처: 연합뉴스(2024.11.7).

1. 위 사례를 참고하여, 정치와 행정의 관계를 설명하시오.
2. 위 사례에서 발견할 수 있는 행정 현상의 특징을 서술하고, 행정이론과 연계하여 설명하시오.

연습문제

1. 행정학의 학문적인 특성에 대해 논하시오.

2. 과학적 관리론과 인간관계론에 대해 설명하고 양 이론을 비교해 보시오.

3. 행정학의 과학성과 기술성에 대해 설명하고 이에 대한 본인의 견해를 제시하시오.

4. 최근의 행정이론 중에서 신공공관리론(NPM)이 가지고 있는 이론적 유용성과 한계에 대해 논하시오.

5. 뉴거버넌스이론과 신공공관리론의 주요 특징을 비교하시오.

제 4 장

행정철학, 윤리와 가치

[학습목표]

1. 행정철학에 많은 영향을 주고 있는 철학의 주요 이론을 이해한다.
2. 행정윤리 이론과 주요 개념을 이해한다.
3. 공공가치의 개념, 계보학적 전통, 그리고 연구 경향을 살펴보고 학습한다.
4. 행정철학, 행정윤리, 그리고 공공가치의 상호연관성을 검토하고 행정 실천에 주는 함의를 이해한다.

학습개요

본 장은 행정학의 형이상학적 그리고 규범 행정의 토대를 이루고 있는 행정철학, 행정윤리, 그리고 공공가치를 함께 다루고자 한다. 행정철학 관련해서는 일곱 가지 주요 이론인 실증주의, 비판적 실재론, 현상학, 해석학, 사회 구성주의, 포스트모더니즘, 그리고 비판이론을 비교적 간략히 살펴보았다. 행정윤리는 행정윤리이론, 주요 개념과 이슈(책임성, 행정 통제, 재량권과 자율성, 전문직업성, 행정부패, 내부고발)를 설명하였다. 마지막으로 공공가치에 대해서는 왜 공공가치 연구인가? 계보학적 전통, 연구 경향, 그리고 가치의 종류와 내용을 중심으로 살펴보았다.

위와 같은 행정철학, 행정윤리, 그리고 공공가치 이론에 대한 이해도 중요하지만 이러한 이론들이 상호 어떻게 연결되며 행정 현실에 대한 이해와 실천에 어떤 함의를 가지는가를 이해하는 것은 더욱 의미 있어 보인다. 본 장에서 학생들은 성찰 없는 삶이 우리의 삶을 황폐화하듯이, 행정철학, 윤리, 가치에 대한 무관심과 몰이해가 우리 행정의 방향성을 잃게 하고 우리 행정 현실을 잔인하고 비인간적으로 만들 것이라는 사실을 깨닫는 계기가 될 것이다.

본 장은 행정철학의 맥락에서 행정윤리와 공공가치를 함께 다루고자 한다. 행정철학은 철학의 하위 분과로서 원래 하나의 학문 분과로 자리 잡기 전에는 정치철학에서 다루던 분야이다. 철학과 윤리, 가치는 매우 밀접하게 연관을 가지고 연구됐지만 전통적으로 형이상학적인 분야로 치부되며 과학으로부터 무시를 받아온 공통적인 측면이 있다. 본 장에서는 철학의 하위 분야로서 행정철학, 그리고 행정철학의 또 다른 하위 분과인 행정윤리를 다루고 마지막으로 행정철학과 행정윤리와 밀접히 관련을 가지고 발달해 온 공공가치를 다루고자 한다. 단지 여기서는 일반철학과 행정철학을 구분하기보다는 철학이론 중에 행정철학과 행정이론에 많은 영향을 주고 다루어져 온 철학이론들을 중심으로 살펴보고자 한다.[1)]

이어지는 내용은 행정철학, 행정윤리, 공공가치를 다루고 마지막 절은 함의와 결론으로 구성된다.

---

1) 여기서는 행정학개론의 성격상 행정학에 영향을 준 철학이론 중에서 제한된 이론만을 다룬다. 이는 행정윤리와 공공가치에 대해서도 마찬가지이다.

제1절 행정철학의 주요 이론

철학의 주요 분야는 인식론, 윤리, 논리학, 그리고 형이상학으로 나누어진다. 철학 개념은 모든 사람이 동의하는 절대적 개념이 존재하기보다는 시대적 상황에 따라 그리고 논점에 따라 달라진다. 지금은 철학이 자연과학과 구분되는 개념으로 이해되기도 하지만 서구에서 중세까지는 자연철학이 물리학을 의미하기도 하였다. 철학의 하위 분야는 미학, 언어철학, 마음철학, 종교철학, 과학철학, 수학철학, 역사철학, 그리고 정치철학으로 구분된다.[1] 행정철학은 근대 학문으로서의 행정학이 19세기 후반에야 탄생하면서 철학의 하위 분과 중에서도 매우 늦게 분화했다고 하겠다.

철학이론의 발달 과정에서 대부분의 논쟁과 구분은 대개 이분법적으로 이루어지는데 이는 객관주의/주관주의, 연역법/귀납법, 가치/사실, 법칙/이해, 근대/포스트모더니즘, 합리주의/상대주의, 양적/질적, 구조주의/후기구조주의 등으로 구분된다. 이러한 이분법적인 구분의 전통은 역사의 발전을 변증법적으로 보는 서구의 역사관과 관련 있어 보인다. 번스타인(Bernstein, 1983)도 철학을 객관주의/주관주의 이분법의 시각으로 나누어 논의하였다. 그럼에도 그는 다른 저서(1978)에서 철학이론을 크게 경험 실증주의, 언이 해석학, 비판이론으로 나누고 사회과학연구는 이 세 가지 방법을 통하여 연구될 수 있다고 논하고 있다.

본 절에서는 행정철학의 분야 중에서 행정학 분야에서 상대적으로 많이 연구되고 적용되고 있는 이론을 소개하고자 한다.[2] 이에는 실증주의, 비판적 실재론, 현상학, 해석학, 사회 구성주의, 포스트모더니즘, 그리고 비판이론이 포함된다.

1. 실증주의(Positivism)

실증주의 이론은 자연이나 사회를 연구하는 데 있어 대상은 객관적으로 존재한다고 가정하고 이를 관찰 가능하고 측정 가능한 경험의 데이터에 의존하여 설명하는 과학 전통을 말한다. 실증주의 이론은 미신적이고, 선험적이고, 이상적이고, 당위적이

1) "철학(Philosophy)." Wikipedia. 2024년 8월 4일 검색.
2) 본 장에서 소개되는 행정철학 이론은 매우 기본적인 개념만 소개되므로 더욱 심층적인 이해를 구하는 독자는 논문이나 전문서를 참고하길 바란다.

고, 그리고 형이상학적인 주장과 추측을 배제한다. 이후 실증주의는 논리실증주의로(logical positivism)로 불렸는데 관찰된 증거를 중시하는 경험주의와 지식은 관찰되지 않고도 논리적 추론에서 나올 수 있다고 믿는 합리주의 전통을 모두 가지게 된다.[3] 이는 영국의 경험주의를 대표하는 흄(Hume), 프랑스의 오귀스트 콩트(Auguste Comte, 1798~1857), 그리고 20세기 초에 형성된 비엔나 서클과 베를린 서클로 대표되는 논리실증주의 운동에 힘입었다고 할 수 있다.

실증주의는 서구 과학 발전의 역사에서 특히 근대에 주류로 자리 잡은 이론으로 과학적인 방법과 동일시되는 이론이다. 자연과학에서 법칙을 발견하려 사용된 실증주의 연구 방법은 사회과학에서도 그대로 사용될 수 있다고 믿어 사회와 인간의 행태 연구에서도 일반법칙을 발견할 수 있다고 믿는다. 이후 논리실증주의는 관련 학자들이 미국으로 이주한 후 논리경험주의(logical empiricism)로 이름을 변경하게 되고, 20세기 중반에는 루드비히 비트겐슈타인(Ludwig Wittgenstein)에 의해 시작된 분석철학(analytic philosophy)으로 병합된다.[4]

이후 실증주의는 환원주의(reductionism), 입증(verification), 불확정성(uncertainty) 등의 문제를 지적당하며 칼 포퍼(Karl Popper), 토머스 쿤(Thomas Kuhn), 하이젠베르크(Heisenberg) 등에 의해 도전을 받게 되고 일부 가정이나 문제는 후기실증주의자들에 의해 비판되고 수정되었다. 실증주의는 이를 비판하며 이후에 등장하는 수많은 이론에도 불구하고 여전히 사회과학을 포함하는 과학계에서는 지배적인 연구 방법으로 득세하고 있다고 해도 과언이 아니다.

2. 비판적 실재론(Critical Realism)

비판적 실재론은 로이 바스카(Roy Bhaskar)에 의해 주도되었다. 그는 과학의 임무는 관찰 가능한 양적인 법칙의 발견에 있다기보다는 그러한 관찰 가능한 세상의 현상을 야기하는 감추어진 구조에 대한 지식을 만드는 데 있다고 주장한다. 바스카의 비판적 실재론이 뜨게 된 계기는 1970~1980년대에 실재론에 관한 관심이 증가할 때 다른 학자들과는 다르게 실재론을 사회과학을 위한 메타이론(a meta-theory for social science)의 개발에 적용함으로써 획기적인 전기를 마련한 것이었다(Fleetwood, 2014: 183).

---

3) "실증주의(positivism)", Wikipedia. 2024년 8월 4일 검색.
4) "실증주의(positivism)", Wikipedia, Britannica. 2024년 8월 4일 검색.

바스카의 학문 세계는 칸트, 헤겔, 마르크스, 니체 등 수많은 철학자의 영향을 받았다. 그의 비판적 실재론은 초월적 실재론(transcendental realism), 비판적 자연주의(critical naturalism)를 결합하여 제시된 것으로 알려져 있는데 초월적 실재론은 『과학 실재론』(A Realist Theory of Science, 1978)에서, 그리고 비판적 자연주의는 『자연주의의 가능성』(The Possibility of Naturalism, 1978)에서 사용되었다는 것이다. 비판적 실재론은 실증주의와 구성주의의 한계를 극복하고자(Owens, 2011: 11) 또는 실증주의, 구조기능주의, 해석주의, 그리고 포스트모더니즘에 대한 대안(Fleetwood, 2014: 183)으로 제시되었다고 알려져 있다.

바스카의 초월적 실재론은 실증주의 인과 메커니즘의 개념화를 반대하는데 실증주의는 흄의 경험주의 원칙을 받아들여 인식론과 존재론을 혼동하는 '인식론적 오류(epistemic fallacy)'(Bhaskar, 2008)를 범하였다고 하였다. 실증주의의 오류는 이러한 세상의 층위를 하나로 통합하여 인식론적 경험으로 존재를 설명하려는 오류를 범한 것이라는 것이다. 인과 실증주의는 존재론을 경험적 영역으로 오인하여 말하기를 인과적 힘이 직접 관찰되지 않으면 존재하지 않는다고 주장하는 오류를 범한다는 것이다. 바스카는 존재론과 인식론을 구분하여 인과구조와 같은 관찰되지 않는 실체가 존재한다고 주장한다.

비판적 실재론에서는 존재론의 영역이 경험적, 실제적, 그리고 '심층(또는 실재)'으로 불리는데 경험적인 영역은 사건이 관찰되는 경험이나 인식을 말하고, 실제적인 영역은 관찰된 사건을 야기하는 인과구조의 상호작용을 말하고, 그리고 가장 깊은 심층은 관찰되지 않는 영역으로 밑에 흐르며, 잠재적이지만 실제화되지 않은 사물의 인과구조가 발견되는 곳으로 구조, 메커니즘, 경향, 권력, 규칙, 제도, 관습 등이 존재하는 실재(real)의 영역을 말한다(Fleetwood, 2014: 205; Owens, 2011: 6-7; 이영철, 2006: 79-80). 바스카의 초월적 실재론은 이렇게 실증주의의 경험적 실재론보다 깊은 존재론(depth ontology)을 가지고 보다 깊은 형태의 실재론을 제시하고 있다. 바스카가 설명하기를 과학 연구는 관찰된 사건을 기술하는 설명 법칙을 만드는 데 집중하기보다는 이러한 관찰된 사건을 일으키는 메커니즘에 대한 깊은 이해를 개발해야 한다는 것이다(Owens, 2011: 7). 초월적 실재론은 실증주의에 의해 기술된 상상적(비실재적) 법칙(imaginary, unreal laws)을 연구하는 것이 아니라 상상된 그러나 잠재적으로 실재적인 인과 메커니즘(imagined, but potentially real causal mechanisms)을 연구해야 한다는 것이다(Bhaskar, 2008; Owens, 2011: 7에서 재인용).

바스카는 초월적 실재론을 통해 실증주의가 기술하는 것보다 더 깊은 형태의 실재를 설명하고자 하는데 이에 더해 비판적 자연주의와 결합하여 훨씬 더 비판적 형태의 실재론을 제시한다(Owens, 2011: 8). 비판적 자연주의는 말 그대로 자연주의를 비판한다고 볼 수 있는데 자연주의는 사회과학의 연구 방법도 자연과학의 연구 방법을 사용할 수 있다고 주장하는 반면에 비판적 자연주의는 인간 사회는 자연 세계와는 다르게 변동성이 크고 인간 행위자(human agency)는 구조와의 상호작용적 역동성을 가진다는 것을 인정해야 한다는 것이다. 비판적 자연주의는 실증주의에 대한 해석학적 비판을 함으로써 초월적 실재론을 개발하는데 현실에 대한 지식은 해석학적 성격을 필요로 한다는 것을 인정한다는 것이다. 비판적 자연주의는 비판적 실재론을 실증주의와 구별하여 비판하기를 실증주의는 지식의 사회적 구성 성격에 민감하지 못하다는 것이다(Owens, 2011: 8).

비판적 자연주의는 계속해서 주장하기를 실증주의는 감각적 지각이 지식에 대한 안전한 토대를 보장한다는 순진한 실재론의 가정을 하고 있고 비판적 실재론은 지식의 오류성을 수용하는데 이는 세상은 확실한 방식을 가지고 있지만 세상의 많은 부분이 우리의 경험으로부터 감추어져 있어 우리의 지식은 완전하지 않다는 것이다. 오히려 우리가 경험하여 알게 되는 사건들은 우리의 경험의 범위를 넘어서는 실제적이고 실재적인 영역에 있는 감추어진 인과구조의 결합된 활동으로 결정된다는 것이다. 세상은 인간이 인식한 모델과 법칙의 산물이 아니라 그러한 개념과 이론이 현실을 정확히 그리고 명확히 잡아내지 못하고 이러한 모델은 자연의 법칙보다는 경향성(tendencies)을 기술한다고 해야 할 것이다(Owens, 2011: 8).

비판적 실재론이 구성주의와 구분되는 것은 구성주의는 사회구조를 인지 구성(cognitive constructs)으로 보지만 비판적 실재론은 사회구조를 실재적이고 잠재적으로 마음으로부터 독립적인 세상의 일부로 본다는 것이다. 그렇다고 사회구조를 물화하는 것이 아니라 자연구조와 같이 지속적이지 않고 인간의 활동으로부터 나오고 활동을 의존하는 것으로 본다. 그러나 이러한 사회구조는 인간이 인지하든 그렇지 않든 간에 존재하고 인과적 영향력을 가진다는 것이다(Owens, 2011: 8).

3. 현상학(Phenomenology)[5)]

실증주의와 경험과학에 반기를 들고 등장한 철학 사조 중의 하나는 현상학이다. 현상학은 관찰자의 관조를 통하여 사물들과 그 세계를 묘사하고 기술하는 철학적 방법론으로 어떠한 철학적 전제나 선입관 없이 세계 또는 사물을 있는 그대로 받아들이고 이해하는 태도를 말한다. 현상학의 대가 에드문트 후설(Edmund Husserl)이 말하는 현상은 경험의 절대적 한계를 의미하는데 이는 우리는 현상과 다른 어떤 실재적인 것을 체험하거나 인식하는 일은 불가능하다는 것이다. 후설은 현상과 실재라는 이분법 도식을 배제하여 의식-초월적 존재를 철학적 물음에서 추방하고 이러한 물음에 판단을 중지하는 것을 현상학적 환원이라 부른다. 전통적으로 사물을 대하는 우리의 태도를 후설은 자연적 태도라 부르는데 이는 우리가 지각하는 것과 우리의 마음 밖에 있는 사물이 같다고 생각하며 우리의 경험과 현상에 대하여 철학적 반성을 수행하지 않는 의식의 태도이다.

후설의 주장은 일반적으로 칸트(Kant)를 포함하여 이전의 전통 철학자들은 세계를 현상계와 실재계로 구분하지만, 우리가 경험하는 현상학적 세계만을 진리의 터전으로 삼는 것은 선택이 아니라 우리의 숙명이라는 것이다. 우리는 오직 현상적인 세계와의 관계 속에서만 삶을 영위할 뿐이라는 것이다. 후설의 현상학을 이해하는 또 다른 중요한 개념은 지향성인데 우리가 사물을 지각할 때 우리의 의식은 형이상학적 실체로서 나 홀로 존재하는 그런 의식이 아니라 항상 그 무엇에 대한 의식을 말하는 것으로 의식의 지향성은 체험의 유일무이하고 절대적인 형식 외에는 아무것도 뜻하지 않는다는 것이다. 우리는 주체로서 우리의 의식은 고립된 무엇이 아니라 근본적으로 무엇에 대한 지향적 의식을 갖게 된다는 것이다.

후설의 현상학이 이후 하이데거(Heideger)의 존재론, 샤르트르(Sartre)의 실존주의, 메를로 퐁티(Merleau-Ponty)의 지각현상학에 끼친 영향은 막대하다. 이 외에도 해석학, 구성주의, 질적 연구 방법론 등의 이론과 방법론에 끼친 영향력은 후설의 현상학을 논하지 않고 현대철학을 논할 수 없다는 표현으로 이해할 수 있다.

---

5) 한상현(2015)에서 주로 인용함.

4. 해석학(Hermeneutics)[6)]

해석학은 문자 그대로 해석을 연구하는 분야이다. 현대 해석학은 경험 실증주의의 한계에 대한 인식에 기초하여 19세기 그리고 20세기 초에 독일의 철학자인 프리드리히 슐라이어마허(Friedrich Schleiermacher)와 빌헬름 딜타이(Wilhelm Dilthey)와 같은 인물에 의해 초석이 만들어졌으며 이후 하이데거, 한스 게오르크 가다머(Hans-Georg Gadamer), 폴 리쾨르(Paul Ricoeur)에 의해 철학이론으로 형성되었다. 해석학은 영미 철학에서도 연구되어 왔는데 리처드 로티(Richard Rorty), 그리고 피츠버그학파(Pittsburgh School)에 속하는 로버트 브랜덤(Robert Brandom), 존 맥도웰(John McDowell) 등이 있다.

해석학은 의도, 신념, 그리고 행동 또는 인간 경험의 의미에 대한 해석적 접근을 요구한다. 전통적으로 성서 해석, 법학, 예술, 문학, 역사 연구에서 사용됐으며 지금은 다양한 사회과학을 포함한 응용학문에서도 해석학적인 접근을 사용하고 있다. 해석학에서는 해석적 경험이 이해와 관련하여 밝혀진다. 이해한다는 것은 해석을 통하여 이루어지기 때문에 이해란 해석의 성공으로 설명된다는 것이다. 물론 하이데거 이후로 이해란 성취, 실현, 또는 구현으로 기술된다. 해석학을 사회과학에 적용하면 사회과학의 목적은 연구 대상에 대한 주관적인 의미를 발견하고 이해하는 것이라 할 수 있다.

하이데거의 제자로서 현대 해석학의 토대를 세운 가다머는 그의 대표 저서 『진리와 방법』(Truth and Method)에서 해석학의 현대적인 해석을 진행한다. 그는 해석이 이루어진다는 것을 교육적인 것과 연결하고 있다. 가다머에게 있어서 교육은 독일어로 형성(Bildung)의 개념과 연결된다. 형성으로서의 교육은 전문지식, 지식 또는 정보의 획득 이상을 포함하는 것으로 광범위하고 다양한 경험뿐만 아니라 예술, 인문학과 같은 공식적 교육을 통하여 자신을 확장하는 것을 말한다. 따라서 이해의 성공은 교육적이어서 사물에 대해서뿐만 아니라 자신과 세상 그리고 다른 사람들에 대해서 해석적인 경험을 통해 배운다는 것이다.

해석학은 세상에 대한 우리의 이해에 대해 열어놓고 있어 어떤 근본주의(foundationalism)를 부정한다. 이는 세상에 대한 우리의 이해는 한계를 가지기 때문에 우리의 상식과 편견을 넘어 항상 새롭고 다른 의미를 추구하게 된다는 것이다. 가다머에 따르면 해석은 지평의 확장을 지평 융합으로 기술하는데 이는 해석학적인 경험을 통

6) "해석학(hermeneutics)"에 대한 설명은 The Stanford Encyclopedia of Philosophy(copyright © 2023)에서 발췌함.

하여 우리의 지평선이 확장됨을 의미한다. 가다머는 해석학적인 진리의 경험이 예술과 놀이를 통해 이루어질 수 있음을 설명하였다. 그는 또한 실증과학과는 다르게 해석에서 전통과 언어가 어떻게 진리와 관계하고 조건 지우는지를 설명하였다.

해석학은 비판이론, 해체이론, 그리고 포스트모더니즘과 밀접한 연관을 가지고 발전하고 있으며 이에 관한 연구는 매우 다양하여 여성학, 비교철학, 정치철학, 윤리철학, 구현철학(philosophy of embodiment), 그리고 라틴 아메리카 철학에도 관심을 확장하고 있다.

5. 사회 구성주의(Social Construction)[7)]

사회 구성주의 개념 자체는 1905년에 워드(Ward)에 의해 사용되었지만 이를 본격적으로 유행시킨 것은 버거와 루크만(Berger & Luckmann)의 저서 『현실의 사회 구성』(The Social Construction of Reality, 1966)이다(Knoblauch & Wilke, 2016). 사회 구성주의 이론도 논리실증주의에 대한 안티테제로 등장한 이론으로 현상학과 해석학의 영향을 강하게 받았으며 넓게는 포스트모더니즘 이론에 속한다고 하겠다.

사회 구성주의는 다음의 네 가지 이론적 가정을 가지고 있다(Burr, 2015). 첫째, 통상적으로 당연시되는 지식에 대한 비판적 자세를 가진다. 둘째, 지식은 역사적이고 문화적 맥락에서 존재한다. 셋째, 지식은 사회적 과정에 의해 지지된다. 넷째, 지식과 사회적 행동은 함께 한다.

사회 구성주의는 인간이 자신의 지식과 세계의 이해를 어떻게 개발하는가를 탐구하는 사회학 이론으로 우리 개인이 현실이라고 인식하는 것은 사회적 관습과 구조에 의해 영향을 받은 구성의 역동적 과정의 결과라는 것이다(Boghossian, 2001). 사회 구성주의는 주장하기를 본래적으로 객관적이고 자연적이라 간주되는 인간 삶과 지식의 많은 부분이 사실은 사회적 과정과 상호작용을 통하여 특정 문화와 사회에 의해 만들어지고 사회적으로 구성된 것이라는 것이다(Nickerson, 2024). 또한 사회적 현상의 의미는 인간의 마음과 언어적 표상 바깥으로부터 독립적인 토대를 가지고 있지 않다는 것이다(Berger & Luckmann, 1966). 사회 구성주의 이론은 버거와 루크만의 저서 『The

7) 사회 구성주의 시각에서 행정학을 설명한 대표적인 저서로 재미 학자 전정섭 교수의 『The Social Construction of Public Administration』(2006)이 있다. 이의 번역본이 권향원 외 다수가 출간한 『행정학: 해석, 비판, 그리고 사회적 구성』(2015)이다.

Social Construction of Reality』(1966)가 이 이론의 구심점이 되었지만, 이전에 미드(Mead)가 쓴 『Mind, Self, & Society』(1930)를 통해 상징적 상호작용(symbolic interactionism)의 개념과 밀접한 연관성을 갖는다(Nickerson, 2024). 상징적 상호작용이란 인간은 자신의 정체성을 일상적으로 다른 사람과의 만남을 통하여 형성한다는 것이다. 사회적 상징주의는 언어와 의사소통의 근본적인 역할을 강조한다(Fairhurst & Grant, 2010). 사회 구성주의 이론은 또한 현상학에도 뿌리를 두고 있다(Woodruff, 2018). 버거와 루크만의 지적 전통은 버거의 박사학위 지도 교수인 알프레드 슈츠(Alfred Schutz)를 통하여 하이데거와 후설로 거슬러 올라간다.

6. 포스트모더니즘(Postmodernism)

포스트모던이라는 용어가 사용되기 시작한 것은 19세기 말부터였지만 포스트모더니즘 용어가 철학 용어가 된 것은 1979년에 출간된 장 프랑수아 리오타르(Jean-François Lyotard)의 『포스트모던의 조건』(The Postmodern Condition)이라는 저서였다.8) 지금은 이 용어를 사용하지 않는 학문과 문화 분야가 없다 할 정도로 진부한 용어가 되고 있지만 정작 단일 규정을 찾는 것은 거의 불가능에 가깝다. 다른 말로 하면 이 개념은 논쟁적이고, 다의적이고, 다차원적이어서 규정할 수 없다는 것이 진실에 가깝다. 그동안 포스트모더니즘이 모더니즘으로부터의 결별인지, 모더니즘을 새롭게 하거나 강화하는 것인지, 또는 거부인지, 그리고 급진화하는 것인지에 대한 논쟁이 지속되었다(Connor, 2013). 모더니즘 개념에 대한 논쟁도 만만치 않은 것으로 보면 포스트모더니즘에 대한 논쟁은 쉽게 이해할 수 있다.

포스트모더니즘 개념에 대한 합의가 어렵지만 그런데도 다음과 같은 개념 규정은 가능해 보인다. 리오타르는 포스트모더니즘을 "메타 담론을 향한 의구심(incredulity toward meta-narratives)"으로 규정하였다(Lyotard, 1984 [1979], xxiv). 결국 포스트모더니즘은 모더니즘과 결별을 주장하는 일련의 예술적, 문화적, 그리고 철학적 운동으로 이러한 여러 운동이 공유하는 것은 현실을 이해하는 이전의 방법에 더 이상 의존하지 않는다는 것이다.9) 여기서 이전의 방법이라는 것은 객관적인 실체로서의 현실을 이해하는 실증주의 그리고 역사의 진보와 논리의 합리성에 대해 굳은 신념을 가지고 있

8) "Postmodernism," Wikipedia. 2024년 8월 10일 검색.
9) "Postmodernism," Wikipedia. 2024년 8월 10일 검색.

던 계몽주의를 뒤집어 보려 하는 사상과 운동을 말한다. 포스트모더니즘은 단 하나의 유일한 근본적인 담론 또는 거대 담론을 부정하는 것이다. 이는 유일하고도 보편적인 지식 체계나 이론에 대한 거부를 말한다. 베르텐스(Bertens, 1995: 10)는 좀 더 구체적으로 규정하기를 "모든 포스트모더니즘에 대한 공통분모가 있다면 이는 표상(representation)에서의 위기를 말하는데 현실을 표상하고자 하는 우리의 능력에 대하여 깊이 느낀 신념의 상실이 있다. 미학적이건, 인식론적이건, 도덕적이건, 또는 철학적이건 우리가 사용해 왔던 표상의 방식이 더 이상 당연한 것으로 받아들여지지 않는다는 것이다." 또 다른 규정은 "차이, 반복, 자취(trace), 복제품(simulacrum), 초현실(hyperreality)과 같은 개념을 사용하여 근대성을 나타내는 개념인 존재, 정체성, 역사적 진보, 인식론적 확실성, 그리고 의미의 일의성을 흔들고자 하는 일련의 비판적, 전략적, 그리고 수사적인 실천이다."10)

포스트모더니즘에 대한 이해는 이를 모더니즘과 대비하여 보는 것이 도움이 된다. 폭스와 밀러(Fox & Miller, 1996)는 이를 통합/분리, 집권/분권, 구심/원심, 전체화/분절화, 거대담화/상이한 텍스트, 용광로/샐러드 볼, 비교 가능성/비교 불가능성, 단일화 충동/초다원주의(Hyperpluralism), 보편주의/상대주의, 뉴턴/하이젠베르크로 정리하였다.

포스트모더니즘은 어느 특정 학문 분야에 국한되어 논의되기보다는 술, 문예 비평, 건축, 영화학, 사회학 등 일일이 다 열거할 수는 없을 정도로 모든 학문 분야에서 다루어지고 있다. 보다 구체적으로는 예시적이긴 하지만 해체이론, 여성학, 문예 비평, 후기구조주의, 다문화주의 등과 연결되어 있거나 영향을 주고 있다. 포스트모더니즘이 등장하고 발전하는 과정에서 선구적 역할을 했던 수많은 철학자를 일일이 열거하는 것은 너무 번거롭고 조심스럽지만, 일부만 예시해 보고자 한다. 일부 당사자들은 분류되거나 명명되는 것 자체를 거부하는 예도 있어 더욱 그렇다. 키에르케고르(Kierkegaard), 니체(Nietzsche), 하이데거, 라캉(Lacan), 푸코(Foucault), 들뢰즈(Deleuze), 데리다(Derrida), 보드리야르(Baudrillard), 리오타르 등이 포함된다.

10) "Postmodernism," Stanford Encyclopedia of Philosophy. 2024년 8월 10일 검색.

7. 비판이론

비판이론은 기존의 권력 구조를 드러내고, 비판하고, 도전하기 위해 사회와 문화에 초점을 두고 있는 인문학과 사회철학에 대한 접근 방법이다.[11] 이념이 인간 해방에 대한 장애물로 작동하므로 이념에 대한 비판은 비판이론의 핵심을 이룬다(Geuss, 1981: 2-3).

넓은 의미에서 비판이론은 학문 이론이나 사회가 발전하는 과정은 현재의 제도나 문화를 비판하여 변화시킴으로써 이루어지기 때문에 언제나 어느 사회에서나 존재했던 이론이라 할 수 있다. 근세에 등장한 비판이론은 논란도 있지만 헤겔, 마르크스, 프로이트, 베버 이론의 전통에 뿌리를 두고 있다고 할 수 있다.[12] 고유명사로서의 비판이론(Critical Theory)은 프랑크푸르트학파(the Frankfurt School) 학자들인 마르쿠제(Marcuse), 아도르노(Adorno), 벤야민(Benjamin), 프롬(Fromm), 그리고 호르크하이머(Horkheimer)에 의해 실천된 이론이다. 호르크하이머에 따르면 인간을 노예화하고 있는 상황으로부터 인간을 해방시키고자 하는 것은 비판이론이라 할 수 있다는 것이다(Horkheimer, 1982: 244). 이들의 전통을 잇고 또한 극복하고자 하는 학자들은 루카치(Lukács), 그람시(Gramsci), 하버마스(Habermas), 푸코, 데리다 그리고 지젝(Zizek) 등이 있다.

제2절 행정윤리론[13]

1. 행정윤리이론[14]

윤리는 원래 철학의 주요한 분야로 자리매김해 왔다. 서구에서는 '우리가 어떻게 살아야 하는가' 핵심적인 질문을 던지는 윤리는 도덕철학(moral philosophy)으로 불렸다(Gagan, 1998). 서구에 비해 인식론, 논리학이 발달하지 않은 동양에서는 철학이나

11) "Critical theory." Britannica. 2024/08/12일 검색.

12) "Critical Theory,"(Frankfurt School) Stanford Encyclopedia of Philosophy. https://plato.stanford.edu/index.html. 2024/08/13일 검색.

13) 행정윤리의 다른 표현으로는 공직윤리가 많이 사용되고 있으나 여기서는 행정윤리로 통일하여 사용하고자 한다. 상호 교환적으로 쓰여도 무방해 보인다.

14) 저자는 공직윤리의 어려움과 도전에 관하여 별도의 글(김흥회, 2020b)에서 자세히 다루고 있다.

사상의 문제가 더욱 윤리와 동일시되었다고 할 수 있다. 유교 윤리가 발달한 동양에서 행정은 곧 윤리의 학문이었다고 하여도 과언이 아니다. 근대 학문으로서의 행정학에서는 윤리의 문제를 행정철학 또는 행정윤리 분야에서 다루어 왔다. 일반 철학과 윤리의 하위 분야로서 행정윤리는 이러한 철학과 윤리의 질문을 원용하여 공직자는 어떻게 살아야 하는가 또는 어떻게 행동해야 하는가를 탐구하는 학문 분야라 하겠다. 뒤텔과 테일러(Dutelle & Taylor, 2018: 1)가 윤리의 문제가 행정에서 왜 중요한지 기술하기를 "공직자는 기술적으로 일을 정확히 하고 자신의 업무를 전문가 방식으로 해야 하지만 또한 윤리적으로 올바른 일을 하는 것"이 중요하다는 것이다.

우선 행정윤리의 개념을 살펴보자. 쿠퍼(Cooper, 2012)는 행정윤리의 개념을 마틴(Martin, 1995)에서 빌려 인용하고 있는데 ① 도덕적 개념을 밝히는 것, ② 도덕적 진실성, 정당화 및 적정성에 초점을 둔 도덕적 주장들을 비판적으로 평가하는 것, ③ 도덕 이념과 도덕 가치 사이의 상호 연관성을 밝힘으로써 포괄적 시각을 시도하는 것, 그리고 ④ 실천적 판단력을 향상함으로써 도덕 지침을 제공하는 것이다. 뒤텔과 테일러는 윤리란 옳고 그름, 덕성과 사악, 혜택과 해로움, 보편적 행위 규칙, 성품, 본보기와 관련된다고 말하고 있다(Dutelle & Taylor, 2018).

다음은 윤리의 하위 분야를 살펴보자. 뒤텔과 테일러는 윤리를 규범윤리(normative Ethics), 기술윤리(descriptive Ethics), 그리고 메타윤리(meta Ethics)로 구분한다(Dutelle & Taylor, 2018).[15] 이러한 구분은 더 자세한 하위 분류를 두게 된다.

첫 번째는 규범윤리로 개인이 생각하기에 무엇이 옳은가 또는 윤리적으로 말해 우리는 어떻게 행동해야 하는가와 관련된다. 이는 실제 행동이 아니라 기대에 관한 것이다.[16] 이 규범윤리는 다시 덕성윤리, 의무론, 그리고 결과론으로 나뉜다. 덕성윤리(virtue ethics)는 개인에 내재하는 성품에 초점을 두고 있다. 이는 서양에서는 아리스토텔레스(Aristotle)로부터 시작하고 동양에서는 유교윤리에서 강조하는 윤리론이라 할 수 있다. 의무론(deontology)은 윤리적 결정이 다른 개인의 권리와 관련하여 자신의 임무와 의무를 고려해야 함을 말한다. 이는 다시 계약론(contractarianism), 자연권

15) Kagan(1998) 또한 세 가지 분야로 구분하는데 Dutelle & Taylor(2018)가 말한 기술윤리는 빠지고 대신 응용윤리(applied ethics)를 넣고 있다. 응용윤리는 규범 윤리의 일반원칙을 특정의 어렵고 복잡한 사례에 적용하는 것으로 행정윤리도 응용윤리에 해당한다고 하겠다.

16) Kagan(1998: 2) 또한 이를 설명하기를 규범윤리는 다른 모든 도덕 원칙이 근거하는 하나의 기본적이고 궁극적인 원칙을 찾는 것으로 가장 기본적인 규칙, 권리, 의무, 그리고 덕성에 관한 것이라 한다.

이론(natural rights theory), 정언명령(categorical imperative)으로 나눌 수 있다. 계약론은 도덕적 행위라는 것은 모든 개인이 합의하는 것에 기초한다. 이에는 롤스(John Rawls), 홉스(Thomas Hobbes)가 해당한다. 자연권 이론은 인간은 절대적이고 자연권을 가진다는 것이다. 아퀴나스(Thomas Aquinas), 로크(John Locke)가 해당한다. 정언명령은 도덕성은 개인의 합리성에 기반하는 것으로 모든 사회에는 불가침의 도덕법칙이 있다는 것으로 칸트(Immanuel Kant)가 해당한다. 규범윤리에 해당하는 마지막 이론은 목적론(teleology), 또는 결과론(consequentialism)인데 이는 다시 다음의 7가지 이론으로 나누어진다. ① 공리주의(utilitarianism)-최선의 행동이나 결정은 최대 다수의 최대 행복에 이른다. ② 이기주의(egoism)-최선의 행동이나 결정은 자신의 선을 극대화하는 것이다. ③ 쾌락주의(hedonism)-최선의 행동이나 결정은 쾌락을 극대화하는 것이다. ④ 지식주의(intellectualism)-최선의 행동이나 결정은 지식을 증진하는 것이다. ⑤ 결과론주의자 자유주의론(consequentialist libertarianism)-최선의 행동이나 결정은 자유를 극대화하는 것이다. ⑥ 복지주의(welfarism)-최선의 행동이나 결정은 경제적 복지를 가장 잘 증가시키는 것이다. ⑦ 상황이론(situation ethics)-최선의 행동이나 결정은 가장 많은 사랑을 일으키는 것이다.

두 번째는 기술윤리로 비교윤리(comparative ethics)라고도 불리는데 이는 가치나 도덕과 관련하여 개인의 신념을 규정하려 한다.

세 번째는 메타윤리로 윤리의 근본적인 성격을 규명하려는 것으며 개인들이 자신을 위해 어떤 사회적 규범을 따를지를 어떻게 결정하는지에 관심을 갖는다. 예를 들어 옳다는 것이 무엇을 의미하는지, 도덕성의 성격은 무엇인지, 사람과 물건에 있어 덕은 어디에 위치하는지와 같은 질문에 관심을 가진다.

표 4-1 윤리이론 분류(Dutelle & Taylor, 2018)

대분류	중분류	소분류
1. 규범윤리	1) 덕성윤리	
	2) 의무론	(1) 계약론 (2) 자연권 이론 (3) 정언명령
	3) 목적론/ 결과론	(1) 공리주의 (2) 이기주의 (3) 쾌락주의 (4) 지식주의 (5) 결과론주의자 자유주의론 (6) 복지주의 (7) 상황이론
2. 기술윤리		
3. 메타윤리		

2. 행정윤리의 주요 개념과 이슈[17)]

본 절에서는 수많은 행정윤리의 중요한 개념과 이슈 중 일부만 다루고자 한다. 이는 행정책임, 행정통제, 재량권과 자율성, 직업전문성, 행정부패, 내부 고발을 포함한다.

1) 행정책임

책임이라는 개념과 용어는 행정윤리와 등가시켜도 될 정도로 행정윤리에서는 매우 중요하고 가장 빈번히 사용되는 개념이다. 쿠퍼(Cooper)의 『책임지는 행정가』(The Responsible Administrator), 버크(Burke)의 『행정책임』(Administrative Responsibility), 모셔(Mosher)의 『책임 있는 시민성 개론』(Introduction to Responsible Citizenship) 등 행정윤리 관련 저서와 논문에 책임이라는 용어가 가장 흔히 등장하지 않나 한다. 또한 미국의 감사원에 해당하는 조직 명칭이 이전에서는 회계감사국(General Accounting Office, GAO)이라는 용어가 사용되다 현재는 회계감사국(General Accountability Office, GAO)으로 사용되고 있다. 한국어 표현은 같지만, 영어 명칭 표현에서는 회계(Accounting)가 책무(Accountability)로 바뀌었음을 볼 수 있다.

행정윤리의 핵심은 을인 공직자 개인이나 공공조직이 갑이나 주인인 상급자나 국민에게 책임을 지는 것이 핵심 정신이 아닌가 한다. 여기서 책임은 누가 누구에게 무엇에 대하여 어떻게 책임을 진다는 내용이 포함된다. 행정책임과 관련하여 책임성이라는 용어가 가장 일반적인 용어로 사용되지만, 유사 개념으로 책무성(accountability). 대응성(responsiveness), 배상책임(liability)(박흥식, 2016) 등이 사용되고 있다. 여기서 Accountability를 저자는 개인적으로 책무성보다는 설명책임으로 번역하는 것을 선호하는데 이유는 이 단어의 어원적 의미에 셈을 하거나 설명한다는 뜻이 있기 때문이다. 쿠퍼(Cooper, 2012)가 이러한 의미의 책임지는 행정가의 행태를 잘 설명하고 있다. 책임 있는 행정가는 선출직 공무원, 법원, 그리고 시민과 그리고 관련된 다른 사람에게 자기 행동을 설명할 수 있어야 하며, 자신이 취한 행동이 왜 특정한 결과를 가져오게 되었는지를 설명할 수 있고 정당화할 수 있어야 하며, 또한 공공선의 전문적 수

17) 여기서 제시하는 행정윤리의 주요 개념의 선택은 일면 자의적이다. 지면상 많은 다루지 못한 주제가 많다. 조직 악, 윤리 경제론(윤리의 비용), 윤리 역량과 윤리 관리, 진화 윤리, 윤리 연구, 윤리 교육과 훈련 등이 있다. 이 외에도, 국제(세계) 윤리, 중립성, 윤리법은 여기서는 생략이 되었지만, 저자의 다른 저서(김흥회, 2017)에서 간략하게 다루었다.

호자로서 자기 동기를 이해하며 그 동기에서 유래한 행동을 설명하고 정당화할 수 있어야 한다는 것이다.

쿠퍼는 행정책임을 객관적 책임(objective responsibility)과 주관적 책임(subjective responsibility)으로 나누어 설명하고 있다(Cooper, 2012). 객관적 책임은 외부로부터 강제된 기대와 관련되고 주관적 책임은 자신이 책임을 느끼는 것에 관한 것이다. 객관적 책임은 누구에 대해(to whom), 무엇에 대한(for what) 책임을 말하는 것으로 전자는 책무성(accountability), 후자는 의무(obligation)라 한다.[18] 이는 객관적 책임의 두 가지 차원이다.

책임 있는 공직자의 행동에 대한 잘 설명된 모델은 쿠퍼가 제시하고 있는 책임 있는 행동에 영향을 끼치는 네 가지 요소가 있다(Cooper, 2012). 이는 개인 특성, 조직 구조, 조직 문화 그리고 사회적 기대를 말한다. 여기서 첫 번째 요소인 개인 특성은 윤리적 의사결정 기술, 개인의 마음 태도, 가치, 그리고 직업 가치를 말하며 일반적으로는 개인의 도덕적 자질 그리고 품성론과 연결된다. 두 번째 요소인 조직구조는 많은 경우 개인의 윤리적 책임을 면제하는 요소로 작동하기도 하는데 조직의 분명한 책임, 협력 구조, 불만 해결 채널, 그리고 참여 절차를 포함한다. 세 번째 조직 문화는 공직자의 윤리적 행동을 통제하는 강력한 요소로 작동하는데 이는 본보기, 행동규범, 그리고 상징을 말한다. 마지막 네 번째 요소인 사회적 기대는 조직의 통제를 벗어나는 것으로 대중의 참여와 법과 정책을 말하는데 좀 더 구체적으로는 공직에 대한 상대적 보수 수준, 행위 규제 관련 법, 공직자에 대한 여론, 대중문화에 드러난 대중적 이미지를 포함하는 대중의 참여와 법과 정책을 말한다.

쿠퍼는 책임 있는 19가지 행정 행동을 매우 포괄적으로 제시하고 있는데 이는 〈표 4-2〉에 담겨 있다(Cooper, 2012).

---

18) 여기서 의무(obligation)는 무엇에 대해(for what)에 책임을 지는가의 문제로 행동, 목표 달성, 성과, 집행과 관련된다.

표 4-2 책임 있는 19가지 행정 행동

(1) 강령과 윤리 입법의 규정 내에서 행동한다.
(2) 정치공동체의 가치와 개인 양심에서 행동한다.
(3) 직업 분야 체제에 대한 지식을 유지하고 향상시킨다.
(4) 사회, 정치, 그리고 경제 체제에 대한 지식을 유지 개발한다.
(5) 조직, 이의 임무, 그리고 정책의 지식을 유지 발전시킨다.
(6) 가치, 신념, 확신, 세계관, 그리고 생의 우선순위에 대한 지식을 유지 발전시킨다.
(7) 조직과 목적에 에너지와 시간을 헌신한다.
(8) 가족, 사회, 그리고 공동체 관계를 유지 배양한다.
(9) 조직에서 법적으로 요구하는 임무와 일관된 결정을 한다.
(10) 대중적 선호, 요구, 그리고 이해에 근거한 조직의 임무에 있어서 입법 제안을 한다.
(11) 조직의 계층구조에 대한 책임을 인정한다.
(12) 조직 임무, 직업강령, 정치 양심의 가치와 부합하지 않는 명령에 질문하고, 저항하고, 그리고 도전한다.
(13) 보복에 대한 법적 그리고 제도적 보호를 위한 제안을 한다.
(14) 최선의 기술적 판단을 행사한다.
(15) 정기적이고 접근 가능한 대중 참여를 제공한다.
(16) 조직의 비공식적 규범과 절차를 준수한다.
(17) 대중 선호, 요구, 그리고 이해, 전문직업적 판단, 또는 개인 양심에 근거하여 규범, 규칙, 규정, 그리고 절차의 변화를 제안한다.
(18) 조직의 전문화된 구조 내에서 업무를 수행한다.
(19) 다른 조직, 선출직 관료, 그리고 대중과 협력을 장려한다.

2) 행정통제

행정통제는 위에서 다루었던 행정책임 확보 수단의 일환이다. 국민에게서 행정과 정책 전반에 대해 위임 또는 수탁받은 공직자와 공조직은 공익을 위해 행정서비스를 효과적으로 전달할 책임과 의무를 가졌음에도 이를 성실히 그리고 효과적으로 수행한다는 보장은 없다. 이에 대한 통제 장치로 행정통제 개념과 제도가 생긴 것이다. 행정통제를 의미하는 영어 표현으로는 Internal control 또는 External control로 같은 표현을 사용하지만, 분류 방식에는 두 가지가 있다. 하나는 통제의 중심을 공직자 개인을 중심으로 구분하는 것으로 우리 표현으로는 내적 또는 외적 통제라는 번역어로 구분하여 사용하고 있다.

내적 통제(Internal control)는 공직자 개인의 직업 가치와 윤리 기준으로 윤리 행동을 규제하는 것을 말하고 외적 통제(external control)는 정치적 및 제도적 통제(입법, 규칙, 규제, 조직 재구조화, 조직 신설, 모니터링)를 말하는 것이다.[19] 이러한 구분은 내적 통제를 중시한 프리드리히(Carl Friedrich)와 외적 통제를 중시하였던 파이너(Herman Finer) 간의 논쟁으로도 유명하다. 내적 통제와 외적 통제 간의 경쟁적 논리는 공직자에게 어느 정도의 재량권을 주어야 하는지에 대한 논쟁과도 관련된다. 이는 실질적 합리성(substantive rationality)은 정치인에게 있고 행정은 오직 규범적 목적에 대한 수단의 합리적 적용인 기능적 합리성(functional rationality)만을 다룬다는 정치행정이원론과도 연결되어 행정학의 정체성 논쟁의 핵심에 해당한다.

행정통제를 분류하는 또 다른 방식은 공직자 개인보다는 행정부 조직을 중심으로 구분하는 것으로 우리 표현으로는 내부적·외부적 통제라는 표현을 사용하고 있다. 박흥식(2016: 341)은 내부 통제를 네 가지 방식으로 나누고 있다. 먼저 첫 번째로 행정부의 수반인 대통령이 국무총리를 포함한 행정부처에 대한 통제, 국무총리의 행정부처에 대한 통제, 기획재정의 예산 관련 부처 통제, 행정자치부에 의한 인사 통제를 포함한다. 두 번째는 중앙 통제라 부르는 것으로 중앙정부가 지방자치단체의 정책, 예산, 인사 등과 관련하여 지시, 통제하는 것을 말한다. 세 번째는 행정부처가 그 하부기관에 대해서 수행하는 정책과 업무를 감독, 감사 그리고 지도하는 것으로 자체 감사라 한다. 마지막 유형은 공식적이고 독립적인 감사기관인 감사원이 행정조직에 대해 감사하는 것을 말한다. 외부 통제는 제왕적 대통령제를 채택하고 강력한 행정국가 전통을 가지고 있는 우리나라에서 더욱 중요해진다. 이는 주로 통제 주체를 가지고 나누는데 시민 통제, 입법부 통제, 사법부 통제, 옴부즈만 통제, 이익단체 통제, 시민사회 조직 통제, 언론 통제, 대중의 여론 통제 등이 있다.

3) 재량권과 자율성

공직사회의 가장 도전적인 과제 중 하나는 공직자들이 정책을 결정하고 집행하는 과정에서 어느 정도의 재량권과 자율성을 확보할 수 있는가의 문제이다. 재량권과 자율성은 유사한 개념이지만 학계에서의 사용 방식은 미묘한 차이를 보여주고 있다. 재량권은 주로 법과 규정의 해석과 관련하여 사용하고, 자율성은 조직 문화나 위계 조직의 상황과 관련하여 사용된다.

개인의 재량권의 문제에 대해서는 행정학에서 오랫동안 매우 첨예하고 대립적 주

---

19) 내적 통제에 대해서는 저자의 또 다른 논문(김홍회, 2020a)을 참조하기를 바란다.

장이 있다. 여기서는 기계적 시각과 유기적 시각으로 구분하여 설명하고자 한다. 기계적 시각은 정부 관료제를 닫힌 환경에서 기계로 보는 시각으로 조직은 이를 운용하는 원리인 법과 규정, 그리고 매뉴얼에 따라 운용해야 하므로 공직자는 재량권을 가져서는 안 된다는 것이다. 이러한 기계적 입장에서는 공직자 개인이 재량권을 가진다는 것은 변덕스럽고 이기적인 개인이 자신의 이익을 추구하기 위해 권력을 남용할 가능성이 많다고 본다. 이러한 시각은 개인의 천성에 대해 성악설 입장으로, 이기적인 개인에게 재량권을 부여하는 것은 효율적으로 작동해야 하는 기계 관료제의 시각에서는 마찰과 낭비가 된다는 것이다. 따라서 이 시각은 공직자에게 재량권을 부여해서는 안 되고 조직은 오직 자세하게 규정된 법과 규정으로 운영해야 한다는 입장을 지지한다.[20] 이는 로위(Lowi, 1979)가 주장한 사법 민주주의(juridical democracy)와 상통한다.

개인의 재량권에 대한 유기적 접근은 조직을 유기체로 보는 시각으로 조직의 환경은 매우 동태적이고 역동적이어서 입법자들이 제정하는 법과 규정은 어느 정도 모호성과 불확실성을 전제하여 만들어지므로 이를 집행해야 하는 공직자들은 이를 해석하고 집행하는 과정에서 법의 정신은 존중하되 너무 문자 그대로만 해석해서는 안 된다는 것이다. 조직이라는 유기체는 상황에 따라 달리 운영되어야 하며 공직자는 상황의 법(the law of the situation)에 따라야 한다는 것이다(Follet, 2013). 따라서 이 입장은 공직자들에게 법과 규정의 해석에 있어서 재량권과 자율성을 부여해야 한다는 것이다. 이는 벤(Behn, 2001)이 주장한 법은 깨뜨려서는 안 되지만 구부릴 수 있다(don't break the rule, but bend the rule)는 주장과 일치한다.

공직자의 재량권도 매우 어려운 이슈이지만 개인과 조직의 자율성의 문제도 이에 못지않게 행정의 난제에 해당한다. 특히 전통적으로 권위적인 위계질서가 강한 우리의 정부 관료제에서 이 문제는 더욱 심각한 이슈가 된다. 공직자는 자주 딜레마적인 상황에 처하게 되는데 우리는 공직의 전문직업성을 강조하지만, 또한 무엇보다도 중요한 것은 항상 국민의 대리자이며 대표인 정치인에게 책임을 지고 대응적이어야 한다는 모순적인 상황을 요구한다는 것이다(Rohr, 1998: 19). 공직자는 주인-대리인 이론에서 주인에 해당하는 정치인에게 대응적이어야 하지만 동시에 정치적 관여나 참견에 대해서는 직업적 전문성을 가지고 저항하여 자신들의 행정영역을 보호하며 정부

20) 공직자를 믿지 못하는 또 다른 시각은 공공선택론자들의 견해인데 이들은 고전 경제이론의 논리를 따라 공공기관도 민간기업과 시장처럼 경쟁을 통해 이 문제를 해결하고자 한다.

를 좀 더 효율적이고 효과적으로 만들어야 한다는 것이다. 위에서 논의한 책임의 문제도 개인이나 조직이 결국은 재량권과 자율성이 있을 때 요구할 수 있는 것으로 재량권과 자율성의 문제는 책임의 문제와 직결된다.

관료조직에서 개인과 조직의 자율성의 문제는 관료제 문화를 이해하면 이 문제가 얼마나 고질적이고 도전적인 문제인지 알게 된다. 더 근본적으로는 이 이슈는 철학의 핵심적인 논쟁의 하나로 개인 주체의 정체성과 관련된다. 불교 이론에서도 나라는 실체는 존재하지 않는다고 공사상을 통하여 이러한 철학적 인식론을 공유하는데 우리는 우리 개인을 주체적인 존재로 인정하고 싶지만, 우리 조직과 사회에서 개인 주체성의 확보는 그리 쉬워 보이지 않는다. 화이트(Whyte)는 그의 저서 『조직 인간』(the Organizational Man, 1957)에서 조직의 시대(the age of organization)를 예고하였다. 스콧과 하트(Scott & Hart, 1979)는 현대 조직인은 "조직 명령(organizational imperative)"에 의해 지배되고 있음을 강조하였다. 라모스(Ramos, 1981)는 조직의 경계 짓기와 초월(organizational delimitation and transcendence)이라는 표현을 써서 조직과 자본주의 시장이라는 조작화된 우주(an operationalized universe)에 구속되고 갇혀 사는 현대 조직인들이 이를 어떻게 극복해야 하는지를 역설하고 있다.

여기서 개인 공직자의 자율성의 문제는 조직 규범과 문화 내에서만의 문제가 아니라 다른 주인(principal)과의 관계에서 중요해진다. 공직자 개인들이 상관과의 관계, 정치인과의 관계, 언론과의 관계, 사법부와의 관계, 노조와의 관계, 이해집단과의 관계, 대중과의 관계를 포함하는 다양하고 복잡한 관계에서 자신의 주체성과 자율성을 확보하는 것은 매우 도전적인 과제가 된다. 특히 정치인이 득세하고 있는 우리 정치행정 현실에서 고위공무원단(Senior Executive Service)과 정치인과의 관계는 매우 흥미롭고도 논쟁적인 연구 주제가 된다.

개인의 자율성만이 아니라 중앙집권적인 우리의 제도와 문화 현실에서 행정조직의 자율성 문제는 너무도 중차대한 행정윤리 주제가 된다. 이는 특히 권위적인 계층제 정부조직에서 더욱 그렇다. 이 이슈는 넓게는 정부 간 관계 이론에서 다루어지는 주제이긴 하나 정부 간만이 아니라 행정부 내에서도 상하의 계층적 관계에서는 언제든지 발생할 수 있는 문제이다. 개인 공직자와 조직이 상위 조직이나 외부 통제 기관에 대해 갖는 관계를 가장 설득력 있게 주장한 학자로 테리(Terry, 1995)가 있다. 그는 이러한 통제적이고 계층제 관계에서 행정조직은 종속적이지만 동시에 자율적이어야 한다는 것이다.

4) 전문직업성

공직이 전문직업이 될 수 있는가에 대한 논의는 행정학이 하나의 독립된 분과 학문으로 자리를 잡을 수 있는가에 대한 하나의 준거점이 될 수 있어 매우 중요한 주제로 다루어졌다. 왈도(Waldo, 1980)는 공직이 전통적인 직업군에 속하는 성직자, 법률가, 그리고 의사와 비교하면 전문직업성이 떨어진다고 할 수는 있으나 행정이 전문직업이 될 가능성에 대하여 논하였다. 전통적으로 공직자들의 윤리적 행동에 준거가 되는 또 다른 기준인 윤리 헌장(code of ethics)과 실천 방식(practices)은 공직이 전문직업집단이 될 수 있음을 보여주는 또 다른 중요한 기준이다. 전문직업집단은 자신들만의 폐쇄적인 구조를 가지고 있지만 전문가로서의 자신의 윤리 기준과 전통적 관행들이 중요한 행동 지침이 된다.

공직이 전문직업으로 자리 잡기 위해서는 로센블룸 등(Rosenbloom et al., 2017)이 말하는 헌정에 대한 이해가 또한 매우 중요해진다. 대중들과 상호작용해야 하는 공직 관료들은 개인 시민들의 헌법적 권리를 이해하고, 존경하고, 그리고 보호해야 한다는 것이다. 행정의 역사에서 전문직업으로서의 행정은 효율성, 합법성, 중립성, 객관성, 표준화와 같은 기계적 관료제로서의 가치를 중시하여 왔는데 이러한 전문직업적 가치는 또 다른 가치인 민주성, 대응성, 시민성, 자율성 등과 갈등 관계를 가져왔다는 것이 공직의 전문직업으로서의 고민이다.

공직자와 공직의 전문직업성을 확보하는 또 다른 중요한 측면은 쿠퍼(Cooper, 2012)가 주장한 탁월한 실천(excellent practices)이다. 공직자들은 실천적 지혜를 개발하여 자신들의 행정 실천에서 최고의 실천 관행을 개발해야 한다는 것이다. 이러한 최고 실천(best practice) 개념은 사기업에서도 한때 유행했던 개념으로 공직에서도 그대로 적용된다. 같은 맥락에서 로즈(Rhodes, 2016)도 행정을 과학뿐만 아니라 예술과 장인 기술(an art and a craft)로 보고 있다. 행정도 전문직업의 오랜 숙련을 거처 배운 경험적 지식을 통해 장인(a master)으로 숙련되어야 한다는 것이다. 로즈는 장인으로서의 행정가가 가지는 기술로 자문(counseling), 청지기(stewardship), 실천적 지혜(practical wisdom), 정직성(probity), 판단력(judgment), 외교력(diplomacy), 그리고 정치적 지성(political nous)을 제시하고 있다(Rhodes, 2016).

5) 행정부패(Administrative Corruption)[21)]

부패는 언제나 어디에서나 발생하고 존재하는 매우 보편적이고 광범위한 현상이다. 인간이 성경에서는 타락한 존재로 그려지듯이 부패 유전자를 가지고 있는 것은 아닌가 한다. 국제 부패 연구 석학인 케이든(Caiden, 1991) 교수의 행정부패 관련 연구에서 나쁜 행정(maladministration)을 표현하는 150여 개의 용어를 보면 이러한 견해가 이해되기도 한다.

국제투명성기구(Transparency International)가 조사한 2023년 공공섹터 부패인식 지수(The 2023 Corruption Perceptions Index, CPI)를 보면 우리나라는 180개 국가 중 32위를 차지하였다. 아시아권 비교에서는 싱가포르 5위, 일본 16위, 타이완 28위에 뒤지고 있다. 우리나라는 부정 청탁 및 금품 등 수수의 금지에 관한 법률(일명 김영란법)이 시행된 이후로 일선 학교의 촌지를 비롯해 부정부패가 상당히 줄어든 것으로 보인다. 그럼에도 아직까지 국회, 경찰, 검찰, 소방, 교정, 연구, 세무, 국토 개발, 건축, 국방 등 수많은 분야에서 다양한 부패가 만연함을 부인하기 어렵다.

부패의 다양성과 만연성에 비해 공직부패의 개념은 그리 복잡해 보이지 않는다. 박재완(1997)은 "부패를 대리인 이론을 원용하여 대리인이 사익을 위해 주인의 이익을 침해하는 행위"로 보고 있다. 케이든도 "사적인 이득을 위해 공적인 역할의 정상적인 의무로부터 벗어나는 것"으로 규정하고 있다(Caiden, 2001: 432). 이러한 부패의 개념에서는 공익과 사익의 이해충돌을 전제로 하고 있다.

부패의 정의가 일견 간단해 보이지만 이바노프(Ivanov, 2009: 151)는 부패의 의미가 우리가 생각하는 것처럼 그리 중립적인 개념이지 않고 본질적으로 논쟁적인 개념이라고 주장하고 있다. 부패는 특히 현실 정치에서는 매우 복잡한 의미를 갖게 되어 정치와 권력적 성격을 가지고 있다는 것이다. 한편에서는 정의를 위한 반부패운동이 되고, 다른 한편에서는 정치적 권력을 강화하기 위한 수단이 되고, 다른 쪽에서는 돈을 버는 산업이 될 수도 있으며 또 다른 측면에서는 이념이 될 수도 있다는 것이다. 국제적 수준에서의 반부패운동은 더 복잡한 양상을 띠기도 하는데 OECD 또는 NATO 같은 기구에서 진행하는 반부패 노력은 부패 자체와 싸우기보다는 거대한 지정학적

21) 여기서 행정부패는 행정부 공직자와 관련된 부패만을 의미하는 것이 아니라 공공기관과 공적 성격을 띤 기관의 부패 그리고 직 · 간접으로 공공기관과 관련된 부패 모두를 포함한다. 관료부패, 정치부패도 당연히 포함된다. 또한 공식적, 비공식적, 그리고 합법적, 비합법적 부패를 모두 포함하는 포괄적 성격으로 규정하였다.

인 맥락에서 반부패운동이 수행된다는 것이다.

다음은 공직자의 부패 원인을 설명하는 이론을 살펴보자. 이종수(2024)는 여섯 가지 접근법을 소개하고 있다. 첫째는 개인의 성격이나 도덕적 성격에 기인한다는 것이다. 둘째는 사회문화적 접근으로 사회의 문화적 관습에 기인한다는 것으로 우리나라의 경우 전관예우가 대표적이다. 셋째는 제도적 접근으로 국가사회의 법과 제도의 결함에 기인한다는 것이다. 넷째로 저임금과 재취업 문제로 인해 부패가 일어난다는 것이다. 다섯째는 체제적 접근법으로 부패가 국가 발전이나 산업화 과정에서 어느 정도까지는 필요악으로 순기능을 수행한다는 것이다. 마지막 여섯째는 정치공학적 접근으로 권력구조 자체가 부패를 조장한다는 입장이며 권력 자체가 부패의 속성을 가지고 있다는 것이다.

굴드(Gould, 1991)가 제안한 세 가지 접근으로 도덕주의자(moralist), 기능주의자(functionalist), 그리고 후기기능주의자(post-functionalist)가 있다(박흥식, 2016: 343에서 재인용). 도덕주의자는 부패를 천성이 좋지 않은 개인의 일탈행위로 본다. 기능주의자는 부패의 기능주의적 시각을 강조하는 것으로 부패는 자연스러운 사회현상이며 때로는 오히려 사회가 부드럽고 효율적으로 작동되는 데 도움을 준다는 것이다. 후기기능주의자는 부패의 자기 생산 및 전염성에 초점을 두고 설명하는데 부패가 조직에서 확산되고 전염되는 현상을 설명한다.

이바노프는 부패의 성격을 잘 설명하여 주는 부패 관련 네 가지 문제를 제기하고 있다(Ivanov, 2009). 첫째, 공직자는 공직을 조직이나 공익보다는 개인의 이익을 챙기는 기회로 활용한다는 것이고, 둘째, 부패로 인해 조직의 효율성과 합리성이 저해된다는 것이다. 셋째, 부패는 국민이 공직자에게 위임한 공적 권한을 남용하고 신뢰를 저버리게 된다는 것이다. 마지막으로 부패는 경제적 불평등을 야기한다는 것이다.

케이든은 부패 이슈를 국제 비교 맥락에서 연구해 왔는데 국제적 수준에서 부패 이슈를 열거하고 있다(Caiden, 2001). 이는 규제되지 않는 국제 거래, 자기 통치하는 국제기구, 불량정권, 비밀활동, 외부 기관과 협력과 계약, 특권적 지위, 기업가 정부, 자기 감시, 조직범죄 등이 있다. 케이든은 또한 책임 있는 정부를 만들기 위한 반부패 정책을 제시하고 있는데(Caiden, 2001), 이에는 도덕적이고 신뢰할 만한 지도자를 양성하고, 적절한 사회 규제를 강화하고, 정규적인 법률 개정, 정부 독점의 제어, 개방적이고 민주적인 정부, 전문직업적 경력 개발, 유능한 행정, 윤리정책 등 다양한 방안을 제시하고 있다. UN, 세계은행(World Bank), IMF 등 국제 기구들은 제3세계 국가의 부패 문제를 해결하기 위해 좋은 거버넌스(Good Governance)의 구축을 권고하고 장려하지만 결과는 그리 만족스러워 보이지 않는다.

부패의 문제는 마치 개발도상국의 문제로 치부할 수 있지만 어떤 형태의 부패는 선진국에서 더 심해 보인다. 부패의 범위를 넓히면 이익집단 로비가 합법화된 미국 같은 나라에서는 이익집단과 자본가에 의해 자행되는 부패의 수준은 합법적인 부패 측면에서는 개발도상국에서는 상상할 수 없는 부패가 만연한다는 것이다(Lynch & Lynch, 2003).

6) 내부 고발(Whistle Blowing)[22)]

내부 고발도 행정윤리의 중요한 주제로 다루어져 왔다. 본격적인 관심은 미국에서는 1980년대, 그리고 한국에서는 1990년 이후 관심을 받아온 연구 주제이다. 내부 고발은 아주 빈번한 것이 아니지만 점차 증가해 왔다는 것은 사회의 민주화와 진실과 정의에 대한 사회적 관심과 맥을 같이 한다고 하겠다. 내부 고발에 대한 강력한 사회적 조직의 압력을 고려하면 이것이 갖는 국가적 사회적 함의와 파장은 매우 크다. 내부 고발은 아마도 조직과 시스템 내부에서 광범위하게 잠재하고 있는 수많은 부정, 부패가 화산 폭발처럼 외부로 드러난 단면을 보여주기 때문이다.

내부 고발의 주요 목적은 조직에서 일어나는 부당한 일에 대해 문제를 제기하고 조직을 더 윤리적이고 정의롭게 만들자는 것이다. 내부 고발의 성격을 보면 공익적 행위이고, 도덕적 행위, 그리고 외부적 행위로 특징된다(박홍식, 1991: 770-771). 조직에서의 내부 고발은 크게 직장 내부에서의 고발과 외부(사회)로의 고발로 나눈다. 내부 고발을 분류하는 방법은 다양한데 주로 시기, 경로, 방법으로 나누어 볼 수 있다. 시기에 따라서는 조직구성원으로 있는 동안 행해졌는가 또는 조직을 떠난 뒤 행위인가로 나누어지고, 경로는 의사 표시의 채널이 내부적인가 외부적인가로 나뉜다. 마지막으로 방법은 밀고형과 공개형으로 나누어진다(박홍식, 1991: 772).

내부 고발의 어려움은 대중들은 사회정의 구현을 위해 이에 대해 호의적일 수 있지만 일반적으로 조직은 이에 대해 적대적이라는 점이다. 기존 관행을 고발하고 개혁하려는 내부 고발의 취지가 무색하게 항상 조직으로부터 환영받는 것은 아니며, 오히려 여러 비난과 보복에 직면하기도 한다. 쿠퍼는 내부 고발은 조직 내에서 내부 고발

22) 내부 고발에 대해서는 저자의 다른 저서(김흥회, 2020c)에서 보다 자세히 다루고 있다.

자에게 다음과 같은 위협적인 결과를 야기한다고 지적하고 있다(Cooper, 2012). 이는 생명, 직업, 평판과 개인 자원을 위태롭게 하고, 한직으로의 이동 같은 비공식적 괴롭힘을 주고, 과중하고 기대치 않는 요구를 하며, 이 외에도 비공식적 의사소통의 조직 '소문'으로부터 배제, 무보수 정직, 낮은 직무 성과 평가, 견책, 경고, 또는 파면을 가져온다는 것이다. 이러한 내부고발자에 대한 사회와 조직의 압력은 나라나 문화를 불문하고 비슷하게 일어나는 것으로 보인다.

다시 정리해 보면 내부 고발은 조직의 발전을 위해 필요하다고 보지만 사용자로부터의 보복 문제로 이어진다. 홍성훈(2022)은 내부 고발 관련 미국의 상황을 잘 알려주고 있다. 미국 노동부는 사용자가 법률 위반 폭로 행위를 사유로 노동자를 해고하거나 여타 불리한 조처를 하는 것을 보복으로 간주하는데 불리한 조치에는 해고, 강등, 위협, 급여 삭감 등이 포함된다(U.S. Department of Labor, 2022). 미국 노동부 산하 직업안전보건청(Occupational Safety and Health Administration, OSHA) 통계에 따르면 2016년 이후 내부 고발 및 보복 관련 고소 횟수가 연 3천 건을 상회하는 것으로 나타났다. 2010년 이전만 해도 연간 고소 건수가 2천 건 초반대였음을 볼 때, 최근 10년간 고소 건수가 많이 증가했다는 것이다.

미국은 연방제의 성격상 연방정부, 주정부, 그리고 지방정부별로 다양한 관련 법을 제정 시행하고 있다.[23] 미국에서 연방 공무원 내부고발자를 보호하는 가장 기본적인 법안은 1989년에 제정된 내부고발자 보호법(Whistleblower Protection Act of 1989)이다(배효진, 2011). 이 법은 공무원 내부고발자가 법률 위반, 심각한 관리상의 잘못, 심각한 재정 낭비, 권력 남용, 또는 공공보건이나 안전에 대한 실질적이고 구체적인 위협에 관한 정보를 제공했을 때 내부고발자를 보복 행위로부터 보호한다. 특별조사국(Office of the Special Counsel, OSC)은 고발내용뿐만 아니라 보복 행위를 조사할 권한을 부여받았다. 내부고발자는 고발 행위로 인해 인사상 불이익을 당했을 경우 행정법원

23) 미국의 내부 고발 관련 입법 내용은 배효진(2011: 57-59)이 비교적 자세히 다루고 있다. 내부자 고발 보호법 외에도 통지와 연방 공무원 반차별 및 보복법(Notification and Federal Employee Antidiscrimination and Retaliation Act of 2002)이 있어 이는 각 정부부처가 반차별 법안이나 내부고발자 보호법안을 위반하여 법원 명령이나 합의로 보상금을 지불해야 할 때 부처 예산으로 지급하도록 강제한 법안이 제도화되어 있고 군 내부고발자를 보호하는 법안으로 군 내부고발자 보호법(Military Whistleblower Protection Act)이 별도로 만들어져 있다. 미국은 노동부 산하의 직업안정청이 17개의 내부고발자 보호 법안들을 집행하고 있다고 한다. 연방정부와는 별도로 미국의 주정부와 지방정부는 각자 내부자 보호 관련 법들을 제정하여 시행하고 있다고 한다(박흥식, 1995: 166).

의 일종인 실적제도보호위원회(Merit Systems Protection Board, MSPB)에 부당한 보복 행위에 대한 심사를 요청할 수도 있다(배효진, 2011). 2010년에 개정 강화된 내부고발자 보호법(Whistleblower Protection Enhancement Act of 2010)는 1989년에 통과된 내부고발자 보호 법안을 강화하는 법안이다. 이 법안은 이전 법안을 좁게 해석한 사법부의 판결을 뒤집고 내부고발자 보호를 강화하며, 과학적 연구 결과를 검열하는 것을 권력 남용으로 규정하고 그러한 검열 행위에 대해 폭로하는 것을 보호한다. 또한 공무원이 의회에 정보를 제공하는 행위를 보호하고, 특별조사국의 권한을 강화하는 등 내부고발자 보호법을 전반적으로 강화한다(배효진, 2011: 53-54).

미국의 내부 고발의 조직적 교정 제도로는 실적제도보호위원회 산하 특별감찰관실(The U.S Office of Special Counsel under the Merit Systems Protection Board, MSPB)과 미국 회계감사원의 비리 처리팀(Fraud Task Force of the U.S. General Accountability Office, GAO)이 있다.

우리나라의 내부 고발 관련 법은 2011년 제정된 공익 신고자 보호법이 있다. 이 외에도 국가인권위원회법, 2008년 부패 방지 및 국민권익위원회 설치와 운영에 관한 법률이 있다.

제3절 공공가치론[24)]

학문 세계에서 가치의 문제는 오랫동안 형이상학적 주제로 인식되어 과학적 연구의 대상에서 제외되어 왔다. 학자들이 연구 주제를 정할 때도 가치가 개입함에도 오랫동안 과학학계는 가치-사실 이분법에 매여 이를 무시하여 왔다. 가치에 대한 학계의 이러한 태도에도 불구하고 가치라는 것은 무언가 우리가 소중히 여기고 의미를 부여하고 삶의 기준으로 작용해왔음을 부인하기 어렵다. 과학계에서 무시된 가치라는 개념은 철학과 윤리에서는 형이상학적 개념으로 매우 중요하게 다루어졌다. 응용학문인 행정학에서는 과학계의 주류학자들과는 달리 일단의 전통 행정학자들은 행정철학과 행정윤리를 다룰 때 가치의 문제를 핵심적인 주제로 다루었고 또한 행정조직 이론

24) 공공가치에 대해서는 저자의 여러 편의 글이 있다(김흥회, 2017; 김흥회, 2023a; 김흥회, 2023b).

분야에서도 구성원들이 공유하는 가치와 신념이라는 규정으로 조직 문화를 규정하며 가치의 문제를 중시하게 되었다.

행정학 역사의 오랜 기간 가치의 문제는 가치 자체를 명시적인 주제로 다루어지기보다는 가정으로서 숨겨지거나 많은 경우는 다른 유사 개념으로 포장되어 논의되었다. 행정이념, 국정 철학, 국정 기조, 정권 가치, 헌법 가치, 행정 교리, 행정 사상과 사조, 행정 원리와 원칙, 지도 정신 등 수많은 용어가 가치의 문제를 다루어왔다. 그런데도 1990년대 이후 본격적으로 다루어지기 시작한 공공가치 또는 행정가치는 이전의 연구와는 차별적이라 하겠다.

본 절에서는 행정학에서 이렇게 중요한 개념으로 다루어진 가치, 공공가치, 또는 행정가치 개념에 관한 그동안의 연구 결과를 이의 계보학적 전통, 개념화, 유형화와 분류, 그리고 조작적 개념을 중심으로 살펴보고자 한다.

1. 왜 공공가치인가?

가치문제는 모든 행정이론에 항상 전제되어 있고 행정학의 정체성을 규정하는 행정학의 핵심 개념임을 부인하기 어렵다. 위에서 행정학에서 가치의 문제가 매우 핵심적인 주제로 오랫동안 다루어졌지만, 명시적으로 다루지 못한 측면이 있음을 지적하였다. 공공조직 또는 정부조직에서 가치 또는 공공가치가 하나의 이론으로 그리고 의식적인 연구 관심 분야로 본격적으로 등장한 것은 1990년 초 이후의 일인데 이는 신공공관리론이 행정의 지배적인 이론으로 등장하며 행정학의 이론과 실천이 지나치게 시장 논리와 관리주의 가치에 매몰된 것에 대한 반작용으로 등장하였다고 할 수 있다.

행정학에서 신공공관리론이 가장 지배적인 담론으로 등장한 역사적 배경은 멀게는 행정학 탄생 배경이 된 윌슨의 전통으로 시작되었고 비교적 가깝게는 1980년 이후에 신자유주의의 득세라는 행정환경의 변화와도 관련이 있어 보인다. 윌슨에 의해 행정에 대한 경영학적 접근이 강조된 배경에는 타락한 정치로부터 행정을 구제하려는 목적도 있었지만, 이미 거시적으로는 19세기 후반에 산업사회의 발달로 폴라니(Polanyi, 2001)가 말하는 거대한 전환의 시기가 시작되어 기업과 시장이 사회를 지배하기 시작한 것으로 보인다.

행정학이 이러한 시대적 흐름과 사조의 영향을 받아 시장과 경영 논리가 행정학의 주류적인 담론이 되었고, 1980년대 이후 등장한 신자유주의가 개인주의, 기업가 정신, 경쟁, 선택의 자유와 같은 시장 논리와 이념으로 공동체 정신과 국가주의를 무력화시키며 국가의 운영 방식을 지배하기 시작한 것도 같은 맥락에서 이해할 수 있다. 이렇게 신공공관리론은 신자유주의 이념이 행정학에 접목되어 행정의 지배 담론이 되었고 이로 인해 우리나라에서는 1990년대 후반 IMF 금융위기 이후 자유시장 경제체제뿐만 아니라 정부 부분에서도 대대적인 개혁의 빌미가 되었다. 이후로 신공공관리론의 도입으로 정부와 행정에 신선한 개혁과 혁신적인 제도 개혁이 이루어져 일단의 성과도 있었지만 동시에 기존의 안정된 관료체제를 흔들고 우리의 실정에 맞지 않은 제도 개혁으로 조직 내·외적으로 많은 부작용과 파장을 몰고 온 것이다.

시대사조나 이념의 변화는 정부에도 개혁을 몰고와 결국 정부 운영 철학이나 방침도 새로운 가치를 반영하게 된다. 신자유주의와 신공공관리론은 경쟁과 혁신의 논리로 생산성과 효율성을 가져올 수도 있지만 사회적으로나 정치적으로는 부와 권력의 불평등적 배분, 사회적 약자의 소외 등 수많은 사회 불안 요소를 야기하기도 한다. 신자유주의와 신공공관리론의 문제와 부작용에 대한 역작용으로 변증법적인 논리에 따라 새로운 체제와 사회 변혁을 요구하는 세력이 등장하게 되었는데 공공가치의 부상은 이러한 시대적 변화 요구와 밀접한 관련을 가지게 된다.

2. 계보학적 전통

공공가치 연구는 행정학에서 새로운 연구 분야가 아니라 계보학적 전통을 잘 이어받고 있어 행정의 전통, 역사를 잘 이어주는 연구 분야로 행정학의 정통성과 정체성 확립에 기여하고 있다. 앞에서 수많은 유사 또는 관련 용어가 가치, 또는 공공가치와 행정의 기본 이념과 정신을 잘 표현해 왔음을 지적하였다.

행정학의 역사에서 수많은 용어가 가치와 공공가치의 문제를 다루어 왔는데 어느 한 용어가 지배적으로 사용되어 왔다고 하기는 어려워 보인다. 공공가치보다 오래전부터 사용된 표현으로 가장 유사한 용어가 행정가치(administrative values)이다. 지금은 공공가치와 행정가치는 거의 동의어라고 볼 수 있는데 매우 오래전에는 행정가치가 보다 일반적인 용어로 사용된 것 같다. 이는 1951년에 세이어(Sayre)가 미국 행정학보(Public Administration Review)에 발표한 「행정 가치의 십 년간의 경향」(Trends of a Decade in Administrative Values)이라는 논문의 제목을 보면 알 수 있다. 우리말에서는 영어 표현 Public과 Administrative가 구분되지 않지만, 어원적으로는 차이가 있어 보인다. Administrative의 본래 의미는 목회(ministry), 목사(minister)가 교회조직을 관리하는 의미를 담고 있었고 이후는 세속적인 행정, 관리 등의 일반적 의미를 담게 되었다. 따라서 이는 공공관리만이 아니라 사적 분야의 관리라는 보다 포괄적인 의미를 담게 된다. 행정학이 Public Administration, 경영학이 Business Administration으로 불리게 된 배경이 되기도 한다.

그 이후에도 행정가치라는 표현을 여러 연구에서 지속해서 사용되고 있음(예: Moynihan, 2009; Chan, & Gao, 2013; Brewer & Kellough, 2016)을 볼 때 용어의 통일이 이루어지지 않았을 뿐 행정조직에서의 가치에 관한 연구는 꾸준히 관심을 받아온 주제로 보인다. 이 외에도 가치 연구의 지경을 살피는 것은 여전히 어려운 작업인데 행정의 교리(Kaufman, 1956)라는 표현도 행정에서의 가치문제를 다루고 있음을 볼 수 있다. 현재 한국에서는 공공가치라는 표현이 더 지배적으로 사용되고 있다고 할 수 있다. 이는 사회에서나 정부 실무계에서는 사회적 가치라는 용어를 선호하는 것과 대조적이다.

공공가치 문헌에 대한 검토는 공공가치라는 용어에 한정하긴 하였지만 나름대로 매우 포괄적인 시도는 반 데 발 등(Van der Wal et al., 2015)에 의해 수행되었다. 그들은 공공가치가 다양한 학문 분야에서 어떠한 양태를 가지고 연구되고 있는가를 탐구하기 위해 397개의 학술지를 메타 분석 했다. 공공가치를 연구한 최초의 글로 1969년의 책의 장으로 쓰인 맥코넬(McConnell)의 "민간협회의 공공가치"(the public values of the private association)를 소개하고 있다. 그러나 하나의 흐름으로 이에 관한 본격적인 연구는 1990년대 후반에 증가하기 시작하여 2000년대 이후 더욱 증가하여 오십여 년의 연구 역사를 가지고 있음을 보여주고 있다. 그들은 공공가치가 어떠한 학문 분야에서 연구되었는지도 조사하였는데 공공가치가 18개 학문 분야에서 40여 주제에서 연구되고 있음을 발견하였다. 큰 흐름으로는 한때 환경과학, 경제학, 그리고 법학 분야에서 많은 연구가 이루어지다 2000년대 이후로는 행정학 분야에서 가장 많은 연구가 이루어지고 있다는 것이다.

1990년대 공공가치 연구에 관한 관심을 촉발한 전략적인 접근의 시작은 무어(Mark Moore)의 『공공가치 창출: 정부에서의 전략관리』(Creating Public Value: Strategic Management in Government, 1995)로 보인다. 이 초기 연구는 공공가치 자체에 관한 연구라기보다 공공관리자의 전략적 관리 차원에서 공직자의 가장 중요한 기능과 역할이 공공가치의 창출이며 이러한 과정에서 정치적 정당성을 획득하고 조직이 역량을 갖추는 것이 중요함을 강조하고 있다.

무어의 연구로 촉발된 공공가치에 대한 본격적인 관심은 이전의 연구 경향과 차별화된다. 1990년대 이전의 문헌은 주로 공공가치를 시대정신이나 이념으로서의 접근으로 주로 거시적인 맥락에서 바라보았다면 이후의 접근 방식은 좀 더 다양해지는데 이전의 방식과 가장 큰 차이는 행정조직의 관리나 리더십의 관점에서 바라보기 시작하였다는 것이다. 무어(Moore, 1995)의 연구에서 가장 주목할 만한 공헌은 공공조직의 가장 중심적인 사명이 공공가치 창출에 있다는 것을 깨닫게 해주었다는 점이다. 이는 다른 각도에서 보면 사기업의 기본 성과 기준(bottom line)이 이익 창출에 있는 것에 대비하여 공공조직의 그것은 모호하고 불명확하였는데 이러한 불확실성과 의문을 해소하게 되었다는 것이다.

공공가치에 관한 본격적인 연구의 또 다른 차별화는 공공가치를 개념화하고, 범주화하고, 모델을 개발하고, 관리 전략을 제시하며 실증적인 연구가 제시되기 시작하였다는 것이다. 이제는 이러한 전통을 이어받아 규범 연구에 머무르지 않고 이러한 중요한 개념이 행정 현장에서 어떻게 구현되고 실천되고 있는지를 연구하고 있다. 이러한 행정 현장에서의 공공가치에 대한 새로운 발견은 이전의 공공(성), 공직서비스 가치 또는 행정 가치 연구가 규범적 담론에 치중한 것에 비해 변수 간의 인과관계를 포함하여 실증적인 검증에 초점을 두고 있다는 것은 공공성의 이해를 더해주는 것이다. 이전의 공공(성) 연구가 공공조직의 성격이나 특성을 이해하는 데 많은 기여를 하였다면 공공가치 연구는 공공조직이 궁극적으로 추구하는 것이 무엇인지, 구체적으로 어떠한 목표를 달성하려고 하는 것인지에 대한 보다 가시적인 답을 제공해줄 수 있다는 것이다.

3. 연구 경향

다음은 공공가치의 연구 경향을 살펴보고자 한다.

브라이슨(Bryson et al., 2015: 3)은 공공가치 연구 흐름을 세 가지 유형으로 분류하는데 무어(Moore, 1995, 2013)의 관리 유형, 보즈만(Bozeman)과 동료들의 정책과 사회 초점의 접근법, 베닝턴(Benington, 2011)이 설명하는 공공영역(public sphere)과 관련된 연구를 제시하고 있다. 이에 더해 마인하르트(Meynhardt, 2009)의 심리학적 접근법이

나름 독특하게 기여하고 있는 것으로 평가하고 있다. 보즈만과 존슨(Bozeman & Johnson, 2014)은 공공가치 문헌을 세 가지 주제 유형으로 분류하고 있는데 이는 공공정책에의 적용, 규범적인 공공가치 기준, 그리고 관리 향상을 포함한다.

최근 이러한 전통을 이어받아 정치적 공공가치를 확장하고 있는데, 이에는 공익과 공적 영역과 같은 전통 개념의 복고를 주창하는 연구부터 거버넌스, 네트워크 거버넌스, 협동 거버넌스를 공공가치와 연결하는 연구들이 등장하였다(예: Stoker, 2006: 42; Bozeman, 2007; Benington, 2011). 나바치 등(Nabatchi et al., 2011)은 특히 행정이 정치적 갈등과 사회문제를 해결하지 못해 정체성의 심각한 위기를 겪고 있는데 이를 해결하는 방안으로 정치적 정신(democratic ethos)을 회복해야 한다고 주장하고 있다. 베닝턴(Benington, 2011)과 브라이슨 등(Bryson et al., 2015)이 공공가치와 공공영역을 연결하고 있지만 이는 오랫동안 숙의 민주주의 연구자(예: Habermas, 1962)들의 연구 주제를 연결한 것뿐이다.

공공가치의 이론적 위상이나 역할을 가장 포괄적으로 제시하고 있는 글은 알포드와 오플린(Alford & O'Flynn, 2009)의 연구이다. 알포드와 오플린은 공공가치가 이해되고 활용되는 방식을 네 가지로 나누어 설명하고 있다(Alford & O'Flynn, 2009). 첫째는 공공가치를 패러다임(paradigm)으로서 이해하는 것인데 이는 다시 전통 행정과 신공공관리론에 대한 대안으로서의 패러다임, 그리고 정부의 생산성 향상을 위한 그리고 이를 파트너십을 통한 달성을 위한 공공가치 패러다임, 그리고 민주주의와 효율성의 균형의 수수께끼 해결을 위한 공공가치 관리 패러다임, 전략관리를 위한 공공가치로서의 의미를 가진다. 둘째는 공공가치가 수사적(rhetoric)으로 사용된다고 하는 것인데 이는 공공가치가 관료들과 조직의 분파적인 이익과 권력을 보호하도록 설계된 수사적 전략으로 정치적으로 이용된다는 비판적 함의를 담고 있다. 다른 시각에서는 공공조직의 공공관계 연습(public relations exercise)을 위한 논거로 사용된다는 것이다. 셋째는 공공가치를 이야기(narrative)로 이용하는 것인데 공공가치가 관리자 세계의 이야기를 제공한다는 것이다. 공공가치는 사람들이 공공조직이라는 세계를 이해하고 그 안에서의 경험을 해석하게 해준다는 것이다. 과학적 진실이 아니라 언어, 지도 질문, 이야기를 통해 행위자들의 행위를 알려준다는 것이다. 이는 행정 현상을 과학보다는 예술로 보는 것으로 이론적으로는 해석학, 구성주의, 정신분석을 포함하는 포스트모던 이론으로 설명할 수 있다. 마지막으로, 공공가치를 성과(performance)로 인식하는 것인데 이는 행정 현장의 실무가나 컨설턴트가 좋아하는 것으로 성과 측정과 관리 틀에서 사용한다는 것이다. 이는 영국에서 사용된 방식으로 공공가치가 공공 섹터 개혁을 위한 분석 틀, 구체적으로 정부정책과 공공조직을 평가하기 위한 척도로 사용되었다는 것이다. 여기서 공공가치는 정부가 서비스, 법, 규제, 그리고 다른 행위를 통해 만들어내는 가치를 말한다. 이 공공가치는 정부 행위로부터 나오는 총 혜택을 측정하려고 하는 것이다.

4. 가치의 종류와 내용

공공가치는 세 가지 전통으로 분류할 수 있는데 첫째는 정부 또는 공공 분야와 관련되는 가치로 법학과 정치학의 영향을 받은 행정이념들이 있다. 행정의 고유한 전통을 정치학과 법학에 두고 있는 믿는 전통적 행정학자들은 공공가치가 경제 경영 가치에 지나치게 경도되어 온 것을 항상 경계하며 상대적으로 간과되어 온 합법성, 절차적 합리성, 민주성, 대응성, 대표성, 평등, 사회적 형평성, 책임성, 공익, 자율성, 참여, 공동생산 등을 강조하여 왔다. 두 번째 흐름은 경제학과 경영학의 영향으로 중시되어 온 이념들로 나누어진다. 이는 효율성, 합리성, 경쟁, 시장화, 혁신, 창조, 학습, 그리고 수월성 등을 포함한다. 마지막으로는 융복합적인 가치들로 정직성, 신뢰, 네트워크와 협력, 정신과 영성 등이 있다.

유럽 연합 국가의 핵심 가치 조사에서 가장 일반적으로 인정된 핵심 가치는 합법성, 비편파성/객관성, 전문직업성, 책무성, 예의의 순으로 조사되었다(Moilanen, & Salminen, 2007: 12).

구체적 공공가치에 대한 매우 포괄적인 연구로는 요르겐센과 보즈만(Jørgensen & Bozeman, 2007)이 있다. 이들이 제시한 7가지 범주와 가치 세트는 〈표 4-3〉과 같다.

표 4-3 범주별 공공가치(Beck Jørgensen & Bozeman, 2007)

가치 범주	가치 세트
공공 분야의 사회에 대한 기여	공공선(Common good) 공익(Public interest) 사회적 응집(Social cohesion) 이타주의(Altruism) 인간존엄성(Human dignity) 지속가능성(Sustainability)

	미래세대의 목소리(Voice of the future) 정권 체제의 위엄(Regime dignity) 정권 체제의 안정성(Regime stability)
이해의 정책 결정으로의 전환	다수결 지배(Majority rule) 민주주의(Democracy) 국민의 의지(Will of the people) 집단 선택(Collective choice) 사용자 민주주의(User democracy) 지방 거버넌스(Local governance) 시민관여(Citizen involvement) 소수자 보호(Protection of minorities) 개인 권리 보호(Protection of individual right)
행정가와 정치인과의 관계	정치적 충성(Political loyalty) 책무성(Accountability) 대응성(Responsiveness)
행정가와 환경과의 관계	개방성–비밀주의(Openness - secrecy) 대응성(Responsiveness) 대중여론 청취(Listening to public opinion) 옹호–중립성(Advocacy - neutrality) 타협(Compromise) 이익의 균형(Balancing of interests) 경쟁성–협력(Competitiveness - cooperativeness) 이해관계자 또는 주주 가치(Stakeholder or shareholder value)
행정 조직의 내적 측면	견고함(Robustness) 적응성(Adaptability) 안정성(Stability) 신뢰성(Reliability) 적시성(Timeliness) 혁신(Innovation) 열정(Enthusiasm) 모험 대비(Risk readiness) 생산성(Productivity) 효과성(Effectiveness) 절약(Parsimony) 기업방식(Business–like approach) 직원 자기 개발(Self–development of employees) 좋은 근무환경(Good working environment)
공직자의 행태	책무성(Accountability) 직업주의(Professionalism) 정직(Honesty) 도덕 기준(Moral standards) 윤리 의식(Ethical consciousness) 정직성(Integrity)
행정과 시민과의 관계	합법성(Legality) 개인 권리 보호(Protection of rights of the individual)

	동등한 대우(Equal treatment)
	법의 지배(Rule of law)
	저의(Justice)
	형평성(Equity)
	합리성(Reasonableness)
	공정(Fairness)
	직업주의(Professionalism)
	대화(Dialogue)
	대응성(Responsiveness)
	사용자 민주주의(User democracy)
	시민참여(Citizen involvement)
	시민 자기개발(Citizen's self-development)
	사용자 중시(User orientation)
	적시성(Timeliness)
	우호성(Friendliness)

제4절 요약과 함의

지금까지 행정철학, 행정윤리, 그리고 공공가치에 대해 살펴보았다. 그럼 행정인 또는 공직자들은 지금까지 공부한 행정철학, 행정윤리, 그리고 공공가치의 구체적인 이론과 이슈라는 구슬을 어떻게 꿰어서 행정 현실과 실천 과정에 도움이 되게 만들 것인가가 중요해진다. 이어지는 부분에서는 이를 논하고자 한다.

본 장에서 다룬 행정철학이론은 각자 나름대로 철학뿐만 아니라 행정학을 포함하는 사회과학에 끼친 영향이 막대하다. 실증주의는 전통사회에서 미신이나 점성술에 의존하던 세상과 사람에 관한 연구를 근대에 들어와 보다 합리적이고 과학적으로 설명하고자 하였다. 형이상학적이고 선험적인 접근보다는 관찰할 수 있고 측정 가능한 현상을 중심으로 세상을 이해하고자 하였다. 비판적 실재론은 실증주의의 이러한 표피적 현상에 초점을 두는 연구는 보다 심층적인 구조를 이해하는 데 한계가 있다고 지적하였다. 세상과 사회현상에서 벌어지는 인과관계가 그리 간단치 않음을 지적하였다. 현상학도 실증주의와 비판적 실재론이 과학주의에 의존하여 세상을 이해하는데 우리의 삶과는 괴리가 있음을 지적하고 판단 중지를 통하여 우리가 이해하는 과학적 세계는 우리의 세계 내 존재(being-in-the world)로서의 우리 인간의 생활세계(lifeworld)를 왜곡하고 있음을 비판하였다. 해석학도 현상학과 언어철학의 영향을 강하게 받으며 실증주의 비판하고 나섰다. 원래 해석학은 성경 해석부터 시작하여 문헌 연구, 역사 연구의 오랜 전통을 가진 연구 이론과 방법이었다. 해석학도 실증주의가 강조하는 설명보다는 의미의 해석과 이해에 초점을 두었다. 사회 구성주의는 현상학과 해석학의 영향을 강하게 받은 이론으로, 주로 사회학자들에 의해 발전한 이론으로 볼 수 있다. 인식론 측면에서 객관주의보다는 간주관성을 강조한다. 포스트모더니즘은 이성과 논리의 구조를 가지고 발전해 온 근대성(modernity)에 대한 반작용으로 등장한 예술과 문예 분야를 포함하여 대부분의 인문사회과학에서 유행한 포괄적인 연구 경향이라 하겠다. 하버마스는 근대성이 완성되지 않았다고 주장하며 포스트모더니즘을 비판한 것을 보면 근대성-포스트모더니즘 논쟁은 그리 간단해 보이지 않는다. 그러한 포스트모더니즘도 넓게는 근대 과학 사상을 대표하는 실증주의를 비판하고 등장하였다고 할 수 있다. 포스트모더니즘은 개방성, 다양성, 특이성, 상대성을 주장하며 정통 근본주의적인 근대성의 질곡으로부터 우리를 벗어나게 해준 측면이 있다. 마지막으로 비판이론은 앞서 설명한 이론들과 차별성을 가지는데 다른 이론들은 이전의 이론을 극복하고자 하는 비판적 시각을 가지고 있지만 이는 주로 인간과 사회를 설명하고 이해하는 데 초점을 두고 있다는 것이다. 반면에 비판이론은 사회 현실을 변혁하는 데 초점을 두고 있어 기존의 이론을 보수적 이론이라고 비판하고 있다.

행정윤리와 관련하여서는 여러 개념과 이슈들이 설명되었다. 책임성, 행정 통제, 재량권과 자율성, 전문직업성, 행정부패, 그리고 내부 고발이 설명되었는데 가장 중심적인 개념은 앞에서 이미 언급하였듯이 책임성이다. 나머지 개념들은 모두 책임성을 확보하기 위한 수단적인 개념들이다. 공직자의 성품과 관련된 덕성 이론을 별도로 다루지 못하였지만, 이는 행정통제, 자율성, 전문직업성, 행정부패 모두와 관련된다. 내부 고발은 행정부패를 줄이기 위한 수단적인 성격을 가진다.

본 장에서는 마지막으로 공공가치와 관련하여 왜 공공가치 연구인가? 계보학적 전통, 연구 경향, 그리고 가치의 종류와 내용을 다루었다. 행정과 행정학 연구 역사에서 명시적이든 묵시적이든 공공가치는 항상 중요한 이슈였고 나름대로 중요하게 다루어졌다. 우리는 공공가치에 대한 계보학적 전통을 간략히 살펴봄으로써 1990년대 이후 등장한 공공가치 연구가 왜 새로운 의미를 갖는지 알게 되었다. 이제는 우리가 이해하는 공공가치의 내용과 종류도 더 포괄적이고 풍부하게 되었다.

행정가와 공직자는 행정철학이론을 현실성 없는 사변적인 담론으로 치부할 것이 아니라 이러한 다양한 철학이론이 우리가 이해하는 행정 현실과 현상을 얼마나 다양한 방식으로 바라보고 이해할 수 있는지를 생각해야 한다. 철학은 우리를 성찰적으로 만들어 준다. 이러한 성찰적인 철학이론의 렌즈가 없다면 우리가 그리 권위를 인정하며 받아들인 기존의 사회이론이 어떻게 현실을 왜곡하고 있는지 그리고 우리가 일상적으로 대하며 당연시하는 행정이론, 정책, 제도가 얼마나 우리의 무지와 편견에 의해 만들어왔는지 깨닫지 못할 것이다.

위에서 다루었던 철학이론들은 행정윤리를 바라보는 우리의 시각에 영향을 준다. 실증주의, 비판 실재론, 현상학, 해석학, 사회 구성주의, 포스트모더니즘, 그리고 비판이론 모두는 각자 공직자의 부패나 이해관계 갈등의 문제를 다르게 바라볼 것이다. 내가 공리주의자인가 또는 의무론자인가 따라 윤리문제는 다르게 보일 것이다. 예술가들이 자신의 미학 이론에 따라 그리고 문학 작가들이 자신의 문학 이론에 따라 우리의 현실을 다르게 그리듯이 우리는 우리의 철학이론과 윤리이론에 따라 우리는 현실을 다르게 바라보고 다르게 처방할 것이다.

본 장에서는 우리가 다양한 행정철학과 행정윤리 그리고 공공가치 이론을 다룬 것은 이전의 실증주의자와 과학적 관리론자들이 바라본 것처럼 우리 행정 현실의 이슈나 주제들에 대한 우리의 처방과 답이 그리 단순하거나 명확하지 않음을 알려준다. 모순, 모호함, 불확실성, 딜레마가 우리의 행정의 윤리 이슈를 결정하는 데 마주해야 하는 더 일반적인 어휘들일 것이다. 윤리적 문제는 수학 공식처럼 하나의 정답을 찾는 것과는 다르다. 우리가 위에서 다룬 행정철학이론, 행정윤리, 그리고 공공가치를 잘 이해한다면 모든 윤리적 결정은 모호함과 딜레마를 다루는 것이라는 것을 이해하게 된다.

행정철학과 행정윤리의 귀결점은 행정 현실과 실천 과정에서 결국 우리의 행정조직과 기관이 어떤 공공가치를 구현하고 있는가에 있다. 철학과 윤리의 문제는 궁극적으로 우리의 행정조직이 어떤 철학적 세계관과 공직 윤리관을 가지고 구체적으로 어떤 공공가치를 구현하는가의 문제이다. 우리 행정조직은 기후변화나 저출산 문제에 대하여 어떤 인식론적, 존재론적 시각을 가질 것인가, 그리고 이러한 인식론과 존재론적 접근이 같은 문제에 대하여 어떤 윤리관과 공직관을 갖게 할 것인가, 궁극적으로 우리 대한민국 정부가 추구하는 가치가 안전, 안정, 성장, 그리고 지속가능성 중에 어떤 종류의 가치를 구현하게 될 것인가를 결정할 것이다.

우리의 철학과 윤리이론은 우리 사회가 겪고 있는 사회현상으로서의 사회 분열,

양극화, 저출산, 자살률, 고령화, 마약 범죄, 가짜 뉴스, 그리고 자연 현상으로서의 기후 변화와 재해를 어떻게 바라보고 있는가? 이러한 문제들이 정말로 문제(?)인지 아니면 인간과 지구가 살아남기 위한 자연스럽고 건강한 증상이나 사건인지? 콧물은 감기의 증상으로 우리의 건강 상태에 이상이 있음을 알려주는 바람직한 증상이지 이를 배척하거나 척결해야 할 문제는 아닐 것이다. 이에 대한 진단과 답은 철학이론마다 다를 것이다. 우리가 어떤 철학이론과 윤리론, 그리고 가치를 선택할 것인가는 우리의 이해와 판단에 달려 있다. 부천 호텔 화재 사고의 진단에서 호텔을 바라보는 우리의 시각이 자산적 가치와 편리함에 치중한 것은 아닌가? 왜 우리는 인간의 안전이 무엇보다 중요한 가치라는 것을 잊고 있는 것인가? 우리는 인간 목숨의 안전이라는 가치보다 도시의 성장과 편리함을 우선했던 것은 아닌가?

CASE STUDY 사례

부정부패로 잘린 공직자 14명, 비리 관련된 기업에 재취업

부정부패로 면직되거나 형사처벌을 받은 전직 공직자 14명이 취업 제한 규정을 어기고 자신의 비리와 관련된 기업 등에 취업했다가 적발됐다. 국민권익위원회는 최근 5년 이내에 부패 행위로 면직된 전직 공직자 1,525명의 취업 실태를 점검한 결과, 9명은 공직자였던 때에 맡았던 업무와 관련된 기업에, 5명은 공공기관에 불법으로 취업한 것으로 확인됐다고 3일 밝혔다. 부패방지권익위법에 따르면, 공무원이나 공공기관 직원이 직무와 관련된 부패 행위로 인해 면직되거나 벌금 300만원 이상의 형사처벌을 받은 경우, 이후 5년간 공공기관에 취업할 수 없다. 또 면직되기 전 5년간 한 번이라도 소속됐던 부서나 기관의 업무와 연관이 있는 사기업이나 협회 등의 단체에도 취업할 수 없다. 이를 어기면 2년 이하 징역이나 2,000만 원 이하 벌금에 처해질 수 있다.

전직 서울시의원 A씨는 구의원 시절이던 2018년 시의원 선거에 나가기 위해 선거 공약을 개발하는 과정에 구 공무원들을 동원했다가 선거법 위반으로 2020년 벌금형을 선고받았다. 그러나 이후 자기가 속했던 구에 물품을 다수 납품한 업체에 취업해 급여로 매달 300만 원을 받았다가 권익위에 적발됐다. 한 군(郡)의 공무원이었던 B씨는 부정하게 금품을 받았다가 해임된 뒤 한 기업에 취업했다가 2021년 12월 권익위로부터 주의를 받았다. 이 기업이 B씨가 일했던 군 부서로부터 용역을 여러 건 수주한 기업이었기 때문이다. 그러나 B씨는 이 기업에 다시 취업해 다달이 200만 원을 받았다가 이번 권익위 점검에서 또 적발됐다. 이 기업은 B씨를 고용한 기간에 군으로부터 용역 계약 50건을 수의계약 등의 방식으로 따낸 것으로 조사됐다. 공기업 대표이사였다가 부정 청탁을 받은 혐의로 지난해 1월 해임된 C씨는 자기가 경영했던 공기업과의 계약 업무를 처리하는 업체에 부회장으로 취업해 한 달에 500만 원씩 10개월간 5,000만 원을 받은 것으로 드러났다. 공공기관 직원이었던 D씨는 공금횡령으로 파면된 뒤 한 시의회 사무처에 임기제 공무원으로 취업해 매달 375만 원을 받다가 적발됐다.

권익위는 불법 취업이 적발된 14명 중 7명에 대해서는 이들이 과거 속했던 기관의 장에게 알려 이들을 취업 제한 위반 혐의로 고발하게 할 예정이라고 밝혔다. 나머지 7명에 대해서는 불법 취업 기간이 짧았거나 받은 급여가 소액인 것으로 확인돼 주의만 주기로 했다. 이 14명을 불법적으로 고용한 기관이나 기업은 이들을 곧바로 해임해야 한다. 그러지 않으면 1000만 원 이하 과태료가 부과될 수 있다. 정승윤 권익위 부위원장 겸 사무처장은 "비위 면직자 등이 취업 제한 기관 등에 재취업할 수 없도록 실태 점검을 강화해 공직 사회에 엄정한 공직 기강을 확립하겠다"고 말했다(조선일보, 2023.08.03). https://www.chosun.com/politics/goverment/2023/08/03/H4YT4VQM5ZBMNMO63P4PPQRAJY/

1. 공직자들이 은퇴 후 또는 위의 사례가 보여주듯이 비리로 직장을 떠난 후 직무 관련 민간기업에 재취업하는 것은 법으로 금지하고 있다. 이러한 위법적이고 비윤리적 행태를 통제할 수 있는 효과적인 내적 또는 외적 통제 방안에 대해 논하시오.

연습문제

1. 자신이 알고 있는 행정철학 이론을 설명하고 이 이론이 세상을 이해하고 변화시키는 데 어떠한 도움을 주고 있는지 그리고 한계는 무엇인지에 대해 논의하시오.

2. 행정철학, 행정윤리, 그리고 공공가치 이론이 행정을 이해하고 변화시키는 데 어떤 도움을 줄 수 있는지 설명하시오.

3. 공직자는 합리적 기술자가 되어야 하는지 또는 민주적 담론의 촉진자가 되어야 하는지, 또한 두 가지 역할이 병립할 수 있는지 논의하시오.

4. 우리나라 공직자와 공공기관의 재량권과 자율성 확보에 대한 본인의 견해를 설명하고 이들의 확대를 찬성하면 이에 대한 방안을 논의하시오.

5. 공직자에 대한 통제 수단을 내적 통제와 외적 통제로 구분하여 논의한다. 외적 통제는 제도적, 절차적, 그리고 정치적 통제를 말하고 내적 통제는 공직자의 양심, 직업 가치, 그리고 윤리 기준에 근거한다. 어느 수단이 더 효과적이라고 생각하는지 그리고 이 둘의 조화가 가능한지 토론하시오.

6. 우리나라 공직자의 직업전문성을 강화할 수 있는 방안을 논의하시오.

7. 작금의 대한민국 정부의 부패 수준을 진단하고 이를 해결할 수 있는 제도적 대안을 논의하시오.

8. 공익 신고자의 불이익과 보복의 현실태를 조사하고 이들의 권리와 인권을 어떻게 보호할 수 있는지 논의하시오.

9. 현재 대한민국의 행정 현실에서 강조되고 구현되고 있는 공공가치와 동시에 간과되거나 놓치고 있는 것들이 무엇인지 논의하시오.

10. 공공가치와 사회적 가치는 어떻게 다른지 설명하시오.

제5장

조직관리

[학습목표]

1. 조직의 개념과 특성 및 구성요소를 알아본다.
2. 조직론 패러다임의 흐름 속에서 조직의 변화를 살펴본다.
3. 조직구조의 변수를 이해하고, 조직과 환경의 관계 및 환경의 중요성을 파악한다.
4. 조직행태의 이론과 실제를 함께 고찰한다.

학습개요

조직관리에 왕도는 없지만 조직의 발전과 성과 창출을 위해 조직을 끊임없이 변화시켜야 하는 것은 진리이다. 조직에 대한 논의는 학자 및 연구자들의 관심에 따라 다양하다. 더구나 조직을 보는 관점은 시대 상황에 따라 변화해가고 있다.

현실에서의 조직은 크게 인간, 환경, 효율성이라는 세 가지 관점의 속성을 포괄하는 사회적 실체라고 할 수 있다. 또한 조직의 본질은 과정과 구조를 동시에 내포하는 것이다. 과정 측면에서 보면, '조직화'라는 것은 혼돈의 상황에 질서를 부여함을 의미하며, 구조 측면에서 보면, 구성원의 행위(즉, 작업의 흐름)를 예측할 수 있도록 만드는 과정의 결과를 의미한다. 그런 측면에서 조직은 인간생활과 밀접하게 관련되기 때문에 개인의 인식과는 별개로 독립해서 존재하기도 하고 또한 환경과의 상호작용 속에서 성장과 발전을 위한 부단한 노력을 기울여야만 한다.

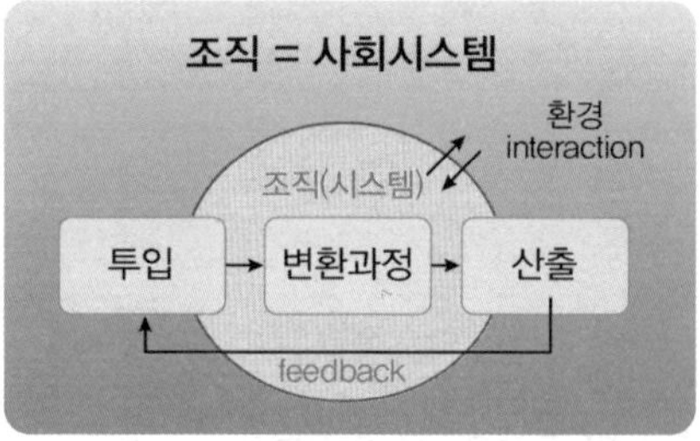

제1절 조직의 의의와 이론

1. 조직의 의의

조직은 ① 인간을 강조하는 자연적 시스템 ② 환경을 강조하는 개방형 시스템 ③ 효율성을 강조하는 합리적 시스템이라고 할 수 있다.

1) 조직의 개념과 특성

조직은 행정학이나 경영학은 물론이고, 모든 과학의 영역에서도 중요한 개념이고 연구 대상으로 다루어지며, 그것이 조직의 이론체계를 만든다. 조직은 그 논의의 배경과 관심, 대상이 되는 조직의 성격 및 유형 등에 따라 다양하게 정의되고 있다. 조직에 대한 다양한 정의를 소개하면 〈표 5-1〉과 같다.

표 5-1 조직의 개념에 대한 제 정의

학자	개념 정의
Weber	특정 목적을 달성하기 위해서 상호작용하는 인간들의 협동집단
Waldo	행정체제 내의 권위적이고 습관적인 인간 상호관계의 구조
Barnard	공동목표를 달성하기 위해 노력하는 2인 이상의 구성원들이 상호 의사 전달하는 집합체
Selznick	환경에 지속적으로 적응하면서 공동목표를 달성하기 위해 공식 · 비공식 관계를 유지하는 사회구조
Etzioni	특정 목표의 달성을 위하여 의식적으로 구성 및 재구성되는 사회의 단위
Katz & Kahn	공동목표를 가지고 내부적인 관리장치와 외부적인 적응 구조를 발전시키는 인간들의 집합체
Cohen, March & Olsen	의사결정을 위한 문제와 의제를 찾아내고, 그 해결 방안과 해야 할 일에 대한 의사결정을 내리는 집합체

이상에서 조직에 대한 다양한 정의를 살펴보았지만, 어느 하나의 개념이 옳다고만 할 수는 없고, 그 개념상 공통점은 다음과 같다.

첫째, 공동의 목표를 가지고 있다. 모든 조직은 성취하고자 하는 공동의 목표를 가지고 있으며 그 목표 달성을 위해 조직을 관리하고 통제한다. 그러므로 조직이 목

> 첫째, 공동의 목표를 가지고 있다.
> 둘째, 체계화된 구조이다.
> 셋째, 일정한 경계를 가지고 환경과 상호작용을 한다.
> 넷째, 인간에 의해 의도적으로 만들어진 실체(Entity)이다.

표를 상실한다면 조직으로서의 존재 기반이 사라지는 것이다.

둘째, 체계화된 구조이다. 조직은 체계(System)로서의 특성을 가지며, 이러한 체계 속에서 각 구성원들에게 적절한 권한과 책임을 직무를 통해 부여한다. 그러므로 조직은 전체를 구성하는 부분을 단순히 종합한 것 이상의 의미가 있다.

셋째, 일정한 경계를 가지고 환경과 상호작용을 한다. 조직관리에 있어서 환경과의 상호작용이 중요한 이유는 환경에 존재하는 다양한 위험과 불확실성은 회피하거나 통제하고, 환경이 요구하는 지지나 수요에 대해서는 적극 대응해야만 조직이 성장·발전할 수 있기 때문이다. 이때 일정한 경계를 통해 다른 조직이나 환경과 구별된다.

넷째, 인간에 의해 의도적으로 만들어진 실체(Entity)이다. 조직은 사회적인 창조물이라고 할 수 있으며, 이는 인간 없는 사회란 존재할 수 없다는 의미와 동일하다.

이러한 현대조직의 특성은 첫째, 대규모화로 인구의 증가와 다양한 수요 증대로 인한 집적경제의 필요성에 따라 체계적이고 세분화된 대규모의 조직이 필요하다. 둘째, 복잡화로 현대사회의 주요한 특징 중의 하나인 다원화에 따른 사회관계의 복잡성의 증진에 대응할 필요가 있다. 셋째, 기동화로 환경의 불확실성 및 가변성이 증대됨에 따라 조직도 대응력을 높일 수 있는 기동성과 신축성이 필요하다는 것이다.

2) 공공(행정)조직과 민간조직

공공조직(또는 행정조직)은 중앙정부나 지방정부의 행정업무를 수행하기 위해서 설치된 조직을 의미한다. 이에 비해 민간조직은 개인이나 기업 등 민간부문의 주체에 의하여 소유되고 운영되는 회사나 비영리기관을 의미한다. 이 두 유형의 조직들은 특정한 공유된 목표를 추구하기 위해 인위적으로 구성된 상호작용하는 인간의 모임으로서 어느 정도의 영속성을 가진 실체라는 점에서는 공통점을 가진다.

그러나 공공조직과 민간조직 간에는 다음과 같은 차이점도 존재한다.

첫째, 환경적 요인이다. 공공조직은 시장에 대한 노출 정도가 낮으므로 원가에 대한 개념이 희박하여 비용의 절감이나 능률성을 추구하려는 노력이 미약하며, 민간조직에 비해 법률적·제도적인 제약을 많이 받는다. 이러한 환경적 요인들은 관료들의 동기부여나 보상체계에 강한 영향을 미치는데, 사실 공공조직은 민간조직과는 다른 유형의 개인을 선호하는 것으로 보이며, 공공부문에서 일하는 사람들은 경제적 가치보다는 봉사의식을 중요시하고, 안전에 의한 동기부여가 훨씬 높은 것으로 보인다.

둘째, 조직과 환경과의 상호관계이다. 환경과의 관계에서 공공조직의 활동은 민간조직에 비해 그 영향력에 있어서 더욱 강제적이고, 광범위하며 그 상징적 의미가 크다. 그러므로 공공조직에는 보다 높은 차원의 대응성과 책임성과 공정성이 요구된다고 할 수 있다.

셋째, 내부 구조와 과정이다. 공공조직은 민간조직에 비해 훨씬 다양하고 애매모호한 목표들을 가지고 있는데, 그 목표들은 측정되기도 어렵고, 종종 서로 상충하기도 한다. 즉, 사회적 형평성은 효율성만큼이나 중요하고, 공적인 권위(또는 정당성)는 붕괴되거나 약해지기 쉽다. 또한 일반적으로 공공조직은 무사안일주의, 경직성, 변화(혁신)에의 저항, 책임의 전가 등으로 민간조직에 비해 그 성과가 낮다.

넷째, 인사관리이다. 공·사조직 간에는 조직의 목표, 계층제적인 권한, 성과의 성격, 인센티브 구조 등에서 차이가 난다. 공공조직은 조직의 목표가 애매모호하고 계량화하기가 어려워 조직구성원의 개별적인 성과 측정이 용이하지 않다. 이는 성과관리의 어려움을 예견하게 하며 동시에 감독과 통제는 물론 조직구성원 개인의 입장에서도 동기부여가 상당히 어려울 수밖에 없는 요인으로 작용한다.

위의 공공조직과 민간조직의 비교에서 설명한 내용을 중심으로 공공(행정)조직의 특성을 요약하면 다음과 같다.

첫째, 행정은 국가의 일이며 국가는 영속적이기 때문에, 공공조직은 민간조직에 비해 그 존립이 훨씬 영속적이라고 할 수 있다.

둘째, 민간조직은 그 기본전제가 시장에 경쟁이 존재하기 때문에 주체가 다수라는 것이지만 공공조직은 독점적이며, 자기의 고유한 업무 분야나 영역이 보장되어 있다.

셋째, 공공조직의 구성원인 공무원들은 민간조직, 특히 사기업의 구성원인 종업원들보다는 훨씬 안정된 신분보장이 되어 있다.

넷째, 공공부문은 민간부문보다 훨씬 다양한 이해관계와 가치들이 상충되고 조정되기 때문에, 공공조직은 민간조직에 비해 다른 조직 또는 개인들로부터 관심과 간섭을 많이 받는다.

다섯째, 공공조직은 민간조직에 비해 훨씬 강력하고 광범위한 법적 권한과 강제력을 동원할 수 있는 공적인 권위를 가지고 있다.

2. 조직이론 이해의 필요성과 전개 과정

현대 조직이론은 행정학, 경영학, 사회학, 정치학, 심리학 등 다양한 학문영역에서 발전되어 왔다. 그러므로 조직이론에서는 이러한 다양한 학문영역 간의 논리적인 연결체계나 이론적 흐름을 명백하게 규명하는 것이 매우 어렵다. 이러한 이유로 본서에서는 오늘날 가장 일반적으로 사용되고 있는 왈도(Waldo)의 구분법인 고전적 조직이론, 신고전적 조직이론, 현대적 조직이론으로 구분하였다. 조직을 분석하는 방법은 조직 내의 규칙성에 기초를 두는데, 조직이론가들은 이러한 규칙성을 찾아내고, 정의를 내리고, 측정하고, 이용 가능하도록 만드는 노력을 한다.

1) 조직이론 이해의 필요성

행정에 있어서 조직이론을 통한 비판적 이해는 다음 같은 측면에서 필요성이 있다.

첫째, 조직이론은 행정의 규범과 대치될 때, 그 규범과 관계된 가치들이 실제에 있어서는 실천되고 실현되기 어려운 이유를 설명해 준다.

둘째, 조직이론이 제시하는 가치를 명백히 이해함으로써, 우리 자신이 조직 내에서 요구받는 묵시적인 규범들을 이해할 수 있게 되며, 또한 다양한 조직문제의 해결책도 제시해 준다.

2) 조직론의 전개 과정

이러한 조직론의 전개 과정을 보면, 사회현상의 본질에 대한 질서-갈등의 가정과 과학의 본질에 대한 주관주의-객관주의의 가정에 따라 조직론은 [그림 5-1]과 같이 기능주의, 해석주의, 비판주의, 갈등주의의 패러다임으로 구분된다(Burrell & Morgan, 2000: 21-35; 최창현, 1996: 43-46에서 재인용).

그러나 여기에서는 조직이론 구분의 가장 보편적인 기준인 고전적 조직이론, 신고전적 조직이론, 현대적 조직이론으로 구분하고자 한다. 이러한 구분은 조직이론가들에게 비교적 잘 수용되고 있다. 다만, 1950년대 이후에 조직이론은 그 발달이 매우 복잡하고 다양하게 전개되고 있기에 비교적 대표적인 이론들을 중심으로 소개한다.

그림 5-1 조직론의 패러다임

	변화(갈등)의 사회학		
주관주의적 접근방법	비판주의, 반조직이론	갈등주의, 지배, 착취체제	객관주의적 접근방법
	해석주의, 현상학적, 상징적 · 상호작용이론	기능주의, 관료제론, 다원주의 · 행태주의	
	규제(질서)의 사회학		

출처: Burrell & Morgan(2000: 21–35) 참조해서 재구성.

3. 조직이론의 유형

1) 고전적 조직이론

(1) 과학적 관리론

테일러(Taylor)는 『과학적 관리의 원칙』에서 조직관리에 있어 '유일한 최고의 방법'이 있으며, 이를 발견하기 위한 시간 측정(time measure)과 동작 연구(motion study)의 중요성을 강조하고 있다. 테일러의 과학적 관리론(Scientific Management School)은 조직구성원을 조직이라는 기계(Machinery)의 하나의 부품(Cog)으로 간주하면서 어떻게 하면 그들의 생산력을 극대화할 수 있을까에 주된 관심을 갖는다. 이러한 측면에서 테일러는 조직에 있어서 계획과 집행을 분리해서 논의한다. 계획은 최고관리자들의 역할이며 이러한 계획에 의한 세부집행을 조직구성원들이 수행하는 것으로 본 것이다. 그렇기에 계획하는 목표가 잘 달성될 수 있기 위해서는 생산요소인 조직구성원들의 시간과 동작 관리를 잘 해주어야 하고 작업 성과에 영향을 미칠 수 있는 작업환경과 근무조건 등을 적절하게 통제해야 한다고 믿었다. 이러한 테일러의 과학적 관리론은 인간관에 있어서는 X이론(성악설)의 입장을 견지하고 있으며, 이념적 가치는 기계적인 능률성을 강조한다.

과학적 관리론에 있어 테일러의 관리론은 인간이라는 생산요소와 작업조건 등의 물리적 환경에 주로 초점을 맞춘 반면, 포드의 관리론(Ford System)은 개별적인 인간의 육체적 능력의 한계를 극복할 수 있는 방법을 고민하였다. 그러한 결과 유동성 작업(컨베이어 벨트)을 고안함으로써 조직 내의 동시적 관리를 제안하였다. 또한 포드는 경영이 이윤추구보다는 사회봉사의 수단이 될 수 있다고 주장했으므로 포드의 관리론은 백색사회주의라고 불리기도 한다.

이러한 과학적 관리론은 당시 미국 산업의 시대적 요구를 반영함으로써 급속히 보급되었으나 기계적이고 경제적인 능률성을 지나치게 강조함으로써 과정이나 절차상의 민주성 등에 대한 논의를 경시하는 권위주의적인 조직관리가 만연하게 하는 문제점을 만들어 냈으며, 조직 내 인간의 심리적인 측면에 대한 논의를 배제함으로써 향후 새로운 조직관리에 대한 연구가 필요해지는 계기도 제공했다고 평가할 수 있다.

(2) 행정관리론

행정관리론은 여러모로 과학적 관리론과 유사하며, 이 이론이 지배하던 시기를 행정원리의 시대(The Days of Principle)라고도 한다. 그러나 위에서 설명한 과학적 관리론이 조직을 '밑에서부터' 연구해 들어갔다고 한다면, 행정관리론은 '위로부터'의 조직합리화를 추구하였다. 페이욜(Fayol)은 경영자로서 자신의 경험을 바탕으로 조직관리자들이 준수하여야 할 일반원칙 14개(분업, 권한과 책임, 규율, 명령통일, 지휘통일, 개인이익보다는 전체이익 중시, 보상, 집권화, 계층제, 질서, 형평성, 신분안정, 솔선수범, 단체정신)를 제시하였다. 그는 관리자가 되기 위해서는 관리자로서 갖추어야 할 부분에 대한 전문적인 훈련이 필요하다고 주장하였다.

페이욜의 생각은 귤릭(Gulick), 어윅(Urwick) 등의 연구를 통해 행정관리론으로 발전하였다. 행정관리론은 명령통일의 원칙, 통솔범위의 원칙, 예외의 원칙, 일치의 원칙, 부성화의 원칙, 조정의 원칙, 계선과 막료의 원칙, 집권과 분권의 원칙, POSDCoRB의 원칙 등 다양한 행정관리의 원칙들을 제시하였다(장인봉, 2022). 행정관리론자들은 기획과 조정과 통제를 관리자의 가장 중요한 활동으로 생각하였으며, 조직의 공식목표나 구조와 같은 공식적 측면의 합리화를 추구하였다.

(3) 관료제론

베버는 조직의 전형적인 특성을 관료제로 보았다. 오늘날 관료제론이라고 부르는 것은 바로 이 이념형(Ideal Type)에 기초한 특성들을 중심으로 하는 조직에 대한 분석을 의미한다.

베버(Weber)는 18세기 이후 서구사회의 근대화, 산업화 과정에서 만들어진 대규모 공공조직들의 공통된 속성을 살펴보고 합리적이고 효율적이며 이상적인 조직 형태로서 관료제에 대한 이념형(ideal type)을 설정하였다. 베버의 관료제 모형을 설명하기 위해서는 먼저 권위의 정당성을 기준으로 도출된 지배유형을 살펴볼 필요가 있는데, 베버는 이를 전통적 지배, 카리스마적 지배, 합법적 지배로 구분하고 있다.

일반적으로 관료제란 계층제적인 대규모의 구조를 가지고 있는 합리적・능률적인 조직이다. 이념형으로서의 합법적 또는 합리적 관료제의 대표적인 구조적 특징은 다음과 같다.

첫째, 피라미드 형태의 계층구조를 취하고 있으면서, 계층 간에 명확한 명령・복종 관계 및 지휘・감독 관계가 존재한다.

둘째, 권한이 명확하게 정해져 있다. 계층제 속에서 각 직위의 권한이 법률과 규정에 의해 정해져 있으며, 관료제의 지배원리는 합리적 절차에 따라 제정된 법규 및 규칙이다.

셋째, 공・사의 명확한 구분이다. 공공사무는 민간사무와 구별된다. 즉, 공공사무는 가치중립적이고 비인격적인 성격을 띠며, 관료는 법규에 따라 공정하게 업무처리를 수행한다.

넷째, 전문화이다. 모든 직무는 전문성 있는 관료가 담당하는 것을 의미하며, 관료의 전문화는 결국 전문성을 가진 관료의 충원을 가능하게 할 뿐만 아니라 이들의 전문성을 통한 업무능률 향상을 기대하게 한다.

다섯째, 문서화의 원리이다. 이러한 문서화는 결국 직무수행의 공식성과 객관성을 확립하고 직무수행 결과의 보존을 통해 업무의 지속성을 유지케 하는 장점을 가진다.

2) 신고전적 조직이론

신고전적 조직이론은 조직을 일련의 의사결정 장치로 본다. 즉, 조직목표를 달성하기 위한 일련의 선택으로서의 의사결정을 위한 장치라고 본 것이다. 여기에는 인간관계론과 의사결정론(= 행정행태론)이 포함된다.

(1) 인간관계론(Human Relations Theory)

인간관계론은 1920년대의 호손공장(Hawthorne Plant Electric Company) 실험을 통해 메이요(Mayo) 등에 의해 제안되었다. 하바드대 경영대학원의 메이요 교수는 호손공장에서의 실험을 통해 공식적인 조직 내에 비공식조직이라고 불리는 자생집단이 존재한다는 것을 알게 되었다. 이러한 비공식조직이 존재하는 이유가 결국은 공식적인 조직에서 인간성이 상실되고 소외되어 감으로써 갖게 되는 감정이나 자기만족을 스스로 추구하고자 하는 노력에서 비롯된 것으로 파악하고 이러한 비공식적 조직이 모든 조직에서 오히려 공식적인 계층제의 원리보다 더 크고 중요한 영향력을 가질 수 있다는 것을 확인하였다. 인간관계론은 조직의 구성원을 감정이나 자기만족을 충족하고자 하는 인간으로서의 본성에 초점을 맞추고 논리를 전개하며, 그러한 측면에서 대인관계의 중요성하에서 조직 내의 다양한 사회적 관계를 분석한다. 이러한 인간관계론은 과학적 관리론이 기계적 능률성을 강조하는 반면에 사회적 능률성을 주창한다.

그러나 인간관계론은 인간의 사회심리적 측면을 지나치게 강조했으며, 직무만족에 주된 관심을 가졌고, 폐쇄체제의 범위를 벗어나지 못했으며, 인간의 존엄성보다는 관리자를 위한 도구로서의 역할을 벗어나지 못하고 있다는 비판을 받고 있다(윤재풍, 1985).

(2) 의사결정론(Organizational Decision Theory)

인간관계론에서는 개인에 대한 문제에 지나치게 집착한 나머지 조직과 개인이 협력할 수 있다는 가능성만 제시했지 경험적으로 납득할 만한 혹은 개념적으로 분명한 여러 사실들을 포착하지 못했다. 이에 따라 사이먼(Simon)은 심리학 분야에서 사용되어 온 의사결정론에 입각해 의사결정을 조직과 개인이 협력하여 조직을 발전시키고 문제를 해결해 나가는 과정으로 본다. 이러한 의사결정과 관련해서 가장 많이 논의되고 있는 것이 합리성(Rationality)이라는 개념이다. 합리성은 그 본질적인 특성상, 즉 다의적인 개념이고 상대적인 개념이기에 추구하거나 달성하기가 매우 어려운 것이 사실이다. 따라서 조직이 추구하는 의사결정의 최적화 내지 합리화는 불가능하고, 수용가능한 수준에서 조금 개선되는 정도면 된다는 만족화를 행동원리로 한다. 이러한 제약의 극복이 조직에서 의사결정의 기본과제인 것이다.

합리성은 조직 내에서는 세 가지 측면에서 제한된다. 이를 '제한된 합리성(Bounded Rationality)'이라고 한다. 첫째, 합리성은 완전한 지식과 그 전제하에서 각 의사결정이 가져올 결과들이 미리 예측될 것을 요구한다. 그러나 인과관계를 설명해 줄 수 있는 이론이나 지식은 항상 충분하지 못하다. 둘째, 의사결정이 가져올 결과들이 시간적인 지향점에서 미래이기 때문에 우리는 그 결과들이 가지는 효용성(즉, 가치)도 예측할 수밖에 없다. 그러나 가치라고 하는 것도 매우 애매모호하고 불확실한 것이기에 우리는 불완전하게 논의할 수밖에 없는 것이다. 셋째, 합리성은 논의될 수 있고 선택될 수 있는 모든 대안들 중에서 최적의 대안을 선택하기를 요구한다. 그러나 실제로는 모든 가능한 대안들 가운데서 오직 몇 개만이 고려될 뿐이다. 달리 말하면, 합리성은 무의식적 습관과 기술, 가치와 목표 개념, 그리고 정보와 지식의 크기에 의해 제한을 받는다는 것이다.

이러한 합리성 제한의 결과 모든 가능한 대안들 가운데서 최적의 대안을 모색하기보다는, 그저 현상을 조금 타개할 수 있는 정도의 대안을 모색하게 되고 그 안에서 의사결정을 함으로써 만족하게 된다. 의사결정은 모든 행동의 시작이고 조직은 이러한 의사결정의 네트워크이다. 조직으로서는 의사결정의 제약을 극복하기 위해서 조직목적을 상 · 하위 목적에 열망 수준을 마련하여 체계화하고 의사결정의 부분적 최적화를 가능하게 하며 이에 따라 다양한 목적의 추구와 경합 목적의 타협에 의한 공존을 꾀한다. 또한 의사결정에 필요한 정보나 대안의 탐색활동을 효율화하기 위해서 상시적이고 규범적인 사항에 관해서는 행동 프로그램을 준비하고 학습이나 환류작용(Feedback)을 통해 점진적으로 개선한다.

3) 현대적 조직이론

최근에 등장한 조직이론들은 환경의 불확실성을 전제로 조직과 환경의 관계를 강조하고 그에 대한 논의를 전개한다. 물론 이러한 현대적 조직이론은 기존 조직이론들의 주요 내용을 일부는 받아들이고 일부는 변화 및 발전시켜 온 것이라고 할 수 있다. 여기에는 후기인간관계론, 체제이론, 상황이론을 비롯하여 가장 최근의 조직군생태학이론, 자원의존성이론, 조직경제학, 전략적 선택이론, 신제도이론 등의 거시조직이론 그리고 무정부 조직이론이 포함될 수 있다. 여기에서는 대표적으로 체제이론, 상황이론 그리고 거시조직이론에 대해서만 살펴본다.

(1) 체제이론(System Theory)

사이먼이 행정행태론을 출간할 즈음 서로 관계는 있지만 뚜렷이 구별되는 새로운 조직이론으로 체제이론이 등장하였으며, 체제이론은 공식적 · 체계적으로 구성된 인간의 복합체인 조직을 하나의 물리적 · 생물학적 체제와 유사한 특성을 갖는 체제(System)로서 인식하는 접근법이다(박연호 외, 2000: 66). 그러나 체제이론은 독립된 조직론이라기보다는 과학적 방법론이라고 할 수 있다. 이러한 체제이론에 의해 인식하는 공식조직(Formal Organization)은 다음과 같은 몇 가지 일반적인 특징을 갖는다.

첫째, 각각의 체제는 다른 체제와 상호작용하며, 전체 체제 속에서 하나의 체제는 상위체제이면서 동시에 하위체제일 수 있다.

둘째, 전체 체제 속의 각각의 하위체제들은 다른 체제들과 구별되는 데 이는 경계가 있기 때문이다.

셋째, 조직은 갈등과 협동이 수반된 내·외부의 여러 가지 관계에 의해 특징지어지며, 조직 내·외적 환경에 따라 권위나 책임이 변화하는 정도에 의해 그 힘을 발휘하는 시스템이고, 또 다원적인 채널을 통해 활동 결과에 관한 환류작용에 의하여 미래의 활동·결과에 영향을 준다.

넷째, 조직은 하나의 살아 있는 유기체(Organism)라고 할 수 있으며, 이는 조직 내의 각 직위와 직무가 조직 내에서 유기적으로 연계될 뿐만 아니라 조직 운영의 전 과정도 결국 유기적으로 연결됨으로써 살아 있는 유기체처럼 보여지는 것이다.

다섯째, 하나의 체제는 환경과 상호작용을 하는 개방체제일 수도 있고 또는 환경과 상호작용하지 않는 폐쇄체제일 수도 있다. 여기서 환경은 조직의 존립이나 목표실현을 위해 의존하는 여러 자원이나 조건들을 마련해 준다.

체제이론은 각 부문 간 역할의 개념을 강조함으로써, 각 부문 간의 여러 관계들을 확인하고 설명할 수 있도록 해준다. 반면에 체제이론에 대한 비판의 가장 중요한 것은 추상적 개념의 물화(物化), 즉 객관적인 사물화에서 발생하는 문제점이다. 추상적인 문제나 현상을 객관적인 사물처럼 명확하게 이해할 수 있는지는 근본적으로 의문이라는 한계가 있다.

(2) 상황이론(Contingency Theory)

상황이론은 조직과 환경이 어떠한 상호관계를 가지고 있는지 그리고 이들 양자간에 어떠한 상호관계가 성립될 때 조직의 효과성이 높아지는지에 초점을 맞추는 이론이다.

상황이론이란 조직관리에 있어서 모든 상황에 적합한 단 하나의 최고의 방법은 존재하지 않고 환경에 의해 판단되는 최적의(Best-Fit) 조직관리방법만이 존재한다고 본다. 그러므로 환경으로부터의 요구와 지지에 가장 적합한 조직이 가장 잘 적응할 수 있고 그럼으로써 성장 및 발전할 수 있다는 이론이다. 이 이론은 추상적인 체제이론을 구체화하는 중범위(Middle Range)이론으로서 조직의 구조와 효과성에 영향을 미치는 환경의 상황요인을 규명하려 한다. 대표적 학자로는 로쉬(Lorsch), 갈브레이스

(Galbraith), 톰슨(Thompson) 등을 들 수 있다. 이러한 상황이론은 개방-합리 모형에 속하는 구조적·합리적 상황적응이론으로서 조직의 목표지향성을 인정한다. 이와 달리 개방-자연 모형에 속하는 전략적 상황이론(Strategic Contingency Theory)은 환경적 요인의 영향을 인정하면서도 조직은 참여자의 이해관계가 서로 다른 연합체(Coalitions)이며 조직구조는 정치적 투쟁의 결과라고 주장하고 조직구조에 관한 정치적 설명을 하고 있다.

상황이론은 전통적인 접근방법보다 훨씬 복잡하고 세련된 내용을 담고 있어 조직론의 과학성을 높이는 데 기여하였다. 또한 상이한 상황에서 효과적인 조직설계·기획·통제 등을 할 수 있게 도움을 주었다. 그러나 다음과 같은 한계를 보이고 있다.

첫째, 조직과 상황 간의 적합성에만 관심을 집중할 뿐 그 적합성을 위한 방법론에 대한 구체적인 논의가 부족하다. 둘째, 과학적이고 체계적인 이론으로서의 개념의 명확화가 부족하며 관련 상황변수 사이의 적합도를 판단할 정확한 기준을 가지고 있지 못하다. 셋째, 내용상의 포괄성과 상세성이 부족하다는 중범위이론의 본래적인 한계를 지닌다. 넷째, 거시적 관점의 조직안정성과 기본적 목표를 경시할 수 있고, 행정조직의 경우에는 대국민 신뢰성, 법적 규제성 등으로 상황 변동의 대응에 한계가 있다.

(3) 거시조직이론(Macro Organization Theory)

조직이론은 그 분석 단위에 따라 개인을 연구하는 미시조직이론과 조직 전체 차원을 연구하는 거시조직이론으로 분류된다. 미시조직이론은 개인의 행동과 태도를 연구하는 행태론이며, 거시조직이론은 조직의 목표, 구조, 업적평가, 조직문화, 조직혁신 등이 구체적인 연구 대상이다.

애스트리(Astley)와 반드반(Van de Ven)은 조직이론을 결정론적 혹은 임의론적 지향성 그리고 개별 조직 혹은 조직군 수준이라는 두 개의 상호배타적인 차원에 의해 자연적 선택 관점(Natural Selection View), 집단적 행동 관점(Collective Action View), 체제-구조적 관점(System-Structural View), 전략적 선택 관점(Strategic Choice View) 등의 네 가지 관점으로 구분한다(김인수, 1999: 33). 애스트리와 반드반의 조직이론 분류체계는 그 간결성과 다양한 거시조직이론을 명확하게 분류하고 있다는 점에서 인정받고 있다.

조직에 관한 대부분의 이론은 조직 내부적인 효율성만이 아니라 환경과의 관계에서 적절하게 대응하고 적응하기 위한 조직관리의 제반영역에 있어서의 적정도를 유지함으로써 궁극적으로 조직의 생산성과 건전성을 도모하는 것이 연구의 주된 초점이라고 할 것이다. 이러한 측면에서 조직구조와 환경 간의 관계에 대한 연구인 거시조직이론은 상당히 중요한 의미와 해결책을 제시할 수 있다.

제2절 조직구조와 환경

조직환경(Organizational Environment)은 조직의 경계 밖에 존재하는 모든 것이라고 할 수 있다. 이러한 환경과 조직과의 관계는 정태적인 환경보다는 동태적인 환경이 조직에 더 중요한 의미와 영향을 가진다.

1. 조직구조의 의의

조직구조는 조직구성원들의 상호작용에 일정한 질서나 유형을 부여하기 위해 설계되는 것으로 조직 내 업무의 흐름(Work Flow)이라고 할 수 있다. 즉 조직을 구성하는 각 기능 부문 간의 정립된 관계 유형이라고 할 수 있다. 이러한 조직구조를 설계하는 데 있어서 기본변수와 상황변수가 영향을 미치게 된다. 기본변수에는 공식화, 집권화, 복잡성이 있으며, 상황변수에는 규모, 기술, 환경, 권력작용, 조직연령, 전략 등이 있다.

그림 5-2 조직구조의 기본변수와 상황변수

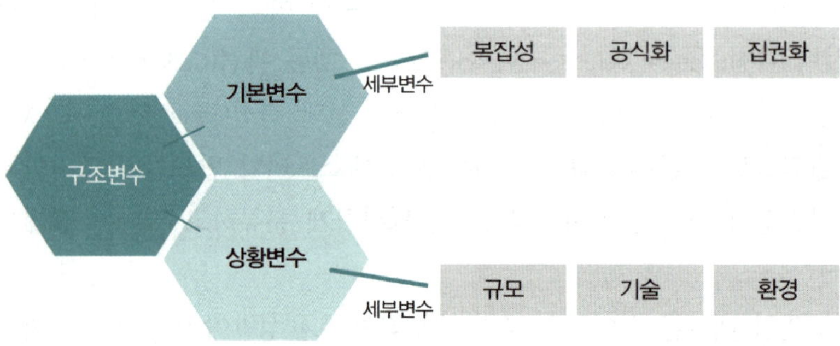

2. 조직구조의 기본변수

1) 공식화

공식화는 조직 내에서의 표준화(문서화 포함) 수준을 말하는 것으로, 명문화 정도를 의미한다. 직무의 공식화 수준이 높다는 의미는 직무 담당자의 재량권이 낮다는 것을 의미하고, 직무의 공식화 수준이 낮다는 의미는 반대로 담당자의 재량권이 높다는 것을 의미한다.

2) 집권화와 분권화

집권화는 조직 내 의사결정의 집중도를 의미하는 것으로 일반적으로 집권이란 의사결정의 권한이 상위기관 또는 상급자에게 체계적으로 집중되어 있는 것을 의미하며, 분권이란 의사결정 권한이 하위기관 또는 하급자에게 분산되어 있는 것을 의미한다(〈표 5-2〉 참고).

표 5-2 집권화와 분권화의 비교

	집권화	분권화
형성 요인	① 조직이 규모가 작을 때 ② 신설 조직일 때 ③ 조직의 위기 상황일 때 ④ 조직 운영이 특정한 개인의 리더십에 의존할 때 ⑤ 하급자의 자주적인 관리능력이 부족할 때 ⑥ 특정한 활동의 전문화가 필요할 때 ⑦ 결정사항의 중요도가 높을 때 ⑧ 상급자나 상급기관에 정보가 집중될 때 ⑨ 조직 밖의 통제가 집권적일 때	① 최고관리자가 장기기획이나 정책문제에 집중할 때 ② 업무의 신속성이 요구될 때 ③ 조직 내에 관리자를 육성하고 동기부여의 분위기가 강할 때 ④ 조직의 규모가 커져 복잡성이 더해질 때 ⑤ 조직이 급격한 기술 발전을 수용하고 대량생산 체제를 갖추려 할 때 ⑥ 지역의 특수성이나 시기의 적절성을 고려하고자 할 때 ⑦ 분권화를 이루려는 관리자가 있을 때
장점	① 통일성 촉진으로 업무효율 향상 ② 전문적 기술의 활용가능성 향상 ③ 경비절감 ④ 위기대처능력 향상 ⑤ 행정의 중복, 혼란, 분열 방지	① 대규모 조직에 효용이 크며, 최고관리층 업무감소 ② 신속한 업무처리 ③ 참여의식 권장과 자발적 협조 유도 ④ 탄력적인 업무수행 ⑤ 의사전달 개선으로 인간관계와 사기 고무
단점	① 관료주의 및 권위주의 경향 초래 ② 형식주의화하여 실효성 저해 ③ 획일주의화로 탄력성 상실 ④ 부하의 창의성 · 자주성 · 혁신성 억제	① 중앙의 지휘감독 약화, 업무중복 초래 ② 협동심 감소와 조정이 어려워짐 ③ 전문화 및 전문직의 기술활용도 어려움

3) 복잡성

복잡성이란 조직 내 과업의 분화 정도를 의미하며, 이러한 복잡성의 증대는 조직의 효과성을 저해할 우려가 있다. 그러므로 조직의 관리자는 효율성을 높이기 위해 과업의 분화를 증대시켜야 하지만 동시에 그로 인한 비효율성을 관리하기 위한 조정 및 통제에도 주의를 기울여야 하는 것이다.

3. 조직구조의 상황변수

1) 조직규모

조직의 구조에서 첫 번째로 논의할 수 있는 것이 바로 조직의 규모이다. 일반적으로 조직규모가 커질수록 구성원과 과업이 늘어나므로 과업은 더욱 세분화되며 단위부서는 차별화된다. 즉, 조직구성원들의 수가 증가함에 따라 새로운 관리자들이 존재하게 되며, 또한 관리자들을 관리하는 상위 관리자들이 등장함에 따라 위계질서가 형성된다. 즉 조직의 규모가 커질수록 관리계층이 더욱 정교화되고 구체화되는 것이다.

2) 조직기술

기술이란 조직에서 필요로 하는 지식 · 과정 · 방법 등을 말한다. 기술의 특성은 현실적 · 객관적이며 환경의 상태에 의하여 결정되지만 사회적으로 결정되거나 조직 참여자의 시각에 따라 동일한 업무에서도 획일성 또는 다양성, 예측불가능성 · 복잡성 또는 확실성 · 단순성 등 어느 쪽에 치중할 수도 있다. 조직은 구조설계, 기획 · 통제활동, 충원 · 훈련 · 동기부여, 의사결정 과정 등에 걸쳐 극히 다양한 사회적 · 행태적 기술을 활용하고 있다.

3) 조직환경

던컨(Duncan, 1972)은 지각이라는 개념을 이용하여 환경의 불확실성을 연구하면서 환경의 불확실성은 두 가지 차원, 즉 정태성 · 동태성이라는 차원과 단순성 · 복잡성이라는 차원으로 이해할 수 있음을 밝혔다. 톰슨(Thompson, 1967)은 환경을 안정-불안정, 동질-이질의 두 가지 차원으로 나누고 이 두 차원의 조합에 따른 조직의 최적구조를 제시하였다. 결국, 조직구조는 이러한 조직의 규모 · 기술 · 환경 · 역사 · 권력 등과 같은 여러 상황변수들로 결정된다.

표 5-3 구조변수 간의 관계

상황변수 / 기본변수	규모 클 때	기술(일상적)	환경	
			확실(안정)	불확실(불안정)
복잡성	높음(복잡)	낮음(단순)	전문화 낮음 계층화 커짐	전문화 커짐 계층화 낮음
공식성	높음	높음	높음	낮음
집권성	낮음(분권)	상관관계 약함	높음(집권) → 관료제화	낮음(분권)

출처: 위계점 · 이원희(2010: 633)와 김일(2009: 285) 참고해서 정리.

이러한 구조변수 간의 관계는 〈표 5-3〉과 같다.

4. 조직구조의 설계

상이한 조직구조는 사람들로 하여금 다른 방식으로 행동을 하게 만든다. 그러므로 조직구조를 설계하는 사람은 자신이 속해 있는 조직이 달성하고자 하는 것이 무엇인가에 대해서 분명하게 이해하고 있어야 그 조직에 적합한 조직구조를 설계할 수 있으며 다음과 같은 기본적인 문제에 대해 고민해야 한다.

1) 분화의 정도

조직이 성장함에 따라 가장 중요한 조직설계의 과제는 조직 전체의 활동을 어떻게 분화할 것인가의 문제이다. 분화는 분업의 정도 혹은 전문화를 확립하고 통제하는 과정이라 할 수 있다. 단순조직에서는 한 사람 혹은 소수의 사람에 의해서 모든 조직과업이 수행되어 분업의 정도가 낮기 때문에 분화의 정도가 낮다. 반면에 복잡한 조직에서는 분업과 분화의 정도가 모두 높다. 그리고 분화의 정도가 높아질수록 그에 상응하여 조정이나 통제의 필요성이 커진다.

2) 분화와 통합의 균형

수평적 분화는 조직의 효과를 창출하고 생산성을 제고하기 위해서 조직구성원들을 전문화하는 것이다. 그러나 수평적 분화가 잘못되면 의사전달이 어려워지고, 부서이기주의가 만연해질 수도 있다. 이러한 수평적 분화의 문제점을 극복하기 위해 요구되는 것이 바로 통합 또는 조정의 기능이다. 통합이란 조직 내의 분리된 기능이나 부서에서의 조직행동을 하나의 조직목표에 일치되도록 하는 노력 및 그 과정을 의미한다. 조직 내의 분화가 제대로 이루어지기 위해서는 통합과 조정이 제대로 작동해야 한다.

3) 집권화와 분권화의 균형

조직은 원활한 조직관리를 위해서 권한의 계층제를 형성한다. 권한의 계층화는 조직 내 개인 권한의 내용을 명확하게 해주고 조직구성원들이 그들의 활동에 대해서 책임감을 갖도록 해준다. 권한을 부여한다는 것은 다른 사람에게 책임을 지울 수 있는 권력과 조직자원의 사용에 대한 의사결정의 권리를 조직구성원에게 제공하는 것이다. 즉, 조직이 효과적으로 운영되기 위해서는 집권화와 분권화가 균형을 이루어야 한다.

4) 표준화와 상호조정의 균형

조직의 규모를 막론하고 모든 조직이 직면하는 과제 중의 하나가 표준화와 상호조정이 균형을 이룰 수 있는 조직구조를 설계하는 것이다. 표준화란 특정 상황에 적합하다고 생각되는 이상적인 기본모델을 설정해 놓는 것이고, 이러한 표준화는 조직구성원들의 행태를 예측할 수 있게 해준다. 상호조정이란 그때그때의 상황에 따라 당사자들의 판단에 의존해 이루어지는 일종의 타협이라고 할 수 있다.

5) 공식조직과 비공식조직의 균형

조직은 규범과 과업체계라는 공식적인 관리와 함께 비공식적인 사회적 관계를 통해서도 영향을 받는다. 실제로 비공식조직은 조직 성과를 향상시킬 수도 있다. 조직설계에 대한 새로운 접근방법에서는 동기부여를 촉진하기 위해서 비공식조직의 힘을 인식해야 하고, 조직 성과의 개선을 위해서 조직구성원이 이용할 수 있는 비공식적 통로를 제공해 주어야 한다고 주장하기도 한다. 물론 조직 내의 주요 통제 메커니즘은 공식조직이다. 하지만 비공식조직의 의미와 중요성도 적극적으로 고려해야 한다. 조직과업의 달성 수단으로 비공식조직을 이용할 것인가 이용하지 않을 것인가를 결정하는 것도 조직설계 시 고려해야 할 과제이다.

제3절 조직행태

1. 조직행태의 본질

조직은 본질적으로 효과적인 조직활동을 추구하려고 한다. 그런데 이러한 활동은 근본적으로 조직을 구성하는 인간들을 통한 것이다. 즉, 조직을 구성하는 인간들의 행동은 전체로서의 조직행동으로 이어지며, 이러한 행동의 결과로서의 산출을 통해 조직의 목표를 달성하게 되는 것이다. 따라서 조직 내 인간에게 조직목표를 향한 바람직한 행동을 유발시킬 수 있는 인간관리의 방법이 요구된다.

1) 조직행태의 인과모형

인간행태의 인과모형에 관한 설명은 '자극-반응' 인과모형에서 시작할 수 있다. 이 전통적인 인과모형에서 인간의 행동은 어떠한 자극 상황에 의해 결정된다는 뜻이다(Secord & Backman, 1964: 577; 윤우곤, 1999: 365).

그러나 자극-반응이라는 고전적 견해는 인간을 지나치게 단순하게 인식하고 있다. 정신분석학파와 인본주의적 견해에 따르면 인간행태의 근원은 자극 상황보다는 인간 내적 요인에 있다고 한다. 즉, 똑같은 자극 상황에서 동일한 행동을 보이는 것이 아니라는 점에서 인간의 행태는 자극 상황 그 자체에서 유발되는 것이 아니라, 자극 상황을 받아들이고 상호작용하는 인간의 의지에 의해 결정된다는 것이다.

2) 인간행태의 주요 내용

첫째, 지각(perception)이다. 사람들은 동일한 상황을 겪으면서도 서로 다른 반응을 보이는 경우가 많다. 즉, 상황을 어떻게 받아들이는가에 따라 동일한 상황에서도 다른 행동을 보이게 된다. 이렇게 상황을 어떻게 인지하는가에 관한 문제가 바로 인간의 인지 과정에서 중요한 요소를 차지하는 지각에 관한 문제이다. 외부로부터의 자극을 선택·조직화한다는 것은 객관적 판단보다는 주관적 심리 상태에 의한다는 것을 말한다. 이와 같이 지각은 개인이 외부로부터의 자극을 어떻게 선택하고 조직화하고 해석하는가에 따라 다른 행동·반응을 보이기 때문에 조직행태 연구에서 중요한 의미를 갖는다.

둘째, 학습(learning)이다. 학습이란 개인의 행동 변화를 이끄는 경험을 통해서 지식을 습득해 가는 과정이라 할 수 있으며, 이는 비교적 영속적인 행동 변화를 의미한다. 이러한 정의에 따를 때, 학습은 다음과 같은 특징을 갖는다(Costello & Zalkind, 1963: 205). ① 학습은 행동의 변화를 일으키게 한다. ② 행태의 변화는 비교적 영속적으로 지속되어야 한다. ③ 학습이 되기 위해서는 반드시 어떤 습관과 경험을 필요로 한다. ④ 학습이 되려면 습관과 경험이 강화되어야 한다.

셋째, 동기(motive)이다. 조직관리상 동기의 의미에 관해서는 여러 학자들이 다양한 견해를 제시하고 있지만, 결국 세 가지 주제, 즉 ① 인간의 행동을 작동시키는 것은 무엇인가?(What energizes human behavior?), ② 그러한 행동을 일정방향으로 이끄는 것은 무엇인가?(What directs and channels such behavior?), ③ 그렇게 작동된 행동은 어떻게 유지되고 계속되는가?(How is this behavior maintained or sustained?)에 관심을 집중하는 것이라고 할 수 있다(Steers & Porter, 1991: 6). 동기는 이 세 가지 모두를 구성요소로 포함한다.

2. 동기부여

1) 동기부여의 기본과정

동기화된 사람들은 동기화되지 않은 사람들에 비해 그들의 직무수행 시 보다 더 많은 노력을 기울이게 된다. 이 말은 기본적인 명제로 받아들여지지만, 여기서 동기화되는 것이 어떠한 것인지는 알려주지 못한다. 욕구는 생리적·심리적·사회적 욕구 모두를 포함하게 되는데, 동기유발의 기본과정은 이러한 욕구의 결핍에서 비롯된다(Robbins, 1985; 김남현, 1985: 48). 욕구가 결핍되면 인간에게 긴장 상태가 발생하는데, 이 같은 긴장 상태는 개인 내부에 충동을 촉진한다. 이에 따라 결핍을 충족시키려는 수단을 탐색하게 되며, 탐색을 통한 목표지향적인 행동으로 욕구가 충족되고 나면 긴장완화 상태로 이어진다.

2) 동기부여이론: 내용이론

내용이론은 인간에게 동기를 유발시키는 것이 무엇인지에 초점을 맞춘다. 여기에서는 욕구계층이론, ERG이론, 욕구충족요인이원론, X · Y이론을 중심으로 살펴본다.

(1) 머슬로의 욕구계층이론

머슬로(A. H. Maslow)는 인간의 기본욕구가 다섯 계층의 공통적인 욕구로 계층화되어 있다고 가정하였다. 머슬로의 욕구계층이론은 인간의 기본적 욕구를 거의 다 망라하여 파악하고 이를 계층별로 분류하고 관계를 설명함으로써 인간의 욕구에 대한 개념 틀을 제시해 주고 있다.

그러나 이러한 머슬로의 욕구계층이론은 타당성에 관한 실증적 연구에서 많은 부분 부정적 결과를 보이고 있다(Wahba & Birdwell, 1976; Porter, 1964; Locke, 1976). 첫째, 하위욕구가 충족되었다고 해서 반드시 그다음 단계의 욕구가 발현되지는 않는다는 것이다. 둘째, 모든 인간에게 욕구계층이 항상 같지는 않고, 조직의 규모, 근무지, 직위에 따라 달라질 수 있다는 것이다. 즉, 인간의 욕구는 상황에 따라 동태적으로 변화할 수 있다는 것을 의미한다. 셋째, 욕구가 엄격히 계층 순서에 따라 진행된다는 것도 모순으로 지적할 수 있다.

그림 5-3 머슬로의 욕구계층이론

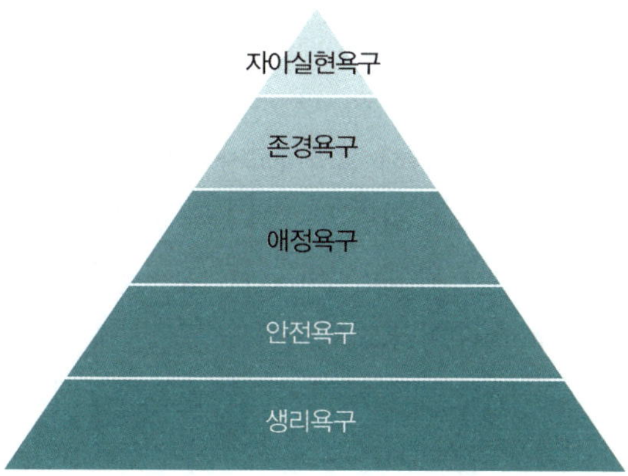

(2) 앨더퍼의 ERG이론

앨더퍼(Alderfer)의 ERG이론은 머슬로의 욕구계층이론의 한계를 보완하고자 하였는데, 그 내용은 다음과 같다(윤우곤, 1999: 465-468; 박내회, 1989: 156; 오석홍, 1990: 303; 이학종, 1984: 117-118).

첫째, ERG이론은 욕구를 생존욕구(existence needs), 사회적 관계욕구(relatedness needs), 성장욕구(growth needs) 등의 세 가지로 분류하였다. 머슬로의 욕구계층과 비교하여 보면, 생존욕구는 머슬로의 생리욕구와 안전욕구의 일부가 포함되며, 사회적 관계욕구는 머슬로의 애정욕구 전체와 안전욕구, 존경욕구의 일부가 포함된다. 마지막으로 성장욕구는 존경욕구의 일부와 자아실현욕구로 구성된다.

둘째, 머슬로는 다섯 가지 욕구 중 가장 우세한 하나의 욕구에 의해서 하나의 행동이 유발된다고 보았지만, 앨더퍼는 두 가지 이상의 욕구가 동시에 작용하여 복합적으로 하나의 행동을 유발한다고 주장하여 개인행동을 좀 더 현실적으로 설명하였다(Schneider & Alderfer, 1973).

셋째, 머슬로는 하위의 생리욕구에서부터 상위의 자아실현욕구까지 욕구의 상향적 진행만을 주장한 반면에, 앨더퍼는 욕구 좌절로 인한 하향적 회귀도 설명하고 있다.

ERG이론의 타당성에 대한 실증적 연구는 그다지 많지 않기 때문에 구체적인 평가를 내리기는 힘들다. 다만, 머슬로나 후술할 허즈버그의 이론에 비해 만족→진행, 좌절→후퇴의 동기유발 이중구조를 설명함으로써 보다 더 실제적이라고 할 수 있다.

(3) 허즈버그의 욕구충족요인이원론

심리학자인 허즈버그(Herzgerg, 1959; 1966)의 욕구충족요인이원론은 조직관리의 입장에서 조직구성원들의 동기에 관해 설명하고자 하였다. 허즈버그는 직무만족과 관련되는 요인이 있고, 직무불만족과 관련되는 요인이 있다고 주장한다.[1] 여기서 허즈버그는 불만족과 관련된 요인을 위생요인(hygiene factors)이라고 하였고, 만족을 유발하는 요인을 동기요인(motivators)이라고 하였다.

1) 이 이론은 미국 피츠버그(Pittsburgh)의 기업체에 근무하던 계리사와 기술자들을 대상으로 실시한 면접(interview)에 기초하며, 이 같은 면접에서 수집된 응답을 범주화하여 만족스러운 요인과 불만족스러운 요인 간에는 유의한 차이를 보인다는 것이다.

표 5-4 허즈버그의 욕구충족요인이원론

욕구충족 정도		미충족 100% ← 0 → 100% 충족
전통적 견해	모든 요인	불만족 ↔ 만족
허즈버그 견해	동기요인 (성취감, 성장감, 인정, 칭찬, 자율, 책임부여)	동기없음 ↔ 동기유발
	위생요인 (작업조건, 임금, 상사와 관계, 신분안전, 제도, 규정)	불만많음 ↔ 불만없음

(4) 맥그리거의 X · Y이론

맥그리거(McGregor)의 X · Y이론은 머슬로의 욕구단계이론을 바탕으로 하여 개인과 조직의 통합을 위해 인간관을 두 가지로 구분하였다. 즉, 전통적 관리를 정당화시켜 주는 인간에 대해 부정적인 시각을 가지고 있는 인간관을 X이론, 이에 대한 새로운 인간관으로 제안한 것을 Y이론이라고 한다.

X이론의 기본전제는 첫째, 대부분의 인간들은 게으르고 일하기를 싫어하고 둘째, 이들은 야심도 별로 없고 책임지기를 싫어하며, 지시에 따르기를 좋아한다. 셋째, 변화에 대해서 싫어하여 저항하며, 넷째, 자기중심적이고 조직 요구에 무관심하다는 것이다. 맥그리거는 이러한 인간관하에서는 두 가지 관리 방식이 있다고 한다. 그 하나는 달래가면서 이끄는 것이고, 다른 하나는 강제하고 통제하며 처벌로써 이끌어야 한다는 것이다. 실제 전통적 조직관리 방식은 이러한 인간관에 근거하여 강력하고 엄격하게 통제하는 방식 위주였다고 할 수 있다.

Y이론의 기본전제는 첫째, 인간이 반드시 일하기를 싫어하는 것은 아니며, 만족감을 가지게 될 경우 자연적으로 일하려고 한다. 둘째, 사람들은 반드시 조직 요구에 수동적이거나 반항적이 아니고, 셋째, 자기 행동을 스스로 규제하고 적절한 상황에서는 책임을 지려는 욕구까지 있다. 넷째, 사람은 물질적 욕구만 있는 것이 아니고 자기실현욕구 충족을 위해 도전을 시도한다. 이러한 인간관에 의한 관리 방식은 조직목표와 개인목표를 조화시키고, 경제적 보상과 더불어 인간적 보상을 해주고, 상관과 부하의 관계를 상호의존적 관계로 만드는 민주적 리더십과 권한위임을 형성하여야 한다.

표 5-5 맥그리거의 X · Y이론 비교

X이론(성악설)	Y이론(성선설)
• 인간은 본질적으로 악하다 • 인간은 본능적으로 행동한다. • 인간은 강제적으로 동기화된다. • 인간의 본성은 경쟁적이다. • 개인이 가장 중요하다. • 인생관은 현실적이다. • 인간은 본질적으로 일을 싫어한다.	• 인간은 본질적으로 선하다 • 인간은 자율성에 따라 행동한다. • 인간은 자발적 협력에 의하여 동기화된다. • 인간의 본성은 협동적이다. • 집단이 가장 중요하다. • 인생관은 낙천적이다. • 인간은 본질적으로 일을 하고 싶어한다.

3) 동기부여이론: 과정이론

내용이론이 주로 어떠한 요인이 동기유발을 하는가에 관심을 두는 데에 비하여 과정이론은 인간의 행동이 어떠한 과정을 통해 동기유발되는가에 중점을 둔다. 즉, 과정이론은 동기 과정을 구성하는 요인들과 동기화시키는 방법에 관해서 관심을 갖는다. 여기에서는 대표적인 모형인 공정성이론(equity theory)과 기대이론(expectancy theory)을 살펴본다.

(1) 공정성이론(Equity Theory)

애덤스(Adams, 1963)는 다음과 같은 가정하에 그의 공정성이론을 제시하고 있다. 첫째, 조직구성원은 직무 성과에 부합되는 공정한 보상을 받을 것이라는 믿음을 가지고 있다. 둘째, 조직구성원은 자신의 노력에 대한 보상과 타인의 그것을 비교하는 경향이 있다는 것이다. 셋째, 직무 성과에 대한 보상에 있어서 공평하게 대우받으려는 욕망이 조직구성원들로 하여금 동기를 갖게 한다는 것이다.

공정성은 조직 내 개인이 그의 투입에 대한 산출이 다른 사람의 것과 동등하게 느낄 때 갖는 감정이고, 불공정성은 자신의 것이 다른 이들의 그것보다 크거나 적다고 느낄 때의 감정이다. 일반적으로 개인은 불공정한 상황에서 세 가지 정도의 행동유형을 보이게 된다.

첫째, 투입의 변화이다. 투입이란 개인의 직무에 대한 기여를 말하며, 교육훈련, 노력, 기술, 경험 등이 포함된다. 둘째, 산출을 변화시키기 위해 노력하는데, 산출이란 보상 또는 인정감과 같은 직무수행으로부터 받는 대가를 의미한다. 즉, 봉급 인상이나 더 나은 직책을 요구한다. 셋째, 준거인물의 교체이다. 준거인물은 비교 대상으로 자신과 같은 조직에 있을 수도 있고, 다른 조직에 있을 수도 있다. 이러한 노력에도 불공정성이 해소되지 않을 경우, 결근율이 높아지거나 결국 이직을 하게 된다.

공정성이론은 조직에서 공정한 보상이 얼마나 중요한지를 확인시켜 준 데서 그 이론적 의의가 크며 실제로 그러한 내용은 많은 실증연구에서도 입증되고 있다(Cosier & Dalton, 1983; Moorhead & Griffin, 1992: 158-159).

(2) 기대이론(Expectancy Theory)

기대이론은 동기유발을 다양한 변수를 가지고 매우 포괄적으로 설명함으로써 과정이론에서도 대표적인 이론에 속한다. 여기에서는 대표적으로 브룸(Vroom, 1964)의 이론과 포터와 롤러(Porter & Lawler, 1968)의 이론에 관하여 살펴본다.

욕구, 만족, 동기유발에 기대감(expectancy)이라는 개념을 도입한 브룸의 기대이론은 다음과 같은 내용을 포괄하고 있다. 첫째, 노력을 통해 성과를 이룰 것이라는 가능성의 지각으로서 노력과 성과 간의 연결을 기대감이라고 한다. 둘째, 특정 수준의 성과 달성에서 그에 상응하는 보상이 주어질 것이라고 믿는 정도로서 업적과 보상 간의 연결을 수단성이라 한다. 셋째, 직무수행을 통해 받을 수 있는 잠재적인 보상에 대하여 개인이 느끼고 있는 행동의 결과에 대한 매력을 유의성이라고 하며, 기대이론에서는 매우 중요한 개념이다.

그림 5-4 브룸의 기대이론

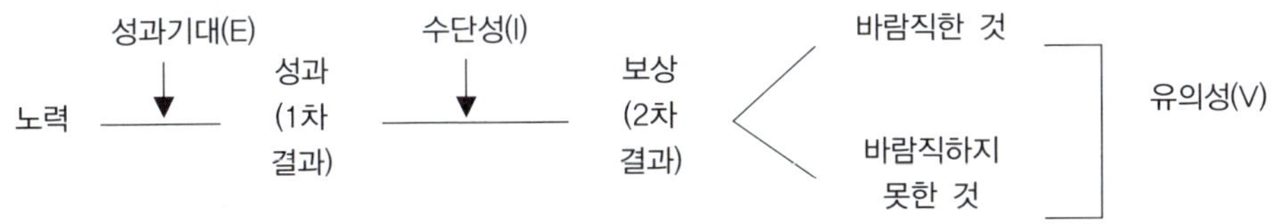

- E(성과기대) : 성과에 관한 신념
- I(수단성) : 2차 성과인 보상을 획득하기 위한 수단
- V(유의성) : 보상에 대한 열망의 강도

브룸 이론은 내용이론과는 달리 동기유발에 있어서 개인의 차이와 직무동기유발의 복잡성을 인정하고 그 과정을 체계화시키려 한다는 점에서 평가를 받고 있지만, 바로 그 복잡성 때문에 실무사회에서는 제대로 적용되지 못하고 있다는 한계가 있다(윤우곤, 1999: 472).

포터와 롤러(Porter & Lawler, 1968)는 브룸의 기대이론에 대한 보완을 통하여 좀 더

그림 5-5 포터와 롤러(Porter & Lawler, 1968)의 기대이론

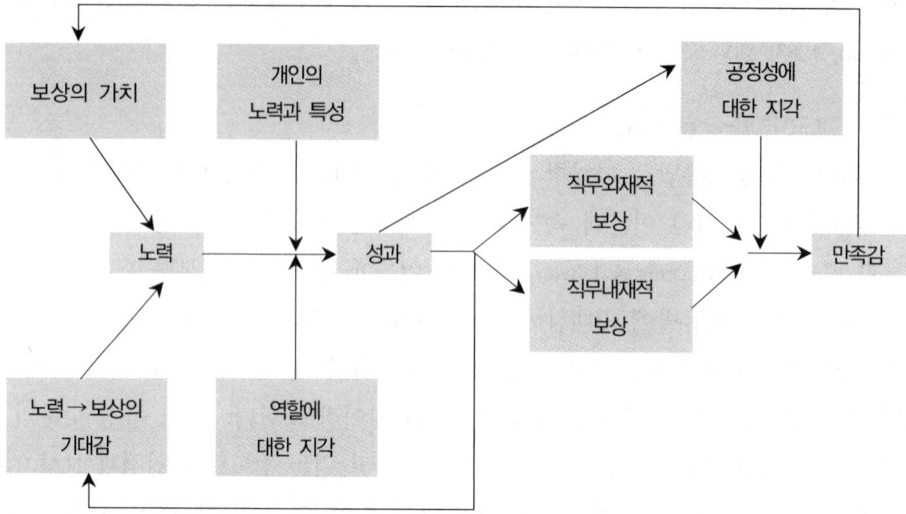

세련된 모형을 제시하고 있다.

포터와 롤러의 이론은 보상에 대한 매력과 노력이 성과를 높인다는 점에서 브룸의 이론과 맥을 같이 한다. 그러나 포터와 롤러의 이론은 몇 가지 점에서 브룸의 이론과 차이를 보이고 있다. 첫째, 브룸은 만족과 성과 간의 관계에 관하여 언급하지 않았지만, 포터와 롤러는 성과가 만족을 결정한다는 관계를 제시하고 있다. 둘째, 포터와 롤러의 이론에서는 근무 성과는 그 구성원의 노력이나 능력 이외에 성격 및 역할 인지에도 영향을 받는다고 한다. 셋째, 구성원은 본인이 받는 보상과 다른 구성원이 받는 보상을 비교하고 그것이 공정하다고 느낄 때 만족하게 된다.

3. 리더십(Leadership)

리더십은 조직의 성공을 위한 가장 중요한 요인이라고 할 수 있으며, 그렇기에 여기에서 우리는 몇 가지 의문점을 가지게 된다. 즉, 어떠한 사람이 리더가 되는가? 리더의 어떠한 행동이 효과적인가? 리더의 특성이나 행동이 상황에 따라서 어떻게 다른가? 하는 점이다. 이에 리더십의 개념을 정의하고, 리더십의 조직관리에서의 기능을 살펴보고, 리더십이론을 그 발전 단계에 따라 특성론과 행태론, 상황론을 중심으로 정리한다.

1) 리더십의 의의

리더십에 관한 연구는 오랫동안 사회과학의 다양한 분야에서 연구되어 왔다. 리더십에 관한 조직이론의 전개는 다양한 관점을 통해 논의되고 있는데, 대체로 다음의 세 가지 측면을 중심으로 분류할 수 있다.

첫째, 리더십에 대한 초기 논의에서는 주로 리더의 개인적 특성 및 자질에 초점을 두었다. 즉, 리더가 지니고 있는 특성에 기초하는 리더십이론이 특성론이다.

둘째, 효과적인 리더가 행동하는 데에 어떠한 방법이 있는가 하는 점에 관심을 두는 행태론을 들 수 있다. 여기서는 리더의 어떠한 행동유형이 효과적인가에 초점을 둔다.

셋째, 상황론이다. 환경의 불확실성과 동태성이 점점 커짐에 따라 하나의 조직 상황만이 존재하는 것도 아니고 하나의 보편타당한 리더십만 존재하는 것도 아니기에 결국은 상황에 맞는 리더십이 중요할 수밖에 없다는 것이다.

리더십의 개념은 다양하게 정의할 수 있지만, 일반적으로 리더가 조직구성원에게 미치는 영향력이나 과정이라고 할 수 있다.

리더십: 리더가 조직구성원에게 미치는 영향력이나 과정

리더십은 일반적으로 다음과 같은 특징을 갖는다.

첫째, 리더십은 일정한 방향, 즉 집단이나 조직의 특정한 목표 달성에 초점을 맞추고 있다.

둘째, 다른 개인이나 집단에 영향을 미치는 것이며, 일반적으로 이러한 영향력은 강제적인 영향이기보다는 비강제적인 방법이 사용된다. 이러한 특성이 일반적인 지시자(dictator)와 리더를 구분 짓는 요소이다.

셋째, 다른 개인이나 집단에 영향을 미치는 원천은 공식적인 직위에서부터 나올 수도 있지만, 공식적인 조직구조 이외에서 나올 수도 있다. 왜냐하면 모든 리더가 관리자는 아니며, 또 관리자가 모두 리더는 아니기 때문이다. 이와 같은 내용은 리더십의 핵심적인 요소와 연결된다. 즉, 리더의 영향을 받는 추종자들은 리더에게 자발적인 추종을 한다는 것이다.

넷째, 리더십의 작용은 일방향적인 것이 아니라 쌍방향적인 것이다(Greenberg & Baron, 1997: 434). 비록 리더는 다양한 방법으로 그들의 부하들에게 영향을 주지만, 한편으로는 리더도 부하들에게 영향을 받는다. 사실상, 리더십은 추종자와의 관계(relation)에서 존재하는 것이다. 왜냐하면 추종자가 없는 리더는 있을 수 없기 때문이다.

위와 같은 특징을 가지고 있는 리더십은 헤드십(headship)과 명확히 구분된다. 첫째, 리더십은 공식적이든 비공식적이든 영향력을 행사하는 것임에 반해서 헤드십은 공식적·법적 지위에 근거한 권한을 행사하는 것이다. 둘째, 리더십은 부하직원들과의 쌍방향적 관계에서 행사되는 것에 비하여 헤드십은 계층적 지위에 의존하여 일방향적인 지시의 형태로 행사된다. 셋째, 리더십은 자발적인 추종에 근거하는 것이지만, 헤드십은 지시에 따르는 강제적 구속력을 가진다. 그러나 이와 같은 구분은 절대적인 것이 아니며, 실제에 있어서 공식적인 지위에 있는 리더가 리더십을 발휘하는 경우 두 가지 특성이 혼재될 수도 있는 것이다.

표 5-6 리더십과 헤드십의 비교

구분	리더십	헤드십
권한행사	• 반드시 공식적 지위에 근거하지 않고 영향력을 행사	• 공식적·법적 지위에 근거한 권한을 행사
관계	• 추종자와의 쌍방향적 관계	• 계층적 지위에 의존하여 일방향적인 지시의 형태
성격	• 자발적인 추종에 근거	• 지시에 따르는 강제적 구속력

2) 리더십이론

리더십이론의 주요한 초점은 결국 '효과적인 리더'이다. 리더십이론은 이에 대하여 대체로 세 가지의 접근법으로 구분할 수 있다. 여기에서는 리더십에 관한 세 가지 접근법, 즉 특성론과 행태론 그리고 상황론으로 구분하여 그 내용과 이론적 공헌 및 한계에 관하여 살펴본다.

(1) 특성(자질)론

리더십을 연구하였던 초기 심리학자들의 주된 관심은 리더와 비(非)리더를 구별케 하는 특성을 찾아내려는 노력에 맞추어졌다. 이러한 리더로서 갖추어야 할 특성으로 제시되는 특성은 크게 키·체격·외모 등의 신체적 특성, 지위·학벌·출신가문 등의 사회적 배경, 결단력·판단력·언변 등의 지성, 독립성·자신감·공격성 등의 성격, 성취욕구·지속성·책임욕구 등의 과제 관련 특성, 감독능력·사교성·성실성 등의 사회적 특성으로 구분할 수 있다.

특성론은 리더십과 일관성 있게 관련되는 특성을 확인하려는 노력을 기울였지만, 다음과 같은 문제점을 제시할 수 있다.

첫째, 공통적이고 일관된 리더의 특성을 찾아내지 못하였고, 여러 가지 특성들 간에 상대적 중요성을 규명하는 것이 불가능하다.

둘째, 부하들의 특성·욕구를 무시하였고, 상황적 변수를 고려하지 않았다.

이와 같은 특성론의 이론적·실제적 한계에 따라 1940년대 이후 리더십에 관한 새로운 연구가 모색되기 시작했으며, 1960년대 중반까지는 주로 리더의 행태에 대한 연구가 중점적으로 이루어지게 되었다.

(2) 행태론

리더십에 대한 행태론적 접근방법(behavior approach)은 조직의 효과성을 높이기 위해 조직구성원들을 이끄는 지도자의 행태를 중점적으로 강조하는 이론이다. 효과적인 리더는 그렇지 못한 리더나 추종자들에 비해 뚜렷한 행태적 차이점이 있다는 것이다.

연구자들은 특히 이러한 행태론적 접근을 통하여 실무적 시사점을 도출할 수 있기를 기대하였다. 즉, 리더십의 중요한 행동적 결정요인을 찾아낸다면 리더가 될 수 있는 훈련을 시킬 수 있을 것이기 때문이다. 이 같은 이론에 기여한 대표적 연구들은 다음과 같다.

첫째, 오하이오 주립대학교의 연구이다. 1940년대 말에서부터 1950년대 초반 사이에 오하이오 주립대학교에서 실행된 리더십에 관한 연구는 리더 행동을 범주화하여 행동유형을 분류하고자 하였다(Fleishman, Harris & Burtt, 1955). 이 연구에서는 무수한 리더의 행동을 범주화하여 최종적으로 두 가지의 독립적인 차원(independence dimension)으로 집약하였는데, 그 하나는 구조주도(initiating structure)이고 다른 하나는 배려(consideration)이다. 이러한 오하이오 주립대학교의 연구 이후 리더의 구조주도와 배려가 효과성에 어떠한 관계를 가지는가에 대한 많은 연구가 있었으며, 양쪽이 모두 높은 유형이 정(正)의 결과를 나타내었으나 뚜렷한 일관성을 보이지는 못하였다.

그림 5-6 오하이오 주립대학교의 리더십 연구

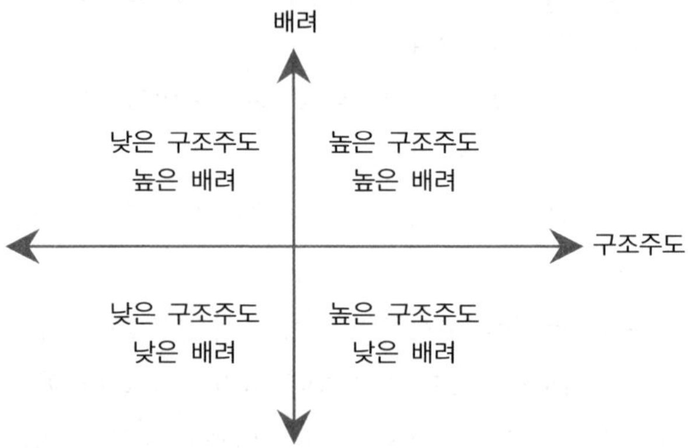

둘째, 미시간 대학교의 연구이다. 미시간 대학교의 연구에서도 리더의 행동을 종업원지향적(employee oriented)과 생산지향적(production oriented)이라는 두 가지 차원으로 구분하여 설명하고 있다(Likert, 1961). 이 연구에서의 결론은 종업원지향적인 리더의 행동유형이 생산지향적인 리더의 행동유형보다 더 높은 생산성과 높은 직무만족을 나타낸다는 것이다. 그러나 이러한 연구 결과는 상황에 따라 적합한 리더의 행동이 가지는 의미와 효과를 고려하지 못하고 있다는 문제가 있다.

셋째, 관리그리드 모형이다. 블레이크와 머튼(Blake & Mouton, 1964)은 리더십 유형에 관한 두 가지 차원을 인간에 대한 관심과 생산에 대한 관심으로 구분하여 이를 각각 9단계의 범위로 격자(grid)로 만든 개념 틀을 개발하였다. 블레이크와 머튼의 연구의 결론은 단합형의 리더십 유형이 가장 높은 성과를 창출한다는 것이다. 그러나 실질적인 실증자료는 그렇게 많지 않은 실정이다.

(3) 상황론

1960년대 이후 환경의 중요성이 인식됨에 따라 특성론과 행태론은 모두 리더나 부하에 주로 초점을 맞추었고 상황에 대한 고려가 없다는 비판에 직면하게 되었고 이렇게 등장한 이론이 상황이론이다. 여기에서 상황이란 그가 속해 있는 조직의 목표와 성격, 규모, 역사, 유형, 발전의 정도, 그리고 구성원들의 자질과 행동, 기대와 욕구 등을 의미한다(장인봉, 2022). 여기에서는 피들러(Fiedler, 1967)의 상황적합이론을 살펴본다.

피들러의 이론에 의하면 조직의 성과는 리더십의 유형과 상황 간의 적절한 결합 여부에 좌우된다고 한다. 피들러는 리더의 유형을 분류하는 데에 측정도구로 LPC(the least preferred co-worker)를 개발하여 과업(task)지향적 리더와 관계(relation)지향적 리더로 구분하였다. 또한 효과성에 영향을 주는 세 가지 상황변수를 분류하였는데, 그 내용은 다음과 같다.

① **리더와 부하의 관계**: 부하들이 리더에 대하여 가지는 신뢰, 신임 및 존경의 정도

② **과업구조**: 과업목표는 명확히 설정되었는가, 과업목표를 달성하는 데 필요한 절차는 뚜렷이 설정되었는가의 정도

③ **직위권력**: 직위에 부여된 권력적 요소[2]의 행사가 갖는 영향력의 정도

피들러의 상황적합이론은 효과적인 리더십을 위해서는 조직의 상황을 적극적으로 고려해야 한다는 시사점을 조직과 리더십에 제시해 주었다는 학술적·실제적 의미가 크다. 그러나 몇 가지 문제점도 가지고 있다. 첫째, 상황변수들이 복잡하고 측정하기 어렵다는 점, 둘째, 부하들의 특성은 거의 고려되지 않고 있다는 점, 셋째, LPC 측정도구의 타당성의 의문(Moorhead & Griffin, 1992: 264) 등의 비판이 제기되고 있다.

2) 이러한 권력에는 채용, 해고, 징계, 승진, 임금인상 등과 같은 것이 포함될 수 있다.

CASE STUDY 사례 1

환경청 신설

1979년 12월에 보건사회부의 환경관리국 조직이 환경청으로 독립될 수 있었던 것은 사회적 환경의 압력이 주원인이었다. 한국경제는 개발과정에서 성장일변도의 정책을 추구하여 왔기 때문에 기업의 비용(cost)을 증가하여 경쟁력을 약화시키는 환경보존에 대한 투자는 시기상조의 부국(富國)적인 발상이라고, 기업과 정부는 환경보존에의 투자를 의도적으로 외면해 왔다. 1970년대 말에 들어와서 1960년부터 20년간 49.8%의 인구증가, 28%에서 57.3%로 증가한 도시화의 진전과 더불어 산업상의 공해로 인한 환경오염정도가 심각해져 중요한 사회문제로 부각되기 시작하였다. 1978년 서울의 아황산가스의 오염도는 0.084PPM으로서 캐나다의 토론토(0.009), 서독의 프랑크푸르트(0.020), 일본의 도쿄(0.016) 및 미국의 뉴욕(0.018)보다 최소한 4배 이상 높고 주요수계에 있어서의 수질오염도도 심하여 상수원수로서 부적합하였다. 환경청은 대기 · 수질 및 폐기물 관리 등을 지도 및 규제하기 위하여 6개의 지방지청 조직을 가진 중앙집권적인 조직으로 발족하였다.

출처: 최동규(1991); 최창현(1996: 308)에서 재인용.

CASE STUDY 사례 2

인구부 신설

2024년 7월 1일 정부가 각 부처의 인구정책을 총괄하는 부총리급 '인구전략기획부(인구부)' 신설을 공식화했다. 인구부는 저출생 예산의 사전심의권을 갖게 되고 재정 당국은 특별한 사유가 없는 한 이를 반영해야 한다. 보건복지부, 고용노동부, 여성가족부 등 기존 부처가 관할하고 있는 인구정책 사업과 인력이 어떻게 분할될지도 관심을 끌었지만, 구체적인 정책 및 사업은 각 부처가 그대로 맡기로 했다.

행정안전부 장관은 서울정부청사에서 관계부처 합동 브리핑을 열고 '정부조직법'과 '저출산 · 고령사회기본법' 개정안을 발의하겠다고 밝혔다. 이와 관련 행정안전부 장관은 저출생뿐만 아니라 고령사회 대응, 인력 · 이민 등 인구정책 전반을 포괄할 수 있도록 부 명칭은 '인구전략기획부'로 명명했으며 강력한 컨트롤타워로서 '전략 · 기획 및 조정' 기능에 집중할 수 있도록 경제기획원과 유사한 모델로 설계했다고 밝혔다. 또 출산 · 양육 등 구체적 정책 및 사업은 현행과 같이 각 부처가 담당할 예정이라며 (인구부)는 각 부처의 저출생 사업에 대한 사전 예산배분 · 조정을 실시해 기재부가 예산편성 시 반영할 수 있도록 하겠다고 했다.

우선 정부조직법 개정으로 인구전략기획부를 신설하고 각 부처 간 기능을 조정한다. 인구부 신설로 19개였던 행정각부는 20개로 늘어난다. 기존에 기획재정부가 담당하던 중장기 국가발전전략 중 인구에 관한 사항은 인구부가 맡는다. 또 현행 교육부 장관이 맡고 있는 사회부총리를 인구부 장관으로 변경하고, 인구부는 20여 개 부 중 기획재정부 다음인 두 번째 순서를 차지하게 됐다. 그만큼 신설되는 부서의 중요도를 강조한 셈이다.

출처: 이데일리(https://v.daum.net/v/20240701111205524).

1. 위의 사례에서 환경청 신설과 인구부 신설 추진이 이루어진 각각의 원인을 조직 환경의 유형 중 과업(업무) 환경의 측면에서 구체적으로 제시해 보시오.
2. 만약 조직이 환경의 변화에 적절하게 대응을 하지 못한다면 어떠한 결과가 나타날 수 있을지에 대해서 설명해 보시오.

연습문제

1. 조직의 중요성에 대하여 설명해 보시오.

2. 기술, 환경, 전략이 조직구조에 영향을 미친다는 의미가 무엇인지 설명해 보시오.

3. 하나의 조직을 선택하여 그 조직의 기본 부문을 중심으로 그 조직의 유형이 민츠버그(Mintzberg)의 다섯 가지 조직 유형 중 어떤 유형에 해당하는지를 연구해 보시오.

4. 단순구조가 갖는 단점은 무엇인가? 왜 조직의 규모가 커지면 단순구조가 부적합한지를 설명해 보시오.

5. 관료제에 비해 애드호크라시(Adhocracy)의 유용성이 무엇인지 설명해 보시오.

6. 기계적인 조직구조와 유기적인 조직구조는 각각 어떤 환경에 적합한지에 대해 설명해 보시오.

7. 조직이 복잡해질수록, 분화의 정도가 커질수록 조직 전체 수준에서의 조정활동 및 통합활동의 필요성이 커지는 이유에 대해서 설명하시오.

8. 머슬로의 욕구계층이론과 앨더퍼의 ERG이론 간의 차이점이 무엇인지 설명해 보시오.

9. 브룸의 기대이론과 포터와 롤러의 기대이론 간의 공통점 및 차이점을 설명해 보시오.

10. 실제 조직활동에서 구체적으로 리더의 역할과 관리자의 역할을 구분해 보시오.

제 6 장

인사행정

[학습목표]

1. 인사행정의 개념과 체계를 이해한다.
2. 인사행정의 역사적 전개와 제도적 기반을 이해한다.
3. 인사행정의 운영과정을 이해한다.
4. 인사행정의 복지제도를 학습한다.

학습개요

정부는 정부가 추구하는 목표를 달성하기 위해서 인력과 재정이라는 두 가지 자원을 동원한다. 인사행정(public personnel administration)은 정부 내 인력과 관련된 각종 관리활동을 의미한다. 본 장에서는 인사행정에 대해 이론적, 실무적인 내용을 학습한다.

조직은 사람으로 구성되며, 이들 사람들은 조직의 미래를 결정한다. 좋은 공무원은 좋은 정부를 만들고, 좋은 정부는 좋은 사회와 국가를 만든다. 이렇게 사람과 인력의 중요성 때문에, 이들을 어떻게 관리하는지에 대해서 고민하는 인사행정은 현재 조직관리의 가장 큰 기능 중 하나라고 할 수 있다.

공공부문의 인사행정이 중요한 이유는 정부가 인사행정을 수행함에서 있어 시장과 기업을 규제하는 존재라는 점에서 스스로 타의 모범이 될 수 있는 행동규범을 가지고 인사행정을 수행해야 하기 때문이다. 정부가 실행하는 또는 규제하는 인사관행은 정부 내뿐만 아니라 정부 밖, 즉 시장에 영향을 미친다. 이와 같은 관점에서 볼 때 정부는 시장과 사기업에서 모범을 보일 수 있는 최고의 고용주로서 행동해야 하는 의무를 가진다.

인사행정과 관련된 제도는 역사적 경험을 통해 형성되어 왔다는 점에서 역사성을 가진다. 아울러 체계적인 운영 과정이 존재한다. 최근 인사행정에서 복지제도가 강조되고 있다. 이와 같은 점을 고려하여 본 장에서는 인사행정의 역사적 · 제도적 기반, 인사행정의 운영 과정, 인사행정의 복지제도를 중심으로 학습한다.

제1절 인사행정의 개념과 의의

인사행정(public personnel administration)은 정책 과정의 중심축이 되는 공무원들을 관리하는 일련의 기능 내지 활동 체계로 정의된다.

인사행정(public personnel administration)에 대한 다양한 정의가 존재하는데 일반적으로 인사행정은 정책 과정의 중심축이 되는 공무원들을 관리하는 일련의 기능 내지 활동체계로 정의된다(박천호 외, 2014). 인사행정은 협의적으로 인사와 관련된 내부관리라는 의미를 강하게 갖지만 넓게 해석할 때는 사회적 차원의 인력활동에까지 영향을 미칠 수 있다. 인사행정이라는 용어 자체가 인사행정의 수행 영역, 대상, 방법 등을 포함하고 있다.

첫째, 공공(public)은 소극적으로는 '공공부문(public sector)'에서 인사행정이 이루어진다는 의미를 가지고 있다. '공공'의 의미를 보다 적극적으로 해석할 때 이는 단순히 인사행정이 이루어지고 있는 소재(locus)가 아닌 인사행정이 추구해야 하는 목표로서 공적 가치(public value)나 공공성(publicness)의 의미로 받아들일 수 있다.

둘째, 인력(personnel)은 인사행정이 관리하고자 하는 대상(object)과 관련된다. 인사행정은 특정 조직에 고용된 사람들의 집합인 인력(a body of persons usually employed in organization)을 대상으로 한다.

관리의 대상인 인력을 어떻게 바라볼 것인가는 인사행정의 전체적인 방향을 결정하는 중요한 요소이다. 인력을 조직목표 달성을 위한 단순한 수단(means)으로 보는 경우 생산성이 강조되며 인력의 효율적 활용이 강조된다. 반면 인간을 목적(goal)으로 보는 경우 관리 과정에서 인간이 가진 독특한 욕구와 관심사에 관심을 가지며 이들을 배려하는 활동이 강조된다.

셋째, 관리(administration)는 공적 영역에서 인력을 대상으로 수행되는 활동을 의미한다. 관리의 어원을 보면 ad(to)+ministratio(give service)의 의미를 가진다는 점에서 인사행정에서 관리는 기계적 관리보다는 서비스 지향성을 가진다고 볼 수 있다. 이와 같은 관점에서 볼 때 인사행정에서의 관리(administration)는 경영에서의 관리(management)와 용어상 동일하게 번역되지만 전자는 공공에 대한 서비스의 의미가, 후자는 물적 자원으로서 인력에 대한 기계적 관리의 의미가 강하다.

> 공공부문의 인사행정은 민간부문의 인적자원관리와 (1) 이념과 가치, (2) 인력의 특성, (3) 제도적 제약, (4) 환경영향 측면에서 차이가 발생한다.

인사행정(public personnel administration)은 민간부문의 인적자원관리(human resource management)와 다음과 같은 점에서 차이가 난다.

첫째, 먼저 인사행정과 인적자원관리는 추구하는 이념과 가치가 다르다. 전자가 민주성을 강조한다면 후자는 능률성을 강조한다. 인사행정은 국민의 의사를 반영하여 국민에게 반응하고 책임지는 행정, 아울러 모두에게 동등한 평등을 강조하는 반면에, 인적자원관리는 적은 투입으로 산출을 극대화하는 관리를 강조한다. 따라서 인사행정에서는 효율적이지 않지만 민주적인 평등을 강조하는 제도들이 운영되는데, 공무원 채용 시 장애인, 저소득 계층에 대한 일정한 가산점을 주는 것은 그 예가 될 수 있다. 그렇다고 해서 인사행정이 능률성을 배척하는 것은 아니며 상대적으로 민주성을 강조하면서 능률성과 민주성 양자의 조화를 추구한다.

결과적으로 인사행정은 민주성과 능률성을 동시에 추구하는데 인사행정의 다양한 제도는 이와 같은 행정의 이념을 반영하고 있다. 예를 들어 앞으로 학습하게 될 엽관주의(spoils system), 대표관료제(representative bureaucracy)는 민주성을 대변하는 인사제도이며, 실적주의(merit system), 성과관리(performance management)는 능률성을 대변하는 인사제도이다.

인사행정은 환경 변화에 민감한 개방시스템(open system)이기 때문에 인사행정이 추구하는 이념은 그 시대적 맥락에서 사회구성원들이 어떤 가치를 추구하느냐에 따라 달라진다. 1970년대 후반부터 시작된 신자유주의(neo-liberalism)에 기초한 신공공관리(NPM: New Public Management)는 효율성을 강조하고 있는데 이러한 가치 추구로 인해 공공부문에 성과관리, 계약제 등과 같은 민간분야에 활용되는 관리도구들이 대거 유입되었다. 그러나 2008년 금융위기 이후 이와 같은 효율성 중심의 관리주의가 가지는 한계가 드러나면서 민주성과 공공성을 강화하려는 움직임이 나타나고 있다.

둘째, 인사행정과 인적자원관리는 관리 대상인 인력들의 기본적인 특성에 대한 가정에서 차이를 보이고 있다. 공공부문에 종사하는 인력들은 사적 분야에 근무하는 이들에 비해 이타성과 공익추구 성향이 상대적으로 높다. 휴스턴(Houston, 2006)은 근무하는 조직유형별로 자선활동의 정도에 차이가 난다는 점을 보여준다. 〈표 6-1〉에서 보는 바와 같이 정부조직에 근무하는 이들은 자원봉사, 헌혈, 금전적 기부의 빈도가 민간부문 근무자에 비해 높다. 이와 같은 결과는 공·사 종사자 간에 기본적인 가치와 동기구조가 다를 수 있다는 점을 시사한다. 이처럼 공·사부문 종사자 간 차이가 존재한다면 두 부문의 관리 방식이 상호 달라져야 한다.

표 6-1 직종별 자선활용 빈도

자선활동 \ 직종	정부조직 근무자(N=153)	비영리조직 근무자(N=61)	민간기업(N=679)	χ^2
자원봉사	60.8%(93)	68.9%(42)	43.0%(292)	27.4***
헌혈	26.8%(41)	23.0%(14)	15.2%(103)	12.8***
금전적 기부	88.9%(136)	83.6%(51)	78.3%(531)	9.3***

출처: Houston(2006).

셋째, 인사행정은 인적자원관리에 비해 제도적 제약(institutional constraints)을 많이 받는다. 인사행정은 다양한 법, 규칙, 시행령의 적용을 받는데 공공부문에서 인사행정을 수행할 때 준수해야 하는 법률만 약 200여 개 넘는 것으로 파악되고 있다. 신분보장, 복지, 교육훈련, 윤리까지 인사와 관련된 많은 사항들이 법적으로 규정되어 있다. 인사행정에서 가장 기본이 되는 법은 중앙정부의 경우 「국가공무원법」, 지방정부의 경우 「지방공무원법」이다. 이와 같이 공공부문에 존재하는 제도적인 제약들은 인사행정에서 정치성과 자의성을 배제하는 장치가 되며 법 앞에 평등을 구현하는 데 기여한다. 하지만 때로는 행정행위를 과도하게 제약하여 탄력적 대응을 방해하기도 한다.

넷째, 공공부문의 인사행정은 민간부문의 인적자원관리와 달리 다양한 환경의 영향을 받는다. 민간부문은 경제적 환경의 영향만을 받는다면 공공부문은 경제적 환경뿐만 아니라 정치적 환경, 사회적 환경, 문화적 환경 등 다양한 환경의 영향을 받는다. 또한 공공부문은 이와 같은 다양한 환경의 영향을 받지만 이들 환경에 영향을 주기도 한다. 예를 들어 경제적 환경에서 실업률은 공직에 유입되는 인력의 질에 영향을 주지만 공공부문의 채용 정도는 민간으로 유입되는 인력들의 양과 질을 결정한다.

제2절 인사행정의 체계와 특징

인사행정은 하나의 체계로서 투입, 내적 체계, 산출로 구성되며, 환경의 영향을 받는 개방형 체계이다.

인사행정은 하나의 체제(system)로서 인력계획, 임용, 능력 발전, 동기부여, 통제 등의 활동을 수행한다. 인사행정이 관리활동이라고 해서 단순히 조직 내부의 활동에 머무는 폐쇄적 체제는 아니며, 외부 환경으로 영향을 받고 영향을 줄 수 있는 개방형 체제라 할 수 있다. 따라서 개방형 체제인 인사행정은 환경, 투입, 산출과 커다란 하나의 체계를 이루는데 이들 간 관계구조는 [그림 6-1]과 같다. 인사행정은 개방형 체제이기 때문에 환경으로부터 투입되는 다양한 요소들을 탄력적으로 반영하여 인사행정과 관련된 산출물을 내놓아야 하며, 환경 내 다양한 행위자와 요소의 해석을 통한 환류작용을 통해 다시 인사행정에 영향을 미친다.

그림 6-1 인사행정의 체계

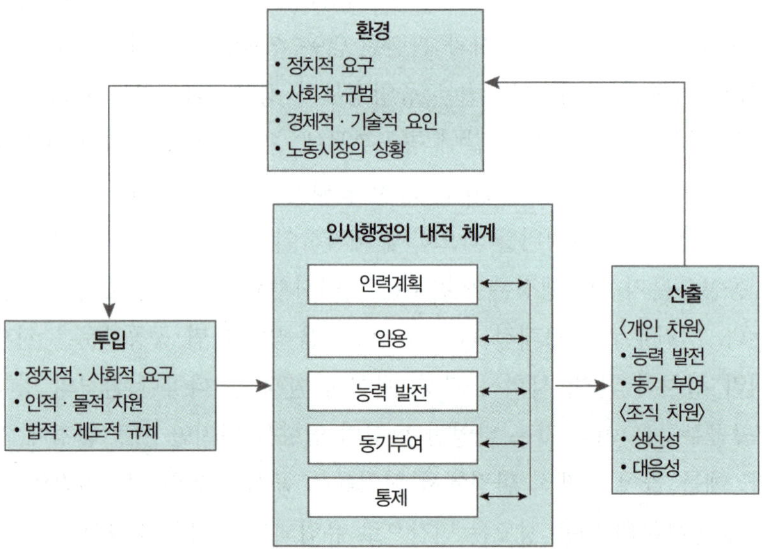

출처: 강성철 외(2022).

인사행정은 개방체제이기 때문에 사회 내 지배적인 가치와 요구를 반영하여야 하는데, 인사행정이 주목하는 지배적 가치는 능률성(효율)과 민주성(평등)이다. 인사행정 활동과 관련 법제도는 이들 대립관계에 있는 가치를 반영하고 있다. 예를 들어 실적주의, 성과주의는 능률성과 효율의 가치를, 대표관료제는 민주성과 평등의 가치를 반영하고 있다. 핵심적인 사회적 가치들은 시대적 맥락에 따라 그 중요도가 변화하기 때문에 인사행정도 이들 가치를 반영하기 위해서 탄력적으로 대응하고 변화해야 한다.

아울러 인사행정은 종합학문과 응용학문의 성격이 강하다. 인사행정은 동기부여를 위해서는 심리학을, 인력계획을 위해서는 노동경제학을, 대외적 환경분석을 위해서는 정치학과 사회학을, 공무원의 윤리규범 정립을 위해서는 철학과 법학 등 다양한 학문적 내용을 기초로 활용하여야 한다. 인사행정은 순수한 이론의 정립과 발전보다는 발견된 이론의 현장활용이라는 성격이 강하기 때문에 응용이 중요하다.

제3절 인사행정의 역사적 배경

1. 직업공무원제

직업공무원제란 우수한 젊은 인재들을 공직에 유치하고 이들이 공직에 근무하는 것을 명예로 인식하고 정년 퇴임 시까지 장기간에 걸쳐 성실하게 근무하도록 하는 제도를 의미한다.

현대 인사행정은 기본적으로 직업공무원제(career civil service system)를 제도적 근간으로 하고 있다. 직업공무원제란 우수한 젊은 인재들을 공직에 유치하고 이들이 공직에 근무하는 것을 명예로 인식하고 정년 퇴임 시까지 장기간에 걸쳐 성실하게 근무하도록 하는 제도이다(강성철 외, 2011). 직업공무원 제도의 가장 큰 특징은 '장기간 신분이 보장되는 평생직장'이라는 것이다. 이와 같은 특징은 일면 '철밥통'이라는 부정적 이미지로서 공직을 떠올리게 하지만, 장기간 신분보장을 통해 근무하는 공무원들에게 충성과 몰입을 유도하고 행정에 지속성과 안정성을 가져올 수 있다는 장점을 가진다.

직업공무원제도의 전통이 수립된 것은 서구에서 중세가 붕괴되고 절대군주들이 막강한 영향력을 행사하는 절대주의(Absolutism) 시대부터이다. 프랑스를 비롯하여 중세 말기 백년전쟁과 같은 대외전쟁은 봉건영주의 몰락을 가져왔고, 신대륙 발견으로 촉발된 대외무역의 성장은 신흥 중상계급의 성장을 가져왔으며 결과적으로 이들 요인들은 왕권의 성장을 가져왔다. 절대군주체제하에서는 봉건영주 붕괴로 인해 중앙집권적인 상비군 체제가 완성되었으며 신대륙 발견에 따른 상업활동에 기반한 상인계층 성장으로 인해 조세수입이 늘어났다. 이에 상비군을 유지하고 국가 재정을 관리하는 데 유능한 '관료'들이 필요하게 되었다. 이들 관료들은 근대적 직업공무원제의 모태가 되었다. 절대군주제하에서 군주는 관료에 대해서 절대적 지배권을 가졌으며 관료는 군주에게 절대적으로 복종했다. 절대적 복종에 대한 대가로 관료들은 신분보장과 급료라는 특권을 보장받게 되었다.

그러나 이와 같은 직업공무원제의 전통은 대륙계를 중심으로 형성되었으며, 영국은 의회민주주의 조기완성으로 절대군주의 성립이 늦어지고 이에 수반하여 상비군을 갖추지 못하였다. 결과적으로 영미에서 직업공무원제의 성립도 늦어졌다. 미국은 엽관주의(spoils system) 전통이 강하여 장기간 공직을 점유하는 직업공무원제가 형성되지 않았다.

서구에 비해 동양의 경우 관료제가 조기에 완성되었기 때문에 직업공무원제의 전통이 서구보다 더 오래되었다고 볼 수 있다. 동양에서 관료제의 기반이 되는 것이 시험에 대한 임용제도인 과거제도이다. 중국은 한(B.C. 206~A.D. 220) 시대에 이미 과거제를 실행하여 관료를 임용하고 계급제에 기반한 관리를 시작하였다. 한국의 경우 고려 광종 때부터 과거제가 도입되었다.

직업공무원제의 성공을 위해서는 유능한 인재가 공직에 유입되어야 하는데 이로 인해 공직에 대한 높은 사회적 평가는 직업공무원제가 성공하기 위한 기본전제가 된다. 직업공무원제는 다음과 같은 특징을 가진다.

첫째, 직업공무원제의 성공을 위해서는 젊고 유능한 인재 확보가 필요하기 때문에 우수한 인재들을 공직에 유치하기 위한 공직 선발시스템과 유인 체계가 필요하다. 공직지원자들이 지원하기를 수동적으로 기다리기보다 적극적으로 찾아가는 '적극적 모집'이 이루어져야 한다. 아울러 선발 시 당장의 업무능력보다는 장기적인 발전 가능성과 잠재력을 고려한 채용이 이루어져야 한다.

둘째, 공무원으로 입직한 이들에 대해서는 강력한 신분보장과 동기유발이 이루어져야 한다. 정권교체나 상황 변화에도 신분이 보장되어야 하며, 적절한 보수와 연금 제도를 통해 동기부여를 하여야 한다.

셋째, 직업공무원들은 제도의 취지상 최하위직에서 입직하여 최상위 계급까지 승진할 수 있도록 보직관리가 이루어진다. 이들의 지속적 성장을 지원하기 위해 중간계급의 신규 인력 입직을 제한할 필요가 있는데 이로 인해 직업공무원제는 폐쇄적 임용체계로 운영된다.

넷째, 장기간 공직근무는 능력의 저하를 가져오기 때문에 능력개발 프로그램이 필요하다. 따라서 직업공무원제하에서는 역량과 경력을 지속적으로 개발시킬 수 있는 장치들이 필요하다.

다섯째, 직업공무원제는 입직자가 장기간 근무를 통해 결과적으로 최종관리자까지 승진하는 것을 특징으로 하기 때문에 이를 고려한 인력활용이 필요하다. 최고관리자는 특정 분야에만 지식을 가진 전문가(specialist)가 아닌 다양한 분야에 지식과 소양을 가진 일반가(generalist)가 되어야 한다. 일반가적인 행정인을 양성하기 위해서는 입직 이후 다양한 업무에 종사할 수 있도록 하는 승진, 배치전환 등 내부임용체계의 적극적 활용이 요구된다.

직업공무원제도는 공무원들에게 내부적으로 직업의식을 확립시키고 시민들에 대한 봉사정신을 제고하며 행정의 지속성과 안정성을 확보하는 데 기여한다. 하지만 폐쇄적 임용, 신분보장, 장기간 재직 등으로 인해 공무원들이 보수화, 특권집단화될 수 있으며, 대외적으로 환경 변화에 대응하지 못하거나 저항하는 관료제의 병폐가 발생할 수 있다. 이울러 직업공무원제하에서는 일반행정가의 양성에 초점을 두기 때문에 전문행정가의 양성이 어렵다는 한계를 가진다.

2. 대표관료제

> 대표관료제(representative bureaucracy)란 공직 구성 시 사회를 구성하는 인구학적 특성을 반영하는 것을 의미하며, 민주주의 가치를 반영하고 있다.

대표관료제(representative bureaucracy)란 공직 구성 시 사회를 구성하는 인구학적 특성을 반영하는 것을 의미한다. 대표관료제의 개념은 1944년 킹슬리(Kingsley)가 발표한 〈대표관료제: 영국 관료제의 해석〉에서 시작되었다. 대표관료제는 소수집단에 대한 임용할당제, 시험 시 가점 부여, 승진·배치·전환 시 우대를 통해 구현된다.

대표관료제에서 대표의 내용과 관련해 학자들 간 의견 차이가 존재한다. 킹슬리는 대표관료제가 사회 내 지배세력을 반영하도록 구성되어야 한다고 주장하였다. 반 라이퍼(Van Riper, 1958)는 대표관료제가 단순히 인구학적 특성을 반영하는 것에 그치지 않고 해당 집단이 가진 정신과 태도까지도 대표해야 한다고 주장하였다. 크랜츠(Kranz, 1976)는 단순 입직뿐만 아니라 입직 후 특정 계급에서 차지는 비율까지도 대표성을 확보해야 한다고 주장하였다.

대표관료제가 정당화될 수 있는 것은 대표관료들의 민주적 책임성 확보에 있다. 공무원들이 시민들에 대한 책임감을 확보할 수 있는 방법은 공무원들이 지켜야 할 의무를 법으로 규정하는 것이다. 이와 같이 외부의 제도적 장치를 통해 공무원의 책임을 확보하는 것을 '외적 책임론'이라고 한다. 그러나 책임을 단순히 법적으로 규정한다고 해서 공무원들이 이를 받아들일지는 의문이다. 왜냐하면 책임감은 개인의 심리적 동의와 공감이 필요하기 때문이다. 킹슬리는 책임의 본질은 제도적 형식에 있는 것이 아니라 심리적인 것으로 관료들이 가진 태도, 감정, 가치에 따라 달라진다고 보고 있다(Kingsley, 1944). 따라서 외적 책임론은 공무원들의 책임성을 확보하는 데 한계가 존재한다. 결과적으로 공무원들이 개인적으로 느끼는 심리적 책임감이 중요하며 특정 집단과 심리적 동질감을 가진 대표관료들의 진입이 정당화된다.

대표관료제의 운영과 관련해 '누구를 대표시킬 것인가? 대표관료제에 의해 선발된 관료들이 출신집단의 이익을 어느 정도까지 대표해야 하는가?'라는 두 가지 쟁점이 존재한다.

먼저 첫 번째 질문과 관련해 대표관료제의 대상이 되는 집단은 사회적으로 소수자 집단들이 되는 경우가 일반적이다. 왜냐하면 다수집단이나 엘리트 집단의 경우 자신들이 가진 자원으로 인해 공직 진출이 자연스럽게 이루어지기 때문이다. 그렇다면 대표의 대상이 되는 소수자는 누구로 할 것인가가 문제되는데 이는 사회적 합의를 통해 도출된다. 미국의 경우 인종적 특성을 반영하며, 한국의 경우 장애인, 저소득층, 지역을 반영하여 대표관료제가 운영되고 있다.

둘째, 대표의 정도와 관련해 대표관료제를 통해 대표관료들이라는 일정 수(數)의 확보에 그쳐야 한다는 수동적 대표설(passive representation)과 대표관료들이 출신집단의 이익을 대변하기 위해서 적극적으로 활동해야 한다는 적극적 대표설(active representation)이 대립하고 있다.

수동적 대표설은 단순히 수로 만족해야 한다고 주장하는데 이유는 일정 수가 대표된 것만으로도 기회의 균등, 사회적 이동성 확보 등의 효과가 있으며 이들 대표관료들이 출신집단에 주는 상징적 의미도 상당하다는 점을 들고 있다. 마이어 등(Meier et al., 1999)의 연구에 따르면 소수자 교사 비율이 높아질수록 소수자 학생들의 진도시험 합격률이 높아지는데 이는 소수자 교사가 가진 상징적 역할에 기인한 것으로 해석할 수 있다.

그러나 이와 같은 수동적 대표설은 대표관료들이 입직 후에 어떤 일에 종사하는지, 실제 권력을 보유하는지, 이들에 대한 조직 내 우호적 분위기가 조성되는지 등과 같은 대표관료제의 실질적 구현과 관련된 내용을 간과하고 있다는 비판을 받는다(Connell, 2006). 실제로 여성들의 경우 입직 후에 유리천장(Glass Ceiling, 입직 후 승진이 일정 수준 이상으로 올라가지 못하는 한계), 유리벽(Glass Walling, 여성들이 권력부서에 근무하지 못하는 현상), 끈끈이 마루(Sticky Floors, 여성들이 하위직에서 벗어나지 못하고 바닥에 있는 현상), 유리절벽(Glass Cliff, 여성들이 승진은 이루어지만 안정성이 확보되지 않아 스트레스나 이직 의도를 가지는 불안정한 상태에 놓여 있는 현상) 등 다양한 차별을 경험하게 된다.

적극적 대표와 관련하여 오일라우와 카프(Eulau & Karps, 1977)는 대표관료들이 ① 정책과 사업(policy and program, 기회가 주어지면 자신이 속한 집단에 유리한 정책을 입안), ② 반응성(responsiveness, 자신이 속한 집단에 대해서 보다 반응적인 서비스를 제공), ③ 공공재 분배(distribution of public goods, 자신이 속한 집단을 위해 공공재를 할당하고, 이를 추진), ④ 상징(symbol, 하나의 상징적 역할을 수행하여 전체 사회의 단합에 기여함) 등을 통해 자신이 속한 집단의 이익을 대변한다고 설명한다.

그러나 문제는 적극적 대표설이 주장하는 바와 같이 출신집단의 이익을 대변하는 것이 규범적 정당성을 가질 수 있지만 실제로 관료들이 적극적 대표를 수행하는지를 어떻게 확인할 것인가가 불명확하다. 또한 적극적 대표설에서 주장하는 것처럼 적극적 대표가 실현될 때 이들 관료들이 전체의 이익보다는 부분의 이익에 집착하여 집단이기주의를 발생시킬 수 있다는 문제가 있다. 특히 조직 입직 후 이루어지는 사회화는 입직 전 사회화를 통해 적극적 대표성을 약화시킨다.

대표관료제의 효과가 다수의 논문을 통해 확인되고 있는데 이들 논문들은 대표관료들이 입직 후에 출신집단의 이익을 어떻게 대변하는지 실증하고 있다. 마이어 등의 연구에 따르면 여자경찰관들이 성범죄와 관련해 남성보다 범인체포에 기여하는 것으로 나타났다(Meier et al., 2006). 윌킨스와 카이저(Wilkins & Keiser, 2006)에 따르면 여성들이 보육과 같은 여성정책에 적극적 행동을 보인다는 점을, 돌란(Dolan, 2000)은 조직 내 고위직에 있는 여성들의 비율이 높을수록 실제 직장 내 여성의 권익보호 수준이 높다는 점을 보여준다.

대표관료제는 사회적 소외계층을 공직사회로 유도하여 사회적 평등을 구현한다는 점에서 민주적이다. 아울러 이들의 참여로 인해 소외집단을 중심으로 행정에 대한 신뢰가 증진되며 정책 집행 시 발생하는 저항을 감소시켜 정책 집행 비용을 줄일 수 있다는 장점을 가진다.

반면 자유주의적 경쟁과 적자생존의 논리가 약화되어 행정의 능률성이 낮아질 수 있다는 점, 우수한 집단이 역차별을 받을 수 있다는 점, 대표관료들의 소극적 대표 시 대표관료제의 제도적 취지가 약화될 수 있다는 점 등이 단점으로 지적된다.

3. 엽관주의

> 엽관주의[獵官主義(spoils system)]는 민주주의 가치를 반영하는 제도로서 정치적 공헌(특히 정당에 대한 충성과 공헌)이나 인사권자와의 개인적인 관계를 기준으로 공무원을 임용하는 인사제도를 의미한다.

엽관주의[獵官主義(spoils system)]란 정치적 공헌(특히 정당에 대한 충성과 공헌)이나 인사권자와의 개인적인 관계를 기준으로 공무원을 임용하는 인사제도를 의미한다. 엽관주의는 대의민주주의의 기본원리를 반영하고 있는 제도이다. 주권재민의 원리에 따라 한 국가의 주권은 국민에게 있지만 국민 모두가 참여하는 의사결정 방법상의 한계로 인해 대의민주주의가 등장하게 되었다. 대의민주주의 핵심인 선거를 통해 주민들의 일반의지(general will)가 지도자 또는 당선자에게 이전된다. 지도자는 지지자들의 뜻을 구현하기 위해서, 정치적 이념을 같이 하는 사람들을 임용함으로써 위임해 준 국민의 일반의지를 신속하게 실현할 의무가 있다.

엽관주의 유형은 미국형과 영국형으로 구분되는데 통상 전자를 (협의의) 엽관주의, 후자의 경우를 정실주의(patronage system)라고 한다. 전자와 후자 모두 정치적 요인을 고려한다는 점에서 공통적이지만 후자의 경우 혈연, 지연, 학연 등 개인적인 친분, 기타의 온정관계 등까지도 고려한다는 점에서 차이가 있다. 후자는 다시 '은혜적 정실주의'와 '정치적 정실주의'로 구분된다. 은혜적 정실주의란 근대적 군주체제하에서 국왕이 자신을 지지하는 신하를 확보하고, 반항적인 의회 의원들을 압박하기 위하여 자기 당파의 의원에게 고위관직이나 고액의 연금 등을 은혜적으로 부여하는 것을 의미한다. 정치적 정실주의란 내각책임제가 확립된 이후 의회의 다수당이 선거운동의 공로자들에게 관직과 연금을 주는 제도를 의미한다.

엽관주의는 정당정치의 기본원리를 반영하고 있다. 미국 건국 초기를 보면 중앙정부의 기능을 강조하는 연방주의와 주정부의 자율성 강화를 강조하는 분권주의가 대립하고 있었다. 이에 기존 집권정당과 이념을 달리하는 정당이 정권을 잡은 경우 기존 정권하에 있던 공직자들을 대거 교체할 필요성이 제기되면서 이를 반영하여 1820년 4년 임기법(four years' law)을 만들어냈다. 이는 대통령이 임명하는 공무원의 임기를 대통령 임기와 일치시키는 내용을 담고 있는데 엽관주의 원리를 반영하고 있다. 미국의 엽관주의는 미국의 7대 대통령인 잭슨(Jackson) 대통령 때 심화되었다. 잭슨 대통령은 자신의 정치적 입장에 부합하는 일반대중들을 행정부에 대거 입직시켜 일부 엘리트 집단들이 지배하던 공직사회를 보통사람들에게 개방하였다. 엽관주의는 ① 정치적 임명권자가 피임명권자를 책임지기 때문에 책임정치를 구현하는 데 기여하였으며, ② 잦은 교체를 통해 공직이 부패하는 것을 막을 수 있었으며, ③ 서부 개척민들에 공직을 개방하여 사회적 통합을 이루는 데 기여하였다고 평가된다.

이와 같은 엽관주의의 역사는 비단 서구에만 존재하는 것은 아니다. 한국의 경우 조선시대 붕당(朋黨; 조선 중기 학맥과 정치적 입장에 따라 형성된 집단을 일컫는 말) 정치를 통해 엽관주의를 구현하였다. 즉, 특정 정파가 정권을 잡으면 관직을 하나의 전리품으로 간주하여 충성도에 따라 당파 소속원들에게 분배하였다. 조선 중종 때 을해당론(1517)을 계기로 정통성리학에 기반한 기호학파가 축인 '서인'과 전통성리학을 비판하는 영남학파가 축인 '동인' 간 대립이 시작되었으며, 이는 모습을 달리하면서 조선 말기까지 지속되었다. 이와 같은 붕당정치에 대해 소모적 논쟁을 지속한다는 부정적 평가가 존재하지만 경쟁을 통해 새로운 정책 아이디어 제시, 새로운 정치방법론 개발, 폭넓은 여론 수렴 등의 장점도 존재한다.

엽관주의는 정당정치를 완성하고 대중들의 민의를 실현한다는 점에서 민주주의 완성에 기여하였으며 공직이 소수에 의해 장기적으로 독점되는 것을 방지하여 공직의 비특권화와 폐쇄성 탈피에 기여하였다.

하지만 능률성 측면에서 볼 때 엽관주의는 비전문가에 의한 행정이 이루어지고 위인설관(爲人設官)이 남발되어 행정의 낭비를 초래할 수 있다. 엽관주의의 폐해가 극명하게 드러난 사건이 미국의 20대 대통령인 제임스 가필드(James Garfield)의 암살이다. 가필드 대통령을 암살한 이는 찰스 기토(Charles Guiteau)인데 그는 가필드 대통령이 후보 시절 선거운동 중에 연설문을 작성하는 데 도움을 주었다. 가필드가 대통령으로 당선된 이후 엽관주의 전통에 따라 관직을 몇 차례 요구하였으나 가필드 대통령이 이에 냉담하게 반응하자 암살하기에 이르렀다.

4. 실적주의

실적주의란 민주성보다는 능률성 가치를 반영하는 제도로, 통일적이고 표준화된 객관적인 '실적' 기준에 의거하여 수행되는 인사행정체제를 의미한다.

실적주의(merit system)란 기존의 엽관주의에서 인사의 기준이 되었던 정치적 당파, 혈연, 지역, 학연 등에서 벗어나 통일적이고 표준화된 객관적인 '실적' 기준에 의거하여 수행되는 인사행정체제를 의미한다. 여기에서 실적이란 능력, 경력, 기술, 지식, 업적, 성과 등과 같은 요소들이다. 실적주의는 엽관주의가 보이는 비능률성을 탈피하기 위해서 등장하였기 때문에 민주성보다는 능률성 가치를 우위에 두고 있다.

실적주의와 엽관주의와 관련해 근본적인 질문은 '과연 실적주의가 엽관주의에 비해 보다 더 능률적인가?'이다. 루이스(Lewis, 2007)는 실적주의에 기반하고 있는 경력직 공무원과 엽관주의에 기반해 정치적으로 임용된 공무원 간 성과를 비교 분석하고 있다. 성과평가의 대상은 이들 공무원들이 담당하는 연방사업들 614개이며, 각 사업

표 6-2 연방사업에 대한 성과평가 점수 비교

	경력직 관리자	임명된 고위 관리자	상원 인준된 관리자
사업의 목표와 설계	88.25	84.24	86.15
전략적 기획력	71.37	66.28	70.15
사업관리	84.01	81.75	77.94
사업 결과	56.07	39.14	47.42
평균점수(100점 만점)	69.58	58.66	63.50

들에 대해 세부항목과 평균점수는 〈표 6-2〉와 같다. 〈표 6-2〉에서 볼 수 있는 바와 같이 실적주의에 기반한 관료들이 담당한 사업점수가 엽관주의에 기반해 임명되거나 상원에서 인준된 관리자들이 담당한 사업점수에 비해 높다.

미국에서 실적주의가 등장하게 된 배경은 앞에서 언급한 가필드 대통령의 암살이라는 사건도 계기가 되었지만 행정의 복잡성 증가로 인해 전문성을 갖춘 공무원이 필요하게 되었다는 점도 작용하고 있다. 특히 자본주의와 민주주의 발전에 따라 효율과 평등이 강조됨에 따라 이를 구현할 수 있는 인사행정 시스템 개편이 요구되었다.

실적주의는 1883년 미국의 펜들턴법(Pendleton Civil Service Reform Act) 제정을 계기로 확립되었는데, 본 법은 1884년 대통령 선거에 승리할 자신을 잃은 공화당이 자신의 정당 출신 공무원들을 보호하기 위한 목적에서 제정되었다. 본 법은 현대 실적주의의 근간이 되는 내용을 담고 있는데 ① 공개경쟁에 의한 임용과 승진, ② 시험에 합격한 공무원에 대해서 실력을 검증하기 위한 시보임용제도, ③ 관료의 정치성을 탈피를 위해 공무원의 신분을 보장하고 특정 소속정당 여부를 공직 임명이나 직을 유지하는 기준으로 사용 금지, ④ 정치성을 배제한 독립적이고 초당적인 인사위원회(Civil Service Commission)의 구성 등을 포함하고 있다.

미국 역사를 볼 때 건국 초기에서 잭슨 대통령 집권 시까지 엽관주의가 지배하였다면 1883년 펜들턴법 제정으로 실적주의 시대가 개막되었다. 이렇게 시작된 실적주의 전통은 1960년대 이전까지 지속되었다. 1960년대 진보운동의 전개로 노동조합의 권한이 강화되고 시민권리 보호가 강조되면서 소수자와 여성에 대한 보호가 인사행정의 지배적 담론으로 등장하면서 엽관주의가 다시 강조되었다. 1980년 전후 신자유주의 등장은 신공공관리의 강화를 가져왔으며 이는 실적주의의 부흥을 유도하였다. 결국 엽관주의와 실적주의는 역사적 맥락에 따라 부침을 거듭해 오고 있다.

실적주의 확립과 관련해 영국에서는 1853년 「Northcote and Trevelyan Report」가 발간되어 독립된 인사위원회, 시험, 합격자에 대한 시보제도 등을 제안하였고 이는 1855년 추밀원령으로 수용되었다. 본 법은 인사위원회 설치, 위원회가 발급한 자격증을 임용조건으로 하는 내용을 담고 있다. 프랑스의 경우 1789년 혁명 과정에서 기존 지배 엘리트들이 대거 제거되었는데 나폴레옹(1799년 집권)은 능력주의(meritocracy)를 강조하여 실력 있는 사람들의 관직 진출을 추진하였다. 나폴레옹은 능력이 있는 이들에게 공직이 열려 있음(La carrière ouverte aux talents)을 선포하였다. 한국의 경우 고려 시대부터 과거제도를 통해 실력 있는 인재들을 공직에 등용하였다.

실적주의는 실적을 강조하여 행정의 능률성을 증진시키고, 공직의 상품화와 매관매직을 방지하여 부패를 감소시키며, 공무원 신분의 보장으로 행정의 계속성과 안정성을 가져올 수 있다는 장점을 가진다.

반면 실적주의에서는 인사권한을 특정 조직이 전담하는 경우 집권화의 폐해가 발생할 수 있으며, 공무원들의 정치적 중립과 신분보장이 국민의 목소리에 귀 기울이지 않는 기계적 관료집단의 등장을 가져올 수 있다는 단점이 있다.

제4절 인사행정의 제도적 기반

각국에 인사행정을 담당하는 조직이 존재하는데, 인사행정 담당조직은 독립성, 합의성, 분권성의 정도에 따라 다양한 조직 형태를 가진다.

1. 인사행정조직

인사행정조직이란 국가 수준(중앙인사행정기관), 지방정부 수준(지방인사행정기관), 조직 수준(인사부서)에서 인사와 관련된 임무와 업무를 책임지고 담당하는 조직단위를 의미한다. 인사행정조직을 어떤 형태로 설계할 것인가는 다음의 세 가지 기준에 따라 달라진다.

첫째, 인사업무 수행의 독립성을 기준으로 독립형과 비독립형으로 설계가 가능하다. 독립성은 인사담당 조직의 의사결정이 정치적 정파로부터 영향을 받지 않는 정도를 의미한다. 인사조직의 독립성 확보는 엽관주의의 문제점을 극복하기 위해서 나타난 제도로서 실적주의 전통을 반영하고 있다. 미국에서 실적주의 전통을 확립한 1883년 펜들턴법은 독립성을 갖춘 연방인사위원회(federal civil service commission)의 설치를 규정하고 있다. 인사조직의 독립성은 특정 정치세력으로부터의 독립을 기초요소로 하여 인사담당 구성원의 '신분보장', 담당조직의 '조직과 예산상의 독립' 등을 요건으로 한다.

인사행정조직의 독립성은 정치적 개입으로 인해 발생하는 인사의 비효율성을 제거할 수 있다는 장점이 있는 반면에, 독립된 인사조직의 인사권 독점현상, 관리를 위한 수단으로서 적극적 인사행정의 불가능성 등이 단점으로 지적된다.

둘째, 인사 관련 의사결정을 다수가 할 것인가라는 기준에 따라 특정 개인이 단독으로 수행하는 경우를 단독형, 복수의 의사결정자가 참여하여 협의하에 결정하는 경우를 합의형으로 구분한다.

합의형은 다수의 이해관계자를 의사결정에 포함시킬 수 있다는 점에서 이익균형을 도모할 수 있으며, 참여자의 임기를 교차시킬 경우 인사행정의 계속성을 유지할 수 있다는 장점이 존재한다. 하지만 합의에 따른 의사결정의 지연과 책임소재가 불명확하다는 단점이 존재한다.

셋째, 인사에 대한 권한을 특정한 조직이 독점하는지 여부에 따라 특정 기관이 인사의 전권을 가지는 경우를 집권형, 다수의 기관이 권한을 나누어 가지는 경우를 분권형으로 분류한다. 이와 같은 집권과 분권은 중앙 수준에서는 특정 중앙부처가 인사권한을 독점할 것인가의 문제이며, 중앙–지방 간 관계에서는 중앙정부가 지방정부의 인사권한까지 가질 것인가의 문제이다.

집권형은 인사의 통일성과 능률성을 확보할 수 있다는 장점을 갖지만 특정 기관이 인사 관련 요구를 모두 수용하는 데는 일정한 한계가 있기 때문에 다양한 수요를 맞출 수 없다는 단점을 가진다. 분권형의 경우 각 기관들이 원하는 인사행정이 가능하게 된다는 장점이 있지만 기관 간 인사행정의 불균형과 차이가 존재한다는 점, 권한을 위임받은 기관에 자원이 부족한 경우 정상적인 인사행정이 불가능해진다는 단점이 존재한다.

표 6-3 인사행정조직의 유형

유형	독립합의형	독립단독형	비독립단독형
대표적인 예	• 일본의 인사원 (3인의 위원) • 미국 연방인사위원회(federal civil service commission) (1883~1978년) • 미국의 MSPB (3인의 위원) • 미국의 연방노사관계청(FLRA: Federal Labor Relation Authority) (3인의 위원) • 한국 중앙인사위원회 (5인의 위원)(1999~2007)	• 미국의 특별심의관실(OSC: Office of Special Counsel) • 영국의 공무감독관 (Civil Service Commissioner)	• 미국 인사관리처(OPM: Office of Personnel Management) • 일본의 총무성의 인사·은금국 • 영국의 과거 인사부(Department of Civil Service)와 인사관리처 (OPS: Office of Public Service), 현재 내각부 내 기구들 • 프랑스의 행정관리부 • 한국 과거 총무처와 행자부 인사국, 안전행정부 인사실, 현재 인사혁신처

이상에서 논의한 독립성과 합의성 여부에 따라 인사조직은 독립합의형, 독립단독형, 비독립단독형으로 구분할 수 있으며, 이에 기반한 인사행정조직의 구체적인 예는 〈표 6-3〉과 같다.

2. 공직 분류

공직은 다양한 직종과 직무로 구성되기 때문에 이를 효율적으로 관리하기 위해서 일정한 분류를 통해 체계적으로 구분된다.

공직 분류란 공직을 일정한 기준에 근거하여 구분하는 것을 의미한다. 공직 분류와 관련하여 가장 먼저 제기할 수 있는 질문은 '왜 공직을 분류하는가?'라는 것이다. 공직을 분류하는 가장 큰 이유는 '평등과 효율' 때문이다. 공직을 분류하게 되면 동일한 자격을 갖춘 자 또는 직에 대해서는 동일한 대우를 할 수 있게 되어 평등이 확보되며, 아울러 동일한 분류기준에 속한 자에 대해서는 일괄적인 관리가 가능하기 때문에 관리하는 데 있어 시간과 비용이 적게 들어 효율이 확보될 수 있다.

그렇다면 공직을 어떻게 분류할 것인가? 공직을 분류하기 위해서는 분류를 위한 기준이 필요하며 그 기준이 다양해지면 분류도 다양해진다. 〈표 6-4〉는 공직 분류의 다양한 기준과 이에 따른 공직의 분류를 나타낸 것이다.

표 6-4 공직 분류

공직 분류기준	분류	
(1) 실적주의 적용	경력직	특수경력직
(2) 임용주체	국가직	지방직
(3) 신규채용 계급	개방형	비개방형
(4) 인사교류 여부	교류형	비교류형
(5) 관리의 대상	직위분류제	계급제
(6) 신분	하위공무원	고위공무원

먼저 실적주의는 공직 분류를 위한 하나의 기준으로 활용될 수 있다. 실적주의는 실적에 기반한 임용, 정치적 중립, 신분보장 등을 특징으로 한다. 한국의 경우 실적주

의 적용 여부에 따라 적용되는 경우 경력직, 적용되지 않는 경우 특수경력직으로 구분하고 있다. 다른 나라에서도 이와 유사한 구분이 존재하는데 미국의 경우 경쟁직(competitive service)과 비경쟁직(excepted service), 프랑스의 경우 적용직과 비적용직, 일본의 경우 일반직과 특별직 등으로 구분되고 있다.

임용주체에 따라 국가직과 지방직으로 구분되는데, 국가공무원과 지방공무원은 임용주체뿐만 아니라 보수재원, 법적 근거가 다르다. 전자의 경우 법적으로 「국가공무원법」의 적용을 받고, 임용에서 5급 이상은 대통령, 6급 이하는 소속장관 또는 위임받는 자가 임용권자가 되며, 보수재원은 국비에서 지원된다. 반면 후자의 경우 「지방공무원법」의 적용을 받고, 지방자치단체장이 임용권자가 되며, 재원은 지방비에 의해 충당된다.

신규채용 시 입직이 전 계급에서 허용되는 경우 개방형, 하위직에서만 허용되는 인사체계를 폐쇄형으로 구분한다. 전자는 공직 침체를 방지하고 효율성을 제고할 수 있다는 장점이 있으나 행정의 일관성과 안정성을 저해하고 기존 재직자의 사기가 낮아질 수 있다는 단점을 가진다. 그러나 현실적으로 공직 운영에서는 두 유형 중 하나를 선택하기보다는 절충하는 경우가 많다.

인사교류 여부에 따라 교류형과 비교류형으로 분류되는데, 이때 교류의 범위는 부처 간 교류뿐만 아니라 중앙부처와 지방자치단체 간, 공공과 민간 간 교류를 포함한다. 교류형은 공무원 개인의 입장에서 적성에 맞는 근무처를 찾는 데 도움을 주어 사기증진에 기여하며, 조직 차원에서는 인력을 융통성 있게 사용할 수 있어 행정의 효율성을 제고할 수 있으며, 조직 간 인력교류를 활성화시켜 장기적으로 부처 간 협력을 촉진할 수 있는 기반이 된다. 하지만 인력의 교류가 잦아지는 경우 행정의 전문성 확보가 어렵다는 단점이 있다

관리의 대상이 일 중심인 경우 직위분류제, 사람 중심인 경우를 계급제로 분류할 수 있다. 직위분류제와 계급제는 〈표 6-5〉와 같이 다양한 점에서 차이를 보인다.

직위분류제와 계급제는 다른 분류체계와 관련성을 가지고 있는데, 직위분류제는 일 중심의 인사를 수행하기 때문에 필요에 따라 언제든지 필요한 사람을 외부에서 투입시킬 수 있다는 점에서 개방형으로, 계급제는 내부의 사람 중심의 관리에 초점을 두기 때문에 외부로부터 신규인력의 유입을 최소화하기 때문에 폐쇄형으로 운영된다. 요컨대 직위분류제－개방형, 계급제－폐쇄형과 같이 분류체계 간 관련성을 가진다.

표 6-5 직위분류제와 계급제 비교

	직위분류제	계급제
의의	• 공직을 직무(job)의 종류 · 곤란성 · 책임도 및 자격요건의 차이에 따라 분류, 운영하는 제도	• 공무원이 가지는 개인적 특성, 즉 학력, 경력, 자격 등을 기준으로 공직을 분류하는 제도
채택국가	• 미국, 캐나다, 필리핀	• 농업사회(영, 프, 독, 일본)
임용방식과 전통	• 개방형 ← 실적제의 전통	• 폐쇄형 ← 직업공무원제의 전통
보수	• 직무급, 능력급 중심	• 생활급 위주의 보수
인사배치의 기준	• 정실화나 자의성 배제	• 개인의 능력발전
인력계획	• 단기적 인력계획	• 장기적 인력계획
훈련	• 담당직책과 직접 연관된 교육	• 잠재능력의 개발, 자기계발 중심 교육
지향 전문성	• 전문행정가	• 일반행정가
신분보장	• 약한 신분보장	• 강한 신분보장

제5절 인사행정의 운영 과정

인사행정은 과정적 흐름에 따라 인력계획 → 채용 → 임용 → 개발 및 관리 → 평가 등의 순으로 전개된다. 다만 현실에서는 이들 과정이 동시에 발생한다.

1. 인력계획

인력계획(plan for workforce)이란 채용을 위한 전제조건으로, 인력의 투입, 활용, 퇴출 등의 인력흐름에 대해서 예상하고, 이에 대비하기 위해 마련된 조직 차원의 미래지향적 계획을 의미한다. 특히 인력에 대한 수요와 공급의 예측은 인력계획의 핵심이다.

인력계획이 필요한 이유는 첫째, 조직적인 차원에서 볼 때 인력계획을 통해 정확하게 예측된 인력의 수요와 공급계획은 조직의 핵심자산인 양질의 인력을 안정적으로 확보할 수 있도록 유도한다. 결과적으로 양질의 인력 확보는 생산성 증가를 가져오며 최종적인 조직 목표 달성에 기여한다. 둘째, 개인적인 차원에서 볼 때 특정 조직의 인력계획은 구직자들에게 예측가능성을 높여주어 우수 인력의 확보를 가능하게 한다.

인력계획은 미래에 대한 계획이라는 점에서 불확실성을 가지고 있다. 불확실성을 낮추기 위해서는 다양한 정보를 수집하는 것이 관건이며 특히 인력의 수요와 공급에 영향을 미치는 요인들에 대한 정보가 핵심이다. 이들 정보는 크게 조직 외부의 환경 정보와 조직 내부의 정보로 구분된다. 전자는 노동시장과 직·간접적으로 관련을 가지는 경제적 요인(경제성장, 임금동향, 실업률), 기술적 요인(정보화, 자동화, 기술혁신), 사회적 요인(고령화, 문맹률, 고급인력 배출, 비정규직 동향), 정치 및 법적 요인(적극적 고용평등, 이공계 육성 교육정책), 경쟁적 요소(동종, 동류 조직의 동향) 등과 관련된 정보들로 구성되며, 후자는 조직 내부에서 인력구조에 영향을 미치는 요인들로 업무적 요인(직무설계), 재무적 요인(예산 규모, 조직의 성장), 기술적 요인(인력의 역량과 기술), 인력적 요인(인력의 양과 질), 관리철학(비해고지향성, 인간중심주의) 등과 관련된다.

인력계획은 수집된 정보를 바탕으로 조직에서 필요로 하는 인력수요를 추정해야 한다. 인력수요를 추정하는 방법으로는 첫째, 추세분석(trend analysis)으로 인력수요와 밀접한 관계를 가진 원인변수를 파악하고, 이들 원인변수와 인력수요 간 관계패턴을 추출하고 이를 바탕으로 미래 인력수요를 예측하는 방법을 의미한다. 둘째, 목표지향적 방법(goal-oriented method)인데 이는 조직이 달성하고자 하는 목표량을 기준으로 인력을 계산하는 방법이다. 예를 들어 내년 생산량을 금년에 비해 120%로 상향시키는 경우 본 목표에 맞추어 인력도 120%로 설정하는 방식이다. 셋째, 화폐적 또는 예산적 기법(Monetary or Budgeting Technique)은 미래 시점에서 인력을 위해 사용할 수 있는 재원을 미리 계산하고 이에 맞추어 인력수요를 예측하는 방법이다. 넷째, 관리적 예측(managerial forecasts)은 조직에서 관리적 판단을 내릴 수 있는 관리자, 부서책임자, 외부 전문자들의 의견을 수렴하여 인력수요를 결정하는 방법이다. 마지막으로 시나리오 기법(scenario technique)은 불확실한 미래에 대응하기 위해서 다양한 변수들을 바탕으로 인력 상황과 관련된 다양한 가능성과 경우의 수를 계산하고 각 상황에 따라 인력들에 대한 수요를 예측하는 방법이다.

인력수요에 대응하여 조직 내에서 공급되는 인력들에 대한 정보와 이에 기반한 공급예측이 필요한데, 인력공급에 대해 파악하기 위해서 사용되는 도구로 첫째, 마코브분석(Markov Analysis)이 있다. 이는 연도별로 승진과 퇴직인력을 한 표에 작성한 양식인데, 본 표를 이용하면 시간 변화에 따른 인력의 흐름을 한눈에 파악할 수 있다. 둘째, 기술항목(skill inventories)을 활용한다. 이는 일종의 인사관리카드로 관리자가 공석이 발생할 때 참조할 수 있도록 대상자의 교육, 직장경력, 역량과 기술, 임금 등의 정보를 담은 문서를 의미한다. 셋째, 교체차트(replacement charts)는 조직 내 특정 자리가 공석일 때 투입이 가능한 명단 리스트를 의미한다.

2. 채용: 모집과 선발

인력의 채용이란 조직에서 필요한 인력을 충원하는 조직적 활동을 의미한다. 인력의 채용활동은 모집과 선발로 구분되는데, 전자는 외부의 인력들이 모집에 지원하도록 유도하는 활동을, 후자는 지원한 인력 중에 최종적으로 채용할 인력을 결정하는 과정을 의미한다.

채용 시 공공부문에서 결정해야 하는 사안은 첫째, 공개경쟁채용을 할 것인가, 특별채용(경력채용)을 할 것인가이다. 전자는 자격이 있는 모든 사람들에게 평등하게 채용기회를 부여하고 공개된 경쟁시험을 통해 채용후보자를 결정하는 것을 의미하며, 후자는 모든 사람이 아닌 자격이 되는 일부 사람들에게만 채용의 기회를 부여하는 것을 의미한다. 공개경쟁채용은 실력에 기반한 인사행정을 수행하는 실적주의 전통을 반영하며, 특별채용은 적극적 인사행정의 전통을 반영하고 있다. 적극적 인사행정이란 채용주체가 유능한 인재를 공직에 지원할 수 있도록 적극적으로 모집활동에 나서는 것을 의미한다.

둘째, 채용 시 현재 중심의 채용 전략으로 갈 것인지, 아니면 미래 중심의 채용 전략으로 갈 것인지를 결정하여야 한다. 전자는 현재 업무에 필요한 인력만을 채용하는 보수적 전략, 후자는 앞으로 노동시장의 전망, 조직의 확장 가능성 등을 고려한 적극적 전략을 의미한다. 현재 중심의 채용 전략은 채용 및 교육훈련을 위한 비용은 적게 들지만 장기적 환경 변화에 대응할 수 없다는 단점이 존재한다. 후자는 미래 인력을 육성한다는 점에서 비용이 많이 드는 단점이 존재한다.

채용 시 관건은 보다 질이 높은 인력들이 많이 지원할 수 있도록 유도하는 데 있다. 이를 위해서 모집하는 직장에 대한 매력도(attractiveness)를 높여줄 필요가 있다. 매력도를 높이기 위해서는 지원자의 입장을 고려한 모집 방법을 채택하여야 한다. 아울러 매력도를 높이기 위해서 직장에 대한 미래전망을 높여주어야 하며, 모집자는 지원자를 실망시키는 행동과 언어를 자제해야 하고, 지원자들이 선호하는 선발제도를 갖추어야 하며, 지원자들이 채용 과정이 공정하다고 느낄 수 있도록 하여야 한다. 아울러 매력도를 높이기 위해서 '사실적 직무사전검토(Realistic Job Previews, RJP)'를 도입할 필요가 있는데, RJP란 지원자에게 직장과 관련해 바람직한 정보뿐만 아니라 바람직하지 않는 정보까지도 제공하는 것을 의미한다. RJP는 지원자가 직장에 대해서 현실적 기대감을 갖도록 유도하여 이직을 줄이고 직장만족도를 높이는 효과가 있다.

모집 시 결정해야 할 것들로는 학력, 연령 등이 있다. 한국의 경우 공무원 응시자에 대해 학력 제한을 두고 있지 않다. 학력에 대한 제한에 찬성하는 쪽에서는 행정의 전문화에 따라 고등교육인력이 필요하고, 시험제도가 가진 한계를 학력이 보완해 주며, 교육을 통한 가치관 형성을 무시할 수 없다고 주장한다. 반면, 학력제한에 반대하는 쪽에서는 학력제한은 기회균등이라는 민주주의의 평등 원리에 부합하지 않으며 적절한 학력기준 설정이 어려우며, 학력제한 시 고등교육이 형식화될 수 있다는 주장이 제시된다.

연령과 관련해서는 연령제한에 찬성하는 입장에서는 직업공무원제의 전통을 수립하기 위해서 젊은 인력의 유입이 전제되어야 한다고 주장한다. 연령제한에 반대하는 입장에서는 연령제한이 기회균등의 원리에 부합하지 않고, 인력의 활용 범위를 제약하며, 새로운 사고를 가진 노령인력의 유입을 막을 수 있다고 주장한다.

선발(selection)은 모집에 지원한 자들 중에서 채용대상자를 결정하는 과정을 의미한다. 선발을 위해서 이력서 검토, 채용시험, 면접 등의 다양한 선발 방법들이 동원된다.

먼저 이력서는 지원자의 인구학적 특성을 포함하는 신상정보와 경력 관련 기초정보를 담고 있다. 기초적인 신상정보들은 〈표 6-6〉에서 볼 수 있는 바와 같이 조직의 생산성을 높이는 데 필요한 직무몰입이나 조직헌신과 구조적 관련성을 맺고 있다.

표 6-6 인구학적 특성과 생산성

인구학적 특성	직무몰입	조직헌신
부양가족 수	많음 > 적음	많음 > 적음
결혼 여부	같음	기혼 > 미혼
출신지	서울 < 지방	서울 < 지방
군복무 계급	장교 > 사병, 기타	같음
건강	양호 > 비양호	양호 > 양호
학력	고학력 > 저학력	같음
전공과 직무 관련	관련 있음 > 없음	관련 있음 > 없음

출처: 임창희(2008: 93).

채용시험을 실시할 경우 우선 평가를 통해 측정의 대상이 현재의 능력인지 아니면 미래의 잠재력인지를 선택해야 한다. 채용시험의 유형은 인지력, 심리동작검사, 직무지식, 직무표본, 성격 등과 같이 다양한데 특정 방법의 선택은 평가 대상과 목적 등에 따라 달라질 수 있다. 특정 시험유형의 선택 시 입직 후 업무성과를 잘 예측해 줄 수 있는 유형을 선택해야 한다. 기존 연구에서는 인지력 검사가 입직 후 업무성과를 잘 예측하여 준다는 점을 밝히고 있다. 최근 채용을 위해 성격검사를 실시하는 공공기관들이 늘어나고 있다. 성격검사의 가장 큰 약점은 응시자가 자기 성격을 속일 수 있다는 점이다. 이와 같은 속임수(faking)를 줄이기 위해서는 ① 개인의 주관적 판단이 개입할 수 있는 문항보다는 객관적인 측면을 측정하는 문항을 사용하며, ② 속임수에 의한 왜곡을 보정할 수 있는 지수나 문항을 사용하고, ③ 속임수 사용 시 차후 불이익이 있을 것이라는 경고를 보내는 방법을 사용한다.

면접은 실시하는 방법에 따라 다양한 유형이 존재하는데, 미래 정해진 질문 내에서 면접을 진행하는 구조화된 면접과 자유질문을 통해 진행하는 비구조화된 면접으로 구분할 수 있다. 때로는 면접자가 지원자에 대해 악의적인 질문을 통해 지원자의 반응과 심리상태를 파악하는 스트레스 면접, 다수의 면접원들이 지원자에게 질문을 던지는 패널 인터뷰, 지원자에게 가상의 상황을 주고 지원자의 대응 방법을 물어보는 상황적 인터뷰 등이 있다.

면접은 정확도와 일관성을 가져야 신뢰성이 높다고 할 수 있다. 면접의 신뢰도를 낮추는 요인들로는 ① 면접자의 개인적 '편견'이 개입되어 평가점수에 영향을 주는 편견효과, ② 면접자가 자신과 같은 유사한 특성을 가진 지원자에게 높은 점수를 주는 유사성 효과(similarity effect), ③ 면접자가 지원자의 미모, 화장술, 복장, 몸짓과 자세 등과 같은 업무 외적 요인에 의해 영향을 받는 외모효과(appearance effect), ④ 면접자가 면접대상자의 장점보다는 단점을 추적하는 경향으로 인해 발생하는 부정 지향성(negative orientation), ⑤ 면접 진행 시 초반부 인상이 이후의 모두 판단에 영향을 미치는 초두효과(primacy effect), ⑥ 호의적 지원자 후에 오는 지원자는 상대적으로 낮은 점수를 받는 경향을 의미하는 순서에 의한 오류(order effect or error), ⑦ 면접 시 지원자의 일부 특성이 평가의 다른 모든 부분에도 영향을 주는 후광효과(halo effect) 등이 있다.

3. 임용

임용은 공무원의 신분・직위의 득실변경(得失變更)에 관한 모든 행정행위를 의미한다. 임용은 외부임용과 내부임용으로 구분되는데 전자는 '신규채용'을 의미하며, 후자는 조직 내에서 수직적 이동(승진, 강임), 수평적 이동(전직, 전보, 파견, 전입, 겸임), 신분 변화(직위해제, 정직, 면직, 해임, 파면) 등을 포함한다.

승진이란 하위직급에서 상위직급 또는 상위계급으로 상승하는 것을 의미한다. 강임이란 공무원을 현재보다 낮은 직급으로 임명하는 행위를 의미하며, 승급이란 호봉(연공 등을 기초로 하여 정해진 그 급여체계 안에서의 등급)의 변화를 의미한다.

전직이란 "상이한 직렬"의 동일한 직급으로 수평 이동하는 것(예를 들어 행정직렬에서 세무직렬, 교육행정직렬로의 이동)을 의미하며, 전보는 동일한 직렬, 직급 내에서 직위(position)만 바꾸는 것을 의미한다. 파견은 공무원 소속을 바꾸지 않고 일시적으로 다른 기관이나, 국가기관 외 단체에서 근무하는 것을, 겸임은 한 사람이 둘 이상의 직위를 담당하는 것을, 전입은 입법부, 행정부, 사법부 등 상호 간에 공무원 소속이 바뀌는 것을 의미한다.

직위해제란 공무원에 대하여 직위를 계속 유지시킬 수 없다고 인정되는 사유가 있을 경우, "공무원의 신분은 유지하되" 직위를 부여하지 않는 것을 의미한다. 직권면직은 공무원 신분을 박탈하는 것을 의미한다.

공무원은 징계를 통해 견책, 감봉, 정직, 해임되거나 파면될 수 있다. 견책은 잘못에 대해서 훈계와 회개가 이루어지고, 감봉은 보수의 1/3(1개월~3개월)이 삭감되고 일정 기간 동안 승진이 제한된다. 정직은 공무원 신분은 보유하나 직무에 종사하지 못하는 것으로 중징계 처분의 한 종류로 기간이 1개월 이상 3개월 이내에서 정해진다. 해임이란 공무원을 강제로 퇴직시키는 중징계이다. 해임되면 3년 내 공무원 임용이 불가능해진다. 파면도 퇴직된다는 점에서 해임과 유사하나 파면되면 5년 내 임용이 불가능하며 연금을 삭감당하게 되는 것이 차이점이다. 징계사유로는 「국가공무원법」에 정한 복무규정(선서의무, 성실, 복종, 직장이탈, 친절공정, 비밀엄수, 청렴, 품위유지, 영리업무 및 겸직금지, 정치운동금지, 집단행위금지)을 위반할 때, 직무상의 의무를 위반하거나 직무를 태만하게 할 때, 직무의 내외를 불문하고 그 체면 또는 위신을 손상하는 행위를 할 때 등이 있다.

해직 및 파면 외에도 공무원은 정년에 달하거나 사망, 기타 결격사유가 발생할 경우에 당연퇴직을 통해 공무원 신분을 상실하게 된다. 아울러 본인이 원하여 그만 두는 의원면직을 통해 공무원 신분이 상실되며, 20년 이상 근무 후 그만두는 경우 명예퇴직이 가능하다. 명예퇴직 시 명예퇴직수당을 지급할 수 있으며, 특별승진의 대상이 된다.

4. 교육훈련

교육훈련이란 공무원이 직무수행에 필요한 지식과 기술을 습득하고, 가치관과 태도를 변화시킬 목적으로 조직 차원에서 의도적으로 수행되는 활동들을 의미한다. 교육훈련은 공무원 개인의 능력을 개발하는 데 목적이 있으며 결과적으로 정부조직의 생산성을 높이고 최종적으로 환경에 대한 적응력을 높이는 데 기여한다. 교육훈련은 조직에만 도움이 되는 것은 아니고 공무원 개인의 성장욕구를 충족시키는 기능을 수행하며, 교육훈련을 통한 경력 발전은 개인에게 물질적·비물질적 보상을 가져올 수 있다.

조직 차원에서 교육훈련은 다른 인사 기능들과 연관되어 있다. 교육훈련의 존재 가능성이 채용 시 우수인재를 모집할 수 있는 유인책이 될 수 있으며, 반대로 채용 시 이루어지는 평가 결과들을 분석하여 추후 교육훈련의 내용과 방향을 정할 수 있다. 이는 교육훈련과 채용이 상호연관되어 있음을 보여준다.

한 조직에서 교육훈련 프로그램의 운영 과정은 보통 4단계(1단계: 교육 수요조사, 2단계: 교육 프로그램 설계, 3단계: 프로그램 실행, 4단계: 평가)로 이루어진다. 1단계인 수요조사(need assessment)는 교육훈련의 내용과 전략을 결정하기 위해서 정보를 수집하고 분석하는 활동을 의미한다. 수요조사는 조직 차원과 개인 차원에서 이루어진다. 조직 차원에서는 거시적 환경 변화, 업무내용과 특성 등에 대한 조사를 통해 필요한 교육내용을 파악한다. 개인 차원에서는 개인의 지식, 기술, 능력과 역량, 태도, 가치 등을 조사하여 어느 부분이 취약한지 분석하여 교육 수요를 도출하기도 하고, 직접적으로 개인이 어떤 교육을 원하는지 물어 조사하기도 한다.

수요조사가 완료되면 교육훈련을 설계하는데, 이때 설계내용에는 교육목적, 교육대상, 교육시기, 교육내용, 교육방법, 교육주체, 평가방법 등을 포함한다. 교육훈련은 소극적으로는 지식과 기술을 습득하는 것부터 적극적으로는 태도와 행태를 변화시키는 데까지 목적을 둘 수 있다. 교육의 목적은 교육방법과 내용을 결정하고 평가 시

평가의 준거기준이 된다. 아울러 각각 교육목적의 차이에 따라 교육방법과 내용이 달라진다. 예를 들어 기술습득이 목적인 경우에는 사례연구, 분임연구, 모의연습, 실무수습(internship), 현장훈련(On-the-Job-Training, OJT), 현장체험 등이, 태도나 행동의 교정이 목적인 경우 개인의 자각과 경험에 초점을 둔 역할연구(role play), 감수성 훈련(sensitivity training) 등의 방법이 사용된다.

교육훈련방법의 차이는 교육효과에서 차이를 가져온다. 최근 교육효과성이 뛰어난 방법으로 액션러닝(action learning)이 주목받고 있다. 액션러닝은 소규모로 구성된 한 집단이 현재 직면하고 있는 실질적인 문제를 해결해 나가는 과정에서 참여자가 자발적·주도적으로 학습을 수행하며, 그 학습효과가 집단구성원 및 조직에 귀속되는 교육훈련 프로그램이다. 1970년대 중반 영국 르밴스가 탄광경영자와 광부 간 공동문제를 해결하기 위한 도구로 개발되었고 미국 GE 크로톤빌 연수원에서 주요 학습방법론으로 도입되었다. 한국은 2005년 중앙공무원교육원 고위정책 과정과 신임관리자 과정에 적용하였다. 기존 교육방법들은 교육자에서 피교육자로의 일방성이 강조되어 교육효과가 떨어진다는 비판에 직면하면서 피교육자가 교육에 적극적으로 참여할 수 있는 방법에 대한 고민이 이루어졌으며 그 결과물 중 하나가 액션러닝이다. 액션러닝은 현장에서 발생하는 실제 문제를 해결하는 데 초점이 주어지며, 피교육자가 적극적으로 참여하여야 교육의 효과가 높아진다.

액션러닝의 효과를 높이기 위해서 교육자는 질문과 성찰을 통해 고정관념을 제거하고, 새로운 사고를 유발시키려는 노력을 하여야 한다. 이를 위해 학습과정에서 촉진자(Facilitator) 또는 학습지도자(Learning Coach)의 역할이 중요한데 촉진자란 피교육자들 간 학습을 유도하는 기능을 수행하는 사람을 말한다. 이들은 교육훈련자들을 지원하는 역할을 수행하며 일방적·지시적 교육보다 쌍방적·유도적 교육을 실행하는 데 기여한다.

교육훈련의 마지막 단계에서는 교육훈련 프로그램과 그 성과에 대해서 평가한다. 커크패트릭(Kirkpatrick, 1959)은 교육훈련의 평가와 관련해 4단계 평가모형을 제시하고 있다. 본 모형에서는 교육훈련의 과정에서 따라 ① 교육 중 수행되는 반응(reaction)평가(교육에 대한 만족도, 교육내용과 방법에 대한 평가), ② 교육 직후 이루어지는 학습의 정도를 평가하는 학습평가, ③ 훈련 후 피훈련자가 직장에 복귀 시 이루어지는 행태평가, ④ 직장 복귀 후 장기적 차원에서 조직 차원의 긍정적 변화가 발생하였는지에 대해 평가하는 결과평가 등으로 구분한다. 행태평가에서는 교육으로 인해 학습전이

(learning transfer)와 행태 변화가 발생하는지에 대해 평가가 이루어진다. 학습전이란 직장복귀 후에 교육내용을 유지, 전파, 수행하는 것을 의미한다. 결과평가에서는 민간 조직의 경우 교육훈련 실시로 매출액, 이윤, 생산성 등에 있어 긍정적 변화가 있었는지가 분석 대상이 되며, 공공조직의 경우 국민들의 신뢰와 만족도가 증가했는지가 분석 대상이 된다.

5. 근무성적평가

근무성적평가(근무성적평정)란 공무원의 근무와 관련된 과정과 활동[근무실적(performance), 직무수행능력(ability) 및 직무수행태도(attitude)]을 체계적·정기적으로 평가한 것을 의미한다.

평가는 조직에서 다양한 기능을 수행하는데 조직적 차원에서 볼 때 평가제도가 피평가자의 직무동기를 유발하는 원인이 되어 조직의 성과를 높이는 역할을 수행한다. 개인적 차원에서는 공무원 스스로 자기발전의 정도를 점검할 수 있는 도구가 되어준다. 아울러 관계적 차원에서 평가 과정에서 상하 간 의사전달은 상사와 부하 간 관개 개선을 가져올 수 있다. 마지막으로 도구적 차원에서 볼 때 채용도구와 근무성적평정 간 비교를 통해 채용 시 사용된 도구들이 얼마나 타당성을 가진 도구인지 판단할 수 있게 된다.

조직에서 근무성적평정을 설계할 때 평가 시기(횟수와 시기), 평가대상자, 평가자, 평가모형(평가요소와 평가척도), 평가 결과 활용방안 등을 설계내용으로 구체화해야 한다. 이 중에서 평가요소는 평가설계의 핵심인데, 평가요소에 따라 다음과 같이 평가 유형이 구분된다.

첫째, 특성법은 문제해결능력, 리더십, 협동성, 적극성, 성실성 등 개인적 특성과 태도(trait & attitude)를 중심으로 평가하는 방법이다. 사용과 개발이 쉽다는 장점이 있지만, 이들에 대한 평가 시 평가자의 주관이 개입되기 쉬우며 특성과 태도가 실질적으로 중요한 업무성과와 관련이 없을 수 있다는 단점이 있다.

둘째, 행태법은 피평가자들의 근무수행 방식, 고객에 대한 친절 정도, 근태(지각, 결근) 등과 같이 피평가자의 직접적 행동이나 행태를 평가요소로 평가하는 방법이다. 이 방법은 객관성과 공정성이 높다는 장점이 있으나 반응과 행동을 지속적으로 관찰해야 한다는 점에서 평가에 많은 시간과 비용이 소요되는 단점이 있다.

셋째, 결과법은 피평가자가 생산한 '산출물(예: 정책, 서비스량)'에 근거하여 성과를 측정하는 방법이다. 객관적이고 공정하다는 장점이 있지만, 산출물이 명확하지 않은 공공부문에서는 사용하는 데 한계가 존재한다.

한국에서 5급 이하 공무원의 경우 근무성적평가의 평가항목은 기본적으로 근무실적과 직무수행능력으로 하고, 직무수행태도나 부서 단위의 운영평가 결과를 평가항목에 추가할 수 있도록 하고 있다. 여기에서 근무실적은 '결과', 직무수행능력은 '행태', 직무수행태도는 '특성'에 가깝다. 이들 평가항목별 평가요소는 소속 장관이 직급별·부서별 또는 업무분야별 직무의 특성을 반영하여 정하도록 하고 있다.

공무원 근무성적평정은 〈표 6-7〉과 같이 도표식 평가 척도법에 근거하여 이루어지는데 이는 도표로 된 평가표에 평가요소를 나열하고, 각 평가요소마다 세부평가요소와 등급(grade)을 나타내고, 특정 등급을 선택하도록 하는 방법을 의미한다.

표 6-7 도표식 평가 척도법

대항목 (평가요소)	세부항목 (세부평가요소)	평가 등급		
		1등급	2등급	3등급
근무실적	실적의 질			
	실적의 양			
	적시성			
	업무개선도			
직무수행능력	전문지식			
	정보화능력			
	업무숙지도			
	판단력			
	기획력			
	업무추진력			

평가는 객관성과 공정성의 확보를 위해 평가 시 발생할 수 있는 다양한 오류를 최소화해야 한다. 이러한 오류 중 집중화 경향(central tendency)이란 평가자가 무난하게 주로 중간등급을 주는 현상을 의미한다. 관대화 경향(tendency of leniency)은 피평가자들과의 인간관계를 의식하여 평가등급을 전반적으로 높게 주는 경우를 의미한다. 반대로 전반적으로 점수를 낮게 주는 경우를 엄격화 경향(tendency of severity)이라고

한다. 이들 세 가지 오류 발생을 줄이기 위해서 특정 등급을 부여할 인원수를 미리 할당하는 강제배분법을 사용할 수 있다.

연쇄적 경향(halo effect)은 하나의 평가요소에 대한 평가자의 판단이 다른 평가요소에 영향을 미치는 현상을 말한다. 예를 들어 〈표 6-7〉의 근무실적 평가에서 실적의 질이 좋으며, 실제로 그렇지 않아도 나머지 실적의 양, 적시성, 업무개선 정도도 좋다고 평가하는 경향을 의미한다. 연쇄화 경향을 방지하기 위해서는 평가요소의 의미를 명확하게 하여야 하며, 한 사람의 평가요소들을 일시에 평가하지 않고 하나의 평가요소에 대해 모든 피평가자들을 평가한 후 다른 평가요소로 넘어가는 방식을 채택할 수 있다.

그 밖에 평가오류로는 ① 평가자 간 비교 시 특정 평가자가 다른 평가자들에 비해 언제나 규칙적으로 후한 점수 또는 나쁜 점수를 주는 경우 규칙적 오류(systematic or constant error), ② 특정 평가의 평가기준이 일정하지 않아 관대화 및 엄격화 경향이 불규칙적으로 나타나는 경우 총계적 오류(total error), ③ 평가자의 기억의 한계로 인해 특정 평가에서 '시간적 순서(order)'에 따라 오류가 발생하는 순서효과(order effect)가 있다. 최근의 실적이나, 능력을 중심으로 평가하는 경향인 최근 오류(recency errors)가 그 예이다. ④ 평가요소 간 관계가 실제로는 없는데 이들 간 논리적 상관관계가 있다는 관념에 의해 발생하는 오류를 논리적 오류(logical errors)라 한다. 예를 들어 실제로 태도와 성과는 관계가 없는데 있다고 믿는 경우이다. ⑤ 업무실적과는 직접적 관련성이 없는 연공적 속성인 학력, 연령, 근속연수를 평가에 반영하는 경우에 해당하는 연공오류(seniority error)가 있다.

평가가 완료되면 평가 결과를 활용하게 되는데, 한국의 경우 근무성적평가의 결과를 평가 대상 공무원에 대한 승진임용 · 교육훈련 · 보직관리 · 특별승급 및 성과상여금 지급 등 각종 인사관리에 반영한다. 승진 시 승진후보자 명부를 작성하게 되는데, 근무성적(70점), 경력평정(30점), 가점(5점 이내) 등에 따라 성적순이 결정된다.

제6절 인사행정의 복지기반

1. 복리후생

복리후생은 직접적인 보상인 임금 외에 간접적으로 제공되는 정신적·물질적 보상(compensation)의 총체를 의미한다.

복리후생(fringe benefit)이란 공무원들의 삶의 질을 제고하기 위해 조직 차원에서 주어지는 직접적인 보상인 임금 외에 간접적으로 제공되는 정신적·물질적 보상(compensation)의 총체를 의미한다. 복리후생에는 의료보험, 고용보험, 산업재해보험, 최저임금제, 연월차 휴가 등과 같이 법적으로 요구되는 항목들 외에도 경조사비 지원, 학비 보조, 교육훈련비 지원, 주택 지원 등이 있다. 제공 범위는 고용주의 철학, 노사관계 양상, 조직자원의 정도 등 다양한 요소의 영향을 받는다.

정부가 공무원들에게 복리후생을 제공하는 목적은 이의 제공을 통해 생산성을 향상시킨다는 수단적 측면도 존재하지만 부양가족에 대한 배려와 고임금자－저임금자 간 삶의 질 격차 해소라는 인간적·사회적·윤리적 측면도 존재한다.

복리후생관리의 특징을 볼 때 첫째, 법과 제도에 의해 반드시 제공해야 하는가 하면 조직이 제공 여부를 자유롭게 선택할 수 있는 경우도 있다는 점에서 강제성과 자율성이 공존한다. 둘째, 복리후생이 확대되고 유형도 다양해지고 있다는 점, 복리후생에 대한 다양한 욕구가 존재하고 욕구를 100% 충족시킬 수 없다는 측면에서 늘 불만의 대상이 된다는 점, 동일한 자원 투입에도 상이한 효과가 발생한다는 점에서 관리상 복잡성과 어려움이 존재한다. 셋째, 복리후생을 둘러싸고 고용주는 비용절감 차원에서 축소를, 근로자의 경우 확대를 주장한다는 점에서 이를 둘러싼 갈등의 가능성이 늘 존재한다.

복리후생은 환경 변화와 조직 상황에 따라 변화한다. 첫째, 비선택형 일괄 제공에서 선택적 복리후생 프로그램(뷔페식 후생복지제도)이 강화되는 쪽으로 변화하고 있다. 선택성이 강화되면 공무원 개인의 취향에 따라 복지내용을 선택할 수 있다. 선택형이 등장하게 된 배경은 조직에서 일괄 제공 시 개인의 다양한 욕구를 충족시키는 데 한계가 있다는 인식이 시작되면서부터이다. 선택성이 강화되는 경우 개인의 입장에서는 바람직하지만 조직이 원하는 개발 방향과 개인이 원하는 것이 상충될 가능성이 존재한다.

둘째, 복리후생에서 통합적 복지(integrative welfare)가 강화되고 있다. 기존 업무적 요소만을 고려한 복지에서 업무와 조직 외적인 요소들인 가족, 개인의 삶까지 고려하는 복지로 이동하고 있다. 일과 가족 간 갈등(work-family conflict)을 감소시키고 일과 삶의 균형(balance of work and life)을 가져올 수 있는 복지는 개인의 만족도를 증가시키고 생산성의 증가를 가져온다.

셋째, 인생주기를 고려한 복리후생(life cycle benefit)이 강화되고 있는데 이는 직장인들이 가진 인생의 시간 변화(life-time-change)에 따라 복리후생도 달라지는 방식이다. 예를 들어 젊은 직장인들에게는 물질적 복지를 강화하고, 나이 든 이들에게는 정신적 복지를 강화하는 방식이다.

마지막으로 경제적 복리후생에서 비경제적 복리후생이 강화되고 있다. 단순히 높은 봉급보다는 잘 설계된 직무설계, 좋은 조직 분위기 형성 등과 같은 비물질적 측면의 복리후생이 더 중요해지고 있다. 전통적인 경제적 보상 중심의 복지는 주관적 안녕(subjective well-being)을 증진시키는 데 한계가 있는데 이는 신규로 입직하는 젊은 이들이 기성세대와 달리 새로운 가치관을 추구하고 있기 때문이다.

2. 보수

보수란 노동을 제공한 자에게 지불하는 노동력의 대가로, 결정하는 방식에 따라 근속급, 직무급, 능력급, 성과급 등으로 구분된다.

보수란 노동을 제공한 자에게 지불하는 노동력의 대가를 의미한다. 공무원에 대한 보수는 봉급과 수당으로 구성된다. 봉급이란 "직무의 곤란성 및 책임의 정도에 따라 직책별로 지급되는 기본 급여" 또는 "직무의 곤란성 및 책임의 정도와 재직기간 등에 따라 계급별 및 호봉별로 지급되는 기본 급여"이며, 수당이란 직무여건 및 생활여건 등에 따라서 지급되는 부가급여를 의미한다. 한국 공무원의 경우 연공과 직무를 반영한 기본급이 지급된다. 근무조건과 생활여건을 고려하여 수당을 지급하고 있으며 수당은 약 40여 개가 있다.

보수는 결정의 기준에 따라 근속급, 직무급, 능력급, 성과급 등으로 구분된다. 첫째, 근속급은 생활보장의 원칙에 따라 근속연수라는 연공을 고려하여 임금 수준을 결정하는 방식이다. 가구주의 연령에 따라 개인생활을 보장하는 성격이 강하기 때문에 동양적 전통을 반영하고 있다.

둘째, 직무급(job-based pay)은 직무가 가지는 상대적인 가치(노동의 괴로움, 난이도와 책임, 업무가치)를 반영한 보수체계이다. 근속연수, 학력, 연령 등과 같이 속인적 특성에 상관없이 동일한 직무에 대해서 동일한 보수(equal pay for equal work)를 지급하는 방식이다. 직무급을 시행하기 위해서는 직무분석과 직무평가가 선행되어야 한다.

셋째, 능력급(ability-based pay)은 직무를 수행하는 데 요구되는 개인이 가진 지식(knowledge), 기술(skill), 능력(ability) 등의 개인적 능력을 기준으로 한 보수체계를 의미한다. 우수 인재의 이직을 방지하고 직원들의 자기개발 욕구를 촉진할 수 있다는 장점을 가진다. 다만 개인의 능력이 반드시 직무 성과로 연결되지 않을 수 있다는 점에 유의할 필요가 있다.

마지막으로 성과급(performance-based pay)은 직무에 요구되는 생산량(서비스량, 매출액, 이익, 비용절감)의 달성 정도를 기준으로 하여 지급하는 보수체계를 의미한다. 성과에 비례하여 보상한다는 점에서 공정성이 높은 보수체계이지만 문제는 성과가 구체화되지 않는 경우에 적용하기 힘들다는 한계가 있다.

공무원 보수는 민간부문의 보수와 다른 특수성을 가진다. 먼저 공무원 보수는 공익성을 가진다. 민간부문은 이윤과 수익만큼 보수도 높아지지만 공공부문은 예산이 늘어나는 것에 비례하여 보수가 높아지는 것은 아니다. 왜냐하면 공무원의 보수가 높아지면 국민들의 세 부담이 높아지기 때문에 공익성을 고려하여 높은 임금을 억제하게 된다.

둘째, 공무원 보수는 정책의 도구가 될 수 있다. 공무원 보수 상승은 민간 보수의 상승을 유도하고 결과적으로 물질 수준을 높이는 기폭제가 될 수 있다는 점에서 물가조절을 위한 경제정책의 도구로 활용된다.

셋째, 공무원 보수는 적절한 보수 유지를 위한 정부의 배려가 요구된다. 공무원들의 경우 노동3권(단결권, 협상권, 행동권) 중에서 행동권이 제약되며, 민간부문에 비해 상대적으로 낮은 보수를 받고 있기 때문에 정부는 배려 차원에서 적절 보수 수준을 유지하기 위해 노력하여야 한다. 정부가 적정 수준의 보수를 유지해야 하는 또 다른 이유로 정부의 행동은 민간기업들이 참조하는 모델이 되기 때문에 가장 모범적인 고용주로서 역할을 해야 한다.

마지막으로 보수체계는 공평성과 균등성이라는 가치가 충돌한다는 특성을 가진다. 공평성(equity)은 투입한 노력과 성과에 비례하여 보수를 지급하는 것을, 균등성(equality)은 투입한 노력과 성과에 관계없이 동일한 보수를 지급하는 것을 의미한다. 공공부문의 경우 절대적 평등을 의미하는 균등성이 강조되지만 이와 같은 균등성이 강조되는 경우 우수 인재의 이탈이 증가될 수 있다는 점에서 공평성을 고려한 보수체계 설계가 이루어져야 한다.

3. 연금

연금이란 공무원과 공무원 가족들의 생활안정과 복지 향상을 기하려는 금전적 보상제도를 의미하며, 각국마다 상이한 연금제도를 가진다.

연금이란 공무원들에 대한 사회보장제도의 일종으로, 공무원의 퇴직, 노령, 질병, 부상 및 사망으로 상실된 소득을 보충하여 공무원과 공무원 가족들의 생활안정과 복지 향상을 기하려는 금전적 보상제도를 의미한다.

연금은 다양한 기능을 수행하는데 공무원이나 국민들에게 기초적인 삶의 질을 보장하기 위한 사회적 안전장치이다. 연금은 퇴직을 유도하여 공무원 사회의 신진대사를 촉진하며, 조직구성원들에게 장래에 대한 불안감을 제거하여 사기를 진작한다. 특히 공무원들에게 낮은 보수 수준을 보상하는 기능을 수행한다.

연금은 기금의 적립 여부와 방식, 확정 대상, 적립 주체에 따라 그 유형을 구분할 수 있다. 먼저 기금의 적립 여부에 따라 연금의 재원을 위한 기금을 별도로 마련하여 충당하는 '기금제'와 연금의 재원을 일반세입에서 충당하는 제도인 '비기금제'로 구분된다. 기금제의 경우 연금 재원을 부담하는 주체에 따라, 정부와 공무원이 공동으로 부담하는 기여제와 정부만 부담하는 비기여제로 구분된다. 한국의 경우 기금제와 기여제를 채택하고 있다. 기금제로 운영할 때 기금의 운영(투자)을 통해 이자와 사업수익을 올리는 것이 관건이다.

확정과 관련해 연금 재원 마련을 위해 납부해야 할 연금 보험료율을 미리 정할 것인가, 마련된 연금으로 받게 될 연금 수준을 사전에 확정할 것인가에 따라 전자를 확정기여형(defined contribution plan, DC), 후자는 확정급여형(defined benefit plan, DB)으로 구분한다. 받게 되는 연금 수준을 미리 확정하는 경우 연금 수준을 과도하게 높게 잡는 경향이 있어 연금적자의 가능성이 높고, 연금재정 악화 시 탄력적 대응이 불가능하다는 단점이 존재한다.

받게 될 연금의 주체에 따라 연금 재원을 가입자 스스로 적립해 직접 마련하는 적립 방식과 연금 재원을 미래세대가 납부하는 보험료로 연금을 마련하는 부과 방식이 있다.

연금의 본질에 대해서는 다양한 의견이 대립하고 있다. 이와 같은 본질이 중요한 이유는 본질에 따라서 연금의 부담주체가 누구냐가 달라지고, 공무원 입장에서 권리(right)의 정도가 달라진다. 먼저 은혜설은 공로보장설이라고도 하며 고용주가 피고용주에게 감사하는 차원에서 지급하는 것이 연금의 본질이라고 본다. 은혜설에 따르면 연금은 비기여금제에 의해 운영되며, 이 경우 직원들의 권리가 아니다. 거치보상설은 일정 기간 동안 보수의 일부를 지급하지 않고, 적립 후 퇴직 후에 지급하는 방식으로 연금 재원을 개인과 정부가 공동 부담하며, 공무원이 기여하는 것만큼 연금은 공무원 개인의 당연한 권리가 된다. 생활보장설은 퇴직 후의 생활을 보장해 주기 위해서 연금을 지급한다고 보며, 위자료설은 고용주의 시정으로 피고용주가 퇴직 또는 직업상의 사망이 발생한 경우 이를 위로하는 차원에서 지급한다는 주장이다.

4. 노동조합

공무원 노동조합은 공무원의 권익을 보호하기 위한 노동단체로서 한국에서는 노동3권(단결권, 협상권, 행동권) 중 단결권과 협상권만 인정된다.

공무원 노동조합은 공무원의 권익을 보호하기 위한 노동단체이다. 한국의 경우 1987년 전국교원조합(전교조의 전신)이 출범하였고 이후 전교조(전국교직원노동조합)로 개편된 뒤 1999년에 합법적인 조합으로 승인받았다. 일반공무원의 경우 2002년 이후 전공노(전국공무원노동조합)가 공무원 노조로 등장하였으며 이후 다수의 조합이 생겨났다.

공무원 노조는 노동3권(단결권, 협상권, 행동권) 중 단결권과 협상권만 인정된다. 먼저 단결권은 노동조합을 설립할 수 있는 권리이다. 노동조합에 가입할 수 있는 공무원의 범위는 6급 이하의 공무원으로 규정되어 있다. 노조는 노동조합의 업무를 위해 전임자를 둘 수 있으나 전임자로 되기 위해서는 임용권자의 동의를 받아야 한다. 협상권과 관련해 노동조합의 대표자는 그 노동조합에 관한 사항 또는 조합원의 보수·복지, 그 밖의 근무조건에 관하여 정부를 대변하는 대표와 교섭하고 단체협약을 체결할 권한을 가진다.

공무원 노조는 공무원 신분의 공익 관련성으로 인해 일반 기업의 노조에 비해 행동권 행사에 일정한 제약을 받는다. 노동조합과 그 조합원은 정치활동이 금지되며 단체행동도 제약된다. 노동조합과 그 조합원은 파업, 태업 또는 그 밖에 업무의 정상적인 운영을 방해하는 일체의 행위를 하여서는 아니 되는데, 이를 위반하여 파업, 태업 또는 그 밖에 업무의 정상적인 운영을 방해하는 행위를 한 자는 처벌을 하도록 규정하고 있다.

CASE STUDY 사례 1

'낙하산 인사' 없다던 윤석열 정부 … 한전 · 가스공사 · 지역난방공사 등 잡음 잇따라

반(反)카르텔 정부를 기치로 내건 윤석열 정부가 과거 정부 못지않게 낙하산 인사가 빈번하다는 지적이 나온다. 2023년 10월 4일 국회 산업통상자원중소벤처기업위원회 소속 더불어민주당 정청래 의원(서울 마포을)이 산업통상자원부 산하 공기업, 공공기관으로부터 받아 분석한 자료에 따르면 윤석열 정부 출범 1년 만에 정치권 · 검찰 출신으로 공공기관에 취업한 인원이 총 34명에 달하는 것으로 확인됐다. 한국수력원자력이 5명으로 가장 많았고, 한국산업기술진흥원이 4명, 한국석유공사가 2명으로 뒤를 이었다. 또한 기관장 교체와 맞물려 현 정권 개국공신들이 속속 기관장으로 임명되며 '낙하산' 혹은 '보은' 인사 논란도 확산되고 있다.

출처: 투데이신문(https://www.ntoday.co.kr)

CASE STUDY 사례 2

공무원, 육아휴직도 '성과'…복귀하면 평가 우대

매년 역대 최저치를 기록 중인 출산율이 반등의 조짐이 없는 가운데 정부가 공무원을 대상으로 육아휴직수당을 기본급 수준으로 인상하는 방안을 추진한다. 또 근무평정 · 성과 평가 시 육아휴직 후 복귀하는 직원은 이전등급 이상을 부여하는 인센티브를 주는 개선안도 마련한다.

국민권익위원회는 24년 3월 21일 이 같은 내용의 '공무원 육아휴직과 양육제도의 실효성을 높이는 제도개선 방안'을 마련해 인사혁신처와 행정안전부, 공무원연금공단에 권고했다고 밝혔다. 이번 개선안은 지난 1월 권익위 국민신문고 조사 결과 정부가 우선 추진해야 할 과제로 육아휴직 후 복직 공무원 인사 우대가 선정된 데 따른 조치다. 설문엔 5966명의 국민들이 참여했다.

출처: 머니투데이(https://news.mt.co.kr/mtview.php?no=2024032120152486792)

공무원 육아휴직 및 양육제도 제도개선 방안 주요 내용

구분	내용
승진 · 평가	의무적으로 일정 상위 등급 이상의 근무평정 인정 및 성과평가등급 부여
	휴직 전 승진심사 대상에 포함된 공무원 휴직 중에도 대상자 배수에 포함
	다자녀(2자녀 이상) 복귀 시 일정 비율 내에서 승진배수 대상범위 포함, 우대
	육아휴직기간 전체 기간을 '경력평정기간'에 포함해 인정 및 사용기간 연장
재정	육아기간 중 경제적 부담 완화를 위해 육아휴직수당 기본급 수준 인상
	휴직기간 중 지급액 총액 규모를 상향하는 등 지급체계 개선
복지	공무원 임대주택 배정 시 청년세대 우대 및 거주여건 개선
	공직경력이 짧고 젊은 양육공무원에게 대출금리 인하 등 부담 완화
	육아휴직 공무원에게 일정 수준의 맞춤형 복지포인트 보장 지급
양육환경	육아휴직자 대체인력 확보 6개월에서 3개월로 단축해 즉시 대행하게 개선
	육아휴직공무원의 복직 시 부서 선택, 수당 등 사전 안내 강화

1. 사례1에서 '낙하산 인사'가 가지는 순기능과 역기능을 고려하여 바람직한 인사관리 방안을 제시하시오.
2. 사례2에서 볼 수 있는 바와 같이 저출생으로 인해 인사행정에서도 출산 및 육아 관련 제도설계가 중요해지고 있다. 보다 더 나은 제도설계나 이를 위해서 필요한 것은 무엇인지를 제안하시오.

연습문제

1. 엽관제도와 실적제도의 차이점을 설명해 보시오.

2. 경력직과 특수경력직의 분류에 대해 설명해 보시오.

3. 계급제의 특징과 직위분류제와의 차이를 설명해 보시오.

4. 공무원 근무평정제도의 용도와 유형 및 운영상의 오류 사항을 기술하시오.

5. 공무원 근무평정제도의 용도와 유형을 소개하고 운영상의 오류 및 개선방안에 대해 논하시오.

6. 보수의 개별보수체계 결정기준과 보수 수준 결정유인을 설명해 보시오.

7. 공무원의 신분보장과 징계제도에 대해 설명해 보시오.

제 7 장

재무행정

[학습목표]

1. 정부의 예산과 예산 과정 및 재정관리에 대한 기초이론 습득
2. 정부 예산의 이해 및 현황 파악
3. 정부 예산이론에 대한 이해 및 주요 쟁점의 인식
4. 정부 예산 과정과 참여자에 대한 이해
5. 예산 과정의 문제점과 개혁 노력에 대한 지식 함양

학습개요

정부의 세입과 세출 그리고 예산편성과 심의 및 집행, 결산 과정에 대한 이해를 높이고, 그 과정에서 나타나는 예산의 문제와 예산 결정에 관계되는 예산이론을 탐구하며, 재무행정에서 나타나는 실무현상의 논의를 통하여 재무행정의 관심을 증진한다.

제1절 재정정책과 정부 예산

1. 재정의 의의

1) 재정의 개념

한 국가의 영토 안에서 모든 경제주체가 1년 동안 생산한 상품 및 서비스의 시장가치를 모두 합한 값을 우리는 국내총생산(Gross Domestic Product, GDP)이라고 부른다. 유사한 개념인 국민총생산(Gross National Product, GNP)은 한 국가의 국민이 생산하는 모든 상품 및 서비스의 시장가치의 총합에서 투자수익 같은 해외로부터의 순소득을 제외한 값과 일반적으로 같다고 할 수 있다. GDP는 한 국가 내에서 생산된 모든 상품과 서비스의 시장가치를 측정하는 반면, GNP는 국민 소유의 생산요소가 만들어내는 상품과 서비스의 가치를 측정한다. 우리가 일반적으로 말하는 국민경제는 GDP와 더 밀접한 관련이 있다고 할 수 있다. 국민경제란 국가 내 경제활동의 총체를 뜻하며, 국민경제의 경제활동 주체는 가계, 기업 그리고 정부로 구성된다. 시장에서 기업은 생산자로 가계는 소비자로서 보통 경제활동에 참여하고 정부는 [그림 7-1]처럼 가계와 기업의 경제활동으로부터 거두어들이는 조세수입과 세외수입 그리고 국공채발행 등의 수입활동으로 마련한 재원으로 공공재와 공공서비스를 가계와 기업을 대상으로 생산 및 제공하는 지출활동을 한다. 이러한 정부의 경제활동을 통칭하여 재정이라고 부른다.

그림 7-1 정부의 재정활동

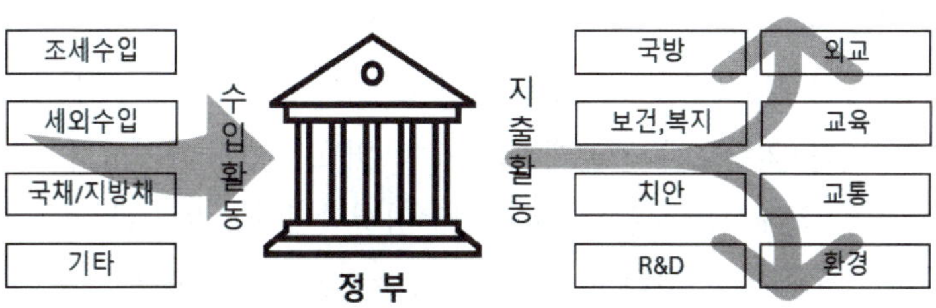

2) 재정의 기능

시장실패를 보완하고 해결하는 기능이 정부의 역할이다. 시장실패의 원인인 자원의 희소성과 경쟁의 문제를 해결하기 위해서 정부의 재정활동을 통해 사회의 희소한 자원의 배분을 어떻게 할 것인가 특히, 공공부문과 민간부문 간의 배분에 대한 것이 재정의 기능을 정의한다고 할 수 있다. 재정의 수입활동 측면에서는 한 회계연도의 전체 정부수입에서 각 수입 항목들이 차지하는 비중을 어떻게 조정할 것이며 특히 조세수입 중에서 과세기준(tax base)과 세율(tax rate)은 얼마로 결정할 것인지, 지출활동 측면에서는 각 분야별 사업의 목적과 대상 그리고 수혜범위는 누구인지에 대해서 정의하는 것이 정부가 재정활동을 통해 자원의 배분을 하는 것이다(윤영진, 2021; 하연섭, 2018).

(1) 경제적 기능

가계와 기업의 경제활동과 함께 재정은 국민경제의 큰 축을 담당하고 있다. 수입활동에 있어서는 가계와 기업이 정부의 수입을 제공하는 반면, 지출활동에서는 가계와 기업이 정부가 제공하는 공공서비스의 수혜자이다. 이 과정에서 정부의 재정활동은 시장실패를 보완하고 해결하기 위해서 자원배분의 효율성을 강조한다. 그러므로 정부의 재정활동을 분석하는 데 있어서 기본적인 이론과 도구를 제공하는 데 그 목적이 있다. 재정의 경제적 기능은 후생경제학(welfare economics) 및 공공경제학(public sector economics)에 기반하는 머스그레이브(Musgrave, 1959)의 재정의 3대 기능, 즉 자원배분, 소득분배, 경제안정으로 구분할 수 있으며, 이 세 가지 기능의 목적은 공공재, 외부효과, 불완전경쟁, 정보의 불균형 등으로 발생하는 시장실패의 해결이다.

① 자원배분 기능

자원이 적절하게 배분되지 않으면 사회후생의 최대화를 이룰 수 없기 때문에 정부는 효율적인 자원배분을 통하여 사회의 경제적 후생을 향상시킬 수 있도록 공공재를 직접 공급하거나 외부효과가 존재하는 경우 비효율성을 제거하기 위한 재정수단을 사용한다. 이를 위해서는 모든 시장이 완전경쟁상태이며 완전한 정보를 가지고 있어야 한다. 이런 조건 중 하나라도 만족되지 않는 경우 자원배분은 비효율적이기 때문에 정부의 개입이 필요하다. 대표적인 자원배분을 위한 재정은 민간시장에 공급재를 공급하거나 부담금을 부과하는 것이다.

② 소득분배 기능

시장에서 자원이 효율적으로 배분이 되었다고 할지라도 사회 내의 소득분배가 불평등하게 이루어질 수 있는 가능성은 여전히 존재한다. 각 개인이 시장에서 향유할 수 있는 효용(utility)의 크기는 소득 수준과 관계 있으며, 소득 수준은 개인이 소유하고 있는 노동이나 자본의 양과 같은 생산요소가 시장에서 받는 가격에 의해 결정된다. 즉, 생산요소의 불균등한 분배로 인한 소득분배의 불평등은 자원배분이 효율적으로 이루어진 시장에서 생산되는 재화의 향유를 저해하는 요인이 된다. 그러므로, 정부는 생산된 재화와 서비스를 공평하게 분배하는 역할을 하여야 하고 특히 자원배분의 효율성과 소득분배의 형평성은 상충관계에 있기 때문에 이 두 기능의 적절한 정책적 조합이 필요하다. 누진세율의 소득세제와 저소득층을 위한 지원 등이 소득을 재분배하여 불균형한 소득구조를 해결하는 것이다.

③ 경제안정화 기능

자원배분과 소득분배는 적절하게 이루어진 시장이더라도 가계와 기업이 원하는 물가, 고용, 국제수지 등의 거시적 경제지표들이 안정적으로 유지되어야 한다. 이런 거시적 경제 목표를 실현하거나 그 여건을 조성하는 재정활동이 경제안정 및 성장을 목적으로 하는 정부의 역할이다. 즉, 정부는 국가 외부 환경 변화에 대응하기 위해서 관세와 같은 수입활동과 지출활동을 한다. 따라서, 정부는 실업률을 낮추고 물가를 안정시키고 전체 국민소득을 증가시키기 위해 재정개입을 할 필요가 있다. 물가안정화정책, 고용안정화정책 등을 통해서 성장동력을 확충하고자 하는 것이 경제를 안정화하는 정부의 재정활동이다.

(2) 정치적 기능

시장실패로 인한 문제점을 회복하기 위해서 자원의 효율적 배분과 소득의 균등한 분배를 목적으로 경제학적 분석모형을 적용하는 것이 재정의 경제적 기능이다. 하지만, 본질적으로 자원배분과 소득분배는 정치적 과정의 결과물이며, 이 결과물은 다양한 계층으로 구성된 사회구성원들이 원하는 것을 모두 만족시켜 줄 수는 없다. 자원배분과 소득분배를 위한 정치적 결정은 복수의 정치세력(정당)이 경쟁에 기반을 두기 때문에 합리적으로만 이루어지지도 않을 뿐만 아니라, 사회의 자원은 구성원들의 모든 요구와 그 요구의 다양성을 충족시켜 줄 만큼 충분하지 않다. 그러므로, 수입활동 측면에서는 재정에 누가 얼만큼 더 부담을 할 것인지, 지출활동 측면에서는 무엇을 얼마나 어떻게 생산하여 누구에게 제공할 것인지에 대해서 끊임없는 선택의 제약을 받는다. 사회 내 자원의 희소성과 구성원들의 자원 취득을 위한 경쟁의 문제를 해결하는 것이 정치적 기능이고 그 결과물로 나오는 예산이 재정의 정치적 기능의 핵심요소이다(Lewis & Hidreth, 2010; Wildavsky, 1964). 즉, 조세와 지출이 자원배분과 소득배분에 직접적 영향을 끼치는 정부재정활동의 대상이며 그 본질적 속성이 사회구성원 간의 '권력게임(power game)'이다(하연섭, 2018). 이 권력게임의 결과는 '예산'에 정부재정 목적에 따라서 각 정책의 우선순위와 규모에 대한 정보로 알 수 있다.

(3) 관리적 기능

앞에서 살펴본 재정의 두 기능은 재정의 결정과 그 과정에 있어서 기준을 제공한다. 조세업무와 예산에 기반을 둔 지출업무를 위해서는 정부는 효율적인 관리가 필요하다. 예산은 편성부터 집행, 결산, 감사 그리고 성과평가까지 재정관리에 대하여 정부가 책임을 지어야 한다. 특히, 예산 편성과 집행을 하는 회계연도를 비교해 보면, 예산 편성 과정에서 정부가 무엇을 할 것인지를 계획하는 것은 실질적으로 그 계획을 집행하는 시점의 이전 회계연도이다. 이런 시차로 인하여 재정운용은 예산을 관리하는 기법(techniques)으로 이미 효율성과 형평성에 근거하여 계획된 내용을 합리적으로 집행하는 것이 중요하다. 즉, 시간 차이로 인하여 예산을 계획하는 시점과 바뀐 환경 특히, 자원제약의 변화로 인하여 계획된 목표를 가장 바람직한 방향으로 달성하기 위해서는 재정활동에서 정부가 합리적인 결정을 하여야 한다.

3) 재정의 분류

통상적으로 재정이라고 하면 일반정부의 재정을 일컫는데 재정은 크게 세 가지 기준으로 구분할 수 있다([그림 7-2] 참조). 첫째, 재정을 운용하는 주체에 따라서 우리나라는 중앙정부와 지방자치단체로 구분할 수 있다. 중앙정부의 재정은 중앙정부 부처가 하는 재정활동을 의미하고, 지방재정은 지방자치단체의 재정활동과 지방교육재정을 포함한다.[1)] 둘째, 재정운용을 하는 수단에 따라서 구분할 수 있다. 재정의 운용수단은 정부의 수입과 지출에 해당하는 부분으로 예산과 기금이 이에 해당하며, 예산

1) 2024년 1월 기준 우리나라는 17개 광역자치단체와 226개의 기초자치단체가 있다. (https://www.index.go.kr/unity/potal/main/EachDtlPageDetail.do?idx_cd=1041 참조).

은 일반회계와 특별회계로 나뉜다. 그러므로, 수단에 따라서 재정을 구분하면 일반회계, 특별회계, 기금으로 나눌 수 있다. 마지막으로 재정활동의 성격에 따라서 구분할 수 있는데, 재정운용수단은 기본적으로 수입과 지출을 의미한다. 단, 「국가재정법」에서는 수입원과 지출원에 따라서 예산의 경우 세입과 세출이라고 정의하고, 기금의 경우 수입·지출 활동과 구분하고 있다(국회예산정책처, 2024).

그림 7-2 우리나라 재정의 분류

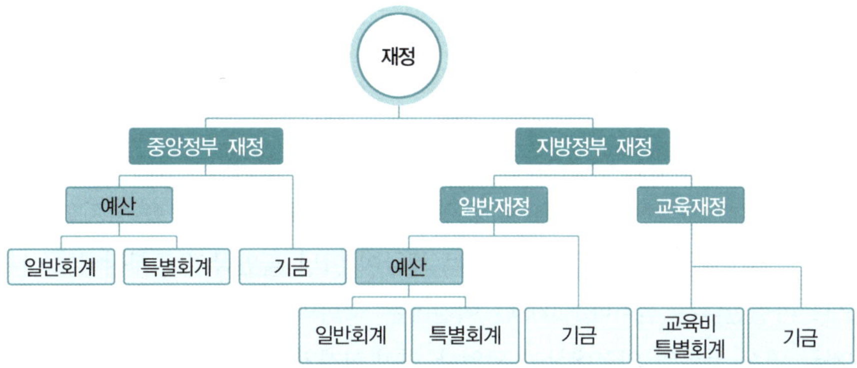

출처: 국회예산정책처(2024).

(1) 일반회계

일반회계란 소득세, 법인세, 부가가치세 등 국세수입과 정부출자기업의 배당 및 지분매각수입 등 세외수입을 주요 재원으로 하여 국가의 일반적인 지출에 사용하기 위해 설치된 회계로서, 정부의 일반적인 활동을 위한 예산으로 운영비와 사업비를 포함한다. 일반회계에 속하는 정부의 수입은 특정세출을 위하여 그 용도가 정해져 있지 않기 때문에 지출과 관련해서는 모두 정부가 편성하고 국회의 심의 대상이며, 당연히 결산 및 감사의 대상으로 예산과정을 거친다.

(2) 특별회계

일반회계와 마찬가지로 정부예산에 포함되는 특별회계는 정부가 특정 사업을 진행하기 위해서 사업을 위한 자금 충당부터 지출까지 일반회계와 구분하여 회계처리하여야 할 때 「국가재정법」에 근거하여 설치할 수 있고, 우리나라 예산단일원칙과 예산통일원칙의 제외 대상이다. 그러므로 특별회계의 세입과 세출은 이미 그 지출 용도와 목적이 모두 법률에 의해서 정해져 있고 사업담당부서가 예산운용의 자율성을 가지고 사업의 효율성을 향상시키는 데 그 목적이 있다. 특별회계 역시 일반회계와 마찬가지로 전체 예산 과정을 거쳐야 한다.

특별회계는 회계의 목적 및 성격에 따라 기업특별회계와 기타특별회계로 나눌 수 있다. 기업특별회계는 정부가 특정사업을 운영하기 위한 것으로 정부가 재화나 서비스를 제공하고 그 비용의 전부 또는 일부를 수익자에게 징수한다. 기타특별회계는 기업특별회계를 제외한 특정세입으로 특정세출에 충당하기 위한 목적으로 설치하는 것이다.

(3) 기금

정부는 「국가재정법」 제5조에 근거하여 특별회계와 비슷하게 정부가 특정한 목적을 가지고 특정한 자금을 신축적으로 운영할 필요가 있을 때 기금을 설치할 수 있다. 하지만 특별회계와의 차이점은 그 재원이 세금이 아닌 출연금이나 부담금 등 다양한 방식으로 마련한다는 점이다. 2002년 이전에는 국회의 의결대상이 아니었으나, 이후로는 기금 역시 국회의 의결대상이 되었다. 특별회계와 마찬가지로 기금은 수입과 지출의 연계가 매우 강하다. 또한, 주요 항목 지출금액의 20%만 초과하지 않는 범위에서 기존의 기금운용 계획이 변경된다면 국회의 의결을 필요로 하지는 않는다는 점에서 운용 측면에서는 특별회계보다는 더 많은 자율성을 보장해 준다. 기금은 성질에 따라서 ① 특정한 재정사업을 수행하는 데 필요한 자금을 관리·운영하는 사업성기금, ② 연금지출, 보험지출에 대비하여 자금을 운영하는 사회성보험기금, ③ 보증·보험 등을 제공하는 금융활동 역할을 하는 금융성기금, 그리고 ④ 특정 자금으로 실제 사업을 수행하는 주체에게 전달하는 계정성기금으로 분류할 수 있다.

4) 재정구조 및 규모

[그림 7-2]에서 보듯이, 우리나라의 재정은 운용주체에 따라서 중앙정부와 지방자치단체의 재정으로 구성되어 있고, 다시 운용수단에 따라서 예산과 기금으로, 그리고 예산은 일반회계와 특별회계로 구성되어 있다. 이렇게 구성되어 있는 재정구조에 따라서 국가재정 규모가 결정되는데, 재정규모를 산출할 때에는 몇 가지 기준이 존재한다. 그러므로, 재정규모에 대해서 논의를 할 때에는 작성기준과 그 범위에 대해서

먼저 살펴볼 필요가 있다.

(1) 재정규모

① 총계와 순계

총계란 일반회계 · 특별회계 · 기금의 세입과 세출(기금은 수입과 지출)을 단순히 합산한 금액을 말하며, 일반적으로 중앙정부의 재정규모를 나타낼 때 사용된다. 총계에는 회계와 기금 간, 각 회계와 기금의 계정 간의 내부거래뿐만 아니라, 정부의 차입금 혹은 상환금, 그리고 여유자금 운용과 관련된 보전거래가 포함된다. 특히, 현재 우리나라 지방자치단체는 상위정부로부터 교부금이나 보조금의 형태로 재정지원을 많이 받고 있기 때문에 내부거래에 의해서 발생하는 부분은 따로 고려할 필요가 있다. 그러므로 총계에서 내부거래를 차감하여 산출하는 금액이 바로 순계이다.

② 통합재정수입과 통합재정지출

재정은 국민경제에 영향을 끼치는데, 재정을 구성하는 요인은 그 주체와 회계 운용에 따라서 재정활동이 차이점을 보일 수가 있다. 그러므로, 정부의 순수한 재정활동과 재정의 경제적 효과를 파악하기 위하여 통합재정수지라는 개념이 도입되었다. 통합재정수지란 순수한 재정수입과 순수한 재정지출의 차이로 정의할 수 있다. 여기까지 살펴보았을 때 앞에서 살펴본 순계의 개념을 통해서 적용 가능해 보이나 중앙정부만 고려할 때는 순계의 개념이 적합한 반면, 중앙정부와 지방자치단체를 모두 고려하는 경우 수지 차 보전을 위한 보전거래 역시 제외하여야 한다. 그러므로, 통합재정수입은 전체 재정수입 총계에서 내부거래 수입과 보전거래 수입을 제외하고, 통합재정지출은 전체 재정지출 총계에서 내부거래 지출과 보전거래 지출을 제외하여야 한다.

③ 총수입과 총지출

총수입과 총지출은 앞에서 살펴본 통합재정수입과 통합재정지출과 비슷한 의미로 정부의 실질적인 경제활동을 파악하기 위한 목적으로 2006년 예산안, 즉 2005년부터 도입된 재정지표로서, 일반적으로 중앙정부의 예산안 편성과 국회의 심의 과정에서 많이 사용된다. 예산에서 내부거래와 보전거래는 국민들이 재정활동을 이해하는 것을 어렵게 만든다. 그러므로 총수입과 총지출은 총계에서 내부거래와 보전거래를 제외한 개념으로 이 부분은 통합재정의 개념과 유사하다. 하지만, 통합재정과 달리 정부가 국민의 복지 향상과 산업지원을 위해서 정책적으로 자금을 빌려주는 융자(loan)와 관련하여 융자거래를 계상하는 방식이 다르다. 그러므로, 총수입(총지출)과 통합재정수입(통합재정지출)의 값은 서로 다를 수는 있지만, 총수입에서 총지출을 차감한 수치는 최종적으로 통합재정수지와 같은 값을 갖는다.

(2) 중앙정부 재정

2024년 기준 중앙정부의 재정은 일반회계는 1개, 특별회계는 21개 그리고 기금은 68개로 구성되어 있다. 21개의 특별회계는 다시 5개의 기업특별회계와 16개의 기타특별회계로 분류된다. 각 회계별로 자세한 내용은 〈표 7-1〉과 같다.

표 7-1 중앙정부 재정구조(2023 회계연도 기준)

	세입	세출
일반회계	내국세, 관세, 세외수입	일반/지방행정, 공공질서및안전, 통일/외교, 국방, 교육, 문화및관광, 환경, 사회복지, 보건, 농림수산, 통신, 산업/중소기업및에너지, 교통및물류, 국토및지역개발, 과학기술, 예비비
기업특별회계	우편사업, 우체국예금, 양곡관리, 조달, 책임운영기관	
기타특별회계	교도작업, 지역균형발전, 농어촌구조개선, 등기, 행정중심복합도시건설, 아시아문화중심도시조성, 에너지및자원사업, 우체국보험, 주한미국기지이전, 환경개선, 국방군사시설이전, 혁신도시건설, 교통시설, 유아교육지원, 소재부품장비경쟁력강화, 고등·평생교육지원	
기금	사업성기금(49개), 사회보험성기금(6개), 금융성기금(8개), 계정성기금(5개)	

출처: 국회예산정책처(2024a) 자료를 재구성.

중앙정부 재정규모의 추이를 각 회계별로 살펴보면 [그림 7-3]과 같으며, [그림 7-3]과 〈표 7-3〉의 수치는 〈표 7-2〉의 명목지수(nominal index)에 기반하여 실질지수(real index)로 변환한 값이다.[2] 국세수입과 세외수입을 주요 재원으로 하여 중앙정부 부처의 일반적인 지출에 사용하기 위해 설치된 일반회계는 명목지수상 2005년 결산총계기준 134.2조 원에서 2024년 예산총계기준 449.5조 원으로 약 3.35배 정도 증가

2) 일반적으로 통계자료에 나타나는 수치는 명목지수로 현재 시점에서의 가격으로 측정된 값으로 인프레이션과 같은 가격 변동의 영향을 받아서 시간이 지남에 따라 가격 수준의 변화가 생긴다. [그림 7-3]과 〈표 7-3〉에 나타난 수치는 실질지수(real index)로 변환한 값이다. 실질지수는 가격 변동의 영향을 제거하고 실제 구매력을 반영하기 위하여 이리정 기준년도의 가격을 사용하여 측정된 수치이다. 즉, 명목지수는 경제의 현재 가치를 반영하는 반면, 실질지수는 가격 변동을 제외한 실제 경제활동의 변화를 나타내므로, 시간적 추세가 포함된 경우 실질지수로 비교하는 것이 더 적절하다.

한 것으로 나타나는 반면, 실질지수상으로는 같은 기간 180.3조 원에서 394.9조 원으로 약 2.19배 정도 증가하였다. 우리나라 특정사업을 추진하기 위한 특별회계는 실질지수 기준으로 2007년 54.6조 원에서 2024년 88.3조 원으로 약 1.55배 정도 증가하였고, 기금 역시 실질지수 기준 2005년 444.1조 원에서 2024년 898.9조 원으로 약 2.02배 정도 증가한 것으로 나타난다. 지난 20년간 우리나라 중앙정부의 지출 추이에 따르면 명목지수상 3.4배 정도 증가한 것으로 보이지만, 실질적으로는 약 2.21배 정도 증가한 것으로 나타난다.

그림 7-3 중앙정부 회계별-연도별 세출 추이

(단위: 조 원; 실질지수)

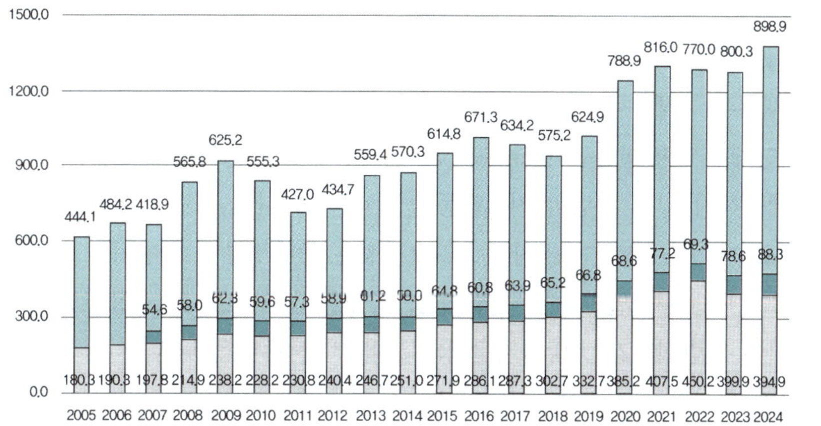

출처: 디지털예산회계시스템의 정보를 재구성.

표 7-2 중앙정부 회계별-연도별 세출 추이

(단위: 조 원; 명목지수)

회계연도	2005	2006	2007	2008	2009	2010	2011	2012	2013	2014
일반회계	134.2	144.8	154.3	175.5	199.9	197.1	207.4	220.7	229.5	236.4
특별회계			42.6	47.4	52.3	51.5	51.5	54.1	56.9	55.2
기금	330.5	368.4	326.8	462.0	524.6	479.6	383.7	399.1	520.3	537.2
회계연도	2015	2016	2017	2018	2019	2020	2021	2022	2023	2024
일반회계	257.9	274.0	280.5	299.9	330.9	385.2	417.7	485.0	446.2	449.5
특별회계	61.5	58.2	62.4	64.6	66.4	68.6	79.1	74.7	87.7	100.5
기금	583.2	643.0	619.3	569.9	621.6	788.9	836.4	829.4	893.1	1023.3

주: 1. 2022년까지는 결산(총계) 기준, 2023년과 2024년은 예산(총계) 기준
2. 2005년과 2006년의 특별회계 수치는 존재하지 않음.

출처: 디지털예산회계시스템

표 7-3 중앙정부 회계별-연도별 세출 추이

(단위: 조원; 실질지수)

회계연도	2005	2006	2007	2008	2009	2010	2011	2012	2013	2014
일반회계	180.3	190.3	197.8	214.9	238.2	228.2	230.8	240.4	246.7	251.0
특별회계			54.6	58.0	62.3	59.6	57.3	58.9	61.2	58.6
기금	444.1	484.2	418.9	565.8	625.2	555.3	427.0	434.7	559.4	570.3
회계연도	2015	2016	2017	2018	2019	2020	2021	2022	2023	2024
일반회계	271.9	286.1	287.3	302.7	332.7	385.2	407.5	450.2	399.9	394.9
특별회계	64.8	60.8	63.9	65.2	66.8	68.6	77.2	69.3	78.6	88.3
기금	614.8	671.3	634.2	575.2	624.9	788.9	816.0	770.0	800.3	898.9

주: 1. 2022년까지는 결산(총계) 기준, 2023년과 2024년은 예산(총계) 기준[3)]
2. 2005년과 2006년의 특별회계 수치는 존재하지 않음.
출처: 디지털예산회계시스템의 정보를 재구성.

(3) 지방재정

지방재정은 개별 지방자치단체의 재정활동을 의미하며, 중앙정부와 마찬가지로 지방자치단체는 관할행정구역(jurisdiction)에 거주하는 주민들의 요구에 따라서 공공서비스를 제공하기 위해 수입과 지출활동을 한다. 우리나라 지방재정은 일반재정과 교육재정으로 나뉜다([그림 7-4] 참조). 일반재정은 중앙정부와 마찬가지로 광역자치단체와 기초자치단체가 일반회계, 특별회계, 기금을 운영하며, 그 사용방법도 중앙정부와 비슷하여 일반회계가 지방자치단체의 고유 기능 수행을 담당한다. 특별회계는 지방자치단체가 설치하는 지방공기업(지방직영기업, 지방공사, 지방공단)이 사용하는 공기업특별회계와 기타특별회계로 분류되며, 법률과 조례로 지방자치단체도 기금을 운영할 수 있다. 하지만, 교육서비스를 제공하기 위한 목적으로 17개 광역자치단체의 교육청이 운영하는 교육재정은 교육목적으로만 운영되기 때문에 교육비특별회계와

3) 우리나라 예산을 계산하는 방식은 두 가지가 있다.
- 총계예산: 지방자치단체의 예산규모를 단순 합산한 금액을 뜻한다. 여기에는 광역지방자치단체가 기초지방자치단체에 보조하는 국고보조금 및 시·도비보조금, 시·도세 및 세외수입의 징수교부금, 시·도의 기초단체융자금, 자치단체 간 부담금, 회계 간 전출금 등이 중복계상된다. 개별 지방자치단체별로 예산규모를 나타낼 때는 총계예산을 사용한다.
- 순계예산: 지방자치단체 간 예산의 중복계상은 광역과 기초 지방자치단체 간의 재정활동의 상호의존성 및 동일한 지방자치단체 내에서도 일반회계와 특별회계 간의 전출재원에 의해 발생할 수 있으며, 이와 같이 중복된 예산을 공제한 예산규모를 순계예산이라 한다. 전국 243개 지방자치단체 예산규모, 서울시(시본청+25개 자치구) 등의 전체 예산규모를 나타낼 때는 순계예산규모를 사용한다.

그림 7-4 지방재정구조

출처: 국회예산정책처(2024).

기금으로만 운영된다. 이와 관련하여 지방재정구조를 조금 더 구체적으로 살펴보면 [그림 7-4]와 같다.

중앙정부와 달리 지방자치단체의 재원은 자체수입, 의존수입, 지방채, 그리고 기타수입 이렇게 네 가지로 구분할 수 있다. 우선, 자체수입으로 지방자치단체가 직접 거두는 지방세와 사용료, 수수료 분담금 등의 세외수입을 포함하고, 상위정부로부터

표 7-4 지방자치단체 회계별-연도별 세입 추이

(단위: 조원)

회계 연도	명목지수				실질지수				
	자체수입	의존수입	지방채수입	기타수입	자체수입	의존수입	지방채수입	기타수입	총계
2002	118.6	104.4	6.7	0.0	175.6	154.6	10.0	0.0	340.2
2003	132.2	109.0	5.6	0.0	189.1	156.0	8.1	0.0	353.1
2004	133.9	97.1	7.2	0.0	184.9	134.1	10.0	0.0	328.9

2005	127.9	106.0	6.7	0.0	171.9	142.5	8.9	0.0	323.3
2006	132.6	118.2	6.9	0.0	174.3	155.3	9.0	0.0	338.7
2007	140.2	128.2	6.9	0.0	179.7	164.4	8.9	0.0	352.9
2008	140.3	145.5	7.7	0.0	171.8	178.2	9.4	0.0	359.5
2009	142.5	151.8	14.0	0.0	169.9	180.9	16.7	0.0	367.5
2010	127.7	144.6	8.5	0.0	147.8	167.5	9.9	0.0	325.1
2011	124.3	150.0	9.4	0.0	138.4	167.0	10.4	0.0	315.8
2012	132.1	160.9	7.0	0.0	143.9	175.3	7.6	0.0	326.8
2013	139.0	163.6	10.8	0.0	149.4	175.9	11.7	0.0	337.0
2014	92.0	169.1	5.7	55.0	97.7	179.5	6.0	58.4	341.7
2015	103.8	177.4	6.8	62.3	109.4	187.0	7.1	65.7	369.3
2016	109.8	187.5	5.2	76.6	114.7	195.7	5.4	79.9	395.7
2017	112.6	202.2	2.4	76.0	115.4	207.1	2.5	77.8	402.8
2018	115.0	215.8	2.0	81.8	116.0	217.8	2.0	82.5	418.3
2019	121.8	255.2	3.6	88.9	122.4	256.6	3.6	89.3	472.0
2020	133.6	292.4	6.9	91.5	133.6	292.4	6.9	91.5	524.5
2021	144.8	304.9	6.2	91.6	141.3	297.4	6.1	89.4	534.2
2022	142.7	328.0	3.3	91.5	132.5	304.5	3.1	85.0	525.0
2023	129.4	212.5	2.6	35.4	116.0	190.5	2.3	31.7	340.5
2024	124.9	216.6	3.8	35.9	109.7	190.3	3.3	31.5	334.8

그림 7-5 지방자치단체 회계별-연도별 세입 추이

(단위: 조원)

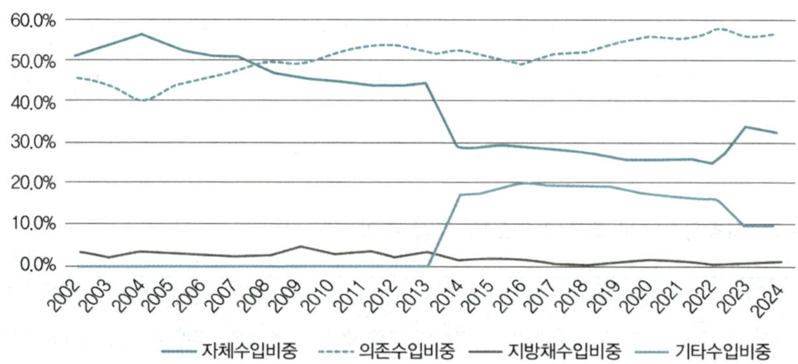

주: 1. 2022년까지는 결산(총계) 기준, 2023년과 2024년은 예산(총계) 기준.
2. 기타수입은 2014년부터 포함되었으며, 교육재정은 포함하지 않은 수치임
출처: 지방재정365지방재정통합공개시스템(https://www.lofin365.go.kr/).

지원받는 교부세와 보조금으로 구성되는 의존수입이 있다. 그리고 지방자치단체가 지방재정법과 지방의회의 의결을 통하여 지방채를 발행하여 재원을 확보할 수 있고, 그 외 보전수입과 내부거래 등의 기타수입이 있다. 지난 20년간 우리나라 지방자치단체의 재원을 살펴봤을 때, 2016과 2018 회계연도를 제외하고 자체수입과 의존수입의 합이 전체 수입의 80% 이상을 차지하는 것으로 나타나며, 의존수입의 비중이 점점 늘어나는 것을 알 수 있다.

앞에서 살펴본 것처럼, 위의 수입을 기반으로 하여 지방자치단체는 일반회계, 특별회계, 기금을 각각의 목적에 맞게 운영하면서 지출한다. 회계별로는 일반회계가 차지하는 비중이 80% 이상이며 그 비중이 2010년 약 80.14%에서 2022년 약 87.70%로 매년 조금씩 상승하는 추세를 보여준다. 특히, 기타특별회계와 공기업특별회계의 수치를 비교하면 2010년부터 2021년까지는 각각의 금액이 같았으나 2022년부터 달라지는 것을 보여준다.

〈표 7-5〉는 같은 기간 동안의 지방자치단체의 지출을 기능별로 분류한 것이다.

표 7-5 기능별 세출예산 현황

(단위: 조원)

회계연도	일반공공행정		공공질서및안전		교육		문화및관광		환경		사회복지	
2010	14.17	(8.85%)	3.10	(1.93%)	9.37	(5.85%)	9.51	(5.94%)	15.68	(9.8%)	32.27	(20.16%)
2011	14.26	(9.09%)	3.19	(2.04%)	10.35	(6.6%)	8.64	(5.51%)	15.55	(9.91%)	32.76	(20.88%)
2012	14.06	(8.6%)	4.10	(2.51%)	10.85	(6.64%)	8.97	(5.49%)	15.91	(9.73%)	35.33	(21.62%)
2013	16.37	(9.5%)	3.77	(2.19%)	10.92	(6.34%)	9.61	(5.58%)	16.05	(9.32%)	40.14	(23.3%)
2014	14.41	(8.39%)	3.14	(1.83%)	11.05	(6.44%)	9.32	(5.43%)	16.22	(9.45%)	43.60	(25.4%)
2015	16.22	(8.8%)	3.62	(1.96%)	12.40	(6.73%)	10.10	(5.48%)	16.69	(9.05%)	48.03	(26.04%)
2016	15.82	(8.17%)	4.43	(2.29%)	12.56	(6.49%)	10.72	(5.54%)	18.10	(9.35%)	50.25	(25.95%)
2017	14.47	(7.12%)	4.34	(2.14%)	13.60	(6.69%)	11.96	(5.89%)	18.88	(9.29%)	53.16	(26.17%)
2018	14.53	(6.86%)	4.37	(2.06%)	14.01	(6.61%)	11.95	(5.64%)	19.43	(9.17%)	58.12	(27.43%)
2019	19.51	(7.93%)	5.15	(2.09%)	14.63	(5.94%)	13.15	(5.34%)	22.21	(9.03%)	70.42	(28.61%)
2020	21.05	(7.39%)	9.86	(3.46%)	14.40	(5.06%)	12.75	(4.48%)	25.02	(8.79%)	89.84	(31.55%)
2021	22.38	(7.64%)	10.46	(3.57%)	15.59	(5.32%)	13.11	(4.48%)	26.51	(9.05%)	89.42	(30.52%)
2022	28.36	(9.56%)	7.91	(2.67%)	16.06	(5.42%)	14.10	(4.75%)	25.44	(8.58%)	87.21	(29.4%)

회계연도	보건		농림해양수산		산업 · 중소기업 및에너지		교통및물류		국토및지역개발		기타	
2010	2.71	(1.7%)	11.76	(7.35%)	4.28	(2.67%)	20.18	(12.6%)	14.76	(9.22%)	22.29	(13.92%)
2011	2.34	(1.49%)	11.84	(7.55%)	3.91	(2.49%)	18.86	(12.02%)	12.76	(8.13%)	22.45	(14.31%)
2012	2.42	(1.48%)	12.27	(7.51%)	3.99	(2.44%)	18.98	(11.61%)	13.32	(8.15%)	23.22	(14.21%)
2013	2.65	(1.54%)	12.73	(7.39%)	3.92	(2.27%)	18.56	(10.77%)	13.53	(7.85%)	24.06	(13.97%)

2014	2.75	(1.6%)	12.91	(7.52%)	3.55	(2.07%)	17.41	(10.14%)	12.19	(7.1%)	25.13	(14.64%)
2015	3.13	(1.7%)	12.93	(7.01%)	4.36	(2.36%)	18.05	(9.79%)	12.80	(6.94%)	26.09	(14.15%)
2016	3.27	(1.69%)	13.92	(7.19%)	4.54	(2.35%)	19.31	(9.98%)	13.69	(7.07%)	27.00	(13.95%)
2017	3.45	(1.7%)	14.62	(7.2%)	4.81	(2.37%)	20.86	(10.27%)	14.71	(7.24%)	28.31	(13.94%)
2018	3.64	(1.72%)	14.74	(6.96%)	5.41	(2.55%)	21.15	(9.98%)	14.78	(6.98%)	29.76	(14.05%)
2019	4.15	(1.69%)	17.00	(6.91%)	6.46	(2.63%)	22.81	(9.27%)	18.88	(7.67%)	31.73	(12.89%)
2020	4.81	(1.69%)	19.35	(6.8%)	11.10	(3.9%)	23.86	(8.38%)	19.93	(7%)	32.80	(11.52%)
2021	5.25	(1.79%)	19.86	(6.78%)	10.83	(3.7%)	25.32	(8.64%)	20.59	(7.03%)	33.68	(11.49%)
2022	6.75	(2.27%)	20.02	(6.75%)	11.28	(3.8%)	25.79	(8.7%)	19.27	(6.5%)	34.40	(11.6%)

주: 1. 결산(순계) 기준으로 모두 실질지수로 변환한 금액임.
2. 기능별 분야명은 2020년 이전에 "환경"은 "환경보호", "교통및물류"는 "수송 및 교통", 그리고 "산업 · 중소기업및에너지"는 "산업 · 중소기업"이었음

출처: 지방재정365 지방재정통합공개시스템.

표 7-6 회계별 세출예산 현황

(단위: 조 원)

회계 연도	명목지수				실질지수			
	일반 회계	기타 특별회계	공기업 특별회계	총계	일반 회계	기타 특별회계	공기업 특별회계	총계
2010	154.18	19.11	19.11	192.40	178.50	22.12	22.12	222.75
2011	159.27	19.37	19.37	198.01	177.26	21.56	21.56	220.38
2012	171.37	20.79	20.79	212.94	186.64	22.64	22.64	231.92
2013	184.04	21.79	21.79	227.62	197.87	23.43	23.43	244.73
2014	189.30	21.20	21.20	231.69	200.96	22.50	22.50	245.97
2015	207.19	22.11	22.11	251.41	218.41	23.31	23.31	265.03
2016	223.35	24.14	24.14	271.62	233.18	25.20	25.20	283.58
2017	238.62	26.16	26.16	290.95	244.37	26.80	26.80	297.96
2018	253.93	26.40	26.40	306.73	256.28	26.64	26.64	309.56
2019	296.92	31.48	31.48	359.89	298.52	31.65	31.65	361.82
2020	358.25	34.28	34.28	426.81	358.25	34.28	34.28	426.81
2021	376.90	39.17	39.17	455.23	367.71	38.21	38.21	444.13
2022	396.77	38.99	16.68	452.44	368.34	36.19	15.49	420.02

주: 결산(순계) 기준.

출처: 지방재정365지방재정통합공개시스템.

우리나라 지방자치단체의 경우 사회복지분야에 지출비중이 가장 높으며, 다음으로 교통및물류, 환경, 국토및지역개발 순인 것으로 나타난다. 즉, 이 수치는 지방자치단체가 각 지역주민들에게 제공하는 공공서비스가 어떤 분야에 더 많이 치중되어 있는지

를 나타내는 것이라고 할 수 있다. 〈표 7-6〉은 세출을 회계별로 분류한 예산이다.

2. 정부 예산의 의의

정부가 재정을 운용하고 관리하는 데 있어서 직면하는 문제는 한정된 자원을 어떻게 배분하는가 하는 것이다. 즉, 자원을 배분한다는 것은 국민경제를 발전시키는 방향으로 재정지출을 계획하고 통제할 필요가 있으며, 정부가 제공하는 공공서비스와 사업(프로그램)을 효율적으로 관리하기 위해서 실질적으로 정치적으로 자원을 관리하기 위한 도구가 예산이다.

1) 정부 예산의 개념

예산은 정부와 공공기관의 운영에 중요한 문서이다. 일반적으로 다음 한 회계연도에 예상되는 재정지출, 즉 정부와 각 기관의 운영 상황에 대한 계획에 대응을 수행하는 방식을 제공하는 재무계획으로서 사용 가능한 수익의 제약 내에서 사업의 지출 방식과 범위를 사전에 준비한 것이다. 또한, 예산은 재정정책수단으로서 정부와 사람들이 정책 선택과 선호도를 표현한다. 이 선택에는 정부의 세금과 지출이 경제에 미치는 영향과 관련된 선택도 포함되어 재정지출은 경기침체, 실업, 인플레이션, 국민총생산과 같은 경제의 건전성을 나타내는 지표도 고려하여야 한다(Pechman, 1983). 즉, 정부의 예산은 공공서비스 제공을 위한 정책 계획과 그 계획 달성을 위한 비용을 표시하는 구매목록(shopping list)이 아닌 정부가 앞으로 직면할 것으로 예상되는 상황에 대하여 어떻게 대응할 것인지에 대한 의지를 보여주는 것이다.

이를 위해서 정부 예산에는 최소한 세 가지의 기획적 요소가 포함되어야 한다. 특히, 예산을 계획하는 시기는 실제 집행하는 시기보다 항상 한 회계연도가 빠르기 때문에 세 가지 요소에 대하여 심사숙고하여야 한다. 첫 번째 요소는 한 회계연도마다 계획되는 예산에는 예상되는 운영 조건에 대한 계획된 대응을 수행하기 위하여 어떻게 지출을 할 것인지에 대한 재무 계획이 포함되어야 한다. 다음으로, 정부가 국가의 미시적 관점에서뿐만 아니라 거시적 경제에 대한 예상 상황과 정부의 재무 계획을 달성하는 데 필요한 수입을 마련하는 방안과 예측이 포함되어야 한다. 마지막으로, 예산을 실제로 집행할 때 재무 계획과 수입 예측 간의 차이가 발생하지 않도록 관리하는 방안과 제도를 마련할 계획이 포함되어야 한다.

2) 정부 예산의 특징

모든 조직은 예산을 책정한다. 민간조직은 상사나 예산 및 재무 부서에 보고를 위해서 분기별 또는 연간 예산을 준비하고 특히, 주주들과 같은 조직 이해관계자(stakeholer)들에게 정보 제공을 위한 목적이 있다. 민간부문과 유사점도 있지만 공공조직의 예산은 민간부문보다 예산 책정을 더 어렵게 만드는 차이점이 존재한다.

(1) 행위자의 다양성

공공조직의 예산과 관련해서는 계획부터 승인, 지출 그리고 마지막 결산 및 감사까지 모든 과정을 실질적으로 담당하는 참여자가 다르며 다양하다. 특히, 정부 예산의 경우에는 각 단계별로 모두 법과 제도의 제약을 받는다. 정부에서는 조직 내의 각 사업을 담당하는 부서와 담당자가 사업 목적을 달성하기 위해서 예산을 편성하고 실제 지출하는 가장 최전선에 있다. 사업부서와 담당자는 조직 및 사업 목표에 대한 이해뿐만 아니라, 사업을 효율적이고 효과적으로 시행하기 위해서 예산이 어떻게 작동하는지 알아야 하고 지출을 규제하는 법률과 정치적 환경에 대한 기본적인 이해가 필요하다. 또한, 전체 조직의 입장에서는 기관의 예산 크기가 한정되어 있기 때문에 각 부서와 사업별로 예산을 효율적으로 분배해야 할 필요가 있다. 즉, 기관 전체의 예산을 담당하는 예산담당자(혹은 예산분석관)의 결정에 의해서 사업의 예산도 결정되기 때문에 이런 부분은 같은 조직 내에서도 고려해야 할 요소이며 또 다른 참여자이다.

각 사업별 부서와 담당자는 그렇다면 예산을 계획한 대로 지출할 수 있는가 하면 그렇지는 않다. 계획된 예산은 입법부(국회 혹은 의회)의 심사와 승인 과정을 거치고 나서 최종적으로 행정부 수반(대통령 혹은 지방자치단체장)이 재가를 해야지만 예산 지출이 가능해진다. 특히, 입법부의 심사 및 승인 과정에는 정치인으로서 의원의 개인적 의견뿐만 아니라 지지세력과 이익집단, 더 나아가서 시민들의 의견이 반영되기도 한다. 그러므로 예산이 최종적으로 결정되기 전에 예산을 계획하고 실제 지출을 하는 담당 공무원의 참여뿐만 아니라, 정부의 내・외부에 많은 이해관계자들의 참여가 이루어지며, 특히 선거라는 절차를 통해서 예산 과정에 시민들의 참여가 과거부터 이루어져 왔다. 특히, 최근의 국민참여예산제도나 주민참여예산제도는 정책의 우선순위와 일관성 그리고 새로운 정책을 발굴하는 데에도 시민들의 다양한 의사를 반영할 수 있도록 한다는 점에서 참여의 다양성을 더 보장하고 있다고 할 수 있다.

(2) 상호연관성 및 가외성

민간 예산과 달리 공공부문 예산에는 더 다양한 이해관계자들이 참여하기 때문에 우리나라는 중앙정부, 광역자치단체 그리고 기초자치단체의 개별 예산 결정이 상호간에 영향을 끼칠 수가 있다. 우리나라 지방자치단체는 전체 수입의 절반을 여전히 중앙정부가 지원하는 교부세와 보조금 등에 의존하고 있다. 그러므로, 하위정부(기초자치단체)에서의 사업을 어떻게 관리하고 운영할 것인가에 대한 결정은 상위정부(중앙정부)의 예산에 영향을 미칠 수 있으며, 그 반대의 경우도 마찬가지이다. 또한, 상위정부와 하위정부 간의 관계에 따라서 실질적으로 사업 관리 방식과 의사결정이 상위정부의 예산에도 영향을 끼칠 수 있다. 상위–하위정부 예산 간의 상호연관성은 행정의 가외성, 즉 행정업무의 중첩성에 의해서 예산의 목적 및 사용이 중복되거나 반복적으로 사용하는 것이 가능하다. 행정 기능을 명확히 분화시키지 않고 여러 기관이 업무를 중복적으로 운영하거나 혹은 한 기관 내에서 업무를 중복적으로 배분하거나 동일한 기능(혹은 업무)을 여러 기관들이 독립적으로 수행하는 반복성으로 인하여 한 사업을 대상으로 둘 이상의 주체에게 예산을 배분하는 경우가 발생할 수 있다. 물론, 예산의 낭비라고 비판을 받을 수도 있으나, 가외성이라는 것은 불확실한 상황에서 행정의 신뢰성을 높이기 위한 목적을 가지고 있고 기능의 중복을 인정함으로써 기간 관·부서 간 경쟁을 통해서 업무의 성과도 높일 수 있다.

(3) 환경의 개방성

예산에 다양한 행위자가 참여한다는 점에서 알 수 있듯이, 공공부문의 예산은 민간부문보다 훨씬 더 개방적이다. 여기에서 개방적이라고 하는 것은 공공기관의 조직 내부로부터의 요구만이 아닌 조직을 둘러싸고 있는 환경에 대하여 대응을 할 필요가 있다는 점에서 환경에 대한 개방성을 의미한다. 법률이나 관습에 따라 공공기관은 다양한 행위자에게 책임을 져야 하며, 법원, 이해집단 및 시민도 책임의 주체가 될 수 있다. 즉, 정부의 예산은 정부만 오직 책임을 지는 것이 아닌 환경의 변화에 의해서 그 예산 과정에 참여한 다양한 참여자들도 공동으로 책임을 지고 정부의 책임을 어느 정도 보장하는 것이라고 할 수 있다. 환경에 대한 개방성으로 그리고 환경 변화에 대한 대응성으로 정부 예산에서 수집되는 정보의 유형, 사용 목적 및 재무 정보가 기록되는 방식 등에 모두 영향을 미치게 된다.

(4) 목표의 다양성

정부를 구성하고 있는 모든 조직은 각 조직별로 목표(mission)가 있고 그 목표는 매우 복잡하며 때로는 조직 간에 모순되는 경우도 있다. 예를 들어, 환경부는 자연환경과 생활환경을 보전하는 사무를 관장하는 반면, 국토교통부는 국토를 개발하고 이용하는 사무를 관장한다. 이렇게만 단순 비교할 때는 각 사무의 목적이 상충하는 경우가 발생할 수 있다. 단순히 정부 조직 간의 문제뿐만 아니라, 정부는 민간부문 그리고 시장과도 모순될 수 있다. 예를 들어, 보건복지부는 국민의 건강과 삶의 질을 향상시키기 위해서 저소득층에게 생활보호, 사회보장, 그리고 보건위생과 관련한 사무를 관장하고 이를 위해서 형평성의 목표를 달성하기 위해서 노력한다. 하지만, 민간부문의 보건복지와 관련된 기관의 목표는 보건복지부와 비슷하다고 할지라도 수익성 개선이 기본적으로 깔려 있기 마련이다. 그러므로, 조직 간의 상이한 목표에서도 정책의 우선성을 결정하고 민간부문 기관의 주된 시장실패를 막기 위해서, 목표의 상충성을 제거하기 위해서 정부가 예산을 통해 해결해 나가는 것이 중요하다.

3) 정부 예산의 기능

재정정책의 목적을 위해서 정부 예산은 희소한 자원을 효율적이고 효과적으로 할당하는 도구로서 시장에 대한 대응책 역할을 한다. 정부의 시장개입에 대한 정당성은 예산을 통해서 시장실패의 비효율성 문제를 해결하고 사회구성원 간의 형평성을 개선하기 위해 조세정책을 조정하여 경제를 안정화하는 가장 중심적인 역할을 하는 도구이다. 재정정책의 효율성, 형평성, 안정화의 거시경제 차원에서 정부의 의사결정권자는 국가의 자원을 공공부문과 민간부문에 적절히 할당하고 지출 시기와 사회의 다양한 집단에 제공되는 혜택에 대한 주요 선택을 예산이라는 문서에 표현하는데 쉬크(Schick, 1966)에 따르면 정부 예산은 통제(control), 관리(management), 기획(planning)의 세 가지 기능을 수행한다.

(1) 통제 기능

예산의 통제 기능이란 정부가 지출을 하는 데 있어서 입법 의도와 법적 제한에 부합하도록 하는 것으로, 정부는 예산운영의 방식과 기준을 준수하도록 만들어야 할 필요가 있다. 특히, 통제 기능은 정부관료들의 부정과 부패를 최소화하고 의회와 정부의 대표자의 의도와 일치하는지 확인하는 것이 포함된다.

(2) 관리 기능

예산의 관리 기능은 정부가 진행하는 사업과 활동을 구체적으로 구분하여 필요한 인적 및 물적 자원을 확보하는 것이다. 즉, 정부가 조직의 전반적인 관리를 개선하기 위해서 공공서비스를 제공하는 방식을 가장 효율적이거나 비용 측면에서 효과적인 방안을 찾는 관리도구가 바로 예산이다.

(3) 기획 기능

정부의 사업과 활동은 회계연도, 즉 1년 단위로 계획을 하고 실행한다. 게다가 최근에는 정부 조직이 장기 목표를 설정하고 목표를 달성하는 데 있어서 여러 가지 대안적 방법을 제시하고 최상의 대안을 결정하게 된다. 이 결정을 하는 데 있어서 가장 큰 영향력을 끼치는 것이 예산이다. 예산은 본질적으로 미래지향적이며, 미래에 대하여 설명하며, 예산문서에 담겨 있는 모든 내용은 계획적 요소가 포함되어 있다.

4) 예산제도의 변천

예산의 세 가지 기능인 통제, 관리, 계획은 예산이 들어가는 모든 정부의 사업과 활동에서 발견할 수 있지만, 각 기능에 대한 정부의 강조점은 국가마다 지역마다 그리고 시기마다 다 다르게 나타난다. 개발도상국이나 부정부패가 있는 정부나 규모가 작은 공공기관의 경우에는 일반적으로 통제 기능이 많이 강조된다. 이런 통제 메커니즘이 어느 정도 잘 확립되면 관리 및 계획 기능이 다음 단계로 더 중점을 두게 된다. 이는 예산제도의 변천 과정을 살펴보면 상대적으로 강조되는 기능에 대해서 더 잘 알 수 있다. 전통적 예산제도와 예산의 기능을 연계하여 살펴보면, 통제 기능을 강조한 품목별예산제도, 관리 기능의 성과주의예산제도, 기회 기능의 계획예산제도 그리고 이 세 가지 기능뿐만 아니라 긴축 기능의 영기준예산제도가 바로 전통적 예산제도의 변천이다(Mikesell, 2017).

(1) 품목별예산제도(LIBS)

품목별예산제도(Line-Item Budgeting System)는 정부의 지출을 통제하기 위한 목적에 기반한 제도로서 지출품목별로 정부의 예산을 보여주는 제도이다. 간단하게 비교하여 일반 상점에서 물건을 구매할 때 받는 영수증처럼 구매한 물품과 물품가격, 구매수량을 보여주고 그 곱한 값을 보여줌으로써 총지출을 보여주는 방식으로 이해하면 된다. 즉, 품목별예산제도는 무엇을 사는 데 돈을 쓸 것인가에 중점을 두고 예산낭비와 부패를 방지하는 예산통제를 확보하는 방안이다. 이런 이유로 의회의 예산심의가 용이해져 회계책임과 예산통제가 수월하다는 장점과 다음 연도 예산편성에 유용한 자료를 제공해 준다는 장점이 있다. 물품구매의 내용을 이해하기는 용이한 반면, 물품구매의 이유에 대해서는 알 수 없고 물품구매 시 어떠한 제한이 없다는 점이 단점이라고 할 수 있다.

(2) 성과주의예산제도(PBS)

성과주의예산제도(Performance Budgeting System)는 실질적으로 수행하는 업무와 활동에 초점을 두고 이를 관리하는 기능에 목적을 두고 있는 제도이다. 각 사업의 목표를 설정할 때 목표 달성에 소요되는 활동과 비용을 연계하여 사업의 결과물에 중점을 둔다. 즉, 각 사업수행에 있어서 효율성을 제고하고 서비스를 공급하는 데 들어가는 비용을 감소시키는 관리에 목적을 둔 제도이다. 성과주의예산제도를 잘 운영하기 위해서는 사업과 산출물, 그리고 산출물을 통해 성과에 대한 정의를 무엇보다 객관적으로 하여야 하며, 정의가 이루어진 후에 소요비용과 성과보고를 하는 순서로 진행해야 한다. 정부 업무의 효율성을 향상시키기 위한 관리적 측면을 강조하는 성과주의예산제도는 무엇보다 정부 업무에서 성과에 대한 정의를 객관적으로 하는 것이 어렵다는 점이 바로 본질적인 문제점이다. 계량적으로 성과 측정을 해야 할 필요가 있음에도 불구하고 정부 업무는 정무적 · 정치적 판단에 의해서 이루어지는 경우가 많기 때문에 단순히 투입과 산출만으로 정부 업무의 효율성을 판단하는 것은 쉽지 않다.

(3) 계획예산제도(PPBS)

기획 기능에 중점을 둔 계획예산제도(Planning-Programming-Budgeting System)는 예산을 배분할 때 사업의 우선순위와 비용과 편익의 비교에 주된 관심을 둔다. 계획예산제도는 각 사업의 목표에 따라서 지출을 분류하고 그 결과에 따라서 중장기적 관점에서 예산운용계획을 수립한다. 예산운용에 있어서 목표 달성에 대한 기여도를 고려하여 조직의 전반적인 사업을 구성하여 조직 내의 부서 간 경쟁이 아닌 사업 간 경쟁을 통해서 조직 간의 중복사업, 즉 가외성을 제거하는 데 도움을 준다. 하지만, 계획예산제도는 정부 사업의 기본적인 문제, 즉 각 사업의 목표와 성과에 대해서 객관적으로 명확하게 정의할 수 있는지, 그리고 목표와 성과를 연계할 때 사업의 비용과 편익을 측정하는 데 있어서 계량적으로만 접근할 수 있는지에 대한 부분이 여전히 한계점으로 남아 있다. 그렇기 때문에 계획예산제도는 정치적 과정으로서의 예산 과정, 즉 예산 과정에서 의회의 역할이 도외시되었다는 점이 본 제도의 실패를 가져온 결정적인 원인을 제공하였다.

(4) 영기준예산제도(ZBB)

예산의 통제-관리-기획 기능에 추가로 고려되는 기능이 바로 긴축 기능으로 1970년대 석유파동으로 시작되는 경제위기에 대응하여 예산감축을 달성하기 위해서 도입된 제도가 영기준예산제도(Zero-Base Budgeting System)이다. 영기준예산제도는 계획을 바탕으로 하여 예산에 반영되는 사업을 구성하고 각 사업의 비용편익분석을 통해서 최적의 대안을 선택하는 계획예산제도와 유사하다. 다음으로 각 사업의 대안의 규모를 확장하는 수준과 현행 수준 그리고 최소 수준으로 점증주의의 관점에서 조합을 한다. 단순히 사업의 우선순위에 따라서 예산을 배분하거나 지난 해의 예산을 고려하는 정치적 · 관행적 방식이 아닌, 모든 사업을 원점에서 특히, 진행되는 사업도 신규사업과 마찬가지로 경제성을 재검토하여 사업의 성격을 명확화하고 우선순위를 재설정하여 예산편성을 하는 방식이다. 영기준예산제도는 정부활동을 명확하게 하고 불필요한 사업을 제외하여 정치적 · 심리적 편견을 제외할 수 있다는 장점이 있지만, 모든 사업을 재검토해야 된다는 업무부담과 시간적인 제약을 초래하며 사업의 재검토의 근거가 되는 자료와 분석기법 등을 일괄적으로 적용이 가능한지 그리고 평가능력의 전문성 확보가 쉽지 않다는 단점이 있다.

5) 예산의 분류

예산을 세입과 세출로 나누어서 일정한 기준에 따라 분류하여 예산자료를 비교한다. 이는 정부활동의 복잡상과 다양성으로 예산을 여러 가지 기준으로 분류하여 정부활동의 형태와 구조를 분석하고 구체적인 활동 내역을 파악할 수 있도록 한다. 즉, 예산의 목적에 따라서 여러 가지 분류 기준이 존재하게 되는데 예산의 목적은 ① 사업의 구체적인 계획과 능률적인 심의 과정, ② 효율적인 예산집행, ③ 명확한 회계책임, ④ 효과적인 경제분석 등이다.

(1) 기본 분류-품목별 분류

우리나라 정부 예산 분류의 가장 기본적인 기준은 예산회계법에 정의된 예산과목으로 예산에 표시되는 금액의 내용을 단계별로 표제화하는 것이다. 세입예산의 경우 중앙부처별로 분류하고 그 내용을 관-항으로 구분하고 이어서 목(품목)별 분류를 하는 것이 원칙이며, 세출예산은 기능별 · 성질별 또는 기관별로 장-관-항으로 구분하고 이어서 세항-목으로 분류한다. 여기에서 장-관-항은 입법항목이라고 하며, 목별 분류와 세항-목은 행정항목이라고 부른다. 행정부가 예산을 계획하고 나면, 입법항목은 입법부(국회)의 심의 대상인 반면, 행정항목은 행정부가 재량에 의해서 자율적으로 운영할 수 있다. 이렇게 예산을 분류하는 방식은 앞에서 살펴본 품목별예산제도(LIBS)에 근거하며, 이 기본 분류방법은 품목별 분류(classification by objects of expenditure)라고도 부른다. 품목별 분류는 특히 정부 지출의 대상과 성질을 기준으로 하여 세출예산의 금액에 중점을 두고 예산집행에 대한 회계책임을 명백히 하고 지출의 적정화를 기하기 위함이다. 즉, 1930년대에 개발되어진 품목별예산제도는 현재까지 예산분류기준으로 적용되고 정부 지출의 경비성질이라는 기준에 따라서 분류하기 때문에 '경비성질별 분류'라고도 하며, 예산명세서의 원칙에 충실한 분류 방식이라고 할 수 있다.

(2) 조직별 분류

예산 분류의 두 번째 기준은 조직, 즉 누가 지출을 하느냐에 따라서 분류하는 방식이다. 이는 예산을 중앙정부 부처별-기관별-소관별로 각 단계별로 분류하는 방법이다. 품목별 분류와 마찬가지로 조직별 분류는 예산 분류의 전통적 기준의 하나이다. 실질적인 지출은 각 사업을 담당하는 담당자가 속한 조직을 기준으로 이루어지기 때문에 조직별 분류는 입법부의 예산심의 과정 그리고 감사원의 회계감사 과정에서 예산집행 및 회계책임의 이해가 용이하다. 그러므로, 예산심의 과정에서도 입법부에서는 소관 위원회별로 심의를 하기 때문에 예산의 전체 윤곽 파악에 유리하다. 하지만, 사업의 우선순위 결정이나 지출의 목적을 정확하게 파악하기가 힘들며, 한 사업을 두 개 이상의 부처(조직)가 관장하는 경우 그 사업의 전체 예산규모를 파악하는 것이 힘들다는 단점이 존재한다.

(3) 기능별 분류

정부의 다양하고 복잡한 기능을 정부가 수행하는 주요 사업의 목록에 근거하여 정부의 활동영역(기능)별로 예산을 분류하는 방법이 기능별 분류이다. 기능별 분류에 따르면 행정부는 정책수립이 용이하고 입법부는 예산심의를 촉진시킬 수 있다는 이점뿐만 아니라, 정부 업무에 관한 총괄적인 정보를 제공한다는 의미에서 시민을 위한 분류라고도 부른다. 우리나라 현행 중앙정부의 기능별 분류는 세출예산에 중점을 두고, 방위비, 교육비, 사회개발비, 경제개발비, 일반행정비, 지방재정교부금, 채무상황 및 기타 등으로 구분하고 있다. 하지만, 앞의 품목별 분류나 조직별 분류와 달리 기능별 분류에서는 복수의 부처 예산이 동시에 포함되는 경우가 대부분이어서, 기능별로 분류된 예산으로는 누가 실질적으로 지출을 하였는지는 알기가 어려워서 회계책임의 명확성을 확보하기 어렵다. 그럼에도 불구하고, 기능별 분류는 정부활동의 추세를 분석하는 데 효과적이며, 정부계획의 성격상의 변동을 파악하는 데 적합하다. 그리고 다른 국가 혹은 지방자치단체 간의 사업계획과 행정활동을 비교하는 경우 유용한 정보를 제공한다.

(4) 경제성질별 분류

정부의 예산은 재정을 위한 수입과 지출의 계획부터 시작되기 때문에 정부 예산은 경제적 영향력을 가지고 있다. 예산의 경제적 영향력을 고려하여 예산을 분류하는 것을 경제성질별 분류라고 하며, 예산이 국민 경제활동의 구성과 수준에 미치는 영향을 파악하여 정책결정에 필요한 정보를 제공한다. 정부는 수입과 지출로 구성된 예산이 국가 경제의 기본 구성요소인 국민들의 소득, 소비, 저축, 물가 등에 어떤 영향을 끼치는지를 파악할 수 있다. 특히, 통합예산제도가 도입되면서 경제성질별로 분류되는 예산의 중요성은 높아지고 있지만, 이런 이점에도 불구하고 경제성질별 분류 예산이 제공할 수 있는 자료는 경제 전반에 대한 영향력이라기보다는 부분적 영향만을 개략적으로 추정할 수밖에 없다는 한계점이 존재한다.

제2절 행정관리도구로서의 예산

정부 예산에 나타난 지출의 결정과 전반적인 유형은 국민경제에 중요한 영향을 미치지만, 개별 지출 항목은 정부정책과 관련하여 중요한 선택과 그 우선순위를 나타낸다. 예산은 본질적으로 특정 사업에 대한 지원의 척도이다. 정부는 더 선호하거나 국민들에게 더 많은 서비스를 지원하기 위한 사업에는 더 많은 지출을 지원하고, 그렇지 않은 사업에는 상대적으로 지출을 줄인다. 이러한 이유로 예산에서 우선순위에 대한 논의는 정부 대표자와 모든 계층의 관리자, 다양한 이해관계자에게 특히 중요하다. 그러므로, 예산은 사업관리를 위한 행정관리도구이며 돈이 어디에서 나오고 어디로 나가는지를 관리자가 이해할 수 있게 해준다.

1. 정부수입: 정부는 어떻게 돈을 버는가?

정부는 사업을 운영하기 위해서 필요한 자금을 자체 재원에서 혹은 다른 정부에서 이전하여 조달한다. 이를 위해서 개인이나 단체에게 세금을 부과하거나 특정 서비스에 대한 요금을 부과하는 등의 정부가 수입을 조달하는 다양한 방법이 있다. 하지만 정책에 기반하는 정부 사업은 정부가 수입을 조달하는 방식의 영향을 받고 수입관리 자체가 행정의 중요한 부분이다. 〈표 7-7〉에 따르면, 2007년부터 2023년까지 17년 동안 중앙정부가 거두어들인 전체 수입 중에서 세금이 차지하는 부분이 약 60%를 차지하였으며, 내국세가 차지하는 부분이 절반 이상(약 51.33%)이다. 이런 이유로 정부수입에 대한 이해를 위해서는 세금구조에 대해서 살펴볼 필요가 있는데, 세금구조에 대해서 살펴보기 이전에 개인이나 법인에게 징수되는 세금 그 자체뿐만 아니라 조세정책이 가져야 할 원칙에 대해서 고려해야 한다. 애덤 스미스(Adam Smith)는 『국부론』(The Wealth of Nations, 1776)에서 조세정책의 4개의 기본 원칙인 형평성, 확실성, 편의성, 경제성을 제시하였다. 이 원칙들에 근거하여 스미스는 정부로부터 보호를 받는 모든 국민은 가능한 한 각자의 능력에 '비례하여' 정부운영에 기여해야 하며, 정부는 가능한 국민으로부터 세금을 적게 거두는 방식으로 고안되어야 한다고 하였다.

1) 세율

이 주장에 접근하는 한 가지 방법은 바로 세율과 소득 간의 관계를 고려하는 것이다. 세금이 모든 사람에게 동일한 세율로 부과되는 경우 세금은 비례적(proportional)이라고 한다. 하지만, 소득이 올라갈수록, 즉 고소득자에게 더 높은 세율로 세금을 부과하는 경우 누진적(progressive)이라고 하며, 반대로 더 높은 세율이 소득이 낮을수록 적용이 되는 경우의 세금은 역진적(regressive)이라고 한다(Leloup, 1997).

표 7-7 중앙정부 세수 및 세외수입 추이

(단위: 조 원)

회계 연도	국세수입					국세외수입				총계
	일반회계			특별 회계	합계	일반 회계	특별 회계	기금	합계	
	내국세	기타세	소계							
2007	166.9 (48.6%)	3.1 (0.9%)	199.2 (58%)	7.8 (2.3%)	207.0 (60.3%)	8.8 (2.6%)	16.8 (4.9%)	110.8 (32.3%)	136.4 (39.7%)	343.4
2008	163.7 (48.6%)	2.6 (0.8%)	196.8 (58.4%)	8.1 (2.4%)	204.9 (60.8%)	8.7 (2.6%)	16.4 (4.9%)	106.9 (31.7%)	132.0 (39.2%)	336.9
2009	159.3 (48.4%)	1.4 (0.4%)	188.2 (57.1%)	7.9 (2.4%)	196.1 (59.5%)	9.9 (3%)	17.2 (5.2%)	106.3 (32.3%)	133.4 (40.5%)	329.4
2010	162.8 (47%)	1.2 (0.3%)	197.9 (57.1%)	7.8 (2.2%)	205.6 (59.3%)	9.3 (2.7%)	18.1 (5.2%)	113.7 (32.8%)	141.0 (40.7%)	346.6
2011	174.8 (48.7%)	1.2 (0.3%)	205.9 (57.3%)	8.2 (2.3%)	214.1 (59.6%)	10.1 (2.8%)	16.5 (4.6%)	118.5 (33%)	145.1 (40.4%)	359.3
2012	181.7 (48.8%)	1.2 (0.3%)	213.7 (57.4%)	7.5 (2%)	221.1 (59.4%)	10.8 (2.9%)	16.9 (4.5%)	123.4 (33.2%)	151.1 (40.6%)	372.2
2013	178.4 (47.2%)	1.3 (0.3%)	210.1 (55.6%)	7.0 (1.8%)	217.1 (57.4%)	10.5 (2.8%)	18.7 (4.9%)	131.7 (34.8%)	161.0 (42.6%)	378.0
2014	181.9 (48.1%)	1.4 (0.4%)	211.6 (55.9%)	6.6 (1.7%)	218.2 (57.7%)	9.9 (2.6%)	16.3 (4.3%)	134.0 (35.4%)	160.2 (42.3%)	378.4
2015	191.9 (48.9%)	1.5 (0.4%)	222.2 (56.7%)	7.5 (1.9%)	229.7 (58.6%)	8.9 (2.3%)	16.2 (4.1%)	137.3 (35%)	162.3 (41.4%)	392.0
2016	215.3 (51.3%)	1.4 (0.3%)	246.1 (58.7%)	7.1 (1.7%)	253.3 (60.4%)	9.7 (2.3%)	14.7 (3.5%)	141.6 (33.8%)	166.0 (39.6%)	419.3
2017	233.3 (52.9%)	1.7 (0.4%)	264.7 (60%)	7.1 (1.6%)	271.8 (61.6%)	11.2 (2.5%)	15.0 (3.4%)	143.0 (32.4%)	169.1 (38.4%)	440.9
2018	257.2 (54.8%)	1.9 (0.4%)	288.5 (61.5%)	7.8 (1.7%)	296.3 (63.1%)	10.9 (2.3%)	15.5 (3.3%)	146.5 (31.2%)	173.0 (36.9%)	469.3
2019	257.2 (54.1%)	2.7 (0.6%)	287.5 (60.5%)	7.4 (1.6%)	295.1 (62.1%)	9.7 (2%)	15.6 (3.3%)	155.0 (32.6%)	180.3 (37.9%)	475.3
2020	247.0 (51.6%)	3.6 (0.8%)	276.3 (57.7%)	9.3 (1.9%)	285.5 (59.7%)	11.7 (2.4%)	15.1 (3.2%)	166.3 (34.7%)	193.1 (40.3%)	478.6
2021	289.2 (52%)	6.0 (1.1%)	324.4 (58.3%)	11.3 (2%)	335.7 (60.3%)	13.9 (2.5%)	16.0 (2.9%)	191.0 (34.3%)	220.9 (39.7%)	556.6
2022	327.1 (57.1%)	6.3 (1.1%)	357.6 (62.4%)	10.0 (1.7%)	367.5 (64.1%)	15.1 (2.6%)	13.3 (2.3%)	177.0 (30.9%)	205.4 (35.9%)	573.0
2023	274.3 (53.3%)	4.1 (0.8%)	299.2 (58.2%)	9.1 (1.8%)	308.4 (60%)	11.6 (2.2%)	14.1 (2.7%)	180.2 (35%)	205.8 (40%)	514.2

주: 표 안의 수치는 결산액으로 2020년 기준 실질지수로 변환하였음.
출처: 기획재정부열린재정재정정보공개시스템(https://www.openfiscaldata.go.kr).

2) 과세대상

세금을 납부할 의무가 있는 개인·법인을 납세의무자라고 한다. 납세의무자의 재산이나 경제적 가치가 있는 소득·물건·행위·사실 등의 취득, 소유, 이용, 소비, 이전 등의 경제적 부담능력이 발생하는 경우 세금을 납부해야 한다. 이때 경제적 부담능력을 파악하는 기초를 과세대상이라고 한다. 과세대상은 소득, 소비, 자산으로 구분할 수 있다.

① 소득이란 개인이 개인·법인이 생산요소(노동, 토지, 자본 등)를 투입하여 경제활동을 통해 얻는 이익을 뜻하고, 소득세와 법인세로 부과되며, 지방소득세의 형식으로 지방자치단체가 부과한다. 소득세는 소득 수준에 비례하여 세율이 올라간다.

② 소비는 재화나 용역을 사용하여 경제적 효용을 얻는 행위를 의미하며, 소비·지출행위를 대상으로 과세한다. 기본적으로 우리나라는 부가가치세(Value-Added Tax)의 형태로 소비세를 부과한다. 이 외에도 개별소비세, 주세, 관세, 교통·에너지·환경세 등은 중앙정부가 부과하며, 지방자치단체는 담배소비세, 레저세, 지방소비세를 부과한다. 소비세는 기본적으로 세율이 일정하게 고정되어 있는 비례적 형태이다.

③ 자산은 부동산·금융자산·비금융자산을 모두 포함한다. 자산을 소유함에 따라서 생기는 경제적 효용과 부의 집중을 방지하고 소득을 재분배하고자 하는 목적에 따라서 자산을 대상으로 과세하며 자산의 총액이나 이전에 따라서 과세한다. 재산세와 취득세, 등록면허세가 기본적인 자산에 대한 과세 형태이며, 종합부동산세, 상속세, 증여세, 증권거래세, 인지세 등이 이에 포함된다.

3) 과세표준

정부의 수입, 즉 세금을 통해서 얻는 세액은 과세대상을 화폐가치로 측정하고 세율을 적용한 금액이다. 앞에서 설명한 과세대상을 화폐가치로 변화하거나 물량으로 측정한 값을 과세표준(tax base)이라고 하며, 정확한 과세표준의 가치를 산정하는 기준은 〈표 7-8〉과 같다. 정부의 총세입은 '각 세목의 세입=과세표준×세율'의 총합이다.

표 7-8 주요 세목의 과세표준

구분	세목	과세표준
국세	소득세	개인의 1년(1.1~12.31) 소득금액에서 소득공제와 기본공제를 제외한 소득
	법인세	법인의 1회계연도 소득금액(청산소득금액)에서 이월결손금, 비과세소득, 소득공제 등을 제외한 소득
	부가가치세	공급가액 혹은 공급대가
	교통・에너지・환경세	휘발유 및 경유 등 과세물품의 제조반출 수량, 수입신고 수량
	개별소비세	유류량, 담배 개비수(중량, 니코팅 용량), 관광지(경마장, 골프장, 카지노 등) 입장인원 및 횟수
	주세	주류 출고량 혹은 출고가격(수입신고가격)
	관세	수입물품의 가격
지방세	취득세	부동산, 차량, 광업권, 어업권 등의 취득가액
	레저세	승차투표권, 승마투표권 등의 발매금 총액
	지역자원시설세	채광된 광물가격, 토지・건축물・선박의 시가표준액, 지하수 등의 용수량, 발전량
	담배소비세	담배 개비수(중량, 니코팅 용량)
	지방소득세	소득세 및 법인세의 과세표준

출처: 국회예산정책처(2024b) 자료를 재구성.

2. 정부지출: 정부는 돈을 어떻게 쓰는가?

〈표 7-7〉과 〈표 7-8〉에 나타난 바대로 정부가 세금을 걷는 항목과 정부의 한 회계연도 수입의 규모와 그 규모가 총수입에서 차지하는 비중이 엄청나지만, 정부가 공공재를 제공하는 데는 부족하다. 이는 정부의 부채가 국내총생산(GDP) 대비 1997년 11.1%에서 2020년 43.6%로 상승한 것을 통해서 알 수 있다. 물론 금전적인 요인만으로 국민이 요구하는 모든 필요를 충족시키거나 해결할 수 있는 것은 아니지만, 정부가 개별 사업을 유지하기 위해서는 최소한의 금전적 지원이 필요하며, 정부는 운영하는 수많은 사업 중에서 세입규모를 예측하여 우선순위를 결정하여 한정된 재원을 배분해야 한다. 즉, 정부가 돈을 쓴다는 것은 정부가 우선순위를 결정하는 의사결정과정이다.

하지만 정부의 우선순위는 항상 변하고 정책의 불확실성으로 인하여 새로운 사업이 제안되기도 하고 기존 사업은 확대되거나 축소되기도 한다. 일정 기간에 걸쳐 예산 변화를 추적하면 특히, 한 대통령이나 한 지방자치단체장의 집권 기간 동안의 예산추세를 살펴보면 개개인별로 정책 우선순위를 파악할 수도 있고 시기별로 비교도 할 수 있다. 게다가, 정부가 예산을 지출한다는 것은 국회의 동의도 필요하고 사법부의 판결이 요구되는 경우도 있기 때문에 정부의 지출 수준을 통해서 국회가 정부의 사업에 대하여 혜택이나 자격을 확대하거나 제한하는 변화도 알 수 있고, 각 사업 수혜자의 적격 여부를 파악할 수도 있다. 또한, 각 사업별 지출은 시간이 지남에 따라 규모가 변하기 마련이다. 경기 침체 시 실업률은 올라가기 때문에 실업보험 지출이 증가할 것이고, COVID-19과 같은 팬데믹 기간에는 의료보험 지출이 증가하게 될 것이며, 인구 변화에 따라서 각 세대에 맞는 사회보장사업 혹은 교육사업 등에 대한 지출이 변화할 것이다. 그러므로, 정부의 지출은 단순히 정부가 돈을 얼마를 쓰느냐를 보여주는 것이 아닌 그 시대의 정치 · 경제 · 사회 · 문화뿐만 아니라, 그 국가의 인구구조학적인 단면도 대변한다고 할 수 있다.

[그림 7-6]은 중앙정부의 2015년부터 2022년까지 분야별 재원배분의 비율을 보여주는 것이다. 기본적으로 중앙정부는 전체 예산의 약 30%를 사회복지 분야에 지출하며 그 비율은 2020년까지는 증가하였으나, 그 이후로는 감소하는 측면을 보여주고 있다. 대신 일반 · 지방행정에 대한 지출과 보건에 대한 지출이 증가하는 모습을 보여준다. 특히 산업 · 중소기업및에너지 분야에 대한 지출은 기간 동안 2배 이상이 증가

그림 7-6 중앙정부 분야별 재원배분(결산기준)

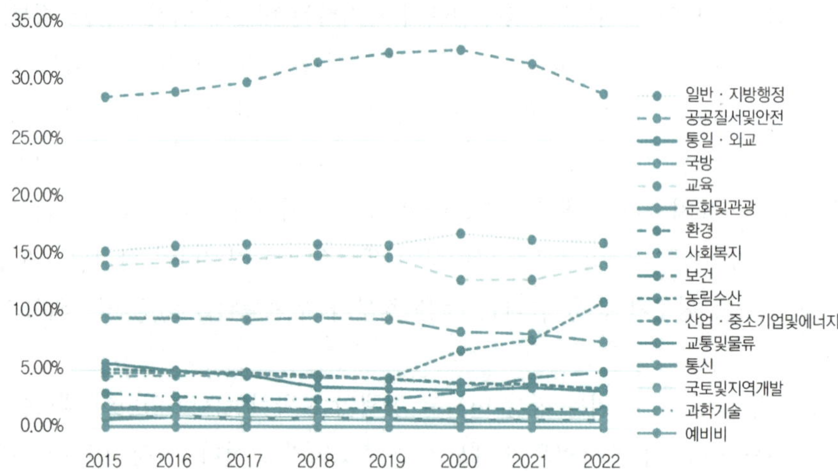

출처: 열린재정재정정보공개시스템(https://www.openfiscaldata.go.kr/op/ko/index).

하였음을 보여주는 반면, 교통및물류, 국방, 공공질서및안전 분야는 서서히 감소하는 측면을 보여주고 있다. [그림 7-6]에서 마지막 2년인 2021~2022년은 팬데믹이라고 하는 특별한 사건이 발생한 시기이기 때문에 중앙정부예산의 배분 변화가 급격하게 일어났을 것이며, 더 자세한 원인을 파악하기 위해서는 각 분야별 세부 사업에 대한 예산을 살펴보는 것이 바람직하다고 할 수 있다. 또한, 앞에서 살펴본 예산의 품목별, 조직별, 기능별, 경제성질별로 정부재정지출을 나누어서 살펴보아야 정책우선순위에 대해서 더 정확히 파악할 수 있다.

3. 예산 과정

1) 정부 예산 과정의 4단계

정부의 예산은 한 회계연도가 시작되기 전에 결정된다. 정부 예산이 결정되는 예산 과정은 행정부의 예산안 편성→국회의 예산안 심의 및 승인→각 정부부처의 집행→결산·감사 네 단계로 이루어지며, 기본적으로 각 단계는 「대한민국헌법」과 그 아래 「국가재정법」과 「국회법」을 따른다. 「대한민국헌법」은 정부의 재정 기능과 예산의 기본원칙인 재정민주주의, 조세법률주의, 예산사전의결주의 등을 규정하고, 「국가재정법」은 예산의 편성, 집행, 결산 과정을, 「국회법」은 예산·결산의 심의 과정을 정의한다. 즉, 예산 과정에서 「국가재정법」은 행정부의 역할을, 「국회법」은 입법부의 역할을 정의한다. 이렇게 법의로 정해진 우리나라 정부의 예산 과정을 살펴보면 [그림 7-7]과 같다.

FY회계연도의 예산을 위해서 그 이전 회계연도에 행정부의 각 중앙부처가 상향식으로 예산안을 편성하여 기획재정부 장관에게 예산(안)을 제출하면 기획재정부 장관

그림 7-7 정부 예산 과정

예산과정단계	예산안편성	예산안심의 · 승인	예산집행	결산 · 감사
대상회계연도	(FY−1)회계연도	(FY−1)회계년도	FY회계연도	(FY+1)회계연도
주체	행정부	입법부(국회)	각 부처	행정부 · 감사원
역할	소비자	절약자	수문장 · 소비자	심판자
성향	증액지향적 · 예산극대화	재정지향적 · 삭감지향적	사업지향적 · 균형지향적	공공지향적 · 균형지향적
대상예산명칭	예산(안)	수정예산	(본)예산	추가경정예산

은 대통령의 승인을 받아서 국회에 제출하고 국회의 소관상임위원회에서 심의를 하여 최종 승인을 하게 된다. 국회의 승인을 받은 예산(안)은 수정예산의 형태로 대통령의 재가를 받으면 (본)예산이 된다. 특히, 국회의 승인을 받기 전에 대통령은 국회에 방문해서 시정연설을 통해 행정부에서 준비한 예산(안)의 정당성에 대해서 설명한다. 만약, FY회계연도 전에 예산안이 승인이 안 되는 경우에는 예산집행이 불가능하다. 이런 경우를 위해서 FY회계연도 30일 이전에 국회에서 승인이 안 되는 경우에는 준예산이라는 형태로 전년도(FY-1) 예산에 준하여 예산을 집행하는 제도를 실행한다. FY+1회계연도가 되면 정부부처는 FY회계연도 기간 동안 발생한 수익과 비용을 계산하여 재산상태를 알 수 있도록 서류(예: 재무제표)를 작성하는 결산 과정을 거쳐서 감사원에 제출한다. 감사원에서는 제출받은 결산서류에 대해서 기본적으로 회계기록에 대하여 검토하고 의견을 표명하는 감사절차를 가지게 되며, 감사절차가 끝나고 나면 감사서류는 국회에서 다시 심의 및 승인절차를 거치고 최종적으로 대통령의 재가를 받게 된다. 그러므로, 정부의 한 회계연도의 수익과 비용에 대한 예산 과정은 3년의 기간 동안 이루어진다.

2) 정치게임으로서의 예산 과정

[그림 7-7]에서처럼, 행정부와 입법부는 예산에 대해서 서로 다른 입장을 가지고 있다. 일반적으로 공무원은 자신이 운영하는 프로그램이 대중에게 더 큰 이익이 되기를 바라기 때문에 정부의 입장을 옹호하는 경향이 있고 정부 업무의 규모와 범위를 확대하려고 하는 성향이 있다. 반대로 선거에 민감한 정치인들은 정부 업무의 규모와 범위가 확대된다는 것은 그만큼 재원을 확보하기 위한 방안으로 조세부담이 늘어난다는 시각으로 인하여 일반 공무원과는 반대의 입장에 서 있는 경향이 있다. 즉, 행정부는 예산을 극대화하고자 하는 성향이 있는 반면, 입법부는 예산을 최소한으로 운영하고자 한다(Miller, & Moe, 1983; Niskanan, 1968; 1994). 이런 이유로 예산 과정을 합리화하려는 노력에도 불구하고 정부 예산은 본질적으로 정치적 활동의 결과물이자, 협상과 설득의 문제이다(Caiden, 1985; Rubin, 2019).

다양한 이해집단이 참여하는 예산 과정에서 가장 중요한 주체인 행정부의 관료와 입법부의 정치인은 서로 다른 목적을 가지고 있다. 이 두 주체는 예산극대화와 득표극대화라는 서로 다른 목적을 달성하기 위해서 전략적으로 겨루는 정치게임이라고 할 수 있다(Denhardt, Denhardt, & Blanc, 2013). 예산 과정에서 정치를 이해하고 정치적 환경을 적절히 이용하는 것은 중요한 전략이다. 하지만, 정치적 중립을 지켜야 하는 관료는 예산이 발생하는 정치적 환경을 통해서 자신과 조직의 프로그램을 확장하거나 적어도 유지하는 데 더 유리한 입장에 있을 가능성이 있다.

관료는 다음의 개념에 대한 이해를 통해서 예산 과정에서 전략으로 사용할 수 있다(Wildavsky, 1988). 첫 번째로, 예산은 프로그램 기반으로 편성되므로 대부분의 프로그램은 매년 지속될 것이다. 그러므로, 예산승인을 위해서는 각 프로그램의 활동이 기본 예산이라고 간주하고 예산계획을 하는 것이 필요하다. 두 번째로, 전체 예산 과정에서 예산안 편성 시에도 프로그램을 담당하는 관료뿐만 아니라, 담당자의 상사와 담당자의 부처 고위책임자(장 · 차관), 그리고 전체 예산을 관리하는 기획재정부 관련 관료 및 고위책임자, 최종적으로 대통령이 국회에 예산안을 제출하기 전에 변경을 하는 과정이 있다. 이후 국회의 예산안 심의 및 승인 과정에서는 국회의 소위원회의 담당자와 의원들이 변경을 하는 과정이 있다. 그러므로, 관료는 자신의 프로그램에 할당된 예산의 규모로 예산 과정의 성공 여부를 판단하는 것이 아닌 전체 예산에서 자신의 프로그램이 차지하는 몫을 고려할 필요가 있다. 또한, 본 예산에서 재량적으로 지출할 수 있는 비중의 변화에 따라서 담당자가 자신의 프로그램을 다양한 방식으로 발전시킴으로써 이를 다음 예산 요청 시 전략적으로 사용할 수 있을 것이다.

제3절 정부 예산의 변천

1. 예산이론의 변천

예산이론은 우선 전통적 예산이론과 전통적 예산이론의 한계를 극복하기 위해서 최근 다양한 예산이론들이 등장하였다. 우선 전통적 예산이론은 정치적 접근방법과 경제적 접근방법으로 구분할 수 있다. 여기에서 정치적 접근방법은 점증주의, 경제적 접근방법은 합리주의(총체주의)에 의해 대표될 수 있다. 점증주의와 합리주의가 가지고 있는 한계점을 극복하기 위해서 최근 단절균형이론, 공공선택이론, 거래비용이론, 구조결정이론 등으로 발전하였다.

1) 점증주의와 합리주의

점증주의와 합리주의는 모두 정책결정모형에서도 살펴볼 수 있는 이론들이다. 우선, 점증주의(incrementalism)란 예산 결정은 전년도 예산에 기초하여 각 프로그램별로 예산규모를 소폭으로 증가시키는, 즉 점증적인(incremental) 변화를 통해서 전체 예산규모를 결정하는 것이다(Wildavsky, 1988). 예산이 이렇게 조금씩 변화하는 이유는 예산 과정에 참여하는 이해관계자 간 특히, 행정부와 입법부 간의 그리고 예산심의 과정에서 정당 간 협상·조정하는 합의를 쉽게 하기 위함이다. 이런 소폭의 변화를 통해서 이해관계자들은 예산 과정의 결과물이 공정하게 결정되었다고 생각하게 된다.

합리주의(rationalism) 혹은 총체주의(synopticism)는 경제적·관리적 접근방법을 모두 포함한다. 즉, 공공서비스 제공에 있어서 효율성을 올리기 위해서 예산을 배분하는 과정에서 경제이론 특히 한계효용이론에 근거하여 예산배분의 합리성을 강조하고, 예산집행 시 지출의 목표를 명확히 규정하고 가능한 모든 대안을 검토한 후 최적의 대안을 선택하여 집행하는 관리적 합리성을 강조한다(Key, 1940; Lewis, 1952; Lynch, 1995).

정부의 예산이 세금에 근간하기 때문에 효율성뿐만 아니라 예산규모와 배정도 이성적이고 합리적인 근거에 따라서 판단을 해야 된다는 점에서는 점증주의가 가지는 한계가 분명하다. 또한 점증주의는 정부의 예산결정이 정치적으로만 이루어지다 보면 예산의 낭비도 초래할 수 있다고 비판받는다. 그렇다고 해서 정부가 합리주의에 근거해서 예산결정을 하게 되면 예산 과정에서 들어가는 노력과 시간이 또 다른 비용을 발생시킨다. 이런 두 제도의 명백한 한계점을 극복하기 위해서 이들을 대체하기 위한 다양한 예산들이 최근 들어 등장하였다.

2) 단절균형이론

단절균형이론(punctuated equilibrium theory, PET)이란 예산이 균형상태를 유지하는 점증주의 형태를 띠고 있다가 단기간 급격한 변화를 겪고는 다시 균형상태를 유지하게 되는 경우를 설명한다. 정부가 기존의 운영되고 있는 프로그램은 일정한 수준으로 예산을 배분하는 경우에는 프로그램 담당자와 소수의 이해관계자가 예산과정에 참여하는 예산독점상태가 유지되어 점증주의 상태를 유지하게 된다. 하지만, 정책의 변화나 정책에 대한 관심이 늘어나서 예산 과정에 참여자가 많아지게 되면 기존의 예산독점상태가 깨지면서 예산 과정에 더 많은 이해관계자가 참여하게 된다. 이런 일련의 사건과 특정 상황에 의해서 특정 프로그램에 배분되는 예산이 급상 혹은 급강하는 경우가 발생하게 되어 점증주의의 예산균형상태가 불균형상태로 바뀌면서 단절균형상태로 나타나게 된다.

예산이 일정 기간 안정적으로 유지되는 현상하에서 급격히 예산배분의 변화를 설명하는 단절균형이론은 기존의 점증주의에 비해 이론적인 진전을 보였다고 할 수 있다. 하지만, 단절균형이론은 이미 예산의 배분이 급격하게 변경된 경우 그 상황을 설명하는 데는 적합한 이론이지만 이 이론을 통해서 앞의 상황을 예측하는 데는 한계가 있다. 또한, 시간적인 관점에서 특정 상황이나 사건에 대해서만 설명이 가능할 뿐, 계량화하여 측정하는 것은 어렵다.

3) 공공선택이론

공공선택이론(public choice thoery)은 예산 과정에 경제학의 원리와 방법론을 접목하여 예산 과정에 참여하는 관료, 정치인, 이익집단, 시민(투표자)의 행태를 경제학적 효용으로 분석하는 것이다. 공공선택이론은 예산이론을 크게 3가지의 관점에서 살펴보는데 관료의 입장에서는 예산의 규모를 실제보다는 더 크게 결정한다는 관점(Niskanen, 1971), 예산의 규모가 정치인, 즉 의회의 선호도를 더 우선시한다는 관점(Weingest, 1984), 그리고 관료제와 의회가 다른 예산 과정에 참여하는 이해관계자보다는 더 직접적인 영향력을 행사하는 독점적 지위에 있기 때문에 예산규모가 바람직한 수준을 넘어선다는 관점(Brenan & Buchanan, 1980)이다.

공공선택이론이 망라하는 여러 가지 경제학적 접근방법 중 예산 과정에 접근하는 데 있어서 주인-대리인이론과 중위투표자이론으로 나눌 수 있다. 주인-대리인이론은 예산 과정의 이해관계자 중 관료가 예산의 크기와 구성에 중대한 영향을 미치는 의사결정권자로 중요한 역할을 하는 예산의 공급적 측면을 살펴본다. 중위투표자이론은 의회가 예산의 결정을 수요자의 입장에서 살펴보는 입장에 중점을 둔다. 정치인들의 주된 목적은 선거에서 이기는 것이기 때문에 결국 예산의 규모를 결정하는 것은 가장 표를 많이 획득할 가능성이 있는 중간에 위치한 투표자들의 선호도에 기반을 하게 된다는 것이다.

4) 거래비용이론

거래비용이론(transaction cost theory)의 관점에서는 예산 과정에서 가장 핵심적인 요소를 거래로 인해서 발생하는 비용이라고 본다. 예산 과정의 참여자들이 제한된 합리성을 지니고 있어 예산 결정이 위험기피적인 선호체계를 갖는다고 가정한다. 그리고 예산은 계약의 일종이며, 예산 과정에서의 결정은 거래이고 이로 인하여 비용이 발생한다. 관료제하에서의 업무처리 방식과 입법부가 관료제를 통제하는 행정부와 입법부의 관계로 인하여 예산 과정에서 거래비용이 발생하게 된다. 그리고 서로 다른 정치적 목적을 가지고 있는 정당 간의 합의 과정에서도 거래비용이 발생한다. 이런 이유로 정부는 예산 과정에서 발생하는 거래비용을 최소한으로 하여야 할 필요가 있다. 거래비용을 최소화하기 위해서 정부는 그동안 각종 위원회를 설치하거나 절차를 규정하는 법 등을 만들어서 예산제도를 개혁하고자 많은 노력을 하였다. 하지만, 예산 과정에서의 거래비용을 계량화하여 실질적으로 측정하는 것이 힘들다는 한계가 있다.

5) 구조결정론

구조결정론(structural theory)은 위의 이론들과 달리 정부의 예산(세입과 세출)에 영향을 끼치는 외부 환경적 요인을 파악하고자 한다. 정부 예산의 규모와 구성을 계량경제학 모형을 사용하여 설명하는데, 이는 정부가 공급하는 공공서비스의 양과 수준이 다양한 인구구조학적·경제적 변수들에 의해서 결정된다고 본다. 구조결정론의 관점은 경제발전과 인구구성의 변화로 인한 다양성에 대응하기 위해서 정부 예산이 지속적으로 증가한다는 바그너의 법칙(Wagner's Law)을 설명한다(Wagner & Weber, 1977). 구조결정론은 주로 선진국에서 예산 증가의 원인을 밝히는 데 있어서 행정체제를 둘러싸고 있는 정치체제와 경제환경을 거시적 관점에서 살펴보았다는 점에서 큰 의미가 있다. 하지만, 내부적 요소들 특히, 예산 과정의 이해관계자들의 상호작용을 설명하는 데는 한계가 있다.

2. 예산제도의 개혁

기존의 우리나라 예산제도인 품목별예산제도(LIBS), 단년도 예산편성, 상향식 접근방법은 정책의 우선순위를 제대로 반영하지 못하고, 중장기적인 전략적 재정운영이 부족하다는 한계가 존재한다. 또한, 상향식 접근방법으로 인하여 정부의 전체 예산을 관장하는 예산기관과 실제 프로그램을 담당하는 실무부처 간의 또 다른 전략적 게임이 존재하여 예산계획 단계부터 거래비용이 추가적으로 발생할 가능성이 존재한다. 이런 문제를 해결하기 위해서 중앙예산기관이 통제를 하게 된다면 실무부처와 담당자의 자율성을 침해하게 된다는 우려도 존재한다(배득종, 2010; 하연섭, 2018).

정부재정운영은 환경적 요소에 크게 영향을 받게 되면서 기존의 예산제도의 패러다임도 바뀌게 되었다. 이는 기존 재정운영의 기능인 효율성 · 형평성 · 안정화에 추가하여 최근 재정적자와 부채누적으로 인한 재정위기를 해결하고 재정건전성을 확보하기 위함이다. 윤영진(2009)은 재정건전성을 위하여 우리나라 정부의 재정패러다임은 납세자 중심, 성과 중심, 저량(stock) 중심, 그리고 디지털정보시스템 중심으로 바뀌었고 성인지적 관점을 중시하게 되었다. 이런 변화는 현재 세계은행(World Bank)과 OECD의 예산운영 규범의 변화인 총량적 재정규율, 배분적 효율성, 운영적 효율성, 투명성과 참여와도 연결되어 있다. 이런 맥락에서 2000년대 이후 우리나라도 예산개혁을 위해서 ① 국가재정운용계획, ② 총액배분자율편성예산제도, ③ 성과관리예산제도, ④ 디지털예산회계시스템을 운영하게 되었고, 이를 간단히 요약하면 다음과 같다(박경효, 2022).

① 국가재정운용계획은 5년 단위로 예산을 계획하는 다년도 예산체계로 재정건전화와 재정정책에 대한 신뢰성과 안정성을 확보하기 위한 목적을 가지고 있다. 또한, 예산을 실제로 계획하는 각 부처가 중장기적인 관점에서 재정운영을 함으로써 예산의 경기조절 능력을 신장할 수 있다.

② 총액배분자율편성예산제도란 하향식(Top-down) 방식으로 예산을 편성하여 각 부처의 1년 예산상한선을 설정하여 그 범위 내에서 자율적으로 예산을 편성하는 것이다. 예산계획 과정에서 관료는 자신의 프로그램과 부처의 예산을 극대화하려는 성향을 보이므로 예산이 비효율적으로 편성될 수 있다. 이런 예산이 부풀려지는 관행을 막기 위해서는 전체 예산을 통제할 필요성이 있으며 이를 막기 위한 방안으로 본 제도가 도입되었다.

③ 성과관리예산제도는 기존의 투입과 통제에 기반을 둔 예산운영에서 예산을 지출하고 나서 운영 결과, 즉 정책의 결과물에 대한 책임을 묻는 사후통제를 기본 목적으로 한다. 정부의 목표에 대한 전반적인 집권화된 통제하에 실질적으로 예산을 집행하는 각 주무부처의 자율성을 보장하되 그 결과에 대한 책임을 강조하여 효율적인 예산집행을 강조하는 것이다(하연섭, 2018). 이는 정부의 목표와 성과지표 설정 및 이에 따른 적절한 보상을 체계화하는 과정을 통하여

정부가 나아가야 할 바람직한 방향으로 예산을 운영하고자 하는 것이다.

④ 디지털예산회계시스템이란 예산의 전체 과정과 세입을 징수하는 모든 재정 과정에 대한 정보를 실시간으로 분석하고 제공하는 재정정보시스템을 뜻한다. 이는 중앙정부와 지방자치단체 그리고 모든 공공기관들의 재정 상황을 포괄적으로 관리하여 국가재정을 효율적으로 관리하기 위한 목적으로 예산·회계정보를 디지털화하여 분석 및 활용하는 것이다. 예산·회계정보의 전산화는 앞에서 말한 모든 예산제도개혁을 이루기 위한 초석이라고도 할 수 있다.

CASE STUDY 사례

변화와 새로움을 뜻하는 'Nova'와 안정과 균형을 상징하는 'Rencia'를 결합한 노바렌시아(Novarencia)라는 이름의 약 인구 4천만 명의 신생국가는 현재 체제전환기를 맞이하고 있다. 노바렌시아는 민주주의 제도를 도입하고 친시장주의 경제를 도입하고자 한다. 이전까지 노바렌시아는 단일 정당이 지배하는 권위주의 정치체제와 국가가 주도하는 계획경제하에 정부가 시장을 통제하였다. 민간 소유는 인정되지 않았고, 대부분의 노동자는 정부에 소속되었고, 대부분 철강, 석탄, 천연가스와 같은 국영기업에서 근무하였다.

노바렌시아에서 새롭게 선출된 의회는 총 9개의 정당으로 구성되어진 다당제 제도이고, 이 중 3개의 정당이 중도좌파 연정체제를 구축하여 의회를 주도하고 있다. 산업화된 경제를 보유하고 있음에도 불구하고, 노바렌시아의 전체 인구 20% 정도는 여전히 농업분야에 종사하고 있으며, 여전히 경제성장률은 마이너스이다. 특히, 전체 인구의 약 30%가 실직상태이다. UN이 정한 기준에 근거했을 때, 전체 인구의 약 40%는 빈곤선 이하의 생활을 하고 있으며, 기존의 국영기업들은 비효율적으로 운영되어 파산상태에 직면하고 있다. 특히, 정부주도형의 기업운영은 심각하게 환경오염을 발생시켰으며, 이 외에도 노바렌시아는 여러 가지 주요 정책과제에 현재 직면하고 있다.

다음으로, 노바렌시아의 동부지역은 소규모이지만, 기존의 권위주의 정치체제에 동조하던 세력들이 새롭게 선출된 민주정부에 위협을 가하고 있다. 또한, 노바렌시아의 북부 국경을 접하고 있는 인접 국가는 북부 국경 지역에 거주하는 400만 명에게 독립국가로 해방시켜주겠다는 의사를 끊임없이 내비치고 있다.

마지막으로, 노바렌시아의 노동력을 살펴보면 전반적으로 높은 숙련도를 가지고 있으며, 높은 교육열로 문해율은 90%를 초과하며, 대학졸업률이 60%에 육박한다(참고로 OECD회원국의 평균 대학졸업률은 47% 정도이다). 이럼에도 불구하고, 공장 폐쇄로 인한 실업률은 여전히 노바렌시아의 신정부가 당면한 주요 과제이다. 한편, 노바렌시아 국민들은 혼란스러운 시대의 불확실성으로 인하여 출생률이 감소하고 노령화로 인한 연금수급자 비율이 증가하고 있다. 이전 권위주의 정권하에서는 평균적으로 여성은 58세, 남성은 60세에 은퇴하였으며, 연금은 물가상승률에 따라 조정되지 않음에도 불구하고 정부에 막대한 비용을 초래하고 있다. 최근 물가상승률은 급격하게 상승하였고 실질소득은 지난 3년간 계속 하락하는 추세를 보였다. 다만, 한 가지 다행인 것은 지난 5년간의 평균 물가상승률은 40%였으나 이전 연도의 물가상승률은 35%였다. 게다가 노바렌시아에서 발견된 특이한 점은 보건의료분야가 국제기준으로 평균수준을 유지하였으나, 최근 남성의 평균 기대수명이 74세에서 68세로 악화되는 추세를 보여주고 있으며, 유아사망률도 증가하고 있음을 보여준다.

1. 정부의 예산은 정책의 우선순위를 보여준다. 노바렌시아의 새 정부는 민주주의 체제하에서 예산을 통해 국가 우선순위를 설정해야 한다. 총리는 의회와 연정하여 행정부의 주요 기능을 식별하고, 각 기능에 총 예산을 어떻게 할당할지(비율) 결정할 것을 요청받았다. 만약 여러분이 내각의 위원이라면 행정부의 기능(조직구성)을 어떻게 설정하고, 예산을 배정하겠는가? 예산배정 후 다른 학생들과 비교하고 각자 그렇게 배정한 이유를 비교하고 토론해 보시오.

연습문제

1. 정부의 재정활동이 경제에 미치는 영향에 대해 설명하시오.

2. 시장실패를 정부가 재정을 통해 해결하는 방법에 대해 설명하시오.

3. 예산의 중요성과 정부가 예산을 설정하는 주요 목적은 무엇인지 논하시오.

4. 재정 분권화가 지방정부의 효율성에 어떤 영향을 미치는지 설명하시오.

5. 공공 부채가 재정정책에 미치는 장기적인 영향에 대해 설명하시오.

6. 경제 위기 동안 정부 재정을 통해 경제 회복을 지원하는 방법은 무엇인지 논하시오.

7. 정부가 사회적 형평성을 달성하기 위해 재정정책에서 어떤 접근을 취할 수 있는지 설명하시오.

제8장

정책학

[학습목표]

1. 정책문제를 정의하고, 관련 데이터를 수집 및 분석하여 문제의 원인과 해결 방안을 파악하는 능력을 통해 다양한 정책 대안을 평가하고 최적의 해결책을 제시할 수 있다.
2. 효과적인 정책을 설계하고 개발하는 과정을 이해한다. 정책 목표 설정, 이해관계자 참여, 자원배분 등을 포함하여 실질적인 정책을 만드는 방법을 이해한다.
3. 정책이 실제로 어떻게 실행되는지를 이해하고, 정책의 성과를 평가하는 방법을 통해 정책의 효과성을 측정하고 필요에 따라 수정하는 능력을 개발한다.
4. 정책결정 과정에서의 윤리적 고려사항과 사회적 책임을 인식한다. 정책이 사회에 미치는 영향을 분석하고, 공공의 이익을 우선시하는 정책을 개발한다.
5. 정책 관련 정보를 효과적으로 전달하고, 다양한 이해관계자와 협력하는 능력을 배양한다. 이를 통해 정책 개발 및 실행 과정에서의 소통의 중요성을 이해하고, 팀워크를 통한 문제해결능력을 고취시킨다.

학습개요

정책학은 공공정책의 분석, 개발, 실행 및 평가를 연구하는 분야로 정부, 비정부기구, 그리고 민간부문에서의 다양한 정책결정 과정을 이해하고 개선하기 위한 이론과 방법론을 제시한다. 특히 정책학은 윤리적 문제와 사회적 책임을 강조하며, 공공의 이익을 우선시하는 정책을 개발하는 데 중점을 둔다. 정책결정 과정에서의 투명성과 책임성을 높이는 것이 중요하다.

정책학은 복잡한 사회문제를 해결하기 위한 체계적이고 과학적인 접근 방식을 제공하며, 정책결정자들이 보다 효과적이고 지속가능한 정책을 개발할 수 있다.

제1절 정책학의 시작과 발전

정책은 정부가 어떤 목적을 달성하기 위해 간략히 제시하는 지침으로 정부는 국민의 삶을 더욱 풍요롭게 만들기 위해 다양한 노력을 경주하게 되는데, 이러한 정부의 노력들은 정책으로 나타난다(권혁주, 2016). 과거 가부장적 군주국가에서 권력을 유지하고 국가를 보전하기 위해 노력한 것들도 정책이라고 볼 수 있기 때문에 국가체제에서 정부가 어떤 목적을 달성하기 위한 활동을 적극적으로 추진하는 과정에서 정책은 반드시 존재했다고 할 수 있지만, 사회가 복잡해지고, 정부가 추진하는 정책의 영향력이 매우 커지게 됨에 따라 단순히 정부에서 의사결정 권한을 가진 사람들의 정치적 목적과 판단에 따라 정책을 결정하고 집행해서는 원하는 바람직한 결과를 가져올 수 없게 되었다(국가공무원인재개발원, 2018). 보다 체계적으로 공공의 문제를 파악하고 이를 해결할 수 있는 정책대안을 분석하여 가장 효과적이고 효율적인 정책을 결정하고 수행하기 위해 정책에 대한 학문적인 연구가 반드시 필요하게 된 것이다(국가공무원인재개발원, 2018).

실제로 현대적 의미의 정책학은 제2차 세계대전 이후의 미국에서 출발하게 되었는데, 제2차 세계대전이라는 국가적 총동원 전쟁을 수행하면서 정부가 과학적이고 체계적인 정책을 수행해야 할 필요성을 절실히 느끼게 되었을 뿐만 아니라, 전쟁의 종료를 위해 원자폭탄을 사용하게 됨에 따라 정부의 정책이 잘되고 잘못되는가에 따라 인류는 평화와 번영으로 갈 수도 있지만 파국적 종말에 이를 수 있다는 심각한 인식이 크게 작용하였다(Lasswell, 1951). 이러한 인식에 근거하여 정책을 직접적인 관찰이나 경험에 의존 없이 합리적이고 과학적 방법에 기반하여 형성하고 결정해야 한다는 측면에서 정책학이 시작하게 되었다고 할 수 있다.

정책학의 경우 사회현상에 대한 이해와 이론을 형성한다는 학문적 취지의 성격을 지니고 있으며, 정부에서 정책을 결정하고 집행을 하는 데 있어 정책결정자를 비롯하여 다수의 공무원들이 정책업무 수행 시 요구되는 현실적 가이드 라인과 기술을 제공한다는 실용적 학문으로서의 성격이 있다. 또한 정책현장에서 습득된 경험과 지식을 통해 이론화, 체계화되면서 과학적 학문으로서의 정책학이 발달되었고 이러한 측면에서 정책학은 학문의 영역과 현실의 영역이 상호작용하는 것이 매우 중요하다.

그렇지만, 정책환경이 급변화하고 다양해짐에 따라 정책학에 대한 과학적 접근을 비판하는 경우가 강력하게 급부상하게 되었다. 특히 제도적·조직적 차원에서 살펴보면 국민이나 민간기업에 비해서 정부가 좀 더 체계화되고 효과적인 조직을 구성하였던 과거와 달리 국민들과 민간기업들 또한 보다 전문화되고 질 높은 정보와 효과적인 조직을 구성하게 되었다. 특히 과학기술의 발달로 인하여 다양화되고 질 높은 지식과 정보가 정부나 공공조직이 독점하지 못하도록 변모하게 된 것이 최근의 시대적 상황이다. 이처럼 사회영역의 급속한 발달은 국가·사회 간의 관계에도 영향을 미치게 되었으며, 민주주의의 성장으로 국민이 정부에 대해 요구하는 책임성과 투명성도 확대되었다. 이러한 정치적·사회적 변화가 이루어져 정부가 정책을 결정하고 집행하는 과정에서 독점적인 역할을 지속하는 데 어려움이 발생하게 되었다. 정부는 정책을 마련함에 있어 정부가 목적을 명확하게 정의하고 이에 수반되는 수단을 선정하는 데 있어 효율화를 추구하는 단선적·일원론적 접근보다는 국민과 기업, 시민사회단체들의 입장과 수요를 반영해야만 된다.

이와 더불어 국민과 기업, 시민사회단체 또한 서로 상이한 이해관계에 놓여 있어 정책적 쟁점이 발생되는 경우가 다반사이다. 복잡다양화된 현실에서 공공의 문제를 해결해 나가는 과정에서 정책을 결정하고 집행하는데, 기존 정책학에서 지배적이었던 시각인 과학으로서의 접근이 매우 부족하다는 인식이 재빠르게 확산되었다. 이는 과학적 접근을 통해 정책이 근본적으로 잘못되었다라고 주장하기보다는 과학적 분석을 통한 방안들이 다양한 사회적 이해관계와 인식 측면에서 바라보았을 때, 특정 대안이 최적의 대안이라고 단정지을 수 없다는 주장이다. 따라서 공공의 문제를 해결하기 위해서는 과학적 분석을 통해 마련된 대안을 최종적으로 결정내리기 위해 사회적 이해관계의 조정과 협력 등이 요구된다는 것이다. 이를 위해서는 정책 담당자들의 설득과 협상 능력이 요구되며, 사회적 의사결정을 위한 협력적 조정기제가 중요하다고 강조되고 있다.

제2절 정책분석

1. 정책분석의 의의

정책분석(policy analysis)이란 정책대안의 체계적인 탐색·평가와 분석이라 정의할 수 있으며, 주어진 최종의 목표를 달성하기 위한 수단적인 합리성(instrumental rationality)을 연구 대상으로 하여 최선의 대안을 설계하고 선택하는 데 도움을 주는 접근방법을 말한다(Nagel, 2002). 정책분석은 합리성에 입각한 분석뿐만 아니라 정치적인 변수도 고려해야 하고 경제학·수학·관리과학(management science) 등이 주요 역할을 담당하지만 사회적·행정학·정치학·조직이론 등의 다양한 원리도 원용되고 있으며, 정책분석을 넓게 보면 정책결정이 이루어진 후에 정책집행이나 정책평가를 합리적으로 추진하기 위한 연구도 모두 포함시킬 수 있으나 주된 관심은 정책의 사전적 평가에 있다(Nagel, 2002). 정책분석기법은 1950년대 관리과학에서 1960년대 체제분석을 거쳐 1970년대 정책분석으로 발전되어 왔다(Weimer & Vining, 2017).

2. 정책분석의 역할

정책분석의 기본적인 역할은 정책결정자의 대안선택에 관한 판단에 도움을 주려는 것이지만, 정책결정자는 가치판단과 사실판단 및 양자의 연결관계에 관한 판단 아래서 결정을 내리고 정책분석은 정책의 사전적 검토로서 목표와 이의 달성을 위한 정책대안의 논리적 관계를 밝히는 데 가장 중점을 두기에 정책분석의 역할은 가능한 한 목적을 분명히 해주고 원인-결과 관계를 좀 더 명확히 밝혀 주는 것이라고 할 수 있다(Dunn, 2017).

3. 정책분석의 절차

정책분석의 절차는 합리적 분석모형을 따르는 체제분석의 절차와 유사하지만, 경제적 합리성과 아울러 정치적 합리성·공익성·직관·창의성 같은 초합리성 등이 고려되어야 하며 최근까지 다수의 정책분석가들이 활용하고 있는 정책분석의 표준적인 절차는 ① 문제의 파악과 목표의 명확화→② 대안의 탐색→③ 대안이 가져올 결과의 예측→④ 대안의 비교·평가→⑤ 최선의 대안 선택 순이다(Weimer & Vining, 2017).

이상과 같은 기본적인 분석절차에 따를 경우 정책의 수립 과정에서 불필요한 노력의 낭비와 혼선을 막을 수 있고, 체계적이고 알기 쉽게 타인을 설득할 수 있게 된다(Weimer & Vining, 2017).

4. 정책분석의 주요 기법

1) 관리과학(Operations Research)

관리과학(OR, 운영연구)은 1941년 군사작전의 효율화를 기하기 위하여 개발된 분석기법으로 문제 해결이나 의사결정에서 최적 대안을 탐색하는 데 활용되는 과학적·계량적 분석기법인데, OR이란 용어는 1939년 이후 제2차 세계대전 당시 영국군대의 작전연구에서 처음 사용된 것으로 의사결정문제의 분석에 있어서의 계량적 처리방법 혹은 집행부 관리하에 있는 제 행동에 관한 결정에 대하여 집행자에게 계량적인 기초를 제공하는 과학적 방법이라 정의할 수 있다(Hillier & Lieberman, 2015).

2) 체제분석(Systems Analysis)

체제분석이란 정책결정자가 문제 해결을 위한 대안을 선택하는 데 도움을 주기 위한 체계적·과학적 접근방법을 의미하며, 그 목적은 대안의 체계적 분석으로 체제분석은 정책결정자가 당면하고 있는 문제를 체제 전체적인 관점에서 파악하며, 문제 해결을 위한 여러 대안을 탐색하고 가능한 분석적 틀을 통하여 이러한 대안의 결과를 비교하여 정책결정자의 전문적 판단과 직관을 도와주는 방법이다(Wixom & Tegarden, 2018).

3) 비용효과분석(Cost-benefit Analysis)

비용효과분석은 경제학자들에 의해 개발된 기법의 하나로 사경제와 상호작용하여 정부가 산출한 자원의 능률적인 배분을 확보하는 데 그 목적이 있으며, 정책대안들의 편익과 비용을 비교하여 최선의 대안을 선택하는 데 초점을 두고 있는 것으로 일반적으로 화폐단위로 된 비교단위의 계획과 프로젝트(사업)와 관련하여 비용과 편익을 측정하려고 하는데, 이러한 비용효과분석은 불확정한 상황 아래서는 위험(risk)을 부담해야 하며 사회적 비용(social costs)을 경제적 비용(economic costs)으로 환원하는 데 한계가 있다(Briggs, Claxton, & Fenwick, 2016).

4) 비용편익분석(B/C 분석)

비용편익분석은 체제분석의 핵심기법으로서 공공사업의 경제적 타당성을 검토하는 데 사용되며, 능률성 또는 효율성 차원의 비교평가를 위한 분석기법으로 자원배분의 주된 목표가 사회 전체 후생(복지)의 증진에 있으며 소득분배의 문제를 따지는 형평성은 고려하지 않는다(Boardman, 2018).

5) 선형계획법(LP: Linear Programming)

선형계획은 한정된 자원을 여러 가지 활동이나 목적에 최적으로 배분하는 데 도움을 주는 기법의 하나로 선형이란 말은 이 모형에 사용되는 모든 수리적 함수(mathematical function)가 일차함수(linear function)임을 의미하여 계획이란 기획(planning)과 같은 뜻을 내포하는데, 선형계획은 가능한 모든 일차함수의 안들 가운데서 최적의 결과를 얻기 위한 활동의 계획을 의미하며, 최적이라 함은 주로 이익 · 비용 · 양에 대한 최적을 가리킨다(Bazaraa, Jarvis, & Sherali, 2011). 선형계획은 OR의 한 기법으로서 1947년 단치히(G. Dantzig)에 의해 개발되었으며, 주어진 제약조건하에서 생산량이나 편익을 극대화하거나 비용을 극소화할 수 있는 자원들의 최적 배분점을 알아내기 위한 방법이다(Dantzig, 1947).

6) 목표계획법(GP: Goal Programming)

목표계획법은 우리가 현실세계에서 당면하는 문제들 중 상호 이해가 상충하는 여러 개의 목표들을 만족시키는 해를 얻기 위하여 개발된 기법으로 선형계획법을 변

표 8-1 선형계획법과 목표계획법의 비교

구분	선형계획법	목표계획법
사용목적	최적화	만족화
목표의 수	단일목표	다수목표
목적함수	의사결정변수로 표현(극소화, 극대화)	편차변수로 표현(극소화)
목표의 중요도	동일한 중요도	상이한 중요도(우선순위 부여)

출처: Dantzig(1947).

형 · 발전시킨 것이며, 여러 개의 목표들의 우선순위를 설정하고 각각의 목표에 미달하는 편차를 최소화시키고자 하기 때문에 목표함수는 극소화 함수로만 표현되는데, 목표계획법은 제한된 합리성에 기초한 사이먼(Simon)의 의사결정모형인 만족모형과 일맥상통한다(De Souza & De Almeida, 2015).

7) 게임이론(Game Theory)

게임이론은 폰 노이만과 모르겐슈테른(Von Neumann & Morgenstern, 1944)의 저서 『Theory of Games and Economic Behavior』에서 처음으로 개발되었는데, 엄격히 말하면 설명적 이론이나 예측적 이론이 아니고, 규범적 이론으로 상대방의 선택에 관하여 게임참가자들이 가질 수 있는 합리적이고 일관된 기대에 관한 이론이며, 최근에는 마케팅 전략 수립, 기업의 합병, 다국적 기업의 의사결정, 공공분야에서도 많이 활용되고 있다(Von Neumann & Morgenstern, 1944).

게임이란 둘 이상의 경합자들 사이에 벌어지는 경쟁적 혹은 상충적 상황을 말하며, 이러한 게임의 성격을 띤 경쟁 상태는 개인의 대립으로부터 기업 간 경쟁이나 국가 간 경쟁에 이르기까지 생활 주변에서 얼마든지 볼 수 있는데, 이와 같은 경쟁적 국면에 있어서 경쟁 당사자가 상대방에 대해서 어떻게 행동할 것인가를 논하는 것을 게임이론이라 한다(Von Neumann & Morgenstern, 1944).

즉 게임이론은 각 경기자들이 선택할 수 있는 전략들과 그 결과로 나타나게 될 보상과의 관계를 나타낸 청산행렬(pay off matrix)은 알고 있으나, 상대방이 어떠한 전략을 사용할지는 모르는 상태에서 행하여지는 의사결정문제가 그 핵심이 되며, 인간사회는 본질적으로 이해관계의 대립과 경쟁의 세계이기 때문에 잠재적으로 게임이론은 그 응용범위가 더욱 넓어질 가능성이 있다(Von Neumann & Morgenstern, 1944).

게임의 해를 산정할 경우에는 주로 비관적 기준에 기반하며, 의사결정 상황이 불확실하고 상충적인 상황일 경우의 게임 상황을 주로 다룬다.

• 게임의 종류

① Zero-sum Game(영화게임, 영합게임): 상대방 간 이익이 완전 상반되는 상황

② Non Zero-sum Game(비영합게임): 두 사람 간 이익이 완전 상반되지 않는 상황(죄수의 딜레마)

③ 동시게임: 행위자 간 전략을 동시에 채택

④ 순차게임: 우선 행위자의 선택 이후, 다음 행위자가 이를 살피고 자신의 전략을 선택

8) 의사결정분석(Decision Analysis)

대부분의 정책문제는 우리의 머릿속에서 간단히 정리할 수 없는 내부적으로 복잡하게 얽힌 일련의 과정을 하나씩 결정지어야 할 것이 요구되는데, 의사결정분석은 정책대안의 탐색에서부터 탐색된 대안들이 가져올 결과에까지 이르는 일련의 분석 과정을 의사결정나무(decision tree)를 통해 일목요연하게 정리하고 분석하는 기법을 말한다(Goodwin & Wright, 2014). 이 모형은 대안들의 기대값을 산정하여 최적의 대안을 선택하며, 결과에 대한 예측을 확률적 분포에 기반하는 확률적 모형에 해당된다.

9) 계층화분석법(AHP: Analytical Hierarchy Process)

(1) 의의

계층화분석법(AHP)은 복수 대안들 중에서 최선의 대안을 선택해야 하는 의사결정문제에 부딪히게 되면 대안들 간에 상호비교 평가가 이루어져야 하지만 평가기준 요인들은 계량적인 것과 비계량적인 것들이 혼합되어 있을 경우 일정한 방법을 통해 합리적인 의사결정을 내리기가 어렵기 때문에 복수평가 기준의 의사결정문제를 해결하기 위해 평가기준들의 상대적 중요성을 결정하기 위한 방법으로 등장하였다. AHP는 1970년대 초 사티(Saaty)에 의해 개발된 의사결정방법으로서, 계층적 설문구조에 적합하며 피설문자의 입장에서 쉽게 응답이 나온다(Saaty, 1980).

(2) 구성요소

구성요소의 경우 첫째, 분해(Decomposition)로 문제의 기본적인 구성요인들을 포착하기 위해 계층을 작성하는 것, 둘째, 상대비교 판단(Comparative Judgement)으로 직상위계층에 포함되어 있는 한 요인의 관점에서 직하위계층을 구성하고 있는 요인들이 갖는 상대적 중요성을 쌍체비교함으로써, 비교척도(ratio scale)를 산출하기 위한 행렬을 구하며, 셋째, 우선순위 종합(Synthesis of Priorities)으로 계층의 최하위 단계에 있는 요인들의 전체 또는 복합우선순위를 산출하는 것이다(Saaty, 1994).

(3) AHP의 절차

AHP 절차는 첫째, 문제설정 및 계층적 구조화는 문제를 제시하고 분석하고자 하

는 문제를 계층화하는 작업이며, 둘째, 문제별 쌍대비교 단계로 문제별 구성요소들은 그들이 내포하고 있는 특징별로 상대적인 영향 측면에서 한 쌍씩 비교하는데, 각 평가요소를 1대1로 비교하여 상대적 중요도를 결정하게 되며, 셋째, 가중치 산정 및 일치성 분석 단계로 각 문제별 가중치를 산정하고 응답의 신뢰성을 검증하는 단계이며, 판단의 논리적 모순성 정도를 검증할 필요가 있다(Saaty, 2008).

10) 대기행렬이론(Queuing Theory)

대기행렬이론은 필요한 행정서비스를 제공받기 위해 대기하는 고객들을 분석하여 운영관리에 요구되는 정보를 도출하는 기법으로 이 기법은 덴마크의 에를랑(Erlang)이 1920년대 초에 개발한 기법이며, 하나의 서비스체계에서 고객이 도래하는 수가 시간마다 일정치 않을 때 대기행렬의 길이와 서비스를 받고자 하는 단위들의 대기시간을 통제하기 위하여 규모의 결정, 통로의 수 및 수단의 빈도 결정, 대기규칙 등을 발견하기 위한 이론이다(Kleinrock, 1975).

11) PERT(Program Evaluation & Review Technique), CPM(Critical Path Method)

(1) 개념

PERT(계획평가성사정 기법)와 CPM(주공정 방법)은 일정관리 기법이라고 볼 수 있는데, 특정의 대규모 프로젝트에 대한 일정과 순서를 계획적으로 관리하는 기법으로 이 두 기법은 각종 토목 · 건설계획, 신상품개발계획, 충원계획, 조직개편계획, 원가절감계획 등에 널리 적용된다(Kleinrock, 1975).

(2) PERT/CPM의 원리

PERT의 핵심원리는 예외에 의한 관리로서, 가장 중요한 주공정을 빈틈없이 통제한다면 전체 사업계획의 효율적인 추진이 가능하다는 사고방식에 기초하는데, 첫째, 공정의 원칙은 모든 계획공정은 반드시 완성되어야 한다는 점, 둘째, 단계의 원칙으로 각 활동에는 개시 단계(event)가 있어야 하고 작업이 완료되어야 종료 단계(event)에 도달할 수 있어야 한다는 점, 셋째, 활동의 원칙으로 모든 활동은 선행활동이 완료되지 않으면 개시할 수 없다는 점, 넷째, 연결의 원칙으로 모든 활동은 한쪽으로 진행되며 단계 자체를 바꿀 수 없으며 두 개의 단계 사이에 한 개의 활동이 있어야 한다는 것이다(Goldratt & Cox, 1992).

12) 타 개념과의 구분

체제분석과 정책분석이 있는데, 체제분석은 목표가 명확하고 양적 분석을 중시하고, 정책분석은 목표와 가치까지 분석하며, 양적 분석 외에 질적 분석이 가미된 것으로 경제적 합리성 외에 정치적 합리성까지 고려하며, 효율성 외에 공평성까지 분석한다(Laswell, 1971).

5. 정책분석의 한계

정책분석은 추구할 가치·목표가 명확하게 설정되고, 결정당사자 간에 이에 대한 합의가 이루어지지 않는 한 분석이 어렵지만 공공정책은 명확한 목표설정이 곤란하고 문제의 다기성을 띤 경우가 많으며, 정책분석에 있어서는 흔히 객관적 분석을 요구하고 있으나, 정책분석에 필요되는 사회지식의 구성이 정책결정자의 필요와 관점에 따라 큰 영향을 받으므로 이러한 지식의 객관적 분석이 어려운 실정으로 정책분석은 각 대안이 초래할 미래의 상태를 예측하는 데 목적이 있으나, 미래란 불확실하고 유동적인 변수에 의해 작용되는 경우가 많아 정책대안의 결과·영향을 정확하게 예측할 수 없고 정책분석은 여러 가지 대안의 합리적 분석에 그 중점이 주어지나, 정보와 자료의 부정확성과 정보처리능력의 부족 등으로 정책분석에서 고려되어야 할 수많은 요인들 사이의 관계를 파악하기 어렵다(Weiss, 1998).

제3절 정책집행

1. 정책집행의 의의와 중요성

정책집행은 정책의 내용을 구체적으로 실현하는 과정으로 목표를 달성하기 위한 단계이며 일련의 행정적·정치적 결정과 활동들로 구성되는데, 정책집행은 정책결정과 정책평가를 연결하는 고리 역할을 하는 정책의 성패가 결정되는 중요한 정책 과정이다(Pressman & Wildavsky, 1984).

첫째, 정책집행은 정책 의도를 실현하는 과정으로 정책 목표의 성공적 집행이 있어야 정책결정의 보람을 느끼고 결실을 얻는 것이며, 둘째, 정책집행은 정책내용을 구체화하는 단계이다(Hill & Hupe, 2002). 정책결정 단계에서는 극히 복잡한 상황을 모두 감안하기 어려울 뿐만 아니라, 정치적 갈등과 타협 때문에 대략적인 노선만을 결정하고 세부적인 사항은 집행 단계에 가서 각각의 집행현장에서 결정하는 수밖에 없고 셋째, 정책집행은 국민 생활과 직결되는 정부활동으로 국민들은 집행자가 제공하는 서비스와 규제하는 행동의 내용, 정책집행의 방법, 집행자의 행동이나 태도에 의해서 영향을 받게 되므로 정책집행은 국민에게 긍정적 · 부정적 대정부관을 심어주는 직접적 계기가 된다(Hill & Hupe, 2002).

2. 정책집행의 유형

1) 정책결정자와 집행자의 역학관계에 따른 분류(Nakamura & Smallwood)

(1) 고전적 기술관료형(Classical Technocrats)

고전적 기술관료형의 경우 정책 과정이 정책결정자에 의해서 지배되어 있기 때문에 정책집행자는 정책결정자가 결정한 정책내용을 충실히 집행하는 유형을 의미하는데 정책집행자는 약간의 기술적 재량권만을 가지고 있을 뿐이다(Nakamura & Smallwood, 1980).

한편 이 유형의 전제조건은 첫째, 정책결정자는 명확한 정책목표를 제시하고 집행자들은 이 목표를 지지하며, 둘째, 정책결정자는 위계적 명령구조를 형성하고, 집행자에게 기술적 권한을 위임하고 셋째, 정책집행자들은 목적을 달성할 기술적 능력을 보유하는 것이다. 이 유형은 정책결정자의 집행자에 대한 통제권이 가장 크고, 따라서 고전파 행정학에서 주장하는 고전모형에 가장 가까운 유형이지만, 이 유형은 세 번째 가정이 맞지 않는 경우, 즉 집행자가 정책을 집행하는 데 필요한 기술적 능력을 보유하고 있지 못하면 집행이 실패할 수도 있다(Nakamura & Smallwood, 1980).

(2) 지시적 위임형(Instructed Delegates)

이 유형에서는 정책결정자가 집행자에게 정책목표를 달성하는 데 필요한 규칙을 비롯한 각종의 행정적 조치를 취할 수 있는 일반적인 권한을 위임하려 하기 때문에 정책집행자는 앞에서 살펴본 고전적 기술자형보다 많은 정치적 재량을 행사하게 되는데, 정책결정자가 목적을 제시하고 집행자도 목적을 지지한다는 점에서는 고전적 모형과 유사하지만 집행자가 수단을 결정하는 데 더 많은 재량권을 가지며 집행이 복잡해지고 정치적 갈등의 가능성이 크다는 점에서 차이가 난다(Lasswell, 1951).

한편 이 유형의 전제조건은 첫째, 정책결정자는 명확한 정책목표를 제시하며, 집행자는 그러한 목표가 바람직한 것이라는 데 동의하고 둘째, 정책결정자는 한 개 이상의 집행자집단에게 목표 달성을 지시하고, 이들에게 재량권을 위임하며, 셋째, 정책집행자는 목표의 달성에 필요한 기술적 · 행정적 협상 능력을 가지는 것이다. 이러한 유형에서 정책집행이 실패하는 대표적인 경우는 정책집행에 관여하는 집행담당자가 복수일 때, 이들 상호 간에 수단에 관한 분쟁이 일어날 때이다(Lasswell, 1951).

(3) 협상형(Bargainers)

이 유형의 전제조건은 첫째, 공식적 정책결정자가 정책목표를 제시하고 둘째, 정책결정자와 집행자 간에 정책목표의 소망성에 대해 반드시 합의가 이루어지는 것은 아니며, 셋째, 정책결정자와 집행자 간, 또는 집행자 상호 간에 목표와 수단에 관한 협상이 이루어진다(Elmore, 1980).

이러한 유형에서 정책집행 과정에서 문제가 발생하는 경우는 첫째, 집행수단상의 기술적 결함이 나타날 때, 둘째, 협상이 원활하게 이루어지지 못해 불만을 품은 집행자 쪽에서 지연, 교착상태, 부집행 등의 반응을 보일 때, 셋째, 집행자가 정책결정자로부터 자원만 획득하여 자기의 목적을 위해 쓰고, 정책의 목적 달성을 위한 노력은 하지 않는 때 등으로 물론 정책결정자와 집행자 간에 벌어지는 협상의 최종결과는 결정자와 집행자 사이의 권력자원의 상대적 배분상태에 따라 달라진다(Pressman & Wildavsky, 1984).

(4) 재량적 실험가형(Discretionary Experimenters)

이 유형은 정책결정자가 막연하고 추상적인 정책목표를 결정하고, 정책집행자에게 정책목표 및 수단 등의 구체적인 내용의 결정에 관한 광범위한 재량권을 위임하는 유형이다(Lasswell, 1951).

이 유형이 나타나는 근본적인 이유는 첫째, 심각한 정책문제가 존재하고, 이를 해결해야 할 필요성을 정책결정자들이 느끼고 있는 경우, 둘째, 대립 · 갈등하고 있는 정책결정자들 간에 구체적인 정책목표 및 정책수단에 대해서 합의를 보지 못하고 정치적 연합형성에 따라 막연하고 추상적인 내용만 결정하여 모순 · 갈등되는 내용 중에서 구체적인 내용을 결정하는 권한과 책임을 동시에 집행자에게 떠넘기는 경우이다(Lasswell, 1951).

한편 이 유형의 전제조건은 첫째, 정책결정자는 추상적이고 일반적인 목표를 지지하지만, 지식의 결여와 불확실성 때문에 정책목표를 분명하게 제시하지 못하고 둘째, 정책결정자는 집행자에게 정책목표를 구체화하고, 집행수단을 강구할 광범위한 재량권을 부여하며, 셋째, 정책집행자는 이러한 과업을 기꺼이 수행하려 하며, 또한 수행능력도 있다(Lasswell, 1951).

(5) 관료적 기업가형(Bureaucratic Entrepreneurs)

관료적 기업가형의 경우 앞에서 살펴본 고전적 기술관료형과 정반대적인 성격을 지닌 것으로서, 정책집행자가 정책결정자의 결정권을 장악하고 정책 과정 전반을 완전히 통제하는 유형으로 정책집행자가 정책결정 과정을 완전히 장악할 수 있는 이유로는 첫째, 정책집행자에게 정책형성에 필요한 정보를 생산하고 통제할 수 있는 힘이 있어서, 둘째, 정부 관료제의 본질적인 속성인 안정성과 지속성으로 인해 정책결정자는 자주 바뀌지만 정책집행자는 계속 남아 있기 때문에, 셋째, 정책집행자 개인이 지닌 기업가적 또는 정치적 능력과 기술 때문이다(Pressman & Wildavsky, 1973).

한편 이 유형의 전제조건은 다음과 같다. 첫째, 정책집행자 스스로 정책목표를 수립하고, 공식 결정자가 이 목표를 받아들이도록 확신시킬 수 있는 충분한 능력을 부유하고 있다. 둘째, 정책집행자는 정책목표의 달성을 위한 수단을 확보하기 위해 정책결정자와 협상 및 흥정을 한다. 셋째, 정책집행자는 자신의 목표를 수행할 의지와 능력을 보유하고 있다(Pressman & Wildavsky, 1973).

2) 정책 유형 중심 분류(Ripley & Franklin)

(1) 분배정책

배분정책의 집행에서는 집행에 개입하는 자들의 핵심이 수혜자들이고 또 집행에 개입하는 자들 간에 정책의 집행에 대해서 반대가 거의 없기 때문에 집행을 둘러싼 이데올로기 대립이 없고, 작은 정부에 대한 요구 또한 거의 없으며, 참여자들이 안정적으로 표준운영절차(SOP)나 상례적 절차에 따라 집행이 이뤄진다(Ripley & Franklin, 1980).

(2) 규제정책

규제정책의 집행에서는 정책 때문에 피해를 입는 피규제자들이 가장 활발하게 집행 과정에 개입하고 있으며, 이들이 정책집행에 계속 저항하고, 정부의 규제를 완화·축소하려는 운동을 주도하므로 집행을 추진하는 행정조직 등의 집단과 계속 마찰, 갈등을 일으키기 때문에 SOP의 수립도 어렵고, 수립된 SOP도 쉽게 깨뜨려져서 결국 원만한 집행은 어렵다고 한다(Ripley & Franklin, 1980).

(3) 재분배정책

재분배정책도 이 정책에 반대하는 세력들이 계속 집행에 개입하여 이념논쟁도 일으키고 혜택의 감소를 통해서 조세를 삭감하자는 주장도 하면서 집행에 반대하기 때문에 원만한 집행이 어렵다(Ripley & Franklin, 1980).

3. 정책집행론의 전개

1) 고전적 정책집행론

(1) 의의

고전적 집행론의 시기에는 정치적 영역에서 정책이 결정되기만 하면 집행은 정책결정자가 기대하는 대로 자동적으로 이루어진다고 보았는데, 이 당시 정치행정이원론은 정책의 결정은 정치의 영역에 속하고, 행정은 단지 정해진 정책을 구체적으로 집행하는 것으로 테일러의 과학적 관리론 역시 집행자를 기계의 부속품으로 간주하여 조직의 상층부에서 중요한 결정을 내리고 하층부에서는 이를 기계적으로 집행하는 것이 능률성을 향상시킬 수 있다는 것으로 테일러의 논리를 행정조직에 적응한 베버도 관료제의 이념형을 소수의 결정자가 위에서 통제하며 고도의 합리적이고 법적인 권위를 지니는 조직으로 파악했다(Lasswell, 1951).

(2) 고전적 집행관의 특징

정책결정은 정치적 성격을 띠나 정책집행은 기술적·전문적·비정치적 성격을 가진다고 보는데 정책결정이 먼저 이루어지고, 다음에 이것이 집행된다는 식으로 결정과 집행을 단일 방향적으로 본다(Simon, 1947).

2) 현대적 정책집행론

(1) 의의

고전적 집행론에서는 정책집행의 중요성을 인정하지 않았지만 정책집행은 다양한 변수들이 상호작용 및 상호 거래하는 복잡하고 동태적인 정책 과정으로 정책 의도가 정책집행을 거쳐 실제의 효과로 나타나기까지의 과정에는 수많은 변수들이 개입하게 되는데, 이 변수들의 작용에 따라 애초에 채택된 정책 의도와 실제로 달성된 성과의 사이에는 상당한 괴리가 발생하는 경우가 자주 발생하기도 하였다(Pressman & Wildavsky, 1973).

(2) 현대적 집행관의 특징

집행도 정치적 성격을 띠므로 정책결정과 정책집행은 그 성질 면에서 본질적인 차이가 없으며, 정책집행 과정에서 정책이 결정되고 수정되는 경우도 많아 정책결정이 먼저 이루어지고 난 후 집행이 이루어지는 단일 방향적이 아니라 정책결정과 집행은 서로 영향을 주고받는 순환적 과정을 이루고 정책결정자도 정책집행자의 능력과 태도를 고려하는 상호 적응적이다(Lasswell, 1951).

4. 정책집행의 접근방법

1) 하향식 접근방법(전방향적 접근)

하향식 접근방법은 성공적 정책집행을 연구의 목적으로 하는 것으로, 정책결정에서 만들어진 정책을 출발점으로 하여 정책집행은 주어진 정책목표의 달성을 위한 수단적 행위로 파악하는 방식이다. 사바티어(Paul A. Sabatier)와 마즈마니언(Daniel Mazmanian)이 제시한 성공적 정책집행의 전제조건으로는 분명한 목표, 정책내용의 합리성을 보장하는 적절한 인과이론, 집행관료와 대상 집단의 순응을 확보하기 위한 법적 구조화 능력, 헌신적이고 숙련된 집행 관료집단, 이해관계자 및 통치자의 지지 및 안정적 집행환경 등이 있다(Sabatier, 1986).

이 접근방법의 장점은 첫째, 성공적인 집행을 하기 위해서는 무엇보다도 정책내용이 집행 가능성을 고려하여 결정되어야 함을 밝히고 있고 둘째, 정책집행의 성공을 위해 우리가 알아야 할 중요한 요소를 분명하고 체계적으로 밝히고 있다는 점이다(Sabatier, 1986).

그러나 분명하고 일관된 정책목표가 성공적 집행에 필수적이라고 하지만 다원적 민주체제하에서는 이해관계가 상반되는 많은 집단이 있어서 정책은 분명하지 않은 정책목표 내지는 상충되는 정책목표를 가질 수밖에 없으며, 하향식 접근방식은 하나의 정책에 초점을 맞추어 그것이 집행되는 과정을 연구하는데, 현실적으로는 집행현장에서 여러 가지 정책이 동시에 집행되므로 어느 하나만이 특별히 중요한 것은 아닌 경우가 많은 데다가 정책결정자의 관점에서 연구를 전개하여, 일선관료나 정책 대상 집단의 전략적 행동의 중요성을 과소평가하는 경향이 있다(Sabatier, 1986).

2) 상향적 접근방법(후방향적 접근)

상향적 접근방법은 집행현장에서 일어나고 있는 상태를 기술하고 설명하는 데 1차 목적을 두는 집행론으로서, 집행 과정에 가장 큰 영향력을 미치는 집단을 정책문제 해결에 필요한 전문성과 지식을 가진 집행권자로 보고 일선관료 집단과 대상 집단의 형태를 고찰을 중시하는 방법으로 분명한 정책목표의 존재 가능성을 부인하고 정책목표 대신 집행문제 해결에 논의의 초점을 맞추며, 정책결정은 일선 집행권자의 집행 과정에서 구체화되기 때문에 정책결정 과정과 집행 과정의 구분에 있어서 의문을 제기하는 접근방법이다. 립스키(Lipsky, 1980)의 일선관료의 집행 행태 연구가 이 접근법의 이론적 기초가 되었다.

이 접근방법의 장점은 첫째, 집행현장에 있는 그대로를 파악하기 때문에 집행현장에서 발생하는 의도하지 않았던 부수효과나 부작용을 쉽게 파악할 수 있고 둘째, 하나의 정책만을 강조하는 하향식 접근방법으로는 집행현장에서의 여러 가지 복잡한 문제들을 고려할 수 없으나 상향식 접근방법으로는 이러한 현상을 파악할 수 있으며, 이러한 요소를 감안하다 보면 바람직한 집행 전략을 수행할 수 있다는 점이다(Lipsky, 1980).

그러나 일선 집행관료의 영향력이 지나치게 강조되는 반면 정책결정권자가 통제할 수 있는 집행의 거시적 틀, 즉 집행의 제도적 구조, 집행 자원의 배분 등의 변수들을 경시하며 공식적 정책 목표가 중요한 변수로 취급되지 않아 집행 실적의 객관적 평가가 어려워진다는 한계가 있으며, 하향식 접근에서는 모형이나 틀을 확정하고 이를 근거로 연역적으로 집행 과정을 연구할 수 있으나, 상향식 접근에서는 연역적 틀을 이용하기가 어렵다(Lipsky, 1980).

5. 정책집행의 제약요인

1) 정책의 명확성

정책의 명확성 여부와 이를 뒷받침할 지식의 완전성 여부는 집행에 직접적인 영향을 미치게 되는데, 정책은 그 내용이 구체적이어야 하며 정책목표의 달성을 위한 수단 방법도 명확히 제시될 수 있어야 한다. 아무리 훌륭한 정책목표도 불완전한 지식으로 말미암아 달성방법을 알지 못하는 경우에는 목표 달성이 어려운 일이 빈번하며 특히 새로운 문제의 해결이나 종전 문제의 새로운 방식에 의한 해결의 경우에는 더욱 어렵다(Sabatier, 1986).

2) 정책집행 책임자의 리더십과 능력문제

정책집행기관의 책임자가 어떠한 태도 능력을 가지고 정책집행에 임하고 있느냐, 즉 어떤 인물이 정책집행책임을 지고 있느냐는 정책집행에 큰 영향을 미치며, 집행책임자는 강력한 리더십, 적극적 태도, 고도의 정치적 수단과 기술적 관리능력 등이 요구되는데, 정책집행이 유능한 지도자에 의존하는 경우 인사이동이 있게 되면 정책집행이 타격을 입는 경향이 있고 책임자와 임명이 오래 지체되는 경우에도 정책집행에 영향을 미치게 된다(Sabatier, 1986).

3) 정책집행자의 성향

정책집행이 효율적으로 진행되는 데는 집행자가 정책을 집행하려는 적극적인 심리적 성향이 있어야 하고 일반적으로 집행자는 정책결정을 내린 상급자와 관계없이 상당한 범위에 걸쳐 재량권을 행사하고 있으며, 이러한 재량권의 행사는 집행자가 당면 정책을 어떻게 인식하며 공익과 조직이나 개인의 이해관계에 정책이 어떤 영향을 미치게 된다고 보느냐에 크게 의존하게 된다(Sabatier, 1986). 집행자는 상급자의 지시를 선택적으로 인지함으로써 일부 지시사항을 묵살할 수 있으며 찬동하지 않은 명령을 집행하는 데 저항심을 느끼며 정책 분야에 따라서는 자신이 가장 잘 알고 있다고 느끼는 부분이 있으므로 일부 정책에는 의식적으로 반대할 가능성이 높다(Sabatier, 1986).

그 밖에 충분한 재원 · 적정한 인력의 확보 여부, 당면한 문제에 대한 정보 습득 여부, 명확한 권한 부여(명확한 권한이 부여되어 있으므로 정책이 계획대로 집행될 수 있도록 관계기관에 명령 및 지시를 내릴 수 있다) 등의 요인이 있다.

6. 정책집행의 요소

성공적인 정책집행을 위해서는 정책집행에 대한 순응이 있어야 하며, 불응이 최소화되어야 한다.

1) 정책집행상의 순응

순응이란 정책대상집단이나 중간매개집단, 일선집행관료가 정책내용이 요구하는 행동에 따르는 외면적 행위를 말하는데, 순응을 확보하는 전략으로는 정책이 합리적이며 사회적으로 유익하고 합법적인 것을 인식시키는 도덕적 설득, 순응하는 경우에 긍정적인 편익을 제공함으로써 자발적인 순응을 유도하는 유인・보상, 순응하지 않은 행위에 대하여 형벌이나 벌금을 부과하거나, 기존의 혜택을 박탈함으로써 순응을 확보하는 강제적 방법, 정책집행이 장기적으로 이루어짐으로써 저항을 극복하는 방법이 있다(Sabatier & Mazmanian, 1983).

2) 정책집행상의 불응

정책집행 과정에서 특정 정책에 대하여 집행자나 대상 집단이 저항하는 행위를 정책집행상의 불응이라고 하는데, 불응의 구체적 행태로는 가장 적극적인 행태로서 정책집행자가 정책을 집행하는 노력을 기울이지 않고 오히려 정책 자체를 없애버리려고 하는 정책에 대한 취소행위, 정책을 아예 집행하지 않으려는 부집행, 정책집행자가 자신이 원하지 않는 정책지시는 아예 전달하지 않거나 자신에게 유리한 것만을 선별하여 전달하는 의사전달의 고의적 조작, 정책집행자가 어떤 정책에 대한 집행을 계속 유보하거나 지연하는 행위, 정책집행자가 주어진 재량권을 이용하여 자신에게 불리한 정책의 집행을 자신에게 유리하게 변경시키는 정책의 임의변경, 형식적으로 명령에 순응하는 행위 등이 있다(Sabatier & Mazmanian, 1983).

7. 정책집행의 단계

1) 정책지침 작성

정책지침(policy guidelines)은 집행자가 따라야 할 것, 정책의 집행에서 필요한 사항 등에 대하여 규정한 것으로 외형적으로 보면 법규, 규정, 명령, 지시, 안내서, 지침서 등의 명문화된 것도 있고 구두로 지시하거나 연락하는 경우도 있다. 정책지침은 정책의 내용을 구체화시켜서 집행자가 무엇을 해야 하는지를 알려줄 뿐만 아니라 어떻게 해야 하는지를 지시함에 따라 지침 작성에서는 SOP(표준운영절차)를 개발・작성해야 한다(Sabatier & Mazmanian, 1983).

2) 자원의 동원과 배분

자원은 물적인 것만이 아니라 전문집행관료나 요원 등의 인적 자원도 있고 넓게 보면 집행조직이나 구조까지도 포함되며, 집행을 위한 자원 중에서 가장 중요한 것은 물적 자원, 특히 예산인데 예산의 확보는 절대액수도 중요하지만 확보의 시기도 극히 중요할 뿐만 아니라, 집행활동에서 필요한 시기에 자금이 지원되어야 한다(Sabatier & Mazmanian, 1983).

3) 실현활동

실현활동은 정책 실현(보다 정확히 표현하면, 정책수단의 실현)을 위하여 행하는 물리적 활동을 의미하는데, 이 활동은 확보된 자원을 이용하면서 정책지침서에 구체화된 내용을 SOP에 따라서 최하위의 일선 집행관료나 집행요원이 행하는 활동이다(Lipsky, 1980).

4) 감독

실현활동의 도중이나 활동이 끝난 후에 실현활동이 원래의 설계에 따라 지침에 따라 지침에 밝혀진 내용을 충실하게 수행했는지를 점검, 평가하여 잘못이 있으면 이를 시정하는 단계로 이 단계는 크게 집행점검과 평가의 두 가지가 포함된다(Lipsky, 1980).

제4절 정책평가

1. 정책평가의 의의

1) 의의 및 개념

정책평가는 정책과 관련된 사회문제를 해결하는 데 필요한 정보를 제공해 새로운 정책의 형성과 집행에 실질적인 도움을 줄 수 있기 때문에 매우 중요하며, 정부가 수행하고 있는 정책에 관하여 그것이 좋은지 나쁜지를 비판적으로 검토하는 활동이다(Weiss, 1998).

첼림스키(Chelimsky, 1985)는 정책평가 연구의 목적을 ① 입법부의 행정부에 대한 통제 혹은 견제하는 데 필요한 정보를 제공하기 위해 ② 정책이나 프로그램에 대한 일반적인 인식 제고를 위해 ③ 정책을 담당하고 있는 관료들의 관리 측면에서도 찾아 볼 수 있으며, 정책이나 프로그램의 실질적인 관리 측면에서 평가연구의 필요성과 목적을 찾아볼 수 있다고 하였다. 정책평가란 정책이 결정되고 정책이 집행되는 도중 또는 종료 후에 집행 과정이나 정책결과를 대상으로 하는 평가적 · 지적 활동을 의미하는데, 정책평가(policy evaluation)는 정책의 내용이나 집행 그리고 그 효과 등을 평가하고 측정하며 사정하는 것을 의미한다(Weiss, 1998). 폴란드(Poland, 1974)는 정책평가를 정책이 집행되어 초래한 영향을 회상해 검토하는 것이라고 정의하였으며(Poland, 1974), 바이스(Weiss, 1984)는 평가는 다양한 대상을 판단하는 데 사용되는 포괄적이며 탄력적인 의미를 가지고 있는 개념이라 하였고, 존스(Jones, 1984)는 정책이나 프로그램의 과정까지를 포함하는 것이며, 정책평가란 프로그램의 결과와 그 프로그램이 진행된 과정에 대한 가치를 논하는 것이라고 하였다. 정책평가는 행정효과의 측정 · 평가라고 하는 사람도 있는데 미국에서는 policy evaluation이라는 말 이외에 평가조사(evaluation research) · 사회영향분석(social impact analysis) · 생활의 질계정(quality of life accounts)이라고도 한다(Rossi, Lipsey, & Freeman, 2004).

2) 정책평가의 목적

정책평가는 단순한 목표달성도의 측정이 아니라 정책에 대한 국민욕구의 충족 정도와 국민의 만족도를 평가할 수 있고, 합리적 정책결정에 도움이 되는 정보를 제공하는 데 그 목적이 있다(Rossi, Lipsey, & Freeman, 2004). 계획된 프로그램과 집행 결과의 대국민적 영향, 목표 달성에 기여한 효과, 능률에 대한 정보 등을 산출하여 정책결정자들에게 환류시킴으로써 정책의 수정 · 보완 · 종결과 자원의 재분배를 가능하게 하며, 정책평가는 일반행정기관의 자체평가활동, 중앙예산기관의 예산사정, 의회의 행정감독, 언론기관, 전문가, 민간단체 등의 활동을 통하여 행하여진다(Rossi, Lipsey, & Freeman, 2004).

정책평가의 목적은 다음과 같은 세 가지 관점으로 집약할 수 있다.

(1) 지식의 관점

정책평가의 목적은 정부가 직면하고 있는 문제들과 이 문제들을 처리하기 위한 정부 전략의 효과성들에 관한 새로운 지식 획득에 필요한 증거자료들을 얻는 데에 있다는 관점이다(Rossi, Lipsey, & Freeman, 2004).

(2) 관리의 관점

정책평가의 목적이 정책과 행정관리의 도구, 다시 말하면 정부 프로그램의 효과성과 능률성을 평가하고 대안의 선택과 개선, 운영상의 능률성을 증가시키기 위한 지원시스템으로서 봉사하는 데에 있다는 관점이다(Rossi, Lipsey, & Freeman, 2004).

(3) 책임성의 관점

정책평가의 목적이 정책결정자나 프로그램의 관리자들로 하여금 그들의 관할하에 있는 프로그램들의 가치에 대한 책임을 갖도록 함으로써 국민의 세금으로 이루어진 정부자원을 최선의 방법으로 활용하도록 하는 데에 있다는 관점이다(Rossi, Lipsey, & Freeman, 2004).

3) 정책평가의 성격

첫째, 실용적 성격으로 정책연구는 응용연구에 속하고 유용한 정보의 제공에 그 목적이 있으며, 둘째, 개별사례적 성격으로 정책결정자에게 제공해 주는 정보는 구체적인 개별 사례에 적용할 수 있는 것이다. 셋째, 가치판단적 성격으로 정책평가가 무엇이 잘되고 무엇이 잘못되었는지에 대한 가치판단을 포함해야 한다는 것이고, 넷째, 종합학문적 성격으로 정책평가에는 정책목표와 수단을 연결하는 이론적 배경에 관한 지식뿐만 아니라 정책평가를 위해 사용하는 여러 가지 방법들이 동원되어야 한다는 것이며, 다섯째, 정치적 성격으로 정책평가는 정책결정자나 정책 프로그램에 자금을 지원하는 집단의 영향을 받는다는 것이다(Rossi, Lipsey, & Freeman, 2004).

2. 정책평가의 기준과 과정

1) 정책평가의 기준

정책평가를 위한 기준은 불가분의 요건으로 그 기준을 ① 노력, ② 성과, ③ 적정성, ④ 능률성, ⑤ 과정 등으로 설명하는 사람이 있으나, 보다 포괄적으로 ① 정책목표의 달성, ② 능률성, ③ 지지자의 만족, ④ 수혜자에 대한 대응성, ⑤ 체제유지 등으로 나누어 볼 수도 있다. 이들 각 기준은 초점 · 성격 · 방법 및 적정계획 등에서 조금씩 차이가 나나 서로 배타적인 것은 아니고 상호보완적인 관계에 있다(Rossi, Lipsey, & Freeman, 2004).

나카무라와 스몰우드(Nakamura & Smallwood, 1980)는 목표달성도(효과성), 능률성, 주민만족도, 수혜자의 대응성, 체제유지 등을 기준으로 하였다.

던(Dunn, 1981)은 효과성(정책목표달성의 정도), 능률성(투입 대 산출의 비율), 적정성(정책목표가 사회문제의 해결에 기여), 적합성(주어진 상황에서 목표 설정이 제대로 되었는가를 평가), 대응성(민주성과 같은 맥락, 정치 · 행정 체제가 환경의 요구에 대해 얼마나 민감하게 반응), 형평성(법적 · 사회적 합리성과 밀접하게 관련, 효과성과 노력의 배분을 의미)을 기준으로 제시하였다.

2) 정책평가의 과정

정책 목표의 과정은 목표의 확인, 평가기준의 선정, 인과모형의 설정, 연구설계의 개발, 자료의 수집 및 분석, 평가결과의 환류 및 활용으로 구분된다(Rossi, Lipsey, & Freeman, 2004).

3) 평가성 사정

평가성 사정(Assessment of Evaluability)이란 어떻게 하면 정책평가가 제대로 이루어지게 하고 또 평가결과 얻은 정보의 활용도를 높일 수 있을까 하는 문제의식에서 출발하는 것으로 ① 본격적인 평가가 이루어지기 전인 평가기획 단계에서 이루어지는 활동이고 ② 정책평가가 추구하는 목적을 달성하기 위한 수단으로 ③ 의뢰자의 요구를 만족시킬 수 있는 평가가 이루어져야 한다는 점, 이를 위한 방법론상의 문제점은 없는가 하는 점, 이 방법론을 적용하는 데 있어 문제점은 무엇인가 하는 주제를 다룬다(Rossi, Lipsey, & Freeman, 2004).

3. 정책평가의 유형

정책의 평가는 정책평가의 단계, 평가의 목적 및 평가의 수준 등에 따라 여러 가지로 구분될 수 있는데, 정책평가는 그것이 이루어지는 단계에 따라 ① 사전평가,

② 과정평가, ③ 사후평가 등으로 대별되고 평가의 목적에 따라, ① 사업영향평가, ② 사업전략평가, ③ 프로젝트의 상대적 등급평가 등으로 나눌 수 있으며, 계획과의 연계에 따라 ① 정책기획을 위한 평가, ② 부문계획을 위한 평가, ③ 사업계획을 위한 평가, ④ 프로젝트 평가 등으로 구분하기도 한다(Rossi, Lipsey, & Freeman, 2004). 평가의 단계에 따른 분류에서 사전평가를 정책평가에 포함시킨 것이 특이한 점으로 이것은 일반적으로 정책분석이라 불리는 것으로서 정책이 사회적 영향(social impact)과 목표 달성에 대한 효과성분석에 중점을 두고 좁은 의미의 정책평가는 집행과정평가와 사후평가에 한하기도 한다(Rossi, Lipsey, & Freeman, 2004). 정책평가를 그 단계・목적・계획과의 연계성 등에 따라 여러 가지로 볼 때에는 정책평가를 통해서 얻고자 하는 정보와 그 정보의 활용목적, 그리고 정책평가를 위한 설계와 이들 평가에 사용되는 연구방법 또한 달라지게 된다(Rossi, Lipsey, & Freeman, 2004).

1) 대상에 의한 분류

(1) 총괄평가(정책집행 후의 사후평가, 영향평가)

① 사전적 총괄평가-착수직전분석(front-end-analysis)

프로그램 개시를 결정하기 직전에 프로그램의 수요 개념의 적합성, 운영적 측면에서의 실행가능성 등에 대한 평가 작업으로서 사전분석이라고도 하며, 주로 새로운 프로그램을 최종적으로 결정하기 위해서 프로그램을 착수하기 직전에 수행되는 선행적 평가 작업이므로 기획과 유사하며 전반적으로 볼 때 조망적인 평가이다(Scriven & Michael, 1991).

② 사후적 총괄평가

정책평가의 핵심으로서 정책집행 후에 정책이 사회에 미친 영향 또는 정책 결과 중에서 의도한 정책효과가 정책으로 인해서 발생했는지를 판단하는 활동을 의미하는데(정책수단과 정책효과 간의 인과관계 분석), 총괄평가의 내용으로는 효과성 평가, 능률성 평가, 공평성 평가 등이 있으며, 메타평가(상위평가)는 정책평가의 결과를 다시 평가하는 것으로 사후적 총괄평가에 해당한다(Rossi, Lipsey, & Freeman, 2004).

(2) 과정평가

정책집행 및 활동을 분석하여 이를 근거로 좀 더 효율적인 집행 전략을 수립하거나 정책내용을 수정・변경하여 정책의 중단・축소・유지・확대 여부의 결정에 도움을 준다. 과정평가는 협의의 과정평가와 집행과정평가로 나눌 수 있는데, 협의의 과정평가란 정책수단이 구체적으로 어떠한 경로를 거쳐서 정책효과를 발생시켰는지 파악하려는 것이고, 반면 집행과정평가는 정책이 의도했던 대로 집행이 되었는지를 확인·점검하는 것이며, 평가성검토(사정)는 일종의 예비평가로서 평가체제와 전략에 대한 사전설계를 말하는데, 이는 평가가 프로그램 성과를 향상시키는 데 공헌할 수 있는가를 검토하는 사전적 과정평가이다(Scriven & Michael., 1991).

2) 평가주체에 의한 분류

자체평가는 정책 프로그램을 직접 담당한 사람들이 스스로 평가하는 것을 말하고 내부평가는 정책 프로그램을 직접 담당한 사람은 아니나, 그 기관 내부의 책임자나 동료에 의하여 이루어지는 평가를 말하며, 외부평가는 정책담당기관 외부의 평가자에 의하여 이루어지는 평가를 말한다(Patton, 2008).

3) 평가목적에 따른 분류

(1) 효과평가

정책이나 사업계획의 실시 결과로 얻어진 산출이 국민생활에 미친 모든 영향을 측정하는 것으로 먼저 효과성 평가는 정책이나 사업이 원래 의도했던 직접적 목표의 달성 정도를 측정하는 것을 말하는데, 주로 단기적이며 직접적이고 의도했던 객관적·주관적 효과가 효과성 평가의 관심대상으로 정책이 야기한 모든 효과의 소망스러움 여부를 결정하는 것이다(Patton, 2008).

(2) 능률성평가

효과평가의 결과 평가대상 정책이 성공적이라고 판단되면, 그것의 운영 면에서 어느 정도나 능률적인가 하는 문제를 검토해 보는 것이 바람직한데, 왜냐하면 효과평가에서 어느 정책이나 사업이 성공적인 것이 되지 못한 것으로 판단된 후에 능률성평가를 수행한다는 것은 무의미하기 때문이다(Fitzpatrick, Sanders, & Worthen, 2011).

(3) 집행평가

집행평가는 정책이나 사업계획의 집행과정에 관한 평가를 말하는데, 정책의 효과를 묻기에 앞서 현재 평가 대상이 되고 있는 정책이 원래 구상되었던 바대로 정확하게 그리고 충실히 집행된 것인지의 여부를 결정하는 것이 중요하며, 정확성평가는 과정평가, 노력평가, 사업점검, 집행사정 등으로 불리고 있다. 정책구성요소의 상대적 효과성 평가는 평가에서 알아내고자 하는 각 요소들 중에서 어느 것이 다른 것에 비해 상대적으로 전체적 효과 달성에 더 많은 기여를 했느냐 하는 것을 측정하는 것이다(Rossi, Lipsey, & Freeman, 2004).

(4) 정책구조평가

정책 또는 사업구조란 정책을 구성하고 있는 구체적 내용을 의미하고 정책설계라고 할 수 있으며 정책평가에서 정책구조를 문제로 삼는 것은 정책결정 과정 자체를 문제로 삼는 것이기 때문에 상당한 주의를 요하며, 정책구조평가에서 다루어지는 문제는 다음과 같다(Fitzpatrick, Sanders, & Worthen, 2011). 첫째, 정책은 의도하는 목표를 달성할 수 있는 요소들로 구성되어 있는가?, 둘째, 기대되는 목적과 정책요소들을 연관시키는 가정들은 건전한 것인가?, 셋째, 이러한 사업계획이 주먹구구식으로 이루어진 것인가, 아니면 어떤 논리적 바탕 위에서 이루어진 것인가?(Fitzpatrick, Sanders, & Worthen, 2011).

4) 평가 시기에 따른 분류

정책평가가 정책형성 이전에 이루어지는가, 아니면 정책종료 이후에 이루어지는가에 따라 정책평가의 유형을 사전평가와 사후평가로 나눌 수 있지만 사전평가라는 것은 정책분석과 같은 의미이므로 엄밀하게 말하면 정책평가로 분류하기 어려우며, 미국의 정책평가학회에 의하여 개발된 표준에서 사전적인 평가방법으로 착수직전분석(front-end-analysis)과 평가성사정을 제시하였다(Fitzpatrick, Sanders, & Worthen, 2011).

한편 스크라이븐(Scriven, 1981)은 평가목적에 따라 형성평가와 총괄평가로 구분하는데 형성평가는 정책대안의 개발이나 시행 중인 정책을 개선하기 위하여 이루어지는 정책평가, 곧 정책의 형성을 목적으로 하는 평가이며, 총괄평가는 정책종료 이후 정책이 잘 되어 있는지 여부를 파악하기 위하여 시행하는 평가이다(Scriven, 1991).

CASE STUDY 사례

이해관계자 사전 의견수렴 미흡 사례

사례명	혼선 내용	혼선 원인
유치원 방과후 수업 전면금지	• 교육부는 초등학교 1 · 2학년 방과 후 영어 수업 금지에 따라 유치원 영어 교육도 금지하겠다는 방침을 발표('17.12.27) • 국민청원 · 국민신문고 등에 사교육으로 인한 영어교육 격차 심화 우려 등 학부모 반대가 거세짐(청원 100여 건, 신문고 27건) • 교육부는 유치원 영어 수업 금지 방침을 3주 만에 보류 결정('18.1.16)	• 교육부 관계자 인터뷰에 따르면, "유치원 · 어린이집 영어 금지를 밀어붙이려면 사전에 충분한 여론 수렴을 거쳤어야 했는데 이를 건너뛰고 유아교육 혁신방안에 슬그머니 끼워 넣었다가 이런 사태를 초래했다"고 지적함
대입전형 정시확대 정책	• 교육부는 당초 2020학년도 대학입학전형 기본계획에서 제시된 학생부종합전형을 늘리고 수시 확대 기조로 이루어진 계획을 뒤집고 주요 대학 총장들과의 만남과 전화로 정시 모집 확대의 의견을 제시('18 3월) • 2018년 8월 국가교육회의 2022년 대입개편안 발표를 4개월 앞두고 확정된 2020년 계획을 사실상 정책지시를 하여 바꾸면서 대학 자율성 침해 논란 및 입시생에게 혼란을 주고 있다는 비판을 받음	• 구본창 사교육걱정없는세상 정책국장은 "교육부 차관이 일부 대학 관계자들을 만나서 이와 배치되는 정시 확대 전형을 유도한 것이라면 방식이나 절차 등이 부적절한 것"이라고 비판함

출처: 김전해 · 조성한(2018). 정책형성 실패 사례분석 및 개선방안. 한국정책분석평가학회. 정책분석평가학회보. 제28권 제4호: 91–112.
김능현 · 진동영. 오락가락 교육정책 … '유치원 방과후 영어 금지' 없던 일로 . 서울경제. 2018-01-16. 28면. http://www.sedaily.com/NewsView/1RUG9DD2EI
김소연. 교육부. 정시 확대 논란 … "대입정책 손바닥 뒤집듯 뒤집나" 비판 . 이데일리. 2018-04-02. http://www.edaily.co.kr/news/news_detail.asp?newsId=03972086619172184& mediaCodeNo=257&OutLnkChk=Y

1. 정책대안을 마련하는 과정에서 이해관계자 의견수렴, 전문가 자문, 공공협의 등 사전의견 수렴이나 실태조사가 생략되거나, 형식적 절차에 그친 경우 정책 혼선이 발생할 가능성이 많아진다. 특히, 국민 다수에게 영향을 주는 정책대안의 경우는 사전에 의견수렴을 폭넓게 하여 많은 사람들에게 정책에 대한 사전적 이해와 공감을 얻을 수 있도록 해야 한다. 이와 관련하여 미흡했던 위의 사례를 중심으로 그 보완방안과 해결방안에 대해 논하시오.

연습문제

1. 현대사회에서 공공정책의 중요성을 설명해 보시오.

2. 정책 유형에 따라 정책 과정에 어떠한 차이점이 있는지 리플리와 플랭클린(Ripley & Franklin) 분류를 이용하여 설명해 보시오.

3. 어떠한 사회문제가 정책의제로 설정되기 위해 가장 핵심적인 요인은 무엇이라고 생각하는지 논하시오.

4. 정책결정 모형 간의 장·단점을 정리해 보시오.

5. 정책평가의 유용성에 관하여 설명해 보시오.

제9장

지방자치

[학습목표]

1. 지방자치의 개념과 구성요소를 설명할 수 있다.
2. 지방자치단체 기관구성의 유형과 특징을 설명할 수 있다.
3. 지방의회와 자치단체장의 역할과 기능을 설명할 수 있다.
4. 지방자치단체의 사무를 구분하여 설명할 수 있다.
5. 지방자치단체 수입의 종류를 설명할 수 있다.
6. 지방재정의 조정과 교육재정을 설명할 수 있다.

학습개요

지방자치는 주민이 지방자치단체를 구성하여 그 지역의 문제를 스스로 해결해 가는 과정이다. 민주시민으로서 주민은 지방자치제도를 이해하고, 주인으로서 적극적으로 참여함에 따라 살기 좋은 지역을 만들어가는 데 필요한 지식을 학습한다.

이를 위해 지방자치의 구성요소, 행정계층과 구역, 기관구성, 지방의회, 지방자치단체장의 역할, 주민참여방안, 정부 간 관계, 사무배분, 자기수입과 지출에 대해 학습한다.

제1절 지방자치의 기초

1. 지방자치의 의의(계보)

지방자치란 지방과 자치가 결합된 것으로 일정한 지역에 거주하는 주민이 스스로 다스리는 것을 의미한다.

지방자치의 개념은 그 나라의 역사에 따라 조금 다르게 표현하기도 하고, 학자마다 다양한 개념으로 정의를 내리기도 한다. 지방자치의 구성요소는 구역, 주민, 지방자치단체, 자치권이라 할 수 있다. 지방자치의 구성요소를 중심으로 개념을 기술하면 "일정한 지역의 주민이 지방자치단체를 구성하여 자치권을 가지고 그 지역의 문제를 스스로 해결하는 것이다."

지방자치는 역사적으로 단체자치와 주민자치라는 두 가지 계보를 가지고 있다. 단체자치는 프랑스, 독일 등의 대륙계 국가에서 발달한 것으로 국가와는 별개로 법인격을 가지는 지역단체가 국가로부터 상대적으로 독립된 지위와 권한을 부여받아 일정한 범위 내에게 독자적으로 행정을 처리하는 제도를 의미한다(이달곤 외, 2012).

주민자치는 영미계 국가에서 발달한 것으로 주민의 일상생활에 관련된 지방행정사무를 중앙의 간섭과 감독을 받지 않고, 그 지역주민들의 의사와 책임하에 스스로 또는 주민이 선출한 대표자를 통해 처리하는 제도이다(이달곤 외, 2012). 우리나라의 지방자치는 기관 중심의 단체자치가 중심의 개념이며, 최근에는 주민자치의 원리를 강화하는 방안이 도입되고 있다.

지방자치는 주민이 스스로 결정하고 책임지는 민주성, 주민의 수요에 부합하는 정책, 독점이 아닌 다수의 자치단체 간 경쟁을 통한 효율성, 지역주민 간 유대감과 의식을 공유하는 공동체 형성 등의 장점이 있다. 이에 반해 자치단체 간 재정격차의 심화로 인한 자치단체 간 양극화, 특정 이익을 대변하는 데서 오는 비효율, 자기 지역 중심의 지역이기주의 등의 단점을 노출시키고 있다(심익섭, 2017).

2. 지방자치의 구성요소

지방자치의 구성요소는 다음과 같다.
- 구역: 행정계층, 행정구역
- 주민
- 지방자치단체: 일반지방자치단체, 특별지방자치단체
- 자치권: 자치입법권, 자치행정권, 자치조직권, 자치사법권, 자치재정권

1) 행정계층과 행정구역

행정구역과 계층은 주민의 삶에 실질적인 영향을 미치는 중요한 요소이다. 도시화, 교통 · 통신의 발달, 저출생 등 다양한 요인으로 주민의 생활범위가 변화하고, 이러한 변화를 잘 반영하여 행정구역과 계층이 형성되어야 하기 때문이다.

행정계층구조는 지방자치단체 간의 수직적 관계에서 형성되는 체제로 단층제와 다층제로 구분된다. 단층제는 우리나라의 제주특별자치도, 세종특별시와 같이 하나의 지방자치단체로만 구성된 것이다. 그 외의 지역은 광역-기초로 수직적 관계를 가지는 지방자치단체가 중층제로 운영되고 있다. 단층제는 중층제에 비해 권한과 기능의 중복으로 인한 낭비를 줄이고, 신속하며, 행정책임이 명확한 장점이 있는 반면, 광역행정 수행이 어렵고, 갈등과 분쟁 시 조정이 어려운 점, 중앙정부의 권한 확대 우려 등의 단점이 있다(정문기, 2023). 중층제는 기초와 광역의 권한 배분으로 기능적으로 효율성을 가지고, 광역 단위에서 중앙정부를 대응함으로써 필요 이상의 중앙정부 권한 확대를 막을 수 있는 장점이 있는 반면 광역과 기초 간의 이중 행정으로 인한 비효율을 야기할 수 있고, 책임소재가 불명확한 점 등의 단점이 있다.

지방자치단체의 행정구역은 주민이 거주하는 물리적 공간이자, 지방자치단체의 자치권이 미치는 일정한 지리적 범위이다. 우리의 일상생활은 일정한 물리적 공간을 중심으로 관계가 형성되고, 지역정체성이 형성된다. 그러므로 행정구역은 물리적 공간 그 이상으로 지역의 전통, 유대감 등이 형성되는 정서적 공간이기도 하다. 그래서 행정구역은 주민의 삶에 중요한 영향을 미친다. 그러므로 사회적 · 경제적 변화에 따라 주민의 생활권과 행정권의 불일치 혹은 행정구역 개편 등의 요구에 따라 구역의 조정과 변화가 이루어진다.

그림 9-1 우리나라 지방자치단체의 행정계층

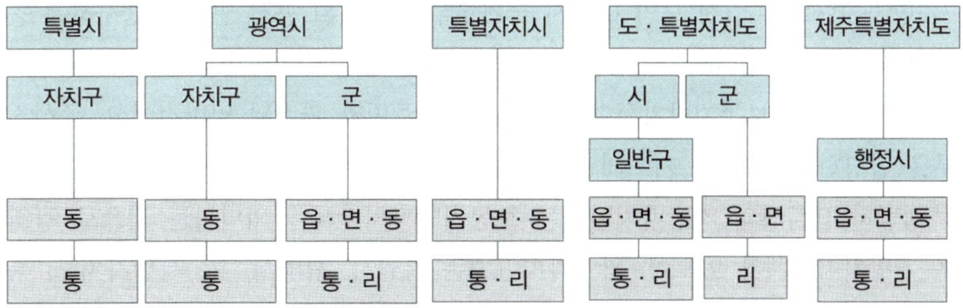

표 9-1 지방자치단체의 명칭과 구역 변경

<table>
<tr><th>구분</th><th>폐지·설치·분할·합치</th><th>명칭/구역 변경</th><th>관할구역의 경계 변경</th><th>근거</th></tr>
<tr><td>시도</td><td colspan="2" rowspan="2">법률로 정함
지방의회 의견청취*</td><td rowspan="2">대통령령으로 정함
지방의회 의견청취*</td><td rowspan="2">지방자치법
제5조</td></tr>
<tr><td>시·군·구</td></tr>
<tr><td>행정구/
읍·면·동</td><td>행정안전부 장관 승인
조례로 정함</td><td>조례로 정함
특별·광역시장·
도지사 보고</td><td>조례로 정함
특별·광역시장·도지사
보고</td><td rowspan="2">지방자치법
제7조</td></tr>
<tr><td>리</td><td>조례</td><td>조례</td><td>조례</td></tr>
</table>

* 지방이회 이견청취는 주민투표에 의할 경우 지방의회 의견청취 필요없음.
출처: 김구(2023: 335).

2) 주민

주민은 일정한 지역에 거주하는 사람으로 지방자치의 주체이며, 가장 필수적인 요소이다. 「지방자치법」은 "지방자치단체의 구역 안에 주소를 가진 자는 그 지방자치단체의 주민이 된다."고 규정하고 있다. 주민은 지역의 문제를 해결할 대표(지방의원, 지방자치단체장)를 선출하기도 하고, 직접 참여하여 문제를 해결하기도 함으로써 지방자치의 주체이면서 대상이기도 하다.

지방자치단체의 규모, 계층, 재정지원 등 대부분의 기준에서 주민은 가장 중요한 요소가 된다. 주민과 관련한 새로운 개념으로 생활인구가 있다. 교통·통신의 발달로 사람들의 이동성과 활동성이 증가하여 주소를 두고 있지는 않지만 그 지역에서 생활하거나 방문하는 사람들을 지방행정서비스의 대상으로 고려할 필요가 있는데 이러한 인구를 '생활인구'라고 한다(2024.1.2., https://www.donga.com/news).

3) 지방자치단체

지방자치단체는 일정 구역 내에서 국가로부터 부여된 공적 권한을 행사하는 공공조직이다(정문기, 2023: 46). 지방자치단체의 형태는 보통지방자치단체와 특별지방자치단체로 구분된다. 보통지방자치단체는 지역 내 주민과 관련된 일반적이고, 종합적인 사무를 담당하며, 광역과 기초의 중층제나 단층제의 형태로 설치된다.

「지방자치법」상의 지방자치단체는 보통지방자치단체를 의미하는 것으로 광역-기초 지방자치단체가 있으며, 광역자치단체는 특별시, 광역시, 도, 특별자치도, 특별자치시가 있고, 기초자치단체는 시, 군, 구를 두고 있다.

특별지방자치단체는 2개 이상의 지방자치단체가 공동으로 특정 목적의 사무를 광역적으로 처리할 필요가 있을 때 규약에 의해 설치하는 지방자치단체이다. 생활권 확대로 광역행정의 필요성이 증가하고 있는데 행정구역 통합・개편 등은 지역의 갈등을 일으키게 될 우려가 있다는 점에서 특별지방자치단체 설립을 통한 광역행정의 효율적 운영 방안을 모색할 필요가 있다.

4) 자치권

자치권은 지방정부가 지역의 문제를 스스로 처리할 수 있는 능력을 말한다. 이러한 능력에는 지방정부 차원의 법률인 조례를 제정할 수 있는 자치입법권, 처리권한이나 책임이 주어진 사무를 자율적으로 처리하고, 이에 필요한 인적 자원을 충원・관리할 수 있는 자치행정권, 자율적으로 정한 규칙과 규범에 대한 위반행위를 심판하고 제재를 가할 수 있는 자치사법권, 권한을 행사하고 업무를 처리하기 위한 조직을 만들고 운영할 수 있는 자치조직권, 그리고 필요한 물적 자원을 자율적으로 동원・관리・사용할 수 있는 권한으로서의 자치재정권이 있다(김병준, 2017: 11). 자치권의 범위는 국가마다 상이하지만 일정 수준 이상의 자치권은 지방자치의 필수요소이다. 우리나라는 자치권의 범위가 상대적으로 제한적이며, 자치사법권은 인정하고 있지 않다.

제2절 지방자치단체의 기관구성과 주민참여

1. 지방자치단체의 기관구성

지방자치단체에는 정책을 결정하는 의결기관과 정책을 집행하는 집행기관이 있는데 이들 기관의 관계를 설정하는 방식을 기관구성이라고 하고, 대표적인 유형으로 기관통합형, 기관대립형, 절충형으로 구분한다.

기관대립(분립)형은 지방자치단체가 의결기관과 집행기관을 별도로 설치 · 운영하는 형태이다. 국가의 통치구조 중 대통령제와 같이 권력에 대해 견제와 균형의 원리를 적용하여 운영하는 것이다. 의결기관과 집행기관은 독립된 기관으로 운영하되, 권한과 역할은 다양한 형태가 있다. 즉 집행기관의 장인 지방자치단체장의 권한이 의회보다 강한 강시장-의회형, 지방의회의 권한이 상대적으로 강한 약시장-의회형이 있다. 우리나라는 단체장의 권한이 강한 강시장-의회형을 채택하고 있다.

기관통합형은 주민에 의해 선출된 지방의회가 의결 기능과 집행 기능을 동시에 책임지고 담당하는 형태이다. 의원내각제와 같이 지방의회에 의결기관과 집행기관이 분리되지 않고 통합되어 있는 것이다. 지방의회의 의장이 지방자치단체를 대표하며, 집행기관의 장은 별도로 존재하지 않는다. 행정은 의회의 분과위원회가 사무국의 각 전담 업무조직과 연계하여 추진한다.

절충형은 기관분립형과 기관통합형의 요소를 결합 · 조화시킨 형태이다. 절충형의 사례로는 미국의 중소규모 도시에서 의회가 행정을 전문적으로 책임지고 운영할 시지배인을 임명하는 의회-지배인형(Council-Management Form)이 있다.

2. 지방의회

주민에 의한 지방자치는 주민이 직접 의사결정하고 집행하는 것이 불가능하므로 주민 대표를 선출하고, 그 대표들이 참여하는 대의기관을 통해 이루어진다. 지방의회는 주민 직선에 의해 선출된 지방의원으로 구성된 지방자치단체 최고의사결정기관이다.

지방의원은 의정활동비와 월정수당, 그 외 필요한 경비를 지원받는 유급직의 정무직 공무원이다. 정무직 공무원 신분인 지방의원에게는 겸직금지의무, 공익우선의 의무, 청렴 및 품위유지 의무, 직권남용의무, 영리행위금지의무 등이 부여되어 있다.

지방의원으로 구성된 지방의회 운영을 위해서는 의장·부의장으로 구성된 의장단과 위원회가 있다. 의장은 의회를 대표하며, 의회인사권과 운영을 총괄한다. 지방의회 운영지원을 위해 의회사무처(국)를 두고 있다. 최근 지방의원의 전문성 강화를 위해 정책지원관제도를 실시하고 있다.

지방의회는 첫째, 입법기관으로서 상위 법령의 범위에서 조례를 제정·개정·폐지하는 권한을 가진다. 조례는 지방의회가 제정하는 자치법규로 지방의회의 고유한 권한이자 가장 강력한 권한이다. 둘째, 예산심사 및 결산승인권을 가진다. 셋째, 집행부에 대한 통제기관으로서 집행기관의 행정사무에 대해 매년 행정사무감사를 실시하고, 필요에 따라 특정 사안에 대해 행정조사를 실시한다. 넷째, 집행부에 대해 서류제출요구권, 청원수리·처리권을 가진다. 다섯째, 지방의회 조직 운영을 목적으로 의회조직 구성을 위한 선거권 및 자율운영권을 가진다.

3. 지방자치단체장

지방자치단체장은 주민에 의해 선출되며, 지방자치단체를 대표한다. 또한 지방자치단체장은 지방자치단체 집행기관의 장으로서 지방자치단체의 모든 행정사무를 총괄한다. 집행기관의 장은 우선 지방자치단체의 사무를 처리하는 자치단체장으로서의 역할을 하고 국가 하위행정기관의 장으로서 국가사무를 처리한다. 이러한 사무를 처리하기 위해서는 집행부 공무원에 대한 인사권, 예산 편성·집행권, 규칙제정권 등을 가진다.

또한 지방의회와의 관계에서 조례안을 비롯하여 의회에서 의결한 안건을 상정할 수 있고, 지방의회의 의결에 대해 재의결을 요구할 수 있으며, 위법하고 공익을 현저히 해치는 의결에 대해 대법원에 소를 제기할 수 있다.

지방의회와 단체장의 관계에서 서로 견제할 수 있는 권한으로 의회의 입법권과 행정사무감사·조사권, 단체장 불신임 의결권이 있다면 단체장은 지방의회에 대해 재의요구권, 선결처분권, 의회해산권 등이 있는데 우리나라는 단체장 불신임 의결과 의회해산권은 인정하고 있지 않다.

4. 주민참여제도

지방자치단체의 주인은 주민이다. 「지방자치법」은 "주민이 법령으로 정하는 바에 따라 주민생활에 영향을 미치는 정책의 결정 및 집행과정에 참여할 권리를 가진다"(지방자치법 제17조 제1항)라고 주민참여의 권리를 명시하고 있다.

행정의 전문화·기술화·직업공무원제의 발달에 따라 입법부 및 사법부에 의한 전통적인 행정통제에 한계가 있고, 대의정치가 퇴색함에 따라 주민의 삶에 영향을 미치는 정책 과정에 주민이 직접 참여할 필요성이 높아지고 있다(김구, 2023). 하지만 주민참여는 대의민주주의의 본질적인 내용을 침해하지 않는 범위에서 이루어질 필요가 있다.

우리나라의 「지방자치법」에 근거한 주민참여제도는 주민투표, 조례 제정·개정·폐지 청구권, 규칙의 제정·개정·폐지 의견 제출, 주민감사청구, 주민소송, 주민소환, 주민청원이 있으며, 그 밖에도 주민참여예산제도, 고충처리위원회, 주민자치회, 반상회, 공청회 등이 있다.

1) 주민투표

주민투표란 주민이 지방자치단체의 중요한 사안에 대하여 투표로써 직접 결정하는 제도이다. 「지방자치법」에서는 지방자치단체장이 주민에게 과도한 부담을 주거나 중대한 영향을 미치는 지방자치단체의 주요 결정사항 등에 대하여 주민투표를 부칠 수 있도록 하고 있다(제18조 제1항). 1994년 주민투표제도가 도입되어 행정구역 개편, 방사성폐기물처리시설 유치, 대구 군공항 이전 결정 등에서 주민투표를 실시하였다.

주민투표는 주인인 주민이 대립되는 정책에 대해 직접 결정함으로써 정치적 만족감을 충족시키는 반면 합리적 판단보다는 인기에 의해 결정되거나, 정치과열을 가져올 우려가 있다.

표 9-2 주민투표 추진 사례

2005년	제주도 행정구역 개편
2011년	서울시 무상급식
2019년	거창구치소 신축사업 예정부지
2020년	대구 군공항 이전 후보지

2) 조례 제정 · 개정 · 폐지 청구권

조례의 제정 · 개정 · 폐지 청구란 일정한 수 이상의 주민이 해당 지방의회에 조례의 제정, 개정 및 폐지를 청구할 수 있는 권리이다. 대의제하에서 조례를 발안할 수 있는 권리는 지방의회와 자치단체장의 권한이었으나 주민도 조례를 발안할 수 있게 된 것이다(주민조례발안에 관한 법률). 주민조례청구는 일정 수 이상의 주민 서명을 요건으로 하고 있으며, 이를 충족할 경우 지방의회에서 의결한다.

3) 규칙의 제정 · 개정 · 폐지 의견 제출

규칙제정권은 자치단체장의 권한이다. 주민은 지방의회에 대해 조례에 대한 안건을 청구할 수 있는 것과 마찬가지로 단체장의 권한인 규칙에 대해서도 규칙 제정 · 개정 · 폐지에 관한 의견을 제출할 수 있다. 단 의견 제출 대상은 규칙의 내용이 주민의 권리 · 의무와 직접 관련된 사항이어야 한다.

4) 주민감사청구

주민감사청구는 지방자치단체의 사무처리가 위법 · 부당한 경우에 주민이 직접 상급기관에 감사를 청구할 수 있는 제도이다. 지방자치단체의 사무에 대한 통제는 지방의회의 통제, 자치단체 내의 감사기관이 있으나 주민에게도 감사청구의 권한을 부여하는 것이다. 주민감사청구는 해당 지방자치단체 내의 감사시스템이 작동하지 않을 경우 감독기관인 상급 자치단체에 감사를 청구하여 행정의 투명성을 높이고자 하는 것이다. 청구요건은 18세 이상 일정 수의 주민이 공동으로 청구할 수 있다.

5) 주민소송

주민소송은 주민이 지방자치단체의 위법한 재무행위에 대해 주민감사청구를 제기하여 감사가 이루어졌음에도 불구하고, 감사활동이나 결과에 불만족할 경우 법원에 재판을 청구하는 제도이다. 주민감사청구를 전제로 하고, 그중에서도 위법한 재무행위 분야로 제한된다.

6) 주민소환

주민소환은 주민이 스스로 선출한 공직자(단체장, 지역구 지방의원, 교육감)를 해직시키는 제도이다. 주민소환은 주민의 대리인인 선출직 공직자에게 임기가 부여되어 있지만 주민의 의사에 반하여 행동할 경우 이들에게 부여된 대리인으로서의 정당성을 주민이 소환투표로 철회하는 것이다. 즉 대의민주주의가 위기 상황에 될 때 이를 보호하기 위한 최후의 수단이라고 할 수 있다(남재걸, 2022).

주민소환은 일정 수 이상의 주민의 청구에 의해 투표가 실시되고, 투표권자 총수 1/3 이상의 투표와 과반수 이상이 찬성하면 지방공직자의 해직이 확정된다. 주민소환제 실시 이후 많은 시도가 있었으나 실제 소환투표로 이어진 경우는 총 10명이며, 이 중 2명이 소환되었다.

7) 주민청원

주민청원이란 주민이 지방자치단체에 대하여 희망 사항을 진술할 수 있는 권리이다. 청원의 주체인 주민에는 외국인이 포함되며, 헌법에 보장된 기본권에 해당한다. 지방의회에 청원하려는 자는 지방의회 의원의 소개를 받아 청원서를 제출한다. 청원의 내용에 제한은 없으나 재판에 간섭하거나 법령에 위배되는 내용은 수리하지 않는다.

8) 주민참여예산제도

주민참여예산제도는 지방자치단체의 예산편성 등 예산 과정에 주민이 참여할 수 있는 제도이다. 주민참여예산제도는 집행부의 예산편성권과 지방의회의 심의 · 의결이라는 독점적인 예산 관련 권한을 주민들이 부분적으로 공유하는 것을 의미한다(정문기, 2023).

「지방재정법」 제39조에서 주민참여예산제도를 의무화하고, 각 자치단체는 조례에 의해 다양한 형태로 운영되고 있다.

주민참여예산제도는 주민이 예산 과정에 참여하여 주민의 선호를 좀 더 적극적으로 반영함으로써 재정에서 민주성, 효율성, 투명성을 높이고자 하는 것이다. 하지만 민원성 사업 중심, 지방의회의 예산심의권 약화, 낮은 전문성과 참여율 등의 한계를 가지고 있다.

이상의 주민참여제도와 더불어 고충처리위원회, 주민자치회, 반상회, 공청회 등 다양한 형태의 주민참여제도가 있다.

표 9-3 주민참여제도의 유형

참여방식	내용	청구조건	관련법
주민투표	지방자치단체의 중요한 사안에 대하여 투표로써 직접 결정하는 제도	주민투표청구권자 총수의 1/20 이상 1/5 이하의 범위에서 조례로 정함. 1/4 이상 투표 시 개표	지방자치법 제18조 주민투표법 (2004년)
주민조례 제정·개정·폐지	지방자치단체 주민이 조례의 제정·개정·폐지를 청구할 수 있는 권리	자치단체규정에 따라 유권자 총 수 1/20~1/200 범위에서 조례로 정함	지방자치법 제19조 주민조례발안에 관한 법률
규칙의견제출	지방자치단체장에게 주민의 권리와 의무와 관련된 사항과 관련한 규칙의 제정, 개정, 폐지에 대한 의견을 제출	제한 없음	지방자치법 제20조
주민감사청구	지방자치단체의 사무가 위법 부당하거나 불합리한 행정제도로 인해 주민의 권익이 침해를 받은 경우 주민 일정수 이상의 연대를 통해 주민이 직접 상급기관에 감사를 청구할 수 있는 제도	시·도 300명, 인구 50만 이상 대도시 200명, 그 밖의 시·군·구 150명 이내의 범위에서 조례로 정함	지방자치법 제21조
주민소송	지방자치단체의 위법한 행정행위나 업무를 게을리한 사실에 대하여 주민감사청구를 한 주민이 자치단체장을 상대로 소송을 제기하는 공익소송제도		지방자치법 제22조
주민소환	선거의 의해 선출된 공직자에 대해 일정수 이상 주민의 서명과 투표를 통해 그 직을 상실하게 되는 제도	시·도지사는 10% 이상, 기초자치단체장은 15% 이상, 지방의회의원은 20% 이상	지방자치법 제25조 주민소환법
주민청원	지역주민이 해당 지방자치단체의 행정에 대해 청원사항을 문서로 작성하여 진술할 수 있는 권리		지방자치법 제85조~제88조
주민참여예산제도	지방자치단체의 예산편성 등 예산 과정에 주민이 참여할 수 있는 제도	제한 없음	지방재정법 제39조

제3절 지방자치단체의 사무배분과 지방재정

지방정부는 자치행정권, 자치입법권, 자치재정권 등 자치고권을 가지며, 그 사무의 처리에 있어서 전권한성과 자기책임성, 헌법상 보장된 자치권을 방어할 수 있는 주관적 지위를 지니고 있다. 따라서 지방정부는 성숙한 지방자치의 실현을 위해서 수요자 중심의 행정서비스를 구현하고, 주민생활의 편익을 도모해야 한다. 이를 위해서는 과도하게 집중된 중앙정부의 권한을 지방으로 이양하고, 지역이 자치역량을 발휘할 수 있도록 기반이 마련되어야 한다.

중앙정부는 지도감독의 주체로서 지방자치단체에 대해 우월적 지위에 있다. 그러나 자치분권의 실현을 위해 사무배분의 원칙으로 「지방자치법」(제9조)은 "국가는 지방자치단체가 행정을 종합적·자율적으로 수행할 수 있도록 국가와 지방자치단체 간 또는 지방자치단체 상호 간의 사무를 주민의 편익증진, 집행의 효과 등을 고려하여 서로 중복되지 아니하도록 배분하여야 한다"고 규정하고 있다. 따라서 중앙-지방 간의 기능과 사무에 대한 배분관계는 권한과 책임의 배분을 통한 협력적 관계를 형성할 수 있는 기반이 될 수 있도록 배분되어야 한다(한부영·박재희, 2019: 18).

1. 사무배분의 원칙

국가사무와 자치사무의 권한과 책임을 합리적으로 배분하기 위한 원칙은 여러 나라에서 지속적으로 발전되어 왔다. 우리나라는 헌법에 의한 원칙과 「지방자치법」에 의한 원칙으로 구분해서 살펴볼 수 있다.

1) 헌법에 의한 원칙

(1) 전권한성의 원칙

헌법 제117조 제1항은 지방자치단체의 업무와 관련하여, "지방자치단체는 주민의 복리에 관한 사무를 처리한다."라고 규정함으로써 주민의 복리에 관한 사무는 지방자치단체가 처리권을 가지고 하는 고유 관할권을 가진 사무로 명시하고 있다.

(2) 보충성의 원칙

지역공동체에 관련된 모든 사무는 원칙적으로 기초자치단체가 수행할 수 있으며, 시·군·구 사무로 배분하고, 시·군·구가 처리하기 어려운 경우는 시·도에 배분하고, 시·도가 처리하기 어려운 경우는 국가가 처리하도록 배분한다는 원칙이다.

(3) 법률유보의 원칙

지방자치단체는 주민의 복리에 관한 사무를 처리하고 재산을 관리하며, 법령의 범위 안에서 자치에 관한 규정을 제정할 수 있다.

2) 지방자치법에 의한 원칙

(1) 중복금지의 원칙

국가는 지방자치단체가 사무를 종합적·자율적으로 수행할 수 있도록 국가와 지방자치단체 간 또는 지방자치단체 상호 간의 사무를 주민의 편익증진, 집행의 효과 등을 고려하여 서로 중복되지 아니하도록 배분하여야 한다.

(2) 보충성의 원칙

국가는 사무를 배분하는 경우 지역주민생활과 밀접한 관련이 있는 사무는 원칙적으로 가장 지근거리의 시·군 및 자치구의 사무로, 시·군 및 자치구가 처리하기 어려운 사무는 시·도의 사무로, 시·도가 처리하기 어려운 사무는 국가의 사무로 각각 배분하여야 한다.

(3) 포괄적 배분의 원칙

국가가 지방자치단체에 사무를 배분하거나 지방자치단체가 사무를 다른 지방자치단체에 재배분할 때에는 사무를 배분받거나 재배분받는 지방자치단체가 그 사무를 자기의 책임하에 종합적으로 처리할 수 있도록 관련 사무를 포괄적으로 배분하여야 한다.

2. 지방자치단체의 사무배분

정부 간 사무구분 체계는 크게 국가사무와 자치사무로 구별된다. 자치사무는 지방자치단체의 존립과 주민의 복리증진을 위한 사무로서 자치단체의 고유한 업무이다.

1) 국가사무

국가사무는 국가의 존립에 필요한 사무, 전국적으로 통일적인 처리를 요하는 사무, 전국적 규모의 사무 등을 규정하고 있으며, 지방자치단체가 처리할 수 없게 하고 있다. 그 구체적 사항은 〈표 9-4〉와 같다. 이러한 사무는 중앙부처, 특별행정기관, 산하기관과 소속기관, 민간위탁기관이 관할하게 하고 있다.

표 9-4 국가사무의 처리

지방자치법 제15조(국가사무의 처리 제한) 지방자치단체는 다음 각 호에 해당하는 국가사무를 처리할 수 없다. 다만, 법률에 이와 다른 규정이 있는 경우에는 국가사무를 처리할 수 있다.
① 국가의 존립에 필요한 사무 – 외교, 국방, 사법, 국세 등
② 통일적 처리를 요하는 사무 – 물가정책, 금융정책, 수출입정책 등
③ 전국적 규모의 사무 – 농림, 축·수산물 및 양곡의 수급조절과 수출입 등
④ 전국적 규모 또는 이와 비슷한 규모의 사무 – 국가종합경제개발계획, 국가하천, 국유림, 국토종합개발계획, 지정항만, 고속국도, 일반국도, 국립공원 등
⑤ 전국적으로 기준의 통일 및 조정을 요하는 사무 – 근로기준, 측량단위 등
⑥ 전국적 규모 또는 이와 비슷한 규모의 사무 – 우편, 철도 등
⑦ 지방자치단체의 기술 및 재정능력으로 감당하기 어려운 사무 – 고도의 기술을 요하는 검사·시험연구, 항공관리, 기상행정, 원자력 개발 등

출처: 지방자치법 제15조.

2) 지방사무

지방사무는 지방자치단체가 처리하는 사무로 관할구역 내의 자치사무와 법령에 따라 지방자치단체에 속하는 사무를 의미하며 자치사무, 단체위임사무와 기관위임사무, 공동사무 등으로 구분된다(한부영·박재희, 2019: 25-26).

(1) 자치사무(고유사무)

자치사무는 지방자치단체의 고유한 업무로서 자기 책임하에 처리하는 사무를 의미하며, 지방자치단체의 본래 목적으로 예정되어 있는 지역적 공공사무로서 주민의 복리증진에 관한 사무가 여기에 해당된다.

자치사무는 지방자치단체의 고유한 사무로서, 사후에 감사를 받을 수 있으나, 위임사무와는 달리 적법성 여부만이 심사의 대상이 된다.

(2) 단체위임사무

단체위임사무는 국가나 다른 공공단체가 법령에 근거하여 지방자치단체에 구체적으로 위임한 사무를 말한다. 위임한 사무에 대하여 지방자치단체가 갖는 권한은 법령에 의해 한정된다. 이러한 측면에서 전권한성을 내용으로 하는 자치사무와 구별되나, 지방자치단체는 위임의 법리에 따라 자기의 이름과 책임으로 단체위임사무를 처리하는 것이므로 자치사무의 경우와 유사하다. 단체위임사무는 어디까지나 국가 또는 다른 지방자치단체의 사무이다. 따라서 단체위임사무의 처리비용은 위임한 자가 부담하

는 것이 원칙이다.

(3) 기관위임사무

기관위임사무는 지방자치단체 집행기관에 위임된 국가 등 다른 행정주체의 사무를 의미한다. 기관위임사무는 지방자치단체 자체에 위임되는 단체위임사무와 구별된다. 기관위임사무를 처리하는 지방자치단체의 기관은 당해 지방자치단체의 기관이 아니라 국가행정기관으로서의 지위를 갖게 된다. 해당 사무는 국가의 직접적인 행정에 속하게 된다.

(4) 공동사무

공동사무는 동일한 사무에 대하여 국가와 지방자치단체, 또는 기초자치단체와 광역자치단체 등이 공동으로 수행하는 사무를 의미한다. 공동사무는 상위 정부의 사무를 하위 정부가 대신해서 수행하는 위임사무나 단순 경유사무 등과는 구별된다.

표 9-5 자치사무, 단체위임사무, 기관위임사무 비교

	자치사무	단체위임사무	기관위임사무
법적 근거	• 지방자치법 제9조 제1항 전단 및 제2항 • 제103조	• 지방자치법 제9조 제1항 후단 및 제2항 • 제103조	• 지방자치법 제102조, 제104조, 제108조 • 정부조직법 제6조 제1항
경비부담	• 법령에 명문의 규정이 없거나 있더라도 보조할 수 있는 사무(지방자체재원+국가 장려 보조금)	• 사업비의 일부를 국가가 부담하는 사무(지방자체재원+국가 부담금)	• 전액 국비보조로서 교부금의 성격을 가진 사무(국가전액부담)
국가감독	• 기준: 소극적 감독(합법성 여부) • 수단: 법률에 규정된 감독 수단 한정 • 기관: 행정안전부, 시·도지사	• 기준: 소극적 감독 및 제한된 범위의 감독 • 수단: 법정수단+지시 등 • 기관: 주무부처	• 기준: 소극적 감독과 적극적 감독(합법성+합목적성) • 수단: 취소정지, 예방적 감독(지시 등) • 기관: 주무부처
지방의회 관여	• 허용	• 허용	• 사무수행에 필요한 경비부담에 관한 관여
조례재정	조례재정	조례재정	조례재정
국가배상 주체	지방자치단체	국가	국가
중앙정부와 소송	허용	불허용(법률로 예외)	불허용(법률로 예외)
단체장 지위	자치단체 기관적 지위	자치단체 기관+간접적 국가기관적 지위	국가기관적 지위

출처: 한부영·박재희(2019: 28).

자치사무와 단체위임사무, 기관위임사무에 대한 법적 근거와 경비부담, 국가감독, 지방의회 관여, 조례제정, 국가배상 주체, 중앙정부와 소송, 단체장 지위 등을 비교하면 〈표 9-5〉와 같다.

3. 지방정부의 재정

1) 지방재정의 현황과 구조

(1) 지방재정의 개념과 운용

정부는 중앙정부와 지방정부로 구분된다. 지방정부는 중앙정부에 대하여 지방의 자치정부를 의미하는 것으로, 우리나라에서는 이를 지방자치단체라고 하고 있다. 중앙정부와 지방자치단체는 가계와 기업으로부터 거두어들인 조세수입(국세와 지방세) 등을 기반으로 공공재 및 공공서비스의 제공을 위해 지출활동을 하게 되는데, 이러한 정부부문의 경제활동을 통칭하여 재정이라고 표현한다. 지방재정은 지방자치단체의 재정을 말하는 것으로, 지방자치단체의 수입·지출 활동과 지방자치단체의 자산 및 부채를 관리·처분하는 모든 활동을 의미한다(국회예산정책처 2024: 16; 지방재정법 제2조).

이처럼 지방재정은 지방자치단체가 스스로의 기능 수행에 필요한 수입을 조달하고 지출하는 것과 연관된 모든 활동을 말한다. 이때의 수입은 자치단체의 지역경제에 기반해서 조달되고, 지출은 그 단체의 지역과 주민에게 공공서비스를 제공하기 위해

그림 9-2 재정의 분류

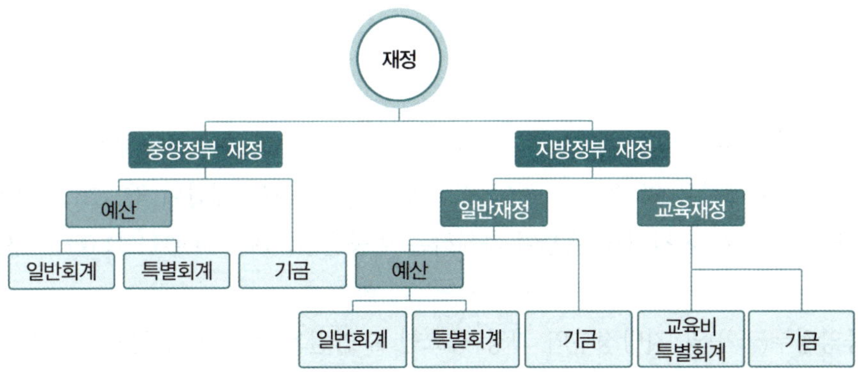

출처: 국회예산정책처(2024).

쓰여진다. 그리고 지방재정을 운용하는 기본원칙으로 두 가지를 두고 있는데, 첫째는 지방자치단체는 주민의 복리 증진을 위하여 그 재정을 건전하고 효율적으로 운용하여야 하며, 국가의 정책에 반하거나 국가 또는 다른 지방자치단체의 재정에 부당한 영향을 미치게 하여서는 아니 된다는 것이고, 둘째는 지방자치단체는 예산이 여성과 남성에게 미치는 효과를 평가하고, 그 결과를 지방자치단체의 예산에 반영하기 위하여 노력하여야 한다는 것이다. 또한 이 외에도 지방자치단체장은 재정활동의 성과관리체계를 구축해야 하는 등 지방재정을 성과 중심으로 운용하여야 한다는 방향도 정해 놓고 있다.

(2) 지방재정의 특성

지방재정의 특성은 크게 두 가지로 살펴볼 수 있다. 우선 자율성과 의존성이다. 재정은 세입과 세출로 이루어져 있고, 중앙재정은 세입과 세출에서 자율성을 갖고 있는 데 비해 지방재정은 세입과 세출의 자치에서 자율적이기보다는 타율적 측면이 높다고 할 수 있다. 특히 지방재정의 주요 세입재원인 국고보조금의 경우는 중앙정부에의 높은 의존성을 갖고 있다. 다음으로 다양성과 불균형성이다. 지방자치단체는 서로 자연적 조건이 다르고, 경제 · 사회적 조건을 다르게 갖고 있다. 이로 인해 지방정부의 행 · 재정 수요가 매우 다양하게 나타나게 된다. 또한 자치단체의 경제 · 사회적 조건의 차이로 인해 자치단체 간 재정력에 불균형이 발생한다. 광역지방자치단체와 기초지방자치단체 간에 재정 규모 측면에서 수직적 불균형이 발생하고, 기초자치단체 간에도 큰 재정적 불균형이 나타난다. 이러한 불균형성으로 인해 자치단체 간의 세출능력에 차이가 나타나게 되어 결국에는 지역 간 재정력과 지역 발전에 지속적 격차를 발생시킬 가능성을 크게 한다.

(3) 중앙정부예산과 지방정부예산

2023년 당초예산을 기준으로 중앙정부의 예산은 약 484조 3천억 원이고, 전체 지방자치단체의 예산은 약 305조 4천억 원이었으며, 지방교육예산이 약 97조 4천억 원이었다. 그리고 이들 각각의 예산이 차지하는 비중은 54.6% : 34.4% : 11.0%로 구성되었다.

중앙정부(국가)와 지방정부의 가장 중요한 수입원은 조세이며, 국가는 국세를 지방정부는 지방세를 부과 · 징수한다. 2023년의 경우 당초예산으로 국세 규모는 400조

표 9-6 중앙정부, 지방정부(자치단체), 지방교육의 예산 비교

(단위: 억 원, %)

구분	2018년	2019년	2020년	2021년	2022년	2023년
중앙정부	3,308,414	3,617,859	3,862,379	4,174,201	4,558,366	4,843,752
(비중)	(54.4)	(54.5)	(54.1)	(55.5)	(55.1)	(54.6)
자치단체	2,106,784	2,310,152	2,532,263	2,630,917	2,883,083	3,054,109
(비중)	(34.7)	(34.8)	(35.5)	(35.0)	(34.9)	(34.4)
지방교육	662,216	705,960	739,013	718,605	826,902	974,192
(비중)	(10.9)	(10.7)	(10.4)	(9.5)	(10.0)	(11.0)

출처: 행정안전부(2023).

4,570억 원, 지방세 규모는 115조 2,644억 원이었고, 그 비율은 77.6% : 22.4%로 구성되었다.

(4) 지방정부별 예산규모

지방정부는 기본적으로 광역지방정부와 기초지방정부로 구분된다. 2023년 기준으로 광역지방정부의 총 예산규모는 197조 6,305억 원이고, 기초지방정부의 총 예산규모는 107조 7,804억 원이었으며, 그 구성비는 64.7% : 35.3%였다.

(5) 지방정부의 세입구소

지방재정은 지방정부가 지역의 주민 욕구 충족과 지역의 경제와 발전을 도모하기 위해 지역 내·외로부터 재원을 조달하고 관리하고 지출하는 일련의 공경제적 활동이다. 지방정부의 세입재원은 자주재원과 의존재원으로 구분된다.

자주재원은 지방세와 지방세외수입과 같이 자체적으로 조성한 재원을 외부의 제약 없이 지방정부 스스로의 계획에 의해 사용하는 재원으로 일반재원이라고 한다. 의존재원은 지방정부 자체적으로 조성한 재원만으로는 지역에 필요한 재원을 충족하는 데 매우 부족하므로 이 부족한 재원을 중앙정부에게 이전받는 것으로 지방교부세, 국고보조금 등이 있다. 중앙정부로부터 이전받은 재원은 지출에 제약이 따르므로 특정재원이라고 한다.

① 자주재원

가. 지방세

조세는 과세하는 주체에 따라 국세와 지방세로 구별한다. 지방세는 지방정부가 다양한 활동을 수행하는 데 필요한 재원을 조달하기 위해 지역주민의 재산, 소득, 소비에 강제력으로 징수하는 조세이다.

지방세는 모두 11개 세목으로 구성되어 있고, 이것은 크게 보통세와 목적세로 구분된다. 보통세에는 취득세, 등록면허세, 레저세, 지방소비세, 재산세, 자동차세, 지방소득세, 담배소비세, 주민세 등 9개 세목이 있고, 목적세에는 지방교육세, 지역자원시설세 등 2개 세목이 있다.

그리고 지방세를 징수 주체별로 나누어 볼 수 있는데, 도세, 시·군세, 광역시세, 자치구세 등이다. 도세는 6개로 취득세, 등록면허세, 레저세, 지방소비세, 지방교육세, 지역자원시설세 등이 있고, 시·군세는 5개로 주민세, 재산세, 자동차세, 지방소득세, 담배소비세 등이 있다. 광역시세는 9개로 취득세, 레저세, 담배소비세, 지방소비세, 주민세, 지방소득세, 자동차세, 지방교육세, 지역자원시설세 등이며, 자치구세는 2개로 등록면허세와 재산세가 있다.

또한 지방세는 성질별로 재산과세, 소득과세, 소비과세로 구분하는데, 우리나라의 경우는 부동산의 보유와 거래 중심의 재산과세에 큰 비중을 두고 있다는 문제점을 보여왔으나 최근 들어 소비과세와 소득과세의 비중을 확대하는 방향으로 개선되고 있다.

나. 세외수입

지방정부의 세외수입은 경상적 세외수입, 임시적 세외수입, 지방행정제재·부과금 등 3가지 형태로 구분할 수 있다. 경상적 세외수입에는 재산임대수입, 사용료수입, 수수료수입, 사업수입, 징수교부금수입, 이자수입 등이 있고, 임시적 세외수입에는 재산매각수입, 자치단체간부담금, 보조금반환수입, 기타수입, 지난 연도 수입 등이 있다. 그리고 지방행정제재·부과금에는 과징금, 이행강제금, 변상금, 과태료, 환수금, 부담금, 범칙금 등이 있다

세외수입은 지방세와 달리 세원 발굴의 다양성, 응익성, 용도의 제한성, 가변성 등의 특성을 갖고 있어, 최근에 그 영역과 규모가 지속적으로 확장되고 있다.

② 의존재원

의존재원으로는 크게 지방교부세와 국고보조금이 있다. 이 두 재원에 대해서는 뒤에 서술하는 지방재정조정제도에서 다시 논의하기로 한다.

2) 지방재정의 조정과 교육재정

(1) 지방재정조정제도

어느 국가를 막론하고 지방정부 간에는 재정력의 불균형이 존재한다. 이러한 재정력의 불균형은 지역의 균형적 발전이나 주민후생의 형평이라는 측면에서 보면 바람직하지 않다. 따라서 나라마다 이를 완화시키기 위한 제도적 장치를 마련하고 있는데 이것이 바로 정부 간의 재정조정제도이다(김석태, 2014). 한 국가 내에서 모든 지방정부의 주민들이 국민으로서 누려야 할 최소한의 공공서비스를 보장할 필요가 있다. 지방재정조정은 국가가 지방정부에 이들 최소한의 공공서비스를 공급할 수 있도록 재원을 보장해 주는 것이다.

요컨대, 지방재정조정제도는 지방자치단체 간 재정력 격차의 완화, 지역 간 외부효과의 내부화를 통한 지방공공재 공급, 중앙정부 위임사무에 대한 비용 부담 등을 목적으로 중앙정부와 지방자치단체 간 또는 지방자치단체 상호 간에 재정을 조정하는 일련의 조치를 의미한다(국회예산정책처, 2024: 212).

지방재정조정제도의 유형은 수직적 재정조정과 수평적 재정조정으로 구분할 수 있다. 수직적 재정조정은 중앙−지방 간 또는 광역−기초 간 수직적 재정불균형을 해소하기 위한 조치들이다. 수직적 재정불균형은 지방자치단체의 경상지출수요와 조세조달능력 간의 불균형 및 중앙정부와 지방정부의 세출 기능 및 세원 배분의 불균형에서 비롯된다.

우리나라의 수직적 지방재정조정제도는 지방교부세, 조정교부금(자치구 조정교부금, 시·군 조정교부금) 등이 있다. 수평적 재정조정은 동일 계층 지방자치단체 간 수평적 재정불균형을 해소하기 위한 조치들이다. 우리나라는 수도권 3개 광역자치단체(서울특별시, 인천광역시, 경기도)가 재원을 출연하여 17개 광역자치단체 간 재정 격차를 완화하는 지역상생발전기금을 2010년부터 설치하여 운영하고 있다.

① 지방교부세

지방교부세는 국세 수입의 일부를 지방정부의 행정운영에 필요한 재원으로 교부하여 그 재정을 조정함으로써 지방행정의 건전한 발전을 도모하기 위한 제도이다. 여기에서 국세 수입의 일부라는 것은 법정률로 내국세의 19.24%를 말한다.

지방교부세의 종류에는 보통교부세, 특별교부세, 부동산교부세, 소방안전교부세 등이 있다.

첫째, 보통교부세는 각 지방정부의 기본적인 행정 수준 유지를 위해 일반재원으로 교부하는 것으로, 정률분 교부세(내국세 총액의 19.24%) 총액의 97%를 재원으로 하고 있다.

둘째, 특별교부세는 보통교부세의 산정방법으로는 포착할 수 없는 재정수요나 연도 중에 발생한 각종 재난 및 안전관리, 공공복지시설 설치, 국가적 장려사업 등 예측하지 못한 특별한 재정수요 발생 시에 교부하는 것으로, 정률분 교부세 총액의 3%를 재원으로 하고 있다.

셋째, 부동산교부세는 2005년 이후 부동산세제 개편으로 인한 지방정부의 세수 감소분을 보전해 주고, 또한 지방의 균형발전을 지원해 주기 위해 교부하는 것으로, 종합부동산세 전액을 재원으로 하고 있다.

넷째, 소방안전교부세는 2015년 담배가격을 인상할 때 신설한 '담배에 부과하는 개별소비세'의 일부를 지방정부의 소방 및 안전시설을 확충하거나 안전관리를 강화하는 데 지원하기 위해 교부하는 것으로, 담배에 부과하는 개별소비세 총액의 45%를 재원으로 하고 있다.

지방교부세의 용도를 보면, 보통교부세와 부동산교부세는 용도가 지정되어 있지 않기 때문에 지방정부는 일반예산으로 자율적 사용이 가능하나, 특별교부세는 용도가 지정되어 있고, 소방안전교부세는 특수수요의 경우 용도지정이 가능하도록 되어 있다. 그러나 지방교부세의 4종류 모두 제도의 성격은 국고보조금과 비교해 자주재원적 성격을 갖고 있다고 하겠다.

② 국고보조금

국고보조금은 국가위임사무와 시책사업 등에 대한 사용범위를 정하여 그 경비의 전부 또는 일부를 보조하거나 재정상의 원조를 하기 위하여 교부하는 제도로서 교부금, 국고부담금, 협의의 국고보조금 등으로 포괄한다(행정안전부, 2023).

교부금은 국가의 사무를 지방정부에 위임하였을 경우 그 경비를 부담하는 것이고, 국고부담금은 지방정부가 시행하는 사업 중에 그 성질상 국가의 책임 정도에 따라 그 경비의 일부 또는 전부를 부담하는 것을 말한다. 협의의 국고보조금은 지방정부에 대해 특정 사업의 실시를 권장하거나 지방정부의 재정을 지원하는 것이다.

그러나 국고보조금을 지원할 때에는 대부분 지방정부에 이에 대응한 일정 비율의 지방비를 부담하도록 하고 있고, 이로 인해 지방정부의 재정에 부담이 되고 있다. 이를 개선하기 위해 중앙 각 부처로부터 지방비 부담을 수반하는 사업이 시행될 때에 지방정부의 재정 여건에 따라 지방비 부담비율을 차등화할 수 있는 방안이 필요하고, 또한 국고보조사업에 대한 책임성을 강화할 수 있는 제도의 보완이 지속되어야 한다.

(2) 지방교육재정

우리나라의 교육재정은 중앙정부의 교육재정과 지방정부의 교육재정으로 구분되어 있고, 일반 행정자치와 2원화되어 교육자치가 운영되고 있는 매우 드문 구조를 갖고 있다. 지방교육재정은 지방정부가 유치원, 초·중·고등학교, 특수학교 및 교육행정기관을 설치하고 운영·관리하는 데 소요되는 비용을 조달하고 지출하는 일련의 공경제활동을 의미한다. 지방교육재정은 17개 시·도교육청의 교육감이 관장하고 있다.

17개 광역지방정부는 자기 단체의 일반회계와 분리하여 교육비특별회계를 설치·운영하고 있다. 교육비특별회계는 지방의 교육재정(교육·학예에 관한 경비의 수입 및 지출)을 일반재정과 별도로 경리하기 위하여 지방자치단체에 두도록 되어 있다. 교육비특별회계의 운영주체는 시·도교육청이다. 다만 시·도교육청은 교육재원조달을 위한 과세권을 갖지 못하며, 지방자치단체가 징수한 지방교육세를 전액 수령하고, 중앙정부로부터는 지방교육재정교부금을 지원받고 있다. 또한 시·도세의 법정전입금, 시·도 및 시·군·구의 보조금 등이 교육재정에 지원되고 있다(국회예산정책처, 2024: 63).

3) 지방재정의 관리와 재정분권

(1) 지방재정관리제도

지방재정관리제도란 지방정부가 재정을 건전하고 효율적으로 운영하기 위하여 예산편성과 집행 및 결산 과정 등 재정 과정과 활동에 있어서 지방자치법과 지방재정법 등에 규정된 각종 제도를 의미한다. 그러므로 지방재정관리제도는 일종의 재정통제 수단으로 인식되는데, 내부통제보다는 외부통제 수단이다(라휘문, 2021).

지방재정관리제도는 예산편성과 관련한 제도와 예산집행 및 결산과 관련한 제도로 나누어 볼 수 있다. 전자의 사례는 지방재정영향평가제도, 중기지방재정계획제도, 투자심사제도, 지방채발행제도 등이 있고, 후자의 경우에는 복식부기회계제도, 지방재정위기관리제도, 지방재정분석진단제도, 지방재정인센티브 및 교부세 감액제도 등이 있다.

(2) 재정분권

일반적으로 재정분권(Fiscal Decentralization)은 중앙정부가 지방정부에 대해 조세 · 지출 등 재정적 권한과 책무 일부를 이전함으로써 지방자치단체가 고유 업무를 수행하기 위해 필요한 자율 세입 및 세출 권한을 확보하는 것을 의미한다(Hague, Harrop, & McCormick, 2004; 정재진, 2011; 국회예산정책처, 2024).

재정분권은 그 지방정부가 행정기능을 자율적으로 수행하기 위해 필요한 재원의 조달과 지출을 중앙정부로부터 독립하여 자기 자신의 책임하에 결정하고 집행하는 권한의 확대와 그 지역에 제공하는 공공서비스를 주민의 선호와 선택에 의해 결정함으로써 그 책임성과 효율성을 확대하는 것이라고 할 수 있다.

우리나라의 지방정부는 거의 대부분이 해당 지방정부에서 필요로 하는 재정을 스스로 마련하지 못하는 상태에 있다. 따라서 그 재정 부족을 충당하기 위해 지방교부세나 국고보조금과 같은 중앙정부의 이전재원을 절실하게 필요로 하고 있다. 다시 말해 지방재정의 빈약으로 인한 지나친 중앙정부 의존성 문제가 제기되고 있고, 이를 개선하여 지방정부 재정의 책임성과 자율성을 높여야 한다는 방향으로 재정분권이 지속적으로 추진되고 있다.

인구구조 변화에 따른 지방재정 전망

통계청 인구추계에 따르면 출산율 중위추계 기준으로 우리나라 총 인구는 2022년 약 5,167만 명에서 향후 10년간 연평균 5만 명 내외로 감소해 2032년 5,114만 명, 2052년 4,627만 명 수준일 것으로 전망된다. 또한 2022년 우리나라 인구 중 유소년인구는 11.5%, 생산연령인구는 71.1%, 고령인구는 17.4%며, 2052년에는 2022년 대비 유소년인구와 생산연령인구의 구성비가 각각 3.7%p, 19.7%p 감소하는 반면 고령인구 구성비는 23.4%p 증가할 것으로 전망된다. 이에 따라 유소년인구(0~14세 인구) 대비 고령인구(65세 이상 인구) 비율인 노령화 지수는 2022년 151.0에서 2032년 356.8, 2042년 446.1, 2052년 522.5로 증가할 것으로 전망되어, 급속하게 초고령사회로 전환됨과 동시에 노년부양비가 세계에서 가장 큰 폭으로 상승할 것으로 예상된다.

그런데 재정학자들은 이러한 총인구 감소와 고령화, 생산인구감소 등 인구구조 변화가 중장기적으로 조세수입에 부정적인 영향을 미치고, 건강 · 보건 · 복지 등 다양한 사회복지 지출에 압박을 가하는 구조적 요인으로 작용할 가능성이 높다고 설명한다. 지방재정도 유사한 맥락에서 세입 측면은 지방세와 중앙정부 이전재원 모두 낮아지는 반면 사회복지분야 국고보조사업의 지방비 분담, 자체복지사업의 수요는 높아져 운영에 어려움을 겪을 가능성이 크다.

이러한 인구구조 변화와 함께 수도권으로의 쏠림 현상이 지속되며 2024년 7월 말 현재 이미 전국 인구 중 50.8%가 수도권에 거주하는 상황에서, 비수도권 지역의 인구감소와 고령화는 더욱 가속화되고 있어 소멸위험지역 역시 빠르게 증가하고 있다

OECD 보고서들에 의하면, 인구 고령화는 노동력 감소를 유발하여 개인소득세와 사회보장기여금 수입을 감소시키고, 소비가 소득의 함수인 점을 감안하면 소비세에도 부정적 영향을 미치며, 재산과세 역시 줄어들 가능성이 높다. 우리나라 지방재정도 마찬가지로 주요 지방세 세원인 지방소득세와 지방소비세가 모두 감소할 것이라고 예상할 수 있다.

종합하면, 인구감소 및 인구구조 변화로 지방세입 감소가 예상되는 가운데 세출 측면에서는 사회복지 관련 지출비 확대로 부담이 가중될 것임을 예상할 수 있다. 따라서 중앙정부는 면밀한 지방세수 전망을 토대로 지역 간 세수 불균형의 형평화 기제로서의 교부세 기능을 확보하고 장기적으로 조세 체계의 개편도 고민할 필요가 있다. 또한 지방정부는 재정운용의 효율성을 확보하기 위한 노력이 필요하며 상환능력을 고려한 적정규모의 지방채 운용방안에 대해서도 검토할 필요가 있다.

출처: 국회예산정책처(2024), 「2024 대한민국 지방재정」에서 발췌.

CASE STUDY 사례 1

주민투표

1. 서울시의 무상급식 주민투표가 개표 요건인 33.3%에 못 미치는 25.7%의 투표율을 기록함으로써 무산됐다. 이에 따라 서울 초등학교 일부 학년에서 진행 중인 무상급식은 2학기에도 현행대로 유지된다. 또 늦어도 내년부터 초교 5~6학년까지, 중학교는 2014년까지 무상급식을 확대한다는 서울교육청의 계획이 힘을 얻게 됐다. 민주당이 내세우고 있는 '보편적 무상복지'도 더욱 탄력을 받을 가능성이 커졌다. 반면 입지가 좁아진 한나라당은 복지정책 개발에 나서지 않을 수 없는 입장에 몰렸다고 할 수 있다. 또 이번 투표결과는 내년 4·11 총선과 12·19 대선에서 보편적 복지를 주장하는 야당과 선별적 복지를 내세운 여당에 적지 않은 영향을 미칠 것이라는 전망도 제기되고 있다. 투표결과에 따른 파장이 적지 않을 것을 예고하는 것이다.

출처: 연합뉴스(2011.8.24).

2. 지난 2019년 진행된 '거창구치소 신축사업 예정부지' 관련 주민투표는 4년 이상 이어진 지역 갈등을 매듭짓기도 했다. 2015년 거창군은 1천 300억 원 규모의 구치소 건설 사업을 착공까지 했지만, 학교·주택 등과 가깝다는 이유로 지역민들이 이전을 요구해 중단됐다. 4년간 대치 끝에 경상남도의 중재로 주민투표를 실시했고, 현재 장소에 64% 찬성이 나오면서 사업이 정상 궤도에 오르며 올해 2월 완공까지 이뤘다.

출처: 경인일보(2023.9.3)

CASE STUDY 사례 2

주민소환

1. 과천시장에 대한 주민소환투표는 정부과천청사 유휴부지에 주택 4000호를 짓겠다는 정부의 8·4 주택공급정책에 대해 김 시장이 적극적으로 대응하지 않았다는 이유 등으로 시장주민소환추진위가 추진했다.

   정부와 더불어민주당이 뒤늦게 지난 4일 기존 과천지구의 자족용지 등에 4300호를 건설하자는 과천시의 수정 제안을 받아들여 청사 유휴부지 개발계획을 철회했으나, 추진위는 과천시에 대한 어떤 주택공급 계획도 수용하기 어렵다는 입장이다.

출처: 세계일보(2021.6.30).

2. 신계용 경기 과천시장에 대한 최근 주민소환투표 청구를 두고 '행정력 낭비'에 대한 우려가 커지고 있다. 과거 2차례 주민소환투표가 모두 '소환 무산'으로 끝난 점을 감안할 때 이번에도 시가 수억 원 상당의 투표 경비만 지출하는 것으로 이번 투표가 마무리될 가능성이 있단 이유에서다.

24일 과천시와 과천시 선거관리위원회에 따르면 시 선관위는 지난 6일 신 시장에 대한 주민소환투표 청구를 접수했다. 청구자인 지역 주민 A 씨는 '환경사업소 하수슬러지 처리시설 소송 패소로 인한 세금 낭비' 등을 그 이유로 들었다. 지난 2013년 한 업체가 사업비 55억원을 들여 하수슬러지 처리시설을 설치할 당시 시가 해당 업체와의 계약 과정에서 민간투자사업심의위원회를 열지 않는 등 올바른 행정절차를 밟지 않았다는 것이다. 그러나 신 시장은 2013년 당시엔 시장직에 있지 않았다. 신 시장은 2014~18년 제12대 과천시장에 이어 2022년부터 14대 시장직을 수행 중이다.

과천시장에 대한 주민소환투표 청구는 이번이 세 번째다. 여인국 11대 시장 재임 때인 2011년 11월 16일엔 지식정보타운지구 공약을 파기했다는 이유로, 그리고 김종천 13대 시장 시절인 2021년 6월 30일엔 정부의 '8·4부동산' 정책에 따른 과천청사 유휴부지 주택공급 반대를 이유로 각각 주민투표가 실시됐다. 이 가운데 2021년 당시 주민소환투표 청구자도 A씨였다.

출처: 뉴스1(2024.2.24).

1. 주민투표의 2가지 사례에서 주민투표를 통한 문제 해결 방법에 대한 장난섬을 설명하시오.
2. 과천시는 주민소환제 실시 이후 3차례 주민소환이 실시된 지방자치단체이다. 하지만 매년 주민소환은 무산되었는데 이로 인한 행정력 낭비에 대한 목소리도 있다. 주민소환제도의 순기능과 역기능에 대해 설명해 보시오.

연습문제

1. 지방자치의 장점과 단점을 설명해 보시오.

2. 일반지방자치단체와 특별지방자치단체의 차이를 설명해 보시오.

3. 지방자치단체의 기관구성에서 우리나라의 기관구성 형태를 설명하시오.

4. 2020년 지방자치법 전면개정에서 새롭게 도입된 주민참여제도는 무엇인지 설명하시오.

5. 라이트(Wright)의 정부 간 관계모형을 설명하시오.

6. 지방사무 중 단체위임사무에 대해 설명하시오.

7. 지방재정에서 자주재원의 종류를 설명하시오.

8. 지방재정조정제도의 기능과 종류를 설명하시오.

제 10 장

시민사회와 정부

[학습목표]

1. 시민사회의 기본 개념을 이해한다.
2. NGO의 대두요인 및 기능을 이해한다.
3. NGO와 정부의 관계를 이해한다.

학습개요

정부는 기본적으로 사회적 안정을 기반으로 시민들이 요구하는 바를 해결하고 지원하여야 할 책무가 있다. 이는 전통적인 정부의 역할이라고 할 수 있다. 그러나 전통적인 정부의 역할이 변화하고 있다. 변화의 근본적인 방향은 사회문제의 해결이 정부의 역할로 한정되지 않는다는 것이다. 시장과 시민사회가 사회문제의 해결을 위해 정부와 협력적 관계를 구축하여야 할 필요성이 갈수록 증대되고 있다.

서구사회는 오랜 기간 동안 시장, 시민사회, 정부가 서로 기본적 역할을 수행하며 발전해 왔다고 할 수 있다. 시민사회의 작동이 서구사회의 근간이었으며 이를 통해 사회가 발전해 왔다고 할 수 있다. 그러나 한국사회는 중앙집권적 권위주의 정부가 사회 발전을 주도해 왔다고 할 수 있다. 그런 한국사회에서도 시민사회가 성장하고 일정한 역할을 수행하고 있다. 시민사회가 갖고 있는 기능적 한계도 있지만 시민들의 자발적인 참여를 바탕으로 만들어지는 역동적 시민사회는 사회 발전의 근간이라고 할 수 있다. 한국사회도 정부와 시민사회의 관계를 이해하고 이를 합리적으로 재설정하여야 할 것이다.

제1절 시민사회의 특성

1. 시민사회의 대두

1) 시민사회의 개념

자유주의적 시민사회론의 입장에 서 있는 토크빌(Tocqueville)은 국가 권력은 전제주의(depotism)의 속성을 띠고 있기 때문에 국가를 견제하고 민주주의를 강화하기 위해서는 시민사회를 발전시키는 것이 관건이라고 설명하였다. 국가를 사회와 대립적인 관계로 보고 국가 권력의 집중현상과 경제영역에 대한 개입으로 인해 개인의 자유가 억압되는 것을 우려하는 것이다(김태룡 외, 2013). 국가 권력과 대립되는 시민사회의 자율성을 사회 발전의 원동력으로 생각하는 것이다. 이는 토크빌이 미국을 여행한 후 저술한 미국 민주주의에서 주장하는 바와 같이 자발적 결사체에의 참여가 미국 민주주의의 바탕을 형성하고 있다는 것이다(Tocqueville, 1984). 결국 시민들의 자발적 참여에 의한 시민사회의 중요성을 강조하고 있는 것이다.

서구 시민사회는 갑자기 출현하였다기보다는 서구사회가 오랜 기간 동안 갖고 있던 전통인 민회(民會)문화, 즉 자발적 결사체와 시민문화를 바탕으로 형성되었다고 할 수 있다. 이는 중앙집권적 전제체제의 전통을 갖고 있는 동양적 사고와는 거리가 있는 부분이다. 특히 근대화 이후 서구사회를 선도하고 있는 영미권 국가들이 갖고 있는 민회 중심의 시민사회적 전통을 국가 발전의 당연한 모델로 인식하고 있는 것이 현실이다. 즉 시민계급의 적극적 역할을 바탕으로 정부, 시장, 시민사회가 균형된 관계를 유지하며 사회 발전을 이끌어 왔고, 그 결과 오늘날 세계를 선도하고 있는 국가의 대열에 올라섰다고 평가하고 있는 것이다.

서구 시민사회는 국가 발전에 있어서 사회 각 요소가 서로 견제와 균형을 유지하며 발전을 주도함으로써 정부가 발전을 주도한 후진국의 경우와는 다른 양상을 띠었고 이러한 전통은 서구사회의 민주적 전통을 공고화하는 데 있어서 장점으로 작용하고 있다. 결국 시민사회는 일반 시민계급의 역량을 바탕으로 민주적 · 시장적 체제 및 사회적 다양성을 추구하는 사회라고 할 수 있다.

2) 정부, 시민사회, 시장

시민사회의 성장은 상대적으로 정부 역할의 축소를 의미한다고 볼 수 있다. 1990년대 이후 세계 질서의 변화는 시민사회의 성장을 가져왔다고 할 수 있다. 20세기 후반 전개된 사회의 변화는 세계적으로 정부, 시민사회, 시장의 관계에 대한 근본적인 변화의 물결을 불러오게 된다.

먼저 정부와 시장의 관계는 1929년 대공황 이후 시장실패에 대한 목소리가 커지면서 시장에 대한 정부의 개입을 정당화하는 방향으로 전개된다. 미국 루스벨트(Roosevelt) 대통령이 주도한 뉴딜(New Deal) 정책과 같이 자본주의 종주국이라고 할 수 있는 미국에서도 정부역할 확대가 강조되었고 이러한 움직임은 케인스(Keynes) 경제학을 필두로 하는 수정자본주의 움직임을 강화하였다. 이후 제2차 세계대전, 한국전쟁, 베트남전쟁과 같은 전쟁을 통해 국가의 역할이 확대되었고 1960년대 이후 복지의 확대는 복지국가의 길을 표방하며 정부의 역할을 확대하여 나아갔다. 미국의 경우 존슨(Johnson) 대통령 시절 위대한 사회(Great Society)를 표방하며 빈곤층에 대한 지원 확대정책을 지속적으로 전개하였다.

그러나 1970년대 후반 이후 전 세계적인 경제침체로 인해 복지국가와 같은 정부재정의 지속적 확대에 대한 의문이 증가하였고 이는 정부실패 논의로 이어지게 된다. 1980년대 이후 신공공관리론(New Public Management)이 득세하게 되고 정부가 아닌 시장의 기능을 통해 사회문제를 해결하여야 한다는 목소리가 증가하였다. 이를 통해 작은 정부론, 정부재창조론과 같은 접근방법을 통해 적극적 정부 역할에 대한 도전이 증가하게 되었다.

한편 소련의 몰락, 제3세계의 민주화와 같은 환경적 요인으로 인해 사회 변화의 다양성을 추구하게 되고 시민들의 참여의식 확대는 시민들의 새로운 역할에 대한 기대를 높이게 된다. 새로운 시민사회의 확대가 이루어지고 이는 시민참여적 행정에 대한 요구로 이어졌다. 다양성과 창의성을 전제로 이루어지는 새로운 정보화사회의 전개로 인해 전통적인 정부 역할에 의문을 갖게 되고 이는 근대 국민국가의 약화로 이어졌다. 즉 시민의식의 성장과 시민들의 정부에 대한 도전이 시민사회의 역할 확대로 나타나게 된 것이다.

정부에 대한 도전이 증가하게 된 것은 전통적인 정부의 틀 속에서 이루어지는 사회문제의 해결 방식이 제대로 작동하지 않기 때문이다. 시민사회의 형성을 통해 시민들의 사회에 대한 인식이 바뀌었으나 이 시민의식의 변화에 정부가 제대로 대처하지 못하기 때문이다. 정부 기능에 대한 사회적 신뢰가 높고 실제 정부의 기능이 작동할 때는 시민들이 정부의 활동을 용인하고 지지하지만 이제는 시민들이 전통적인 정부의 역할을 비판하고 불만을 적극적으로 표출하고 있는 것이다. 따라서 정부만에 의한 문제 해결이 아닌 시민사회와 더불어 사회가 당면한 문제를 해결하는 방식을 정부와 시민사회가 같이 배워나갈 필요가 생긴 것이다.

2. 시민사회와 사회적 자본

1) 사회적 자본

모든 나라가 추구하는 가치 중 하나는 경제성장이라고 할 수 있다. 특히 가난을 벗어나 물질적 풍요를 구가하고자 하는 강력한 욕구를 조장하고 이용하였던 과거 고도 경제성장기에 가장 필요로 하는 부분은 자본투자였다. 경제성장을 위해서 효율적인 자본투자는 필수적인 일이었다. 이를 위해 인적·물적 자본의 동원은 국가적으로 긴요한 일이었다. 눈에 보이는 인적·물적 자본의 효율적인 운영은 국가 발전에 있어서 필수적인 일이었고 우리나라는 물질적 자본의 효율적인 운영과 관리를 통해 경제성장의 결과물을 만들어 낼 수 있었다.

그러나 경제적 성장을 지속적으로 유지하기 위해서는 단순한 물질적 자본만이 아닌 사회적 관계의 효율화를 바탕으로 하는 사회적 자본(social capital)이 필요할 수밖에 없다. 사회적 자본은 눈에 보이지 않는 구성원 간의 신뢰에 바탕을 둔 사회적 네트워크에 관심을 둔다. 사회구성원들 간의 신뢰에 바탕을 둔 관계는 사회적 비용을 줄일 수 있으며 이는 경쟁력 있는 사회의 구축을 위해 필수적인 일이다. 현대사회에서는 사회적 자본이 효율적으로 구축되어 있는 사회가 선진국가를 형성하고 있다. 사회적 자본은 물질적 자본과 같이 단기간에 집중적인 투자를 통해 만들어질 수 있는 것이 아니다. 형성되는 데 오랜 시간이 소요되며 한 번 형성된 사회적 자본은 지속성을 유지한다고 할 수 있다.

2) 사회적 신뢰

퍼트남(Putnam, 1993)은 공공이슈에 대한 시민적 참여 네트워크나 상호부조와 같은 규범의 형태로 사회적 자본이 전승되고 있는 지역에서 자발적인 협력이 쉽게 일어난다고 주장한다. 이러한 협력은 결국 신뢰를 바탕으로 한다. 프란시스 후쿠야마(Fukuyama, 1995)는 사회적 신뢰가 확보된 사회가 발전해 왔다고 주장하고 있다. 후쿠야마에 따르면 사회적 신뢰가 결여된 사회에서는 거대조직이 형성되지 않고 근대적 대기업의 형성이 어렵다고 한다. 서구사회나 일본사회는 사회적 신뢰가 확보되어 있는 사회이기 때문에 대기업이 성장하고 자본주의가 융성하였다는 것이다. 특히 사회적 신뢰는 대규모 조직의 운영이 사적인 영역, 개인적 친분, 혈연관계에 의해서 유지되는 것이 아니고 사회적 합의에 의해서 누구에게나 인정받을 수 있는 원칙에 의해서 운영된다는 것이다.

그러나 사회적 합의가 결여된 사회에서는 개인적 관계, 특히 혈연관계에 의해서만 유지되기 때문에 대규모 조직이 형성되지 않는다는 것이다. 대만과 같은 경우가 그러한 예라고 할 수 있다. 우리나라의 경우도 물론 사회적 신뢰가 높은 사회는 아니다. 그러나 우리나라는 사회적 신뢰가 결여되어 있으면서도 대기업 위주의 경제성장을 해왔다. 사회적 신뢰가 결여되어 있는데도 불구하고 대규모 조직이 생성되는 이유를 후쿠야마는 바로 정부의 개입이라고 설명하고 있다. 정부의 적극적 개입을 통해 재벌을 키우는 정책을 펼쳐 왔기 때문에 한편으로는 재벌의 자생력이 그만큼 떨어진다고 할 수 있다. 우리나라의 재벌이 세계적 규모의 거대 기업으로 발전되었으나 실제로는 주로 혈연관계에 의해서 운영되는 이유는 사회적 신뢰를 갖지 못한 사회이기 때문이라고 할 수 있다.

결국 신뢰가 결여된 사회는 정부의 영역이 크다는 것이다. 사회적 질서의 유지, 사회적 관계의 유지에 모두 정부의 영역이 개입되는 것이다. 즉 지나치게 정부의 영역이 팽창해 있다는 것이다. 정부영역의 확대는 민간영역의 축소를 의미한다. 사회운영의 주도권을 민간부문이 아닌 정부부문이 장악하고 있기 때문에 개인들의 사회적 책임을 확보하기 어려운 것이다.

3. 한국의 시민사회

1) 한국사회의 특성

한국사회의 특성에 대한 논의는 다양한 각도에서 이루어질 수 있고 논자에 따라 다양한 의견이 개진될 수 있으나 한국의 시민사회와 정부 간 관계의 근간을 이루는 점으로 지적할 수 있는 것은 한국사회는 강력한 중앙집권적 관료체제를 유지하였고 이를 통해 국가 발전을 주도해 왔다는 점이라고 할 수 있다. 즉 중앙집권과 관 주도의 사회체제를 유지해 왔다고 할 수 있다.

첫째, 한국사회는 오랜 기간 동안 강력한 중앙집권체제를 유지하여 왔다는 점이다. 조선왕조의 경우 사대부를 중심으로 하는 강력한 중앙집권적 관료체제를 구축하고 이를 통해 통치행위를 하였다. 과거제도를 통해 합격한 사람을 중심으로 운영되는 관료체제는 지방에 자율성을 주지 않고 중앙에 의한 통제체제를 유지하였다. 즉 지방의 수령에 대한 인사권을 중앙이 통제하는 방식으로 중앙집권성을 유지하였다고 볼 수 있다.

또한 근대사회에 들어와서는 중앙정부가 주도하는 경제개발계획을 통해 국가 발전을 주도해 나갔다. 박정희 대통령에 의해 주도된 경제개발계획 과정에서 중앙정부는 자원의 동원과 배분을 책임 지고 진행하였다.

둘째, 정부주도형 체제를 유지하여 왔다는 점이다. 중앙집권적 관료체제를 구축하여 민간부문의 성장을 기대하기 어려웠던 조선시대는 물론 근대 한국의 국가 발전을 주도한 것은 정부였다. 국가 발전을 행정이 주도한다는 발전행정적 시각이 팽배하였고 국가는 시장과 시민사회를 압도하였다. 특히 중앙집권성을 띨 수밖에 없는 경제개발계획방식을 통해 중앙정부가 사회를 주도하였다고 할 수 있다. 국가 발전 과정에서 정부 우위의 현상은 시민사회의 형성과 역량 강화라는 주제와는 거리가 멀었다고 할 수 있다.

즉 우리에게는 오랜 기간 동안 시민자치의 전통이 없고, 국가통치만이 존재하였다고 할 수 있다. 그 결과 시민이 주권의 주체가 아니고, 시민은 중앙관료가 통치하는 국가의 한 요소에 불과하게 되었다. 따라서 주권 시민의 정치적 수단이나 도구로서 국가 정부가 존재한다는 민주주의의 기본은 우리 사회에 정착하지 못하였다(박홍규, 2003).

2) 시민사회의 변화

강력한 중앙집권형 관 주도 체제를 통해 급속한 경제성장을 이룩한 우리나라는 성장의 결과 정부주도형 체제의 문제점을 노정하게 되었다.

먼저 시장에 대한 정부의 개입역량이 약화될 수밖에 없다. 시장이 질적・양적으로 성장한 결과 시장의 역량이 커질 수밖에 없는 것이다. 정부주도형 발전의 성과가 뛰어났지만 확대된 시장의 영역에 정부가 세세한 부분까지 개입하는 것은 점점 어렵게 될 수밖에 없다. 서구 선진국과 비교하여 시장의 역량이 상대적으로 부족하긴 하지만 과거에 비해 시장의 자율성이 신장된 것이 사실이다. 좀 더 시장자본주의에 다가갔다고 할 수 있다.

아울러 시민사회의 성장이다. 시장의 성장과 비교하여 그 속도가 늦다고도 할 수 있지만 권위주의 체제의 붕괴 이후 시민사회가 성장한 것은 사실이다. 특히 1987년 이후 정치적 민주화가 진척되고 시민사회의 역량도 급속히 성장하게 되었다. 1987년 이후 한국사회의 민주화 물결은 시민사회의 여건을 변화시켰고 시민사회도 조직적 역량을 강화하게 된다.

1989년 경실련(경제정의실천연합), 1994년 참여연대(참여자치시민연대) 등의 설립으로 대표되는 시민사회의 조직화는 우리나라 시민사회의 발전에 있어서 중대한 이정표가 되었다. 1980년대 후반 이후 빠르게 성장한 시민사회는 우리 사회의 다양한 주제에 대하여 시민사회적 접근을 시도하고 있다. 즉 정부, 시장, 시민사회라고 하는 구조에서의 균형점을 찾기 위한 노력을 전개하고 있다고 할 수 있다.

제2절 시민사회의 조직화: NGO

1. NGO의 개념과 기능

1) NGO의 개념

시민사회의 활동은 시민사회의 조직화를 통해서 이루어진다. 시민사회의 조직화된 표현이 NGO(Non Governmental Organization)라고 할 수 있다. 시민단체와 NGO라는 용어를 학술적으로 구분할 수도 있지만 우리 현실에서는 거의 동일한 용어로 사용되고 있다. 다만 과거 권위주의 시절 시민사회가 형성이 되지 않았던 시절 조직된 '시민단체 형태'의 관변단체는 명확히 구분할 필요가 있다. 즉 NGO는 자발성과 자주성을 기본적인 요건으로 한다. NGO에 참여하는 회원의 자발성을 전제로 하여야 하고 조직의 운영에 있어서 외부의 영향력으로부터 독립적인 운영이 가능한 자주성이 필수적 요건이다.

이러한 점에서 과거 권위주의 시절 결성된 새마을운동협의회, 바르게살기운동협의회, 한국자유총연맹과 같은 관변단체와는 구별된다고 할 수 있다. 과거 관변단체들은 정부의 지원과 보호 아래 조직되었으며 정부의 영향력 아래 운영되었다. 시민사회의 필요에 의해, 회원들의 필요에 의해 조직되는 것이 아니라 정부의 필요에 의해 결성되었기 때문에 순수한 NGO와는 구별할 필요가 있다. 또한 민주화 이후 본격적인 NGO의 성장과 영향력 확대와는 반대로 상대적으로 사회적 중요도가 축소되고 있음을 알 수 있다.

개념적으로 초기에 NGO라는 용어가 공식적으로 사용되기 시작한 것은 국제기구로부터이다. 국제조약으로 만들어진 '정부 간 기구(Inter-Governmental Organization)'에 대항하여 민간인 및 민간단체에 의해 만들어지는 것은 '비정부기구(NGO)'라고 하였다(Boli & Thomas). NGO와 유사한 개념으로서는 NPO(Non-Profit Organization), 제3섹터(The Third Sector), CDC(Community Based Development Corporation), VO(Voluntary Organization) 등 다양하게 존재하나 정부(Government)와 시장(Market) 그리고 비영리민간 시민단체 간의 구별에서 가장 근본적인 기준이 되는 점은 공익성과 사익성이라는 관점과 정부와 비정부라는 관점이다. 이러한 두 가지 축의 기준하에 이들 용어가 가지는 특성을 비영리적이며 비정부적이라는 데에 의미부여를 한다면 이들 모두 유사용어로서 분석이 가능하리라고 본다(임승빈, 1999). 그러나 각 용어는 각국 간에 약간씩 상호 이해하는 범주가 다르다고 할 수 있다. 예를 들면, 미국의 경우는 '제3섹터(The Third Sector)'라는 용어가 보다 보편적이며, 영국의 경우는 '자선단체(Charity Assembly)'라는 용어가 보다 보편적으로 사용되고 있다. OECD의 경우에는 NGO라는 용어를 이윤을 내는 조직들, 재단, 교육기관, 교회와 기타 종교집단들, 의료 및 상업협회들, 조합 및 문화단체들, 자원조직(Voluntary Organization)들이 포함될 수 있다고 보고 있으며, 세계은행(World Bank)은 NGO를 정부로부터 완전히 혹은 대체적으로 독립적인 집단들과 제도들로서, 사업적 목적보다는 기본적으로 인도주의적이거나 조합적 목적을 특징으로 한다고 보고 있다(주성수, 1999).

2) NGO의 기능

NGO의 주요 기능으로는 다음과 같은 것들을 들 수 있다.

첫째, 비판 기능이다. 정부 및 시장과의 관계에서 경쟁적 관계를 유지하며 균형을 유지하는 것이다. 정부는 사회적 안정을 유지하고자 하는 본질적 기능이 있기 때문에 필연적으로 관료화되며, 이는 일반 시민들의 이익과는 상반되는 방향으로 정책결정이 이루어질 수 있다는 위험성이 상존한다는 것을 의미한다. 따라서 NGO는 정부에 대해 시민의 입장에서 지속적으로 문제를 제기할 수 있어야 한다. 또한 기업에 대해서는 자유로운 시장질서를 해치지 않으며 공정한 거래가 이루어질 수 있도록 하여야 한다. 기업의 지나친 욕심에 의해 시장질서가 어지러워질 수 있으므로 이에 대한 적절한 통제가 이루어질 수 있도록 하여야 한다.

둘째, 조직화 기능이다. 시민사회의 공적 이익을 위해 시민들의 의견을 결집할 수 있는 역할을 수행하여야 한다. 조직화되지 않은 개별 시민들의 요구는 사회적 영향력을 기대하기 어렵다. 시민사회의 합리적 의견은 조직화된 힘에 의해 영향력을 행사할 수 있다. 시민들의 자발적인 참여를 통해 결집되는 요구는 조직화된 NGO의 힘에 의해 전파되고 정책 이슈로 제기될 수 있으며 궁극적으로 해결방안으로 이어질 수 있다.

셋째, 사회적 교육 기능이다. NGO는 시민들에 대해 지속적으로 새로운 이슈를 제기하고 이를 전달함으로써 시민들의 의식을 깨울 수 있다. 현실에 안주하여 무엇이 문제인지 인식하지 못하는 시민들에 대한 교육을 통해 문제 제기를 하고 이를 해결할 수 있는 능력을 만들어 가야 한다. NGO에 참여하는 다양한 시민들의 의식과 역량을 공유하도록 하여 사회문제 해결에 있어서 시민사회의 역량을 강화할 수 있을 것이다.

넷째, 전문화 기능이다. 정부나 기업은 일정한 테두리 안에서 이루어지는 활동이라고 할 수 있다. 그러나 현대사회의 다원화, 다양화로 인해 기존 조직의 틀로 해결할 수 없는 일이 늘어나고 있다. 다양성에 바탕을 둔 시민사회는 특정 분야에 있어서 정부나 기업에 비해 더 많은 전문성을 갖고 있을 수 있다. 시민사회와의 끊임없는 교류가 필요한 이유이다. NGO는 시민사회의 전문성을 조직화하고 이를 반영할 수 있어야 한다.

한국적 현실에서 NGO의 기능은 비판 기능에 치우쳤던 것이 사실이다. 특히 권위주의 시대에 정부가 우월적 위치에서 사회를 선도하였던 시절, 시민사회의 역할은 미미하였고 NGO의 조직화도 제대로 이루어지지 않은 상황에서 억압적·정치적·사회적 상황에 대한 저항이 NGO의 주요 기능이었던 것이 사실이다. NGO의 비판 기능은 본질적인 측면이 있지만 사회 발전에 따라 비판 기능만이 아닌 다양한 NGO의 기능이 이루어질 필요가 있다. 한국사회는 민주화 이후 이러한 방향으로 NGO의 기능이 전개되고 있다고 할 수 있다.

2. NGO의 특성: 공익추구

NGO의 특성으로는 자율성, 신뢰성, 비정부성, 공공성, 자발성, 비영리성, 비당파성 등을 들 수 있다(임승빈, 2015). 모두 다 중요한 요인이지만 한국사회와 관련하여 깊이 있게 논의하여야 할 부분은 공공성, 즉 사익의 추구가 아닌 공익을 추구한다는 점이다. 이는 정부의 영역이 아닌 민간의 영역에 의해 공적인 것, 즉 사회의 공익을 추구한다는 뜻이다. 시장의 주체인 기업은 기본적으로 사적 영역에서 영리를 추구하는 것을 기본으로 하나 시민사회의 운영은 공적인 부분을 전제로 운영되어야만 하는 것이다.

영어의 public(공공)은 바로 정부를 의미하지는 않는다. 더불어 하는 일, 여럿이 하는 일의 의미가 더 강한 것이다. 그러한 일들 가운데 일부가 정부의 영역인 것이다. 그러나 우리의 언어구조 속에서 공공이라는 용어는 정부라는 의미가 훨씬 강하다. 사적인 공공의 영역이 존재하기 어려운 것이다. 사적 공공영역에 대한 이해가 없을 때 모든 문제에 정부가 개입하고 사회의 자율성이 결여되는 것이다.

미국 제4대 대통령을 역임한 제임스 매디슨(James Madison)은 파벌(현대 용어로는 이익집단)을 정부 권력의 주요 원천으로 간주하였다. 매디슨은 파벌이 미국 정치를 움직이는 기초라고 간주하였고 인간이 천사가 아닌 이상, 파벌을 형성하는 것은 당연한 것으로 인식하였다. 인간이 자신의 이익을 추구하는 것은 당연하다는 것이다. 매디슨은 파벌이 파벌 내 공동의 충동, 다른 시민의 권리에 반대되는 공통의 이익, 또는 지역사회에 대한 지속적이고 집단적인 관심들에 의해 통합되고 움직인다고 설명하고 있다.

자신들의 이익을 추구하고 자신들이 지향하는 사회의 방향을 요구하는 것은 당연한 일이라고 할 수 있다. 매디슨이 언급하고 있는 바와 같이 이는 인간의 본성이고 민주적 과정의 원천이기 때문이다. 그러나 이러한 이익 추구 과정은 사회 전체의 통합성을 깨트리지 않도록 작동하여야 한다. 사회 전체의 이익, 사회적 정의의 내용이 무엇인가에 대한 합의를 만들어내는 것은 매우 어려운 일이다. 그러나 그러한 합의를 형성하는 과정이 무엇보다도 중요한 것이다.

자신의 이익을 극대화하고자 하는 인간의 본질적 속성을 인정하면서도 이를 바탕으로 합리적 제도와 과정을 창출하여 대다수의 사회구성원이 만족할 수 있는 결과를 만들어 나아가야 한다. 더욱 혼란스럽게 보이는 사회적 갈등을 해결하기 위해서는 매디슨이 언급하고 있는 바와 같이 정치적인 협상, 교섭, 흥정능력을 배양해 나가야 할 것이다.

즉 다양성을 전제로 한 사회 발전을 추구하며 이러한 사회 발전에 걸림돌이 되고 있는 문화적 · 제도적 장애요인을 합리적 판단과 의견수렴 과정을 통해 제거할 수 있는 제도적 장치가 NGO라고 할 수 있다.

3. NGO의 성장요인

1) 민주화

사회의 민주화는 NGO 성장의 기본적 여건이라고 할 수 있다. 특히 권위주의체제 아래에서 급속한 경제성장을 경험한 우리나라는 경제성장과 더불어 시민의식이 성장하게 되고 정치적 참여를 통해 자신들의 요구를 사회에 분출하고자 하는 기본적 욕구를 갖게 된다. 1987년 6월 민주화운동을 통해 사회 전체가 민주화의 길을 가게 되는 역사적 경험을 하게 된다. 당시 대통령 간접선출이라는 5공화국 체제를 뒤로하고 헌법 개정을 통해 대통령을 국민들이 직접 선출하도록 하는 직선개헌을 통해 국민들의 정치적 욕구 받아들이게 된다. 직선개헌이라는 정치적 화두를 누구도 부정할 수 없는 상황이 전개된 것이다. 이를 기점으로 한국사회는 급속한 민주화의 길을 가게 된다. 87년체제 이후 우리 사회가 완벽한 민주주의를 구가하고 있는가에 대한 반론도 있지만 전반적으로 민주화의 길을 가게 되고, 이는 사회의 각 요소가 다양한 발전경로를 통해 전진해 나가며 각 요소가 통합의 과정을 통해 보다 나은 사회를 건설할 수 있다는 믿음을 전제로 한 것이다. 이 민주화 과정에서 본격적인 NGO의 출현과 성장이 이루어지게 된다.

2) 지방화

지방자치를 통해 중앙집권적 체제를 분권화하는 시도가 이루어졌다. 1991년 기초의회와 광역의회 의원들이 선출됨으로써 1961년 5 · 16 쿠데타로 중단된 지방자치가 30년 만에 부활한다. 1995년에는 자치단체장까지 동시선거로 선출하게 되어 실질적인 지방자치시대가 열리게 된다. 분권적 지방화로의 이동으로 지역사회에서 지역주민들의 역할이 확대될 수밖에 없고, 이는 지역NGO의 성장으로 이어지게 된다. 지방화의 진전은 중앙정부의 역할을 축소하게 되고 지방정부의 역할이 확대된다는 의미만이 아니라 시민들의 정치적 참여의 폭이 넓어져 시민들의 역할이 확대된다는 의미도 내포하고 있다. 시민의 참여를 전제로 하는 NGO의 역할이 동시에 확대되는 계기가 되는 것이다. 그러나 한국의 NGO는 많은 경우 우리 사회의 특성과 마찬가지로 중앙 집권화되어 있다는 비판에서 자유롭지 못한 것이 현실이다.

3) 정보화

1987년 민주화운동이 성공하게 된 주요한 사회적 배경의 하나로 정보혁명을 지적할 수 있다. 1980년대 초 교환기시장의 진입장벽 철폐와 경쟁체제의 도입 그리고 전자교환기의 국산화 성공으로 전화보급과 함께 팩스도 급격히 보급되었다. 사회 내 정보유통의 활성화를 가져오게 된 것이다. 쉬운 전화이용과 팩스를 통한 정보교환은 정보에 대한 통제를 어렵게 하게 되었다. 정보화는 시민운동의 네트워크를 가능하게 하였고 이는 6월 민주화운동의 성공으로 연결된다고 할 수 있다(안문석, 2001). 또한 이후 한국사회는 급속히 정보화사회로 이동하게 되었고 세계 최고 수준의 정보인프라를 구축하게 된다. 모든 사물이 인터넷으로 연결되는 4차 산업혁명의 물결을 목도하고 있는 현실에서 시민들이 각종 정보화기기 및 네트워크로 무장하고 있고 이는 시민들의 정치적·사회적 의견표출로 이어지고 있다.

정보통신의 발달, 각종 사회적 네트워크의 발달은 시시각각으로 시민사회의 의사가 표현될 수 있는 장이 되고 있으며 이를 통해 새로운 시민 주도의 사회가 전개되고 있는 것이다. 정보화를 통해 정보의 독점현상이 심화되는 측면도 있지만 한편으로 쌍방형 소통이 가능한 체제의 가동은 정부의 정보독점체제를 무너뜨리고 시민사회의 역량이 강화되는 현상을 가속화하고 있다. 기존의 전통적인 지배체제인 정부, 언론 등의 기능과 역할이 변화하고 있는 것이다. 이를 통해 NGO의 권력이 보다 강화되고 있으며 시민들의 역할도 확대되고 있는 것이다.

4) 세계화

전통적인 국민국가(nation state) 개념이 변화하고 국가 간 장벽이 낮아지는 현상을 세계화라고 할 수 있다. 국가 간 장벽을 높게 세워 유지되었던 세계 질서가 변화하는 것이다. 대표적으로 상품, 자본, 정보, 사람의 국가 간 이동이 더욱 자유롭게 이루어지는 현상이라고 할 수 있다. 세계화는 사회문제가 국가 단위로 제한되지 않는다. 한 국가의 문제는 한 국가 내에 머무르지 않고 국가의 영역을 벗어나 세계의 문제로 이전된다. 이 경우 문제의 해결은 특정 국가에 의해 이루어질 수 없다. 국가의 경계를 넘어서는 상황은 정부의 기능을 약화시키기 때문에 정부만이 아닌 시민사회의 역량을 필요로 하게 된다. 국경을 벗어나 공통의 문제를 해결하여야 할 필요성이 늘어나게 되고 이는 NGO의 성장으로 이어지게 된다. 예를 들어 환경문제의 경우 국가의 영역을 넘어서는 문제가 될 수밖에 없기 때문에 시민사회의 자발적 연대가 필요하게 되고, 자발적 연대를 위한 시민사회의 조직화, 즉 NGO의 강화로 이어지는 것이다. 세계화의 전개를 통해 국가 간 시민사회의 연대가 국가 내 시민의식을 깨우고 시민사회의 결속을 강화하고 있는 것이다.

4. 거버넌스와 NGO

현대사회에 있어서 사회문제의 해결을 위해서는 거시적으로 정부, 시장, 시민사회의 3자 간 관계가 효율적으로 형성되어야 한다. 기업과 정부 모두 자신의 목표를 달성하기 위하여 상호의존적이 되며 조직의 효율성과 효과성을 위하여 네트워크 방식의 협력체계를 필요로 하게 된 것이다. 이에 따라 공공과 민간의 이분법적인 경계 구분은 더욱 모호해지고 각 영역의 생존을 위해서 상호의존성을 절대적으로 요구하고 있다(이종열, 2008).

거버넌스란 일반적으로 공동의 문제를 해결하기 위한 행위자 간의 자기통치적 네트워크(Stoker, 1998), 혹은 국가, 시장, 시민사회 등 상호의존적인 행위자들 간의 자율적 · 수평적 복합조직으로 정의할 수 있다(Jessop, 2000). 이를 좀 더 협의적인 차원에서 행정적인 관점으로 본다면 정부의 독점적 서비스가 아니라 정부, 기업, 시민사회의 다양한 조직들이 자발적으로 상호 의존하며 사회문제 해결에 협력하는 하나의 통치 방식이자 정책 네트워크 체계(원구환, 2003)로 이해할 수 있다.

거버넌스는 상호의존성, 자원의 교환, 게임의 규칙과 국가로부터의 상당한 자율성을 특징으로 하는 자기조직적인 조직 간 네트워크라고 말할 수 있다. 거버넌스의 개념은 정부(government)의 변화된 의미로 이해될 수 있으며, 이는 통치(governing)의 새로운 과정으로 볼 수 있다.

결국 현대의 행정은 국가, 지역 및 지방정부, 정치집단 및 사회집단, 시민단체 및 이익집단, 사회기관 및 기업조직 등의 복잡한 네트워크 거버넌스라 할 수 있다(이진원, 2007).

이러한 거버넌스체제하에서 정부, 시장, 시민사회의 관계는 새롭게 해석되어야 하며 NGO는 사회의 각 요소들과 다양한 네트워크를 구축하고 협력적 관계를 만들어 나아가야 한다. 거버넌스는 조직 내 소통만의 문제가 아니라 조직 간 소통의 문제가 더욱 중요하기 때문이다. 또한 정부도 과거 우월적 위치에서 민간을 통제하는 것이 아니라 대등한 관계에서 협력적 관계를 만들어 가는 것이 필요한 것이다. 결국 정부, 시장, 시민사회라고 하는 3자 간 관계의 변화를 통한 새로운 거버넌스의 구축이 당면한 과제라고 할 수 있다.

제3절 NGO와 정부

1. 시민참여와 NGO

1) 정부의 한계: 정부실패론

정부는 전체 사회를 위해 강제력을 갖고 기본질서를 유지하고자 하는 체제라고 할 수 있다. 첫째, 정부는 법질서를 유지하고자 한다. 사회질서를 유지하기 위한 법적 체제를 구축하고 이를 통해 사회안정을 꾀하고자 하는 것이다. 둘째, 정부는 공공선을 추구한다. 시장이 사적 이윤을 추구하는 장이라고 한다면 정부는 사회 전체의 이익을 도모하는 것이다. 개개인의 이익을 뛰어넘는 사회 전체의 공익을 추구하는 것이다. 셋째, 정부는 공식적인 조직구조를 갖고 있다. 공식적인 행정부, 입법부, 사법부 등 권력구조를 갖고 이를 통해 사회질서를 구축, 운영하는 것이다.

그러나 정부는 보는 관점에 따라 정부가 무엇인가, 정부는 무엇을 하여야 하는가에 대한 답이 달라진다. 먼저 정부와 시장의 관계를 통해 그 관점을 논의할 수 있다. 애덤 스미스의 '보이지 않는 손'이 주장하는 바와 같이 최소의 정부가 최선의 정부라는 관점에 의해 정부실패를 주장할 수 있다. 이 논리는 대공황 이후 케인스의 수정자본주의를 지나 1980년 이후 신자유주의로 이어진다. 신자유주의론이 득세하였을 때는 작은정부론을 주장하며 정부의 적극적 기능보다는 소극적 기능, 최소한의 기능에 머무를 것을 주장하였다. 시장의 관점에서 정부실패의 논의가 계속되고 있는 것이다.

다른 한편으로는 정부와 시민사회의 관계를 바라보는 관점이 있다. 서구 자본주의 사회는 시민계급의 자발적 참여에 의해 성장해 왔다고 할 수 있다. 정부, 시장, 시민사회가 균형을 이루고 발전해 왔다고 보는 것이다. 그러나 이 경우도 시민사회의 역량이 부족하거나 시민의식이 결핍되어 있는 정부의 힘이 강해지고 정부 주도의 사회 운영이 이루어지는 경향이 있다고 할 수 있다. 특히 후발주자의 입장에서 더 빠른 발전을 이루고자 하는 경우 정부의 힘에 의존하는 경향이 더 강하다고 할 수 있다. 국가 발전이 더딘 후진국의 경우 국가의 우월성이 더 크게 나타나는 것이다.

그러나 안정적인 국가 발전을 이루기 위해서는 정부의 힘만으로는 한계가 있다. 정부를 통한 발전은 일정한 기간, 일정한 성과를 낼 수는 있으나 장기적이고 지속적인 성과를 낼 수는 없기 때문이다. 시민들의 적극적 참여를 통한 발전이 근본적인 해답이기 때문에 정부 중심의 발전은 정부실패로 이어진다는 논리가 득세하는 것이다. 여기서 시민사회의 역량이 필요하고 시민사회의 조직화를 통한 NGO의 역할에 대한 기대가 증가하는 것이다.

세금은 적게 내고 더 많은 행정서비스를 받고자 하는 시민들이 늘어날수록 정부만에 의한 서비스 공급이 아닌 NGO의 적극적 참여를 통해 서비스를 제공하고자 하는 노력이 필요하다.

2) 시민참여

시민참여(citizen participation)는 정부의 정책결정에 영향을 미치고 궁극적으로는 시민사회가 정책결정은 주도하는 것이다. 시민참여가 활발하게 논의되기 시작한 곳은 1960년대 미국의 지방정부라고 할 수 있다. 1960년대 미국 대도시의 빈민지역에서 소외계층에 대한 행정적 지원이 제대로 이루어지지 않고 주민들의 불만이 증가하게 됨에 따라 이에 대한 대처를 어떻게 할 것인가에 대한 반성이 깔려 있다고 할 수 있다.

대의민주주의 아래에서 선거를 통해 일정한 기간 동안 권력을 위임받은 사람들이 책임과 권한을 갖고 권력을 행사하고 이를 다음 선거에서 투표로 평가한다는 민주적 선거제도의 작동기제가 사회문제에 제대로 대처하지 못한다는 불만이 커진다. 권력을 일정 기간 동안 담당하는 사람들이 시민들의 의사에 반하거나, 제대로 반응하지 못한다는 불만이 팽배해지면서 시민참여의 목소리가 높아진 것이다. 즉 시민들의 목소리를 그때 그때 듣고 이를 해결하기 위한 노력을 지속적으로 전개하는 것이 필요하나 실제 정부의 운영은 그렇게 이루어지고 있지 않다고 생각하는 것이다.

이에 시민들의 의견을 적극적으로 듣고 특히 사회의 기득권층이 아닌 소외되고 힘 없는 사람들의 의견이 실제 정부에 반영될 수 있는 기제를 만드는 것이 필요하다는 것이다. 이러한 움직임은 결국 좋은 정부(good government)에 대한 의문을 제기하게 되고 소외계층의 관점에서 사회적 형평성(social equity)을 추구하여야 한다는 신행정학(New Public Administration)적 입장과 이어진다.

결국 사회의 엘리트집단만이 아닌 일반시민의 역할이 강조될 수밖에 없는 것이다. 이러한 움직임은 1970~1980년대를 거치며 확대되었고 사회의 다양한 구성원들의 다양한 의견이 정부의 정책에 전달되고 실질적으로 작동되어야 한다는 요구가 증가하였다.

NGO의 역할이 확대되는 것은 이러한 과정에 있어서 개인적인 의견이 아닌 시민사회의 집단적 의견을 표방하고 전달하는 과정을 통해 사회 내의 실질적 영향력을 확보하려는 움직임이라고 할 수 있다. 따라서 시민참여의 문제는 평범한 시민이 사회의 문제에 대한 자각을 통해 적극적으로 그 해결 과정에 참여하는 노력이라고 할 수 있다. 이는 사회 내의 엘리트집단이 아닌 일반시민의 입장이 강화된다는 것을 의미한다.

3) 과제

한국사회에 있어서 NGO의 한계 및 과제는 무엇보다도 시민들의 참여 문제이다. 시민 없는 NGO라는 비판이 상존한다는 사실이다. 시민사회의 역량은 시민들의 적극적인 참여를 통해 이루어진다. 그러나 우리나라의 NGO는 시민들의 자발적이고 적극적인 참여를 통해 역할과 기능이 확대된 측면도 있으나 시민 없는 NGO, 명망가 위주의 NGO라는 비판에 직면해 있는 것이 사실이다. 서구사회는 오랜 기간을 통해 시민사회가 성장하여 왔기 때문에 사회의 운영에 있어서 시민사회의 역할, 시민의 역할에 대한 이해가 내재화되어 있다. 그러나 한국사회는 권위주의체제를 탈피하고 민주화를 이룩하는 과정을 통해 시민사회가 형성되어 왔기 때문에 한국의 시민사회는 정치적 성격을 강하게 띠고 있는 것이 사실이다. 시민사회의 형성을 위해서는 시민들의 적극적인 참여가 필요하며, 시민 개개인이 시간과 노력을 투자하며 사회를 위해 재정적 부담을 감당할 수 있는 여건이 확보되어야 한다.

2. NGO와 정부의 관계

1) NGO와 정부 간 관계

NGO와 정부 간 관계에 대한 다양한 이론적 논의가 이루어지고 있으나 양자 간 관계를 개괄적으로 정부우위형, NGO주도형, 협력형 3가지 관점에서 논의할 수 있다.

첫째, 정부우위형이다. 이는 정부가 우월적 위치에서 시민사회를 이끌어 가는 것이다. 시민사회의 형성이 제대로 이루어지지 않거나 시민사회의 역량이 성숙하지 않은 경우, 정부가 우위에 서게 되는 경우이다. 시민사회가 형성되었다 하더라도 시민사회의 조직화, 즉 NGO가 제대로 형성되지 않은 경우는 정부가 우위에 설 수밖에 없다. 이 경우 NGO가 있더라도 정부가 주도하는 상황이기 때문에 실질적인 시민의 결집이 아닌 정부 주도의 동원형에 머무르게 된다.

둘째, NGO주도형이다. 사회가 다양성을 띠고 있는 경우, 정부가 모든 권한과 책임을 갖고 일을 하는 것이 아니라 주요한 이슈에 대해 NGO가 강한 영향력을 행사하는 것이다. 실제 NGO가 모든 이슈를 선점하고 정책결정을 이끌 수는 없다 하더라도 시민사회가 관심을 갖고 주도하는 이슈에 대해 실질적 영향력을 행사하는 경우이다. 정부가 관료적 시각에 매몰되어 새롭고 다양한 이슈에 대해 둔감한 경우 NGO의 역할이 확대될 수 있다.

셋째, 협력형이다. 사회적 이슈를 정부나 시민사회 어느 일방이 주도하고 해결하는 것은 갈수록 어려워지고 있다. 시민사회에 대한 기대가 늘어나고 NGO의 실질적 역할을 강조하는 이유도 기존의 사회문제 해결이 정부 위주로 이루어졌다면, 이제는 정부와 NGO의 협력적 관계에 의해 해결하고자 하는 노력이 필요하기 때문이다. 복잡한 현대사회의 이슈를 해결하기 위한 방향이라고 할 수 있다. 그러나 이 관계는 시대적・사회적 특성에 의해 다양성을 띨 수밖에 없다.

2) 한국적 상황

과거 권위주의체제 아래에서 시민사회의 자율성이 취약했던 시절은 전형적인 정부주도형이었다고 설명할 수 있다. 특히 관변단체의 성격을 띠고 있던 경우 재정적 지원은 물론 실질적 운영에 있어서도 정부의 강력한 영향력 아래 진행되었다는 점은 부정하기 어려울 것이다.

그러나 민주화 이후 진행된 양자 간 관계는 새로운 NGO의 출현으로 전환점을 맞게 된다. 우리나라 NGO의 큰 특성 가운데 하나는 반독재 민주화운동의 토대에서 다원주의적 시민운동으로 발전하여 왔다는 것이다. 따라서 기본적으로 정부와 NGO와의 관계는 비우호적 관계라는 특성을 보여 왔다. 양자 간 관계는 대립적 관계를 주축으로 형성되어 왔고 사회적 기대 또한 NGO의 권력감시 기능에 대한 기대가 높았다고 할 수 있다.

즉 NGO의 기능적 측면에서 권력에 대한 감시와 비판 기능을 통해 성장해 왔다는 것은 주지의 사실이다. NGO는 정부와의 대립적 관계를 통해 성장하였고 우리 사회 내의 영향력을 유지하고 확대하여 왔다고 할 수 있는 것이다. 이러한 대립적 관계가 우리나라 NGO와 정부 간 관계를 형성하여 왔다는 점은 긍정적 평가를 받고 있으나 전체 사회를 위해서는 견제와 균형을 유지할 수 있는 관계가 필요하다고 할 수 있다.

정부와 NGO 관계에 있어서 정부의 NGO에 대한 지원정책 중 대표적으로 들 수 있는 것이 비영리민간단체 공익활동 지원사업이라고 할 수 있다. 「비영리민간단체 지원법」에 법적 근거를 두고 있는 행정안전부의 비영리민간단체 공익활동 지원사업은 2024년도의 경우 ① 기후변화·환경 대응, ② 사회안전, ③ 사회복지, ④ 시민사회 참여 및 통합, ⑤ 통일안보 및 국제교류협력, ⑥ 자원봉사 및 기부문화 확산 등 6개 분야 124개 사업이 선정되었고 전체 32억 원의 지원이 이루어졌다. 2014년 300개 사업에 133억 원이 지원된 것에 비하면 축소되었다고 할 수 있다. 이 밖에도 각 부처와 지방자치단체를 통한 다양한 지원이 이루어지고 있다.

이러한 지원 분야나 지원액이 상대적으로 부족하다는 비판도 있고 정부와 NGO 간 관계가 경쟁적 균형관계가 아닌 예속적 관계로 흐를 수도 있다는 비판적 시각이 있지만 협력적 파트너십을 형성하는 데 있어서 긍정적 기능을 보이고 있다는 평가도 있다. 또한 열악한 한국 시민사회의 여건을 감안하면 정부의 NGO에 대한 지원을 통해 자율성을 침해하지 않는 범위 내에서 협력적 관계를 열어나가는 것도 필요하다고 할 수 있다.

3. 지방자치와 NGO

1) 지방자치와 NGO의 역할

지방자치는 그 지역의 일을 그 지역의 주민들이 스스로 결정하도록 하는 것이다.

주민들의 의식과 참여가 무엇보다도 중요한 일이다. 중앙정부의 경우에도 시민참여가 중요한 일이지만 지방정부 차원에서 이루어지는 지방자치의 경우 시민참여는 더 중요할 수밖에 없다. 일단 중앙정부보다는 훨씬 규모가 작은 지방정부 차원에서의 참여이기 때문에 시민참여는 더 구체적이고, 직접적인 이해관계가 있는 문제에 대한 접근이 이루어진다고 할 수 있다. 자기가 살고 있는 동네 일에 참여한다는 지방자치는 시민참여를 본질로 할 수밖에 없다.

중앙정부의 거대 이슈가 아닌 지역의 이슈에 대한 시민참여는 지역주민들의 높은 관심을 전제로 한다. 지역주민들의 관심은 지역주민들 개개인의 관심이 아니라 지역사회의 조직화된 지역시민사회의 관심이 되어야 한다. 지역시민사회의 형성은 지역NGO의 형성과 직접적인 관계가 있다.

지역의 이슈를 조직화된 지역NGO 통해 지역주민들이 적극적으로 해결하는 과정은 지역에서 지방정부와 지역시민사회의 관계를 활성화하고 일방적인 지방정부의 독주를 견제할 수 있는 것이다.

2) 지역NGO의 현실

첫째, 우리나라 지방자치의 현실이다. 우리나라의 지방자치는 1952년부터 1961년까지 이어졌으나 1961년 5·16 쿠데타로 중단되어 1991년까지 30년간 지방자치, 즉 지방의회의 구성이 이루어지지 않았었다. 30년간 지방자치가 중단된 기간 동안의 중앙집권적 국가 운영은 많은 유산을 남겨놓고 있다. 무엇보다도 지방자치에 대한 깊은 불신을 남겨놓았기 때문에, 지역의 대표를 뽑아 지역의 일을 해결한다는 지방자치의 본질에 대한 회의가 아직도 강하다고 할 수 있다. 이러한 지방자치에 대한 불신은 지역의 일을 해결하기 위한 지역NGO의 기능에 대한 몰이해로 이어지고 있다.

둘째, 지역시민사회의 현실이다. 전국을 단위로 하고 있는 NGO의 기능도 취약하지만 지역에서 NGO의 기능은 더 취약한 것이 현실이다. 이는 우리 사회의 분권화 문제와 직결되어 있기도 하다. 즉 지역의 일을 지역이 스스로 결정하기보다는 중앙정부 차원의 논의에 의해 결정되는 경우가 많기 때문에 지역의 의견을 적극적으로 수렴할 필요성을 못 느낀다는 것이다. 따라서 지역의 시민사회가 갖고 있는 역할이 크지 않은 것이다. 취약한 지역시민사회의 기능은 지역NGO의 성장을 저해하고 있다고 할 수 있다.

3) 지역NGO의 향후 과제

이러한 환경적 요인에도 불구하고 지방자치 부활 이후 우리 사회의 지방자치는 지속적인 발전을 거듭하고 있다고 할 수 있다. 상대적으로 중앙집권적 요소가 강하기는 하나 지역주민들의 의견을 수렴하고 결집할 수 있는 지역NGO의 필요성은 더 커지고 있다고 할 수 있다. 이를 실현하기 위한 지역NGO의 과제로는 다음과 같은 것들을 들 수 있다.

첫재, 지역NGO의 분권화이다. 우리 사회에서 지역의 NGO가 많이 활성화되어 있기는 하나 지역 차원보다는 중앙 차원의 NGO가 갖고 있는 영향력이 더 큰 경우가 많다. 지방자치의 본질적 기능을 수행하기 위해서는 중앙의 거대 NGO보다 지역과 밀착된 NGO의 필요성이 크다고 할 수 있다.

둘째, 지역NGO의 제도화이다. 지역시민사회가 목소리를 높이기 위해서는 제도화된 지역NGO를 필요로 한다. 제도화된 조직을 통해 이슈를 제기하고 문제 해결을 시도하는 것이 개개인의 개별적 참여를 통한 시도보다 물적·인적 비용을 낮게 유지할 수 있는 길이라고 할 수 있다. 실질적으로 적은 노력을 통해 더 많은 성과를 창출할 수 있는 길이다.

셋째, 지역NGO의 감시 기능이다. 지방정부에 대한 감시 기능은 집행부와 입법부, 즉 지방자치단체장과 지방의회 양자에 대한 감시 기능이 동시에 활성화되어야 한다. NGO의 본질적 기능이다. 그러나 단순한 감시 기능만이 아니라 필요에 따라서는 협력적 관계를 구축할 수 있어야 한다(진세혁, 2002). 특히 지방의회에 대한 비판적 기능만이 아니라 사안에 따라서는 협력적 관계를 구축하여 집행부를 견제할 수 있어야 한다.

CASE STUDY 사례

연내 처리 앞둔 'AI 기본법'…시민단체는 '졸속' 비판

'인공지능(AI) 기본법'이 26일 국회 과학기술정보방송통신위원회를 통과하며 연내 제정 가능성이 높아졌다. 시민사회는 AI의 위험성을 충분히 고려하지 않은 채 법안이 '졸속' 처리됐다며 비판하고 있다.

과방위는 이날 전체회의에서 AI 관련 법률안 19건을 통합·조정한 '인공지능 발전과 신뢰 기반 조성 등에 관한 기본법안' 등을 의결했다. 지난 21일 법안소위를 통과한 해당 법안은 이날 큰 이견 없이 회의 시작 30분 만에 통과됐다. 법제사법위원회 심사와 본회의 의결까지 마치면 국내 최초 AI 법이 제정된다.

AI 기본법은 AI 산업 육성과 안전성 확보를 두 축으로 한다. 그중 우려가 제기된 AI 안전성 부분은 딥페이크를 막기 위해 생성형 AI로 만든 결과물에 워터마크를 삽입하도록 하는 내용과 '고영향(고위험) AI'를 어떻게 규율할지에 대한 내용 등을 담았다.

법안에 따르면 AI 사업자는 이용자가 AI 기술로 합성 이미지·영상 등을 만들 때 AI 생성물임을 알리는 워터마크를 넣도록 기술적 기반을 제공하고 안내할 의무를 진다. 또한 인간의 생명이나 신체 안전과 관련한 AI 기술은 고영향 AI로 분류해 정부가 관련 사업자에 신뢰성·안전성 확보 조치를 요구할 수 있게 했다. 법을 위반했을 경우 과학기술정보통신부 장관이 사실 조사에 나서 시정명령 및 최대 3,000만 원 과태료를 부과할 수 있도록 했다.

국내 AI 산업을 체계적으로 지원하는 법안이 만들어졌다는 데 의미가 있지만, 법안이 미칠 영향력에 비해 논의가 부족했다는 비판도 나온다. 지난 9월 국회가 AI 기본법 공청회를 열었을 때는 법안이 6개에 불과했는데 두 달 만에 관련 법안이 십수 개 늘어났음에도 논의에 할애한 시간이 너무 짧았다는 지적이다.

참여연대 등 4개 시민단체는 이날 국회 앞에서 'AI 기본법 졸속 처리 규탄 기자회견'을 열고 고영향 AI에 대한 실효성 있는 규제 조항이 빠졌다고 비판했다. 이들은 "남은 입법 절차에서 AI가 국민의 생명과 안전 및 민주주의에 끼칠 위험을 완화할 수 있는 방안을 마련해야 한다"고 밝혔다.

과방위원장 최민희 더불어민주당 의원은 "생성형 AI로 인한 인권침해 가능성 등 부작용과 위험성을 우려하는 시민사회 목소리에 귀 기울이겠다"며 "법 제정 이후에도 사회와 산업에 미치는 영향을 분석해 후속 입법 개정안을 준비하겠다"고 밝혔다.

출처: 경향신문(2024.11.26)

1. 위의 사례에서 시민단체가 갖고 있는 관점은 무엇이며 사회문제의 해결을 위한 시민단체의 역할은 무엇인지 설명하시오.

연습문제

1. 시민사회의 대두요인 및 특성을 설명하시오.

2. 우리나라 시민사회의 특성에 대하여 논하시오.

3. NGO의 발전 과정과 특성을 설명하시오.

4. 우리나라 NGO의 향후 과제에 대하여 논하시오.

5. NGO와 정부의 관계를 한국적 상황에서 논하시오.

6. 지방자치와 NGO의 관계에 대해 논하시오.

제 11 장

전자정부

[학습목표]

1. 전자정부의 개념과 중요성을 이해하고, 디지털 정부와의 차이점을 설명할 수 있다.
2. 전자정부 기반 기술과 서비스를 이해하고, 이를 활용하여 전자정부가 제공하는 다양한 서비스를 설명할 수 있다.
3. 디지털 신기술이 행정에 미치는 영향을 분석하고, 미래 전자정부의 모습을 예측한다.
4. 전자정부 운영 과정에서 발생할 수 있는 문제점을 파악하고, 이를 해결하기 위한 개선방안을 제시한다.

학습개요

이 장에서는 전자정부의 개념과 발전 과정, 전자정부 기반 기술과 서비스, 그리고 디지털 전환이 행정에 미치는 영향과 쟁점까지 다룰 예정이다. 특히 정부24, 비대면 자격 확인 서비스 등 실제 사례를 중심으로 학습하여 전자정부에 대한 이해도를 높이고, 빅데이터, 인공지능 등 신기술과의 연계를 통해 미래 전자정부의 모습을 그려볼 것이다. 끝으로 시민참여 확대와 투명한 정부 구현을 위한 전자정부의 역할에 대해서도 심도 있게 논의할 예정이다.

제1절 전자정부의 기본 개념과 발전 과정

1. 전자정부의 개념

1) 전자정부와 유사 개념

전자정부의 개념은 정보기술의 발전과 함께 변화해 왔다. 전자정부는 정부의 활동을 위해 전자정보통신기술을 활용하는 것으로 영어로 Electronic Government로 정의한다(Henman, 2009: 3). 즉 전자정부란, '인터넷을 더욱 나은 정부를 만드는 도구로 활용하는 것'(OECD, 2003: 23)이라고 정의한다. 우리나라의 법에서 제시하는 전자정부는 '정보기술을 활용하여 행정기관 및 공공기관의 업무를 전자화하여 행정기관 등의 상호 간의 행정업무 및 국민에 대한 행정업무를 효율적으로 수행하는 정부를 말한다'라고 명시하고 있다(전자정부법, 2011.10.13). 즉 전자정부는 정보기술(수단)을 활용하여, 행정기관 등의 업무를 전자화하여(방법) 행정업무를 효율적으로 수행하는 정부(결과)를 말한다(행정안전부, 2021: 11). 전자정부의 개념은 모바일 정부, 스마트 정부, 지능형 정부로 시대에 따라 변화해 왔다. 스마트 정부의 개념은 '한 사회가 당면한 정책문제의 해결을 위해 스마트폰, 소셜미디어 등 새로운 모바일 정보기술의 조합과 그 활용으로 정의'할 수 있다. 지능형 정부는 '지능정보기술을 활용하여 국민 중심으로 정부서비스를 최적화하고 스스로 일하는 방식을 혁신하는 것'을 의미한다(행정안전부, 2017: 2).

최근에는 전자정부보다는 디지털 정부(Digital Government)라는 용어가 더 많이 사용되고 있다. 디지털 정부는 '공공가치를 창출하기 위한 현대화 전략의 일부로 디지털 기술을 활용하는 것'이라고 정의하고 있다(OECD, 2014: 7).

전자정부의 개념 속에는 일반적으로 효율성이 강조되며, 최근 디지털 정부의 정의를 보면 전자민주주의(E-democracy)와 전자 거버넌스(E-governance)의 개념을 포함하고 있다. 즉 디지털 정부는 전자정부를 포함하며, 전자정부와의 차이점은 데이터와 시민참여를 강조한다는 것이다. 그럼에도 전자정부와 디지털 정부 모두 정부의 일하는 방식을 바꾸고, 이를 통해 대민 서비스를 개선하고, 국민과의 상호 소통을 통해 공공서비스의 질 제고와 열린 민주주의의 심화를 지향점으로 하고 있다.

표 11-1 전자정부 vs 디지털 정부

특징	전자정부	디지털 정부
핵심 개념	효율성, 정보 제공	시민 중심, 서비스 혁신, 데이터 기반 의사결정
기술 활용	전자문서, 온라인 민원처리 등	디지털 기술을 활용한 공공서비스 혁신
조직 변화	기존 조직체계 유지	유연, 민첩, 협업적인 조직 문화
서비스 제공	표준화된 서비스 제공	맞춤형 서비스, 실시간 정보 제공
시민참여	일방적인 정보 제공	시민참여 확대, 소통 강화

2) 전자정부의 가치

전자정부의 개념 속에 담긴 가치는 다음과 같다(이재호, 2012: 29-31).

첫째, 관리적 측면에서의 효율성을 강조한다. 즉 전자정부는 정보기술을 활용하여 공공서비스의 접근성, 품질, 비용 효율성을 높이고 정부의 행정 효율성을 개선하려는 정부의 디지털 전략이다.

둘째, 서비스 제공을 강조한다. 전자정부는 국민, 기업, 정부 간의 소통을 촉진하고, 정보의 수집 및 제공을 원활하게 하며, 온라인 결제를 용이하게 하고, 전자적인 인증 절차를 통해 편의성을 높이는 것을 목표로 하는 정부 운영 방식이다.

셋째, 전자민주주의를 강조한다. 인터넷과 모바일 등 온라인 플랫폼을 통해 정부가 보유한 정보를 적극적으로 공개함으로써 국민의 알 권리를 보장하고, 국정 운영의 투명성과 책임을 확보하여 국민참여를 확대함으로써 참여 민주주의를 실현하고자 한다.

넷째, 전자 거버넌스를 강조한다. 전자 거버넌스는 정부, 시민, 민간이 협력하여 공공문제를 해결하는 협치의 개념으로, 전자정부보다 더욱 확장된 개념이다. 전자 거버넌스는 새로운 시민참여 방식을 창출하고, 시민의 공동체 의식을 함양하여 시민들에게 책임감을 부여할 수 있다.

2. 전자정부의 발전 과정

한국은 세계적인 전자정부 선도 국가로 평가받고 있다. 이러한 성과는 체계적인 정책 추진과 지속적인 노력에 의한 것으로 초기 단계, 성장 단계, 성숙 단계의 3단계 발전 과정을 거쳐 이뤄졌다(심보균 · 안문석 외, 2017: 10-12).

1) 초기 단계(1998년 이전)

한국은 1967년 경제기획원 조사통계국에서 IBM 1401을 도입하여 통계관리를 시작하면서 전자정부가 시작되었다. 이후 1980년대에 행정, 금융, 교육, 연구 등 주요 분야에서 행정전산화 사업이 시작되었고 1980년대 후반부터 국가정보화 기반을 조성하면서 이와 함께 행정 내부의 업무 전산화를 추진했다. 초기에는 1990년대 국가기간 전산망 사업과 초고속 정보통신망 사업이 추진되어 전자정부의 기반이 마련되었다. 또 국가정보화를 위한 기본적인 법적 체계 마련을 위해 정보화 기본법을 제정하였다. 당시에는 각 부처별 정보시스템을 구축하여, 행정 효율성을 높이려는 노력이 이루어졌다. 그러나, 정부 차원의 전자정부에 대한 인식 부족, 정보시스템 간 연동이 부족하였다. 또한 행정 내부업무의 효율화에 초점을 두어 국민에 대한 고객지향적 행정서비스와 행정 투명성은 상대적으로 미흡하였다.

2) 성장 단계(1999~2007년)

이에 대한 반성으로 1999년 9월 행정자치부는「전자정부 종합계획」수립을 통해 체계적인 전자정부 구축을 추진하였다. 이 계획은 정보기술을 활용한 행정개혁을 통하여 생산성을 높이고, 국민 위주의 질 높은 서비스를 제공하는 21세기형 지식정보사회형 전자정부 구현을 목표로 하였다(행정자치부, 1999). 이를 위하여 행정의 투명성 제고, 행정생산성의 향상, 국민에 대한 서비스의 고도화를 그 내용으로 하였다.

IMF 위기와 이를 극복하는 수단으로 전자정부를 본격적으로 추진하였다. 2001년 정부혁신에 대한 소프트웨어적인 접근방법으로서 '전자정부 단일창구를 통한 대국민 서비스를 인터넷으로 처리', '정부와 기업 간의 전자거래방식 적용으로 투명성을 극대화', '행정업무 처리는 생산성과 투명성을 극대화', '정보유통 및 관리의 안전성과 신뢰성을 확보'하는 것을 목표로 전자조달시스템 구축, 민원서비스 혁신시스템 구축 등 11대 전자정부 사업을 추진하게 되었다(엄석진 외, 2020: 54). 여전히 기관 간 정보 공유 및 연계 활용의 부족 등으로 실질적인 효과가 미흡하다는 평가가 대두됨에 따라 시스템 간 호환성을 높이고, 개발 비용을 절감하기 위한 표준 프레임워크를 도입하였다. 또한, 2003년 전자정부 로드맵을 확정하면서 한국의 전자정부는 급속히 발전하였다. 즉 '일하는 방식 혁신', '대국민 서비스 혁신', '정보자원 관리 혁신' 등 3대 분야 31대 과제를 선정・추진하였다(오영교, 2005: 82).

이 시기에는 각 부처의 전자정부 구축이 본격화되면서 정보자원의 효율적 관리를 위해 범정부 통합전산센터를 구축하였으며, 행정업무의 전자적 처리를 위한 기본원칙, 절차 및 추진방법 등을 규정한 전자정부 구축의 기초가 되는 「전자정부법」이 2001년 제정되었다. 이와 함께 인터넷이 일반에게 광범위하게 보급되면서 대국민 전자정부 서비스(Government for Citizens, G4C)가 본격적으로 제공되었다. '민원24', '홈택스', '나라장터', '디지털예산회계시스템', '시군구행정종합정보시스템', '행복e음' 등이 구축되었으며, 각 시스템의 연계와 공동 이용 등을 통해 쌍방향 대국민 서비스가 활성화되었다.

3) 성숙 단계(2008년 이후)

2010년대 들어서면서 전자정부는 빅데이터, 인공지능 등 신기술을 활용한 지능형 전자정부를 지향하기 위한 새로운 정부 운영 패러다임이 제기되었다. 정부는 '개방 · 공유 · 소통 · 협력'이라는 가치를 바탕으로 부처 간 칸막이를 제거하고 협업을 통한 다양한 분야의 서비스를 통합하여 제공하는 융합 서비스와 국민 중심의 개방형 정부 구현을 목표로 공공데이터 개방, 특히 국민참여형 정책 제안 플랫폼 구축과 같은 시민참여 확대 노력을 적극적으로 추진했다.

이 시기에는 전 국민 스마트폰의 확산, 클라우드 컴퓨팅, 빅데이터, AI 등 신기술을 활용하여 예측 분석 기반의 개인별 맞춤형 서비스를 제공함으로써 정부서비스의 질을 높이고자 노력했다.

표 11-2 역대 정부의 전자정부 비전 및 추진체계

정부	비전	목표	주요 과제	추진체계
김대중 정부	인터넷 기반의 전자정부 단일창구 구축	• 최고 수준의 대국민 서비스(G2C) • 최적의 기업활동 환경(G2B) 제공	• 전자정부 종합실천계획 • 지식전자정부 추진계획 • G4C 단일창구 구축 등	전자정부특별위원회
노무현 정부	세계 최고 수준의 열린 전자정부 구현	• 일하는 방식 혁신 • 정부서비스 혁신 • 정보자원관리 혁신	• 전자정부 로드맵 수립 및 추진 • 정부의 일하는 방식 전환 • 단일창구 구축	정부혁신지방분권위원회 전자정부전문위원회
이명박 정부	국민과 하나 되는 세계 최고의 스마트 정부 구현	• 전자정부 글로벌 선도 • 세계 최고의 전자정부 서비스 국민 만족도 실현	• 스마트 전자정부 추진계획 • 모바일 전자정부 서비스 중장기 추진계획	국가정보화전략위원회

박근혜 정부	국민 모두가 행복한 대한민국	• 수요자 맞춤형 서비스 제공 • 일자리 · 신성장동력 창출	• 국민 맞춤형 서비스 정부 • 일 잘하는 유능한 정부 • 국민에게 믿음을 주는 투명한 정부 구현	정부3.0 추진위원회
문재인 정부	스스로 진화하는 WISE 정부	• 마음을 보살피는 정부 • 사전에 해결하는 정부 • 가치를 공유하는 정부 • 안전을 지켜주는 정부	• 국민 맞춤형 서비스 제공 • 인공지능 기반 행정 시스템 구축 • 디지털 파트너십 구현	행정안전부

한국 전자정부 진화의 특징을 정리하면, 인프라를 구축을 통해 수요를 창출하고, 이러한 수요를 충족하기 위해 정책과 법제도를 개혁하였으며, 그 결과 새로운 전자정부서비스를 지속적으로 제공해 왔다.

한편 전자정부의 고도 발전은 일부 한계를 갖고 있다. 행정부와 공공기관 시스템, 정부24의 통합 노력에도 불구하고 여전히 개별 부처의 시스템 칸막이, 데이터 개방을 저해하는 개별 법령 간 충돌, 그리고 레거시 시스템(legacy system)에 기인한 디지털 전환의 한계 등 몇 가지 문제점이 존재한다.

행정부와 공공기관 시스템, 정부24의 통합 노력에도 불구하고 개별 부처의 시스템 칸막이는 근본적으로 해소되지 않고 있다. 또한 데이터 개방 공유를 지속적으로 추진하고 있음에도 「공공데이터법」, 「데이터기반행정법」과 같은 상위 법규의 negative 원칙에도 불구하고, 개별 법령은 positive 방식의 규제가 존재하여 상호 충돌하는 문제가 발생하고 있다. 특히 기술은 디지털화되었지만, 여전히 많은 행정 절차에서 여전히 출력하여 제출하는 문서들이 존재하는 등 기술과 절차 간의 불일치가 발생하고 있다. 이러한 문제는 과거에 개발되어 현재까지도 사용되는 레거시 시스템이 디지털 정부로의 전환을 가로막는 주요 원인으로 작용하고 있다. 따라서, 기존 시스템을 탈피하고 창조적 파괴를 통해 새로운 발전 단계로 나아가기 위한 노력이 절실하다(디지털플랫폼정부위원회, 2023).

3. 전자정부와 혁신

정부 혁신을 위해서는 정보통신기술이 중요한 수단이 되고 있다. 정보기술과 정부의 혁신을 연계시키면 행정 효율성 제고와 국민 서비스를 개선할 수 있는 고객지향적인 전자정부로 변화를 가져올 수 있다(정충식, 2018: 1950). 즉 전자정부가 혁신과 결합하면 기존의 정부의 일하는 방식 개선을 넘어 행정 전반에 대한 혁신을 통해 국민에게 더 나은 서비스를 제공하는 데 기여한다.

1) 전자정부와 혁신과의 관계

(1) 행정 효율성 제고

전자정부는 일하는 방식의 개선을 통해 행정의 효율성을 제고한다. 행정 효율성 제고는 현대 행정의 중요한 목표이다. 일반적으로 개인 수준에서는 효율적인 업무를 수행할 수 있으며, 조직 수준에서는 정부의 업무수행 비용을 절감할 수 있다(정소윤 외, 2021). 먼저 민원처리, 인허가 등의 행정 절차를 자동화하여 업무처리 시간을 대폭 단축하고 생산성을 향상할 수 있다. 둘째, 부처 간 장벽을 허물어 원스탑 서비스를 제공하고, 종이 문서 감축을 통해 행정 비용을 절감할 수 있다.

(2) 민주주의 발전

전자정부는 민주주의 발전에도 영향을 준다. 온라인 플랫폼을 통해 국민이 정책결정 과정에 직접 참여할 수 있도록 하고, 정부와 국민 간의 소통을 활성화한다. 이를 통해 국민은 정책결정에 실질적인 영향을 미칠 수 있다. 또한 정책결정 과정을 공개하고, 시민들이 정책에 대한 의견을 제시할 수 있도록 함으로써 민주주의를 심화시킨다. 투명한 의사결정은 행정 신뢰를 제고하고, 정책의 정당성을 확보하는 데도 중요한 역할을 한다(김성태, 1999).

2) 디지털 전환과 정부혁신

디지털 전환은 정부혁신의 패러다임을 변화시키고 있다. 이제 정부혁신을 디지털 기술을 활용하여 일하는 방식, 업무 프로세스 개선, 업무환경, 그리고 조직문화를 혁신하고 최종적으로 국민에게 더 나은 서비스를 제공하는 것을 목표로 한다. 디지털 전환의 구체적인 정부혁신 내용은 다음과 같다.

먼저, 부처 간 칸막이를 없애고 협업하는 것이다. 정부부처 간, 공공과 민간 간, 디지털 기술과 아날로그 제도 간 장벽을 허물어 더욱 효율적으로 일하도록 하고 있다. 둘째, 데이터 기반 행정과 업무 재설계를 통해 업무 프로세스를 개선하는 것이다. 정부가 보유한 다양한 데이터를 분석하여 업무를 자동화하고 불필요한 절차를 줄여 국민에게 정확한 서비스를 제공할 수 있도록 노력하고 있다. 셋째, 시간과 장소에 구애받지 않고 업무를 수행하는 유연한 근무환경을 조성하여 생산성을 향상시키는 것이다. 넷째, SNS, 영상회의 등 디지털 기술을 활용하여 비대면 소통을 활성화하고, 재택 근무 등을 통해 직원들이 일과 삶의 균형을 이룰 수 있도록 근무환경을 조성하는 것이다.

그림 11-1 행정기관이 일하는 방식 개념과 체계

출처: 행정안전부(2023b: 5).

이러한 디지털 전환을 통해 정부혁신은 국민에게는 하나의 정부로서 개인화된 맞춤형 서비스를, 기업에는 민관협업을 바탕으로 새로운 도약과 성장의 기회를 제공하며, 정부는 모든 부처가 함께 똑똑하게 일하는 정부를 지향한다(행정안전부, 2023b).

제2절 전자정부의 기반 기술과 서비스

1. 정보통신기술

1) 하드웨어 부분

(1) 클라우드 컴퓨팅

클라우드 컴퓨팅은 인터넷을 통해 IT자원(서버, 스토리지, 프로그램 등)을 언제든지 이용할 수 있는 서비스 모델이다(정인혜 외, 2009: 27). 이렇게 클라우드 컴퓨팅을 이용하면, 언제 어디서든 내가 필요한 자료에 접근할 수 있고, 새로운 프로그램을 설치할 필요 없이 바로 사용할 수 있다. 조직은 클라우드를 이용하고 그 대가를 지불하는 구독 방식으로 개인 컴퓨터에 자료를 저장하는 대신 모든 것이 '클라우드'에 저장된다(강홍렬 외, 2011: 6). 클라우드 컴퓨팅은 초거대 AI, 메타버스와 같은 첨단 기술의 발전을 뒷받침하는 필수적인 인프라이다.

(2) 사물인터넷

사물인터넷은 일상의 모든 것을 인터넷으로 연결하여 실시간 정보를 수집・공유하는 기술이다. 예를 들어 냉장고가 음식 재료를 확인하고 부족한 재료를 주문하거나, 집 안 조명의 밝기를 자동으로 조절하는 것이 사물인터넷의 예시라고 할 수 있다. 사물인터넷은 다양한 사물들이 서로 연결되어 정보를 주고받으며, 이를 통해 새로운 서비스와 비즈니스 모델을 창출하는 가능성을 열어준다(송지환・서영희, 2018: 13). 즉 수집된 데이터를 분석하여 더욱 스마트한 서비스를 제공하는 데 활용할 수 있다.

미래에는 사물이 인공지능을 통해 사용자의 의도를 알아차리고 마치 살아 있는 생물처럼 반응하며, 필요에 따라서 대화 기능과 인지능력을 갖춘 일종의 가상 인격체처럼 행동할 것이다(서용석 외, 2016: 24). 예들 들어, 냉장고가 사용자의 식습관을 분석하여 맞춤형 레시피를 추천해 줄 수 있을 것이다.

(3) 양자 컴퓨팅(Quantum computing)

양자 컴퓨터는 기존 컴퓨터와는 완전히 다른 방식으로 작동하는 컴퓨터다. 기존의 컴퓨터가 0과 1로 처리된다면 양자컴퓨터는 0과 1이 동시에 존재하는 상태를 활용하여 종래의 컴퓨터에서 해결하지 못했던 문제를 짧은 시간에 해결할 수 있는 컴퓨터다(이성독, 2006: 62).

이러한 양자 컴퓨터는 미래사회를 음지에서 움직이는 지능 인프라로 작동할 것이며, 기상예측, 제약업체의 신약 개발 등의 시간 단축, 새로운 소재 개발 등 다양한 분야에서 활용될 것으로 기대된다(이재호・최호진, 2017). 특히 인공지능과 결합하여 더욱 강력한 컴퓨팅 능력을 제공할 것으로 전망된다(정원주・이성환, 2016: 760).

2) 소프트웨어 부분

(1) 뇌과학

뇌과학은 인간의 뇌가 어떻게 작동하는지를 연구하는 학문이다. 최근 컴퓨터 시스템과 연계되면서 뇌과학 연구를 통해 얻은 지식을 바탕으로 초거대 AI처럼 인공지능을 개발하려는 시도가 이뤄지고 있다. 뇌과학은 인지혁명을 전제로 하고 있다. 인지혁명은 '인간의 인지 과정을 컴퓨터 시스템과 비교하여 연구하고, 이를 통해 인공지능 개발에 필요한 원리를 밝히는 것'을 의미한다(차영화, 2016: 622). 즉 인간의 뇌가 정보를 처리하고 학습하는 방식을 컴퓨터가 모방하여 이미지 인식, 자연어 처리 등에서 획기적인 인공지능 발전이 이뤄지고 있다. 결국 인공지능과 뇌과학은 서로 영향을 주고받으며 발전하고 있다.

(2) 블록체인

블록체인은 서로 모르는 사용자들이 공동으로 만들어가는 시스템인데, 암호화되어 모두에게 공유되기 때문에 특정 사용자가 시스템을 통제할 수 없어 오히려 투명한 거래방식이 될 수 있다(이재호 · 최호진, 2017). 즉 블록체인은 여러 사람이 함께 관리하는 일종의 장부라고 생각할 수 있다. 현재 비트코인을 비롯한 가상화폐가 블록체인 기술을 이용한 금융거래를 하고 있으며, 각종 국가발급 증명서, 스마트홈, 무역결제방식을 비롯한 각종 계약, 생체인증, 의료기록 등 모든 거래가 블록체인 시스템을 활용하고 있다.

(3) 빅데이터

빅데이터 기술은 방대한 양의 데이터를 수집, 저장, 분석하여 새로운 가치를 창출하는 기술이다(서영희 · 송진환, 2018). 빅데이터가 주목받는 이유는 데이터 분석 및 예측을 통한 의사결정의 과학화가 강조되고 있기 때문이다. 즉 데이터의 숨겨진 패턴을 발견하고, 이해함으로써 합리적 의사결정, 문제 해결, 위험의 조기 대응이라는 점에서 데이터의 가치가 높아지고 있다(이재호, 2013: 31). 최근에 와서 오픈데이터, 마이데이터로 확대되고 있다.

오픈데이터는 데이터를 모두에게 원하는 형태로 무료 제공하여 활용할 수 있도록 하는 것으로 데이터 민주주의의 개념으로 바라볼 수 있으며, 마이데이터는 개인정보를 보호하면서 개인의 데이터를 활용하여 새로운 가치를 창출하는 것이다(박주석,

2018: 43-44). 예를 들면 오픈데이터는 도서관의 책처럼 누구든지 원하는 정보를 찾아 활용할 수 있는 것이며, 마이데이터는 개인이 자신에 대한 정보를 직접 관리하고 활용할 수 있는 개념이다.

(4) 인공지능

일반적으로 인공지능(Artificial intelligence)이란 '인간의 학습능력, 추론능력, 자연어 처리능력 등을 컴퓨터 프로그램으로 구현한 기술'이라고 할 수 있다(박현길, 2016: 38). 인공지능은 1956년 영국 다크머스 회의에서 처음 사용하였으며, 1990년대부터 현실에 적용 가능한 기술들이 꾸준히 연구되어 왔다(이재호 외, 2019). 알파고와 이세돌의 바둑 대결과 ChatGPT의 등장은 인공지능의 가능성을 보여 주며 대중의 관심을 집중시켰다.

인공지능이 급속하게 발전하고 있는 배경에는 방대한 양의 데이터, 딥러닝이라는 새로운 학습방법, 컴퓨터 연산을 가속화할 수 있는 컴퓨터 성능의 세 가지 혁신이 있다. 그러나 인공지능이 모든 문제를 해결할 수 있는 것은 아니다. 초거대 인공지능은 학습한 단어의 패턴, 관계성을 분석하여 답변을 생성하기 때문에 답변이 매우 논리적으로 보일 수 있으나, 거짓된 답변도 가능하며, 편향적이거나, 차별적 데이터 학습 시 편향적인 답변도 도출할 수 있어 정부의 정책신뢰를 훼손할 수 있다(행정안전부, 2023: 6). 따라서 공공부문의 인공지능을 도입·활용할 때는 윤리적인 문제를 함께 고려해야 한다.

3) 응용제품 부분

(1) 가상·증강현실

가상·증강현실은 '현실세계와 가상세계의 융합을 통해 사용자의 감각과 인식을 확장함으로써 현실세계에서 경험할 수 없는 다양한 상황을 체험하고 실시간 상호작용을 할 수 있는 기술'을 의미한다(미래창조과학부·한국과학기술기획평가원, 2016: 12).

최근에는 메타버스라는 용어가 주목받고 있다. 메타버스는 현실세계와 가상세계가 융합된 초현실적인 공간을 의미하며, 증강현실, 라이프로깅, 미러월드 등 다양한 기술을 통해 구현될 수 있다(이재호·김준형, 2021: 6-7). 가상현실과 증강현실은 3차원 가상 도시모델, 맞춤형 의료, 온라인 전시관 및 공연 관람, 세대 간 토론, 재난대피 교육 등에 활용되고 있다.

(2) 로봇

로봇은 생산 현장 및 소매 판매점 등에서 활발히 활용되고 있으며, 인간의 일자리를 빠르게 대체하면서 위협요인이 되고 있다. 실제 로봇은 의료, 국방, 치안 등 전문 분야와 요식, 물류 등 상업용과 로봇 청소기, 신체활동을 보조하는 웨어러블(wearable) 로봇의 가정용까지 활용되고 있다. 이처럼 로봇은 반복적인 작업을 수행하는 것을 넘어 인간과의 협업을 통해 더욱 복잡한 작업을 수행할 수 있도록 발전하고 있다. 다만, 인간의 형태를 한 휴머노이드(Humanoid)에 기반한 서비스는 대중화되지 못하고 있다.

(3) 드론

드론은 초기에는 군사용으로 개발되어 감시와 정찰에 사용되었지만, 이제는 건설, 에너지, 재난구조, 농업, 영상 촬영 등 우리 생활 곳곳에서 활용되고 있으며, 특히 접근하기 어려운 지역의 감시, 촬영, 물품 배송 등에 활용되어 우리의 삶을 더욱 편리하게 만들어 주고 있다(이건영, 2016: 20).

현재 공공부문에서도 드론 활용이 확대되고 있다. 그러나 드론 활용은 카메라를 탑재하고 있어 사생활 침해가 발생하고 있으며, 공중에서 파손되어 주변에 피해를 주는 등 새로운 문제점이 나타나고 있다. 드론을 안전하게 활용하기 위해서는 관련 법규 정비와 드론 조정자에 대한 안전교육 강화 등 다양한 노력이 필요하다.

(4) 자율주행차

자율주행차는 '자동차 스스로 주변 환경을 인식하고 위험을 판단해 운전자의 차량 운전을 최소화하며, 출발지에서 목적지까지 주행 경로를 스스로 계획하여 안전하게 주행이 가능한 자동차'로 교통안전, 교통운영, 이용행태, 도시의 공간구조에 많은 변화를 이끌 것으로 예상된다(이백진 · 김광호, 2017: 28). 그러나, 자율주행자 기술 개발에는 산적한 문제들이 많이 남아 있다. 트롤리 딜레마(Trolley dilemma)와 애플의 자율주행차 프로젝트 폐기 사례에서 보듯 불확실한 안전규제로 인해 자율주행차의 상용화는 지연되고 있다. 따라서 자율주행차를 보급하려면 규제를 정비하고 사회적인 수용성을 향상시킬 수 있도록 지속적인 연구와 개발이 진행되어야 한다.

2. 전자정부 기능

1) 국민 중심 서비스 제공

(1) 정부24: 국민 중심의 통합 행정서비스 플랫폼

정부24는 국민들이 필요로 하는 다양한 행정서비스를 통합하여 제공하는 온라인 플랫폼이다. 우리 국민이라면 정부24를 통해 시간과 장소에 구애받지 않고 다양한 민원을 신청하고, 정부 정보를 획득하며, 각종 증명서를 발급받을 수 있다. 정부24는 주민등록등본, 가족관계증명서 등 기본적인 민원부터 각종 증명서 발급, 보조금 신청, 세금 관련 업무, 영유아 돌봄 시설, 청소년 지원센터 등 생활 밀접 위치 확인까지 다양한 행정서비스를 제공한다(행정안전부, 2024.08.20).

모든 국민은 이러한 서비스를 컴퓨터나 스마트폰으로 해결할 수 있다. 정부24는 행정 절차를 간소화하고 국민의 편의성을 증대시키는 데 기여하고 있으며, 나아가 투명하고 효율적인 정부 구현에 이바지하고 있다.

그림 11-2 정부24

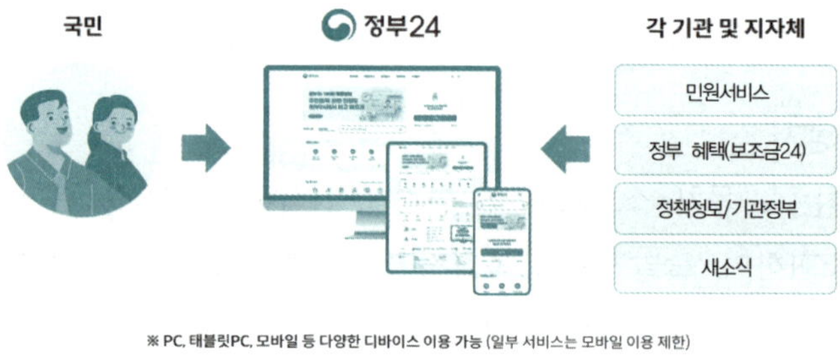

출처: 행정안전부; https://www.gov.kr/portal/main/nologin(검색일: 2024.08.20.)

(2) 비대면 자격 확인 및 정보조회서비스

비대면 자격 확인 서비스는 공공서비스 또는 공공시설 이용 신청자가 법정 요금 할인대상자 등인 경우, 자격증명서류를 별도 제출할 필요 없이 정보주체 본인이 동의하면 행정 정보 공동이용 시스템을 통해 해당 자격 여부를 확인할 수 있는 서비스다(행정안전부, 2024). 이것은 복잡한 행정 절차를 간소화하여 국민의 편의를 높여주는 서비스다. 비대면 자격 확인 서비스에는 정보조회서비스와 정보유통서비스가 있다.

이러한 비대면 서비스는 우리가 행정기관을 방문하지 않고도 원하는 업무를 처리할 수 있도록 지원하여, 서비스 시간과 비용을 절약할 수 있도록 하고 있다.

그림 11-3 비대면 자격 확인 서비스

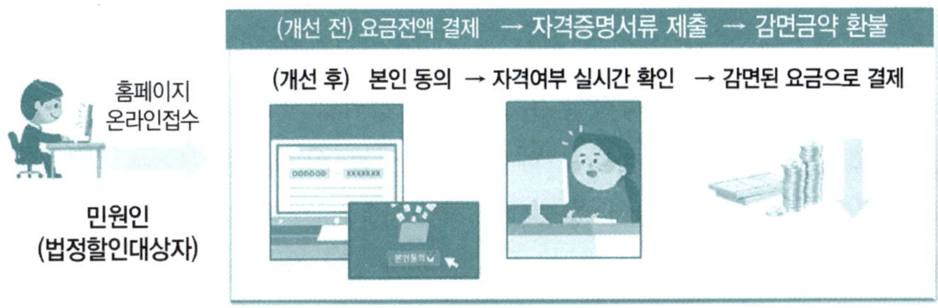

출처: 행정안전부; https://www.mois.go.kr/frt/sub/a06/b04/nationalSecretary/screen.do(검색일: 2024.08.23.)

(3) 국민비서

국민비서는 인공지능을 기반으로 국민에게 필요한 행정정보를 맞춤형으로 제공하는 서비스이다. 마치 개인비서처럼 나에게 필요한 행정정보를 알려주는 서비스다. 예를 들어 국가장학금을 신청할 때, 어떤 서류가 필요하고 어디에 신청해야 하는지 등을 국민비서에게 물어 보면 상세한 정보를 얻을 수 있다. 이러한 국민비서는 개인 맞춤형 알림을 통해 필요한 행정정보를 제공하는 알림서비스와 챗봇을 통해 궁금한 사항을 해결할 수 있도록 지원하는 상담서비스가 있다. 국민비서는 복잡한 행정 절차를 간소화하고, 국민의 편의를 증진시키는 데 기여한다(행정안전부, 2004.08.24).

(4) 모바일 신분증

모바일 신분증은 스마트폰에 저장된 디지털 신분증으로, 기존의 플라스틱 신분증을 대체하여 편리하고 안전하게 신원을 확인할 수 있도록 하는 서비스다(행정안전부, 2004.08.24). 모바일 신분증의 특징은 스마트폰으로 언제 어디서든 신분증을 사용할 수 있으며, 블록체인 기술 등을 활용하여 높은 수준의 보안을 제공한다는 것이다. 이를 통해 신분증 분실 걱정 없이 편리하게 이용할 수 있으며, 신분 확인 절차 간소화를 통해 행정 효율성을 높일 수 있다.

(5) 간편 인증

간편 인증은 공인인증서 없이도 다양한 민간 인증 수단을 활용하여 온라인 서비스에 접속하고 전자서명을 하면 간단하게 본인을 인증할 수 있도록 하는 제도이다(행정안전부, 2024.08.24). 주요 특징은 PC, 스마트폰, 태블릿 등 단말기 운영환경과 상관없이 공공웹사이트에 접속할 수 있으며, 언제 어디서나 별도 설치 없이 모바일에 저장된 인증서를 이용하여 지문, 얼굴 인식 등 생체 인식으로 간편하게 본인인증이 가능하다(행정안전부, 2024.08.24). 복잡한 비밀번호를 기억할 필요가 없으며, 공인인증서를 설치할 필요 없이 스마트폰 하나로 해결할 수 있는 서비스다.

국민 중심 서비스는 국민이 행정서비스를 이용하는 데 불편함을 느끼지 않도록 다양한 노력을 기울이고 있다. 국민 중심의 통합 행정서비스 플랫폼을 통해 국민이 더 쉽게 민원을 처리할 수 있도록 민원 절차 및 첨부 서류 간소화, 창구 단일화를 통해 편의성 제고, 행정정보의 투명한 행정처리를 가능하게 하였다. 앞으로도 국민비서, 모바일 신분증, 간편 인증과 같은 서비스들은 국민이 더욱 편리하고 빠르게 행정서비스를 이용할 수 있도록 더욱 발전된 서비스를 제공할 것이다.

2) 정부 내 정보 공유 및 활용

정부 내 정보 공유 및 활용은 정부기관 간 행정정보를 공유하고 활용하여 업무 효율성과 국민 편의성을 높이는 시스템이다. 즉 여러 행정기관들이 서로 정보를 주고받으며 업무를 처리하는 시스템이다.

(1) 행정정보공동이용

행정정보란 '행정기관 및 공공기관이 직무상 작성하거나 취득하여 관리하고 있는 전자적 자료이며, 행정정보공동이용은 행정기관 등에서 수집・보유하고 있는 행정정보를 다른 기관에서도 민원, 내부 업무 처리 등을 위해 이용할 수 있는 제도'이다(행정안전부, 2024.08.24). 예를 들어 주민등록등본을 여러 곳에 제출해야 할 경우, 한 번만 확인하면 다른 곳에서는 재발급 받을 필요가 없도록 하는 것이다. 이를 통해 행정 효율성과 국민의 편의성을 높이며, 행정정보의 투명성을 제고하고자 한다.

(2) 공공 마이데이터

공공 마이데이터는 정보주체인 국민의 요구에 따라 행정・공공기관이 보유한 본인 행정정보를 본인 또는 제3자에게 제공하는 서비스다. 즉 국민이 행정・공공기관이나 금융기관 등의 서비스를 신청·접수하는 경우, 이에 필요한 구비서류 정보를 한 번에 묶어서 손쉽게 제출하는 서비스로 「민원처리법」 제10조의2(민원인의 요구에 의한 본인정보 공동이용)와 「전자정부법」 제43조의2(정보주체 본인에 관한 행정정보의 제공요구권)에 근거하고 있다.

이러한 시스템들은 다음과 같은 장점을 갖고 있다. 첫째, 민원 처리 시간 단축, 방문 횟수 감소 등 국민의 편의를 증진시킨다. 둘째, 정보 공유를 통한 업무 중복 방지 및 처리 시간 단축으로 행정 효율성을 높인다. 셋째, 정보 공개를 통해 행정의 투명성을 확보하고, 국민의 신뢰를 얻는다. 끝으로 축적된 행정 데이터를 활용하여 과학적이고 효율적인 데이터 기반 행정정책 수립을 지원한다.

행정정보공동이용은 지속적인 기술 발전과 함께 더욱 고도화될 것이다. 특히, 인공지능, 빅데이터 등 신기술을 활용하여 개인 맞춤형 서비스를 제공하고, 행정서비스의 질을 향상시킬 것으로 기대된다. 또한, 국민의 데이터 주권을 보호하고, 정보 보안을 강화하는 방향으로 발전할 것이다.

행정정보공동이용은 디지털 시대에 걸맞은 행정서비스를 제공하기 위한 필수적인 요소이다. 앞으로도 지속적인 발전을 통해 국민의 삶의 질을 향상시키고, 더욱 편리하고 투명한 행정서비스를 제공할 수 있을 것이다.

3) 정부 운영 효율화

정부 내 정보 자원을 효율적으로 관리하고, 표준화된 시스템을 구축하여 업무 효율성과 생산성을 높이는 것을 의미한다.

(1) 정보자원관리시스템(IRMS)

정보자원관리(Information Resource Management, IRM)는 정보, 정보기술, 정보시스템과 정보화 관련 계획, 예산, 조직, 통제활동 등을 포괄하는 인력, 장비, 자금, 기술 등을 체계적으로 관리하여 효율성을 극대화하고, 최적의 의사결정을 지원하는 활동이다(고형석 외, 2018: 277). 법률 정의에 따르면, '일정한 기준과 절차에 따라 업무, 응용, 데이터, 기술, 보안 등 조직 전체의 구성요소들을 통합적으로 분석한 뒤 이들 간의 관계를 구조적으로 정리한 체계'라고 한다. 정보자원관리시스템은 정부가 갖고 있는 모든 정보를 체계적으로 관리하고 활용하기 위한 시스템이다. 즉 사업계획의 사전검토를 통해 타 시스템과의 중복 투자를 방지하고, 정보시스템의 활용도 등 운영 성과를

그림 11-4 정보자원관리시스템 종합구조

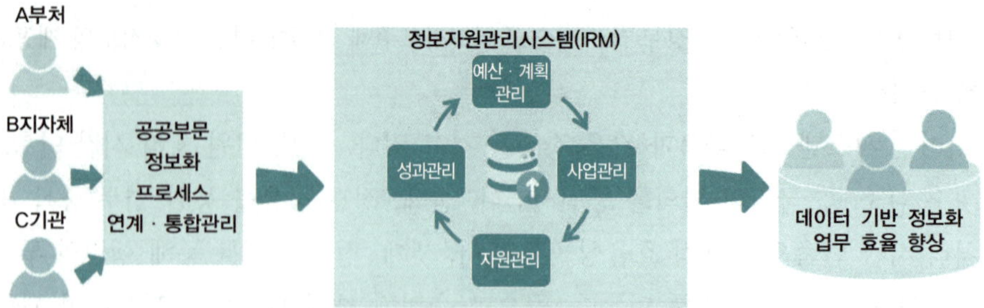

출처: 행정안전부; https://www.mois.go.kr/frt/sub/a06/b04/infoResourceMgr/screen.do(검색일: 2024.08.26).

측정하여, 폐기 · 통폐합을 권하는 등 정보자원 투자 효율성을 제고한다(박진형, 2022).

(2) 전자정부 표준 관리

전자정부 표준이란 "국가표준을 준용하며, 이를 전자정부 추진에 활용함에 있어 효율성과 연동성을 확보하고자 만든 강제 또는 자율적으로 적용하는 문서화된 기준, 규격, 지침 및 기술규정에 대한 규약의 집합이며, 전자정부 표준화란 공표된 전자정부 표준을 전자정부 추진에 활용함으로써 효율성과 연동성을 확보하고자 하는 조직적 활동"이다(한국철도기술원, 2012: 31). 전자정부 표준은 마치 레고 블록처럼, 다양한 전자정부시스템을 만들 때 사용하는 기본 설계도라 할 수 있다.

이는 다양한 전자정부 사업의 상호 운용성과 효율성을 극대화하기 위하여, 전자정부 사업의 추진에 필요한 표준의 제정 · 개정 · 폐지와 관련된 활동에 대한 세부 사항을 정하기 위해서다(행정안전부, 2021).

전자정부 표준이 중요한 이유는 다음과 같다(김호진 · 김창수, 2013: 1009). 첫째, 개발자들이 숙달된 프레임워크를 활용하므로 개발 기간의 최소화와 품질 향상이 이뤄질 수 있다. 둘째, 다른 프로젝트에서의 컴포넌트 재사용이 가능해져 생산성이 증대된다. 셋째, 개발 완료 후 유지보수가 용이하다. 넷째, 프레임워크의 무상 제공으로 중소기업의 입찰 경쟁력이 향상된다.

(3) 스마트워크

스마트워크는 '시간과 공간의 제약 없이 보다 효율적으로 업무를 수행하는 새로운 근무 방식'이다. 예를 들어, 집, 카페, 자동차에서 노트북으로 업무를 보거나, 화상회의를 통해 동료들과 소통하는 것이다. 스마트워크는 '협업을 포함하며 본인이 필요한 시점에 원하는 장소에서 보다 효율적인 방법으로 일하는 것이며, 열심히 일하는 것에서 효율적으로 일하는 것으로의 변화'를 의미한다(류중길 · 손승희, 2013: 4).

스마트워크의 효과를 살펴보면 조직관리 및 운영 비용 절감을 통해 조직 생산성을 향상시킬 수 있으며, 자원 효율성 증대와 업무공간 축소에 따른 에너지 절감으로 지속가능한 비즈니스 구축, 보다 유연한 근무환경으로 조직구성원의 삶의 질을 증대시킬 수 있다(김진섭, 2012: 11). 이처럼 스마트워크는 단순히 새로운 근무 방식을 넘어, 우리의 삶과 일하는 방식을 근본적으로 변화시키고 있다.

제3절 디지털 전환과 미래 전자정부

1. 디지털 전환의 개념과 중요성

1) 디지털 전환의 중요성

디지털 전환(digital transformation)이란, "인공지능, IoT 등 디지털 기술의 급격한 발전에 따라 조직의 모든 측면(인사, 프로세스, 문화, 커뮤니케이션, 시스템 등)을 디지털 기반으로 혁신하는 과정"이다(이서영, 2018: 1). 이를 통해 기업은 새로운 가치를 창출하고, 시장 변화에 빠르게 대응할 수 있다. 이에 각국 정부는 디지털 전환 전략을 수립하여 디지털 시대에 맞는 일하는 방식, 정부 운영, 정부서비스 품질 향상을 목표로 하고 있다. 영국은 「디지털 2017~2020전략」을 수립하여 국가와 시민의 관계에 변화를 주고 있으며(GDS, 2016: 6), 호주 역시 「디지털 2025전략」을 통해 일하는 방식을 변화시키고 있다(DTA, 2020).

우리 정부도 디지털 기술의 발전을 정부혁신의 중요한 기회요인으로 보고, 유연하고 민첩한 디지털 정부 구현을 제시하고 있다. 특히 디지털 기술의 발전은 공공서비스의 다양화를 이끌고 있으며, 개인 맞춤형 서비스 제공을 가능하게 하고 있다(이재호 · 정소윤, 2021: 46).

2) 디지털 전환의 개념

디지털 전환에 대한 논의가 진행되면서 디지털, 디지털화, 디지털 전환 등 관련한 용어들이 혼재되어 사용되고 있다. 이에 디지털 전환과 관련된 개념을 정리하고자 한다.

디지털 전환을 이해하기 위해서는 '디지털(digital)'이라는 개념을 살펴볼 필요가 있다. 일반적으로 디지털은 '여러 자료를 유한한 자릿수의 숫자로 나타내는 것', '0과 1로 나타내는 이진법'이라고 정의된다. 즉, 디지털은 정보나 자료를 0과 1로 표현하는 것이다(Gartner, 2020).

다음으로 디지털화이다. '디지털화'는 영어로는 'digitization'과 'digitalization'을 쓴다(정소윤 외, 2020: 37). 두 단어 모두 한국어로 번역하면 '디지털화'이다. "디지타이제이션(digitization)은 아날로그 정보를 디지털 형태로 변화시키는 과정을 의미하며, 디지털라이제이션(Digitalization)은 디지털 기술을 활용하여 비즈니스 모델 자체를 혁신" 하는 것을 의미한다(Gartner, 2020). 또한 digitalization은 사업 운영을 혁신하기 위해 디지털 기술과 정보를 채택하는 것으로 디지털화가 사람들에게 미치는 영향에 초점을 맞춘다(Bloomberg, 2018).

디지털 전환과 디지털화(digitization과 digitalization) 간 가장 큰 차이점은 디지털화(digitization과 digitalization)가 기술 중심의 개념이라면 디지털 전환(digital transformation)은 고객 중심의 개념으로, 조직 전체의 운영 방식과 비즈니스 모델을 근본적으로 변화시키는 것으로 목표로 한다(Bloomberg, 2018). 즉 디지털화는 아날로그 정보를 디지털 형태로 변화하는 과정이며, 디지털 전환은 디지털화에서 더 나아가 디지털 기술을 활

표 11-3 디지털화와 디지털 전환

	디지털화 (Digitization)	디지털화 (Digitalization)	디지털 전환 (Digital Transformation)
초점	데이터 변환	정보 처리	지식 활용
목표	아날로그 형식을 디지털 형식으로 변경	기존 업무 운영 및 프로세스 자동화	조직의 문화, 일하는 방식 및 사고방식의 변화
활동	종이 문서, 사진, 마이크로필름을 디지털 형식으로 변환	완전한 디지털 작업 프로세스 생성	새로운 디지털 비즈니스로의 전환
도구	인코딩 장치	컴퓨터 응용 프로그램	새로운 디지털 기술, 인공지능 등

출처: Savic(2019) 재구성.

용하여 일하는 방식, 문화, 비즈니스 모델을 근본적으로 변화시키는 것을 의미한다. 지금까지 살펴본 용어들을 정리하면 〈표 11-3〉과 같이 정리할 수 있다.

2. 디지털 전환과 스마트 행정

1) 데이터기반행정

데이터기반행정은 공공기관이 보유한 방대한 양의 데이터를 수집·분석하여 정책 수립 및 의사결정에 활용함으로써, 직관·경험·관습에 의거하는 방식에서 벗어나 데이터에 기반한 객관적인 분석을 통해 정책을 수립하고 의사결정을 수행하는 방식이다(조세현·차세영, 2022: 14). 단순한 데이터를 수집하는 것을 넘어, 데이터 분석을 통해 정책결정의 과학화와 효율적인 행정서비스 제공을 목표로 한다.

데이터기반행정은 증거기반행정의 개념을 확장한 것으로 볼 수 있다. 개념으로 증거기반행정이 있다. 이 둘은 비슷한 개념이지만 활용대상과 초점 등에서 차이점이 있다. 증거기반행정은 정책결정과 실행에 과학적 증거를 활용하는 접근방법이다. 반면, 데이터기반행정은 증거기반행정에서 출발했지만, 데이터와 인공지능 분석방법으로 수용하는 등 데이터의 분석·활용능력으로 의미가 확장되었다.

표 11-4 증거기반행정과 데이터기반행정의 차이점

구분	증거기반행정	데이터기반행정
주체	전문가 · 연구자	정책결정자 · 실무자
수혜자	정책결정자	(일반)시민
활용대상	정보 · 지식	데이터
활용초점	엄밀한 방법론으로 도출된 정보 · 지식	다량의 다양한 데이터
주요 필요 조건	가공된 데이터 해석 · 적용 능력	데이터 분석 · 활용 능력

출처: 조세현 · 차세영(2022: 19).

데이터기반행정은 객관적인 의사결정, 미래 예측, 개인별 데이터를 분석한 맞춤형 서비스 제공을 통해 행정의 효율성과 투명성을 높이고, 시민 만족도를 향상시키기 위해 중요하다. 특히 실시간 데이터 분석을 통해 신속하고 정확한 대응이 가능하게 된다. 최근에는 전 세계적으로 데이터를 전략 자산으로 인식하고 있으며, 영국, EU, 미국, 에스토니아, 싱가포르 등 각국에서 데이터기반행정 혁신을 촉진하고 있다.

우리 정부는 세계 최고 수준의 디지털 인프라를 구축하고 공공데이터를 축적했으나, 정책 의사결정과 수립의 활용은 상대적으로 취약했다. 이에 정부는 데이터를 자산으로 인식하고, 지능형 정부로 도약하기 위해 「데이터기반행정 활성화에 관한 법률」 제정과 「데이터기반행정 활성화 기본계획」을 수립하였다.

데이터기반행정의 대표 사례로는 서울시의 '심야버스 노선 최적화'가 있다. 2013년 서울시는 KT와 MOU를 맺고, 휴대전화 이력 데이터를 통해, 유동 인구 밀집도를 분석하고, 노선최적화 및 배차간격을 조정하였다. 이를 통해 8개 노선에 대한 정류소와 노선 변경안을 확정하였다(서울시, 2013).

그림 11-5 서울시 빅데이터 기반 심야버스 노선 수립 과정

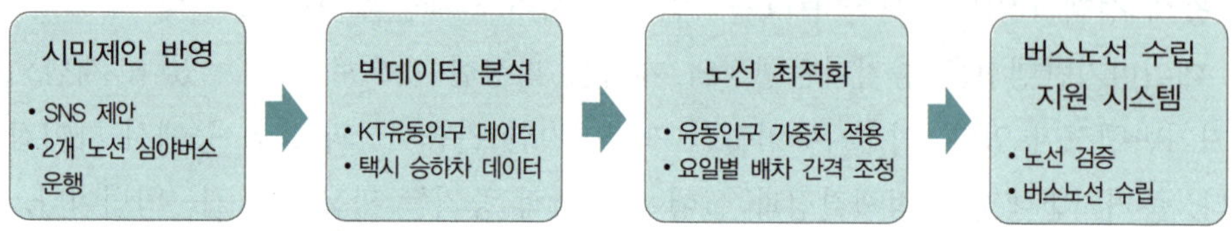

출처: 서울특별시(2013).

이처럼 데이터 기반 행정은 미래 행정의 핵심이라고 할 수 있다. 인공지능과 빅데이터 기술의 발전으로 더욱 정교하고 효율적인 행정이 가능해질 것이다. 또한, 데이터의 개방을 통해 국민과의 소통이 강화되고, 국민 스스로 공공데이터를 활용하여 창업 등에도 활용할 수 있어 국민경제에도 이바지할 것이다.

2) RPA(Robotic Process Automation) 등 행정업무자동화

행정업무자동화란 '디지털 기반으로 행정업무 절차를 재설계하고 디지털 기술을 활용하여 행정업무를 자동화'하는 것으로 정의한다(행정안전부, 2023: 1). 단순 반복적이고 규칙적이며, 정형화된 데이터를 처리하는 업무는 RPA를 통해 자동화하고, 사람은 창의적인 업무를 수행함으로써, 업무처리시간과 인간에 의한 오류를 줄이고, 업무생산성과 근무만족도를 높이는 것이 RPA의 핵심이다(엄선태, 2022: 3).

RPA는 초기에는 단순 반복 작업 자동화에 초점을 맞췄지만, 인공지능, 특히 머신러닝 기술과의 결합을 통해 더욱 복잡한 업무를 자동화하고 지능화된 프로세스를 구

표 11-5 RPA방식과 IA방식의 적용 기준

	Robotic Process Automation	Intelligent Automation
정의	• 반복적, 규칙적, 체계적 업무를 자동화 규칙에 기반	• 학습하고 추론하는 기술 • 학습기반
기능	• 지침에 따라 명확한 작업을 수행	• 데이터 분석 및 예측 등 복잡한 문제해결
적용 범위	• 폭넓게 적용	• 의미 있고 통찰력 있는 산출물 등에 제한적 적용
장점	• 빠르고 정확한 작업 수행 • 비용 절감 • 오류 감소	• 복잡한 문제해결능력 • 새로운 지식 습득
단점	• 유연성 부족 • 창의적 문제해결 불가	• 데이터 학습시간 • 윤리적 문제 발생

출처: 김정해 외(2021).

현할 수 있게 되었다(김정해 외, 2021).

공공부문의 사례를 보면, 인력 증원이 대폭 요청되는 복지, 공공서비스, 세금과 연금 등 일선 창구 부분과 내부적으로는 회계, 총무, 경리, 계약관리 부분에 많이 활용되고 있다.

표 11-6 RPA 활용 사례(일본)

	항목	주요 사례
창구	생활	• 주민 이사 신고 접수 · 등록 • 호적 신고/혼인 신고/사망 신고 등 • 인감 등록 • 아이/기타 아동 수당 신청
	세금, 연금	• 국민건강보험 신청 • 국민연금 신청 • 지방세의 각종 신고
	복지	• 신체장애인 신청 • 예방접종 관련 신청 • 복지의료제도 신청
	공공서비스	• 스포츠 시설 이용 신청 처리, 관리 업무 • 도서관의 대출 기록의 처리 등 • 각종 행사, 이벤트 참가자 등록 처리 업무

내부	회계	• 회계 심사, 출납업무 • 물품 관리
	계약 관련	• 입찰 참가 자격 심사 신청에 관한 업무 • 계약 사무 신청, 조달처 등록 업무
	총무, 경리	• 직원 급여 계산 • 여비, 경비 정산 • 보험 신청 • 직원 연수의 접수, 수강 기록 관리
	정보 관리	• 정보 관리, 단말기 관리 • 통계 업무(데이터 정리, 활용에 관련된 자료 작성 업무 등) • 지자체 웹사이트의 운영·갱신
	교육	• 학습 성적 데이터 처리
	관광	• 관광지 방문자, 시설 방문자 데이터 등록
	기타	• 납세 사무 처리 • 행사, 시설에 관한 사무 처리

출처: 일본 총무성(2020).

업무자동화 도입 시 고려사항으로는 다음과 같이 것이 있다(Carper, 2018). 첫째, 자동화 대상 업무의 선정이다. 일반적으로 시간이 많이 걸리고, 사람의 의도적 노력에 크게 의존하는 업무는 자동화하기에 아주 적합하다. 둘째, 자동화는 단순하고 사전에 합의되고 표준화된 규칙에 기반하여 반복되는 업무에 적절하다. 이러한 데이터와 작업은 규칙 기반, 안정성, 일관성 및 데이터 중심의 작업을 의미한다. 셋째, 전자적 처리 및 기계판독이 가능한 데이터가 있어야 한다. 즉 적용 대상이 되는 업무 데이터가 로봇과 시스템이 읽을 수 있는 형태로 존재해야 한다. 일괄적으로 정리되고 저장되어 있는 데이터일수록 자동화시키기에 용이하다. 넷째, 자동화는 변형이나 예외 발생의 정도가 적고 정형화된 데이터를 다루는 표준화된 프로세스에 더욱 적합하다.

RPA를 도입하는 것은 업무 프로세스를 근본적으로 변화시키는 일이며, 성공적인 RPA 도입을 위해서는 충분한 준비와 계획이 필요하다. 특히 자동화하기 어려운 업무를 선정하거나, 효과가 미미한 업무를 선정하거나 조직의 요구 사항에 맞지 않는 도구를 선정하지 않도록 유의해야 한다.

3) 초거대 AI기술의 활용

2014년 구글의 알파고 이후 인공지능 기술은 발전해 왔으며, 최근에는 대규모 언어 모델을 활용한 생성형 AI가 출시되면서, 텍스트 생성, 이미지, 음성 등의 창작물을 자동으로 생성하는 AI서비스가 본격화되고 있다.

(1) 초거대 AI 서비스

초거대 AI란 '대규모 데이터셋을 기반으로 훈련된 딥러닝 모델을 사용하여 문서를 요약, 대조하거나 새로운 콘텐츠를 생성하는 등의 인공지능'이다(디지털플랫폼정부위원회, 2024: 7). 즉 초거대 AI는 방대한 양의 데이터를 학습하여 인간과 유사한 수준의 언어 이해 및 생성능력을 갖춘 인공지능 모델이다. 이러한 초거대 AI서비스는 미국의 openAI사가 2022년 11월 30일 GPT3.5를 출시하면서 확산되고 있다.

초거대 AI는 문서 작성 및 검토, 요약, 언어 번역 관련 작업뿐만 아닐, 창의적 콘텐츠 생성까지 가능하여 업무효율성을 크게 향상시킬 수 있다. 또, 미리 계산된 간단한 답변을 제공하는 것이 아니라, 이전 대화의 맥락을 기억하며, 사용자의 입력과 선호에 기반한 맞춤형 개인화 서비스를 제공한다(이동영 외, 2024: 18).

표 11-7 초거대 언어 모델의 주요 구성요소

구분	주요 내용
알고리즘	문제해결을 위한 추론과 학습능력
컴퓨팅 파워	막대한 양의 데이터 연산에 필요한 하드웨어
데이터	성능 향상을 위한 다양한 형태의 대규모 학습 지원
보편적 지능	인간 수준의 인지능력과 사고능력을 학습 · 평가
AI 안정성	사람이 제어할 수 있는 환경에서 믿을 만한 답을 도출
AI 윤리 기준	초거대 AI의 인간 사회 가치, 윤리와의 부합성 등

출처: 디지털플랫폼정부위원회(2024).

(2) 초거대 AI의 문제점과 과제

공공 분야의 초거대 AI의 활용 가능 분야는 정보탐색, 문서작성, 컴퓨터 능력이 있다. 정보탐색은 신규 기획의 내용 발굴, 보고서 작성에 필요한 아이디어, 업무에 참고하기 위해 국내 · 외 자료조사에 활용할 수 있다. 둘째, 언어능력은 인사말, 강의자료, 보도자료 등 초안을 작성하거나, 자료 요약, 언어 번역에 활용할 수 있다. 셋째, 업무용 응용프로그램 사용법 탐색, 업무 자동화 프로그램 제작 등에도 활용할 수 있다(행정안전부, 2023). 그러나 초거대 AI 활용 시 다음과 같은 문제점이 있다.

첫째, 저작권 및 개인정보 보호 문제다. 저작권자의 사용 허가 없이 학습 데이터로 이용한 경우와 정보주체의 동의를 얻지 않고 개인의 종교, 정치 성향, 위치 등의 민감 정보를 수집·활용할 수 있다(홍승헌 외, 2023). 현재 국내·외적으로 AI학습 데이터의 저작권 문제와 관련하여 법적 규제를 마련하기 위한 논의가 활발하게 진행되고 있다.

둘째, 중요 정보 유출이다. ChatGpt에 입력하는 정보를 성능 개선을 위한 학습자료로 이용하는 경우로 정부나 기업의 민감한 정보가 외부로 유출될 수 있다는 것이다.

셋째, 답변의 신뢰성, 윤리성, 편향성이다. 초거대 AI가 사실을 잘못 해석하거나 편향된 데이터, 부정확한 데이터로 학습할 경우 허위 정보 등의 오염된 데이터를 재생산할 위험 역시 급증한다(한윤수·류현숙, 2023: 4). 특히, 우회적 질문으로 비윤리적 답변을 제시하기도 한다. 또 차별적 데이터 학습으로 편향적인 답변도 도출하는 문제가 있다. 즉 잘못된 정보의 생성·유통으로 공공부문의 기밀 데이터 유출, 정책에 대한 국민의 신뢰 약화 등 중대한 정책 이슈를 초래할 수 있다. 따라서 비공개 정보나, 개인정보를 입력하지 말아야 하며, 초거대 AI가 생성한 답변은 환각현상(Hallucination)으로 거짓 정보일 수 있으므로 검증과 확인이 필요하다.

3. 디지털플랫폼정부

1) 디지털플랫폼정부의 개념

디지털플랫폼정부란, '모든 데이터가 융합되는 "디지털 플랫폼" 위에서 국민, 기업, 정부가 함께 사회문제를 해결하고, 새로운 가치를 창출하는 정부'라고 정의한다(디지털플랫폼정부위원회, 2023: 2). 이는 데이터와 인공지능(AI)을 기반으로 정부의 서비스를 혁신하여 국민의 삶의 질을 향상시키고자 하는 새로운 정보모델이다. 그래서 디지털플랫폼정부는 여러 곳에 흩어져 있는 다양한 공공서비스들을 민간 클라우드를 활용하여 연계·통합하여 한 번에 한 곳에서 대국민 서비스를 제공하고자 한다.

기존 전자정부는 아날로그 방식의 행정 절차를 온라인으로 전환하는 데 초점을 맞춰왔다. 실제 현행 「전자정부법」 등 관련 법령은 아날로그 원칙이 기본이고 예외로 디지털(전자문서)이 가능하도록 규정하였는데, 정부는 '디지털 기본(Digital Only)'으로 정부 운영 패러다임을 전환하고 있다.

이러한 정부 운영 패러다임으로 전환을 위해 정부는 2023년에 '디지털플랫폼정부

실현 계획'을 수립하였다. 이 계획은 디지털 심화 시대의 도래에 따라, 인공지능 · 데이터 중심의 국가 전략의 필요성과 새로운 정부 혁신 전략으로 디지털플랫폼정부 구현을 정부 혼자만의 방식에서 벗어나 국민 · 기업과 함께 해결책을 모색하여 국민과 기업이 성장하는 나라로 만들어 "모두가 더 잘 살고 자유로운 대한민국"을 실현하는 것을 목표로 하였다(디지털플랫폼정부위원회, 2023: 1).

2) 디지털플랫폼정부의 기본 원칙

디지털플랫폼정부는 모든 데이터가 융합되는 "디지털플랫폼" 위에서 국민, 기업, 정부가 함께 사회문제를 해결하고, 새로운 가치를 창출하는 정부를 구현하고, 절차 간소화를 통한 효율성과 투명성 증대 및 시민을 포함한 다양한 이해관계자 간의 소통과 공유 및 개방성을 높이는 것을 원칙으로 한다(디지털플랫폼정부위원회, 2023: 2). 디지털플랫폼정부의 기본 원칙은 〈표 11-8〉과 같다.

표 11-8 디지털플랫폼정부의 기본 원칙

원칙	주요내용
국민 중심	• 국민이 원하는 방식으로 통합적, 선제적, 맞춤형으로 공공서비스를 제공한다. • 개인정보를 보호하고 안전하고 신뢰할 수 있는 이용환경을 보장한다. • 모든 국민이 언제 어디서나 편리하게 디지털 서비스를 이용할 수 있도록 보장한다.
하나의 정부	• 정부부처 간 칸막이를 없애고, 모든 데이터가 연결된 디지털 플랫폼으로 하나의 정부를 구현한다. • 행정 프로세스를 디지털 중심으로 재설계하고, 조직문화 및 인사제도까지 혁신한다.
인공지능 · 데이터 기반	• 공공데이터는 사람과 인공지능 모두 읽을 수 있는(machine readable) 방식으로 전면 개방한다. • 정부는 인공지능 · 데이터 기반으로 정책결정을 과학화한다.
민관협력	• 국민과 함께 혁신하고 민관이 함께 성장하는 혁신생태계를 조성한다. • 디지털 모범국가로 국제 사회에 기여하는 디지털플랫폼정부를 만든다.

출처: 디지털플랫폼정부위원회(2023).

3) 디지털플랫폼정부의 비전과 핵심과제

디지털플랫폼정부의 비전은 "인공지능 · 데이터로 만드는 세계 최고의 디지털플랫폼정부"를 구현하는 것이다. 이는 세계 최고 수준의 행정 효율화와 국민 누구나 정책 설계에 참여하는 디지털 민주주의를 통해 행정서비스와 국민 삶을 획기적으로 향상시키고자 하는 것이다.

디지털플랫폼정부는 인공지능·데이터를 활용하여 국민의 삶을 편리하고 안전하게 만들고, 디지털 선도국가로 도약하는 것이다. 이를 위해 "하나의 정부, 똑똑한 나의 정부, 민관이 함께하는 성장플랫폼, 신뢰하고 안심할 수 있는 디지털플랫폼정부 구현"을 위한 4대 목표를 바탕으로 16개의 핵심 과제를 추진하고 있다.

4. 쟁점과 과제

1) 디지털 전환: 클라우드 AI냐 온디바이스(On-device) AI냐

클라우드 기반 AI는 원격 서버에서 데이터를 처리하여 강력한 컴퓨팅 성능과 저렴한 비용을 제공하지만, 개인정보 보호, 네트워크 지연, 데이터센터의 과도한 전력 소모 등의 문제를 야기할 수 있다. 반면에, 온디바이스 AI는 클라우드와 연결하지 않고, 스마트폰, 노트북, PC에서 직접 데이터 처리와 연산을 수행한다. 온디바이스 AI는 빠른 응답 속도와 높은 개인정보 보호 수준을 보장하며, 사용자 맞춤형 서비스 제공에 유리하다. 이 두 가지 방식은 각각의 장단점이 있으므로, 사용자의 요구와 환경에 따라 적절한 방식을 선택하는 것이 중요하다. 따라서 디지털 업무 환경을 최적화하기 위해서는 클라우드 기반 AI와 온디바이스 AI의 장단점을 고려하여 효과적으로 조합하는 것이 필요하다.

현재 정부는 클라우드 네이티브 정책을 추진하고 있으나, 온디바이스 활용에 대한 구체적인 정책은 아직 마련되지 않은 상황이다. 초거대 AI 중심의 일하는 방식을 공공부문에 도입·활용하기 위해서는 온디바이스 AI 정책을 추진해야 하는데, 이것은 현재 정부의 클라우드시스템 전환을 방해할 수 있는 문제점이 있다. 따라서 공공

표 11-9 클라우드 AI와 온디바이스 AI의 특징

	클라우드 AI	온디바이스 AI
장점	높은 연산능력으로 고복잡도의 인공지능기술 적용 실시간 추론	빠른 서비스 강화된 보안 낮은 에너지 소비 민주성
단점	대기 시간 개인정보 유출	제한된 연산능력

출처: Grob(2017).

부문의 디지털 전환을 성공적으로 이루기 위해서는 클라우드 기반 AI와 온디바이스 AI를 결합하여 시너지를 창출할 수 있는 방안 마련이 시급하다.

2) 업무환경: 생산성과 워라밸

디지털 일하는 방식은 원격근무, 재택근무 등 다양한 근무 형태를 혼합한 근무 방식이다. 이 방식은 생산성 측면에서 긍정적 효과와 부정적 효과에 대한 논쟁이 있다. 즉, 디지털 일하는 방식은 기존의 근무 방식에 비해 생산성을 향상시킬 수 있는 잠재력이 있지만, 동시에 생산성 저하에 대한 우려도 있다. 생산성 저하에 대한 논쟁은 업무 집중도 저하, 협업 및 소통의 어려움, 정보 공유의 어려움이 있다는 의견이 있다. 반면, 생산성 증가에 대한 주장은 불필요한 보고 및 부수적인 업무 감소, 개인 맞춤형 업무환경 조성, 워라밸 증진으로 업무와 개인 생활의 균형을 찾을 수 있어 업무 효율이 향상될 수 있다고 한다(Yang, Holtz, & Jaffe, 2022).

결국, 하이브리드 근무 환경을 성공적으로 구축하기 위해서는 물리적 공간 재설계뿐만 아니라, 조직문화 변화와 업무프로세스 개선도 함께 이뤄져야 한다. 정부의 일하는 방식 개선의 내용에서도 사무환경의 공간혁신을 추진하고 있다. 그러나 공간

그림 11-6 일하는 방식의 유형

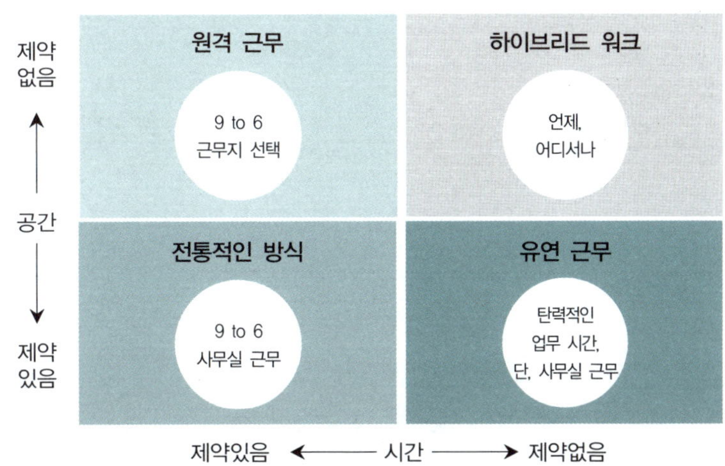

출처: IGM(2022).

혁신은 기존의 관료적인 조직문화와 업무 방식을 얼마나 유연하게 변화시킬 수 있느냐 하는 점에서 어려움이 있다. 과거 공간혁신은 경기도와 행정안전부의 시범 실시 과정에 여러 문제점이 있었다. 특히, 대면 결재를 선호하는 기존 조직문화는 공간혁신을 어렵게 만드는 주요 요인이다.

하이브리드워크를 실현하기 위해서는 관련 자료를 매년 공개하고, 원격 근무와 공간의 유연성을 확보할 수 있는 적합 업무를 발굴하는 것이 요구된다. 또한 상사와 직원 간의 퇴근 후 사생활을 보호할 수 있는 적절한 매뉴얼도 필요하다.

3) 초거대 AI 활용과 관료의 저항

초거대 AI 도입은 직원의 창의성 저하와 일자리 감소에 대한 우려를 야기할 수 있다(Ellingrud & Sanghvi, 2023). 구체적으로, 초거대 AI 도입은 단순 반복적인 업무는 자동화할 수 있지만, 창의성과 전문성이 요구되는 고차원적인 업무는 여전히 인간의 역할이 중요하다는 점을 시사한다. 또한, 업무 자동화는 직원들의 소외감과 불안감을 야기하여 직무 만족도를 저하시킬 수 있다. 기존의 조직은 직원들이 업무를 수행하는 데 필요한 기술과 지식을 제공하는 역할을 담당했다. 그러나 초거대 AI의 활용으로 인해 조직은 직원들이 업무를 수행하는 데 필요한 기술과 지식을 제공하는 역할뿐만 아니라, 초거대 AI를 활용하여 업무를 수행하는 방법을 교육하는 역할도 담당해야 할 것이다.

CASE STUDY 사례 1

음성 · 영상 · 사진으로 … AI딥페이크 확산

최근 가장 문제가 되고 있는 것은 AI 기술이 빠르게 발전하면서 등장한 딥페이크다. 딥페이크는 AI 심층학습인 '딥러닝(deep learning)'과 가짜를 의미하는 '페이크(fake)'의 합성어로, AI 기술을 활용해 기존 인물의 얼굴이나 특정 부위를 합성한 영상 편집물을 뜻한다.

2년 내 글로벌 위험요인 1위로 부상한 AI 생성 가짜정보, 즉 딥페이크의 위험성이 크게 알려진 대표적인 사건은 지난 1월 미국의 유명 팝스타 테일러 스위프트의 사진을 합성한 딥페이크 음란영상이다. 딥페이크 영상임이 확인됐음에도 소셜미디어를 통해 전 세계로 빠르게 퍼져나가며 삭제되기까지 약 4700만회 이상의 조회수를 기록했다.

선거 과정에서의 딥페이크 악용 사례도 늘고 있다. 대선을 앞둔 미국의 경우 조 바이든 대통령의 목소리를 흉내 낸 '로보콜'(녹음된 음성이 재생되는 자동전화), 트럼프 전 대통령의 AI 합성 사진 등으로 홍역을 치렀다. 민주당 뉴햄프셔주 비공식 경선 전날인 1월 22일 '투표에 참여하지 말라'는 자동전화를 받았다는 이들이 쏟아지자 백악관은 "AI에 의한 딥페이크"라고 공식 해명해야 했다.

출처: 조윤주. 선거판 흔드는 '딥페이크' … AI법 · 제도 서둘러야(파이낸셜 뉴스. 2024.03.27)

CASE STUDY 사례 1

딥페이크 보이스피싱

지난 3월 캐나다에서는 보이스피싱범이 "아들이 교통사고로 미국인 외교관을 숨지게 한 혐의로 수감됐다"며 부모에게 2만 1000 캐나다 달러(약 2,021만 원) 상당의 암호화폐를 송금하라고 요구했다. 당시 범인은 딥페이크 기술이 적용된 '가짜' 아들의 목소리를 들려줬고, 부모는 감쪽같이 속아 돈을 송금했다.

또 2019년 영국 한 에너지 회사는 최고경영자(CEO) 목소리를 AI가 위조한 보이스피싱 공격을 받자 24만 3,000달러(약 3억 933만 원)를 송금하는 금융사기에 휘말리기도 했다.

출처: 류영상, "AI에 3억 원 털렸다" … 부모도 감쪽같이 속이는 AI보이스피싱, 대처는(매일경제, 2023.07.15)

1. 딥페이크 기술이 발전하면서 우리 사회는 어떤 변화를 겪게 될지 생각해 봅시다.
2. 딥페이크 시대에 우리는 어떻게 정보를 비판적으로 분석하고, 진위를 판별할 수 있는지 논의해 봅시다.

연습문제

1. 전자정부와 디지털 정부의 개념을 비교 설명하고, 두 개념의 차이점을 구체적인 예시를 들어 설명하시오.

2. 정부24의 장점과 단점을 각각 2가지 이상 제시하고, 정부24를 더욱 발전시키기 위한 방안을 제안하시오.

3. 빅데이터 기술을 활용한 행정서비스 개선 방안을 제시하고, 이를 위한 데이터 관리 및 활용 시 발생할 수 있는 문제점과 해결 방안을 논하시오.

4. 인공지능 기술을 행정서비스에 도입할 때 발생할 수 있는 윤리적 문제점과 해결 방안을 논하고, 인공지능 기술 발전이 행정서비스에 미치는 영향에 대해 전망하시오.

5. 디지털플랫폼정부가 기존의 전자정부와 어떤 점이 다른지, 디지털플랫폼정부의 특징과 장점을 설명하고, 성공적인 디지털플랫폼정부 구축을 위한 과제를 제시하시오.

제 12 장

정부규제

[학습목표]

1. 규제의 개념을 이해하고, 정부규제의 구성요소를 알아본다.
2. 규제의 유형을 분류하고, 기준에 따라 규제를 유형화한다.
3. 규제의 근거를 구분하고, 규제가 달성하고자 하는 목표와 규제로 인한 편익과 비용의 분석에 따른 규제의 변화를 이해한다.
4. 규제의 이론과 실제를 고찰하며, 규제 거버넌스 관점에서 규제를 종합적으로 이해한다.

학습개요

규제는 사회의 문제를 해결하기 위한 국가 또는 정부의 개입이다. 하지만, 사회의 문제가 복잡하고 가변적이면서, 사회문제를 해결하는 주체의 범위가 넓어지고 있기도 하다. 규제의 행위주체가 국가 및 정부의 공적 영역에서 개인, 기업, 사회 등의 민간 영역을 포함하여 확장해 가면서, 규제의 의미와 유형도 점점 다양해지고 복잡해져 간다. 규제는 공공의 이익이나 특정한 집단의 이익을 추구하기 위한 목적에서 만들어진다. 규제는 의도한 효과를 달성하는 과정에 대한 내부 및 외부 견제와 감시의 수준에 따라 긍정적 결과로 나타나거나 비의도된 부정적인 효과를 축적하는 역설의 형태로 나타날 수 있다. 이 때문에 규제 과정에 참여하는 행위자의 성격과 각 행위자가 규제에 기대하는 내용과 이해관계를 살펴보고, 조직화된 이익과 집단화된 행동에 대한 적절한 수준의 규제를 형성하기 위해 노력해야 한다.

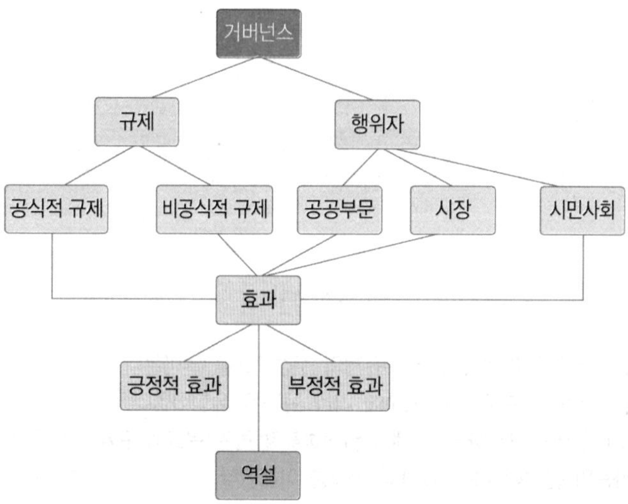

제1절 규제의 개념과 유형

1. 규제의 개념

규제는 ① 공적 권한을 가진 주체가 ② 특정한 목적성을 지니고 ③ 다른 주체를 ④ 제약하는 것이다.

1) 규제의 개념과 의의

행정학, 정치학, 경제학, 법학 등 다양한 사회과학 분과에서 규제를 연구하고 있으나 규제에 대한 보편적인 이론은 찾아보기 어렵다. 학문 분과별로 규제, 정부규제, 행정규제 등의 용어가 상호교환적으로 사용되고 있으며, 규제 개념은 규제의 범위를 어떻게 설정하는가에 따라 달라진다. 가장 협의의 규제는 정부가 시장에 개입하여 개인 또는 기업의 사적인 행동을 제약하는 공적 제재(public administration policing)의 의미를 가지며, 구속력 있는 법률과 규칙의 제정을 수반한다. 규제를 집행하기 위해 설립한 기관이 규제 대상에 규칙을 적용하는 일반적인 행정규제가 여기에 해당한다. 더 넓은 의미의 규제 개념은 개인 또는 시장에 대한 정부의 직접 및 간접적인 형태의 모든 간섭을 포괄한다. 규제는 특정한 목적을 달성하기 위해 정부가 실시하는 계획, 처분, 지도, 협의 등의 조치를 포함하며, 이러한 조치를 위한 수단과 절차를 수행하는 집합체인 제도로 이해된다.

규제에 대한 이론은 누가, 어떤 목적을 가지고, 누구를 제약하는가의 형태를 중심으로 규제를 설명한다. 예를 들어, 규제에 대한 공익이론적 관점은 규제를 정부 또는 행정기관 등의 공적 주체가 공익(public interest)을 목적으로 사적 주체인 기업, 개인, 조직의 특정 활동이나 행위를 제한하는 행정작용으로 정의한다. 비교하여, 규제에 대한 사익이론적 관점은 규제를 사적 및 공적 주체가 사익(private interest)을 추구하는 목적에서 형성한 법과 제도 등으로 이해한다. 정책 과정에서 정부의 직접성 및 가시성이 감소하면서 규제는 정부가 시민의 행태에 영향을 주기 위한 목적성을 가진 정책수단의 하나로 이해되고 있기도 하며, 그 결과 규제는 정부에 의한 법, 공식 및 비공식적 명령과 같은 정부의 직접적인 권한의 행사뿐만 아니라 자율규제기관이나 비정부기관을 통한 간접적인 권한의 위임도 규제를 포함하는 방향으로 확장되고 있다.

규제에 대한 가장 광범위한 접근은 규제 대상의 행태 변화에 영향을 미치는 과정에 주목하여 규제를 "① 특정 주체가 ② 어떤 목적성을 지니고 ③ 다른 주체를 제약하는 것"(김태은 2021: 17)으로 정의한다. 여기서 '① 특정 주체'는 행정기관으로서의 정부만을 의미하기보다는 정책 과정에 참여하는 공공기관과 같은 공적 주체와 개인, 기업, 시민사회 등의 민간 주체 등을 포함한다. 즉, 규제는 직접적인 공적 권한의 행사뿐만 아니라 규제 권한의 위임이나 규제의 대리 생산 또는 공동 생산까지 포함하여 그 의미를 확장한다.

'② 목적성'은 이중적인 의미를 가지며, 규제가 달성하고자 하는 목표가 존재한다는 것과 규제 주체가 목표를 설정하는 데 있어서 어떤 의도성이 존재한다는 것을 의미한다. 목표를 추구하는 것 자체는 가치중립적일 수 있으나, 규제 주체는 완전하게 또는 제한적으로, 아니면 완전히 불완전하지만 최대한 합리적인 판단을 통해 목표를 의도적으로 설정한다. 이는 규제가 의도한 결과가 반드시 공공이익의 실현으로 나타나는 것이 아니라 특정 집단의 사적인 이해의 추구나 의도하지 않은 긍정적 또는 부정적 외부효과로 나타날 수 있음을 의미한다.

'③ 다른 주체' 역시 공공 및 민간 분야의 다양한 주체를 포함하여 확장될 수 있는데, 특히 규제자와 피규제자 간의 관계의 특성과 구조를 중심으로 규제는 공익이론과 사익이론의 관점을 반영한 다양한 유형으로 정의될 수 있다. 마지막으로, 규제는 피규제자의 선호(preference)와 행동(action) 등을 억제하거나 장려하는 등 다양한 방향으로 작동할 수 있으며, 선호체계에 대한 영향과 행동의 범위를 설정하는 등의 제약의 효과를 가진다.

이상에서 규제의 개념을 다양한 차원에서 살펴보았다. 우리나라는 정부를 규제주체로 하고 특정한 목적성을 가지고 민간주체에 제약을 가하는 규제를 「행정규제기본법」을 통해 관리하고 있는데, 동법은 '행정규제'를 "국가나 지방자치단체가 특정한 행정 목적을 실현하기 위하여 국민(국내법을 적용받는 외국인을 포함)의 권리를 제한하거나 의무를 부과하는 것으로 법령 등이나 조례·규칙에 규정되는 사항"으로 규정한다. 행정규제의 유의어로서의 정부규제는 행정기관을 특정하지 않고 일반적인 의미로서의 정부가 주체인 경우를 반영하며 대부분 법적인 형태로 구현된다. 규제는 일반적으로 정부규제와 따로 구분하여 사용되지는 않지만, 협의의 규제 정의는 행정규제나 정부규제를 그리고 광의의 규제 정의는 다양한 주체에 의한 영향력이 행동의 제약으로 나타나는 현상을 포함한다.

2) 규제의 유형

앞서의 규제의 개념적 정의에 따르면 규제자와 피규제자의 성격에 따라 규제는 크게 4가지 유형으로 범주화할 수 있다. 미트닉(Mitnick, 1980)은 공적 규제자가 사적 영역의 피규제자를 대상으로 한 직접적인 통제를 전통적인 규제(traditional regulation)로 정의하고, 사적 규제자가 공적 영역의 주체를 대상으로 영향을 미치는 포획(capture), 사적 영역 간에 규제자와 피규제를 설정하여 민간이 다른 민간을 규율하는 사적 자율규제(private self-regulation), 그리고 공적 영역 간에 규제자와 피규제를 설정하여 행정기관이 다른 행정기관을 규율하는 정부 자기규제(government self-regulation)를 중심으로 규제로 유형화하였다. 이러한 규제 유형화는 규제 및 피규제 주체의 성격과 주체 간 관계를 중심으로 규제의 개념을 확장하는 데 도움이 되며 특히 규제 과정에서의 사적 주체의 영향력을 인지하는 효과를 가진다.

표 12-1 규제의 유형 구분

		피규제자(Regulatee)	
		공적 주체(정부)	사적 주체(개인 및 기업)
규제자 (Regulator)	공적 주체 (정부)	정부 자기규제 (government self-regulation)	전통적 정부규제 (traditional regulation)
	사적 주체 (개인 및 기업)	포획된 정부규제 (capture)	사적 자율규제 (private self-regulation)

출처: Mitnick(1980).

규제의 유형 중 포획된 규제는 규제의 형식적 주체와 실질적 주체의 구분을 요청한다. 포획된 규제는 형식적으로는 법규의 형태로 공적 주체에 의한 정부규제로 분류되지만, 실질적으로는 사적 주체가 법규를 제정하는 공적 주체의 행동을 제약한다. 반대로, 정부가 직접적으로 규제를 만들지는 않지만 민간 영역에 영향을 미쳐, 형식적으로는 자율규제로 분류되지만 정부가 실질적인 규제자로 민간의 피규제자의 행동을 제약하는 경우도 있다. 규제자와 피규제자의 성격이 형식적 및 실질적으로 일치하는 순수한 형태의 사적 자율규제는 피규제자 간 자발적인 합의에 따른 규칙에 의한 제약, 그리고 순수한 형태의 정부 자율규제는 정부부처 간 또는 정부 간 관계에서 조정과 통제를 통한 내부규제의 형태로 나타난다.

정부가 규제를 통해 행사하는 강제력의 수준에 따라 직접규제와 간접규제를 구분하는 유형화도 가능하다. 직접규제는 명령과 통제적 성격을 가진 공적 권한의 행사와 연결되며, 지시 사항의 이행을 강제하고 미이행에 따른 처벌을 수반하는 조건적 처벌의 기제를 가진다. 간접규제는 설득과 협상의 기제에 기반하여, 정부가 설정한 어떤 방향으로 경제주체를 유인하기 위하여 경제적 비용의 부담을 완화시켜 주는 조건적 보상의 기제를 활용한다.

이 외에도 규제를 분류하는 기준에는 규제의 적용시점, 공식성, 기술 방식, 목적 및 영역 등을 포함시킬 수 있다. 먼저, 규제는 적용시점에 따라 사전적 규제(ex-ante regulation)와 사후적 규제(ex-post regulation)로 분류 가능하다. 사전적 규제는 사회문제의 발생을 사전에 통제하기 위한 규제로서, 위험성을 최소화하는 의도를 가진 인가 및 허가제도가 대표적이다. 사후적 규제는 사회문제가 발생한 이후에 해당 문제의 재발을 통제하기 위한 규제로서, 위험성의 지속을 차단하기 위한 목적의 정지 및 폐쇄 등의 규제가 대표적이다. 사전적 규제는 진입장벽 역할을 수행한다는 점에서, 사전적 규제의 활용은 피규제자 간 경쟁을 제약하는 효과를 발생시킬 수 있다. 하지만, 사회문제가 불가역적인 특성을 가질 경우 사전적 규제가 사후적인 규제보다 사회적 비용의 발생을 최소화할 수 있다는 점에서 우월성을 가진다. 이는 위험성과 불가역성의 특성이 강한 보건 및 의료 그리고 환경 및 안전 영역에서 사전적인 규제가 상대적으로 선호될 수 있음을 시사한다. 반대로, 사후적 규제는 피해가 발생할 가능성이 낮은 영역에서 경쟁을 활성화하고 다양한 혁신을 장려하는 환경을 조성하는 데 유용하다.

규제의 공식성은 법률과 규칙 등으로 규제가 문서화될 수 있는 수준을 의미한다. 우리나라에서의 행정규제 또는 정부규제는 법에 기초해야 하는 규제법정주의를 따르고 있으며, 공식적인 규제(formal regulation)로 분류될 수 있다. 하지만, 사회적 규범이나 관습 등이 피규제자의 선호나 행동을 제약하는 규제의 효과를 가진 비공식적 규제(informal regulation)로 작동하기도 한다. 규제는 그 기술(description) 방식에 따라 포지티브(positive) 규제와 네거티브(negative) 규제로 구분될 수 있다. 포지티브 규제는 법률에서 할 수 있는 것을 포지티브 리스트로 기술하며, 구체적인 목록으로 기술한 것만을 허용하여 우선적으로 금지하고 예외적으로 허용하는 원칙을 적용한다. 네거티브 규제는 법률에서 할 수 없는 것을 네거티브 리스트로 기술하며, 원칙적으로는 모두 허용하지만 예외적으로 목록으로 기술하지 않은 것만을 금지하는 방식이다. 포지티브 방식이 위험의 사전적 규제를 지향하였다면, 네거티브 방식은 문제 발생 이후에 대응하는 사후적 규제를 지향한다.

실제 생활에서 규제의 구분은 주로 규제의 목적과 규제가 이루어지는 영역을 기준으로 한 유형화이다. 규제는 그 목적에 따라 완전한 경쟁 시장을 조성하기 위한 경쟁 규제 중심의 경제적 규제와 시장의 실패로 인한 외부 불경제에 대응하기 위한 사회적 규제로 구분된다. 경제적 규제는 시장의 의사결정에 직접적으로 개입하여(OECD, 1997), 경쟁에 기반한 가격 균형의 효율성 또는 합리성(희소한 자원이 효율적으로 배분된 수준)을 제고하는 것을 목적으로 한다. 사회적 규제는 시장에서 충분히 공급하지 못하거나 개인과 사회적 합리성이 불일치하는 영역에서 정부의 개입을 의미하며 건강, 안전, 복지, 삶의 질을 침해하는 행태들을 제약하는 것에 목적을 둔다(May, 2002). 하지만, 시장의 범위가 명확하지 않고 노동, 환경, 보건, 복지 영역에서의 의사결정도 시장에 의해 이루어질 수 있다는 점이 고려될 필요가 있다. 경제적 규제와 사회적 규제의 이분법적 접근은 학술적으로 정교하게 이루어졌다기보다는 행정 현장에서 특히 규제 관리에서의 편의성에 기인한 것이며, 규제의 유형 구분으로서 광범위한 활용에도 불구하고 규제이론과 학문 영역에서는 이러한 이원적 접근이 큰 관심을 받지 못하고 있다.

표 12-2 규제의 유형

기준	내용	유형 (예시)
공식성	규제 내용과 형식, 효과 및 절차 등이 정식으로 규정되어 있는가?	공식적 규제(법률, 명령, 규칙, 고시, 훈령, 예규, 조례 등)
		비공식적 규제(행정지도, 자율규제, 계약 및 합의, 유사 행정 규제 등)
내용	규제를 누가 담당하는가?	분야별 규제(환경, 보건, 경제, 금융 규제 등)
	규제는 무엇에 초점을 두는가?	성과기반 vs. 과정중심 규제
	무엇을 규제하고, 무엇을 허용하는가?	포지티브 vs. 네거티브 규제
	규제는 반드시 해야 하는가?	기속행위 vs. 재량행위 규제
	규제는 누구에 이루어지는가?	직접규제, 공동규제, 자율규제, 무규제
규제개혁위원회 심사과정 기준		간이형 vs. 표준형 규제; 규제비용관리제 적용 vs. 비적용 규제; 경제 분야 vs. 사회 분야 규제

2. 규제의 주요 이론

1) 규제의 이론이란?

이론은 현상을 기술하고(describe), 설명하고(explain), 이해(understand)하도록 돕는다. 규제이론은 규제의 형성과 변화가 무엇인지 기술하고, 왜 만들어지고 어떻게 변화하는지 설명하고 그 맥락을 이해하는 데 기여한다. 규제이론은 규제의 형성원인을 탐색하는 과정에서 발전하여 왔는데, 특히 규제가 누구의 이익을 보호하고 실현하였는지를 중심으로 규제를 경쟁적으로 설명하는 상반된 접근이 있다. 대표적으로 공익의 달성이 규제의 형성이라는 공익이론(public interests theory of regulation)과 사익의 추구가 규제를 형성하였다는 사익이론(private interests theory of regulation)이 있다.

규제의 공익이론은 규범적 관점(normative approach)을 취하며, 정부가 사회적인 바람직성을 달성하기 위한 목적에서 민간부분의 개인과 기업, 사회를 제약하는 규제에 주목한다. 정부를 구성하는 행위주체들인 정책결정자와 정부관료들은 실체적으로 존재하거나 또는 민주적 과정을 통해 사회적으로 형성된 공익을 추구하는 존재이며, 정책 과정을 통해 형성한 정부규제는 희소한 자원의 배분에 영향을 미쳐 사회적으로 바람직한 배분이 이루어지도록 한다.

규제의 사익이론은 실증적 관점(positive approach)을 취하며, 규제 과정의 참여자들을 합리적인 의사결정자로서의 사익을 추구하는 존재로 가정하고 규제로 인한 편익과 비용의 배분을 중심으로 특정 집단의 조직화된 이익(organized interest)을 추구하는 과정으로 규제를 설명한다. 정책 과정은 다양한 행위자들 간 이합집산을 통한 의사결정의 과정이다. 편익을 자신에게 집중시키거나 비용을 자신 이외에게 분산하기 위한 목적을 가진 특정 집단은 의사결정 과정에 직접 또는 간접적으로 참여하여 정책결정자의 공적인 권한행사에 영향을 미친다. 즉, 규제는 정부가 특정한 목적성을 가지고 민간부문을 제약하는 것이 아니라, 사적 영역의 특정 주체가 자신의 이익을 극대화하기 위한 목적을 가지고 공적 정책결정에 영향을 미치는 과정을 통해서 다른 민간 부문을 제약하는 것이다.

2) 규제의 공익이론

규제의 공익이론(public interest theory of regulation)은 정부가 시장에 개입하는 정부규제는 공적 권한을 통한 경제적 효율성의 달성과 시장실패의 치유를 목적으로 형성된다고 본다. 희소한 자원의 배분을 통제하는 메커니즘은 일반적으로 자율적인 가격경쟁에 기반한 시장(market), 계서적인 공적 권한에 기반한 정부(hierarchy), 상호호혜적인 자율적인 협약에 기반한 네트워크(network) 등을 포함한다. 즉, 자원의 효율적인 배분은 시장, 정부, 네트워크 간의 경쟁과 균형을 통해 이루어질 수 있으며, 특히 시장의 자원을 효율적으로 배분하지 못한 상황에서 정부에 의해 공식적으로 법령으로 제도화된 규제나 네트워크에 의한 비공식적·제도적·사회적 통제의 자율규제가 대안이 될 수 있다.

시장실패(market failure)의 대안으로 규제를 설명하는 규제의 공익이론은 완전경쟁시장을 운영할 수 있는 환경을 조성하기 위한 목적에서 규제의 필요성을 강조한다. 완전경쟁시장은 다수의 수요자와 공급자의 존재로 특정 주체가 시장 지배력(market power)을 갖지는 못하고, 거래의 교환관계에 있지 않은 외부자에게 영향을 주지는 않으며, 거래 관련 정보의 완전한 제공을 통해 합리적인 의사결정이 가능한 것을 전제한다. 하지만, 현실에서의 시장은 수요자 또는 공급자가 소수로 존재함으로써 누군가가 시장에 영향력을 행사할 수 있는 독과점 상황에 놓여 있거나, 거래 당사자 이외에 제3의 누군가에게 의도하지 않은 손해를 발생시키거나(부정적 외부효과) 혜택을 줄 수 있고(긍정적 외부효과), 소비자와 판매자 간에 존재하는 정보 비대칭(information asymmetry)으로 인해 의사결정의 합리성을 제한한다. 즉, 정부는 기업의 독과점을 강제로 해소하는 경쟁규제, 긍정적 외부성(positive externality)을 유인하고 부정적 외부성(negative externality)을 제약하는 간접 및 직접적 규제, 그리고 거래 당사자 간 교환하는 정보를 대칭적으로 만드는 정보규제 등을 시장실패에 대응하는 공익을 실현하기 위한 목적에서 형성하고 집행한다.

정부는 효율성의 경제적 가치 이외에도 형평성, 공정성, 민주성 등의 사회적 가치를 실천하기 위한 공익적 목적에서 규제를 만들기도 한다. 효율성이 주로 결과적 관점에서 경제적인 효용을 극대화하는 자원의 배분에 초점을 맞춘다면, 형평성 등의 사회적 가치는 과정과 결과적 관점에서 자원을 배분하는 방식과 배분하는 방향에 초점을 둔다. 정부는 '최대 다수의 최대 행복'과 같이 사회후생(social welfare)을 극대화하거나, 기본적인 자유를 향유할 수 있도록 평등의 권리를 보장하거나, 공정한 기회의 균등 원칙 아래 사회 및 경제적 불평등을 해소하기 위한 차별적인 조치를 취하는 규제를 형성하고 집행함으로써 사회적 가치의 실현이라는 공익을 달성할 수 있다는 것이다.

규제의 공익이론을 비판하는 관점은 정부 개입이 없다라도 시장 스스로 대부분의 시장실패를 치유할 수 있고, 시장이 완전히 경쟁적으로 작동하지 않는 극히 일부의 상황에서는 민사소송 등의 법적 도구가 규제를 대체할 수 있다는 점에 주목한다. 시장과 법원이 시장실패 문제를 완전히 해결하지 못한다 하더라도, 규제기관으로 정부의 역량이 부족하거나 정부가 피규제기관에 포획(capture)될 가능성이 있어 규제가 문제 상황을 더욱 악화시킬 수 있다는 비판도 존재한다.

3) 규제의 사익이론

(1) 규제의 정치이론(Politics of Regulation)

규제의 사익이론에 대한 설명은 정치학적 언어와 경제학적 언어를 활용하여 차별화할 수 있다. 우선, 규제의 사익이론에 대한 정치학적 설명은 윌슨(J. Q. Wilson)의 규제이론을 통해서 가능하다. 윌슨은 규제의 정치(politics of regulation)를 설명하면서 규제를 둘러싼 정치적인 상황을 "규제의 인지된 편익과 비용(perceived benefits and costs)"의 분산 수준을 기준으로 4가지 유형(대중 정치, 고객 정치, 기업가적 정치, 이익집단 정치)으로 구분하였다. 규제의 인지된 편익은 다양한 집단에 넓게 분포되거나 특정 집단에 좁게 집중될 수 있고, 인지된 비용 역시 비용을 부담하는 집단의 특성에 따라 넓게 분포되거나 좁게 집중될 수 있다. 규제 자체는 비용 대비 편익이 클 때, 즉 순편익이 긍정적으로 존재할 때 만들어지나, 규제를 결정하는 정치적인 상황은 이해관계자들이 인지하는 편익과 비용의 증가와 감소의 변화에 대한 민감도에 따라 달라진다.

규제의 대중 정치(majoritarian politics) 상황은 정부규제에 대해 인지한 비용과 편익이 모두 다양성을 가진 불특정 다수에게 넓게 분포하여, 집단 차원에서는 영향의 규모가 실질적으로 존재하나 개인 차원에서는 그 크기가 작은 경우를 반영한다. 규제로

표 12-3 규제의 정치 상황 구분

		감지된 편익(perceived benefit)	
		넓게 분산 (widely diffused)	좁게 집중 (narrowly concentrated)
감지된 비용 (perceived cost)	넓게 분산 (widely diffused)	대중 정치 (majoritarian politics)	고객 정치 (client politics)
	좁게 집중 (narrowly concentrated)	기업가적 정치 (entrepreneurial politics)	이익집단 정치 (interest group politics)

출처: Wilson(1980).

인한 편익을 다수가 누릴 수 있다는 점에서 공공의 이익을 위한 규제가 만들어지는 것이며, 규제의 비용이 개인 차원에서는 유의미한 부담으로 인식되지는 않는 특징이 존재한다. 다수의 편익을 위해 다수가 비용을 분담하는 이러한 규제는 국민 여론 등의 국가적 분위기(national mood), 이념적인 갈등의 수준, 정책결정자의 리더십과 의지에 따라 형성과 변화가 결정될 수 있다.

규제의 고객 정치(client politics)는 정부규제가 동질적인 소수의 집단에 높은 편익을 집중적으로 제공하고 이질적인 다수의 집단에 편익보다는 적은 비용을 넓게 분산시키는 상황을 의미한다. 경제 및 산업 분야에서의 인허가 규제나 수입 규제 등과 같이 특정한 소수집단에 권리를 부여하는 경쟁적 규제가 대표적으로 고객 정치를 통해서 만들어진다. 규제의 수혜자는 진입을 제한하거나 진입 비용을 증가시키는 규제를 통해서 높은 편익을 보장받을 수 있으며, 이를 지키기 위해 정책결정자의 중요하고 핵심적인 정책 고객으로 자신을 조직화하여 규제 결정 및 집행에 영향력을 행사할 수 있다. 고객 정치 상황에서 소수의 편익 집단은 규제기관을 포획(capture)함으로써 보다 안정적인 정책 환경을 조성할 유인을 가지기도 한다.

규제의 기업가적 정치(entreprenuerial politics) 상황은 규제가 불특정 다수에 넓게 분포하는 높은 수준의 편익을 생산하나 상대적으로는 적은 비용을 특정한 동질적인 소수집단에 집중시킨다. 규제 비용을 부담하는 집단은 비용 절감을 위해 조직화를 할 유인을 가지나, 규제 편익을 누리는 불특정한 다수는 개인 차원에서는 낮은 수준의 편익을 추구하기 위한 조직화의 유인을 가지지는 못한다. 즉, 다수의 편익을 보장하기 위한 조직화가 집단 내부 또는 외부의 행위자를 통해서 적극적으로 추진될 경우에만 규제가 형성될 수 있으며, 규제 결정과 집행을 위해서는 사회적 분위기와 정치적 계기를 잘 연계하는 기업가적 기능이 발휘될 필요가 있다. 환경과 안전, 보건 및 권익 등의 사회적 규제가 대표적으로 이러한 기업가적 정치를 통해 이루어지는 규제이다.

마지막으로, 규제의 이익집단 정치(interest group politics)는 정부규제가 소수의 동질적 집단에 집중된 편익을 발생시키고 이 집단과는 다른 성격의 소수의 동질적 집단에 비용을 집중시키는 상황이다. 편익 집단과 비용 집단 모두 개인과 집단적 차원에서 높은 수준으로 편익과 비용을 인지함으로써 집단을 조직하고 정치적인 행동을 실현하는 강한 유인을 가진다. 편익-비용 집단 간의 집단 간 경쟁은 결국 상대의 비용을 통해 자신의 편익을 누리는 전략적 선택으로 발전하며, 정부는 집단 간 경쟁을 적극적이고 투명하게 관리하면서 어느 일방에게 포획될 가능성은 적어진다.

(2) 규제의 사익이론

규제의 사익이론(private interest theory of regulation)은 자애롭고(benovolent) 유능한(competent) 정부에 대한 가정에 의문을 제기한다. 앞서 규제의 정치 과정에서 보듯이 규제의 정치적 과정이 산업에 의해서 포획될 수 있는데, 특히 정부규제와 같은 국가의 개입은 독점으로 인한 가격의 왜곡을 통제하기보다는 오히려 그 왜곡을 심화시킬 수 있다(Stigler, 1974; Posner, 1974; Peltzman, 1989). 규제 포획의 경험적 증거는 규제의 정치적 과정을 경제학적인 언어로 접근하는 방법론적 혁신을 가져왔다. 특히, 규제에 대한 경제학적 접근은 규제를 시장실패를 치유하려는 정부의 배려가 아니라 사익을 추구하는 행위자로서 규제 과정에 참여하는 정치가와 관료 등 정책결정자의 합리적인 선택으로 간주한다. 조직화된 소비자 단체의 지원을 받은 정부 규제기관이 사회적 후생 제고를 위해 규제를 만들더라도, 정부 자체의 역량이 부족하여 그 규제를 성공적으로 집행하지 못하는 경우도 존재할 수 있다. 시장에 대한 국가 개입의 형태로 나타나는 정부규제를 비판하는 시카고 학파는 규제실패의 사례를 중심으로 정부의 역할에 대한 새로운 이론적 관점을 제공하며, 사익이론적 접근으로 발전하였다.

스티글러(G. J. Stigler)에 따르면 정책결정자는 자기 자신이나 다양한 이익집단들에 편익을 주는 방향으로 규제를 만들어 간다. 즉 규제는 기업의 이익을 위해서 기업에 의해서 형성되고 그 이익에 유리하도록 운영되는 방향으로 설계되는 것이다. 규제를 시장에서 거래되는 재화로 본다면, 규제를 통해 이익을 얻는 규제 수혜자들이 소비자 그리고 규제를 형성하고 집행하는 데 소요되는 비용을 부담하는 규제 집행자들이 공급자로서 규제 시장에서 중요한 행위자로 역할하게 된다. 정부규제의 수요는 규제의 수혜집단이 규제를 통해서 이익을 유지하거나 증가시키기 위해 규제기관에 비용을 지불하려는 의향으로, 정부규제의 공급은 정부규제가 이루어지도록 하는 정치인이나 행정관료의 규제생산요소의 비용으로 이해될 수 있다. 규제의 수혜집단 간 경쟁도 존재하는데, 규제로 인한 편익과 비용을 배분받는 집단의 특성에 따라 편익 또는 비용이 집중되는 집단이 편익 또는 비용이 분산되는 집단에 비해 상대적으로 집단행동을 취할 수 있는 경쟁력을 갖추게 된다(Olson, 1965; Hardin, 1982). 소규모의 동질적인 이익을 추구하는 생산자 집단은 대규모의 이질적인 이익을 추구하는 잠재적 집단인 소비자 집단에 비하여 편익 또는 비용이 집중적으로 분포되어 집단행동을 수행할 유인을 높게 가지며 집단을 조직화하는 비용이 적어 경쟁적으로 유리한 위치에 있게 된다. 그 결과 생산자 집단은 규제로 인한 편익의 증가나 비용의 감소의 수혜를 누리기 위해 규제기관에 추가적인 비용을 지불할 유인을 소비자 집단보다 더 가지며, 규제를 공급하는 정책결정자들은 생산자 집단의 조직화된 집단행동을 통해 자신의 규제 비용을 보상받는 선택을 하게 된다. 달리 말하면, 규제는 재화로서 사익을 추구하는 이익집단의 수요와 사익을 추구하는 규제기관의 공급 간 균형 상태에서 최적 규모로 결정되고 집행되는 것이다.

펠츠만(Peltzman, 1976)은 규제 과정에 참여하는 규제결정자 중 특히 선거의 영향을 받는 정치가의 관점에서 규제의 형성을 설명한다. 정치가는 선거에서의 승리를 위해 다수의 표를 확보하는 유인을 가지며, 특정 집단으로부터 제한적으로 지지받는 것보다 다수 집단으로부터 보다 많은 지지를 받기 위해 노력한다. 예를 들어, 인허가 등의 진입규제가 특정 기업에만 유리한 경우 정치가는 해당 기업 집단에게서 표를 얻을 수는 있지만 진입규제로 피해를 보는 다른 집단에게서 표를 얻지 못한다. 정치가는 모든 집단에게서 표을 얻을 수 있는 '정치적 균형(political equilibrium)' 상태에서 현재의 규제 수준을 결정하고 집행한다. 규제의 이해관계자 집단 간 관계와 이 집단이 정치가에 대하여 가지는 태도의 변화에 따라 정치적 균형의 안정성은 변화할 수 있으며, 균형 상태의 변화는 규제의 변화로 나타날 수 있다.

규제연구에서 사익이론은 하나의 통합된 이론으로 정리되기보다는 규제를 사적 이익을 추구한 행위자 간 거래의 결과로 이해하는 통일된 관점을 가지고 있다. 규제가 시장실패를 보완하고 공익을 실현하는 규범적 목적이 아니라 규제와 직·간접적으로 관련 있는 이해관계자 자신의 사익을 추구하는 과정의 결과라는 관점은 현실의 규제 형성 과정을 보다 명확하게 설명할 수 있다는 점에서 장점을 가진다. 하지만, 규제 과정에 참여하는 행위자들이 점차 증가하고 이들이 단순히 규제 수준을 놓고 경쟁하기보다는 상호 견제 및 협력하는 상황에서 규제의 사익이론적 설명은 지나친 단순화라는 비판을 받고 있기도 하다. 더욱이, 규제의 사익이론이 정부규제의 비효율과 시장 스스로의 치유능력을 전제로 최소한의 규제가 균형 상태로 유지될 것으로 기대한 것과 달리 현실의 규제는 더욱 증가하고 있으며, 시장의 확립과 성장에 규제가 기여하는 효과가 커지고 있기도 하다.

제2절 규제 거버넌스

1. 규제 거버넌스 개관

1) 규제 거버넌스의 의의와 구성

규제 거버넌스는 규제정책이 이루어지는 과정을 의미하며, 규제기관을 중심으로 규제에 참여하는 행위자의 역량과 행위자 간 관계와 상호작용을 관리하는 절차 및 도구 등을 중심으로 설명될 수 있다. 규제 거버넌스는 규제기관인 국가 및 정부에 의한 활동뿐만 아니라 피규제자, 입법기관 및 시민사회 간 상호작용까지를 포함하는 광범위한 개념이며, 규제와 관련된 모든 이해관계자 간 활동과 이들로 구성된 사회의 활동을 포함한다. 다음에서는 규제 거버넌스를 구성하는 주요 행위자를 설명하며, 규제 거버넌스의 운영 원칙을 논의한다.

2) 규제기관의 유형

규제기관은 규제를 형성하고 집행하는 기능을 수행하며, 우리나라는 중앙부처의 내부 조직 또는 외청 조직으로 이 기능을 위계에 따라 운영하고 있다. 「행정규제기본법」에 따르면 우리나라의 정부규제의 주체는 국가와 지방자치단체이며, 행정권한을 가진 행정기관만을 규제기관으로 볼 수도 있지만 규제 기능을 수행하기 위한 행정 권한을 위임받은 법인 또는 단체를 포함시켜 보다 폭넓게 규제기관을 정의할 수 있기도 하다.

(1) 독임제와 합의제 규제기관의 구분

규제기관은 의사결정의 구조를 중심으로 독임제 규제기관과 합의제 규제기관으로 구분될 수 있으며, 규제를 소관하는 정부부처와의 독립 여부에 따라 독립과 준독립 및 비독립 기관으로 구분될 수 있다. 행정부와의 독립성이 의사결정 방식과 연관된다는 점에서, 규제기관은 다시 독임제 규제기관, 위원회형 독립 규제기관, 위원회형 준독립 규제기관으로 분류될 수 있다. 국가와 지방자치단체의 행정기관은 행정부 내에 설치되는 대표적인 독임제 규제기관이며, 각 소관 정책분야별로 규제를 신설하고 집행하는 고유한 기능을 수행한다. 규제가 법령과 조례 등을 통해 공식규제로 만들어지는 규제법정주의에 따르면, 국가 중앙정부와 지방정부의 행정기관이 담당하는 규제 현황은 가시적으로 확인 가능하다.

위원회형 규제기관은 행정부에서의 독립 여부에 따라 독립 및 준독립 규제기관으로 세부 분류가 가능하다. 우리나라는 대통령 및 국무총리 소속으로 행정부 내에 위원회형 준독립 규제기관을 설치하며, 대표적으로 대통령 소속 방송통신위원회와 국무총리 소속 공정거래위원회, 금융위원회, 원자력안전위원회 등의 행정기관이 있다. 이들 위원회형 규제기관은 위원회의 구성과 운영 등에서 행정부로부터 완전히 분리되어 독립성을 확보하고 있지는 않지만, 위원의 신분과 임기를 보장하고 다양한 정치적 이해를 반영함으로써 의사결정에 있어 독립성과 자율성을 상당 부분 보유하고 있다.

미국은 행정부에 독립하여 고유의 준사법 및 준입법적 기능을 수행하는 위원회형 독립 규제기관을 설치하여 운영하고 있는데, 대표적으로 연방무역위원회(Federal Trade Commssion, 1914)와 연방통신위원회(Federal Communications Commission, 1934) 등이 있다. 위원회형 독립 규제기관은 대통령 또는 연방정부의 권한을 견제하려는 의회와 주정부의 이해를 반영하며, 위원의 구성에서 의회의 승인과 합의에 기반한 의사결정 원칙을 중심으로 행정부에의 독립성과 자율성을 확보하고 있다.

(2) 규제기관의 유형 구분–행정부에의 독립성을 기준으로

규제기관의 독임제 및 위원회형 의사결정과 독립성 부여 여부는 각각의 장점과 단점으로 나타난다. 우선, 독임제 규제기관은 단일한 주체가 권한과 책임을 가지고 있어 위원회형 규제기관에 비해 신속한 의사결정을 진행할 수 있고 규제에 대한 책임을 분명히 할 수 있다. 의사결정 과정이 비교적 폐쇄적인 독임제 규제기관의 경우 다양한 이익집단의 영향을 배제할 수 있지만 동시에 특정 이익집단에 포획당할 가능성이 존재한다. 비교하여 위원회형 규제기관은 복수의 위원들이 참여하는 합의제 의사결정을 진행하며, 보다 폭넓은 이해관계자의 의견을 반영하면서도 전문성을 강화할 수 있다. 하지만, 다수의 의사결정은 때로는 '많은 손(many hands)'의 문제, 즉 누구에게 책임을 물을지가 불분명해지는 문제를 발생시키기도 한다.

행정부에의 독립성은 규제 과정에서 행정부의 권한과 책임에 관한 논의와 연결된다. 규제기관의 의사결정 거버넌스의 구조와 성격에 따라 행정부 소속 합의제 규제기관으로서의 준독립 규제기관과 행정부와 구분되는 별개의 독립 규제기관으로 구분된다. 정부 내부조직이나 외청의 행정기관으로 설치하는 비독립 또는 준독립 규제기관은 상위 행정기관의 명령과 통제를 받으며, 규제와 관련한 행정기관 간 갈등은 행정부의 리더십과 시스템화된 절차와 과정을 통해 조정 가능하다. 행정부로부터 독립된 형태의 규제기관은 위원형으로 설치되는 것이 일반적이며, 재량적 판단을 필요로 하는 의사결정의 합리성을 합의제 방식을 통해 절차적 및 실질적으로 개선할 수 있다.

3) 규제감독기구

규제감독기구는 규제문제를 중심으로 규제기관의 규제 과정을 감독하고 관련한 쟁점에 대응하여 규제기관 및 규제과정의 개선을 추진하는 조직 또는 기관을 의미한다. 정부규제가 법령과 조례의 국가 및 지방자치단체의 행정활동과 관련되며, 규제감독기구는 국가 전체 또는 범부처 차원에서 규제법령의 입법 방식을 개선하거나 새로운 규제대안을 마련하는 등의 기획 및 관리 기능을 수행한다. 세계 주요 국가에서는 행정부, 입법부 및 시민사회가 규제감독기구의 직접 또는 간접적인 행위자로 참여하고 있는 중이며, 특히 규제정책 과정에서 가능한 모든 대안을 검토하도록 하여 규제 의사결정의 합리성을 제고하고 규제의 영향을 받는 피규제자 및 이해관계자의 의견을 수렴하여 최적의 규제 대안을 선택하도록 돕는 역할을 주로 수행한다.

규제감독기구는 규제환경의 변화에 따라 각 규제기관에 산재한 규제를 통제하는 것과 함께 새로운 규제 수요에 대응하기 위한 이해관계자 간 협업 및 참여를 활성화하여 더 좋은 규제를 만들어 가는 것을 지향한다. 이를 위해 우리나라를 포함한 세계 각국의 규제감독기구는 규제정책의 기본방향 설정과 규제의 신설 및 강화에 대한 심사, 기존 규제의 정비, 각급 행정기관의 규제 개선 실태의 점검 및 평가 등의 규제 감독 전반에서의 거버넌스의 역량을 강화하고 있는 중이다. 특히, 정부 전체에 적용 가능한 규제관리도구의 개발과 관리, 규제의 부담을 과학적으로 측정하고 규제에 따른 피규제자의 영향을 사전 및 사후에 평가하고 부담 완화를 위한 대안적인 정책 수단을 발굴하는 기능의 확대가 이루어지고 있기도 하다.

2. 규제 거버넌스의 구조와 운영

1) 규제 거버넌스 내 이해관계자의 위치와 관계

규제는 시장의 의사결정에 정부가 개입함으로써 누군가에게 규제로 인한 이익이나 손해를 발생시킬 수 있다. 규제자와 피규제자 간의 관계는 규제를 통한 편익과 비용의 분배에 따라 달라질 수 있으며, 규제의 주체가 누구를 피규제의 대상으로 보느냐에 따라 규제 과정에 참여하는 이해관계자의 성격과 이해관계자 간 관계는 다양하게 규정될 수 있다. 규제가 사회적 후생과 같은 공익을 실현하기 위한 것인지 특정 집단의 이익을 추구하기 위한 것인지에 따라, 규제의 이해관계자의 상대적 위치와 이해관계가 달라질 수 있기도 하다. 다음에서는 규제의 공익이론과 사익이론적 관점을 적용하여 규제의 주요 이해관계자 간 관계를 요약해 본다.

우선, 규제의 공익이론적 접근을 활용하면 정부가 규제의 공적 주체로서 개인, 조직, 사회 등의 단위로서 국민을 피규제자로 규제를 제정하고 시행하는 관계를 생각해 볼 수 있다. 여기서 정부는 규제를 통해 공익을 실현하고자 하는 이해관계를 가지며, 국민은 피규제자로서 규제 준수에 따른 비용을 부담하는 행위자로서 역할한다. 이때 정부가 직접 공익의 실체를 정의하고 국민을 통제하거나 계도하는 목적에서 규제의 주도권을 쥐고 있다면 정부 규제기관이 피규제자인 국민의 상위에 있게 된다. 하지만, 정부가 실현하고자 하는 공익이 민주적 의사결정의 과정을 통해 국민이 사회적으로 합의하여 구성한 것이라면, 정부는 국민이 실현하고자 하는 공익을 중개하는 역할을 수행하며 실질적으로는 국민이 국민에 대하여 규제를 제정하고 시행하는 결과로 나타난다.

규제의 사익이론적 접근에 따르면 규제는 특정 집단의 이익을 추구하는 수단일 수 있으며, 정부 규제기관을 누가 포획하는가에 따라 규제 과정의 이해관계자 간 관계를 설정해 볼 수 있다. 국민을 특정 이해관계를 가진 집단과 그 외의 집단으로 분류해 볼 수 있다면, 상대적으로 동질적 이해관계를 가진 소규모의 산업집단과 이질적 이해관계를 가진 대규모의 시민집단으로의 구분이 가능하다. 물론, 이 산업집단과 시민집단 역시 추구하는 이해관계가 상이할 경우 또 하나의 하위집단으로 재분류가 가능하기도 하다. 전형적인 포획된 규제는 산업계가 자신의 이익을 반영하기 위해 정부에 영향을 미쳐서, 사업가가 규제기관의 정부관료를 포획하고 국민을 대상으로 한 규제가 본인에게 이익을 가져올 수 있는 방향으로 규제를 제정하거나 시행하는 경우를 의미한다. 하지만, 정부관료가 특정 기업가 집단의 이익에 포획될 수도 있지만 시민이 요구하는 사회적 가치에 설득될 수 있기도 하다. 이는 정부관료가 보다 긍정적인 방향으로 포획되어 기업에 비용을 부담시키며 시민이 이익을 누리는 규제도 형성될 수 있음을 의미한다.

이 외에도 상이한 이익을 추구하는 기업가 집단 간 또는 상이한 가치를 추구하는 시민사회 연합 간에 경쟁 또는 적대적인 관계가 형성될 수 있으며, 이에 기반하여 특정 기업이나 집단의 이해관계를 위해 그 외 집단을 규제하거나 특정 시민사회의 가치 및 주장을 보호하기 위해 그 외 시민 집단을 규제하는 상황을 구분하여 볼 수 있다. 마지막으로, 국제 사회의 규범과 법률이 국제법이나 조약 등의 형태로 규제로 작용하여 국가의 규제기관이 국제사회로부터 영향을 받아 자국 국민을 대상으로 규제를 형성할 수 있기도 하다. 이때 규제의 이해관계자는 특정 국가의 경계를 초월하여 해외 국가나 국제 기구를 포함하여 확장된다. 이상의 내용은 〈표 12-4〉로 요약될 수 있다.

표 12-4 규제의 이해관계자 간 관계에 따른 규제 모형의 구분

모형	규제 주창자	규제자	피규제자	이론적 구분
1	(정부)	정부 규제기관	국민	규제의 공익이론
2	국민	정부 규제기관	국민	
3	산업계(생산자)	정부 규제기관	시민(소비자)	규제의 사익이론
4	시민(소비자)	정부 규제기관	산업계(생산자)	
5	산업계 A	정부 규제기관	산업계 B	
6	시민 A	정부 규제기관	시민 B	
7	해외국가/국제기구	정부 규제기관	국민	규제의 공적이론

출처: 최성락(2021)에서 재구성.

2) 규제 거버넌스의 현황 및 방향

'좋은 규제(better regulation)'는 달성할 수 있는 가장 최선의 객관적 증거, 이해관계자들의 광범위한 참여, 열려 있고 투명한 정치적 의사결정으로 정의된다. 유럽연합이 규제 거버넌스의 주요 원칙으로 적용 중인 좋은 규제는 피규제자들이 예측할 수 있도록 원칙을 설정하고, 피규제자들의 규제 순응(compliance)을 제고하기 위한 자율규제의 기반을 설정하여, 규제의 (사전) 평가-개선-실행-(사후) 평가의 선순환 구조를 확립하려 한다. 특히, 규제 과정의 순환적 구조에서 이해관계자의 영향을 배제하고 규제를 객관적으로 평가함으로써 규제 개선의 효율성과 효과성을 제고하는 것이 강조되며, 증거 기반의 평가를 통한 평가의 과학성과 객관성의 확보 그리고 평가 과정에서의 이해관계자의 참여를 통한 평가의 합리성 제고가 거버넌스의 운영 원칙으로 적용된다.

3) 규제 거버넌스의 주요 규제 관리 도구

좋은 규제 또는 규제 혁신을 위한 다양한 규제관리제도 및 도구가 개발되어 운영 중에 있는데, 가장 대표적인 것은 규제영향분석을 통한 규제심사제도라 할 수 있다. 규제영향분석은 입법 과정에서 규제가 국민에게 미칠 영향을 사전에 검토하도록 하며, 규제심사제도는 각 정부부처가 규제 도입 과정에서 이러한 영향분석을 적절히 하였는지를 검토하는 기능을 수행한다.

이 외에도 규제기관의 규제를 등록해서 규제 전체를 체계적으로 관리하도록 하는 규제등록제도, 신설 및 기존 규제의 기간을 설정하여 특별한 조건이 없다면 규제를 폐지하는 규제일몰제도, 규제의 영향을 보다 세분화하여 경쟁규제에 대한 영향, 중소벤처기업에 대한 영향 등을 규제영향분석에 포함하는 제도, 규제 샌드박스와 같은 규제의 유예제도와 포괄적 네거티브 방식의 우선 허용-사후 관리로의 규제 입법의 개선 및 정비 등이 규제 관리의 도구로 사용 중에 있다.

(1) 규제등록제

규제등록제도는 국가의 규제기관인 중앙행정기관이 소관하는 모든 규제를 규제감독기구에 등록하는 것을 의미한다. 규제등록은 규제의 존재, 해당 규제의 담당 부처, 규제 관련 법적 근거 및 규제의 수준과 같은 규제에 대한 기본 정보를 수집하고 관리하는 것을 목적으로 한다. 우리나라의 규제등록제도는 「행정규제기본법」에 근거하고 있으며, 규제기관의 장은 규제를 신설하거나 변경 또는 폐지한 경우에 해당 규제를 일정 기간(30일) 이내에 규제개혁위원회에 등록하여야 한다. 등록 대상인 규제는 기본적으로 시민의 권리를 제한하거나 의무를 부과하는 법령, 조례 및 규칙 등의 공식적인 규제로 규정되는 사항이며, 등록하는 정보는 규제의 명칭, 법적 근거 및 내용, 처리기관, 시행과 관련한 하위법령 등의 내용과 규제 법령의 공포일, 규제의 시행일, 규제의 존속 기한 등이다.

(2) 규제영향분석(평가)

규제의 필요성과 타당성을 검증하기 위한 객관적인 분석으로 규제영향평가(Regulatory Impact Assessment) 또는 규제영향분석(Regulatory Impact Analysis)이 개발되어 사용 중에 있다. 규제영향분석은 분석이 이루어지는 시점을 기준으로 사전과 사후 규제영향분석으로 구분되며, 사전 규제영향분석은 규제를 신설하거나 강화할 경우의 규제의 타당성을 검토하는 목적에서 그리고 사후 규제영향분석은 기존 시행 중인 규제를 분석하여 규제 정비의 필요성을 평가하는 목적에서 실시된다. 일반적인 규제영향분석은 사전 분석 형식으로 이루어지며, 규제의 신설과 강화를 통제하여 국민과 사회 및 경제에 미치는 영향을 객관적이고 과학적인 방법으로 예측하고 분석하여 불필요한 규제의 형성을 예방하는 기능을 수행한다.

규제영향분석은 ① 규제의 필요성 및 대안 선택, ② 규제의 적정성, ③ 규제의 실효성, ④ 추진계획 및 종합결론의 목차로 구성된 보고서의 형태로 이루어진다. 규제의 필요성은 정부가 개입하는 정부규제가 필요한지를 검토하고, 대안 선택은 규제 도입을 통해 달성하고자 하는 목표와 그 목표를 달성하기 위한 복수의 대안을 탐색하도록 한다. 규제의 적정성은 규제 수단이 규제 목적을 달성하기에 적합한지 여부를 목적-수단 간 비례적 타당성으로 평가하고, 규제로 인한 경쟁에 미치는 영향, 기업 규모에 따른 규제의 상이한 영향, 규제 도입으로 인한 기술혁신의 위축 등을 영향평가로 평가한다. 신설 및 강화규제는 가능하면 시장유인적 규제로 설계되도록 하고 있으며, 규제의 효력에 일몰을 적용하여 시간적인 통제도 가능하도록 하고 있다. 규제의 적정성은 다시 규제의 비용 대비 편익을 객관적이고 계량적으로 도출하는 이른바 규제의 비용편익분석(cost-benefit analysis) 과정을 거치게 된다. 이후 규제의 실효성은 규제의 순응도와 집행 가능성을 검토하고, 추진계획 및 종합결론은 규제의 내·외부 이해관계자의 의견을 수렴하고 향후 관리계획을 포함한다.

(3) 규제의 비용편익분석

규제의 비용편익분석은 경제적 효율성을 규제의 판단 기준으로 하며, 사회적인 관점, 즉 국민 전체의 관점에서 비용과 편익을 추정한다. 규제는 규제순응의 직접적인 편익과 비용뿐만 아니라 간접적인 편익과 비용을 발생시킨다. 규제로 인한 비용과 편익은 시점에 따라 단기와 장기적 관점에서 분석될 필요가 있으며, 규제의 존속기한이 정해져 있지 않을수록 규제의 시간적 영향권의 범위는 장기간으로 설정되어 분석이 이루어져야 한다. 규제의 비용과 편익은 미래에 발생하며, 미래의 가치를 현재의 가치로 환산하는 과정을 거쳐야 한다. 규제의 비용편익분석은 일반적으로 사회적 할인율(social discount rate)을 적용하며, 사회구성원들이 공유하는 시간의 가치는 물가상승률과 같은 경제적 할인율과 동일할 수도 그렇지 않을 수도 있다. 비용편익분석은 순현재가치(net present value, NPV), 비용편익비율(cost-benefit ratio, CBR), 내부수익률

(interal rate of return, IRR) 등의 다양한 도구를 종합적으로 사용하며, 다양한 판단 기준을 통해 종합적으로 비용 대비 편익을 판단한다. 규제의 비용과 편익은 경제적 가치로 계량화 가능한 시장재뿐만 아니라 비시장재의 가치를 반영하며, 조건부가치측정법(contingent valuation method, CVM)과 같은 가치 추정기법을 사용하여 추정될 수 있기도 하다. 비용편익분석은 본질적으로 정확하지 않다는 한계를 가지며, 사회적 할인율을 일정한 범위 내에서 변화시키거나 비용과 편익 추정에 활용한 분석항목 및 추정방법 등을 변화시키는 민감도 분석(senstive analysis)을 통해 그 한계를 보완하는 작업을 거친다.

(4) 총량관리와 규제비용관리제

규제에 대한 총량관리는 규제 수의 절대적인 양을 관리하는 것과 규제 비용의 총량을 관리하는 것으로 구분된다. 규제 수의 절대 양을 관리하는 것은 한 국가가 등록하여 유지 관리할 수 있는 규제의 목표 총량을 설정하여 관리하는 방식이다. 규제를 숫자를 중심으로 양적으로 관리하는 것은 규제의 내용과 수준 등에 대한 질적인 관리보다 비교적 간단한 방법이지만, 서로 다른 규제의 특성을 동일한 것으로 치환하여 일률적으로 관리하는 과정에서 폐지가 필요한 규제보다는 폐지가 용이한 규제가 우선적으로 관리되는 왜곡을 야기할 수 있다.

규제비용관리제(cost-in, cost-out)는 규제의 신설로 인한 피규제자의 순비용(비용-편익)의 증가를 계산하고 기존 규제의 완화 또는 폐지로 인한 순비용의 감소를 계산하여 비교하고 비용의 증가와 감소를 일치시켜 규제의 총비용을 현재 수준으로 유지하거나 감소하는 것을 목적으로 한다.

제3절 규제의 효과와 역설

1. 규제의 효과

1) 주요 정부 규제의 효과

정부 규제는 규제의 목적과 내용에 따라 다양하게 구분될 수 있다. 규제의 효과는 국가에 대한 가치관의 차이에 따라 다르게 나타날 수 있는데, 예를 들어, 국가를 국민을 위한 선한 존재로 인식할 때에 규제의 정당성이 상대적으로 쉽게 확보될 수 있지만 국가를 필요악으로 간주할 때 규제는 최소화되어야 하고 증거 기반으로 긍정적인 효과가 존재해야만 해당 규제의 필요가 인정된다. 정부규제가 국가가 시장에 개입하여 개인의 자유를 침해할 가능성을 가진다는 점에서, 정부규제의 효과는 윤리적인 판단으로 연계될 수도 있다. 즉 정부규제는 최대 다수의 국민이 최대의 행복을 산출하거나, 개인의 자유를 최대한 보장하고 자유의 제약을 최소화하거나, 또는 사회 및 경제적으로 구조화된 불평등의 요인을 제거하여 자유로운 권리를 모두가 평등하게 누릴 수 있도록 하는 관점에서 정당화될 수 있기도 하다.

하지만, 정부규제의 정당성 또는 합리성에 대한 가치 기반의 판단은 규제의 효과를 실증적으로 비교하는 것과 구분될 필요가 있다. 규제의 효과는 규제가 의도한 목표를 해당 규제수단을 통해서 달성한 수준으로 분석되어야 한다. 다음에서는 시장의 경제활동에 직접적으로 개입하는 정부규제와 시장실패를 보완하는 목적에서 이루어지는 정부규제를 소개하고 각 규제 유형별로 규제의 효과를 설명한다.

2) 시장의 경제활동을 통제하는 정부의 개입

(1) 가격규제

가격규제(price regulation)는 재화나 서비스의 가격을 시장의 경쟁(competition)이 아니라 정부관료의 권한(hierarchy)으로 결정하는 정부의 개입을 뜻한다. 가격규제는 독과점이나 일시적인 수요 또는 공급의 변화로 인한 불완전 시장에서의 가격을 교정하는 것을 목적으로 한다. 가격규제는 시장의 균형가격보다 높거나 낮은 정부가격을 설정하는 형태로 이루어지며, 시장의 균형가격 자체가 낮다고 판단한 경우에는 그 가격보다 높은 최저가격이 그리고 시장의 균형가격이 높다고 판단한 경우에는 그 가격보다 낮은 최고가격이 설정된다.

최저임금제도는 대표적인 최저가격 규제의 사례이다. 노동시장에서 노동을 공급하는 근로자와 노동을 수요하는 기업가는 시장의 균형가격을 임금으로 설정하고 근로계약을 맺게 된다. 하지만, 노동시장의 균형가격이 최저나 보통의 생계수준을 유지하기에는 부족할 수 있으며, 국가는 최저생계비보다는 높은 임금을 유지할 수 있도록 최저임금을 균형가격 이상으로 설정하게 된다. 하지만, 균형가격 이상의 최저임금의 설정은 일시적으로 노동의 수요량 대비 공급량을 초과하게 만들어 초과공급에 따른 실업률의 증가와 같은 부작용으로 나타날 수 있다. 분양가 상한제는 최고가격 규제의 대표적 사례인데, 주택 분양 시장에서의 균형 주택 가격이 높을 때 그 가격을 균형가격보다 낮게 설정하여 주택 가격의 상승을 억제하는 것을 목적으로 한다. 하지만, 균형가격 이하의 분양가의 상한액 적용은 주택 공급량 대비 수요량을 초과하게 만들어, 초과수요에 따른 불법 거래를 초래하는 등의 부작용으로 나타날 수 있다.

가격규제는 시장의 균형가격이 사회적으로 바람직한 가격으로 설정되도록 하는 목적을 가지지만, 그 목적을 달성하기 위한 최고가격 또는 최저가격를 설정하는 데 어려움을 겪는다. 시장의 균형가격은 이론적으로는 이해가 용이하나 실제 가격으로 추정하기는 쉽지 않다. 사회적으로 바람직한 가격을 설정하는 것은 이보다 더 난해한 과정이며, 최저가격의 설정은 점진적이거나 탄력적으로 이루어질 필요가 있다. 또한, 가격규제는 다양한 부작용을 유발한다. 최저임금 설정으로 인한 실업률의 증가, 분양가상한액의 적용에 따른 불법거래의 증가 등의 부작용은 규제의 의도와 관계 없이 발생한다. 특히 독과점 기업에 대한 가격규제는 에버치-존슨 효과(Averch-Johnson Effect)와 같이 기업들로 하여금 생산비용을 낮출 유인을 가지지 못하게 하여, 과도하게 자본을 축적하는 행태를 야기할 수 있다.

(2) 수요 및 공급규제

정부가 시장의 수요 또는 공급을 통제하는 것은 보다 정확하게는 시장에서 거래가능한 재화나 서비스의 수량을 규제하는 것을 의미한다. 수요(demand) 또는 공급(supply)과 시장에서 실제 거래되는 수요량(quantity demanded)과 공급량(quantity supplied)의 의미는 다르다. 수요규제는 공급은 비탄력적이지만 수요가 탄력적일 때, 즉 공급량의 변화가 쉽지는 않으나 수요량의 변동은 크게 발생한 경우 수요량을 경제체제가 수용 가능한 수준으로 유지하는 것을 목적으로 하며 수요자에 대한 정부의 통제로 나타난다. 공급규제는 사회가 원하는 수준으로 재화와 서비스가 공급될 수 있도록 공급자 또는 생산자에 대하여 정부가 통제하는 형태로 나타나며, 규제강화는 공급량의 감소를 그리고 규제완화는 공급량의 증가를 가져온다.

3) 시장의 실패를 보완하기 위한 정부의 개입

(1) 독 · 과점 및 불공정거래 규제

완전경쟁시장에서의 자원의 효율적 배분에 대한 이론적 가정은 현실에서 구현하기가 쉽지 않다. 현실의 시장은 지나친 경쟁이나 제약된 경쟁의 문제를 가지는 것이 더 일반적이며, 정부는 경쟁에 따른 자원의 효율적 배분이 이루어질 수 있도록 과잉경쟁에 대해서는 진입규제를 그리고 과소경쟁으로 인한 독과점과 파생되는 불공정거래에 대한 규제를 제정하여 시행한다.

독·과점 및 불공정거래의 규제는 원칙적으로 시장을 완전경쟁한 상태에 근접하도록 만드는 효과를 가진다. 독·과점은 생산자 또는 소비자에게서 발생할 수 있으며, 독·과점의 문제는 한 명 또는 소수의 시장지배력을 지닌 사업자나 소비자가 과도한 영향력을 바탕으로 지배적 지위를 남용할 수 있다는 점이다. 독과점은 재화와 서비스의 성격에 따라 자연적으로 발생할 수 있으며, 행위자 간 결합을 통해서도 나타날 수 있다. 독과점을 정의하는 기준은 다양할 수 있지만, 특정 1개 사업자가 시장점유율을 50% 이상 차지하거나, 3개 이하 사업자가 75% 이상을 차지하고 있는 경우 독·과점이라고 부르는 것이 일반적이다. 시장에서의 권력을 집중적으로 보유하고 있는 독·과점 사업자가 자유로운 경쟁을 저해할 가능성을 예방하고 문제를 해소하기 위한 규제는 시장지배적 지위를 남용하거나 공정한 거래를 저해하는 행위를 규제하거나(불공정거래 규제), 독·과점으로 나타날 수 있는 기업의 수직적 및 수평적 결합을 규제하거나(결합 규제), 소수 기업집단에 경제력이 집중되는 것을 통제하는(경제력 집중 규제) 것 등을 포함한다.

(2) 소비자 보호규제

소비자 보호는 조직화된 소수 기업집단과 조직화가 어려운 다수 소비자 집단 간 정보의 불균형(information asymmetry)과 자원 및 권력의 비대칭으로부터 소비자의 권익을 보호하는 것을 목적으로 한다. 규제의 편익이 불특정한 다수로 구성된 소비자 집단이 누리고 규제의 비용이 특정한 소수로 구성된 생산자 집단이 부담한다는 점에서, 소비자 보호규제는 윌슨의 기업가적 정치 상황(entrepreneurial politics)의 규제로 이해된다. 생산자 집단은 자신의 이해관계를 위해 조직화 및 집단행동에 참여할 유인을 가지는 것과 비교하여, 소비자 집단은 소비자의 권익 보호를 주창하는 사회운동가나 정책창도가와 같은 정책기업가에 의해서 외부적으로 조직화된다. 그리고 소비자 집단을 집단행동으로 유도하는 개인 또는 조직의 정책기업가는 소비자 집단에 유리하고 이들의 피해를 구제할 수 있도록 하는 정책 및 규제 형성을 이끌어내는 데 기여한다.

2. 규제의 역설

1) 규제의 비의도된 효용

규제는 의도하지 않은 효과로 나타날 수 있으며, 이 효과는 규제의 주체에 따라 규제자에게는 규제집행을 통한 만족감, 피규제자에게는 규제 순응과 관련한 만족감, 그리고 제3자인 일반국민에게 나타나는 만족감 등으로 해석될 수 있다. 규제의 주요 이해관계자 중 규제자는 규제를 통해 의도한 결과를 달성할 수 있을 때 의도된 효용을 규제의 효과로 인식할 수 있지만, 의도하지 않았던 규제 결과에 대하여 긍정적 또는 부정적인 만족감을 느낄 수 있다. 규제의 '비의도된 효용(unintended utility)' 이론은 규제자 관점에서 의도하지 않은 부정적 효용이 발생했을 때 규제자는 비의도된 부정적 효용을 해결하기 위해 규제를 폐지, 완화, 또는 강화하는 방향으로 규제의 변화를 가져온다고 주장한다.

규제를 포함한 모든 정책은 정책설계자가 의도하지 않은 효과를 발생시키며, 비의도된 부정적 효용은 시간이 지나면서 축적되며 기존의 규제 수요를 전환하거나 새로운 규제의 수요를 증가시킨다. 정책 그 자체가 또 다른 정책의 원인으로 지속하여 작용할 수 있으며(Wildavsky, 1979), 어떤 문제를 해결하고자 하는 규제가 그 자체로 또 다른 문제를 유발하는 과정에서 규제는 점진적으로 증가한다.

2) 규제의 역설

어떤 문제를 해결하기 위한 규제가 그 문제 상황을 더 심화시키는 경우도 존재한다. 규제가 간접적으로 발생시킨 부정적인 파생효과가 규제가 의도한 직접적 효과보다 클 때 규제의 역설이 발생하며, 이러한 규제 역설은 최저가격이나 최고가격을 설정하는 가격규제에서 흔하게 나타난다. 규제의 역설은 문제의 기저 원인보다는 문제의 현상 자체에 집중할 때 일어나며, 선의에 의한 규제에서 역설적인 현상이 더욱 흔하게 나타난다.

CASE STUDY 사례

'스카치 위스키'의 본고장이자 과도한 음주문화로 유명한 스코틀랜드의 지난해 술 소비량이 1990년대 초반 이후 가장 낮은 수준으로 떨어졌다고 일간 더타임스가 19일(현지시간) 보도했다. 지난해 도입한 주류 최저판매가격 제도가 효과를 발휘하고 있다는 분석이 나온다.

'2019 스코틀랜드의 알코올 전략 모니터링 및 평가 보고서'(The 2019 MESAS · Monitoring and Evaluating Scotland's Alcohol Strategy)에 따르면 지난해 스코틀랜드 성인 1인당 소비한 주류에 든 '순수 알코올'(pure alcohol)양은 9.9 리터(ℓ)로 측정됐다. 이는 2017년(10.2ℓ) 대비 3% 감소한 것으로, 관련 기록이 시작된 1990년대 초반 이후 가장 적은 양이다. 9.9ℓ의 순수 알코올은 주당 평균 9와 2분의 1파인트의 맥주 또는 175ml 잔으로 8잔의 와인을 마신 것과 같다. 전체 주류 소비 중 맥주가 31%, 증류주(spirits)와 와인이 각 29%, 사이다가 7%를 차지했다.

스코틀랜드의 주류 소비가 줄어든 것은 지난해 5월부터 시행한 주류 최저판매가격 제도 때문이라는 분석이 나온다. 스코틀랜드국민당(SNP)의 대표 정책으로 야심 차게 도입된 이 제도는 알코올음료 유닛(unit)당 최저가격을 0.5파운드(약 750원)로 정하고 이 가격 이하로는 술을 팔지 못하게 하는 것이다. BBC에 따르면 알코올음료 종류, 도수 등에 따라 달라지지만 40도짜리 700ml 위스키는 14파운드(약 2만 원), 4도짜리 라거 맥주 500ml는 1파운드(약 1천 500원), 12.5도짜리 750ml 레드 와인은 4.69파운드(약 7천 원) 밑으로 판매할 경우 위법이다.

루이스 모리슨 영국의학협회(BMA) 스코틀랜드 회장은 "주류 최저판매가격 제도는 장기 계획이지만 도입 첫해에 이 같은 결실을 거둔 것은 매우 고무적인 일"이라고 말했다. 스코틀랜드 주민들은 그러나 여전히 잉글랜드나 웨일스 주민(연간 9.1ℓ)보다 9% 이상 알코올 소비가 많은 것으로 나타났다. 보고서는 스코틀랜드에서 매주 평균 22명이 알코올 관련 질병 등으로 사망하고 있다고 밝혔다.

출처: 연합뉴스(https://www.yna.co.kr/view/AKR20190619171400085)

1. 위의 사례에서 나타나는 규제 거버넌스의 주요 행위자와 행위자 간 관계, 그리고 규제의 정치 상황을 구분하여 제시해 보시오.
2. 주류 최저판매가격의 규제 효과를 규제의 의도된 효용과 역설의 관점에서 설명해 보시오.

연습문제

1. 규제의 중요성에 대하여 설명해 보시오.

2. 규제의 공익이론과 사익이론을 구분하여 각각 설명해 보시오.

3. 하나의 규제를 선택하여, 규제 거버넌스를 살펴보고 해당 규제의 문제를 해소하기 위한 적절한 개선 방안을 연구해 보시오.

4. 시장실패를 보완하기 위한 규제의 필요성을 설명해 보시오..

5. 시장실패를 보완하는 방법으로서 시장의 자율규제, 법적 소송에 따른 해소, 정부규제의 장단점을 비교해 보시오.

6. 공익을 위한 정부규제를 규제의 주창자의 성격을 중심으로 유형화하고 각 유형에 대해 설명해 보시오.

제 13 장

위기관리(위험사회)

[학습목표]

1. 위기관리의 개념과 특성, 중요성, 제약요인을 알아본다.
2. 위기관리의 과정을 알아보고, 과정별 주요 활동 및 특징을 살펴본다.
3. 지방자치단체의 위기관리 중요성 및 특징을 이해한다.
4. 최근의 환경 변화에 따른 국가 위기관리의 정책과제를 알아본다.

학습개요

세상에 위기가 발생하지 않는 국가는 없다. 국가마다 지역마다 여러 가지 형태의 위기가 발생한다. 태풍, 지진이나 산불, 감염병, 가스폭발 등 실로 다양한 위기 상황이 발생한다. 우리나라는 과거 부실한 위기관리로 인해 엄청난 국가적 혼란을 겪었다. 2014년 4월, 304명의 아까운 생명을 잃은 세월호 참사로 인해 대한민국은 실로 많은 것을 잃었다. 2015년에는 신종 감염병인 메르스 사태로 인해 16,752명이 격리되고, 186명의 확진자 중에서 38명이 사망했다. 2016년에는 경주에서 여러 차례 지진이 발생했고, 남부지방에 큰 피해를 입힌 태풍 차바, AI, 구제역 등이 연이어 발생하였다. 이처럼 각종 재난과 사고 등 위기 발생으로 인해 우리 사회가 휘청거렸다. 그래서 국가 위기관리가 중요한 것이다. 그럼 '일 잘하는 위기관리'를 하려면 어떻게 해야 하는가?

여기서는 위기관리의 의의와 특징, 제약요인과 함께 주요 과정 및 활동, 국가 위기관리의 과제를 학습한다.

제1절 위기관리의 의의와 특징

전 세계가 각종 재난으로 심각한 피해를 입고 있다. 2022년 캐나다에서 발생한 엄청난 규모의 산불은 미국 뉴욕보다도 넓은 면적을 불태웠다. 2023년 8월에 발생한 하와이 마우이 섬 산불로 인해 388명이 사망하거나 실종됐다. 또한 최근 유럽을 강타한 폭염과 극한 호우, 지진은 수많은 사망자와 재산피해, 이재민을 만들었다. 강력한 산불과 폭염으로 그리스는 인기 관광지인 아크로폴리스의 관광객 방문을 금지했다.

재난은 특히 가난한 사람들에게 더 가혹하다. 경제적으로 빈곤한 후진국가에서 발생한 재난은 참으로 혹독하다. 앞으로 지구온난화와 기후변화에 따른 자연재난 발생 빈도와 위험성은 훨씬 더 위협적으로 우리에게 다가올 것이다.

전 세계 모든 국가들은 '잘사는 국가', '부강한 국가', '살기 좋은 국가' 만들기에 총력을 기울이고 있다. 그중에서도 '안전한 국가'는 살기 좋은 국가 만들기에 있어 가장 중요한 요소 중의 하나라고 할 수 있다. 즉 각종 재난이나 범죄, 테러 등으로부터 국민들이 안전하게 살 수 있는 국가가 살기 좋은 국가라고 할 수 있는 것이다.

이런 점에서 보았을 때, 대한민국은 안전한 국가인가? 최근에 발생한 세월호 참사와 메르스 사대, 경주 지진, 서울 강남역 화장실 살인사건 등 문지마 범죄 등 다양한 재난과 범죄들이 언론에 보도되고 있다.

실제로 우리나라는 빠른 경제성장의 이면에 '안전'이라는 정책이슈를 너무 소홀하게 취급하여 온 것이 사실이다. '설마', '빨리 빨리'라고 하는 두 단어는 우리 사회에서 '안전'이라는 이슈를 국가정책의 과정에서 후순위로 밀어 냈다. 이런 과정에서 대한민국은 '이중위험사회' 또는 '안전 후진국'이라는 불명예를 갖게 되었다.

실제로 우리 사회에서 발생한 서해 훼리호 침몰사고(1993년, 292명 사망), 성수대교 붕괴사고(1994년, 32명 사망), 삼풍백화점 붕괴참사(1995년, 502명 사망), 인천호프집 화재사고(1999년, 57명 사망), 상주MBC 가요콘서트 사고(2005년, 11명 사망), 경주마우나리조트 붕괴사고(2014년, 10명 사망), 세월호 참사(2004년, 304명 사망), 메르스 사태(2015년, 38명 사망), 이태원 참사(2022년, 159명 사망)와 같은 재난은 대한민국의 후진적 위기관리를 여실히 드러내는 사건들이다.

이러한 맥락에서, 여기서는 국가 위기관리의 개념과 중요성, 효율적인 위기관리를 위한 과정과 활동, 제약요인, 그리고 최근의 여러 가지 환경 변화에 따른 국가 위기관리 과제 등을 중심으로 살펴보고자 한다.

1. 위기관리의 의의

위기가 발생하지 않는 국가는 없다. 다만 위기를 잘 대비하고 관리하는 국가가 있고, 잘 관리하지 못하는 국가가 있을 뿐이다. 그것이 선진국과 후진국의 차이점이다.

1) 위기의 개념과 특징

위기가 발생하지 않는 국가는 없다. 미국이나 영국, 독일과 같은 선진국에서도 마찬가지다. 국가마다 여러 가지 형태의 위기가 발생하며, 위기관리의 역사는 인류문명이 탄생했을 때부터 생겨난 인류의 역사라고 할 수 있다(이재은, 2012: 20). 다만 위기를 잘 대비하고 관리하는 국가가 있고, 잘 관리하지 못하는 국가가 있을 뿐이다.

위기라는 용어는 한마디로 개념 정의하기가 무척 어렵다. 이러한 위기의 개념은 '정상적인 상황을 넘어서는 극히 예외적인 상황'으로 파악할 수 있을 뿐인데, 이러한 경우 사회과학의 영역에 따라 개념의 폭에 큰 차이가 생긴다.

정부 위기관리 차원에서 위기는 "체계의 존립을 위태롭게 하면서 그 구성원의 건강과 생명, 재산에 손상을 줄 수 있는 사건이나 상황"이라고 정의할 수 있다(이재은, 2012).

일반적으로, 위기는 그 형태를 불문하고, 다음과 같은 몇 가지 특징을 가지고 있다.

첫째, 위기는 시스템의 일상적인 역량으로는 그 해결의 곤란성 때문에 관련된 기관들 간의 협력 시스템이 무엇보다 필수적이다.

둘째, 위기는 어느 누구도 원하지 않는 돌발적인 성격을 갖고 있으며, 사회의 제반 가치와 규범, 문화 그리고 상호관계들을 변화시키는 역할을 한다.

셋째, 위기의 대상은 구체적으로 한정되어 있지 않고, 그 어떤 국가나 집단, 개인도 위기로부터 자유롭지 않다.

넷째, 위기는 주기적·반복적으로 발생한다. 과거에 발생한 위기가 제대로 된 학습이나 관리가 부적절하면 동일한 유형의 위기가 다시 발생할 가능성이 높다. 성수대교 붕괴사고 이후 삼풍 백화점이 무너졌고, 최근에는 경주마우나 리조트 사고가 발생하였다.

다섯째, 위기는 시간과 공간의 제약을 받지 않는다. 위기의 발생 원인은 복잡하고, 다양하다. 위기는 언제, 어디서, 어떤 이유에 의해 발생될지 명확하지 않다(정찬권, 2013).

여섯째, 위기를 극복하는 해결책의 유무와 결과의 예측가능성이다. 어떤 상황에 직면했을 때, 해결책을 알 수 없으면 위기감은 증대한다. 또한, 이 해결책이 준비되더라도 그 결과를 예측하기 어려울 때는 위기감이 증대된다(김용민 외, 2013: 7).

2) 위기관리의 의의

위기관리는 "위기 상황이 발생하지 않도록 사전에 철저하게 예방하고, 부득이하게 위기 상황이 발생한 경우에는 여러 위험을 효율적으로 관리하는 행정"으로 정의할 수 있다.

오늘날 도시화, 정보화, 국경 없는 무한 국제경쟁의 심화 등으로 위기 발생 가능성이 높아지고, 또한 위기요인이 다양해짐에 따라 수많은 위험이 상존하고 있다. 이러한 위험에 효율적으로 대비하자는 의미에서 위기관리의 개념이 대두되었다.

위기관리의 개념은 학자들의 관심과 학문영역에 따라 다양하게 정의되고 있다(박동균, 1996). 일반적으로는 위기 상황의 통제에 대한 보다 광의의 접근방법을 의미하는 것으로 사람에게 피해를 가할 수 있는 돌발적인 사건의 위험을 인식하고 통제하는 것으로 이해된다(Karwan & Wallace, 1984: 177-181).

위기관리체제는 위기관리를 담당하는 조직들로 구성된 체제이며(Comfort, 1988: 344-349) 위기 발생이라는 환경에 대비하여 주민들의 생명과 재산을 보호할 목적으로 상호 관련된 기관들끼리 협조와 조정을 통하여 문제를 해결하려는 체제이다.

위기관리는 궁극적으로 인간의 존엄성을 존중하고 구현하기 위해 노력하는 과정이다. 위기관리에서 인간은 태어난 그 자체로서 존중받아야 할 가치가 있다는 것이 학문적 논의의 출발점인데, 따라서 위기관리는 인간의 존엄성(human dignity) 구현을 학문적 지표로 삼는다(이재은, 2012).

일반적으로 위기관리는 다음과 같은 특성을 갖고 있다.

첫째, 위기관리는 책임부문에 있어서 보편성과 일반성을 갖고 있다. 즉, 국가뿐만 아니라 기업이나 단체, 개인도 위기관리에 있어서 책임을 다해야 한다.

둘째, 위기관리는 위기 발생의 원인이 개인이나 기업, 단체의 실수나 부주의에 있다고 하더라도 결국 그 영향은 국가나 지역사회, 국제사회 등에 미칠 수 있기 때문에 공공재적인 성격이 큰 국정과제라고 할 수 있다.

셋째, 위기관리는 일상화가 요구된다. 현대사회는 기능의 복잡성과 전문성으로 인해서 만약 일부의 기능 마비가 발생한다면 이는 바로 사회전체적인 기능 마비를 초래할 수 있다. 따라서 위기관리는 일상생활과 더불어 존재해야 한다.

넷째, 위기관리는 인간의 존엄성을 주요 정책 가치로 삼는다. 따라서 위기 발생 이후의 대응 및 복구뿐만 아니라 위기 발생 이전의 예방과 대비도 함께 중요하다(김용민 외, 2013: 16).

3) 정부는 왜 위기관리에 적극적으로 대응해야 하는가?

> 위기관리는 많은 자원의 동원을 필요로 한다. 따라서 정부야말로 이러한 다양하고 막대한 자원동원능력을 갖고 있으며, 합법적인 강제력을 갖고 있기 때문에 위기관리의 전체 과정에 정부가 개입하게 되는 것이다.

정부가 위기 상황에 적극적이고 능동적으로 개입해야 하는 이론적 근거로는 다음과 같은 몇 가지를 지적할 수 있다(박동균, 1996).

첫째, 한 국가에서 발생하는 각종 위기 상황은 심각한 사회적 문제들을 발생시킬 수 있으며, 이러한 사건들의 물리적 · 경제적 · 정서적 비용들이 커서 무시하거나 간과할 수 없다.

둘째, 위기 상황은 매우 '정치적인(politicized)' 쟁점이 된다. 즉, 재난이나 테러 등과 같은 위기 상황은 정치가들로 하여금 시민들의 욕구에 기꺼이 대응하게 함으로써 위기 자체가 정치적 쟁점사안으로 전환된다는 것을 의미한다.

셋째, 대부분의 위기 상황들은 민간영역의 역량만으로는 해결할 수 없는 문제들이다(Schneider, 1995: 23-31). 따라서, 위기관리는 공공재적인 성격을 갖는다.

넷째, 위기 상황은 다분히 공공의 관심을 끌 수 있는 정책이슈이며, 정부 권한의 합법적 영역 내에서의 정책문제로 인식된다(Cigler, 1988: 5-19).

다섯째, 위기관리에는 많은 자원의 동원을 필요로 한다. 따라서 정부야말로 이러한 다양하고 막대한 자원동원능력을 갖고 있으며, 합법적인 강제력을 갖고 있기 때문에 위기관리의 전체 과정에 정부가 개입하게 되는 것이다(김형렬, 1997).

여섯째, 안전은 중요한 사회적 자산이다. 안전의 파괴는 공동체 구성원 모두의 손실로 이어진다(김영평, 1994).

2. 위기학습과 안전교육의 중요성

위기는 비정상적인 위험 상황이다. 과거 실패 사례로부터 얻는 교훈을 근거로 제대로 된 안전교육, 반복된 학습과 연습이 중요하다.

1) 위기학습

현대사회의 위험요인은 다양하다. 이러한 위험은 시간과 공간을 초월하기도 하며, 어느 한 지역의 조그만 문제가 특정 지역에 머물러 있지 않고, 국가 차원을 넘어 국제 문제로 확산되기도 한다. 또한, 더욱 심각한 문제는 위기 상황을 초기에 적절하게 관리하지 못하는 바람에 별로 위험하지 않은 작은 위기 상황이 최악의 심각한 위기 상황으로 변질될 수 있다는 점이다.

실제로 위기관리의 선진국들은 위기 발생 초기에 적실성 있고 체계적인 위기관리를 통해서 위기 상황을 차분하게 안정시키면서 극복한다. 이에 비해서, 후진국들은 위기를 제대로 관리하지 못해 작은 위기가 더욱더 심각한 상황으로 진개되어 가는 것을 볼 수 있다. 즉 위기관리의 후진국들은 이전에도 발생했던 동일한 유형의 위기들이 철저하게 관리되지 못하고 동일한 형태의 위기들이 반복되어 발생한다.

우리나라도 최근에 발생한 각종 위기사고들을 통해서 과연 정부가 위기관리에 효율적으로 대응을 하고 있는지 의구심이 든다. 뿐만 아니라 이미 발생했던 위기사고로부터 사회적 학습을 통하여 위기관리 시스템의 실패를 고칠 수 있는 메커니즘이 작동하지 않았다는 근원적인 문제점이 나타났다.

2015년 메르스 사태가 발생하기 불과 1년 전에 대한민국은 2014년 4월 16일에 세월호 참사라고 하는 엄청난 재난을 겪은 바 있다. 세월호 참사는 사고 발생 초기 대응의 실패, 컨트롤 타워의 부재, 구조 과정에서 위기관리 시스템의 미비 등이 복합적으로 만들어낸 부끄러운 사고이다. 이 참단한 재난사고 이후 국민안전처를 신설하는 등 다양한 위기관리 후속 정책들을 시행하였지만 2015년 메르스 사태를 통해서 또다시 국가 위기관리의 문제점을 노출했다. 과거에 발생했던 실패사고로부터 학습을 통한 위기관리 시스템이 작동하지 않은 것이다.

넓은 영토만큼이나 다양한 재난을 경험하고 있는 미국은 위기관리 실패의 교훈을 사회적 학습을 통해서 위기를 극복하고 있다.

2012년 10월 29일, 미국의 동북부 지역에 찾아온 허리케인 샌디는 폭풍직경이 최대 1,520km, 최대풍속이 초속 50m에 가까운 엄청난 파괴력을 지닌 재난이었다. 미국의 22개 주에 걸쳐 막대한 영향을 주었는데, 폭우와 바람을 동반했을 뿐만 아니라 폭설까지도 기록될 정도로 유별난 허리케인이었다.

이 자연재난으로 인해서 뉴욕의 지하철과 버스편, 항공 등 대중교통이 거의 마비되었고, 모든 학교와 기업체, 증권회사 등이 휴교, 휴장했다.

이러한 대형재난에 대비해서 세계 최고의 과학기술을 보유한 미국의 연방재난대응팀과 지방자치단체들은 자국의 영토와 국민을 보호하기 위한 최선의 노력을 다했다. 미국 동북부 지역을 매우 느린 속도로 통과할 것으로 예상하고, 해당 지역에 재난 경보를 발령했으며, 위험지대에 있는 주민들을 신속하게 대피시켰다.

해당 지역의 주지사와 시장 등 모든 공무원들과 위기관리 기관들이 재난 대비 및 대응 계획을 수립하였고, 연방재난관리청과 국립 허리케인센터는 슈퍼 컴퓨터로 계산된 샌디의 이동 경로와 시간, 피해 위험지역 및 대비 등의 구체적인 정보를 주요 방송매체와 다양한 경로를 통해 신속하게 알렸다(박동균, 2013a: 73-95).

CNN을 비롯한 거의 모든 미국 TV방송은 24시간 특집으로 연일 이 위기대응 내용들을 보도했고, 유튜브나 페이스북 등 SNS도 재난 대비에 큰 기여를 했다.

미국 역사상 최악의 자연재난으로 평가되던 허리케인 샌디로 인해서 발생한 사망・실종자 수는 허리케인 카트리나 때의 5%도 안 됐다. 카트리나에 대한 위기관리 실패 사례로부터 얻은 함의와 교훈을 적절하게 잘 활용했기 때문이다. 힘겨웠던 허리케인 샌디 위기를 잘 극복한 오바마 대통령은 열세에 있었던 대통령 선거에서 공화당의 상대 후보 롬니를 꺾고 승리했다(박동균, 2013a: 73-95). 위기는 잘 극복하면, 한 단계 발전할 수 있는 기회가 된다.

2) 안전교육의 중요성

> 유치원부터 초, 중, 고등, 대학과 성인에 이르기까지 안전을 교육하고 홍보해야 한다.

각종 재난사고를 방지하기 위해서는 여러 가지 대책이 필요하겠지만 근본적으로 볼 때, 국민 안전교육이 중요하다. '빨리 빨리, 설마 문제없겠지?'라는 생각을 버리도록 어릴 때부터 안전교육을 실시해야 한다.

미국과 일본 같은 선진국의 안전교육에 대한 예를 들면, 미국의 초등학교에서 쓰레기 현장 견학을 가면, 커다란 플라스틱 유리안경과 모자, 노란색 큰 조끼를 준비해서 학생들에게 나누어준다. 모자, 안경, 옷들을 착용하고 안전하게 견학할 수 있도록 필요한 조치를 하는 것이다. 어릴 때부터 그렇게 안전교육이 철저하면 이에 따라 학생들의 안전 의식도 강화될 수밖에 없다. 또한 샌프란시스코 근교에는 지진 발생 때문에 초등학교에 입학과 함께 개인의 3일간의 비상식량을 준비해서 교실 한 곳에 비닐 팩에 담아 1년을 보관한 후, 학년이 바뀌는 때에 돌려준다. 그리고 새 학년이 되면 또 새롭게 3일간의 비상식량을 넣은 비닐 팩을 준비해 새 교실에 보관해 둔다. 항상 유사시를 대비하는 준비가 철저하다. 학생들은 물론 성인들도 한 달에 한 번 있는 지진대피훈련에 모두 적극적으로 참여한다. 이처럼 어릴 때부터 성인에 이르기까지 안전에 대한 교육과 실천행동은 일상생활에 깃들어 있기 때문에 안전 불감증으로 인한 사고는 잘 발생하지 않는다.

지진이 많은 일본도 안전 대비 교육만큼은 철저하다. 우리도 수능을 대비한 입시 교육에만 집중하지 말고, 민주시민으로서 생활안전 교육을 실시해야 한다.

최근에 초등학생들 사이에서는 '민식이법 놀이'가 유행한다고 한다. 아이들이 스쿨존(어린이 보호구역)을 지나가는 차량에 접근해서 운전자를 놀라게 하는 것이다. 차를 만지고 오는 행위를 하면 아이들끼리 서로 돈을 주고받기까지 한다고 한다. 참으로 어처구니 없는 일이다. 적절한 교육이 필요하다. 단순한 강의형 교육보다는 학생들이 참여하는 체험형 교육이 보다 효과적이다.

이제 유치원 안전교육을 시작해서 초, 중, 고등, 대학과 성인에 이르기까지 안전을 교육하고 홍보해야 한다. 안전은 투자이고, 관심이다.

3. 위기관리의 제약요인

위기관리에 투입되는 각종 경비는 단시간 내에 그 효과가 나타나는 것이 아니다. 장기적인 계획에 맞추어 설계하고 건설하는 경우가 많아서 그 경제성에 대한 찬반논쟁이 있게 된다. 많은 경우 정책의 우선순위에서 밀려나게 되는데, 이러한 요인은 곧 위기관리를 제약하는 요인으로 작용한다.

정부의 위기관리의 중요성에도 불구하고, 성공적이고 효율적인 위기관리가 이루어지지 못한 데는 다음과 같은 제약요인이 있다.

1) 위기 속성상의 제약요인

최근에 각종 재난사고를 경험하면서도 위기관리에 대한 근본적이고 종합적인 대비책이 마련되지 못한 데는 일반적으로 위기가 갖는 본질적인 속성으로서 다음의 몇 가지 제약요인을 들 수 있다.

첫째, 위기 상황이 본질적으로 갖는 '시간적인 제약성'이다. 위기관리는 그 자체가 시간적, 공간적, 물적 제한 속에서 이루어지는 일종의 비상관리라고 할 수 있다. 위기관리에 있어 시간적인 제약요인은 위기 상황이 발생한 직후에는 위기관리에 대한 중요성 및 당위성에 대한 의식이 높다가 시간이 지남에 따라 그 중요성에 대한 인식이 잊혀지면서 대비의 미흡으로 이어져 위기관리의 악순환이 반복되는 것이다. 이와 같은 시간적 제약성은 위험의 발생가능성은 항상 존재하지만 그 존재양식이 가시적이지 않고, 잠재적이며, 돌발적이라는 특성에서 발생한다(박동균, 1996).

둘째, 위기 발생으로 인한 피해 대상의 국지성에서 오는 제약요인이다. 피해 대상의 국지성이란 "위기사고의 발생으로 인한 피해의 대상이 일부 지역에 한정된다"는 의미이다. 피해 대상이 국지성을 띠고 있을 때는 위기관리에 대한 전 국가적, 전 사회적인 합의도출이 어렵다. 따라서 국가정책의 우선순위에 있어서도 다른 경쟁관계에 있는 정책에 후순위로 밀리는 결과를 초래한다(박동균, 1996).

셋째, 위기 발생 예측의 불확실성에서 오는 제약요인이다. 재난과 테러 등 위기 상황이 언제, 어디서, 어떻게, 어떤 형태로 발생할지를 정확하게 예측하기는 현실적으로 불가능하다. 따라서, 이와 같은 위기 예측의 불확실성은 효율적인 위기관리를 어렵게 하는 요인으로 작용한다(Clary, 1985: 20-24).

2) 정치적인 제약요인

성공적인 위기관리를 위해서는 위기관리에 대한 정책 우선순위가 주어져야 하고, 이를 위해서는 정치적인 지원과 관심이 필수적이다. 재난과 같은 위기 상황은 앞서 설명한 위기 그 속성상의 이유로 지역주민들의 합의도출이 쉽지 않아 정치적으로 위기관리를 효과적으로 수행할 수 있는 법적·제도적인 장치가 미비하였다(박동균, 2004: 187).

3) 재정적인 제약요인

위기관리의 재정적인 제약요인이란 위기관리에 필요한 재정적 부담능력의 한계에서 오는 제약요인이다. 위기관리는 많은 예산이 필요함에도 불구하고, 필요한 예산이 없으면 위기관리는 그 실효성을 얻을 수 없다. 또한, 경제적 효용성의 문제에 있어서도 비용과 편익을 측정하여 효율성을 측정하기가 무척 어렵다. 위기관리에 투입되는 각종 경비는 단시간 내에 그 효과가 나타나는 것이 아니고, 장기적인 계획에 맞추어 설계하고 건설하는 경우가 많아서 그 경제성에 대한 찬반논쟁이 있게 된다. 많은 경우 정책의 우선순위에서 밀려나게 되는데, 이러한 요인은 곧 위기관리를 제약하는 요인으로 작용한다(박동균, 2004: 187).

4. 지방자치단체의 위기관리

지방자치단체의 위기관리 시스템을 효과적으로 개선하기 위해서는 지방자치단체 차원에서도 부서 간 임무와 역할에 대해 명확한 정의 수립이 필요하고, 재난현장 대응자의 입장에서 지침 마련이 필요하며, 아울러 재난 및 의료인력 등 담당 공무원에 대한 사기진작과 적절한 교육훈련이 필요하다.

또한, 지방자치단체 위기대응 시스템을 효율적으로 운영하기 위해서는 무엇보다도 위기관리 서비스 제공에 필요한 예산의 충분성이 확보되어야 한다. 아울러, 합동대응을 위한 대응자원의 통합적 관리체계 구축이 필요하다. 이 밖에도 재난 대응 사례의 평가를 통한 피드백을 상시 실시하여, 교훈을 얻는 자세가 필요하다.

1) 지방자치단체의 위기관리 중요성

위기관리는 위기가 발생하는 '현장'이 중심이다. 즉 위기 발생 현장에서 가장 가까운 곳에 있는 지방자치단체의 역할이 중요한 것이다. 이런 점에서 지방자치단체의 위기관리가 중요하게 등장하게 되는데, 위기관리가 지방자치단체 차원에서 더욱 중요한 이유는 크게 다음과 같은 두 가지를 들 수 있다(최용호, 2005: 678-679).

첫째, 행정조직의 최일선에서 지방자치단체는 실질적으로 시민들의 재산과 인명을 보호해야 하며, 위기 발생 현장에서 가장 근접한 거리에 위치해 있기 때문이다. 즉 지방자치단체는 위기관리의 실질적인 일선책임기관이다. 따라서 성공적인 위기관리에 대한 책임은 대부분이 중앙정부보다는 지방자치단체에게 있게 된다.

둘째, 지방자치단체가 위기관리체제를 보다 능동적이고 적극적으로 실천해야 하는 이유는 위기 상황이 발생하면 지방자치단체가 지불해야 할 비용이 현저하게 증가하기 때문이다. 위기 상황의 발생은 피해지역에 엄청난 경제적인 타격을 가져온다. 지방자치단체의 재정은 법정 채무의 증가, 보험금의 요구 등이 급속하게 늘어남에 따라 위축될 것이며, 최악의 경우에는 예기치 못한 경제적 파산사태로 이어질 수 있다(박동균, 1996).

특히, 기초지방자치단체는 위기 발생 시 현장의 최일선에서 가장 먼저 주민들을 대피시키고, 위기 상황을 수습하는 기능과 역할을 수행하므로 위기관리에 있어서 보다 중요한 위치에 있다(박동균, 2010: 169). 그러나 지방자치단체는 중앙정부에 비해서 위기관리 전담조직이 상대적으로 미약하다고 할 수 있으며, 중앙정부의 지침을 수행하는 소극적인 입장에서 업무를 수행한다고 볼 수 있다(양기근 외, 2006: 11). 그리고 본격적인 지방자치제도의 실시와 더불어 지방자치단체는 위기관리에 대하여 생활현장에서 주민의 생명과 안전을 보호해야 할 일차적인 책임이 있음에도 불구하고, 위기 발생 시마다 체계적인 대응과 장기적인 사후복구로 재발 방지에 힘쓰기보다는 일회적인 단순한 복구지원이나 사고책임자 처벌 정도로만 위기를 모면하려는 미숙한 위기 대응 행태를 보이고 있어 이것이 우리나라 위기관리의 문제점으로 지적되고 있다(최용호, 2005: 676).

지방자치시대에 있어서 자치권은 해당 지방자치단체의 장에게 있기 때문에 위기관리를 위한 권한과 책임 또한 지방자치단체에 있다. 따라서 지역주민의 직접선거에 의해서 지방자치단체의 수장인 지방자치단체장이 선출되고, 선출된 지방자치단체장에게 지방행정 전반에 대한 책임이 부여되고 있다. 이러한 책임과 권한은 중앙정부의 권한이 지방자치단체로 이양될수록 책임도 함께 이양되는 것이므로 위기관리에 대한 책임 역시 지방자치단체가 책임을 지고, 위기관리행정을 수행하여야 한다(권건주, 2005: 82).

「재난 및 안전관리기본법」 제4조에서 국가 및 지방자치단체는 재난으로부터 국민의 생명, 신체 및 재난을 보호할 책무를 지고, 재난의 예방과 피해 경감을 위하여 노력하여야 하며, 발생한 재난을 신속하게 대응·복구하기 위한 계획을 수립·시행해야 한다고 규정하고 있다.

또한, 「자연재해대책법」 제3조 제1항에서 국가는 기본법 및 이 법의 목적에 따라 자연현상으로 인한 재난으로부터 국민의 생명, 재산과 주요 기간시설을 보호하기 위하여 자연재해의 예방 및 대비에 관한 종합계획을 수립하여 이를 시행할 책무를 지며, 그 시행을 위한 최대한의 재정적·기술적 지원을 해야 한다고 규정하고 있다. 이와 같이 지방자치단체는 인적 재난뿐만 아니라 자연재난, 국가기반재난 등 모든 유형의 재난을 관리하는 주체로서 중앙정부와 함께 재난관리 책임기관으로 지정되어 있다(재난 및 안전관리기본법, §3조).

2) 위기관리에 있어서 지방자치단체의 역할

"코로나19 사태가 지방자치단체에 어려움도 줬지만 기회도 함께 줬다. 드라이브스루 선별진료소, 재난기본소득 논의 등 의미 있는 대응정책들을 지방에서 먼저 시작하지 않았나. 한마디로 지방의 재발견이다. 특히 중앙정부 공무원들이 지방이 가진 잠재력을 알게 됐다는 것이 의미 있는 성과다"(김순은, 대통령 소속 자치분권위원장)

재난 등 위기 상황이 발생했을 때, 지역주민들은 자신들이 거주하고 있는 지방자치단체가 자체적으로 수립된 지역안전관리계획에 의해 적절한 조치를 취해 줄 것을 기대하고 있다. 또한 위기관리 과정별로 대응조치들이 유관기관 간 유기적인 협력관계를 유지하면서 총체적으로 재난에 대처하여 지역주민들의 피해가 최소화되기를 기대한다.

지방자치단체들은 지역주민들의 기대에 부흥하고, 위기의 효율적인 관리를 위하여 중앙정부와 기타 유관기관과 다른 역할을 수행하게 되는데, 그 역할을 살펴보면 다음과 같다(권건주, 2005: 82).

첫째, 지방자치단체는 위기관리 활동의 전 과정에서 주체적이고, 주도적인 역할을 수행한다. 중앙정부는 위기 발생 이후에 대응과 복구활동 등 필요한 막대한 재원을 보유하고 있기 때문에 위기관리행정에 있어서는 직접적인 활동주체로서뿐만 아니라 지원기관으로서의 역할을 수행하지만 지방자치단체는 위기 상황의 발생을 억제하거나 예방을 수행하는 재난의 예방 기능, 재난 발생 시를 대비하여 지역안전관리계획을 수립하거나 재난정보 시스템을 구축·운영하는 등 대비 기능, 나아가 재난 발생 시 피해를 최소화하기 위하여 각종 물적·인적 자원을 동원하여 재난을 수습하는 대응 기능, 마지막으로 재난피해 지역에 대하여 정상적인 생활을 할 수 있도록 하는 복구 기능 등 위기관리 전반에 대하여 위기관리 주체로서의 역할을 수행한다(박동균, 1996).

둘째, 지방자치단체는 위기관리에 있어서 조정의 역할을 수행한다. 위기관리에 있어서 일련의 과정인 예방, 대비, 대응, 복구 과정을 수행할 때는 여러 위기 관련 단체 및 기관이 참여하게 되는데, 이때 지방자치단체는 각급 위기관리 책임기관, 긴급구조기관, 긴급구조지원기관, 자원봉사자 등의 다양한 의견을 들어 가장 합리적인 위기관리 대안을 선택하여 이행될 수 있도록 유관기관 간의 조정역할을 수행한다(박동균, 2010: 171).

따라서, 위기관리의 일차적인 관리책임을 가진 지방자치단체의 역량 강화가 중요하다. 지방자치단체의 위기관리 시스템을 효율적으로 증진시키기 위해서는 먼저 지방자치단체 차원에서 각 부서 간 기능과 역할에 대해 명확한 정의 수립이 필요하다. 또한, 위기현장 대응자의 입장에서 지침 수립이 필요하며, 위기관리 담당 공무원들에 대한 사기진작과 적절한 교육훈련이 필수적이다.

아울러 지방자치단체 위기대응 시스템을 효율적으로 운영하기 위해서는 무엇보다도 위기관리 서비스 제공에 필요한 예산의 충분성이 확보되어야 하며, 과거에 발생한 위기대응 사례의 면밀한 평가를 통한 문제점을 도출, 피드백을 상시적으로 실시하여, 수정하는 시스템이 중요하다(박동균, 2016: 63).

제2절 위기관리의 과정과 활동

> 위기관리는 위기 발생의 시간대별 진행 과정을 중심으로 위기 발생 이전 과정과 위기 발생 이후 과정으로 분류한다. 위기 발생 이전 과정은 예방(prevention and mitigation)과 대비(preparedness) 단계, 위기 발생 이후 과정은 대응(response)과 복구(recovery) 단계로 분류한다. 이 과정들은 상호 유기적인 관계를 갖고 있다.

위기관리는 위기 발생의 시간대별 진행 과정을 중심으로 네 단계로 분류할 수 있다. 위기 발생을 중심으로 위기 발생 이전 과정과 위기 발생 이후 과정으로 분류하고, 위기 발생 이전 과정은 예방(prevention and mitigation)과 대비(preparedness) 단계로, 위기 발생 이후 과정은 대응(response)과 복구(recovery) 단계로 분류한다. 이 과정들은 상호 배타적이라기보다는 상호 유기적인 관계를 갖고 있다(McLouglin, 1985: 166; Petak, 1985: 3).

이러한 위기관리의 네 과정에서 제시된 프로그램과 내용, 구체적인 전략과 수단은 시간대별 위기 발생의 진행 상황에 맞춘 전략일 뿐만 아니라 위기관리의 기본전제에 대한 논의도 담고 있다.

1. 위기 발생 이전 단계

1) 위기예방 단계

위기예방은 위기로부터 발생할 수 있는 국민의 생명, 재산, 사회경제적 활동, 자연자원을 파괴하는 위협을 완전히 제거하거나 줄이기 위한 행위들을 말한다.

위기 상황이 발생했을 때, 한 국가가 입는 피해는 인명피해, 직접적인 건물의 파손, 인명의 손실과 부상, 농작물, 가축 등에만 국한되지 않는다. 간접적인 피해로서 소방, 경찰, 긴급구조, 대피소 운용 등에 따른 국가적으로 지출되는 위기대응 비용, 경제활동의 마비나 중단으로 인한 지역경제에 미치는 영향, 이재민의 심리적 스트레스 등 다양하다.

위기예방은 위기 상황이 발생하지 않도록 하는 노력으로서 다음과 같은 장점이 있다.

- 인명을 보호한다.
- 재산피해를 예방하거나 줄인다.
- 경제적 손실을 최소화한다.
- 사회적인 혼란과 스트레스를 최소화한다.
- 농작물의 피해를 줄인다.
- 위기 발생 시 주요 공공시설의 역할수행을 원활하게 한다.
- 사회기반시설의 피해를 줄인다.

- 심리적인 안정감을 이룬다.
- 정부와 공무원의 법적 책임을 줄인다.
- 국민들로부터 정부정책에 대한 신뢰를 쌓는다(이재은, 2012).

위기예방은 사회의 안전 및 복지, 건강 등에 대한 위험이 존재하는 영역에서 무엇을 해야 할 것인지를 결정하고, 위험 감소를 위한 노력을 하는 단계이다. 따라서 예방과정에서는 위기 상황이 실제로 발생하기 이전에 위기 발생 원인을 미리 제거하거나 위기 발생 요인이 표출되지 않도록 억제 또는 예방하는 활동을 말한다(Petak, 1985: 5).

대체로 예방 과정에서는 장기적인 관점에서 사회가 직면하게 될 장래의 위기를 극복할 수 있는 역량을 키우는 데 중점을 두며, 위기의 종류에 따라 예방과 완화의 목표가 변화될 수 있다(Godschalk & Brower, 1985: 64-66). 즉 잠재적인 위험성을 가진 물질이나 방사능의 누출현상을 포함하는 재난의 경우에는 발생 기회를 감소시키거나 원인을 제거하는 조치에 중점을 두는 반면 지진이나 태풍과 같은 자연재난의 경우에는 대비나 구조활동 등을 통해 노출지역에서의 재난을 감소시키는 데 중점을 둔다.

이러한 예방 과정은 위기복구 단계에서 개발된 정책이나 사업계획들에 의해 개선될 수 있으며(Rubin & Barbee, 1985: 57-63), 따라서 대비, 대응, 복구 단계와 직・간접적인 관련성이 있다.

위기예방은 위기로부터 발생할 수 있는 국민의 생명, 재산, 사회경제적 활동, 자연자원을 파괴하는 위협을 완전히 제거하거나 줄이기 위한 행위들을 말한다. 위기예방 단계에서 사용되는 기법으로는 앞으로 개발되는 지역과 건물들의 피해를 막기 위해 그 지역의 토지이용 형태를 보다 자연친화적이고 재난으로부터 피해를 최소화할 수 있게 재해경감계획, 도시개발계획 및 구획관리, 건축법, 홍수터 규제, 하수관리 규제, 홍수조절법, 조세제도, 자금지출계획, 보험, 그리고 위기정보체계 등이 있으며, 이들 접근법들을 활용하는 과정에서의 기술적・정치적 과정 모두를 포함한다(Godschalk, 1991: 131-160).

2) 위기대비 단계

위기대비는 수동적인 대비와 능동적인 대비로 구분한다. 수동적인 대비는 위기 발생 시 행동지침 작성, 구호품의 대비, 동원인력 및 장비 목록의 작성 등이고, 능동적인 대비는 대비계획의 작성, 위험감시 활동, 대응요원과 지역주민의 훈련 등이다.

대비 단계는 "위기 발생 시의 대응을 위한 운영능력을 개발시키려는 활동"으로 정의할 수 있다. 대비는 비상대응, 복구, 재활을 위한 대비를 통하여 효율적으로 위기의 영향을 최소화하는 것이다. 대비 단계는 현재의 위기관리 역량을 강화하거나 적절한 능력을 유지하고 관리하는 과정으로 발생가능성이 높은 위기에 대비해 대응계획 수립과 대응조직의 훈련 등이 이루어진다(이재은, 2012: 271). 즉, 위기에 대비하여 필요한 비상계획을 수립하고, 훈련을 통해 위기대응조직의 운영능력을 개발시키려는 단계이다(McLoughlin, 1985: 166). 비상계획에는 위기 발생의 피해를 최소화하기 위한 조기경보체제의 구축과 효과적인 비상대응 활동의 확립이 포함된다(Clary, 1985: 20). 또한, 위기 발생 시 투입될 자원과 관련하여 신속하게 자원이 배분될 수 있도록 자원배분의 우선순위가 이 단계에서 설정되어야 하며, 위기 발생 시 정상적으로 사용할 수 있는 자원 외에 예측하지 못한 재난에 대해서도 자원이 투입될 수 있는 특별자원의 확보방안도 마련되어야 한다(Zimmerman, 1985: 35-36).

위기 발생 시 대응 단계에서 일어날 수 있는 조직 간, 지역 간의 갈등을 조정하는 문제도 이 단계에서 주의깊게 다루어져야 한다. 특히 응급의료체계에 있어 병원들과 위기관리기관들과의 긴밀한 협조는 재난의 인명피해를 줄이는 데 있어 중요한 문제이다(Tierney, 1985: 77-78). 따라서, 위기관리가 정상상태로의 신속한 복귀를 목표로 한다면 지속적·연속적 과정으로서의 대비 과정은 대응 과정과 연계되어야만 하며, 과학적 지식과 계획에 의해 합리적으로 이루어져야 한다(Kreps, 1991: 33-36).

대비는 위험요소의 평가, 계획, 조직, 정보전달 및 경보체계, 자원, 대응조직 및 구조 확보, 공공교육 및 훈련, 연습의 순서로 진행된다.

위기대비는 수동적인 대비와 능동적인 대비로 구분할 수 있는데, 수동적인 대비는 위기 발생 시 행동지침 작성, 구호품의 대비, 동원인력 및 장비 목록의 작성 등이고, 능동적인 대비는 대비계획의 작성, 위험감시 활동, 대응요원과 지역주민의 훈련 등이다.

위기대비는 위기가 발생했을 때 효과적인 대응을 하기 위한 대응능력을 개발하는 것이다. 이 단계에서는 위기방송 및 통신, 위기상황실, 위기 대비 비상계획, 교육 및 훈련, 위기분석, 응원협정, 자원관리, 경보시스템, 비상시 정부기능 유지 등을 대상으로 한다. 특히, 이 중에서 위기대비 비상계획과 훈련, 협조시스템의 구축, 대응능력의 향상이 위기대비의 핵심이다(이재은, 2012: 272).

2. 위기 발생 이후 단계

1) 초동대응 단계(Emergency Response Phase)

위기관리에 있어 무엇보다도 중요한 것은 초동대응이다. 이러한 초동대응에 있어 가장 중요한 역할을 담당하고 있는 것이 지방자치단체이다. 그러나 우리나라의 경우 지방자치단체가 위기대응에 핵심 역할을 수행하기에는 그 능력이 부족하고, 재난에 대처하기 위한 상시 인력과 물적 재원 확보에 어려움이 따르다보니 더욱 어려운 형편이다.

철저하게 위기 발생을 예방해도, 위기는 발생하게 된다. 위기가 발생하면 적실성 있는 대응조치를 통해 위기피해의 심각성을 줄이고 확산을 방지하기 위한 활동이 전개된다. 대응 단계는 인명을 구조하고 재산피해를 최소화하며, 위기복구가 순조롭게 될 수 있도록 수행한다(Petak, 1985: 3-6).

대응 단계에서는 위기 발생 이전에 수립했던 비상계획이 실행되고, 응급의료체계가 가동되며, 재난대책본부와 같은 비상기구가 작동된다. 구체적인 비상대응 활동으로는 위기현장에서의 수색과 구조, 피해지역의 안전 확보, 필요한 경우 응급의료, 구호품의 보급, 비상 대피소의 설치 등을 들 수 있다(박동균, 1996).

이 외에 위기 상황에 대해 보다 효과적으로 대응하기 위해서는 위기대비 과정에서 집중화되고 공식적인 의사결정보다는 유연한 결정구조를 유지하는 것이 바람직하며, 조직구성원들의 위기관리 역할을 구체화시키는 것이 필요하다(Mileti & Sorensen, 1987: 13-21). 이와 같이 대응 단계에서의 활동은 앞서 설명한 예방 및 대비 과정과 독립되어 있는 것이 아니라 상호 밀접하게 연계되어 있다. 그러므로 위기에 대한 대응은 대규모 자연재난과 사회적 재난을 막론하고, 대응 단계에서 전체적인 차원에서 위기를 파악하고 대응하기 위한 통합위기관리체제의 확립이 필요하다(Drabek, 1985: 85-92).

위기대응 과정은 실제로 위기가 발생한 경우 위기관리 기관들이 수행해야 할 각종 임무 및 기능을 적용하는 활동 과정이다. 이와 같은 대응 과정은 예방 단계, 대비 단계와 상호 연계함으로써 제2의 손실이 발생할 가능성을 감소시키고, 복구 과정에서 발생할 수 있는 문제점들을 최소화하는 위기관리의 실제 활동국면을 의미한다(Drabek, 1985: 85).

위기 상황이 발생하면 일련의 대응조치를 통해 위기의 심각성을 줄여가고 확산을 방지하기 위한 활동이 전개된다. 위기대응 과정은 인명을 구조하고 재산피해를 최소화하며, 위기의 확산을 방지하고 위기복구가 순조롭게 이루어질 수 있도록 활동하는 단계이다. 이 단계에서는 이전에 세워 놓았던 비상계획이 실행되며, 응급의료체계가 가동되고, 재난대책본부와 같은 비상기구가 작동된다. 위기대응 활동에는 여러 기관이 참여하게 되므로 위기대비 단계에서 수립된 관련 기관들 간의 체계적인 협조망의 순조로운 작동이 긴급대응 활동의 효과를 좌우하게 된다(정기성, 2003: 229).

그리고 대응 과정은 정책의 집행 단계를 대표하기 때문에 위기대비 과정과 밀접한 관계에 있으며, 위기관리의 전 과정 중에서 시간적으로는 가장 짧지만, 이 활동을 위해서 오랜 시간 동안에 예방과 대비의 노력을 기울이므로 가장 중요한 과정이라고 할 수 있다(박동균 외, 2009).

위기관리에 있어 초동대응의 기능은 경보 기능, 소개 기능, 응급의료 서비스 기능, 탐색 · 구조 기능, 질서유지 기능, 긴급피해 복구 기능 등의 여섯 가지로 설명할 수 있다(이재은, 1998: 232-236).

첫째, 경보(warning) 기능은 위험에 처한 지역주민들에게 발하는 의사소통으로서 발생 가능한 위기 상황을 탐지하는 위기환경에 대한 관찰 단계에 의해 위협요인이 탐지된 경우 관련 기관에 위험 정보를 전달하는 위험통고 단계(notification), 위협에 대한 평가와 강도 높은 감청활동, 그리고 평가 결과와 위협의 심각성을 잠재적 대응조직들과 공공정책 결정자들에게 전달하고 사전절차를 규정하는 위협평가(threat assessment) 단계, 마지막으로 피해가능성이 있는 모든 사람들에게 실제로 경보가 행해지는 시민들에 대한 경보 단계로 구분하고 있다(Mileti & Sorenson, 1987: 17).

둘째, 소개(evacuation) 기능은 시민들을 위험한 지역으로부터 안전한 지역으로 이동시키는 것으로서 적절하게 집행된 소개는 초기의 위기 발생으로 인한 인명피해를 감소시킨다. 특히 경찰 등 법집행기관의 주도적인 역할하에서 그 절차와 장소가 규정되어 있을 경우, 소개의 효과성과 주민들의 순응성 확보가 가능하다.

셋째, 응급의료 서비스 기능에서는 위기 발생으로 인한 부상자의 파악 및 명부 작성, 부상 정도의 파악, 진료기관의 확정 및 이송, 사망자 신원 파악과 안치장소 결정, 희생자 가족 대기·보호 장소, 편의시설 구축 등이 이루어진다.

넷째, 탐색·구조 기능은 구조작업이 원활하게 진행될 수 있도록 위기관리 기관 간의 의사소통 시스템을 확립하고, 대응장비를 준비하며, 구조에 필요한 무선통신망 등과 같은 대응 프로그램이 마련되는 것을 의미한다(류상일, 2007: 27).

다섯째, 질서유지 기능은 위기 발생 초기에 위기관리 기관이 위기 발생 지역을 장악하고, 통제체제를 갖추는 기능이다. 특히, 위기 발생 지역에는 범죄자들이 구조대원, 자원봉사자를 사칭하여 재난피해 지역의 상점이나 주택에 침입하여 절도나 강간을 하는 사례가 많다(Perry, 1985: 54).

여섯째, 긴급피해 복구 기능은 탐색·구조 등의 대응 기능을 위해서 피해시설에 대한 긴급피해 복구활동을 펼치는 것을 의미한다. 일반적으로 재난영향 지역 복구는 재난대응이 종료된 이후 행해지는 기능으로 간주되는 경향이 있다. 그러나 재난 발생 직후 대응 기능의 수행 과정에서 피해시설 및 지역에 대한 긴급복구가 없을 경우에는 오히려 대응이 지연됨으로써 심각한 결과가 초래된다(이재은, 1998: 233-236, 박동균 외, 2009).

2014년 발생한 세월호 참사에서 초동대응의 실패로 아까운 생명의 구조에 실패했다. 2015년 발생한 메르스 사태에서도 정부가 메르스 환자 확대의 진원지인 삼성서울병원을 빨리 공개해서 초동대응을 제대로 했다면 그렇게 쉽게 빨리 전파되지는 않았을 것이다. 위기 상황에서는 초동대응(골든 타임)이 중요하다. 정부는 재난 '현장' 중심의 초동대응을 중시하는 국가위기관리 시스템을 만들어야 한다. 또한, 위기 상황에서 신속하고 정확한 정보분석을 토대로 국민에게 구체적이고 실질적인 정보와 행동수칙을 빠르고 일관성 있게 제공하여야 한다. 공개해서는 절대 안 되는 국가기밀 이외의 정보는 국민들에게 솔직하게 공개함으로써 국민들의 참여와 협조를 구해야 한다. 이는 민주사회의 정책 과정에서 나타나는 다양한 갈등의 요소와 불확실성을 해소하는 중요한 기제가 될 수도 있다(박동균, 2016).

2) 위기복구 단계(Recovery Phase)

> 복구 과정은 위기로 인한 피해지역이 정상으로 회복할 때까지 최소한의 운영 수준에 요구되는 필수생명 유지장치를 즉각적으로 제공하고, 이를 지속적으로 지원하는 것을 포함한다. 결론적으로 복구 과정은 위기관리의 전 과정 중에서 예산이 가장 많이 소요되는 단계로서 정상상태로의 복원, 재건축, 복귀를 포함하는 것이다.

복구는 한마디로 말해서 "위기 상황이 종료된 후 원래의 상태로 회복하기 위한 모든 노력"을 의미한다. 즉 복구 과정은 위기가 발생한 직후부터 피해지역이 위기가 발생하기 이전의 원상태로 회복될 때까지의 장기적인 활동 과정인 동시에, 초기 회복기간으로부터 그 지역이 정상적인 상태로 돌아올 때까지 지원을 제공하는 지속적인 활동이다.

복구 과정은 중앙정부와 지방자치단체는 물론이고 시민, 이해관계자, 자원봉사조직, 공익단체 등이 공동으로 파트너십을 갖고 참여하는 과정이기도 하다(이재은, 2012: 299).

일반적으로, 위기 상황이 안정되고 긴급한 인명구조와 재산보호가 수행되고 난 이후에는 위기 발생 지역을 위기 발생 이전의 정상적인 상태로 회복시키는 데 초점을 맞추어야 한다.

여기서 위기복구 과정은 단기적인 복구와 장기적인 복구를 통해 피해지역을 위기 발생 이전의 상태로 회복시키는 활동을 포함한다(박동균 외, 2009: 35-36). 즉, 복구활동은 활동의 기간에 따라서 단기적인 복구활동과 장기적인 복구활동으로 나눌 수 있다.

먼저, 단기적인 복구활동은 이재민들이 최소한의 생활을 영위해 나갈 수 있도록 하는 데 중점을 두어야 하며, 단기복구 계획의 수립, 주요 피해 상황의 조사 및 평가, 잔해물의 제거, 임시수용시설의 마련, 작업 등에 의한 스트레스 해소를 위한 상담조사 프로그램이 주요 활동으로 전개된다.

한편, 장기적인 복구활동은 장기복구 계획의 수립, 재정지원의 확보, 생활편의시설의 재건, 지역사회 사업분야의 재건, 위기관리 법령의 정비, 지역사회의 경제재건 및 활성화 프로그램 개발 및 시행, 위기대응 능력의 보강 등이 포함된다. 이러한 계획들은 미래에 닥쳐올 위기 발생 피해의 영향을 줄이거나 재발을 방지할 수 있는 좋은 기회가 되며, 위기관리의 첫 단계인 예방과 완화 단계에 순환적으로 연결된다(McLoughlin, 1985: 169-170).

복구 과정은 위기로 인한 피해지역이 정상으로 회복할 때까지 최소한의 운영 수준에 요구되는 필수생명 유지장치를 즉각적으로 제공하고, 이를 지속적으로 지원하는 것을 포함한다. 결론적으로 복구 과정은 위기관리의 전 과정 중에서 예산이 가장 많이 소요되는 단계로서 정상 상태로의 복원, 재건축, 복귀를 포함하는 것이다. 따라서, 복구 단계에 참여하는 인력은 일상적으로 위기대응 단계에 참여하는 인력의 수보다 훨씬 많다.

이상에서 살펴본 바와 같이 예방과 대비활동은 일반적으로 위기 발생 이전에 기능하는 것이며, 대응과 복구활동은 위기 발생 이후의 조치로 볼 수 있다.

이들 단계 중 위기 발생 자체를 억제하거나 예방, 준비하는 예방·대비 과정이 중시되어야 함에도 불구하고, 현실적으로는 정치적인 성격에 의해 위기관리에 소요되는 대부분의 각종 자금과 자원들이 복구 과정에 집중되어 있다(Perry, 1985: 72-76).

따라서, 위기관리의 각 과정 어느 하나 중요하지 않은 것이 없다. 따라서 예방, 대비, 대응, 복구의 전 과정에 균형 있게 효율적으로 자원을 배분해 주는 노력이 필요하다. 하지만 위기는 발생을 억제·예방하는 것이 무엇보다 중요하므로 미국이나 일본 등 주요 선진국들은 위기 발생의 사전 대비에 많은 자원과 노력을 투입하고 있다.

제3절 위기관리, 어떻게 할 것인가?

국가는 국민을 안전하게 보호할 의무가 있다. 그것이 국가의 존립 목적이다. 안전한 국가가 복지국가이다. 국민에게 신뢰받는 정부의 구축, 국제사회의 안전 공조 거버넌스 구축 등의 정책적 노력이 필요하다. 재난과 범죄는 사회적 약자에게 더 고통을 주고 위험하다. 위태로운 국민들의 삶을 지탱해 줄 안전망을 확보하고 불평등을 개선해야 한다. 또한, 국가는 위기관리 역량을 키워야 한다.

전쟁, 재난, 그리고 범죄의 공통점이 있다. 그것은 국민의 안전하고 행복한 삶을 위협하는 암적인 존재라는 점이다. 평상시의 철저한 대비가 필요하다.

얼마 전 한국사 스타 강사인 전한길 선생의 "한국사에서 가장 불행한 3세대" 강의가 화제다. 먼저 1660년대생은 그들이 10대 때 100만 명이 죽은 경신대기근과 30대 때 또 100만 명이 죽은 을병대기근을 겪었다. 또한 1580년대생은 태어난 지 12년 후 1592년에 임진왜란을 경험했고, 30~40대의 나이에 이르러서는 정묘호란과 병자호란을 겪었다. 전 국토가 불에 타는 참혹한 현장을 경험한 세대이다. 그리고 1220년대생은 1231년 이후 몽골이 9번이나 침략해서 30년간 전쟁을 겪은 고려시대의 비참한 역사이다.

우리나라는 한반도의 지정학적 위치상 외적의 침략을 많이 받았다. 전쟁으로 많은 사람들이 죽었고, 적에게 잡혀 갔고, 가옥과 문화재들이 불에 탔다. 지금도 우크라이나와 가자 지구에서의 전쟁이 그 참혹함과 안타까움을 여실히 드러낸다.

모든 전쟁은 비극이다. 전쟁으로 인해 가족과 친구들이 죽고, 공동체가 파괴되며 국가의 사회경제적 발전이 정지된다. 아니 퇴보한다. 전쟁은 물적·인적 자본의 감소뿐만 아니라 국민들의 장기적인 신체적·심리적 질병을 유발한다. 전쟁이 끝나도 피해를 복구하는 데 장기간 많은 비용과 노력이 투입된다. 전쟁은 가용할 수 있는 모든 수단을 이용해서 반드시 막아야 한다.

재난도 마찬가지다. 앞서 언급한 경신대기근은 조선 현종 재위 기간인 1670년(경술년)과 1671년(신해년)에 있었던 대기근이다. 한국 역사상 가장 비참한 기아 사태였으며, 조선 8도 전체의 흉작이라는 최악의 사태가 발생하였다. 그 당시 조선 인구의 1,200~1,400만 명 중 최소 15만에서 최대 85만 명이 사망하는 엄청난 피해를 입었다. 아울러 태풍 등 풍수해, 산불, 가스폭발, 건물붕괴, 대형교통사고 등도 국민의 생명과 재산을 파괴하는 재난들이다.

2014년 4월, 304명의 아까운 생명을 잃은 세월호 참사로 인해 대한민국은 실로 많은 것을 잃었다. 2015년에는 신종 감염병인 메르스 사태로 인해 16,752명이 격리되고, 186명의 확진자 중에서 38명이 사망했다. 또한, 2022년 10월 29일 22시 15분경, 서울시 용산구 이태원동에서 발생한 대형 압사 사고는 다시는 일어나서는 안 될 비극적인 사고이다. 당시 이태원에는 할로윈을 앞두고 많은 사람들이 모였으며, 해밀톤호텔 앞 좁은 골목길에 많은 인파가 몰리면서 많은 사상자가 발생했다. 이처럼 각종 재난과 사고 등으로 인해 우리 사회가 휘청거렸다.

또한, 우리 사회에 마약범죄도 이제 남의 일이 아니다. 과거 조직폭력배나 유흥가에서 주로 통용되었던 마약이 지역사회 곳곳에 들어왔다. 청소년, 대학생, 주부들에 이르기까지 안전지대가 아니다. 최근에는 외국인 마약류 범죄도 증가하고 있다. 2023년

9월 기준 국내 체류 외국인은 251만 명이다. 대구시 전체 인구와 맞먹는 수치이다. 마약은 초기에 잡지 못하면 급속하게 확산된다. 마약은 살인이나 강도 등 강력범죄로 이어지고, 국가 안전에 커다란 구멍이 생긴다. 마약이 활개치고 있는 국가는 대부분 치안이 불안하고 경제가 어려운 후진국가들이 대부분이다. 아울러 경제가 어려운 시기에는 사기와 횡령 등 지능·경제범죄가 증가하는 경향이 있다. 보이스 피싱, 전세사기, 주식투자 리딩방 등 사기범죄의 피해자는 엄청난 규모의 재산 피해는 물론이고, 심지어는 피해자들 중에서 극단적인 선택을 하는 경우도 있다.

요컨대, 국가는 국민을 안전하게 보호할 의무가 있다. 그것이 국가의 존립 목적이다. 안전한 국가가 복지국가이다. 국민에게 신뢰받는 정부의 구축, 국제사회의 안전공조 거버넌스 구축 등의 정책적 노력이 필요하다. 재난과 범죄는 사회적 약자에게 더 고통을 주고 위험하다. 위태로운 국민들의 삶을 지탱해 줄 안전망을 확보하고 불평등을 개선해야 한다. 또한, 국가는 위기관리 역량을 키워야 한다(대구신문, 2024.9.6).

1. 극한 호우와 위기관리

극한 호우 등 재난 피해가 발생한 지역을 면밀하게 분석해 보면, 지역주민들이 위험하다고 개선을 요구한 지역이 많다. 예산 부족을 핑계로, 또는 임기응변식으로 대충 넘기다가 또 다른 피해를 입게 되는 것이다. 지역주민과 정부가 공동으로 참여하는 확실하고 꼼꼼한 재난관리 시스템을 만들어야 한다.

우리나라는 최근 몇 년간 극한 호우로 인해 많은 피해를 입었다. 2022년 여름 극한 호우와 산사태로 인해서 경북 영주, 예천, 봉화 지역에서 25명이 사망하고, 예천에서는 2명이 실종된 재난이 발생했다. 경북 지역은 전국에서 산사태 위험지구가 가장 많은 것으로 나타났다. 또한, 2023년 7월 충북 지방에 내린 폭우로 청주시 오송 지하차도에 순식간에 물이 차서 14명이 사망하는 재난사고가 발생했다. 3일간 쏟아진 엄청난 비로 인해 인근 미호천교의 임시제방이 붕괴해서 6만 톤의 강물이 한꺼번에 쏟아져 나오면서 지하차도가 불과 3분 만에 물로 가득 차면서 발생한 것이다. 이런 유형의 사고는 2022년에도 있었다. 경북 포항시의 한 아파트 지하 주차장에 인근 냉천에서 범람한 물이 쏟아지면서 순식간에 침수되어 7명이 사망하였다. 2020년 7월에는 시간당 최대 81.6mm의 집중호우가 내려 부산 동구 지하차도가 침수되면서 3명이 사망하는 사고가 발생했다. 앞으로 기후변화에 따른 이른바 극한 호우 현상은 더욱 많이 발생할 것으로 예상된다. 극한 호우는 말 그대로 '단시간에 많은 비가 퍼붓는 현상'으로, 2013년부터 현재까지 연평균 8.5% 증가하고 있다.

기후변화에 따른 극한 호우는 범정부적 차원에서의 철저한 대비가 필요하다. 이러한 대비는 정부의 어느 한 부처의 노력과 역량으로는 불가능하다. 관련된 모든 부처와 기관의 소통과 협력으로 재난 및 위기관리 시스템을 재정비해야 한다. 여기서 부처이기주의나 업무 떠넘기기 같은 고질적인 관료주의 병폐가 있어서는 절대로 안 된다.

재난 및 위기관리에 있어서는 무엇보다 해당 지역에 살고 있는 지역주민의 능동적인 참여가 중요하다. 산사태나 극한 호우로 인한 지하차도 침수 등 지역의 위험한 곳은 지역주민들이 가장 잘 안다. 실제로 재난피해가 발생한 지역을 상세하게 분석해 보면, 지역주민들이 위험하다고 개선을 요구한 지역이 많다. 예산 부족을 핑계로, 또는 임기응변식으로 대충 넘기다가 또 다른 피해를 입게 되는 것이다. 지역주민과 정부가 공동으로 참여하는 확실하고 꼼꼼한 재난관리 시스템을 만들어야 한다.

2. 재난약자와 위기관리

일본 도쿄 성(聖)루가 국제병원 연구팀의 분석에 따르면, 미국 뉴욕에서 코로나19 사망자와 입원 건수는 저소득 지역인 브롱크스에서 가장 많았고, 부유한 맨해튼에서 가장 낮았다. 적절한 위생 상태와 구급차를 통한 병원 접근, 건강보험 시스템 등과 같은 사회경제적 지위가 큰 영향을 미쳤다는 게 연구팀의 분석이다. 인도에서는 정부의 외출자제령에도 하루 생계를 위해 많은 사람이 외출을 감행했다. 브라질과 멕시코 등 저개발 국가에서도 비슷한 일이 일어나고 있다. 미국 내 56만 명에 달하는 노숙자는 코로나19 확산의 복병이 됐다. 미국 라스베이거스시는 공공시설이 문을 닫으면서 격리가 불가능해진 노숙자들을 주차장 맨바닥에 재웠다가 비판에 휩싸였다(머니투데이, 2020.4.14).

유명한 우리 영화 '기생충'에서 주인공 송강호가 사는 집은 반지하 주택이다. 영화 장면 중에 폭우가 쏟아져 집에 물이 가득 차는 장면이 나온다. 2022년 8월 9일 새벽, 서울과 인천 등 수도권에 짧은 시간에 실로 엄청난 폭우가 내려 물바다가 되었다.

서울 신림동의 다세대 주택 반지하에서 40대 자매와 10대 여아 1명이 폭우로 들어온 물에 익사한 채 사망했다. 이 중 한 명은 발달장애인이었다. 비는 똑같이 내렸지만 재난은 이렇게 가난한 사람들에게는 더 치명적이다.

미국 컬럼비아 대학교의 머터(Mutter) 교수는 "재난은 평등하지 않으며, 가난한 사람들에게 더 혹독하다"고 말했다. 아직까지도 종식되지 않은 코로나19 사태도 이런 사실을 여실히 보여주고 있다. 코로나19 바이러스는 부자와 가난한 자를 가리지 않고 공격한다. 하지만 그로 인한 위험과 고통은 가난한 자들에게 훨씬 더 위협적이다.

이는 2005년 미국 뉴올리언스에서 발생한 허리케인 카트리나와 2010년 아이티의 지진 사례에서도 증명된 바 있다. 강이 범람하는 지역이나 오래된 낡은 건물 등 가난한 지역에 위험이 더 노출된다. 재난 피해의 크기는 재난의 크기가 아니라, 사회구조와 빈부격차, 기존에 있던 부조리와 불평등이 결정한다.

스톡홀름 국제경제연구소의 데이비드 스트롬버그(David Stromberg)는 과학적 분석을 통해서 재난 발생 시 사망자 수와 소득 수준 간에 강한 상관관계가 있음을 밝혀냈다. 재난 형태가 동일한 지리물리학적 사건이 발생할 때, 부유한 국가의 사망자 수는 가난한 국가의 사망자 수의 30%밖에 되지 않았다. 또 다른 연구에서는 동일한 재난이 발생해도 선진국 사망자 수는 개발도상국의 30%에 그친다고 분석했다.

코로나19의 사례를 보자. 세계 최강 대국 미국은 코로나19 상황에서 많은 사망자가 발생했다. 뉴욕시에서 발생한 사망자의 62%가 흑인과 히스패닉이다. 이들은 미국 사회에서 상대적으로 경제취약계층이다. 미국은 감염확산을 막기 위해 각 주정부마다 집에서 나오지 말라고 행정명령을 내렸지만 집 없는 사람이 수십만 명이다.

스스로를 격리할 집이 있는지, 재택근무가 가능한 직종인지, 며칠간 휴직하고도 생계를 이을 수 있는지에 따라 생명권에 격차가 생겼다. 취약계층은 재난피해를 복구하기 위한 보험 등 재정자원도 부족할 뿐만 아니라 안전한 주거와 식량, 연료를 확보하는 데도 어려움을 겪는다. 저소득층의 온열질환 발생률은 소고득층보다 2~3배 높다는 통계도 있다.

우리나라 헌법 제34조에는 '모든 국민은 인간다운 생활을 할 권리를 가진다. 신체장애자 및 질병·노령 기타의 사유로 생활 능력이 없는 국민은 법률이 정하는 바에 의하여 국가의 보호를 받는다. 국가는 재해를 예방하고 그 위험으로부터 국민을 보호하기 위하여 노력하여야 한다'고 규정되어 있다.

국가는 가난하고 위태로운 사람들의 삶을 지탱해 줄 안전망을 확보하고, 불평등을 개선해야 한다. 재난은 자연적인 사건일 뿐만 아니라 정치적·경제적 속성을 갖고 있다. 독거노인, 중증장애인, 아동 등 사회적 약자들은 자신만의 힘으로 여러 형태의 재난을 극복하기 어렵다. 길고 무더운 여름, 폭우와 태풍 등으로부터 국가는 이들을 보호해야 한다.

앞으로 다양한 재난이 발생할 것이다. 하지만 경제적 양극화 및 불평등은 계속적으로 심각한 사회문제로 대두될 것이다. 국가가 반드시 해결해야 할 중요 과제이다. 영국 정부는 기후변화에 의한 건강과 사회적 불평등 해결방안 정책보고서에 보건의료뿐만 아니라 에너지, 주거, 식량정책까지 포함시켰다. 사회 곳곳에서 소외되어 있는 약자들에 대한 든든한 사회안전망 구축이 시급하다.

3. 경찰과 위기관리

국민들은 과거에 비해 경찰에게 훨씬 더 많은 역할을 요구하고 있다. 실제로 범죄로 인한 결과는 국민의 생활에 광범위하게 영향을 미치는 것으로 파악되고, 따라서 이와 같은 광범위한 범죄피해의 비용을 감소시키고 국민의 안전욕구를 충족시켜 주기 위한 경찰활동의 변화가 요구된다. 위기관리 영역에 있어서 행정안전부, 지방자치단체 등 전통적인 위기관리 담당부서의 중요성은 물론이고, 민생치안을 담당하고 있는 경찰의 역할이 증가되고 있다. 즉, 최근 경찰의 치안서비스 대상이 확대되고 있다는 것을 의미한다.

경찰은 주로 범죄를 예방하고 대응하며, 수사하는 중요기관으로 공공안전을 확보하는 책임을 지고 있다. 실제 경찰업무가 '공공의 안녕과 질서 유지'라는 말로 요약되는 것과 같이, 경찰의 업무는 그 영역이 상당히 광범위하면서도 동시에 각 영역별로 높은 전문성이 요구되는 특징이 있다. 또한 최근 국민들의 삶의 질이 향상되면서 안전욕구가 증가하고, 치안서비스에 대한 요구 수준도 크게 높아지고 있다. 이로 인해 국민들은 과거에 비해 경찰에게 훨씬 더 많은 역할을 요구하고 있다. 실제로 범죄로 인한 결과는 국민의 생활에 광범위하게 영향을 미치는 것으로 파악되고, 따라서 이와 같은 광범위한 범죄피해의 비용을 감소시키고 국민의 안전욕구를 충족시켜 주기 위한 경찰활동의 변화가 요구된다.

위기관리 영역에 있어서 행정안전부, 지방자치단체 등 전통적인 위기관리 담당부서의 중요성은 물론이고, 민생치안을 담당하고 있는 경찰의 역할이 증가되고 있다. 즉, 최근 경찰의 치안서비스 대상이 확대되고 있다는 것을 의미한다.

다양한 자연재난, 사회적 재난의 발생과 다중이용시설에 대한 뉴 테러리즘의 발생 위험성에 대비해서 경찰의 위기역량 강화가 필요하다. 왜냐하면 국민의 가장 가까운 곳에서 치안서비스를 제공하는 형사사법기관으로서의 경찰은 국가권위의 상징이며, 법집행의 힘과 수단, 훈련된 인력을 보유하고 있는 기관이기 때문이다. 각종 위기상황이 발생했을 때, 가장 먼저 현장에 도착하며, 최상의 커뮤니케이션 시스템, 국가의 모든 권역을 포괄하는 행정력 등이 위기관리에 있어 경찰의 역할이 중요한 이유이다. 이러한 맥락에서, 경찰은 다음과 같은 위기관리 역량과 시스템을 갖추어야 한다(박동균, 2013).

첫째, 경찰은 위기관리 전문성 확보를 위하여 적실성 있는 교육훈련을 받아야 한다. 경찰관들이 인명구조와 구난업무 등을 수행할 수 있을 정도로 교육훈련을 받는다면, 초기에 환자들에 대한 적절한 대응이 가능하므로 부상자의 사망률과 불구율을 감소시킬 수 있다(박동균, 2004). 따라서, 사명감 있고 우수한 젊은 경찰관들을 선발하고, 경찰채용 시험에 합격한 신임 경찰관들을 대상으로 한 신임교육 과정, 아울러 경찰재직자 교육 과정에도 위기관리 관련 교육훈련 프로그램을 신설, 확대하는 것이 필요하다.

둘째, 경찰공무원은 판단력, 신속하고 합리적인 의사결정, 인간행동에 대한 폭넓은 이해가 요구된다. 즉, 경찰은 위기 상황에서도 침착함을 유지하고, 명확하고 간결하게 의사소통을 하며, 위기를 극복할 수 있는 내공과 리더십을 발휘할 수 있어야 한다(Yarmey, 1990: 58). 아울러 위기 상황이 발생한 지역의 심리 및 언론보도의 타이밍, 군중심리, 공포감 완화, 지역사회와 우호적인 관계 유지를 위한 위기심리적인 요소에 대하여 전문적 지식을 갖추어야 한다(Bristow, 1972: 88). 따라서, 자기계발과 업무상 전문성을 높이기 위한 노력을 꾸준히 해야 하며, 다양한 경력 개발을 위해 교육이나 세미나 등에 적극적으로 참여해야 한다(June, 2000: 184).

셋째, 경찰의 각종 위기예방 활동을 원활히 수행하려면 이웃감시활동, 시민순찰활동, 범죄신고 프로그램, 지역사회문제의 해결 등과 같은 지역사회경찰활동, 문제지향적인 경찰활동을 적절하게 활용할 필요가 있다(박동균, 2013).

넷째, 경찰은 지역사회와 끊임없이 상호작용한다. 지역사회는 위기를 극복하기 위해서 경찰관에게 의지하고, 경찰은 범죄 및 안전 등 각종 지역사회의 문제들을 해결하기 위하여 필요한 중요한 자원과 정보를 지역사회에 의존한다. 최근에 이러한 영역과 범위가 보다 확대되고 있다(Wilson, 2006: 1). 따라서 경찰의 위기관리에 있어서도 같은 논리가 적용되는데, 특히 경찰의 위기관리에 있어서 지역사회 주민들의 참여와 협조는 무엇보다 중요하다. 이런 맥락에서 볼 때, 평상시 경찰과 지역주민들과의 위기관리 협조체제를 사전에 결성하고 유지하여야 한다(박동균, 2004).

4. 테러와 위기관리

최근의 테러 양상의 특징은 지하철역, 공원, 백화점, 극장 등 다중이용시설을 목표로 한다는 점이다. 따라서, 일선에 배치된 현장경찰과의 긴밀한 연계 및 대비가 중요하다. 또한, 테러리스트의 구체적인 실행방법으로는 사이버 테러, 생화학 테러, 드론 테러, 핵 테러 등을 활용할 가능성이 높다.

국가정보원에서는 매년 국제테러정세 평가 및 전망 보고서를 발간한다. 국정원은 2023년 국내에서는 국제테러단체에 의한 직접적인 테러사건은 발생하지 않았지만 테러자금 조달 혐의자 적발 및 실형 선고, 일부 국내 체류 외국인의 온라인 선전 동조, 선동행위 적발, 서아프리카 해상, 아이티 내 우리 국민 납치 등 다양한 테러 위협이 표면화되고 있다고 설명했다.

과거를 돌이켜 볼 때, 국가의 위기 상황은 전쟁과 관련된 것들이 많았다. 하지만 최근에는 국제분쟁에서 직접적인 군사력보다 비군사적인 방안의 일환으로 테러가 주요 수단으로 부각되고 있다. 실로 국가가 대비해야 할 위기의 분야들이 확대되고 있는 것이다. 특히 테러는 이제 전쟁 이상의 위협으로 우리에게 다가왔다.

실제로 불법체류자, 이민 유입 증가로 국내 체류 외국인이 다양해지고, 코로나19 장기화로 온라인 영향력이 커짐에 따라서 테러단체 추종자들이 SNS를 통한 테러 선동 및 가상화폐 등을 악용해서 자금모금 활동에 집중하고 있다.

최근에는 국제테러단체와 추종세력들이 단순하게 단체가담을 선동하는 데서 그치지 않고, 온라인을 통해 폭발물 제조법 등의 테러 콘텐츠를 제작해서 배포하고 있다. 자금 추적을 피하기 위해서 비트코인 등 가상화폐 입금계좌를 개설, 해외 추종자들에게서 테러 자금을 모금하는 양상도 나타나고 있다.

앞으로의 테러 발생 유형을 예측해 보면, 코로나19 팬데믹 장기화로 인한 외로운 늑대형 테러(자생 테러), 극우・증오형 테러를 예상해 볼 수 있다. 또한 아프리카, 중남미 일부 지역에서 테러자금 마련을 위해 우리 선원, 선교사 등을 납치하는 범죄도 우려된다.

최근 테러 양상의 특징은 지하철역, 공원, 백화점, 극장 등 다중이용시설을 목표로 한다는 점이다. 따라서, 일선에 배치된 현장경찰과의 긴밀한 연계 및 대비가 중요하다. 또한, 테러리스트의 구체적인 실행방법으로는 사이버 테러, 생화학 테러, 드론 테러, 핵 테러 등을 활용할 가능성이 높다.

그럼 테러를 어떻게 대비해야 할까 ? 먼저 테러에 대한 전국민의 경각심이 중요하다. 설마 하는 방심이 가장 큰 문제다. 설마 우리나라에 테러가 발생할까? 테러는 국제분쟁 지역에서 발생하는 다른 나라의 이야기라는 생각을 버려야 한다.

우크라이나 등 국제정세가 혼란스럽다. 국가는 국민을 위협하는 모든 위험요인에 집중해서 대비해야 한다. 테러에 대한 대비는 무엇보다 정보수집이 중요하다. 테러에 대하여 국가정보기관의 치밀한 정보수집과 유관기관 간의 정보공유가 필요하다. 정확한 정보는 철저한 대비의 전제조건이다. 국민을 안전하게 보호하기 위한 촘촘한 안전망을 만들어야 한다.

5. 다중밀집 인파사고와 위기관리

국내는 물론 해외에서도 다수의 다중밀집 인파사고가 발생했다. 주로 경기장이나 공연장, 지역축제, 종교행사 등에서 많이 발생했고, 좁은 지역에 많은 인파가 몰리면서 비극적인 참사가 발생했다는 공통점이 있다.

2022년 10월 29일 22시 15분경, 서울시 용산구 이태원동에서 발생한 대형 압사사고는 정말 일어나서는 안 될 비극적인 사고이다. 당시 이태원에는 핼러윈을 앞두고 많은 사람들이 모였으며, 해밀톤 호텔 앞 좁은 골목길에 많은 인파가 몰리면서 사상자가 다수 발생했다.

이와 같은 다중밀집 인파사고는 해외에서도 여러 차례 발생하였는데, 2001년 7월 21일, 일본 효고현 아카시시 아사기리역 남쪽 출구 방면 육교에서 불꽃 축제 압사 사고가 발생했다. 일본 아카시시에서는 사고 발생 하루 전인 7월 20일부터 '제32회 아카시시민 여름축제 불꽃놀이 대회'가 개최되고 있었다. 7월 21일 오후 8시 30분경, 아사기리역 남쪽 출구로 이어지는 다리에서 역에서 나오려는 인파와 불꽃축제를 즐기고 돌아가는 인파가 겹쳐 대혼잡이 발생했다. 결국 11명이 압사하고, 수백 명이 부상했다. 또한 독일에서는 2010년 7월 열린 세계 최대 테크노 음악 축제 '러브 퍼레이드'

에서 공연장으로 향하는 터널에 사람들이 한꺼번에 몰리면서 21명이 숨지고, 652명이 다쳤다. 올해 10월 1일, 인도네시아 프로축구 경기 참사가 발생했는데, 홈 팀이 패하며, 관중들이 경기장에서 난동을 부리자, 경찰이 진압을 위해 최루탄을 쏘면서 장내가 아수라장이 되었고, 한꺼번에 많은 사람이 출구로 몰리면서 132명이 사망했다.

다중밀집 인파사고는 국내에서도 여러 차례 발생했는데, 1960년 1월 26일에는 설을 앞두고 승객들이 몰린 서울역 계단에 사람들이 한꺼번에 몰리면서 31명이 압사했다. 열차 출발이 가까워 오자 열차 쪽으로 인파가 몰렸고 여러 명이 동시다발적으로 미끄러져 사고가 발생한 것이다. 한겨울, 역사에서 열차 차량 정원을 훌쩍 넘는 기차표를 판매했고, 무임승차까지 더해지자 피해가 커졌다.

2005년 10월 3일 오후 5시 40분쯤 상주시민 운동장에서 MBC 가요 콘서트를 관람하기 위해 모인 군중이 한꺼번에 들어가려다 앞쪽의 사람들이 밀려 넘어지는 바람에 11명이 숨지고, 78명이 중경상을 입는 끔찍한 사고가 일어났다. 이 날 콘서트에는 유명 인기가수가 다수 출연할 예정으로 전국에서 3만여 명의 관람객들이 몰렸다.

이처럼 국내는 물론 해외에서도 다수의 다중밀집 인파사고가 발생했다. 주로 경기장이나 공연장, 지역축제, 종교행사 등에서 많이 발생했고, 좁은 지역에 많은 인파가 몰리면서 비극적인 참사가 발생했다는 공통점이 있다.

지금 행정안전부를 중심으로 경찰청, 지방자치단체마다 이와 관련된 대책 수립과 대응 매뉴얼을 준비 중에 있다. 아마도 이전보다 정교하고 효과적인 매뉴얼이 나올 것이다. 하지만 무엇보다 중요한 것은 매뉴얼이 아니다. 정부에 대한 국민의 신뢰 회복이다. 참사에 대한 재판의 경우 용산경찰서장의 유죄 판결이 났지만, 경찰과 구청의 예방 조치 부재라는 구조적 문제는 해결되지 못했다. 최근까지 언론을 통해 나타난 것을 정리하면, 용산구청, 용산경찰서, 용산소방서 등 위기관리 사전 대비 시스템의 미비, 초동 대응의 실패, 공공기관의 안전불감증 등이 문제점으로 지적되고 있다. 설마 괜찮겠지 하는 공직자의 정신자세는 금물이다. 국민이 99% 안전한 것은 안전한 것이 아니다. 100% 안전하게 꼼꼼하고 튼튼한 사회 안전망을 만들어야 한다. 이런 공직 자세를 가져야 국민은 정부를 신뢰하고, 법을 집행하는 데 저항하지 않는다. 국민이 신뢰할 수 있는 정부가 '일 잘하는 정부'의 기초이다.

아울러 위기관리 업무는 전문가에 의해 수행되어야 한다. 위기는 정상적인 상황을 넘어서는 극히 예외적인 상황이다. 위기 상황은 돌발적이고 가변적이고 긴급하다. 따라서, 이 업무는 고도의 전문성과 풍부한 경험을 가진 사람에 의해 노련하게 수행되어야 한다. 사고가 터지고, 위기 상황이 종료되면, 그냥 미봉책이나 임기응변, 관련된 몇 명을 처벌하는 선에서 끝나서는 안 된다. 국민의 안전을 지키는 것이야말로 국가의 최우선 과제이다.

6. 안전 사회를 위한 자치경찰, 지역사회 경찰 활동

지역에 대해서 가장 잘 아는 지역주민들과 현장경찰관이 같이 해당 지역을 합동순찰하고, 지역치안 문제에 대해 정책대안을 제시하는 '공동체 치안', '협력치안'을 확립하는 것이 무엇보다 중요하다. 또한 재난이나 범죄로부터 위험한 장소와 시간은 물론이고, 돌봄을 받아야 할 사회적 약자들에 대한 정보는 해당 지역주민과 통반장들이 가장 잘 안다. 지역주민이 스스로 주체가 되어 지역의 안전문제를 해결해야 한다.

어느 선행 연구에 따르면, 한 지역에서 발생하는 범죄의 70%가 그 지역 또는 인근지역의 주민들에 의해 발생한다고 한다. 따라서 지역에 대해서 가장 잘 아는 지역주민들과 현장경찰관이 같이 해당 지역을 합동순찰하고, 지역치안 문제에 대해 정책대안을 제시하는 '공동체 치안', '협력치안'을 확립하는 것이 무엇보다 중요하다.

이러한 사례는 주요 선진국들에서도 확인할 수 있다.

일본 후쿠이현 경찰의 경우, 범죄예방과 사건 조기해결을 위해 시민차량의 블랙박스 영상을 적극적으로 활용할 수 있는 방안을 강구하여 2018년 7월 '블랙박스 지킴이 협력대'라는 시민협력 단체를 구성했다. 특정 사건이나 사고 발생 시 이들에게 일시와 장소 등을 알려주며 관련 블랙박스 영상이 있는지를 확인 후 제출해 줄 것을 요청하는 것이다. 또한, 이 단체에 가입한 차량은 '녹화 중'이라는 문구의 스티커를 붙이고 거리를 운행하여 다른 차량의 난폭운전 예방에도 기여하고 있다.

후쿠로이시 경찰은 관내 농촌 지역에서 농산물 도난 사건이 지속적으로 발생하자 주민과 외지인을 쉽게 구별하는 것이 중요하다고 판단해서 주민들이 제작한 수건과 두건을 지급하고 착용하도록 독려하는 캠페인을 시행해서 효과를 보고 있다.

2018년 영국 실종자 지원단체 "Missing people"은 음식 배달업체와 업무협약을 체결해서 동년 12월 한 달 동안 런던 등 영국의 4개 도시에서 시행한 결과, 배달가방에 사진을 붙였던 실종자 17명 중 5명을 발견하는 등 실적을 거둔 바 있다.

미국 일리노이주는 미용사들이 여성고객들과 깊은 대화를 나누면서 가정불화나 폭행 당한 흔적을 쉽게 인지할 수 있다는 점에 착안해서 가정폭력 피해자 식별방법 및 신고요령 등의 교육을 필수적으로 수료해야 미용업 자격증을 취득할 수 있도록 미용업 종사자 가정폭력 예방교육 의무화 제도를 실시하고 있다.

물론 앞서 언급한 일본, 미국과 영국의 사례는 우리나라의 현실과는 다를 수 있다. 하지만 여러 가지 참조할 만한 것은 분명히 있다.

대구시에서도 시민명예경찰이 경찰서 교육 이수 후에 스스로 의기투합하여 '동성로 시민경찰대'를 만들었다. 이들은 매주 수요일 동성로 일대를 합동순찰하고 있다. 또한, 현재 사명감 있게 왕성한 활동을 하고 있는 대구시 모범운전자회와 자율방범대, 녹색어머니회 같은 단체들도 범죄 예방과 교통질서 유지에 많은 기여를 하고 있다. 대구 경찰의 든든한 파트너이자 지원군이다.

일선 구청과 경찰서, 구의회가 합심하여 만든 대구서부경찰서의 '스마트 안심정거장'은 어두운 거리를 학생들이 안전하게 통학할 수 있도록 만든 우수한 협업 프로그램이다. 또한 대구강북경찰서의 여성안심 '샛별로' 프로젝트, 달성군의 여성이 안전한 골목길 조성 '초롱길' 사업은 협력치안, 공동체 치안의 우수한 사례라고 할 수 있다. 아울러 대구시자치경찰위원회에서 직접 주관하는 폴리스 틴, 폴리스 키즈 사업은 미래의 주역인 청소년들에게 지역의 안전문제 중요성을 교육하고, 아울러 청소년들 스스로 지역의 치인문제를 진단하고 해결책을 제시하는 문제해결능력을 키우는 좋은 프로그램으로 인정받고 있다.

현재 전국적으로 시행하고 있는 자치경찰제도는 사회적 약자를 제대로 보호할 수 있는 좋은 제도이다. 자치경찰에 적절한 책임과 권한을 부여해야 한다. 예를 들어, 아동학대나 노인학대, 성폭력 사건이 발생했을 때, 신속한 '출동', 피해자 '발견'과 가해자와의 완벽한 '분리', 그리고 '피해자 보호'를 완벽하게 책임지도록 하는 구체적인 방안과 시설, 매뉴얼을 준비해야 한다. 관련 예산과 인력을 확보하고, 시스템을 구축해야 한다.

이런 측면에서 볼 때, 자치경찰제는 치안행정과 주민자치 행정을 효과적으로 연계할 수 있는 제도이다. 대구시자치경찰위원회도 실무협의회를 구성했다. 대구시자치경찰위원회 상임위원(사무국장)이 위원장이 되고, 대구시 안전정책관, 어르신복지과장, 여성가족과장, 청소년과장, 교통정책과장, 대구경찰청의 생활안전과장, 여성청소년과장, 교통과장, 직장협의회 대표, 대구시교육청 생활문화과장, 행정안전과장, 대구시 소방본부 현장대응과장이 당연직 위원으로 참여한다. 여기서 코로나19로 인해 힘들어

하는 사회적 약자들을 위한 촘촘한 안전망을 만들 것이다. 자치경찰과 국가경찰이 소통·협업하고 지역 내 대학, 병원, 기업, 시민단체들이 긴밀하게 협력해서 안전한 사회를 만들도록 로컬 치안 거버넌스를 구축해야 한다.

자치경찰에서 강조하는 것이 바로 주민이 '참여'하는 지방자치이다. 재난이나 범죄로부터 위험한 장소와 시간은 물론이고, 돌봄을 받아야 할 사회적 약자들에 대한 정보는 해당 지역주민과 통반장들이 가장 잘 안다. 지역주민이 스스로 주체가 되어 지역의 안전문제를 해결해야 한다.

그리고 또 한 가지 중요한 것이 있다. 위험이 확인된 장소에 대한 철저한 대비이다. 재난 및 위기관리에 있어 가장 큰 제약요인은 바로 방심과 안전불감증이다. 세월호 참사, 이태원 압사 참사도 그랬고, 오송 지하차도 참사 사고도 마찬가지다. 옛말에 '소 잃고 외양간 고친다'는 말이 있다. 이 말을 수정해서 '소를 잃었으니, 방심하지 말고, 외양간을 잘 고쳐서 다시는 소를 잃어서는 안 된다'고 강조하고 싶다. 시민안전이 최고의 복지다. 살기 좋은 도시는 바로 '안전한' 도시다. 국민의 안전을 지키는 것이야말로 국가의 최고 과제이다. 그게 국민이 신뢰하는 '일 잘하는 정부'이다.

CASE STUDY 사례 1

이태원 압사 사고

이태원 압사 사고 또는 이태원 참사는 2022년 10월 29일 22시 15분경(KST), 대한민국 서울특별시 용산구 이태원동 이태원로에서 발생한 대형 압사 사고이다. 당시 이태원에는 핼러윈을 앞두고 많은 사람들이 몰려 있었으며, 해밀톤 호텔 앞 좁은 골목길 경사로로 인파가 밀리면서 사상자가 다수 발생했다. 2023년 1월 3일 기준 사망자는 159명으로 남성이 57명, 여성은 102명으로 집계되었다.

2022년 코로나19 거리두기와 영업시간 제한, 실외 마스크 착용 의무 해제가 가시화되어 평소보다 많은 인파가 이태원에 몰리면서, 대형 압사 사고가 일어난 것이다.

사고 당일 이태원은 핼로윈 축제를 즐기려는 13만의 인파가 몰렸고 해밀톤 호텔을 지나가는 골목길은 당시 사람이 걷기 힘들 정도의 밀집도를 보였다. 결론적으로 말하면 이번 압사 사고의 원인은 많은 인파가 몰렸음에도 좁은 골목은 통제되지 않았고 높은 군중 밀집도가 더해져 참사로 이어졌다고 볼 수 있다. 압사 사고 현장을 떠나서 분석한다면 분명 이번 참사는 예견된 인재라고 볼 수 있다. 국가의 제도적 허점과 허술한 관리가 드러난 참사이다.

출처: 위키백과.

CASE STUDY 사례 2

오송 지하차도 침수 사고

2023년 7월 15일 폭우로 충청북도 청주시 흥덕구 오송읍 오송역 인근의 오송궁평2지하차도가 침수되어 차량 17대가 물에 잠겨 14명이 사망하고 9명의 사상자가 구조된 매우 안타까운 사고가 발생했다.

2023년 7월 침수 사고로 14명이 숨진 충북 청주 오송궁평2지하차도 개통이 무기한 연기됐다. 이에 "참사 이후 1년 동안 개통을 기다렸는데 아직도 공사가 마무리되지 않은 게 이해되지 않는다"는 반응이 나온다. 충북도는 오는 30일 예정이었던 오송궁평2지하차도 재개통을 잠정 연기하기로 했다고 26일 밝혔다. 김영환 충북지사는 "개통 시점을 두고 논란이 있는 궁평2지하차도는 유가족 뜻을 받아들여 연기하기로 했다"고 설명했다. 김 지사는 "폭주하는 민원 상황을 고려해 정밀진단 후 조기 개통할 수 있도록 최선을 다하겠다"고 말했다.

앞서 충북도는 지난해 7월 참사 이후 오송1교차로부터 옥산 신촌2교차로까지 4km 구간의 도로를 통제했다. 이후 수해복구 공사를 진행하고 진입 차단시설, 도로 전광판, 배수펌프 등을 설치했다. 이어 침수로 인해 낮아진 지하차도 벽면 보강 공사를 하는 등 재정비를 마치고 오는 30일 재개통을 예고했다.

출처: 중앙일보, https://www.joongang.co.kr/article/25259152(중앙일보. 2024. 6. 26).

1. 위의 사례를 읽고, 위기관리의 문제점과 개선방안을 논하라.

연습문제

1. 행정의 영역에서 위기관리의 개념을 정의하고, 왜 중요한지를 설명해 보시오.

2. 합리적인 위기관리 행정을 제약하는 요인들은 무엇인지 논하시오.

3. 위기관리 과정의 4단계(예방, 대비, 대응, 복구)의 주요 활동을 설명해 보시오.

4. 지방자치단체 영역에서 위기관리가 중요한 이유는 무엇인지 논하시오.

5. 위기관리 영역에서 경찰과 자치경찰의 역할과 과제는 무엇인지 논하시오.

6. 전쟁, 재난, 범죄의 공통점은 무엇이고, 국가는 무엇을, 어떻게 대비해야 하는지 논하시오.

7. 최근에 발생하는 테러의 특징은 무엇인지 논하시오.

제 14 장

정부혁신

[학습목표]

1. 정부혁신의 개념과 의미를 이해한다.
2. 정부혁신에 대한 이해를 높이기 위해 정부혁신의 다양한 유형과 구조를 학습한다.
3. 정부혁신을 뒷받침하는 주요 이론을 학습하고, 이론별 주요 내용과 정부혁신 사례의 특성 간 연관성을 이해한다.
4. 정부혁신의 주요 이론과 실제를 함께 고찰한다.

학습개요

4차 산업혁명 시대 우리 사회가 맞이하고 있는 변화는 이전과는 비교할 수 없을 정도로 폭이 넓고 깊다고 할 수 있다. 우리 사회의 많은 조직들은 급변하는 환경에 적응하기 위해 많은 노력을 기울이고 있다. 이 모든 변화는 하나의 도전으로서 변화에 적절히 대응하지 못하는 조직은 생존이 어려울 수밖에 없다. 특히, 국정을 운영하고 관리하는 정부는 변화하는 환경에 적절히 대응하지 못할 경우 국가의 경쟁력이 저하될 뿐 아니라 경우에 따라서는 그 존속마저도 위태롭게 된다는 점에서 변화에 적절히 대응하기 위한 정부 차원의 노력이 무엇보다도 중요하다고 할 수 있다. 환경과 서로 상호작용하는 개방체제로서 정부는 변화하는 환경에 적응하고 점차 다양해지는 국민들의 요구에 보다 탄력적으로 대응해야 한다. 이러한 측면에서 정부혁신은 변화하는 행정 환경이 정부에게 내어 준 평생의 숙제라고 할 수 있다.

이 장에서는 먼저 정부혁신의 기본 개념을 살펴본 후, 정부혁신의 주요 내용들을 소개한다. 구체적으로 정부혁신의 다양한 유형과 정부혁신에 대한 저항을 극복하는 방안을 제시하고 정부혁신의 범위 및 내용을 소개한다. 마지막으로, 행정학의 주요 이론들에 대한 고찰을 통해 정부혁신의 주요 특징들을 살펴봄으로써 이 장을 마친다.

제1절 정부혁신의 의의

1. 정부혁신의 개념 및 필요성

1) 정부혁신의 개념

혁신(innovation)의 사전적 의미를 살펴보면, 혁신이란 "묵은 풍속, 관습, 조직, 방법 따위를 완전히 바꾸어서 새롭게 함"으로 정의하고 있다(국립어학원, 표준국어대사전). 일반적으로 혁신은 조직의 성과 또는 효과성을 제고하기 위한 목적으로 이루어진다. 따라서 혁신은 조직에서 사용되고 있는 기존의 제품 또는 서비스의 생산 및 운영방식이 가지고 있는 비효율성을 파악하고, 이를 개선하여 조직의 경쟁력을 확보하여 조직의 생존가능성을 향상시키기 위한 조직관리 제 과정에서의 노력이라고 정의할 수 있다(왕태규 외, 2017: 201). 하지만 "기존의 것을 새로운 것으로 바꾸다"라는 사전적 의미 차원의 단순함을 넘어 혁신에 대한 개념은 혁신을 바라보는 관점과 강조점에 따라 다양하게 제시되고 있다. 이는 혁신이라는 개념에 내재된 내용적 이질성(heterogenity)과 다양성(diversity)에 기인하기 때문이다(김용철 외, 2022: 461).

표 14-1 혁신의 개념

학자(연도)	혁신의 정의
Amabile(1988)	창의성을 바탕으로 새로운 제품, 서비스, 아이디어, 프로세스를 개발할 수 있고 실행하는 것
Woodman et al.(1993)	조직 외부에서 창조된 제품과 프로세스의 적용
Galbraith(1982)	새로운 과정이나 제품을 생산 가능토록 하는 새로운 아이디어를 적용 및 실천하는 과정
Staw(1990)	대안 탐색과 선택적 보전 및 결과 산출
Damanpour(1991)	새로운 아이디어나 행동의 채택
Altshuler & Behn(2010)	조직의 주요 임무에 있어 창의적이고 근본적인 변화
김난영(2016)	조직의 관성 타파 및 성과 제고를 위한 새로운 아이디어의 채택 및 실행

출처: 왕태규 외(2017: 202)에서 인용.

혁신 개념의 다양성 만큼이나 정부혁신에 대한 정의 역시 정부혁신을 바라보는 관점과 시각에 따라 다양하게 제시되고 있다. 〈표 14-2〉는 학자별 정부혁신에 대한

표 14-2 주요 학자별 정부혁신의 정의

학자(연도)	정부혁신의 정의
Van de Ven (1986: 591)	정부혁신이란 시간의 흐름에 따라 제도적 환경에서 다른 사람과 의사소통이 이루어지는 사람들에 의한 새로운 아이디어의 발굴 및 실행이다.
Rogers (1995: 12)	아이디어의 발굴과 실행은 이미 다른 곳에 존재하고 있더라도 혁신에 관련된 활동이나 사항이 사람들에게 새로운 것으로 인지되면 그것이 혁신이다.
Berry (1990: 395)	정부 정책 및 행정 관련 문제를 인지하고 정보 또는 지식을 발굴, 생산하여 새로운 행정 프로그램이나 정책을 채택하는 일련의 과정이다.
Dewar & Dutton (1986: 1422)	혁신은 새로운 지식, 아이디어를 만들고 이를 구체화시키는 일련의 연속적인 과정이므로 새로운 절차, 방법, 기법 등의 발견을 수행할 수 있는 역할 담당자, 집단 또는 조직 등의 구성단위가 반드시 전제되어야 한다.

개념을 정리한 것이다.

본 장에서는 정부혁신을 주제로 한 다수의 연구 보고서를 주기적으로 발간하고 있는 OECD의 관점을 착용해 정부혁신을 다음과 같이 정의한다.

"정부혁신은 시민들의 삶에 영향을 줄 새로운 방법과 미래를 함께 만들어 갈 파트너로서 시민들을 활동하게 할 새로운 접근법을 찾는 것이며, 이는 과거의 구조나 사고방식을 극복하고 새로운 기술이나 아이디어를 받아들이는 것을 의미한다(OECD, 2017: 2)."

2) 정부혁신의 필요성

환경과 서로 상호작용하는 개방체제로서 정부는 변화하는 환경에 적응하고 점차 다양해지는 국민들의 요구에 보다 탄력적으로 대응해야 한다. 이러한 측면에서 정부혁신은 변화하는 행정환경이 정부에게 내어 준 평생의 숙제라고 할 수 있다. 조직의 생존이라는 말은 동시에 조직은 언제든지 사라질 수 있다는 것을 의미한다고 할 수 있다.

그렇다면 조직의 생존가능성을 높여주는 요인은 무엇일까? 이와 관련해 짐 콜린스(J. Collins)는 그의 저서 『Good to Great』에서 지속적인 생존과 번영을 이룬 위대한 기업들의 '자기혁신 노력'을 제시하고 있다. [그림 14-1]은 콜린스가 선정한 성공한 11개의 기업군을 대상으로 비교 기업군, 시장 전체 기업군의 3개 범주에 대하여 1달러를 투자하였을 때, 어떤 차이가 누적적으로 발현되는지를 보여준다. 그의 분석에 따르면 성공한 기업들은 시장평균에 비교해 볼 때 8배가 넘는 실적을 올렸고, 유사한

그림 14-1 성공한 기업과 보통 기업의 차이

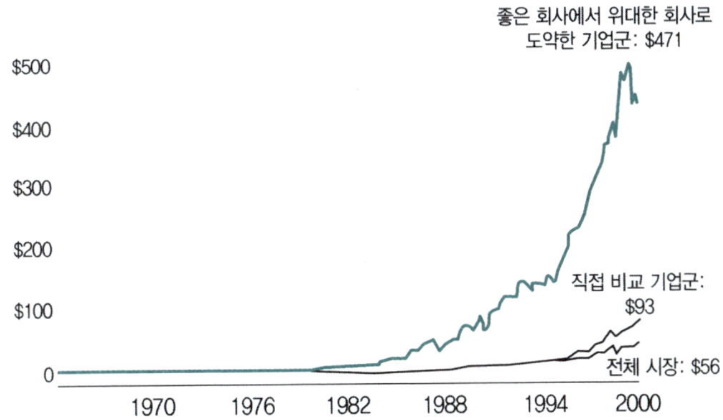

주: 1. 1965년 1월 1일 각 기업군에 똑같이 1달러씩 배분되었다.
2. 전환점에 이르기까지는 모든 기업군이 시장 주식 수익률을 올렸다.
3. 2000년 1월 1일 기준, 각 펀드의 누적 가치이다.
4. 배당금은 재투자하고 주식 분할 시에는 정산했다.

기업군과 비교해도 4배 가까운 실적을 올린 것으로 나타났다. 이러한 혁신의 결과가 단순히 단기적인 성과수치의 차이만을 가져오는 것이 아니라 장기간에 걸쳐 누적적으로 나타나고 있다는 점을 지적하고 있다.

이상의 논의를 종합해 보면, 조직의 생존 가능성은 자기혁신을 위한 노력에 의해 결정되며, 결국 이러한 노력은 변화하는 환경에 대한 적응의 과정이라고 할 수 있다. 생물의 진화 과정은 환경 변화에 적응하는 과정이다. 환경 변화에 적응하지 못한 채 진화에 실패한 개체는 멸종되고 만다. 이러한 명제는 생명체든 기업이든 예외 없이 적용된다.

시대별로 야경국가 또는 입법국가 시대부터 현대의 복지국가 또는 행정국가 시대에 이르기까지 정부와 행정의 역할 및 관점은 지속적으로 변화하였다(이종수 외, 2022: 693). 정부와 행정의 역할은 국민의 삶에 직접적인 영향을 미치며, 이는 곧 국민의 행복과 직결된다고 할 수 있다. 해당 관점에서 정부가 변화하는 환경과 국민의 요구에 적절히 대응하지 못할 경우 그 피해는 고스란히 국민의 삶의 질과 행복에 대한 위협으로 돌아가게 된다. 이에 정부와 행정의 역할은 변화하는 시대의 요구와 환경의 변화에 대응하며 지속적으로 변화해 왔으며, 이러한 변화에 대한 대응의 필요가 곧 정부의 혁신을 필요로 하는 이유라고 할 수 있다.

제2절 정부혁신의 주요 내용

1. 정부혁신의 유형

정부혁신은 그 강조점에 따라 다양한 유형으로 구분된다. 이와 관련해 브라운과 오스본(Brown & Osborne, 2013: 198-199)은 정부혁신을 '발전적 혁신(evolutionary innovation)', '확장적 혁신(expansionary innovation)', 그리고 '총체적 혁신(total innovation)'으로 구분하고 있다. 먼저, 발전적 혁신은 기존 제품이나 서비스를 조금씩 개선하거나, 새로운 기능을 추가하여 효율성을 높이는 혁신으로써 현존하는 니즈에 대응하기 위해 사용되는 새로운 기술이나 역량을 의미한다고 할 수 있다. 공공부문의 민원 처리 시스템을 개선하거나 공공서비스의 질 향상을 위해 시민들의 참여를 제도적으로 보장하는 것 등이 여기에 해당한다고 할 수 있다. 둘째, 확장적 혁신은 기존의 패러다임에서 벗어나 완전히 새로운 정책이나 서비스를 개발하는 혁신을 의미한다. 공공서비스 제공에 있어 블록체인 기술의 활용 등이 여기에 해당한다고 할 수 있다. 셋째, 총체적 혁신은 조직문화, 리더십, 프로세스 등 조직 전체를 변화시키는 포괄적인 혁신을 의미한다.

〈표 14-3〉은 정부혁신의 유형별 주요 내용을 정리한 것이다.

표 14-3 정부혁신의 유형별 특성

구분	발전적 혁신	확장적 혁신	총체적 혁신
변화 정도	점진적 변화	급격한 변화	근본적 변화
위험 수준	낮음	높음	높음
조직 변화	부분적	부분적	전체적
의미	현존하는 니즈에 대응하기 위해 사용되는 새로운 기술이나 역량	현존하는 정책, 기술, 또는 역량을 통해 대응해야 하는 새로운 니즈	새로운 기술과 역량을 통해 대응해야 하는 새로운 니즈

2. 정부혁신의 특성

1) 혁신에 대한 저항

혁신은 변화를 전제로 하기 때문에 이에 따른 저항이 불가피한 측면이 존재한다. 일반적으로 혁신에 대한 저항은 혁신활동에 비협조적인 구성원들이 현실적 변화로부터 자신을 방어하려는 동기에서 나온다고 할 수 있다. 이러한 측면에서 혁신에 필연적으로 수반되는 저항에 대한 관리 전략을 체계적으로 수립하는 것은 성공적인 혁신을 이끌어내는 데 있어 필수적인 요소라고 할 수 있다. 즉, 혁신 추진 주체는 혁신 운동에 앞서 저항의 원인을 규명하고 이에 대한 효과적인 해소방안을 강구함으로써 혁신을 성공적으로 이끌어 내야 한다. 〈표 14-4〉는 유형별 저항의 주요 내용에 관한 것이다.

이러한 혁신에 대한 저항은 정부혁신의 과정에서도 나타난다. 정부혁신이 중요한 이유는 그 영향력과 파장 때문이라고 할 수 있다. 즉, 성공한 정부혁신은 다수 국민의

표 14-4 저항의 유형 및 내용

저항의 유형	원인 및 대응방안
능력 부족에 기인한 저항	"내 새로운 역할은 무엇일까?", "내가 잘할 수 있을까?"와 같이 혁신에서 요구하고 있는 새로운 역할을 수행해야 하는 두려움과 자신의 능력이 부족하다고 여길 때 저항이 발생하게 된다. 이러한 경우 시행에 앞서 충분한 훈련계획을 수립하여 두려움이나 능력 부족에 대한 자신감 상실을 해소시켜야 한다.
기대치의 불투명성에 기인한 저항	혁신에 대한 정보가 부족하거나, 기대치가 현실적이지 못하거나, 혁신안에 대한 전망성이 불확실한 경우 이에 대한 불안감・초조감이 생기게 된다. 이 경우에는 충분한 의사소통을 통해 혁신의 내용 및 기대되는 성과를 알기 쉽게 제시하여 혁신으로부터 나타나는 공포와 불안을 최소화해야 한다.
보상의 불충분성에 기인한 저항	구성원들이 새로운 혁신을 받아들임에도 불구하고 인센티브가 주어지지 않거나, 기대만큼의 보상이 뒷받침되지 않는다면 혁신에 대한 저항은 커지게 마련이다. 따라서 적절한 인센티브와 인사고과 개선 등의 제도적 보안이 충분히 마련되어야 한다.
이해관계에 기인한 저항	이해관계로 인한 저항은 변화를 도입하는 것이 잠재적인 주요 이해관계자들의 기득권을 축소시키거나 배제시킬 것이라고 여길 때 발생하는 저항이다. 혁신 추진 주체는 우선 이들을 혁신에 참여시키도록 노력하고, 이들로 하여금 성공의 맛을 보여주도록 해야 한다. 그러나 만약 혁신이 그들이 생각하는 것과 일치하지 않으면, 작은 변화와 관계된 상실이나 손해에 대해서도 크게 부풀리며 저항을 하게 된다. 따라서 만약 비협조적인 저항자가 조직에서 물러난 필요가 있다면 이는 다른 이해관계자의 지지를 촉진시키기 위해서라도 해임이 필요하다. 그렇지 않을 경우 비협조자의 조항에 동조하는 이들을 규명함으로써 혁신을 더욱 어렵게 만들게 된다.

출처: 한국행정연구원(2005: 37)에서 인용.

편익을 도모할 수 있다는 점에서 일개 경영혁신의 성공과 비교할 수 없을 만큼 큰 편익을 제공할 수 있다. 이러한 측면에서 정부혁신의 과정에서 필연적으로 공직사회의 저항에 대한 효율적인 관리는 매우 중요하다고 할 수 있다.

정부혁신에 대한 일차적인 저항은 공직사회와 공무원들로부터 발생한다. 이종수 외(2022: 709-710)는 정부혁신의 과정에서 공무원들이 저항하거나 혹은 소극적으로 대응하는 이유를 다음과 같이 제시하고 있다.

첫째, 정부혁신의 목표와 내용에 관련된 것으로써 혁신 추진 주체가 제시한 정부혁신의 목표에 대해서 동의하지 않거나 혹은 목표의 모호성 등을 지적하기도 한다. 특히, 기존에 익숙하지 않은 목표와 내용들이 제시되면, 이들에 대해서 잘 모른다는 이유로 정부혁신의 목표와 방향, 내용들에 대해서 소극적 혹은 적극적으로 저항한다.

둘째, 혁신의 추진 방법과 절차의 문제를 근거로 저항한다. 추진 방법과 관련하여 주로 제기되는 문제는 정부혁신안이 공직자들에 의하여 자율적으로 만들어지도록 하지 않고 타율적으로 제시한다는 것이다. 즉, 자발적인 혁신이 아니기 때문에 공직자들이 적극적으로 추진하지 않는다는 것이다.

셋째, 혁신의 결과에 대한 불확실성과 혁신으로 초래되는 부작용을 근거로 혁신에 저항하기도 한다.

그렇다면 정부혁신에 대한 이러한 저항을 극복할 수 있는 방법은 무엇일까? 정부혁신에 대한 저항을 극복할 수 있는 주요 전략들을 살펴보면 다음과 같다.

첫째, 소통강화 및 참여 유도이다. 혁신 과정에 대한 정보를 명확하고 투명하게 공유함으로써 이해관계자로 하여금 불안감을 해소하고 혁신에 대한 이해를 높인다. 또한 다양하고 상시적인 소통 채널을 마련하여 구성원들의 의견을 수렴하고, 정부혁신에 관한 의사결정에 참여할 수 있도록 한다.

둘째, 충분한 설명과 설득이다. 정부혁신이 조직과 개인에게 가져다 줄 긍정적인 변화를 구체를 설명하고, 혁신의 필요성을 강조함으로써 혁신의 당위성을 인정하게 하는 것이다. 이와 관련해 방송, 광고매체를 통한 홍보활동, 강의 등 다양한 방법들이 고려될 수 있으나 무엇보다도 가장 효과적으로 설득할 수 있는 방법은 공개적인 의사전달이다.

셋째, 동기부여 및 인센티브의 제공이다. 유사한 조직의 성공적인 혁신 사례를 소개함으로써 조직구성원들의 동기를 부여하고, 혁신에 적극적으로 참여하는 구성원에게 차등적인 인센티브를 제공하여 참여를 유도한다. 그리고 정부혁신을 통해 달성한

성과를 구성원들과 공유함으로써 자긍심을 고취시킨다.

넷째, 리더십의 역할 강화이다. 리더의 가장 강력한 명령은 바로 솔선수범이라고 할 수 있다. 즉, 리더가 혁신에 대한 강한 의지를 표명하고, 솔선수범하여 구성원들에게 모범을 보인다.

다섯째, 강압과 강제를 이용하는 것이다. 개혁 추진자가 강압과 강제와 같은 계층적 권한의 일방적인 행사를 통해 저항을 극복하는 전략이다. 일반적으로 강압과 강제는 혁신에 대한 저항을 극복하기 위한 최후의 수단으로 사용되며 구성원들로 하여금 강한 압박과 불안감을 야기하여 저항을 단기적 · 피상적으로 억압하는 데 그치게 된다.

이상의 내용을 토대로 정부혁신에 대한 저항의 원인 및 극복방안을 정리하면 〈표 14-5〉와 같다.

표 14-5 정부혁신 저항에 대한 극복방안

정부혁신 저항의 원인	극복방안
정부혁신 목표와 내용의 불명확성 (기대치의 불투명성에 기인한 저항)	• 정부혁신의 목표를 구성원들의 목표와 요구에 일치시킴 • 교육과 의사전달을 통한 정부혁신의 당위성 인정 • 리더의 솔선수범
혁신 추진방법과 절차의 문제 (이해관계에 기인한 저항)	• 정부혁신에 관한 의사결정에 참여 • 협상과 합의
혁신 결과에 대한 불확실성 (기대치의 불투명성에 기인한 저항, 보상의 불충분성에 기인한 저항)	• 혁신 참여 수준에 따른 보상의 차등적 설계

2) 정부혁신의 내용 및 범위

과거 정부에서 행해졌던 다양한 정부혁신들이 사실상 조직개편을 중심으로 이루어져옴에 따라 일반적으로 정부혁신을 조직개편과 동일시하는 경향이 있다. 물론 조직개편은 정부혁신임에 틀림이 없다. 하지만 정부혁신의 내용은 조직의 개편뿐만 아니라 조직의 운영방식, 기능의 재설계, 인사제도, 정책 등 실로 다양하다고 할 수 있다(이종수 외, 2022: 698).

레온, 로먼과 시먼즈(Leon, Roman, & Simmonds, 2012)는 정부혁신의 지향점을 내부적인 지향점(internal focus)과 외부적인 지향점(external focus)으로 구분하고 전자는 새로운 혹은 개선된 과정이나 절차(예: 행정이나 조직 혁신)를 의미하고, 후자는 새로운 혹은 개선된 서비스(예: 정책이나 서비스 혁신)를 뜻한다고 한다. 이는 정부혁신의 다양한 활동 국면을 의미한다고 할 수 있다.

윤태범(2009: 54-56)에 따르면, 정부혁신은 국민의 기대를 충족시켜 줄 수 있는 정부의 구현을 위한 체계적인 활동으로 정의되며, 조직개편 중심의 하드웨어적인 혁신과 일하는 방식 혹은 정부 기능 개선 중심의 소프트웨어적인 혁신으로 구분되는데, 구성원들은 하드웨어적인 혁신에 비해 소프트웨어적인 혁신에 상대적으로 덜 민감하게 반응한다는 점을 지적하고 있다. 이러한 현상은 하드웨어적인 혁신의 대표적인 유형이라고 할 수 있는 조직 개편을 떠올리면 쉽게 이해될 수 있다. 즉, 조직개편이 이해당사자들에게 미치는 영향은 보다 직접적이고 명시적이며, 무엇보다도 조직개편으로 인한 이해관계의 변화가 명확하게 드러나기 때문에 구성원들로 하여금 민감한 반응을 이끌어낸다는 것이다(이종수 외, 2021: 698). 또한 이종수 외(2012: 582)의 연구에서는 조직개편, 관리 기술의 개선, 정부의 역할 변화, 조직 운영방식 개선, 그리고 공무원의 가치관 및 신념과 태도 변화 등이 모두 정부혁신의 범위에 포함된다는 점을 밝히고 있다. 즉, 정부혁신은 특정 영역에 국한된 것이 아니라 정부의 모든 영역과 행위자들에게 걸쳐 일어나는 변화를 의미한다고 할 수 있다.

이와 유사한 맥락에서 백승기(2019: 539-540)는 행정개혁을 위한 접근방법으로서 '구조 · 기술적 접근방법', '인간행태론적 접근방법', '종합적 접근방법'을 제시하고 있다.

첫째, 구조 · 기술적 접근방법은 행정을 구조 · 기술적 과정으로 파악하면서, 최적의 구조와 기술이 최적의 업무 수행을 가져와 행정 성과를 향상시킬 수 있다는 논리를 제시하고 있다. 해당 관점에서 행정개혁은 구조와 절차의 합리적 개혁에 초점을 두고 이루어진다.

둘째, 인간행태론적 접근방법은 관료의 가치관 · 신념 · 태도를 변화시켜 행정개혁을 도모하고자 하는 방법으로서 개혁의 중점을 인간의 행태 변화에 두고 있다.

셋째, 종합적 접근방법은 행정의 구조 · 과정 · 행태와 이를 둘러싸고 있는 환경과의 상호관련성을 중시하는 방법으로서, 앞의 두 가지 접근방법을 통합적으로 적용하고자 하는 방법이다.

제3절 정부혁신의 이론적 기초

정부혁신의 역사는 행정이론의 변천 과정과 그 맥락을 같이한다. 이는 새로운 행정이론 자체가 새로운 변화에 대한 동시대의 요구에 부응하기 위한 노력의 일환으로 나타났기 때문이다(이태준 외, 2023: 6). 과거 미국은 건국 초기 엽관제의 폐해로 인한 정부부문의 비효율성의 문제를 극복하기 위해 행정과 정치를 분리하고, 이를 제도적으로 뒷받침하기 위한 방안의 일환으로 1883년 펜들턴법(Pendleton Act)을 제정하였다. 펜들턴법은 공개경쟁 채용시험을 통한 공무원 선발과 공무원의 정치적 중립을 보장하는 것을 주요 골자로 하는 대표적인 정부혁신 사례라고 할 수 있다(강성철 외, 2018: 61). 즉, 행정의 탈정치화를 통해 정당정치의 개입으로부터 자유로운 행정영역의 확립을 주창한 정치행정이원론과 펜들턴법을 통해 구체화된 이 시기의 정부혁신은 밀접한 관련성을 가진다고 할 수 있다. 따라서 시대별 정부혁신의 특성에 관한 이해를 높이기 위해서는 행정이론의 변천 과정에 대한 이해가 병행되어야 한다.

본 절에서는 1980년대 이후 공공관리의 지배적인 패러다임으로 기능한 신공공관리(New Public Management)와 뉴거버넌스(New Governance)이론을 중심으로 살펴보고자 한다.

1. 신공공관리론

1) 신공공관리론의 주요 내용

신공공관리론(New Public Management)는 시장주의 원리를 기초로 기업가적 정부운영을 추구하는 행정혁신 패러다임이라고 할 수 있다(하미승, 2020: 89). 1970년대 오일쇼크로 야기된 전 세계적 경제위기는 기존의 정부주도 정책과 복지국가에 대한 반감을 불러일으키며 19세기식 '자유방임자본주의로의 회귀'에 대한 요청으로 이어졌다(왕재선, 2008; 조성한 2008).

신자유주의자들은 비대해진 정부의 비효율성을 비판하며, 시장 기능의 절대적인 믿음을 바탕으로 정치, 경제 및 사회질서의 재편을 합리화하는 지배적 이념으로서 '친시장적 국가운영'을 강조한다(박종민, 1998). 이러한 '친시장적 국가운영'은 정부개입의 축소, 탈규제, 정부지출의 축소, 민영화 등의 내용을 주된 골자로 한 정부개혁으로 구체화되었다.

신공공관리론의 핵심주장은 크게 시장주의(market orientation), 고객주의, 신관리주의라는 3가지 내용으로 요약된다(하미승, 2020: 89-90). 첫째, 시장주의는 공공서비스의 생산과 공급에 시장경쟁원리를 도입하여 저비용 고품질의 공공서비스를 제공해야 한다고 주장하며, 이를 위해 민영화와 민간위탁 확대, 규제완화, 작은 정부 및 정부 내 경쟁도입 등을 추진해야 한다고 지적한다(이종수, 2012: 142). 둘째, 전통적 관료제하에서 공공서비스가 공급자 중심이었다면, 신공공관리론에서는 시민을 공공서비스의 수요자인 고객으로 인식하는 고객주의에 입각해 고객들의 수요와 니즈 반영, 고객이 가치를 부여하는 결과 산출, 서비스의 질(quality) 관리, 고객에 대한 서비스 선택권 부여 등을 강조한다(정정길 외, 2017: 441). 셋째, 신관리주의는 행정과 경영의 유사성에 대한 재인식을 토대로 기업의 경영 원리 및 관리기법을 공공부문에 도입하여 성과 향상 및 관리의 효율화를 도모하여야 한다는 내용을 담고 있다(이종수 외, 2012: 143).

2) 신공공관리론적 정부혁신 사례

(1) 사례개요: NPR 위원회

영국 경제의 재생을 꾀한 마거릿 대처 수상의 사회·경제정책을 총칭하는 '대처리즘'과 미국의 로널드 레이건 대통령이 1981년부터 1989년까지의 임기 동안 수행한 시장중심적 경제정책을 의미하는 '레이건노믹스'는 신공공관리론에 입각한 정부혁신을 대표하는 키워드로 인식되어 왔다. 하지만 신공공관리론적 행정혁신의 대표적인 사례는 미국 클린턴(Clinton) 정부에서 추진된 NPR(National Performance Review)라고 할 수 있다(이태준 외, 2023: 12).

오스본(Osborne)과 게이블러(Gaebler)가 1992년에 출판한 『정부재창조』(Reinventing Government)에서 영감을 얻은 클린턴 대통령은 기존의 '관료제적 정부'를 '기업가적 정부'로 변화시키고자 행정혁신을 추진하였는데, 이 과정에서 1993년 고어(Gore) 부통령을 위원장으로 하는 NPR이 핵심적인 역할을 수행하였다.

NPR은 "더 적은 비용으로 더 일 잘하는 정부"(a government that costs less and works better)를 표방하며 비용 절감과 효율성 증대라는 두 가지 가치를 추구했다. NPR에서 발간한 「Gore Report」에서는 혁신 제언으로서 '낡은 조직구조 개편', '오래된 프로그램 및 정책 폐지', '비생산적인 보조금 폐지', '실패한 정책들의 재구성', '정부 간 관계의 재정의', '정부와 의회 간 관계의 활성화' 등을 제시하고 있다. 특히, 클린턴은 각 행정기관으로 하여금 현재의 조직 · 사업 · 규제를 재검토하고 그 존재 필요성이 입증되지 못하는 조직에 대해서는 축소 내지 폐지를 지시했다. 이후 5년의 기간 동안 연방정부 인력의 12%(252,000명)를 감축함으로써 1조 80억 달러를 절약하고 업무효율성 제고와 공무원에 대한 권한 이양을 통해 광범위한 혁신 문화를 연방정부에 안정적으로 정착시켰다는 평가를 받고 있다.

(2) 정부혁신 NPR의 7대 성과

신공공관리적 정부개혁의 대표적인 성공 사례라고 할 수 있는 미국 NPR의 주요 성과와 관련해 한국행정연구원(2005: 106-107)의 연구는 〈표 14-6〉과 같이 7대 성과를 제시하고 있다.

표 14-6 미국 정부혁신 NPR의 7대 성과

성과	주요 내용
큰 정부의 종언	• 1993년에서 2000년에 이르는 기간 동안 14개 부처 중 13개 부처의 규모를 축소, 426,000명의 공무원과 250여 개 정책 프로그램과 관련된 기관을 감축하고 16,000여 페이지에 달하는 규제를 철폐하는 대대적인 성과를 기록함 • 각 기관들과 협력하여 4,000여 개의 고객 서비스 기준을 개발, 행정 현장에 적용함으로써 고객만족도를 획기적으로 개선
성과 · 결과 중심의 정부	• 정부성과 및 결과법(GPRA)을 제정, 각 부처에 연례활동보고서 작성을 의무화하고 기획예산처가 매년 성과 평가를 실시함으로써 정부혁신을 제도화, 내재화할 수 있는 법적 기반을 제공 • 공정한 성과 평가를 위해 새로운 평가 지수를 개발, 개인과 조직을 혁신으로 유인할 수 있는 제도적 기반을 구축
한층 높은 국민들의 요구 충족	• 1993년부터 1997년까지 570여 개 연방기구들이 4000여 개의 행정서비스를 민간에 위탁 또는 이양 • 1992년 기준 고객의 기대를 충족시키는 행정서비스 목표를 수립한 행정기관이 36%에 불과했지만 2000년에는 약 80%의 행정기관이 고객만족 프로그램을 운영 • 13개 주정부가 관련 업무를 공동으로 one-stop 서비스 형태로 제공
사업과 연계된 정부 행정의 변화	• NPR은 정부혁신에 따른 규제개혁을 위해 5개 규제위원회(EPA, FDA, FSIS, OSHA, FAA)를 운영 • 1996년 사업에 영향을 미치는 16,000페이지에 달하는 불필요한 연방 법규를 폐기하는 대신 새로운 기업환경에 부합하는 31,000페이지 규모의 신규 법규를 제정
시민공동체와 연계된 정부행정의 변화	• 10개 도시에서 '안전도시 네트워크'를 형성해 총기사고 감소에 기여 • 1998년 인력투자법을 실행하여 2,000여 개 이상의 one-stop 인력센터를 연결하고, 노동자에게 유용한 1,000개의 링크 사이트를 보유하는 중앙 웹사

	이트를 구축 • 어린이 복지 향상을 위한 "Boost 4 Kids" 프로그램을 가동하고 방과 후 네트워크를 구성
IT기술을 통한 정부 접근성 증대	• 정부의 행정정보, 정책결과, 공공기관의 e-mail 피드백을 위한 one-stop 웹사이트 개설(www.firstgov.gov) • 학생, 노동자, 장애인, 사업가 등 특정 부류의 사용자들을 위한 맞춤형 웹사이트 개발 촉진
연방정부를 "일하기 더 좋은 직장"으로	• 혁신에 기여하는 공무원 표창을 위해 1,378개 팀, 68,000여 직원들을 대상으로 고어 부통령이 Hammer Award를 시상, 클린턴 재임 중에 약 5,000명의 공무원들을 표창 • 공무원들에게 권한을 대폭 이양하여 더 나은 업무수행을 위한 제도적 바탕을 구축

2. 뉴거버넌스이론

1) 뉴거버넌스이론의 주요 내용

전통적인 정부관료제에서 정부는 공공서비스의 독점적인 공급자로서 역할을 담당해왔다. 하지만 신공공관리론이 강조한 경쟁 개념이 공공부문으로 이식된 후 공공서비스 전달에서 공급과 생산이 개념적으로 구분되고, 신공공관리론에 따라 정부개혁이 진행됨에 따라 공공서비스 전달 과정에 민간기업, 즉 시장의 참여가 본격화되었다(이태준 외, 2023: 13). 다시 말해 신공공관리론적 정부개혁의 진전에 따라 공공서비스 전달 방식의 다원화가 이루어졌다고 할 수 있다. 하지만 뉴거버넌스이론은 이와 관련해 시장원리에 입각한 신공공관리론은 공공성에 대한 관심이 부족하기 때문에 공익 구현을 위해서는 공공서비스 공급 과정에 비영리조직이나 시민단체 등이 보다 적극적으로 참여하여야 한다고 주장하였다(하미승, 2020: 97). 이상의 논의에 기초해 정부 주도의 공공서비스 전달 또는 공공문제 해결 방식을 넘어선 대안을 제시하기 위해 등장한 것이 뉴거버넌스이론이라고 할 수 있다(이종수 외, 2021: 125).

급변하는 정치, 경제, 사회적 변화는 정부의 예측가능성을 줄이고 미래에 대한 불확실성을 가중시킨다. 이러한 배경에서 단일 정부기관에 의해서는 효과적으로 해결되기 어려운 '까다로운 문제(wicked problems)'를 비정부부문과 협력하여 보다 효율적으로 해결해야 한다는 인식이 확산됨에 따라 뉴거버넌스이론이 힘을 얻게 된 것이다. 뉴거버넌스이론은 사회문제 해결이나 공공서비스 제공 등을 위해 정부, 시장, 시민사회, 비영리조직 등이 공동으로 협력하는 다자적 공동 네트워크를 적극적으로 활용해야 한다는 것을 주장한다(김석준 외, 2000). 정부개혁을 위한 이론적 기초로서 뉴거버넌스이론의 적용 가능성은 피터스(B. G. Peters)의 정부개혁모형을 통해 확인할 수 있다. 피터스는 전통적 정부모형에 대비되는 개념으로서 뉴거버넌스이론에 기초한 정부개혁의 4가지 모형을 제시하고 있다. 구체적으로 피터스는 전통적 정부모형이 갖는 문제에 대한 다양한 진단에 따라 '시장적 정부모형', '참여적 정부모형', '신축적 정부모형', '탈내부규제 정부모형'을 제시하고 있다.

시장적 정부모형은 민간부문의 관리활동이 전통적인 관료제 모형보다 본질적으로 우월하다는 가정에 입각해 전통적인 관료제 정부의 독점성에 따른 문제점을 비판하면서 그 대안으로서 경쟁적 시장원리의 공공부문 도입을 강조한다.

참여적 정부모형은 관료제의 계층제를 문제로 지적하며 전통적 계층제 모형에서 소외되었던 대내·외 구성원들의 광범위한 참여를 중시한다.

신축적 정부모형은 전통적 관료제 구조의 항구성이 현상 유지 관행을 고착화함으로써 조직의 역동성을 저해하고 정책을 보수화한다고 지적한다. 즉, 전통적 정부조직의 경직성과 영속성을 비판하며 변화하는 환경에 유연하게 대응할 수 있는 조직구조의 신축성을 강조한다고 할 수 있다.

탈내부규제 정부모형에서는 기존 관료제 시스템의 획일적이고 지나친 규제를 문제로 진단한다. 이 모형에서는 관료제 내부의 과도한 규제가 창의성과 효율성을 저해한다고 보고, 규제를 완화하고 공무원들이 더욱 자율적으로 업무를 수행할 수 있도록 하는 것을 강조한다. 이상의 내용을 정리하면 〈표 14-7〉과 같다.

표 14-7 피터스의 정부개혁모형

구분		시장적 정부모형	참여적 정부모형	신축적 정부모형	탈내부규제 정부모형
원인 진단	전통적 정부모형의 문제점	독점	계층제	영속성	내부 규제
정부 개혁 처방	구조의 개혁 방안	분권화	수평적 조직 (평면조직)	가상조직	특정 제안 없음
	관리의 개혁 방안	성과급, 민간부문의 기법	총품질관리(TQM), 목표관리제(MBO), 팀제	가변적 인사관리	관리 재량권 확대
	정책 결정의 개혁 방안	내부시장 시장적 유인	협의, 협상	실험	창의성, 활동주의

출처: Peters(1996).

2) 뉴거버넌스적 정부혁신 사례

뉴거버넌스이론이 현실에 적용된 대표적인 사례는 문화거버넌스 혹은 환경거버넌스 등을 들 수 있다(하미승, 2020: 100-101). 최근 들어 행정 단위로서의 지역이 문화적 생활공간으로 재편되고, 지역의 문화예술 수준과 역량이 사회의 질을 결정하는 중요한 요인으로 간주되고 있다. 이에 따라 전국적으로 여러 지역에서 지역문화 거버넌스라는 이름의 민관 파트너십을 통한 지역문화 활성화가 진행 중에 있다. 여기서 지역문화 거버넌스란 공공(지방정부), 민간(시민사회, 예술가), 중간지원조직 등 다양한 이해관계자가 참여하여 지역문화 활성화를 위해 협력하는 조직구조를 의미한다고 할 수 있다. 이와 관련해 대표적인 사례로는 2010년부터 추진된 부산 감천문화마을 사업을 들 수 있다. 부산 감천문화마을 사업의 경우 사업 기획 및 설계 단계에서부터 다양한 행위주체들이 참여해 협력하여 시너지 효과를 창출하고, 사업을 성공적으로 추진하였다는 평가를 받고 있다.

CASE STUDY 사례 1

질병관리청의 Q-CODE

코로나19 팬데믹 이후 검역절차가 까다로워짐에 따라 우리나라에 입국하는 국내외 입국자들의 검역소요 시간이 증대되고 이로 인한 민원이 크게 증가해왔다. 이에 질병관리청에서는 입국 시 소요되는 검역조사 시간을 단축하고 해외입국자의 편의를 도모하기 위해 IT기술을 접목한 웹기반의 검역정보 사전입력시스템(Quarantine Information Pre-entry System)인 Q-CODE(Quarantine-Covid19 defence)을 도입하였다. 입국자들은 항공기 탑승 전에 검역 관련 정보를 사전에 입력하고, 발급받은 QR코드를 스캔하면 신속하게 검역이 완료된다.

CASE STUDY 사례 2

AI 기술을 활용한 디지털성범죄 모니터링

서울디지털성범죄 안심지원센터는 전국 최초로 인공지능(AI) 디지털성범죄 피해 24시간 자동 추적 · 감시시스템을 도입했다. 서울연구원이 개발한 이 시스템은 정보를 넣으면 구글, 트위터, 인스타그램, 페이스북 등 4가지 플랫폼에서 유사도가 높은 영상 또는 사진을 자동으로 검색해서 알려준다. AI 딥러닝 기술을 활용해 오디오, 비디오, 텍스트 정보를 종합적으로 분석하며 여러 플랫폼으로 퍼진 피해 게시물들을 효율적으로 찾아낼 수 있다.

2023년 3월~10월까지 AI가 모니터링한 영상물은 45만 7440건으로 지난해 같은 기간(3만 3,511건)의 약 14배에 달한다. 삭제까지 이어진 영상물도 지난해 1309건에서 올해 2007건으로 50% 이상 증가했다. 키워드 검색부터 영상물 검출까지 AI는 3분 만에 해낸다. 사람이 하면 1, 2시간 걸리는 일이다.

AI시스템이 도입되면서 직원들의 업무 부담도 크게 줄었다. 센터장은 "센터에 삭제지원관이 5명밖에 안 되는데 AI가 알아서 24시간 검색하기 때문에 업무에 큰 도움이 되고 있다"고 말했다. 지원관들이 피해 영상물을 접하면서 발생하는 트라우마와 스트레스도 상당 부분 줄었다고 한다.

출처: 동아일보(https://www.donga.com/news/Society/article/all/20231226/122786411/1).

1. 위의 사례를 읽고 4차 산업혁명 시대 정부혁신의 방향성에 관해서 논의하시오.
2. 위의 사례를 정부혁신의 유형에 따라 구분하고, 각 유형별 정부혁신의 성공요인에 관해서 논의하시오.

연습문제

1. 언론매체를 통해 성공적 정부혁신의 예를 구체적으로 제시하고, 정부혁신에 대한 저항의 예를 찾아 그 극복 방안을 논의하시오.

2. 조직생존의 관점에서 정부혁신이 필요한 이유를 설명하시오.

3. 4차 산업혁명 시대의 정부혁신이 갖는 의의와 방향성에 대해서 설명하시오

4. 신공공관리론과 뉴거버넌스이론 간의 차이점을 정부혁신의 사례를 들어 설명하시오.

5. 정부혁신 유형별 사례를 제시하고, 사례의 우수성에 대해서 설명하시오.

6. 미국 정부혁신의 대표적인 사례인 NPR의 성과를 중심으로 신공공관리적 정부혁신이 추구하는 방향성에 대해서 설명하시오.

7. 뉴거버넌스이론에 기반한 정부혁신 사례를 소개하고, 사례의 성공요인에 대해서 설명하시오.

참고문헌

국내 문헌

강성철 외(2018). 『새인사행정론』. 서울: 대영문화사.

강홍렬 외(2011). 『클라우드 컴퓨팅: 산업적 의의와 전략방향』. 과천: 정보통신정책연구원.

고창택(1999). 바스카의 비판적 실재론과 사회과학적 지식의 가능성. 『철학』, 43, 444-447. 한국철학회.

고형석 외(2018). 디지털 혁신을 지원하는 정보자원관리 프레임워크 연구. 『정보화연구』, 15(3), 275-296.

국회예산정책처(2024a). 2024 대한민국 재정. 서울: 대한민국 국회예산정책처.

국회예산정책처(2024b). 2024 대한민국 조세. 서울: 대한민국 국회예산정책처.

권향원 외(2015)(번역본). 『행정학: 해석, 비판, 그리고 사회적 구성』. 서울: 대영문화사. 원저: Jong S. Jun(2006). *The Social Construction of Public Administration*. State University of New York Press.

권혁주(2020). 민주·공화주의 관점에서 정치·행정의 통제와 견제: 책임성, 정치적 중립을 중심으로. 『행정논총』, 58(3), 31-54.

김　구(2023). 『행정학 이해와 연습』. 서울: 윤성사.

김광웅(2004). 『비교행정론』. 서울: 박영사.

김동신 외(2021). 『K행정학』. 서울: 박영사.

김명수(2003). 『공공정책평가론』. 서울: 박영사.

김병준(2022). 『지방자치론』. 서울: 법문사.

김석준 외(2000). 『뉴거버넌스 연구』. 서울: 대영문화사.

김선혁(2011). 정부의 질과 시민사회: 비판적 검토와 지표 개발을 위한 시론. 『정부학연구』, 17(3), 49-79.

김성수(2006). 한국 정치-행정관계 특성의 비교 분석. 『한국사회와 행정연구』, 16(4), 1-22.

김영평(1994). 현대사회와 위험의 문제. 『한국행정연구』, 3(4), 5-26.

김용민 외(2012). 『경찰위기관리론』. 용인: 경찰대학 출판사.

김용철 외(2022). 『행정학원론』. 서울: 박영사.
김정해 외(2021). 디지털 신기술을 활용한 정부업무 자동화 해외사례 분석. 『정부디자인 ISSUE』, 7(1), 2. 한국행정연구원 정부조직디자인센터.
김준기(2006). 『정부와 NGO』. 서울: 박영사.
김진섭(2012). Smart Office를 위한 Social Culture 구현사례. IBM.
김창수(2009). 『관료제와 시민사회』. 서울: 대영문화사.
김태룡(2007). 『행정이론』. 서울: 대영문화사.
김태룡 외(2013). 『현대사회와 NGO』. 서울: 대영문화사.
김태룡・윤영진(2002). 『새행정이론』. 서울: 대영문화사.
김항규(1994). 『행정철학』. 서울: 대영문화사.
김형렬(1997). 『정책결정론』. 서울: 대영문화사.
김호진・김창수(2013). 전자정부 표준프레임워크를 활용한 시스템 개발에 관한 연구. 『한국정보처리학회 춘계학술발표대회 논문집』, 20(1), 1008-1009.
김홍회(2020a). 부패통제 수단으로서의 내적 통제의 관리. 『한국부패학회보』, 25(4), 147-170.
김홍회(2020b). 공직윤리 왜 어렵고 힘든가? 『한국부패학회보』, 25(1), 55-76.
김홍회(2020c). 행정윤리와 내부 통제. 김성준 외(2020), 『행정윤리』(pp. 261-296). 고양: 양성원.
김홍회(2023a). 공공가치 연구의 지형 탐색. 『한국사회와 행정연구』, 33(4), 53-76.
김홍회(2023b). 공공가치가 행정학의 정체성 문제를 해결할 수 있는가?. 『대한지방자치학회』, 25(1), 75-93.
김홍회(2023c). 공공가치의 확장된 인벤토리: 학제간 접근. 『한국행정논집』, 35(2), 185-204.
남재걸(2022). 『지방자치론』. 서울: 박영사.
디지털플랫폼정부위원회(2023). 디지털플랫폼정부 실현계획.
디지털플랫폼정부위원회(2024). 공공부문 초거대 AI도입・활용 가이드라인.
라영재(2003). 지방 투명사회협약운동의 현황과 전망. 국가청렴위원회.
라휘문(2021). 『지방재정론』. 고양: 대영문화사.
류상일(2008). 지방자치단체의 재난대응 네트워크 분석. 『한국지방자치학회보』, 20(1), 53-70.
류중길・손승희(2013). 미국과 일본 그리고 유럽의 도입사례를 통해 본 한국형 스마트워크 도입 전략에 관한 연구. 『경상논총』, 31(2), 1-28.
미래창조과학부・한국과학기술기획평가원(2016). 가상증강현실이 만드는 미래. 2016년 기술영향 평가결과보고.
박경효(2022). 『재미있는 행정학(5판)』. 서울: 윌비스.
박동균 외(2009). 『지방자치단체의 재난대응론』. 서울: 대영문화사.
박동균(2008). 한국 위기관리 시스템의 효율화 방안. 『한국경찰연구』, 7(1), 175-210.
박동균(2010). 다중이용시설 테러에 대비한 지방자치단체의 위기관리전략. 『한국지방자치연구』, 11(4), 165-185.
박동균(2013). 미국 경찰의 위기관리 활동의 특징과 함의. 『한국경찰연구』, 12(3), 103-124.

박동균(2016). 세월호 사례를 통해 본 한국 위기관리행정의 문제점 및 개선방안. 『한국치안행정논집』, 13(1), 45-72.
박동균(2020). 코로나 19 이후 지방자치단체 위기관리의 중요성과 과제. 대한지방자치학회 학술세미나.
박동균(2024). 『자치경찰 에세이』(1권과 2권). 서울: 박영사.
박동서(1997). 『한국행정론』. 서울: 법문사.
박상필(2009). 행정이념에 대한 시민사회의 인식 변화. 『행정논총』, 47(4), 335-362.
박재완(1997). 부패와 반부패 정책의 경제적 함의. 『공공경제』, 2, 95-126.
박종민(1998). 민주주의, 시장경제 및 보수주의 정부개혁. 『행정과 정책』, 4(1), 33-66.
박주석(2018). 빅데이터. 오픈데이터. 마이데이터 비교 연구. 『한국빅데이터학회지』, 3(1), 41-46.
박진형(2022). 『클라우드 기반 정보시스템 구축 및 운영』. 한국과학기술정보연구원.
박현길(2016). 인공지능과 함께하는 미래. 『마케팅』, 50(4), 37-45.
박홍규(2003.6). 분권이 아닌 원권으로서의 지방자치. 『당대비평』.
박흥식(1991). 내부 고발(whistle-blowing): 이론, 실제, 그리고 함축적 의미. 『한국행정학보』, 25(3), 769-782.
박흥식(2016). 한국 행정책임 연구 60년-행정 통제, 공직윤리, 공직부패를 중심으로. 『한국 행정학보』, 50(5), 339-366.
배득종(2010). 『신재무행정: 정부혁신과 재정개혁』. 서울: 박영사.
배효진(2011). 미국의 내부고발자 보호법안. 『국제노동 브리프』, 1월호, 52-59. 한국노동연구원.
백승기(2003). 『정책학원론』. 서울: 대영문화사.
백승기(2019). 『행정학의 정석』. 서울: 대영문화사.
백완기(2007). 『행정학』. 서울: 박영사.
서민규(2010). 비판적 실재론의 변증법적 이행. 『철학 탐구』, 27, 57-81.
서용석 외(2016). 『정부의 미래지향적인 인사혁신을 위한 미래백서 연구』. 인사혁신처.
서울특별시(2013). 『서울시 빅데이터 분석 사례집』.
성경룡 · 김태성(2000). 『정책학의 주요 이론』. 서울: 법문사.
손희준(2019). 『새 지방재정학』. 고양: 대영문화사.
송지환 · 서영희(2018). 『지능정보사회를 대비한 안전관리체계 리모델링에 관한 연구: 행정관리를 중심으로』. 소프트웨어정책연구소.
신희영(2008). 비판적 실재론과 행정학의 연구방법. 『한국행정학회 동계학술발표논문집』, pp. 1-22.
심보균 · 안문석 외(2017). 『전자정부50년: 대한민국 역사상 가장 위대한 도약』. 서울: 행정안전부.
심익섭 외(2017). 『전환기 지방자치론』. 서울: 청목출판사.
안문석(2001). 『정부와 기업 그리고 시민사회』. 서울: 박영사.
안희남(2001). 신제도주의 세 가지 관점과 이론적 특성. 『현대사회와 행정』, 11, 1-35.
양기근(2008). 허베이 스피리트호 기름유출사고의 지역 및 지역민의 위험관리방안. 『원광대학교 소방행정학부 학술세미나』, 1-23.

양재진(2003). 정권교체와 관료제의 정치적 통제에 관한 연구: 국민의 정부를 중심으로. 『한국행정학보』, 37(2), 263-287.
엄석진 외(2020). 『정부의 디지털 혁신』. 서울: 문우사.
엄선태(2022). 디지털전환을 위한 RPA의 이해와 구축방안. 『문화정보 이슈리포트』 40호. 한국문화정보원.
염건웅(2023). 이태원 참사로 본 인파사고 안전관리 개선방안. 『법이론실무연구』, 11권 4호.
오석홍 · 김영평 편저(2006). 『정책학의 주요 이론』. 서울: 법문사.
왕재선(2008). 신자유주의 정부개혁의 다양성에 관한 연구: 국가 간 비교분석. 『행정논총』, 46(4), 105-143.
왕재선(2013). 전자정부의 효과: 거버넌스 지표를 중심으로. 『행정논총』, 51(4), 1-29.
왕태규 외(2017). 지방정부의 조직혁신에 미치는 영향요인에 관한 연구: 외부지향문화의 조절효과를 중심으로. 『지방행정연구』, 31(4), 199-220.
우명동(2016). 『지방재정학개론』. 서울: 해남.
원구환(2003). 로컬거버넌스의 등장과 발전. 이은구 외, 『로컬거버넌스』. 서울: 법문사.
유민봉(2021). 『한국행정학』. 서울: 박영사.
유재웅(2015). 위기마다 도마에 오르는 정부의 위기PR 능력: 메르스와 구제역 위기사례를 통해 본 문제점과 개선방안. 『한국PR학회 학술발표』. pp. 95-107.
유종해(1976). 『비교행정론』. 서울: 연세대학교.
윤영진(2009). 『새 재무행정학』. 서울: 대영문화사.
윤영진(2019). 『새 지방재정론』. 고양: 대영문화사.
윤영진(2021). 『새 재무행정학 2.0』(제7판). 서울: 대영문화사.
윤은기(2005). 반부패의 사회인 영국과 캐나다의 책임운영기관의 분석을 통한 신공공관리의 적실성에 관한 연구. 『한국부패학회보』, 10(2), 65-88.
윤은기(2008). 영미 신공공관리론의 철학적 기원: 로크의 사회계약론 재해석을 중심으로. 『행정논총』, 46(3), 27-50.
윤은기(2010). 대만의 중소기업육성정책의 신제도주의와 신국가주의의 전략. 『한국정책연구』, 10(2), 179-199.
윤은기(2016). 가치적인 행정문화의 발전방향에 관한 연구. 『현대사회와 행정』, 26(4), 249-277.
윤은기(2018). 정치행정이원론과 발전행정에 관한 고찰. 『한국지적정보학회지』, 20(3), 145-163.
윤은기(2022). 『정책학담론』. 서울: 박영사.
윤종태(2016). 국내 메르스 사태가 남긴 과제와 법률에 미친 영향에 대한 소고, 『대한의료법학회 학술발표』. pp. 263-291.
윤태범(2009). 정부혁신의 맥락과 관리혁신의 논리. 『GRI연구논총』, 11(1), 51-73.
이건영(2016). 드론. 우리 곁으로 성큼 다가온다. 『전기의 세계』, 65(1), 17-24.
이근주(2000). 『NGO지원과 정부』. 서울: 한국행정연구원.
이달곤 외(2015). 『새 테마 행정학』. 서울: 법우사.

이동수(2005). 한국의 정부와 시민사회. 『NGO 연구』, 3(1), 191-218.
이동영 외(2024). Chatgpt의 지속 사용 의도에 관한 연구. 『한국빅데이터학회지』, 9(1), 17-30.
이명석(2001). 『신자유주의, 신공공관리론 그리고 행정개혁』, 40(1)(pp. 1-46). 성균관대학교 사회과학연구소.
이미나 · 홍주현(2006). 메르스 확산에 따른 정부의 위기대응 메시지 언어네트워크 분석. 『한국콘텐츠학회 논문지』, 16(5), 124-136.
이백진 · 김광호(2016). 자율주행차 도입과 도시교통 정책방향. 『국토』, 428, 27-34.
이성독(2007). 양자컴퓨터와 양자계산. 『정보과학학회지』, 25(2), 62-64.
이송호(2016). 행정의 정치적 환경(정치-행정 관계). 『한국행정학보』, 50(5), 127-167.
이영철(2006). 사회과학에서 사례연구의 이론적 지위: 비판적 실재론을 바탕으로. 『한국행정학보』, 40(1), 71-90.
이영철(2009). 새로운 과학철학: Bhaskar의 비판적 실재론. *News & Platform*, 27-29.
이인원(2016). 정책PR의 관점에서 본 위기관리 커뮤니케이션에 대한 연구-서울시의 메르스 대응과정을 중심으로. 『사회과학연구』, 42(1), 67-104.
이재은(1998). 위기관리 정책에 관한 연구: 개념, 영역, 정책결정을 중심으로. 『한국행정논집』, 10(1), 113-130.
이재은(2005). 통합위기관리시스템의 효율화 방안. 『한국위기관리논집』, 1(2), 25-43.
이재은(2012). 『위기관리학』. 서울: 대영문화사.
이재은 외(2006). 『재난관리론』. 서울: 대영문화사.
이재호(2012). 『미래전자정부를 위한 정부조직 재설계에 관한 연구』. 한국행정연구원.
이재호(2013). 『정부3.0 실현을 위한 빅데이터 활용방안』. 한국행정연구원.
이재호 · 김준형(2021). 메타버스의 행정 활용에 있어서의 도전과 과제. 『이슈페이퍼』, 제108호. 한국행정연구원.
이재호 · 정소윤(2021). 디지털 세상에서의 정부 역할과 과제. 『행정포커스』, 제151호. 한국행정연구원.
이종수(2009). 『행정학사전』. 서울: 대영문화사.
이종수 외(2024). 『새 행정학』. 고양: 대영문화사.
이종열(2008). 다문화정책의 거버넌스접근: 인천광역시사례를 중심으로. 한국행정학회 하계학술대회 발표논문.
이종한 외(2021). 4차산업혁명시대 혁신성장을 위한 규제생태계 조성 방안 연구. 『경제인문사회연구회 협동연구총서』, 21-13-01.
이진원(2007). 일본의 지방분권과 거버넌스-지방분권개혁추진회의의 사례를 중심으로-. 『세계지역연구논총』.
이창길(2020). 한국 관료제의 위기: '정치화'의 역설. 『정부학연구』, 26(1), 104-130.
이창용(2005). 테러리즘 방지를 위한 한국형 위기관리 시스템 구축방안, 『지방정부연구』, 9(2), 204.

이창용(2007). 『뉴 테러리즘과 국가위기관리』. 서울: 대영문화사.
이태준 외(2023). 『정부혁신과 미래전략』. 경제 · 인문사회연구회.
이헌경(2003). 테러의 본질과 한국의 대테러 방향. 『통일전략』, 3(1), 341-360.
이혁우(2009). 규제의 개념에 관한 소고. 행정논총, 47(3), 335-358.
임승빈(1999). 『행정과 NGO간의 네트워크 구축에 관한 연구』. 서울: 한국행정연구원.
임승빈(2015). 『정부와 NGO』. 서울: 대영문화사.
임창희(2008). 『인적자원관리』. 서울: 비앤엠북스.
임태경(2020). 포스트 코로나 시대 지방정부의 과제. 『지방자치 이슈와 포럼』, 31호.
장인봉(2020). 『조직론』. 서울: 윤성사.
장인봉 외(2016). 『블루오션 리더십』. 서울: 보명출판사.
정기성(2003). 재난관리 행정체계의 합리적 개선에 관한 연구. 『한국정치정보학회』. 6(1), 213-247.
정문기(2023). 『지방자치론』. 서울: 박영사.
정민경 · 임현(2018). 규제에 있어 정부의 역할: 게임물등급분류제도를 중심으로. 『정부학연구』, 24(2), 155-194.
정소윤 외(2020). 『공공부문 디지털 트랜스포메이션 전략에 관한 연구』. 서울: 한국행정연구원.
정용덕(2001). 『현대국가의 행정학』. 서울: 법문사.
정용덕 외(1999). 『신제도주의 연구』. 서울: 대영문화사.
정원주 · 이성환(2016). 양자 기계학습 기술의 현황 및 전망. 『정보과학회논문지』, 43(7), 751-762.
정인혜 외(2009). 클라우드 컴퓨팅 현황 및 전망. 『한국디지털콘텐츠학회지』, 5(1), 27-31.
정재진(2011). 재정분권이 지방재정 건전성에 미친 영향. 『정부학연구』, 17(2).
정정길 외(2007). 『정책학원론』. 서울: 대명출판사.
정정길 외(2017). 『새로운 패러다임 행정학』. 서울: 대명출판사
정지범 외 편저(2009). 『국가종합위기관리』. 서울: 법문사.
정찬권(2013). 『국가위기관리론』. 서울: 대왕사.
정철현(2003). 『행정이론의 발전』. 서울: 다산출판사.
정충식(2018). 문재인 정부는 성공할 수 있는가? -전자정부: 정보기술을 활용한 행정혁신의 관점에서-. 『한국행정학회 하계학술발표논문집』, pp. 1935-1975.
조계표(2020). 『행정학 입문』. 서울: 박영사.
조성한(2008). 좋은 규제: 통제수단에서 정책도구로. 『정부학연구, 14(4), 347-368.
조세현 · 차세영(2022). 『클라우드전환 시대 데이터기반행정 추진전략』. 한국행정연구원.
주성수(1999). 『시민사회와 제3섹터』. 한양대학교출판부.
주운현 외(2021). 『쉽게 쓴 행정학』. 서울: 윤성사.
지방행정연수원(2017). 『2017 공통교재: 행정학』.
진세혁(2002.2). 지방의회와 NGO간의 합리적 관계. 『한국정책연구』.
차두현(2008). 한국의 테러리즘 대응방안. 『한국국제정치학회학술대회 발표논문집』.
차영화(2016). 뇌과학 시대와 인지사회학: 체화된 인지를 중심으로. 『한국사회학회 사회학대회논

문집』, 622-627.
최용호(2005). 지방정부의 사전대비 재난관리체제 효율성의 영향요인에 관한 실증적 연구. 『2005년도 한국행정학회 춘계학술대회 발표논문집-한국행정학의 성찰과 전망』.
하미승(2020). 『대안중심 행정학』. 서울: 월비스.
하연섭(2018). 『정부예산과 재무행정』(제3판). 서울: 다산출판사.
하혜영(2017). 중앙행정권한의 지방이양 관련 쟁점과 과제. 『이슈와 논점』. 국회입법조사처.
한국행정연구원(2005). 『정부혁신의 이해: 참여정부의 혁신전략과 실천논리』. 한국행정연구원.
한국행정연구원(2020). 『정부디자인 ISSUE』, 코로나 19 이후 정부조직관리 방향.
한부영 · 박재희(2019). 『국가와 지방자치단체 간 사무배분 원칙과 기준 재정립 방안 연구』, 한국지방행정연구원.
한상현(2015). 엄밀한 학으로서의 철학, 현상학. 『세상을 바꾼 철학자들』. 희망철학연구소.
행정안전부 홈페이지(https://www.gov.kr)
행정안전부(2023a). 『2023년 지방자치단체 통합재정개요(상)』.
행정안전부(2023b). 『공공부문 일하는 방식 개선 종합계획』.
행정안전부. https://www.gov.kr/portal/main/nologin(검색일: 2024.08.20.)
행정안전부. https://www.mois.go.kr/frt/sub/a06/b04/infoResourceMgr/screen.do(검색일: 2024.08.26.)
행정안전부. https://www.mois.go.kr/frt/sub/a06/b04/nationalSecretary/screen.do(검색일: 2024.08.23.)
홍성훈(2022). 미국의 내부고발자 및 보복 관련 현황과 이슈. 『국제노동 브리프』, 7월호, 41-48. 한국노동연구원.
IGM(2022). 이미 다가온 일의 미래, 하이브리드 워크. IGM Prism.

국외 문헌

Alford, J. & O'Flynn, J.(2009). Making Sense of Public Value: Concepts, Critiques, and Emergent Meanings. *International Journal of Public Administration*, 32(pp.3-4): 171-191.
Archer, M. et al.(2016). What is Critical Realism? Perspectives: A Newsletter from ASA Theory Section 39: 4. http://www.asatheory.org/current-newsletter-online/what-is-critical-realism.
Bazaraa, M. S., Jarvis, J. J., & Sherali, H. D.(2011). *Linear Programming and Network Flows*(4th ed.). Hoboken, NJ: John Wiley & Sons.
Behn, R. B.(2001). *Rethinking Democratic Accountability*. Washington, D.C.: Brookings Institution.
Benington, J.(2011). From Private Choice to Public Value? In J. Benington & M. Moore(eds.), *Public Value: Theory and Practice*(pp.31-51). Basingstoke, UK: Palgrave Macmillan.
Berger, P., L., & Luckmann, T.(1966). *The social construction of reality*. A Treatise in the Sociology of Knowledge.

Bernstein, R.(1978). *The Restructuring of Social and Political Theory*. University of Pennsylvania Press.

Bernstein, R.(1983). *Beyond Objectivism and Relativism: Science, Hermeneutics, and PRAXIS*. University of Pennsylvania Press.

Berry, F. S. & Berry, W. D.(1990). State Lottery Adoptions as Policy Innovations: An Event History Analysis. *American Political Science Review,* 84(2): 395-415.

Bertens, J. W.(1995). *The Idea of the Postmodern: A History*. Psychology Press.

Bloomberg, J.(2018). Digitization. Digitalization. And Digital Transformation: Confuse Them At Your Peril. (URL: https://www.forbes.com/sites/jasonbloomberg/2018/04/29/digitization-digitalization-and-digital-transformation-confuse-them-at-your-peril/).

Boardman, A. E. et al.(2018). *Cost—Benefit Analysis: Concepts and Practice*(4th ed.). Cambridge: Cambridge University Press.

Boghossian, P.(2001). *What Is Social Construction?* Philpapers, NYU Arts & Science.

Boli, J. & Thomas, G. M.(1997). World culture in the world polity: A centry of international non-govermental organization. *American Sociological Review,* 62(2).

Bozeman, B.(2007). *Public values and public interest: Counterbalancing economic individualism*. Washington, DC: Georgetown University Press.

Bozeman, B. & Japera, J.(2014). The Political Economy of Public Values: A Case for the Public Sphere and Progressive Opportunity, *The American Review of Public Administration,* 1-25.

Brewer, G. A. & Kellough. J. E.(2016). Administrative values and public personnel management: Reflections on civil service reform. *Public Personnel Management,* 45(2): 171-189.

Briggs, A. M., Claxton, K., & Fenwick, D. S. B.(2016). *Cost-Effectiveness Analysis in Health: A Practical Approach*. Oxford: Oxford University Press.

Bristow, A. P.(1972). *Police Disaster Operations*. Illinois: Charles C Thomas Publisher.

Bruce, W.(ed.)(2001). *Classics of administrative ethics*. Westview Press.

Bryson, J. M., Crosby, B. C., & Bloomberg L.(eds.)(2015). *Creating Public Value in Practice: Advancing the Common Good in a Multi-Sector, Shared-Power, No-One-Wholly-in-Charge World*. CRC Press.

Burr, V.(2015). *Social Constructionism*. Routledge.

Caiden, G. E.(1991). What is really maladministration? *Public Administration Review,* 51(6): 486-493.

Caiden, G. E.(2001). Dealing with administrative corruption. In T. Cooper(ed), *Handbook of administrative ethics*(pp.429-455). Marcel Dekker, Inc.

Caiden, N.(1985). The boundaries of public budgeting: Issues for education in tumultuous times. *Public Administration Review,* 45(4): 495-502.

Chan, H. S. & Gao, J.(2013). Can the same key open different locks? Administrative values underlying performance measurement in China, *Public Administration*, 91(2): 366-380.

Chelimsky, E.(1985). The Role of Evaluation in Policy Development. In W. D. Berry & C. S. Taber(eds.), *Policy Analysis and Evaluation: A New Perspective*.

Cigler, B. A.(1988). Emergency Management and Public Administration. In M. T. Charles & J. C. K. Kim(eds.), *Crisis Management: A Casebook*(pp.5-19). Springfield, IL: Charles C. Thomas Publisher.

Clary, B. B.(1985). The Evolution and Structure of Natural Hazard Policies, *Public Administration Review*(special issue), 45: 20-8.

Coleman J.(1988). Social Capital in the Creation of Human Capital. *American Journal of Sociology*, 94: 95-120.

Coleman J.(1990). *Foundations of Social Theory*. Cambridge, Mass.; Belknap Press of Harvard University Press.

Collins, J.(2001). *Good to Great*. Harper Collins.

Comfort, L. K.(1998). Designing Policy for Action: The Emergency Management System. In L. K. Comfort(ed.), *Managing Disaster*(pp.344-349), Dorham, North Carolina: Duke University Press.

Connell, R.(2006). Glass Ceilings or Gendered Institutions? Mapping the Gender Regimes of Public Sector Work. *Public Administration Review*, 66(6): 837-849.

Connor, S.(2013). Postmodernism. In M. Payne & J. R. Barbera(eds.), *A Dictionary of Cultural and Critical Theory*. John Wiley & Sons.

Cooper, T. L.(2001). Citizenship and Professionalism in Public Administration. In W. Bruce(ed.), *Classics of administrative ethics*(pp.344-357). Westview Press.

Cooper, T. L.(2004). Big Questions in administrative Ethics: A need for focused, collaborative effort, *Public Administration Review*, 64(4): 395-407.

Cooper, T. L.(2012). *The Responsible Administrator: An Approach to Ethics for the Administrative Role*. San Francisco: Jossey-Bass.

Cooper, T. L. & Menzel, D. C.(2013). *Achieving ethical competence for public service leadership*. New York: M.E. Sharpe.

Creswell, J. W. & Creswell, J. D.(2018). *Research design: qualitative, quantitative, and mixed methods approaches*(5th ed.). Thousand Oaks, California.

Dantzig, G. B.(1947). *Linear Programming and Extensions*. Princeton, NJ: Princeton University Press.

De Souza, J. R. L., & De Almeida, E. M. S.(2015). *Multi-Objective Decision Making: Principles and Methods*. New York: Springer.

Demir, T., & Nyhan, R. C.(2008). The Politics-Administration Dichotomy: An Empirical Search for Correspondence Between Theory and Practice. *Public Administration Review*, 68:

81-96.

Denhardt, R. B., Denhardt, J. V., & Blanc, T. A.(2013). *Public Administration: An Action Orientation*(7th ed.). Cengage Learning.

Dennis, A., Wixom, B. H., & Tegarden, D.(2018). *Systems Analysis and Design*(6th ed.). Hoboken, NJ: John Wiley & Sons.

Dewar, R. D. & Dutton, J. E.(1986). The Adoption of Radical and Incremental Innovations: An Empirical Analysis. *Management Science*, 32: 1422-1433.

Dolan, J.(2000). The Senior Executive Service: Gender, Attitudes, and Representative Bureaucracy. *Journal of Public Administration Research and Theory*, 10: 513-530.

Douglas, J.(1983). *Why Charity?: the case for a third sector.* Biverly Hills: Sage Publication.

Drabek, T. E.(1985). Managing the Emergency Response. *Public Administration Review*(special issue) 45.

Dunn, W. N.(2017). *Public Policy Analysis: An Introduction.* New York: Routledge.

Dutelle, A. W. & Taylor, R. S.(2018). *Ethics for the Public Service Professional*(2nd Ed.). CRC Press.

Easton D.(1975). A re-assessment of the concept of political support. *British Journal of Political Science*, 5(4): 435-457.

Elmore, R. F.(1980). Backward Mapping: Implementation Research and Policy Decisions. In W. D. Davis & D. A. Smith(Eds.), *Policy Analysis in the 1980s*(pp.3-17). Westview Press.

Fairhurst, G. T. & Grant, D.(2010). The Social Construction of Leadership: A Sailing Guide. *Management Communication Quarterly*, 24(2): 171-210.

Fitzpatrick, J. L., Sanders, J. R., & Worthen, B. R.(2011). *Program Evaluation: Alternative Approaches and Practical Guidelines.* Boston, MA: Pearson.

Fleetwood, S.(2014). Bhaskar and critical realism. In P. S. Adler, P. Du Gay, G. Morgan, & M. I. Reed(eds.), *The Oxford Handbook of Sociology, Social Theory, and Organization Studies*(pp. 183-). Oxford University Press.

Follett, M. P.(2013). *Dynamic administration.* Martino Publishing.

Frederickson, H. G.(1980). *New Public Administration.* Alabama: The University of Alabama Press.

Frederickson, H. G.(1997). *The Spirit of Public Administration.* San Francisco: Jossey-Bass.

Fukuyama, F.(1995). *Trust: The Social Virtues and Creation of Prosperity.* New York: The Free Press.

Gagan, S.(1998). *Normative ethics.* Westview Press.

Gartner(2020). Gartner IT Glossary_Digital.(URL: https://www.gartner.com/en/information-technology/glossary/digital-2).

Geuss, R.(1981). *The Idea of a Critical Theory.* Cambridge University Press.

Globerman, S., & Vining, A. R.(1996). A framework for evaluating the government contracting-out decision with an application to information technology. *Public administration review*: 577-586.

Godschalk, D. R. & David J. B.(1985). Mitigation Strategies and Integrated Emergency Management. *In Public Administration Review*(special issue), 45: 64-71.

Goldratt, E. M., & Cox, J.(1992). *The Goal: A Process of Ongoing Improvement*. Great Barrington, MA: North River Press.

Goodnow, F. J.(1900). *Politics and Administration: A Study in Government*. New York: Russell and Russell.

Goodwin, P., & Wright, G.(2014). *Decision Analysis for Management Judgment*(5th ed.). Chichester, UK: Wiley.

Gould, David J.(1991). Administrative Corruption: Incidence, Causes, and Remedial Strategies. In A. Farazm(Ed.), *Handbook of Comparative and Development Public Administration* (pp. 467-480). New York: Marcel Dekker, Inc.

Grob, M.(2017). We are making on-device AI ubiquitous.; https://www.qualcomm.com/news/onq/2017/08/we-are-making-device-ai-ubiquitous?cmpid=oofyus181544(검색일: 2023.12.31.)

Habermas, J.(1989). *The Structural Transformation of the Public Sphere*. Cambridge, UK: Polity Press.

Hague, R., Harrop, M., & McCormick, J.(2004). *Comparative government and politics*, Vol.6, Palgrave Macmillan.

Hall, P. & Taylor, R.(1996). Political Science and the Three New Institutionalisms. *Political Studies*, XLIV: 936-957.

Hefetz, A., & Warner, M. E.(2012). Contracting or public delivery? The importance of service, market, and management characteristics. *Journal of public administration research and theory*, 22(2): 289-317.

Hill, M., & Hupe, P.(2002). *Implementing Public Policy*. Thousand Oaks, CA: Sage Publications.

Hillier, F. S., & Lieberman, G. J.(2015). *Introduction to Operations Research*(10th ed.). New York: McGraw-Hill Education.

Hodge, G. A., & Greve, C.(2007). Public-private partnerships: an international performance review. *Public administration review*, 67(3), 545-558.

Hong, S.(2016). When does a public-private partnership (PPP) lead to inefficient cost management? Evidence from South Korea's urban rail system. *Public Money & Management*, 36(6), 447-454.

Hood, C.(1991). A Public Management for All Seasons? *Public Administration*, 69(1): 3-9.

Hood, C.(1998). *The Art of the State: Culture, Rhetoric and Public Management*. Oxford:

Clarendon.

Horkheimer, M.(1982). *Critical Theory Selected Essays*. New York: Continuum Publishing.

Houston, D. J.(2006). "Walking the Walk" of Public Service Motivation: Public Employees and Charitable Gifts of Time, Blood, and Money. *JPART*, 16: 67-86.

Hubert, B. H.(2011). Critical realism in the social sciences: An interview with Roy Bhaskar. *Distinktion: Journal of Social Theory*, 6(2): 59-69.

Huffman, J.(1986). *Government Liability and Disaster Mitigation*. Univ. of Press of America.

Ivanov, K.(2009). Fighting corruption globally and locally. In R. W. Cox III(ed.), *Ethics and Integrity in Public Administration: Concepts and Cases*(pp.146-154). M.E. Sharpe, Inc.

Jessop, B.(2000). Government Failure. In G. Stoker(ed.), *The New Politics of British Local Governance*. London: Macmillan Press.

Jørgensen, B. T. & Bozeman, B.(2007). *Public values: An inventory. Administration & Society*, 39: 354-381.

June, D. L.(1990). *Protection, Security and Safeguards—Practical Approach and Perspective*. CRC Press.

Karwan K. R. & Wallace, W. A.(1984). Can We Manage Natural Hazard? *Public Administration Review*, 44.

Kasperson, R. E. & Pijawka, K. D.(1985). Societal Response to Hazards and Major Hazard Events: Comparing Natural and Technological Hazards. *Public Administration Review* (special issue), 45: 7-19.

Kaufman, H.(1956) Emerging Conflicts in the Doctrines of Public Administration. *American Political Science Review*, 50(1): 1059-73.

Key, V. O.(1940). The lack of a budgetary theory. *American Political Science Review*, 34(6): 1137-1144.

Kingsley, J. D.(1944). *Representative Bureaucracy: The Interpretation of the British Civil Service*. Yellow Springs: The Antioch Press.

Kleinrock, L.(1975). *Queueing Systems, Volume 1: Theory*. New York: Wiley.

Knoblauch, H. & Wilke, R.(2016). The Common Denominator: The Reception and Impact of Berger and Luckmann's The Social Construction of Reality. *Human Studies*, 39(1): 51-69.

Kranz, H.(1976). *The Participatory Bureaucracy: Women and Minorities in a More Reprenstative Public Service*. Lexington, M.A.: Lexington Books.

Kreps, Gary A.(1991). Organizing for Emergency Management. In T. E. Drabek & G. J. Hoetmer(eds.), *Emergency Management: Principles and Practice for Local Government* (pp.30-54). Washington, D. C.: International City Management Association.

Lasswell, H. D.(1951). The Policy Orientation. In D. Lerner & H. D. Lasswell(eds.), *The Policy*

Sciences: Recent Developments in Scope and Method(pp.3-15). Stanford University Press.

Lasswell, H. D.(1971). *The Policy Sciences: Recent Developments in Scope and Method*. Stanford University Press.

LeLoup, L. T.(1977). The impact of domestic spending patterns on Senate support: An examination of three policy areas. *American Politics Quarterly*, 5(2): 219-236.

León, R., Roman, L. L., & Simmonds, P.(2012). *Trends and Challenges in Public Sector Innovation in Europe*. DG Enterprise, Brussels.

Lewis, C. W., & Hildreth, W. B.(2013). *Budgeting: Politics and Power*. New York, NY: Oxford University Press.

Lewis, D.(2007). Testing Pendleton's Premise: Do Political Appointees Make Worse Bureaucrats. *The Journal of Politics*, 69(1): 89-107.

Lipsky, M.(1980). *Street-Level Bureaucracy: Dilemmas of the Individual in Public Services*. New York: Russell Sage Foundation.

Lowi, T. J.(1979). *The End of Liberalism: The Second Republic of the United States*(2nd ed.). New York: Norton.

Lynch, T. D. & Lynch, C. E.(2003). *Corruption, Reform and Virtue Ethics. Public Administration Review*, 63(3): 370-374.

Lynch, T. D.(1995). *Public Budgeting in America*(4th ed.). Englewood Cliffs, NJ: Prentice Hall.

Lyotard, J.-F.(1984). *The Postmodern Condition: A Report on Knowledge*. University of Minnesota Press.

March, J. G. & Olsen, J. P.(1984). The New Institutionalism: Organizational Factors in Political Life. *American Political Science Review*, 78.

May, P. J.(1985). FEMA's Role in Emergency Management: Examining Recent Experience, *PAR*, Vol. 45.

McConnell, G.(1969). The public values of the private association. In J. Pennock & J. Chapman(eds.), *Voluntary associations*(pp.147-160). New York: Etherton Press.

McGregor, D.(1960). *The Human Side of Enterprise*. N.Y.: MaGraw Hill.

McLouglin, D.(1985). Framework for Integrated Emergency Management. *Public Administration Review*(special issue), 45: 165-72.

Mead, G. H.(1934). *Mind, self and society*(Vol. 111). Chicago University of Chicago Press.

Megginson, W. L. & Netter, J. M.(2001). From state to market: A survey of empirical studies on privatization. *Journal of economic literature*, 39(2), 321-389.

Meier, K. J. & Nicholson-Crotty, J.(2006). Gender, Representative Bureaucracy, and Law Enforcement: The Case of Sexual Assault. *Public Administration Review*, 66(6): 850-860.

Meier, K., Wrinkle, R. D., & Polinard, J. L.(1999). Representative Bureaucracy and Distributional Equity. *The Journal of Politics*, 61(4): 1025-1039.

Meynhardt, T.(2009). Public Value Inside: What Is Public Value Creation? *International Journal of Public Administration*, 32(3-4): 192-219.

Mikesell, J.(2017). *Fiscal Administration*(10th ed.). Boston, MA: Cengage Learning.

Mileti, D. S. & Sorensen, J. H.(1987). Determinants of Organizational Effectiveness in Responding to Low Probability Catastrophic Events. *The Columbia Journal of World Business*, 22(1).

Milgram, S.(1983). *Obedience to Authority: An Experimental View*. New York: HarperCollins.

Miller, G. J. & Moe, T. M.(1983). Bureaucrats, legislators, and the size of government. *American Political Science Review*, 77(2): 297-322.

Moilanen, T. & Salminen, A.(2007). *Comparative study on the public-service ethics of the EU member states*. Ministry of Finance.

Montjoy, R. & Watson, D.(1995). A Case for Reinterpreted Dichotomy of Politics and Administration as a Professional Standard in Council-Manager Government. *Public Administration Review*, 55(3): 231-239.

Moore, M.(1995). *Creating public value: Strategic management in government*. Boston: Harvard University Press.

Moore, M. H.(2013). *Recognizing Public Value*. Cambridge, MA: Harvard University Press.

Mosher, W. E.(ed.)(1941). *Introduction to responsible citizenship*. New York: Henry Holt and Company.

Moynihan, D. P.(2009). Our Usable Past: A Historical Contextual Approach to Administrative Values. *Public Administration Review*, 69(5): 813-821.

Musgrave, R. A.(1959). *The Theory of Public Finance: A Study in Public Economy*(Vol. 658). New York, NY: McGraw-Hill.

Nabatchi, T., Goerdel, H. T., & Peffer, S.(2011). Public administration in dark times: Some questions for the future of the field. *Journal of Public Administration Research and Theory*, 21: i29-i43.

Nagel, S. S.(2002). *Handbook of public policy evaluation*. Sage.

Nakamura, R. T. & Smallwood, F.(1980). *The Politics of Policy Implementation*. New York: St. Martin's Press.

Nickerson, C.(2024). Social Constructionism Theory: Definition and Examples. Simply Psychology. https://www.simplypsychology.org/

Niskanen, W. A.(1994). *Bureaucracy and public economics*. John Locke Series in Classical Liberal Political Economy. Edward Elgar Publishing, Inc.

Niskanen, W. A.(1968). The peculiar economics of bureaucracy. *The American Economic Review*, 58(2): 293-305.

OECD(2003). The e-Government Imperative. https://doi.org/10.1787/19901054.

OECD(2008). Public-Private Partnerships: In Pursuit of Risk Sharing and Value for Money.

OECD(2014). Recommendation of the Council on Digital Government Strategies. (https://www.oecd.org/gov/digital-government/Recommendation-digital-government-strategies.pdf).

OECD(2017). Embracing Innovation in Government: Global Trends.

Olson, M.(1968). *The Logic of Collective Action*. Harvard University Press.

Osborne, D. & Gaebler, T.(1992). Reinventing *Government: How the Entrepreneurial Spirit Is Transforming the Public Sector*. Reading, MA: Addison-Wesley.

Osborne, D. & Plastrik, P.(1997). *Banishing Bureaucracy*. Reading. MA: Addison-Wesley.

Osborne, S. & Brown, L.(2013). *Handbook Of Innovation In Public Services*. Eduard Elgar Publishing, UK.

Ostrom, E. & Ahn, T. K.(2008). *Foundations of social capital*. USA.: Edward Elgar Publishing.

Ostrom, E.(1990). *Governing the Commons: The Evolution of Institutions for Collective Action*. Cambridge: Cambridge University Press.

Outhwaite, W.(1987). *New Philosophies of Social Science: Realism, Hermeneutics and Critical Theory*. New York: St. Martin's Press.

Overeem, P.(2005). The Value of the Dichotomy: Politics, Administration, and the Political Neutrality of Administrators. *Administrative Theory and Praxis*, Volume 27: 311-330.

Overeem, P.(2012). *The Politics-Administration Dichotomy: Toward a Constitutional Perspective*. CRC Press.

Owens, J.(2011). An Introduction to Critical Realism as a Meta-Theoretical Research Perspective. (Centre for Public Policy Research Working Paper Series; No. 1). Centre for Public Policy Research, King's College London. http://www.kcl.ac.uk/sspp/departments/ education/research/cppr/workingpapers/Paper-1.pdf

Patton, M. Q.(2008). *Utilization—Focused Evaluation*. Thousand Oaks, CA: Sage Publications.

Henman, P.(2009). *Social Policy and E—government: How are they connected?*. A paper presented at the Social Policy Association Conference 2009. 29 June-1 July. The University of Edinburgh. Edinburgh.

Peachman, J. A.(1983). *Federal Tax Policy*(4th ed.). Washington, DC: The Brookings Institution.

Perry, R. W. & Nigg, J. M.(1985). Emergency Management Strategies for Communicating Hazard Information. *Public Administration Review*(special issue), 45.

Petak, W. J.(1985). Emergency Management: A Challenge for Public Administration. *Public Administration Review*(special issue), 45.

Peters., B. G.(1996). *The Future of Govering*. University Press of Kansas.

Pickett, J. H. & Block. B. A.(1991). Day-to-Day Management. In T. E. Drabek & G. J. Hoetmer(eds.), *Emergency Management: Principles and Practice for Local Government*. Washington, DC: International City Management Association.

Polanyi, K.(2001). *The great transformations*. Ma: Beacon Press.

Pressman, J. L., & Wildavsky, A.(1984). *Implementation: How Great Expectations in Washington Are Dashed in Oakland; Or, Why It's Amazing That Federal Programs Work at All*. Berkeley: University of California Press.

Pressman, J. L., & Wildavsky, Aaron.(1973). Implementation: How Great Expectations in Washington Are Dashed in Oakland. This book examines the challenges of policy implementation and the discretion exercised by implementers.

Putnam, R. D.(1993). *Making Democracy Work: Civic Tradition in Modern Italy*. Princeton: Princeton Uiversity Press.

Ramos, A. G.(1981). *The new science of organizations: A reconceptualization of the Wealth of the Nations*. Toronto: University of Toronto Press.

Rhodes, R. A. W.(1996). *The New Governance: Governing Without Government*. Political Studies/ Oxford Univercity Press.

Rhodes, R. A. W.(1997). *Understanding governance: Policy networks, governance and accountability*. Buckingham: Open University Press.

Rhodes, R. A. W.(2016). Recovering the Craft of Public Administration. *Public Administration Review*, 76(4): 638-647.

Ripley, R. B., & Franklin, G. A.(1980). *Congress, the Bureaucracy, and Public Policy*. Dorsey Press.

Rogers, E. M.(1995). *Diffusion of Innovations*(4th ed.). New York: Free Press.

Rohr, J.(1986). *To run a constitution*. University Press of Kansas.

Rohr, J.(1998). *Public service, ethics, and constitutional practice*. University Press of Kansas.

Rosenbloom, David. H., O'Leary, R., & Chanin, J.(2017). *Public Administration and Law*(3rd ed.). Routledge.

Rossi, P. H., Lipsey, M. W., & Freeman, H. E.(2004). *Evaluation: A Systematic Approach*. Thousand Oaks, CA: Sage Publications.

Rubin, I. S.(2019). *The politics of public budgeting: Getting and spending, borrowing and balancing*. CQ Press.

Rutgers, M. R.(1994). Can the study of public administration do without a concept of the state? Reflections on the works of Lorenz Von Stein. *Administration & Society*, 26(3): 395-412.

Rutgers, M. R.(2008). Sorting out public values? On the contingency of value classifications in public administration. *Administrative Theory & Praxis*, 30(1): 92-113.

Saaty, T. L.(1980). *The Analytic Hierarchy Process: Planning, Priority Setting, Resources Allocation*. New York: McGraw-Hill.

Saaty, T. L.(1994). *Fundamentals of Decision Making and Priority Theory with the Analytic Hierarchy Process*. Pittsburgh, PA: RWS Publications.

Saaty, T. L.(2008). Decision Making with the Analytic Hierarchy Process. *International Journal of Services Sciences*, 1(1), 83-98.

Sabatier, P. A.(1986). Top-Down and Bottom-Up Approaches to Implementation Research: A Critical Analysis and Suggested Synthesis. *Journal of Public Policy*, 6(1), 21-48.

Sabatier, P. A., & Mazmanian, D. A.(1983). The Implementation of Public Policy: A Framework of Analysis. *Policy Studies Journal*, 11(4), 148-173.

Savic, D.(2019). From Digitization. Through Digitalization. to Digital Transformation. Online Searcher. Vol.43 No.1.(URL: http://www.infotoday.com/OnlineSearcher/Articles/ Features/From-Digitization-Through-Digitalization-to-Digital-Transformation-129664.shtml?PageNum=1).

Sayre, W. S.(1951). Trends of a Decade in Administrative Values. *Public Administration Review*, 11(1): 1-9.

Schick, A.(1966). The road to PPB: The stages of budget reform. *Public Administration Review*, 243-258.

Schreurs, P.(2005). Symposium-The value(s) of public administration. *Administrative Theory & Praxis*, 27: 301-310.

Scott, W. G. & Hart, D. K.(1979). *Organizational America*. Boston: Houghton Mifflin.

Scriven, M.(1991). *Evaluation Thesaurus*(3rd ed.). Thousand Oaks, CA: Sage Publications.

Simon, H. A.(1947). *Administrative Behavior: A Study of Decision-Making Processes in Administrative Organizations*. New York: Free Press.

Skocpol, T.(1995). Why I am an Historical Institutionalist. *Polity*, 28(1): 103-106.

Smith, A.(1776). *An inquiry into the nature and causes of the wealth of nations*(Volume 1). London, UK.

Smith, C.(2011). *What is a Person?: Rethinking Humanity, Social Life, and the Moral Good from the Person Up*. Chicago: University of Chicago Press.

Starling, G.(2005). *Mnaging the public sectora*. Bermont: Thomson Wadworth.

Stillman, R. J.(1973). Woodrow Wilson and the Study of Administration: A New Look at an Old Essay. *The American Political Science Review*, 67(2): 582-591.

Stoker, G.(1998). Public-Private Partnerships and Urban Governance. In J. Pierre(ed.), *Partnerships in Urban Governance*. London: Macmillan Press.

Stoker, G.(2006). Public Value Management A New Narrative for Networked Governance? *American Review of Public Administration*, 36(1): 41-57.

Svara, J. H.(2001). The myth of the dichotomy: Complementarity of politics and administration in the past and future of public administration. *Public administration review*, 61(2), 176-183.

Terry, L. D.(1995). *Leadership of public bureaucracies: The administrator as conservator.*

Thousand Oaks: Sage Publications.

Tocqueville, A. de(1984). *Democracy in America renewed.* by Richard D. Heffner. New York: New American Library. A Division of Penguin Books.

Transparency International(2023). Transparency International Corruption Perceptions Index.

U. S. Department of Labor(2022). Whistleblower Protections.https://www.dol.gov/.

Van de Ven(1986). Central Problems in the Management of Innovation. *Management Science*, 32(5): 590-607.

Van der Wal, Z., Nabatchi, T., & De Graaf, G.(2015). From galaxies to universe: A cross-disciplinary review and analysis of public values publications from 1969 to 2012. *American Review of Public Administration*, 45(1): 13-28.

Van Wart, M.(1998). *Changing public sector values*. New York/London: Garland Publishing.

Wilkins, V. M. & Keiser, L. R.(2006). Linking Passive and Active Representation by Gender: The Case of Child Support Agencies. *Journal of Public Administration Research and Theory*, 16: 87-102.

Von Neumann, J. & Morgenstern, O.(1944). *Theory of Games and Economic Behavior.* Princeton, NJ: Princeton University Press.

Wade, R.(1990). *Governing The Market: Economic Theory and The Role of Government in East Asian Industrialization.* Princeton: Princeton University Press.

Wagner, R. E. & Weber, W. E.(1977). Wagner's law, fiscal institutions, and the growth of government. *National Tax Journal*, 30(1): 59-68.

Waldo, D.(1952). Development of Theory of Democratic Administration. *American Political Science Review.* 46: 81-103.

Waldo, D.(1955). *The Study of Public Administration.* New York: Random House.

Waldo, D.(1980). *The enterprise of public administration.* Novato, CA: Chandler & Sharp Publishers, Inc.

Waldo, D.(1984). *The Administrative State: A Study of the Political Theory of American Public Administration.* New York: Holmes and Meier.

Waldo, D.(1987). Politics and Administration: On Thinking about a Complex Relationship. In R. C. Chandler(ed.), *A Centennial History of the American Administrative State.* New York: The Free Press.

Walsh, M.(1989). *Disasters: current planning and recent experience*, Edward Arnold.

Weber, M.(1930). *The Protestant Ethic and the Spirit of Capitalism.* translated by Parsons. Talcot. New York: Routledge.

Weber, M.(1948). *From Max Weber: Essays in Sociology.* translated and edited by Gerth, H. & Mills, C.W. New York: Oxford University Press.

Weber, M.(1949). *Methodology of the Social Science.* New York: Free Press.

Weber, M.(1978). *Economy and society: An outline of interpretive sociology*. Univ of California Press.

Weimer, D. L. & Vining, A. R.(2017). *Policy Analysis: Concepts and Practice*(5th ed.). New York: Pearson.

Weiss, C. H.(1998). *Evaluation: Methods for Studying Programs and Policies*. Upper Saddle River, NJ: Prentice Hall.

Weiss, C. H.(1998). *Evaluation: Methods for Studying Programs and Policies*. Prentice Hall.

Whyte, W. H.(1957). *The Organization Man*. Simon & Schuster.

Wildavsky, A.(1964). *The Politics of the Budgetary Process*. Boston, MA: Little Brown.

Wildavsky, A.(1988). *The New Politics of the Budgetary Process*. Glenview, IL: Scott, Foresman.

Wilson, J. M.(2006). *Community Policing in America*. Routledge.

Wilson, W.(1887). *The study of administration. Political Science Quarterly*, 2(2): 197-222.

Woodruff, S. D.(2018). Phenomenology. In E. N. Zalta(ed.), *The Stanford Encyclopedia of Philosophy*. Stanford, California: Metaphysics Research Lab, Stanford University.

Yarmey, A. D.(1990). *Understanding Police and Police Work: Psychosocial Issue*. New York University Press.

Yun, E. G.(2009). Trust and Social Development. *Korean Corruption Studies Review*, 14(4): 67-85.

Yun, E. G.(2018). A Study of the Development Administration and Politics-Administration Dichotomy, *The Korean Cadastre Information Association*, 20(3): 144-162.

Zimmerman, R.(1985). The Relationship of Emergency Management to Governmental Policies on Man-Made Technological Disasters, *Public Administration Review*(special issue), 45: 29-39.

日本 總務省(2020). 自治体における AI活用・導入ガイドブック.

찾아보기

ㄱ

가상·증강현실 384
가치재 29
갈등관리 32
거래비용이론 285
거버넌스 18, 46, 72, 362
거시조직이론 189
게임이론 300
결정시스템 49
경력직 공무원 25
경영(사행정) 63, 82
경제적 환경 45
계급제 229
계층화분석법 301
계획예산제도 272
고위공무원단제도 26
고전적 조직이론 183
공공 마이데이터 388
공공(행정)조직의 특성 181
공공가치 163, 164
공공거버넌스 131, 132
공공기관 21
공공부문 17
공공선택론 112, 114, 115, 117, 285
공공재(Public Goods) 28, 29, 114
공공정책 32
공공행정 82
공기업 21
공동의 비극 27
공무원 24
공무원 노동조합 245
공정성이론 200
공직 분류 228
과세표준 278
과정이론 200
과학적 관리론 183
관료제 90, 91, 94, 96
관료제론 36, 91, 184
관리과학 298
관방학 83
교육훈련 236
구성주의 142
구제도주의 118
구조결정론 286
국가사무 334
국고보조금 340, 342
국민비서 387
규범윤리 149
규제 407

규제 거버넌스 418
규제감독기구 420
규제기관의 유형 418
규제등록제도 423
규제영향평가 423
규제의 공익이론 412
규제의 비용편익분석 424
규제의 사익이론 412, 414, 416
규제의 역설 429
규제의 유형 409
규제의 정치이론 414
규제이론 412
규제정책 307
근무성적평가 238
근속급 243
긍정적 외부효과 29
기관위임사무 336
기금관리형 준정부기관 22
기대이론 201
기술시스템 31
기술윤리 150
기업적 거버넌스 72
기타수입 265

ㄴ

내부 고발 160
내적 통제 153
뇌과학 383
뉴거버넌스 84, 131, 132, 133, 134
뉴거버넌스이론 484
능률성평가 317

ㄷ

단절균형이론 284
단체위임사무 335
단체자치 323
대기행렬이론 302
대표관료제 219
데이터기반행정 393
독립성 55
독점생산자 30
동기부여 196
디지털 전환 380, 391
디지털 정부 376
디지털플랫폼정부 398

ㄹ

리더십 203

ㅁ

메타윤리 150
모바일 신분증 387
모집 233
목표계획법 299
민간부문 17
민간부문 시장 22
민관협력 65
민영화 65
민주주의 93
민주화 360

ㅂ

발전기능설 85

발전행정론 84, 104, 105, 107, 111
보수 242
보이지 않는 손 22
보충성의 원칙 333, 334
복리후생 241
복잡성 192
부정적 외부효과 29
분권화 191
분배정책 306
블록체인 383
비공식 환경 52
비교윤리 150
비교행정 102, 107
비대면 자격 확인 서비스 386
비영리부문 23
비용편익분석 299
비용효과분석 298
빅데이터 383

ㅅ

사무배분의 원칙 333
사물인터넷 382
사행정 82
사회자본 128, 130
사회자본론 129
사회적 사이버네틱 체계 72
사회적 자본 353
사회적 책임 64
산출 101
상황이론 188
선발 233
선형계획법 299
성과급 243
성과주의예산제도 272
세계화 361
세외수입 340
스마트 정부 375
스마트워크 390
시민단체 70
시민사회 31, 45, 70, 75, 351
시민참여 364
시스템 30
시장 내 주요 행위자 22
시장실패 28
시장적 정부모형 485
시장형 공기업 21
신고전적 조직이론 185
신공공관리 122, 125, 132
신공공관리론 64, 72, 84, 89, 111, 118, 122, 124, 127, 481
신공공서비스론 125, 126, 127
신제도주의 117, 118, 119, 121
신축적 정부모형 485
신행정론 84, 85, 108, 111, 112
신행정학 85
실증주의 139, 140, 142, 224

ㅇ

양자 컴퓨터 382
연금 244
연쇄적 경향 240
엽관주의 222
영기준예산제도 273
예산 과정 281
외부 환경 49
외부효과 115
외부효과의 문제 29
외적 통제 153

욕구계층이론 197
욕구충족요인이원론 198
우리나라 지방자치의 계층구조 20
우리나라의 중앙정부 19
위기관리 32, 436, 437
위기관리의 제약요인 442
위기대비 단계 449
위기예방 단계 447
위기학습 439
위탁집행형 준정부기관 22
윤리 48, 148, 149
의무 152
의무론 149
의사결정 99
의사결정론 186
의사결정분석 301
의존수입 265
의존재원 339
이념 148
이익집단 52
인간관계론 185
인공지능 384
인력계획 230
인사행정 33, 213
인사행정의 체계 216
인사행정조직 226
인적자원관리 214
일반회계 257
임용 235

ㅈ

자기조직적 네트워크 72
자연철학 139
자원 관리 32
자율성 154
자주재원 339
자체수입 263
자치권 326
자치사무 334, 335
재량권 154
재무행정 33
재분배정책 307
재정 253
재정분권 344
전문 직업성 157
전자정부 375
전자정부 표준 390
전자정부의 가치 376
정당 52
정보자원관리 389
정보자원관리시스템 389
정보화 361
정부 46, 131
정부24 386
정부관료제 24
정부 예산 267
정부 예산의 기능 270
정부실패론 363
정부지출 279
정부혁신 473
정부혁신 저항에 대한 극복방안 479
정부혁신의 유형 476
정부효율위원회 135
정언명령 150
정책구조평가 318
정책분석 297
정책집행 303
정책평가 312
정치 45, 53, 54, 58, 86

정치시스템 31
정치인 86
정치행정이원론 53, 58, 83, 86
정치행정일원론 53, 58, 84, 86, 87
정치화 55
제도 118
조직 50
조직구조 190
조직규모 192
조직 변화 50
조직기술 192
조직시스템 49
조직의 개념 179
조직행태 195
조직환경 192
존재론 141
좋은 거버넌스 72
주민 325
주민감사청구 330
주민소송 330
주민소환 330
주민자치 323
주민참여 329
주민참여예산제도 331
주민참여제도 329
주민청원 331
주민투표 329
주인-대리인 이론 56
준시장형 공기업 21
준정부기관 21
중앙정부 19
지방교부세 340, 341
지방사무 335
지방세 339
지방의회 327
지방자치 323
지방자치단체 326
지방자치단체의 기관구성 327
지방자치단체장 328
지방재정 262, 337
지방재정관리제도 343
지방재정의 특성 338
지방재정조정제도 341
지방정부 20, 32
지방채 265
지방행정 32
지방화 360
지역NGO 368
지원시스템 49
직무급 243
직무수행 92
직무조직 92
직업공무원제 217
직위분류제 229
직위해제 235
집권화 191
집행시스템 49
집행평가 317

ㅊ

참여적 정부모형 485
채용 232
책임 151
철학 139
체제 101
체제분석 298
체제이론 101, 102, 187
초거대 AI 397
총괄평가 316

최소국가론 72

ㅋ

클라우드 컴퓨팅 381

ㅌ

탈내부규제 정부모형 485
탈신공공관리론 127
통제 55
통치기능설 85
통합재정수지 259
특별회계 257
특수경력직 25

ㅍ

평가성 사정 315
평가오류 240
포스트모더니즘 146, 147
품목별예산제도 271
프로그램 31

ㅎ

해석학 144, 145
행정 가치 48
행정 부패 158
행정 17, 18, 19, 29, 30, 34, 35, 45, 46, 49, 54, 58, 62, 63, 82, 86, 87, 113, 154
행정계층구조 324
행정관리 48
행정관리론 84, 85, 87, 88, 89, 90, 184
행정관리설 85
행정시스템 31, 32, 47
행정업무자동화 394
행정윤리 149
행정의 가외성 269
행정의 가치 31
행정의 역할 28
행정이론 31, 81
행정인 86
행정통제 153
행정학 34, 35, 36, 37, 38, 82
행정행태론 96, 97, 98, 99, 100
행정행태설 85
행정환경 31, 45, 47, 48
행태주의 97, 100
헤드십 204
혁신 관리 33
혁신에 대한 저항 477
현대적 조직이론 187
현상학 143
환류 101
효과평가 317

ERG이론 198
NGO 356
NGO와 정부 간 관계 366
NGO의 주요 기능 357
NGO의 특성 359
NPR 위원회 482
PERT 302
X · Y이론 199

저자 소개

■ 심익섭

- 동국대학교 행정학과 명예교수
- German University of Administrative Sciences Speyer, 행정학 박사
- 전) 대통령소속 지방행정체제개편추진위원회 위원 겸 근린자치분과위원장
- 현) 사단법인 전환기행정학회 회장

■ 박병식

- 동국대학교 명예교수
- 서울대학교 행정학 박사
- 현) 한국공공정책평가협회 회장
- 현) 한국행정학회 행정사례연구회장

■ 김서용

- 아주대학교 행정학과 교수
- 고려대학교 행정학 박사
- 2023년 한국정책분석평가학회 회장
- 2021년 경인행정학회 회장

■ 김흥회

- 동국대 WISE 캠퍼스 행정경찰공공학부 교수
- USC 행정학 박사
- 현) 경상북도 보조금심의위원회 위원장
- 현) 한국정부학회 편집위원장

■ 남창우

- 경북대학교 행정학부 교수
- 동국대학교 행정학 박사
- 전) 한국도시행정학회 회장
- 전) 한국공유재산학회 회장

■ 박건우

- 국립창원대학교 행정학과 조교수
- 연세대학교 행정학 박사
- 서울과학기술대학교 초빙조교수
- 명지대학교 객원교수

■ 박동균

- 대구한의대 경찰행정학과 교수
- 동국대학교 행정학 박사
- 초대 대구시 자치경찰위원회 상임위원 겸 사무국장
- 전) 한국치안행정학회장 외 다수 학회장 역임

■ 박종수

- 숙명여자대학교 행정학과 부교수
- 오하이오주립대학교 행정학 박사
- 현) 한국행정학회 연구위원장
- 현) 한국행정이론학회 연구위원장

■ 손경희

- 국립경국대학교 사회과학부 교수
- 동국대학교 행정학 박사

■ 손종민

- 숭실대학교 행정학부 부교수
- 조지아대학교 행정학 박사
- 전) 미국뉴저지주립대학교(Rutgers Univ.) 조교수

■ 윤은기

- 동아대학교 행정학과 교수
- 영국 University of Birmingham 정치학 박사
- 전) 한국지방정부학회 회장
- 전) 한국부패학회 회장

■ 이재호

- 한국행정연구원 선임연구위원
- Renmin University of China 행정학 박사
- 전) 농림축산식품부 자체평가위원
- 전) 한국행정연구원 기획조정본부장

■ 이행준

- 백석문화대학교 초빙교수
- 동국대학교 행정학 박사
- 현) 경북농촌공간광역지원기관 사무국장
- 현) 한국지방자치학회 총무위원장

■ **장인봉**
- 신한대학교 행정학과 교수
- 동국대학교 행정학 박사
- 전) 대통령소속자치분권위원회 본위원
- 전) 2018년 경인행정학회 회장

■ **전광섭**
- 호남대학교 행정학과 교수
- 한국외국어대 행정학 박사
- 제27대 한국지방자치학회 회장
- 전) 대통령직속 국가균형발전위원회 본위원 겸 규제 혁신위원장

■ **진세혁**
- 평택대학교 교수
- 동국대학교 행정학 박사
- 전) 경인행정학회 회장
- 대통령직속 지역발전위원회 전문위원

■ **최낙혁**
- 가천대학교 행정학과 교수
- Florida International University 행정학 박사
- 전) 감사원 연구관

■ **황희영**
- 동의대학교 행정학과 교수
- 고려대학교 행정학 박사
- 전 정책개발연구 편집위원장
- 현 사회통합연구 편집위원장

전환기 행정학개론

펴낸날 제1판 제1쇄 발행 2025년 2월 19일
지은이 심익섭 · 박병식 · 김서용 · 김흥회 · 남창우 · 박건우
박동균 · 박종수 · 손경희 · 손종민 · 윤은기 · 이재호
이행준 · 장인봉 · 전광섭 · 진세혁 · 최낙혁 · 황희영
펴낸이 임춘환
펴낸곳 도서출판 **대영문화사**
주소 (본사) 사무실: 경기도 고양시 일산서구 주화로 70
우신프라자 307호 (우 10387)
(본사) 물류센터: 경기도 고양시 일산서구 덕산로
107번길 68-50 (우 10205)
등록 1975년 12월 26일 제3-16호
전화 (031) 913-3062, (031) 914-3884~5
팩스 (031) 913-3839
홈페이지 http://www.dymbook.co.kr

ISBN 978-89-7644-977-1
값 34,000원